Contraste insuffisant

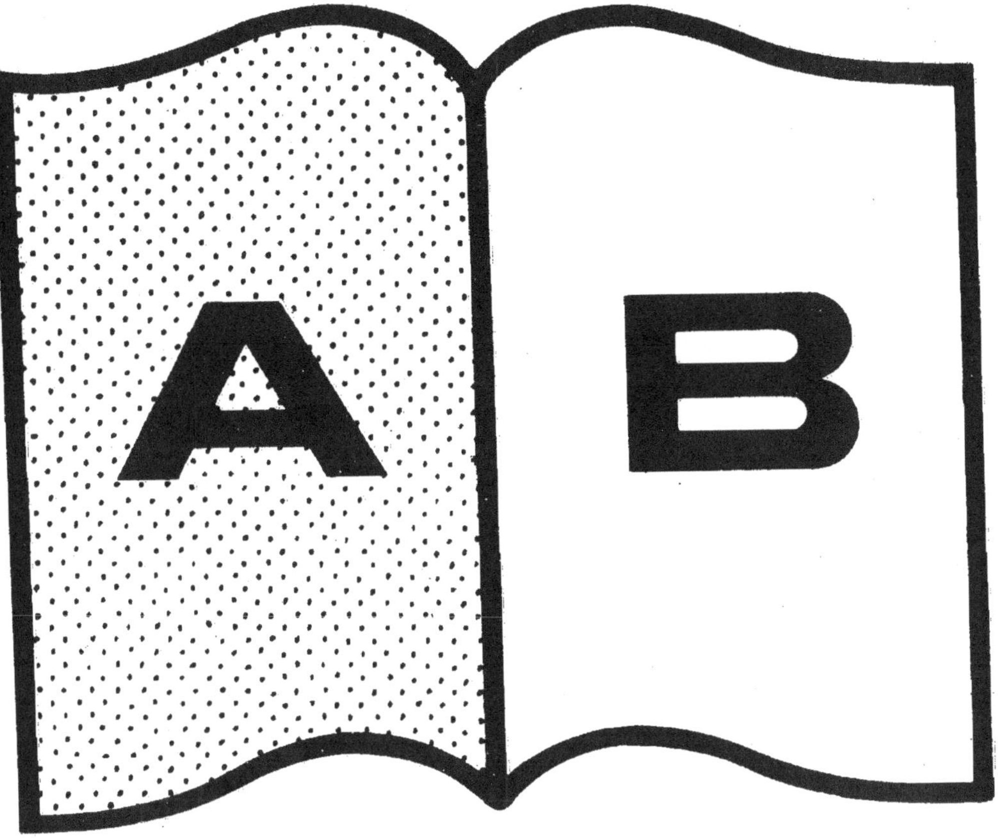

NF Z 43-120-14

121

523

BIBLIOTHÈQUE
FRANÇOISE
DE
DU VERDIER,
TOME TROISIÈME.

LES BIBLIOTHÉQUES
FRANÇOISES
DE LA CROIX DU MAINE
ET
DE DU VERDIER
SIEUR DE VAUPRIVAS;
NOUVELLE ÉDITION,
DÉDIÉE AU ROI,

Revue, corrigée & augmentée d'un DISCOURS SUR LE PROGRÈSDES LETTRES EN FRANCE, & des Remarques Historiques, Critiques & Littéraires de M. DE LA MONNOYE & de M. le Président BOUHIER, de l'Académie Françoise; de M. FALCONET, de l'Académie des Belles-Lettres.

Par M. RIGOLEY DE JUVIGNY, Conseiller Honoraire au Parlement de Metz.

TOME CINQUIÈME.

A PARIS,

Chez { SAILLANT & NYON , Libraires , rue S. Jean de Beauvais.
{ MICHEL LAMBERT, Imprimeur, rue de la Harpe, près S. Côme.

M. DCC. LXXIII.

BIBLIOTHÉQUE
FRANÇOISE
D'ANTOINE DU VERDIER.

M A C.

MACE, ou autrement MATHIAS FORTIN, Licencié ès Loix, natif de Lorris en Gaſtinois, & Lieutenant en la Prevôté Royale de Chaſtillon ſur Yndre, a écrit Traité ſur la matière des relevemens, ſelon les Ordonnances, Droit & Coutumes de France, contenant la manière comment ès Chancelleries de France ſont les lettres de relief chacun jour expédiées ; & eſt diviſé en trois parties : en la première eſt traité du Mineur, & en combien de manières il peut être déçeu & reſtitué : en quel temps on peut pourſuivre la caſſation des contrats : en la ſeconde de la reſtitution des Majeurs : & en la troiſième, ſont examinés en communauté quelques articles concernant la reſtitution des Mineurs & Majeurs par indivis ; imprimé à Paris, in-8°. par Vincent Sertenas, 1550. Briève Inſtruction pour apprendre le ſtyle & manière de procéder ès Cours de Parlement & autres inférieures en toute inftance & matières , tant Civiles que Criminelles , fuivant les Ordonnances, Jugemens & Arrêts d'icelles Cours; imprimée à Paris, *in-8°.* par Vincent Sertenas , 1560.

MACLOU DE LA HAYE, Picard , Valet de Chambre du Roi Henri II , a écrit quelques Poëfies ; affavoir Chant de paix ; Chant d'Amour; cinq Blafons des cinq contentemens en Amour; Sonnets d'Amour ; vingt Vœux des vingt beautés de s'amie; Epigrammes & Stances; imprimées à Paris, *in-8°.* par Eftienne Groulleau, 1553 *.

* Voy. La Croix du Maine, & les notes, au même Article , Tom. II , pag. 69 & 70.

MADELAINE NEPVEU , Dame des Roches la Mere *. Les Œuvres des Dames des Roches de Poitiers , Mere & fille , imprimées à Paris , *in-8°.* par Abel l'Angelier , 1579. Celles de la Mere, nommée Madelaine Neveu, font Epîtres aux Dames, en profe ; Epître à fa Fille : Odes , en nombre neuf; Sonnets trente-fix; Epitaphe de fon Mari ; Epitaphe de Monfieur le Comte de Briffac ; Epitaphe du feu fieur Baron d'Angueruaques. Les fecondes Œuvres des Dames des Roches , imprimées à Poitiers , *in-4°.* par Nicolas Courtois, 1583, dont celles de la Mere y contenues , font Odes , Sonnets & autres vers ; & les Ecrits qui s'y voient de la Fille , Epître à fa Mere ; les Vers dorés de Pythagoras ; les Enigmes dudit Auteur ; Quatrains ; Cantique de l'heureufe Vierge , mere de Dieu ; fecond Cantique ; Epître à fa Mere fur fa Bergerie ; Bergerie ; Epitaphes ; Chanfons ; deux Dialogues en profe , le premier de Placide & Severe , le fecond d'Iris & Pafithée ; les Fleurs ; Réponfes ; Sonnets ; la Puce.

*Voy. La Croix du Maine, & les notes, aux Art. Magdelaine Neveu, Tom. II, pag. 71 & fuiv. & Catherine des Roches , Tom. I , pag. 101.

MALASSIS (Le fieur de) de Mante , a traduit de Latin en François ', les cinq Livres de Sevrin Boece , intitulés de la confolation de Philofophie ; imprimés à Paris, *in-8°.* par Jean

Borel, 1578. Il a traduit auſſi les cinq Livres de Ciceron *De finibus bonorum & malorum*, qu'il n'a encore fait imprimer.

1 Il s'appeloit CHARLES LE BER, Sieur DE MALASSIS, petit Village près de Mante, & fit depuis imprimer ſa verſion des ſix Livres de Politique, ou Doctrine Civile de Juſte-Lipſe, *in-8°* chez Marin de Villepoux, à la Rochelle, 1590. (M. DE LA MONNOYE).

METRE VI. du premier Livre.

[Celuy au ſein des ſillons,
Qui, pareſſeux, ſon bled cache,
Quand ſes plus ardens rayons,
Phébus ſur le Cancre laſche,
Qu'il n'eſpère ſe charger
Des fruits que Cérès retranche,
Mais qu'il ébranle la branche
Du cheſne, s'il veut manger.
Lorſque le froid Aquilon
Tond des bois la chevelure,
Et que le dos du Sillon
Eſt endurcy de froidure,
D'odorer ne penſe pas,
L'œillet fleury, ni la Roſe,
Ou quelque autre fleur encloſe,
Car la ſaiſon n'en eſt pas.

Ne penſe, par ton labeur,
Que la grappe au ſcep meuriſſe;
Au printemps gay de verdeur
C'eſt aſſez qu'elle fleuriſſe;
Car Bacchus peint les raiſins
Tant ſeulement en Automne;
L'autre ſaiſon n'eſt pas bonne
Pour preſſurer les bons vins.
Dieu a le temps ordonné
Aux eſpèces pour produire,
Et de bornes terminé
L'effet qu'on ne peut détruire.
Si de l'ordonné chemin
Les choſes vont ſéparées,
Ou qu'elles ſoient égarées,
Bonne n'eſt jamais la fin.

METRE VIII. du ſecond Livre.

Ce qui fait l'ordre tenir
A l'année variable,
Et pareille revenir,
Avec un changement ſtable,
Et ſans le dépoſſéder,
Les ſaiſons s'entrecéder.
Et les pères élémens,
Qui ont qualité contraire
En leurs accords différens,
Ferme treve enſemble faire,
Que Phébus le jour conduit,
Et ſa ſœur règne la nuit,
Que la mer, en ſon gyron,
Tient priſonnières ſes ondes,
Et jamais ne les voit-on
Errer par-tout vagabondes;

Que ce que le Ciel contient,
Sous une loy ſe maintient.
Ceſt amour qui a ſoucy
De bien régir toute choſe,
Au Ciel il commande auſſi,
Et de la terre il diſpoſe,
Et dedans la mer il peut
Commander ainſi qu'il veut.
Et, s'il ceſſoit d'ordonner,
Et de tempérer le monde,
On verroit ſe ruiner
Bientoſt la machine ronde,
Qu'un lien tient en accord,
Que dénoueroit le diſcord.
C'eſt luy ſeul qui entretient
Tous les vertueux enſemble,

Et qui les peuples contient,
Les unit & les assemble,
Et, sous le joug d'amitié,
A l'un, à l'autre lié.
C'est lui qui, d'un saint lien,
D'un feu pudic accompagne,
Sous les fermes loix d'Hymen,
L'homme à l'épouse compagne,

Qui maintient & nous fait voir
Les amis en leur devoir.
Si l'amour veut gouverner
Vos esprits, race mortelle,
Comme il fait d'accord mener
Au Ciel sa danse éternelle,
Qui se tourne également,
Vous vivrez heureusement.

PROSE IV du troisiéme Livre.

[Mais les dignités, me direz-vous, font respecter & rendent dignes d'honneur & révérence ceux qui les obtiennent. Les Magistrats ont-ils bien tant de force, qu'ils puissent loger les vertus en l'esprit de ceux-là qui les exercent? Et en chasser le vice? Véritablement leur coutume n'est pas telle, & ne savent pas bannir la malice, mais plutôt la manifester, & de là vient que bien souvent nous sommes marris & indignés de voir les Magistrats être tenus & exercés par les méchans : & pour cette occasion Catulus voyant assis entre les Sénateurs un Nonius, ne se put tenir de le taxer, & le dédaignant par une Epigramme, le fit connoître tel que si en lui se fussent assemblés tous les vices du monde, l'appelant le contrefait & l'écrouellé. Voyez donc quel déshonneur & quel blâme apportent les dignités aux méchans, & pour certain leur méchanceté seroit moins connue, si leurs états ne les manifestoient & faisoient connoître à un chacun. Mais vous pourriez-vous ranger, encore que vous y fussiez contraint par beaucoup de dangers, à être compagnon de Decoratus, exerçant tous deux ensemble un même Magistrat, le connoissant homme vicieux & bouffon très-dangereux ; & de vrai il n'est pas possible que nous puissions juger ceux-là dignes d'honneur pour raison de leurs Magistrats & offices, lesquels nous connoissons du tout indignes d'iceux. Si vous voyez aucun doué de sapience, pourrez-vous le juger indigne de sapience ? Ou d'être révéré & respecté pour raison d'icelle ? Non certes, car la vertu a une certaine, propre & particulière dignité, dont elle remplit & fait capables ceux auxquels elle est jointe : & pour ce que les honneurs populaires ne peuvent faire cela, il est manifeste qu'ils n'ont d'eux-mêmes aucune beauté, ne dignité. En quoi il faut aviser davantage, que si aucun est d'autant plus vil & abject qu'il est blâmé de plusieurs, ne pouvant les dignités faire respecter les méchans, elles font qu'ils sont plus blâmés & calomniés, les découvrant & faisant connoître à un chacun. Mais ils s'en savent bien venger, car ils rendent bien le semblable aux Magistrats, les souillant & diffamant de l'ordure de leurs méchancetés. Mais afin que vous connoissiez cette vraie révérence, ne pouvoir advenir par le moyen de ces dignités, notez ceci : si aucun qui auroit été plusieurs fois Consul, alloit de fortune en pays étranger, & par les Nations barbares, pensez-vous que tel honneur le pût à l'endroit de ceux-là faire vénérable ? Et toutesfois l'on ne peut douter que si les dignités avoient d'elles-mêmes tant de pouvoir, qu'en quelque lieu que ce fût, ils ne s'éloigneroient jamais de tel office, comme le feu, en quelque lieu que l'on le mette, est toujours chaud ; mais d'autant que non leur propre vertu, mais une fausse persuasion des hommes leur attribue cela, elles s'évanouissent soudain qu'elles font parvenues à ceux-là qui ne les estiment ni tiennent pour dignités. Il est vrai, me direz-vous, que cela arrive entre les Nations étranges, mais encore entre celles-là où elles font nées, elles ne durent pas toujours. C'étoit anciennement une grande autorité que d'être Maire du Palais, ce n'est à cette heure qu'un nom presque de rien, l'ordre de Sénateur, une grande charge : si quelqu'un, le temps passé, eût pris le soin des vivres du peuple, par une chere année, on le tenoit pour un grand personnage : y a-t-il à présent Office plus abject ? Car, comme nous avons dit ci-devant, cela qui n'a, de soi ni de sa nature, aucune dignité ou honneur qui lui soit propre, ains seulement par opinion de ceux qui en usent, tantôt reçoit splendeur, & puis tout soudain la perd. Donques si les Magistrats ne peuvent faire respecter les hommes, si, par la corruption des méchans qui les exercent, ils enlaidissent, si par succession de temps, ils délaissent d'être honorables, si par l'opinion des personnes ils avilissent ; quelle grande beauté y a-t-il que l'on puisse desirer s'ils n'en ont aucune d'eux-mêmes, & s'ils n'en peuvent apporter à ceux qui les possèdent ?

METRE III. du quatriéme Livre.

Les légers vaisseaux
D'Ulysse le Sage,
Errans sur les eaux,
Après grand voyage,
Par un long orage
Ont été poussés,
Le long du rivage,
Rompus & froissés.
Celle qu'on disoit
Avoir pris naissance
Du Soleil, faisoit
Là sa demeurance,
Qui eut la science
De si bien charmer,
Qu'elle avoit puissance
Les corps transformer ;
Et point n'ignoroit
Des herbes l'usage,
Qu'elle pressuroit
En certain breuvage,
Changeant le visage

Des nouveaux venus,
En forme sauvage,
Etant inconnus.
L'un d'eux tout soudain
D'un bouc prend la forme ;
L'autre en Africain
Lion se transforme ;
L'autre se difforme
De la peau d'un loup ;
L'autre, tigre énorme
Devient tout à coup.
Mais l'Arcadien
Print pitié d'Ulysse,
L'ostant du lien
Et venin de Circe,
Qui se coule & glisse
Dans ces gens domptés.
Par le maléfice
Des jus enchantés.
En pourceaux changés,
De gland se repaissent,

Touſiours enfangés,
Cérès méconnoiſſent,
Tant la forme laiſſent
De leurs premiers corps,
Qùe plus n'apparoiſſent
Hommes au dehors.
Mais parmy le cueur,
Au-dedans ancrée,
Eſt quelque vigueur,
Encor reſſerrée,
Et eſt demeurée
Franche du poiſon,
L'ame remparée
D'humaine raiſon.
O que tel ſçavoir

A peu d'efficace,
De qui le pouvoir
Les corps ſeuls efface !
L'eſprit en ſa place
Immué ſe plaint
Du mal que luy braſſe
Le corps en ce point.
Las ! les vices ont
Bien plus de puiſſance,
Qui au corps ne ſont
Seulement offenſe ;
Mais telle nuyſance
Font de leur venin,
Qu'ils oſtent l'uſance
De raiſon en fin.

En la quatriéme Proſe dù quatriéme Livre.

Les hommes vicieux retiennent la forme du corps humain ; ils ſe muent &
changent néanmoins en bêtes, quant à la qualité de l'ame, &c. Si la méchanceté rend les hommes miſérables, il faut conclure que tant plus le
méchant vit, plus il eſt miſérable. Or, ſi nous avons vraiment conclu des
miſères & infortunes, que tant plus le mal dure long-temps, & plus il eſt
grand : il faut croire que la miſère eſt infinie, qui eſt éternelle, &c. Celui qui
trouve une concluſion mal-aiſée à accorder, il faut, ou qu'il montre que
l'une des propoſitions, devant dite, ſoit fauſſe, ou qu'il prouve que la conjonction des propoſitions n'a point aſſez d'efficace ni de force, pour aſſez néceſſairement conclure. Car les choſes devant dites, confeſſées & avouées, il n'y a
point d'occaſion d'impugner & débatre la concluſion qui en réſulte, &c.
Mais, je vous prie, dites-moi une choſe, après la diſſolution de l'ame & du
corps, y a-t-il quelques peines & tourmens réſervés aux ames ? Oui vraiment
(dit Philoſophie) & quelques-unes ſont cruellement affligées, pour les punir,
& les autres ſont plus doucement traitées, pour les purger ; mais mon
intention n'eſt pas de diſputer à cette heure de ces choſes-là, &c. Celui qui
fait injure, ſemble plus miſérable, que celui à qui elle elle eſt faite, & l'injure
à qui qu'elle ſoit faite, n'eſt pas la miſère de celui qui la reçoit, mais de qui
la fait, &c.]

MAMBRIANO ' ROSEO. Le Parangon de vertu, pour
l'Inſtitution de tous Princes, Potentats & Seigneurs Chrétiens,
contenant en ſommaire les Hiſtoires Hébraïques, Grecques,
Latines, antiques & modernes faiſant à ce propos ; pris de

l'Italien de Membrin de la Rofe, & mis en François; imprimé à Paris, *in-8°*. par Eftienne Groulleau, 1549.

* Du Verdier devoit écrire MAMBRINO, & peut-être l'avoit-il écrit, comme le mot MAMBRIN, dont il fe fert, le fait préfumer. Cet Auteur étoit de Fabriano, dans la Marche d'Ancone *. (M. DE LA MONNOYE).

* Il fut un des Continuateurs de *L'Hiſtoire du Monde* écrite en Italien par *Tarcagnota*, dont la meilleure Edition eft celle de 1598, à Venife, chez les Juntes, en 5 vol. *in-4°*. Les trois premiers volumes font de *Tarcagnota*, le quatrième de *Mambrino Rofeo*, depuis l'an 1518, jufqu'à l'an 1559, & le cinquième de *Barth. Dionigi da Fano*, depuis 1559, jufqu'en 1582.

MAMMES GISSÉ, de Langres, a fait Tariffe & concordance des poids de vingt-deux Provinces, les plus pratiqués au temps préfent, par les Marchands François, Allemands & plufieurs autres; avec les comptes & rencontres qui enfeignent à combien revient toute qualité de chacune marchandife, foit en poids ou en nombre; imprimé à Lyon, *in-8°*. par Charles Pefnot, 1571.

MANAULD ENGALFRED, Médecin d'Arles, a écrit le Manuel Calendrier, par lequel eft facile favoir le lieu & cours du Soleil & de la Lune; enfemble les Fêtes fixes ou mobiles, en l'Eglife Romaine célébrées; imprimé à Lyon, *in-8°*. par Jean de Tournes, 1548 *.

* Ce nom eft l'Anagramme de ces trois mots, ANDRÉ UGEL, Flamand.

MANUEL PALEOLOGUE [1]. Cent Préceptes Royaux de l'Empereur Manuel Paléologue, à Jean Paléologue, fon fils & Succeffeur en l'Empire Grec; avec une Defcription du Printemps: & Propos que tint Tamerlan, à Bajazet, après l'avoir vaincu; repréfentés par le même Empereur: le tout traduit en François; imprimé à Paris, *in-16*. par Gilles Beys, 1582.

[1] Cet Empereur, après avoir tenu l'Empire trente-cinq ans, le remit, en 1419, à Jean Paléologue, fon fils; &, s'étant fait Religieux, mourut l'an 1425. Son Ouvrage fut, en 1578, imprimé à Bâle, *in-8°*. en Grec, avec la Traduction Latine de Jean Leunclaw, à côté. Le titre de ce Livre eft: *Imp. Cæf. Manuelis Palæologi Præcepta Educationis Regiæ, ad Joannem filium*. (M. DE LA MONNOYE).

Au Précepte 74.

[Être retenu, eft autant beau, comme c'eft un grand mal, d'être inconfidéré. Car plufieurs fe font endommagés eux-mêmes, non tant par leur fainéantife, que par inconfidération, prenant le mal pour le bien. C'eft ce que l'on dit que les vices font attachés aux vertus : & s'y trouve je ne fais quelle reffemblance, des uns aux autres. Auffi n'eft-il pas autrement difficile d'être trompé, à qui n'y eft attentif. Vous en trouverez plufieurs pleins de vaine gloire, lefquels, au lieu de la vertu, ont embraffé le vice qui lui reffembloit. J'ai vu une extrême avarice, être nommée ménagerie : & la colère, être tenue pour magnanimité & une infinité d'autres femblables. C'eft pourquoi il faut ufer d'une grande vigilance, pour nous exempter d'une telle impôfture. Car comme il n'y a rien plus profitable aux jeunes, que de s'employer férieufement à l'étude des bonnes chofes : auffi au contraire n'y a-t-il rien qui nuife davantage que l'incuriofité. Et quant à celui qui eft adonné au fommeil, qui fe plaît à coucher mollement, & vivre en oifiveté, il perdra facilement, & en beaucoup de façons, comme je penfe, ce qui lui aura été acquis, poffible par le travail de fon pere, ou qui lui fera échu cafuellement, d'une part : & n'amaffera rien du du tout, de ce d'où il n'a encore été jouiffant, d'autre.]

MARC (SAINT) Évangélifte *. Le Saint Évangile de notre Seigneur Jefus-Chrift, felon faint Marc, *au nouveau Teftament*,

* S. Marc, Fondateur de l'Eglife d'Alexandrie, Difciple & interprète de S. Pierre, felon S. Jérôme, écrivit fon Évangile, en Grec, l'an de l'Ère Chrétienne 43. Voilà l'opinion la plus commune. D'autres penfent qu'il écrivit en Latin. On n'en doute pas à Venife, où l'on croit poffédér le Manufcrit Original de S. Marc. Voyez ce qui en eft dit dans la *Defcription Hiftor. & Crit. de l'Italie* de M. l'Abbé Richard, Tom. II, pag. 273, Édit. de 1769. Il eft cependant plus probable qu'il a écrit en Grec. Cette langue étoit fi familière à Rome, que les femmes mêmes le parloient, ou au moins l'entendoient. S. Marc raconte à-peu-près les mêmes chofes que S. Matthieu, & S. Auguftin l'appelle *Matthæi Abbreviator*. Il établit l'Eglife d'Alexandrie, & lui donna d'abord un grand éclat, par la régularité de fes exemples & l'exacte difcipline qu'il y fit obferver. Les Ménologes Grecs & les Martyrologes Latins s'accordent à dire qu'il fut arrêté à l'Autel, où il offroit le faint Sacrifice, & qu'il fut martyrifé,

MARC ANTONIN *. Inftitution de la vie humaine, dreffée par Marc Antonin, Philofophe, Empereur Romain, ou douze Livres de fa vie, traduits de Latin, par Pardoux du Prat, qui a
mis

mis de belles Annotations en marge ; imprimée à Lyon , *in*-8°.
par la Veuve Gabriel Cotier, 1570.

* Cet excellent Prince naquit l'an 121 de Jésus - Chrift, & mourut à
Sirmich , en Pannonie , en faifant la guerre aux Marcomans, l'an 180 , âgé
de cinquante-neuf ans, dont il en avoit régné dix-neuf. Ses *douze Livres de
Réflexions* font, de tous les Ecrits de l'Antiquité profane , ceux qui approchent le plus de la pureté de la Morale de l'Evangile. Les Penfées Morales
qu'il nous a laiffées , ne font pas reconnoiffables dans le François de Pardoux
du Prat ; il les faut lire dans la Traduction de M. & de Madame Dacier, où
elles font beaucoup plus agréables pour le ftyle , que dans l'Original. M. Joly,
Avocat au Parlement , en a donné une nouvelle Traduction , en 1742 , à
Paris , & il a difpofé les Réflexions de Marc-Aurèle , felon l'ordre des matières. Il vient d'en annoncer une Edition nouvelle.

MARC ANTOINE DU MURET , Jurifconfulte, natif de
Lymoges, maintenant Prêtre, Citoyen de Rome, & lequel y eft
(j'ofe dire) une lumière de notre fiécle en éloquence , a fait de
doctes Commentaires fur le premier Livre des Amours de Pierre
de Ronfard ; imprimés à Paris , *in*-4°. & *in*-16. par plufieurs
fois , chez Gabriel Buon. Il a écrit auffi Chanfons fpirituelles ,
en nombre dix neuf, que Claude Goudimel a mifes en mufique, à
quatre parties ; imprimées à Paris , par Nicolas du Chemin ,
1555. Oraifon ou Harangue pour Antoine & Jeanne , Roi &
Roine de Navarre , Duc & Ducheffe de Vendôme, au Pape
Pie IV ; imprimée à Lyon , par Michel Jove , 1561. Oraifon
prononcée en Latin , devant le Pape Grégoire XIII , touchant
la punition des Chefs des Hérétiques rebelles , mife en François par le même Muret ; & imprimée à Lyon , par Benoift
Rigaud, 1573. Oraifon pour Henri III du nom , Roi de France
& de Pologne , prononcée en Latin, pardevant notre Saint Pere
le Pape, & par lui-même mife en François ; imprimée à Paris ,
in-4°. par Federic Morel, 1576. *M. Anton. Mureti Hymnorum
facrorum Liber. Ejufdem alia quædam Poëmatia. Romæ apud
Georg. Ferrarium , 1581. Ejus Latina fcripta vide apud Gefn.* [1]

[1] Les mots Latins par où du Verdier finit cet Article, lorfqu'il dit , *Vide
apud Gefnerum*, ne doivent pas être pris à la lettre, mais entendus, comme s'il
y avoit , *Vide apud Gefneri Continuatores* , parce que Gefner, dont la Biblio-

thèque fut imprimée en 1545, n'y a fait, ni pu faire aucune mention de Muret, dont alors il n'avoit encore rien paru. —Voy. La Croix du Maine, & les notes, au mot Marc-Antoine du Muret, Tom. II, pag, 74 & fuiv. (M. de la Monnoye).

MARC ANTOINE PREBONNEAUX, Lymofin, a écrit Traité fur la Réfutation des abus, mis en avant par Roch le Baillif, furnommé la Riviere, fur l'Art figné & Phyfionomie Herbaire, par lequel eft montré combien eft grande l'erreur qu'il introduit en la connoiffance des plantes & de leurs facultés; imprimé à Paris, in-8°. par Gilles Gourbin, 1579.

MARC ANT. ZIMARA [1]. Les Problêmes de Marc Ant. Zimara.

[1] Il étoit de San-Pietro, in *Galatina*, dans la terre d'Otrante, Profeffeur en Philofophie à Naples, grand Péripatéticien, contemporain de Niphus, mais enchériffant de beaucoup fur lui dans la barbarie du ftyle. (M. de la Monnoye).

MARC CLAUDE DE BUTET, Savoifien, a écrit deux Livres de fes vers; le premier contenant vingt-cinq Odes, & le fecond trente-une Odes; avec fon Amalthée, Œuvre de cent vingt-huit Sonnets, imprimés à Paris, in-8°. par Michel Fezandat, 1560. L'Amalthée augmentée de beaucoup de Sonnets, & imprimée à Lyon. Il promet le troifiéme Livre de fes vers, où il loue la vertu des plus illuftres perfonnes de fon pays. Il a auffi prêt à mettre en lumière, Job, Œuvre Héroïque & grave *.

* Voy. La Croix du Maine, & les notes, au même Article, Tom. II, pag. 78 & 79.

En l'Ode quinziéme, du premier Livre, imitée d'Horace.

[*Tous les maux, toute la misère,*
Du Paftol tout l'or fluctueux,
En la fortune moins profpère,
Ne font puiffans affez, pour faire
Abaiffer un cœur vertueux:
Non des citoyens la menace.

Irez comme un torrent émeu,
Ny d'un cruel Tyran la face,
Fift-il rougir & mettre en place
Le Taureau d'airain fur un feu.
Deuft le ciel, dès la haute cime,
Son grand bâtiment ruiner.

Si bien remparé il s'anime ;
Qu'un tant épouvantable abyſme
Le frapperoit, ſans l'étonner:
En tous dangers, contre la chance

De fortune, il peut ſe fermer,
Comme un rocher, que le vent tence,
Quand ſur luy, d'un grand hurt, s'élance
La vague, rage de la mer.

En l'Ode XX.

Tantoſt le renouveau plaiſant
Un eſté couppe-bled nous donne,
Et ſoudain que l'eſté cuiſant
A fait place au vineux Automne,
L'Hyver recourt : ainſi l'heure nous meine,
De jour en jour, à notre mort certaine.

En la ſixiéme Ode du ſecond Livre.

Ce que ton ſort te donne,
Te faſſe tout content ;
Si fortune n'eſt bonne,
Ne te vas tourmentant ;

Ne crains la dernière heure,
Qui nous traîne au trépas :
Combien que le corps meure,
La vertu ne meurt pas.

En l'Ode II.

La nature à tous donne une commune loy ;
Un pouvre crocheteur & un ſuperbe Roi,
Naiſſans, n'apportent rien ; &, quand ils s'en iront,
    Rien ils n'emporteront.

Tous nous faudra franchir un paſſage ſemblable,
Tous nous faudra paſſer l'onde non repaſſable,
Voir Syſiphe & Tantal, & la punition
    De l'orgueil d'Ixion.

Tandis que les trois Sœurs tireront notre vie,
Loin de l'ambition, loin de la pâle envie,
Vivons nets de péché, &c.

En l'Ode quatorziéme.

L'or fait qu'ores l'avare mère
Vend ſa fille aux ſales Amours ;
L'or fait que l'enfant, de ſon père
Cherche la mort, avant ſes jours ;
L'or fait dans une riche bouche
Entrer le venin trahiſſant ;
L'or fait étrangler dans ſa couche,
Sans cauſe juſte, l'innocent ;

Par or s'achetent les offices,
Pour détruire un pauvre ſouffrant ;
Et ſe vendent les bénéfices,
Comme meubles, au plus offrant.
Par or les honneurs on achete ;
Sans or tu n'auras jamais bien ;
Sans or, en ta juſte querelle,
Ton Advocat ne dira rien.

Bref, mon Lambert, l'or tout maiſtriſe; Chacun veut l'or, chacun le priſe,
Maintenant l'or eſt adoré; Voicy un vray ſiècle doré.

En l'Amalthée Sonnet.

Du ſuprême puiſſant la prudence éternelle,
A l'image de ſoy, enſouffla la raiſon
Dans ce terreſtre corps, bâti pour ſa maiſon,
Pour eſtre reconnue en l'œuvre univerſelle.
Mais ce traiſtre mutin, à ſon Roi infidelle,
Touſiours nous va cherchant la mort, & la poiſon,
S'efforçant captiver en ſon orde priſon
Par folles voluptés, la belle ame immortelle.
Hé Dieu! Hé Dieu! qu'en ſoy lhomme a de grands diſcors!
L'eſprit, genre divin, tâche à dompter ce corps,
Qui rompant le dur frein, en vains plaiſirs veut vivre;
Il croupit tout en terre, & l'autre eſt deſireux
S'en retourner au Ciel. O eſprit généreux,
Heureux, ſur tous heureux, qui conſtant te peut ſuivre!]

MARC PAUL VENITIEN [1]. La Deſcription Géographi-
que des Provinces & Villes plus fameuſes de l'Inde Orientale,
Mœurs, Loix, & Coutumes des Habitans d'icelles; mêmement
de ce qui eſt ſous la domination du grand Cham, Empereur
des Tartares : écrite en Latin par Marc Paulo, Gentilhomme
Vénitien, & traduite en François par F. G. L. imprimée à Paris,
in-4°. par Eſtienne Groulleau, 1556.

[1] Il écrivit en Italien, vers la fin du treizième ſiècle, la relation de ſes
voyages, laquelle, d'Italien, ayant été miſe en Latin, a depuis été traduite
de Latin en François *. (M. DE LA MONNOYE).

* Marco Paolo, fils de Nicolò Paolo, noble Vénitien, vivoit vers l'an
1272. Il voyagea dans la Sirie, la Perſe & les Indes, & publia un Livre *de*
Regionibus Orientalibus, imprimé avec les Voyages de Jean Mandeville.
Voyez ſur ſes Voyages, & ceux de Nicolas ſon père, les *Mém. de l'Académie*
des Inſcriptions, Tom. XVII, pag. 130.

MARC [1] Tulles CICERON *. *Voyez* Laurens de Premier-
fait, David Miffant, Antoine Macaut, Eſtienne Dolet, Eſtienne
le Blanc, Jean Colin, Robert du Souchey, Loys Meigret,
Blaiſe de Vigenere, Guy le Fevre.

[1] Le Catalogue ſouvent allégué des Livres de Madame la Princeſſe,

rapporte, pag. 13, une ancienne verſion manuſcrite, par Jean de Frenver, des *Livres de l'Amitié*, de la *Vieilleſſe* & des *Offices*. Du Verdier, qui n'a point connu ce Traducteur, indique ici ceux qu'il a connus. La Traduction la plus ample, qui, dans le ſiècle dernier, ait été faite des Ouvrages de Cicéron, eſt celle de du Ryer. Il en a paru d'autres depuis ce temps, plus ou moins étendues, de MM. *d'Ablancourt, Patru, Giry, Caſſagnes, Saint-Réal, du Bois, Regnier des Marais, Montgault, Morabin, Maſſon, d'Olivet, le Préſident Bouhier*, &c. auxquelles le public éclairé a bien ſu rendre le témoignage de l'eſtime qui leur eſt dûe. Cicéron eſt mort 43 ans avant la venue de Jeſus-Chriſt. (M. DE LA MONNOYE).

* Nous ne nous arrêterons pas à parler ici des circonſtances de la vie & de la mort de ce célèbre Orateur, ſi connu par ſes Ouvrages, & par tout ce que l'on a écrit à ſon ſujet ; nous nous contenterons de rapporter ce que dit S. Jérôme, en deux mots, ſur l'idée que l'on doit ſe faire du mérite de Cicéron : *Demoſthenes Ciceroni præripuit ne primus eſſet, Cicero Demoſtheni ne ſolus.* Les détracteurs de Cicéron ſont moins connus. Nous en allons dire quelque choſe. L'Orateur Calvus, ſon contemporain, le regardoit comme un Harangueur avantageux & ſans force. Aſinius Pollion, autre Orateur de quelque mérite, fit tout ce qu'il put pour obſcurcir la gloire de Cicéron par ſes critiques amères. Aſinius Gallus, fils de Pollion, donnoit hautement la préférence à ſon père ſur l'Orateur Romain. Sénèque le Philoſophe, dont le ſtyle étoit ſi oppoſé à l'élégance noble & majeſtueuſe de Cicéron, regardoit ſa manière comme lâche, embarraſſée, traînante & monotone, finiſſant toujours par les mêmes nombres. L'Empereur Adrien, qui ſe piquoit d'être Orateur & Poëte, préféroit Caton à Cicéron ; ſans doute qu'il avoit des raiſons perſonnelles, pour porter un pareil jugement. On peut juger de ſon goût par les efforts qu'il fit, pour faire ſubſtituer dans les Ecoles, à la lecture d'Homère, celle d'un certain *Antimaque*, Poëte Grec, contemporain de Platon, ſi obſcur dans ſes compoſitions, que ſes auditeurs l'abandonnoient, dès qu'il commençoit à parler. Les plus célèbres Ecrivains doivent ſe conſoler des critiques, ſouvent injuſtes, que l'on fait de leurs Ouvrages, en voyant que Cicéron lui-même eut pour détracteurs, des Auteurs qui ne manquoient pas de mérite, mais que la jalouſie ſeule portoit à le déprimer autant qu'ils le pouvoient. C'eſt ainſi que de nos jours les détracteurs des Boſſuet, des Corneille, des Boileau, des Jean-Baptiſte Rouſſeau, cherchent à anéantir la gloire de ces grands hommes.

MARC VALERE MARTIAL *. Epigrammes imitées de Martial par Marot, par Jean de la Geſſe, & autres Poëtes François ¹.

* *MARCUS VALERIUS MARTIALIS* naquit à Bilbilis, ancienne Ville d'Eſpagne, dont on voit aujourd'hui les ruines auprès de Calatayud, en Arragon. Il étoit de l'Ordre des Chevaliers. Il vint à Rome à l'âge de vingt-un ans, plût par fes talens aux Empereurs Tite & Domitien, qui l'élevèrent aux honneurs civils, à la Préture ; fe voyant négligé fous Trajan, il fe retira en Efpagne, où il mourut âgé d'environ foixante-deux ans, l'an de Jefus-Chrift 112, ou à peu près. — Pline le jeune portoit de lui ce jugement : *Fuit ingeniofus, acutus, acer, & qui plurimùm in fcribendo & falis haberet & fellis, neque candoris minùs.* Epift. 21, Lib. III ad Elfevir. Perfonne n'a mieux jugé que lui-même de fes Ouvrages, lorfqu'il a dit : *Sunt bona, funt quædam mediocria, funt mala plura.*

¹ L'Abbé de Marolles a donné en profe une verfion fort infipide des Epigrammes de Martial. Coftar en a paraphrafé quelques-unes, auffi en profe, avec plus de fuccès. En mon particulier, j'en ai choifi quelque 200, que j'ai mifes en vers *, ne prenant que la penfée du Poëte, fans m'attacher à la lettre. (M. DE LA MONNOYE).

* Elles ont été imprimées dans l'Edition des Œuvres de M. de la Monnoye, de 1770, *in-4°*. 2 vol. & *in-8°*. 3 vol. à la Haye, où plutôt à Paris.

MARC VITRUVE POLLION ¹. Architecture. Voy. JEAN GARDET.

¹ Cet habile Architecte vivoit du temps de l'Empereur Augufte. L'Abrégé, que Jean Gardet, aidé de Dominique Bertin, fit, en 1567, de Vitruve, peut avoir fervi d'exemple à Claude Perrault, de faire un Abrégé des dix Livres du même Auteur, après en avoir donné la Traduction entière, imprimée, pour la première fois, en 1673 ; &, pour la feconde, en 1684. Defpréaux, qui n'aimoit pas les Perraults, a voulu, dans fa dixième Réflexion fur Longin, rabaiffer le mérite de cette Traduction, qu'un plus redoutable adverfaire, Adrien Auzout, homme très-habile en Architecture, mort au mois de Juin, à Rome, 1691, menaçoit d'une forte critique, qui n'a pourtant point paru. (M. DE LA MONNOYE)

MARCEL DONAT ¹. Traité de la Vertu de la Racine nouvelle de Mechioacan, &c. Voyez PIERRE TOLET.

¹ C'eft un Médecin de Mantoue, qui, en 1569, y fit imprimer, *in-4°*. un Traité *de Radice purgante, quam Mechiocan vocant,* traduit, l'an 1572, par Pierre Tolet, dont nous avons parlé dans les notes fur La Croix du Maine, au mot PIERRE TOLET, Tom. II, pag. 330. Je dirai ici feulement, touchant cette plante, qu'elle naît dans la Galice-Neuve, Province de l'Amérique Septentrionale, & qu'elle n'a été appelée *Mechoacan,* que parce que les peuples de la Province de ce nom en ayant reconnu la vertu, en ont ufé les premiers. — Voy. les notes fur la Préface de Du Verdier, Tom. III, p. xxxvij. (M. DE LA MONNOYE).

MARCELLUS PALINGENIUS ¹. Recueil de plufieurs

Difcours tirés du Zodiaque de la vie *, de Marcellus Palingenius, Médecin du Duc de Ferrare, & traduits en vers François par Scévole de fainte Marthe.

1 J'ai remarqué fur Baillet, pag. 343 du 4ᵉ volume, Art. 1259, que le titre de l'Ouvrage de Palingène devoit être ainfi ponctué, *Marcelli Palingenii Stellati, Poëtæ doctiffimi, Zodiacus vitæ*, où le nom de *Stellatus* ne lui eft pas donné par rapport aux Etoiles du Zodiaque, comme l'a cru Baillet, mais parce qu'il étoit né à la Stellada, dans le voifinage de Ferrare. On reconnoît par les derniers vers de fon neuvième Livre, qu'il travailloit, en 1530, à fon Poëme. Les médifances qu'il y répandit contre les Moines, les Prêtres, & les Papes mêmes, furent caufe qu'on déterra fon cadavre, & qu'on le brûla. Poftel, dans fon Livre *de Rationibus Spiritûs Sancti*, au lieu de *Palingenius*, écrit toujours *Palingenefius*. Comme ce Livre de Poftel eft rare, & que le jugement qu'il y porte de Palingène, Chap. 4 du Liv. I de l'Ouvrage, eft curieux, je le rapporterai ici tout au long : *De Palingenefio certè pudet dicere, quum alioquì fit omni humanarum rerum cognitione inftructiffimus ; verum unà Lucretium, Chriftum & Lutherum videtur velle confundere & probare. Ait mundum non effe hominis caufá factum, effeque in errore qui id dicat. Imò eft in maximo qui contra id afferat.* On peut encore, touchant Palingène, voir *Delrio*, 2. *Difquif. Mag. Quæft.* 2. Mais, une chofe à ne pas omettre, c'eft qu'on a depuis peu découvert que *Marcello Palingenio* n'étoit que l'Anagramme de *Pier-Angelo Mançoli*, véritable nom de l'Auteur du *Zodiaque de la vie humaine*. (M. DE LA MONNOYE).

* C'eft à M. *Facciolati*, favant de Padoue, qu'on eft redevable de la découverte du vrai nom de Palingène. Il en fit part à M. Heumann, dans une lettre qu'il lui écrivit, en 1725. (Voy. Bibliothèque Françoife de M. l'Abbé Goujet, Tom. VII, pag. 54.) Scévole de Sainte-Marthe avoit traduit, ou imité plufieurs morceaux du Poëme de Palingène ; & ces Effais parurent dans les Œuvres de Sainte-Marthe, publiées, en 1571, in-8°. Ils empêchèrent *Jean Avril* de continuer de traduire ce Poëme, & même d'en publier les deux premiers Livres, qu'il avoit déjà traduits. (Voy. LA CROIX DU MAINE, Tom I, pag. 445, à l'Article de JEAN AVRIL, & la note de M. de la Monnoye). M. de Rivière, Confeiller au Parlement de Rennes, fut plus hardi, & publia à Paris, en 1619, in-8°. en vers François, le *Zodiaque de la vie humaine*, plutôt imité que traduit, & fes vers ne font guère fupportables aujourd'hui, malgré les grands éloges qu'on leur donna, quand ils parurent. Enfin M. de la Monnerie en publia une Traduction en profe, à la Haye, en 1732, in-8°. & une nouvelle, *revue, corrigée, augmentée de Notes Hiftoriques, Critiques, Politiques, Morales, & fur autres grandes Sciences*, in-12. 2 vol. Cette Traduction eft mauvaife. Au refte, les Notes Alchimiques, dont M. de la Monnerie a enrichi fa verfion, peuvent rendre

ſon Ouvrage intéreſſant pour les perſonnes qui s'occupent de l'Alchimie, & qui y trouvent des attraits.

MARCHEBRUSC, Gentilhomme de Poitou, vint habiter en Provence avec ſa mere, qui étoit la plus brave courtiſanne qui fut de longtemps en Provence, iſſue de la maiſon des Chabbots, noble & très-ancienne race de Poitiers, étoit ſavante & la plus fameuſe Poëte en langue Provençale, & ès autres vulgaires, autant qu'on eût pu deſirer : tenoit Cour d'Amour ouverte, en Avignon, où ſe trouvoient tous les Poëtes, Gentilshommes & Gentilsfemmes du pays, pour ouïr les définitions des queſtions, & tenſons d'Amours qui y étoient propoſées & envoyées par les Seigneurs & Dames de toutes les marches & contrées de l'environ. Celui des Poëtes de ce temps, qui pouvoit recouvrer un Chant ou un Sonnet qu'elle eut fait, s'eſtimoit trop heureux: elle eut ce ſeul fils, nommé Marchebruſc, non moins bon Poëte que la mere, fut facile & doux en ſa poëſie : a fait un Traité intitulé *De la Natura d'Amour*, auquel il décrit parfaitement tous les abus d'amour, toutes ſes forces, ſes changemens, ſes effets incertains, toutes ſes imperfections, & tous les biens, & les maux qui en procédent. Le Monge des Iſles d'Or, tient que c'eſt la mere qui a fait & compoſé ce Traité: & que ce Poëte en a fait un autre intitulé *Las Taulas d'Amour*. La mere & le fils chantoient & fleuriſſoient en Avignon, du temps que Clément VI du nom, Pape, y préſidoit, qui fut preſque du même temps que Jehanne première du nom, fille d'un fils du Roi Robert, Roine de Naples, & Comteſſe de Provence, fit étrangler ſon mari Andréas, frere de Loys, Roi d'Hongrie, en l'an 1346. Aucuns ont écrit que les Sonnets que Pétrarque fit contre Rome, étoient faits contre la mere de ce Marchebruſc, qu'il a nommée *Roma, l'avara Babylonia, Malvagia, Nido di tradimento, fontana di dolore*, & pluſieurs autres paroles fort aigres. Le Monge de Montmajour l'a nommée *La Palharda d'Amor*.

MARGUERITE, très-illuſtre Roine de Navarre, ſœur du
très-

très-Chrétien Roi, François I de ce nom, Ducheffe d'Alençon, époufe en feconde nôce de très-illuftre Henri d'Albret, Roi de Navarre ; au refte Princeffe qui a été fouverainement parfaite en poëfie , docte en philofophie , confommée en l'Écriture fainte, jufques à en rendre les plus favans émerveillés ; a écrit, en fa langue, autant doctement (felon que portoit le temps auquel elle vivoit) que les Grecs ou les Latins ont fait en la leur : de manière que tout homme de favoir & bon jugement, qui lira fes Œuvres fans favoir qui les a faites, ne les jugera être de la compofition d'une femme, mais bien plutôt de quelque très-grave & très-profond Docteur. Car comme elle paffoit toutes celles de fon fexe en vivacité d'efprit, & avoit, en un corps féminin , un cœur héroïque & viril ; ainfi employoit-elle le temps aux Arts, dignes de l'occupation des plus excellens hom-mes de fon temps. Ses Œuvres poëtiques ont été ramaffées & mifes enfemble après fon décès, à la diligence de Simon Sylvius, dit de la Haye, fon Valet-de-chambre, qui les a fait imprimer, en un volume, *in-8°.* à Lyon , par Jean de Tournes, 1547, fous le titre fuivant : Marguerites de la Marguerite des Princef-fes, très-illuftre Roine de Navarre.

Ce qui y eft contenu :

Le Miroir de l'Ame péchereffe : Difcord de l'efprit & de la chair : Oraifon de l'Ame fidèle à fon Seigneur Dieu : autre Oraifon à notre Seigneur Jefus-Chrift : Comédie de la Nativité de Jefus-Chrift , en laquelle font entreparleurs Jofeph , Marie, trois Hôtes, cinq Anges, Dieu, Sophron, Elpifon, Nephale, Bergers , Philetine , Criftilla , Dorothée , Bergeres , Sathan : Comédie de l'Adoration des trois Rois , à Jefus-Chrift ; où font introduits, qui entreparlent, Dieu, Philofophie, Tribulation, Intelligence Divine, Balthafar, Melchior, Gafpar, Infpiration, les Serviteurs des Rois , Hérode , le Hérault d'Hérode , deux Docteurs : Marie , trois Anges , Dieu. Comédie des Innocens: Comédie du défert : le Triomphe de l'Agneau : Complainte

pour un prisonnier : Chansons spirituelles : la Fable des Satyres &
Nymphes de Diane : 4 Epîtres au Roi son frère : Epîtres au Roi de
Navarre : les 4 Dames & les 4 Gentilshommes : Comédie où sont
introduits deux filles, deux mariées, la vieille, le vieillard, &
les quatre hommes : Farce de Trop, Prou, Peu, Moins : la
Coche : l'Umbre : la Mort & Résurrection d'Amour : Réponse
à la Chanson *Je vous supplie entendez - moi* : Eclogue composée
par très-Chrétienne Princesse Marguerite de France, Roine de
Navarre, imprimée hors le volume de ses Marguerites, à Pau,
in-4°. par Jean de Vingles, 1552 ; les Bergers y introduits sont
nommés, Securus, premier Berger, Amarissime Bergere, Agapi,
second Berger ; Paraclesis. Elle a écrit aussi en prose un Livre
de Contes ou Nouvelles, auquel, se jouant sur les actes de la
vie humaine, elle a laissé si belles Instructions, qu'il n'y a celui
qui n'y trouve matiere d'érudition : & si a (selon tout bon
jugement), passé Boccace, ès beaux Discours qu'elle a faits sur
chacun de ces Contes : ainsi que dit Claude Gruget, qui l'a
remis en son vrai ordre, & l'a fait imprimer à la seconde édition,
sous titre tel : l'Heptameron, ou Histoire des Amans fortunés,
des Nouvelles de très-illustre Princesse Marguerite, Roine de
Navarre ; imprimé à Paris, *in*-4°. par Gilles Robinot, 1576 *.

* Voy. LA CROIX DU MAINE, & les notes, au mot MARGUERITE
DE VALOIS, Tom. II, pag. 84. & suiv.

En l'Oraison de l'Ame fidele, qui contient plus de 1500 vers.

> [*Seigneur, duquel le siège sont les Cieux ;*
> *Le marchepied, la terre & ces bas lieux,*
> *Qui en tes bras enclos le firmament,*
> *Qui es toujours nouveau, antique & vieux ;*
> *Rien n'est caché au regard de tes yeux ;*
> *Au fond du roc tu vois le diamant,*
> *Au fond d'Enfer ton juste jugement,*
> *Au fond du Ciel ta majesté reluire,*
> *Au fond du cœur le couvert pensement,*
> *Qui est celui qui te voudrait instruire ?*
>   *Plus qu'un éclair ton œil est importable,*
> *Plus qu'un tonnerre est ta voix effroyable,*

Plus qu'un grand vent ton esprit nous étonne,
Plus que foudre est ton coup inévitable,
Plus que mort est ton ire épouvantable,
Plus que nul feu ton courroux peine donne :
Tu penses, veux & fais, & si ordonnes
Ce qu'il te plaît ; tuer, ressusciter,
Est en ta main, dont l'œuvre est toujours bonne ;
Qui est le sot qui pense y résister ?
    Plus qu'un Soleil, ton regard est luisant ;
Plus qu'un beau jour ton visage est plaisant,
Plus que rosée au cœur ton esprit doux, &c.

Et un peu plus bas :

Seigneur, Cuider a voulu entreprendre
De ta hauteur sens & puissance entendre,
Et deviser de tes graces & biens ;
Mais il auroit besoin premier d'apprendre
Que c'est de lui, & dedans soi descendre ;
Lors trouveroit que s'il est, il est Rien.
Rien que peut-il ? moindre est que fange & fien ;
Mais si ce Rien au vrai se cognoissoit,
Rien, & toi Tout, &c.

En l'Heptameron.

Punition, plus rigoureuse que la mort, d'un mari envers sa femme adultère.

Nouvelle XXXII.

Le Roi Charles VIII de ce nom envoya en Allemagne un Gentilhomme, nommé Bernage, Seigneur de Cyvré, près d'Amboise, lequel, pour faire bonne diligence, & avancer son chemin, n'épargnoit jour, ne nuit ; ensorte qu'un soir bien tard, arriva au Château d'un Gentilhomme, où il demanda logis, ce qu'à grande peine peut avoir. Toutefois, quand le Gentilhomme entendit qu'il étoit serviteur d'un tel Roi, s'en alla au-devant de lui, & le pria de ne se mal contenter de la rudesse de ses gens ; car, à cause de quelques parens de sa femme, qui lui vouloient mal, il étoit contraint tenir sa maison ainsi fermée au soir. Ledit Bernage lui dit l'occasion de sa légation, en quoi le Gentilhomme s'offroit de faire tout service, à lui possible, au Roi, son maître, & le mena dedans sa maison, où il le logea & festoya honorablement. Et, étant heure de souper, le Gentilhomme le mena en une salle tendue de belle tapisserie ; &, ainsi que la viande fut apportée sur la table, vit sortir de derrière la tapisserie une femme, la plus belle qu'il étoit possible de re-

C ij

garder ; mais elle avoit la tête toute tondue , le demeurant du corps habillé de noir , à l'Allemande. Après que le Gentilhomme eut lavé avec ledit Bernage, l'on apporta de l'eau à cette Dame, qui lava, & s'en alla seoir au bout de la table , sans parler à nul, ni nul à elle. Le Seigneur de Bernage la regarda bien fort , & lui sembla l'une des plus belles Dames qu'il eût jamais vue , sinon qu'elle avoit le visage bien pâle , & la contenance fort triste. Après qu'elle eut un peu mangé , demanda à boire, ce que lui apporta un serviteur de céans, dedans un émerveillable vaisseau, car c'étoit la tête d'un mort , de laquelle les pertuis étoient bouchés d'argent , & ainsi but deux ou trois fois la Damoiselle. Après qu'elle eut soupé & lavé les mains , fit une révérence au Seigneur de la maison , & s'en retourna derrière la tapisserie , sans parler à personne. Bernage fut tant ébahi de voir chose si étrange, qu'il en devint tout triste & pensif. Le Gentilhomme, qui s'en apperçut, lui dit : Je vois bien que vous vous étonnez de ce qu'avez vu en cette table; mais, vu l'honnêteté que j'ai trouvée en vous , je ne vous veux celer que c'est, afin que vous ne pensiez qu'il y ait en moi telle cruauté, sans grande occasion. Cette Dame, que vous voyez, est ma femme , laquelle j'ai plus aimée que jamais homme ne pourroit aimer la sienne, tant que, pour l'épouser, j'ai oublié toute crainte, ensorte que je l'amenai ici , malgré ses parens. Elle aussi me montroit tant de signes d'amour, que j'eusse hasardé dix mille vies, pour la mettre céans à son aise & au mien, où nous avons vécu long-temps en tel repos & contentement, que je me tenois le plus heureux Gentilhomme de la Chrétienté. Mais , en un voyage que je fis, où mon honneur me contraignoit aller , elle oublia tant le sien , sa conscience , & l'amour qu'elle avoit en moi, qu'elle fut amoureuse d'un jeune Gentilhomme que j'avois nourri céans, dont, à mon retour, je m'en cuidai appercevoir. Si est-ce que l'amour, que lui portois, etoit si grande , que je ne me pouvois défier d'elle , jusqu'à ce que l'expérience m'ouvrît les yeux , & visse ce que je craignois plus que la mort. Parquoi l'amour que je lui portois fut convertie en fureur & désespoir ; de sorte que je la guettai de si près, qu'un jour, feignant aller dehors, je me cachai en la chambre où maintenant elle demeure , en laquelle , bientôt après mon partement , se retira , & y fit venir ce jeune Gentilhomme, lequel je vis entrer avec la privauté, qui n'appartient qu'à moi avoir à elle. Mais , quand je vis qu'il vouloit monter sur le lit auprès d'elle , je sailli dehors , & le pris entre ses bras, où je le tuai. Et, pource que le crime de ma femme me sembla si grand , que telle mort n'étoit suffisante pour la punir, je lui ordonnai une peine, que je pense qu'elle a plus désagréable que la mort : c'est de l'enfermer en la chambre où elle se retiroit pour prendre ses plus grands délices, & en la compagnie de celui qu'elle aimoit trop mieux que moi , auquel lieu je lui ai mis dedans une armoire tous les os de son ami , pendus , comme une chose précieuse , en un cabinet ; &, afin qu'elle n'en oublie la mémoire, en buvant & mangeant , lui fais servir à table tout devant moi , en lieu de coupe, la tête de ce méchant, à ce qu'elle voie vivant, celui qu'elle fait son mortel ennemi par sa faute, & mort, pour l'amour d'elle, celui duquel elle avoit préféré l'amitié à la mienne ; & ainsi elle voit à dîner & souper les deux choses qui plus lui doivent déplaire, l'ennemi vivant, & l'ami mort, & tout par son péché. Au demeurant, je la traite comme moi, sinon qu'elle va tondue ; car l'ornement des cheveux n'appartient à l'adultère, ne le voile à l'impudique, parquoi s'en va rasée, montrant qu'elle a perdu l'honneur, la chasteté & pudicité. S'il vous plaît prendre la peine de la voir, je vous y menerai. Ce que fit volontiers Bernage, & descendirent en bas, & trouvèrent qu'elle étoit en une très-belle chambre, assise toute seule devant un feu. Le Gentilhomme tira un rideau qui etoit devant une grande armoire, où il vit pendus tous les os d'un homme mort. Bernage avoit grande envie de parler à la Dame ; mais, de peur du mari, il n'osa. Ce Gentilhomme, qui s'en apperçut, lui dit : S'il vous plaît lui dire quelque chose, vous verrez quelle phrase & parole elle a. Bernage lui dit à l'heure, Madame, si votre patience est égale au tourment, je vous estime la plus heureuse femme du monde. La Dame, ayant la larme à l'œil, avec une grace tant humble, qu'il n'étoit possible de plus, lui dit : Monsieur, je confesse ma faute être si grande, que tous les maux que le Seigneur de céans (lequel je ne suis digne de nommer mari) me sauroit faire, ne me sont rien, au prix du regret que j'ai de l'avoir offensé ; &, en disant cela, se print fort à plorer. Le Gentilhomme tira Bernage par le bras, & l'emmena. Le lendemain au matin s'en partit, pour aller faire la charge que le Roi lui avoit donnée. Toutefois, disant adieu au Gentilhomme, ne se put tenir de lui dire : Monsieur, l'amour que je vous porte, & l'honneur & privauté que vous m'avez faite en votre maison, me contraignent vous dire qu'il me semble (vu la grande repentance de votre pauvre femme) que vous lui devez user de miséricorde, & aussi que vous êtes jeune, & n'avez nuls enfans, & seroit grand dommage de perdre une telle maison que la vôtre, & que ceux, qui ne vous aiment peut-être point, en fussent héritiers. Le Gentilhomme, qui avoit délibéré de ne parler jamais à sa femme, pensa longuement au propos que lui tint le Seigneur de Bernage, & enfin connut qu'il lui disoit vérité, & lui promit que, si elle persévéroit en cette humilité, il en auroit quelquefois pitié. Ainsi s'en alla Bernage faire sa charge. Et, quand il fut retourné devers le Roi, son maître, lui fit tout au long le conte, que le Prince trouva tel comme il disoit ; &, entr'autres choses, ayant parlé de la beauté de la Dame, envoya son Peintre, nommé Jean de Paris, pour lui rapporter au vif cette Dame, ce qu'il fit, après le consentement de son mari, lequel, après longue pénitence, pour le désir qu'il avoit d'avoir enfans, & par la pitié qu'il eut de sa femme, qui, en si grande humilité, recevoit cette pénitence, la reprit avec soi, & en eut depuis beaucoup de beaux enfans. Mes Dames, si toutes celles à qui pareil cas, comme à elle, est advenu, buvoient en tels vaisseaux, j'aurois grand peur que beaucoup de coupes dorées fussent converties en têtes de morts, Dieu nous en veuille garder ; car, si sa bonté ne nous retient, il n'y a aucune d'entre vous qui ne puiffe faire pis ; mais , ayant confiance en lui , il gardera celles qui confeffent ne fe pouvoir par elles-mêmes garder. Et celles, qui fe confient en leurs forces & vertus, font en grand danger d'être tentées , jufqu'à confeffer leur infirmité , & vous affure qu'il s'en font vues plufieurs que l'orgueil a fait trebucher en tel cas,dont l'humilité fauvoit celles que l'on eftimoit les moins vertueufes. Et dit le vieil proverbe que ce que Dieu garde, eft bien gardé. Je trouve , dit Parlamente, cette punition autant raifonnable , qu'il eft poffible ; car , tout ainfi que l'offenfe eft pire que la mort , auffi eft la punition pire que la mort. Je ne fuis pas de votre opinion , dit Emarfuitte , car j'aimerois mieux voir toute ma vie les os de tous mes ferviteurs en mon cabinet, que de mourir pour eux, vu qu'il n'y a méfait, ne crime qui ne fe puiffe amender ; mais , après la mort, n'y a point d'amendement. Comment fauriez-vous amender la honte, dit Longarine ? car vous favez que , quelque chofe que puiffe faire une femme, après un tel méfait , ne fauroit réparer fon honneur. Je vous prie , dit Emarfuitte , dites-moi fi la Madelaine n'a pas plus d'honneur maintenant entre les hommes, que fa fœur, qui étoit Vierge ? Je vous confeffe , dit Longarine , qu'elle eft louée entre nous de la grande amour qu'elle a portée à Jefus - Chrift , & de fa grande pénitence; mais fi lui demeure-t-il le nom de péchereffe. Je ne me foucie , dit Emarfuitte, quel nom les hommes me donnent ; mais , que Dieu me pardonne , & mon mari auffi , il n'y a rien pourquoi je voufiffe mourir. Si cette Damoifelle aimoit fon mari, comme elle devoit (dit Dagoucin) je m'ébahis qu'elle ne mouroit de deuil , en regardant les os de celui, à qui , par fon péché , elle avoit donné la mort. Comment, Dagoucin , dit Simontault , êtes-vous encore à favoir que les femmes n'ont amour, ni regret? Oui, dit-il , car jamais je n'ai ofé tenter leur amour, de peur d'en trouver moins que je defire. Vous vivez donc de foi & d'efpérance, dit Nomerfide? comme le pluvier du vent , vous êtes bien aifé à nourrir. Je me contente , dit-il, de l'amour que je fens en moi , & de l'efpoir qu'il y a au cœur des Dames; mais, fi je le favois , comme j'efpére , j'aurois fi extrême contentement , que je ne le pourrois porter fans mourir. Gardez-vous bien, dit Guebron , de la pefte , car de cette maladie-là je vous affure , &c. Mais je voudrois favoir à qui Mademoifelle Oifille donnera fa voix. Je la donne , dit-elle , à Simontault, lequel , je fais bien , n'épargnera perfonne. Autant vaut , dit - il , que vous mettiez affus, que je fuis un peu médifant. Si ne lairrai- je à vous montrer que ceux, que l'on difoit médifans , ont dit vérité. Je crois , mes Dames, que vous n'êtes fi fottes de croire en toutes les nouvelles que l'on vous vient conter, quelque apparence qu'elles puiffent avoir de fainteté , fi la preuve n'y eft fi grande , qu'elle ne puiffe être remife en doute. Auffi , fous efpèce de miracle , y a bien fouvent des abus.]

MARGUERITE DE CAMBIS, Veuve du Seigneur & Baron d'Aygremont en Languedoc, a traduit d'Italien, Epître du Seigneur Jean George Tryſſin, de la vie que doit tenir une Dame veuve; imprimée à Lyon, *in-16.* par Guillaume Roville, 1554. Epître Conſolatoire de l'exil, envoyée par Jean Boccace, au Seigneur Pino de Roſſi; imprimée à Lyon, *in-16.* par Guillaume Roville, 1556.

MARIE DE CLEVES [1]. L'Oraiſon & Remontrance de haute & puiſſante Dame Marie de Cleves, ſœur de très-haut & puiſſant Seigneur le Duc de Cleves & de Gueldres, faite au Roi d'Angleterre & à ſon Conſeil, traduite en François; imprimée à la Rivour, *in-4°.* par Nicole Paris, Imprimeur de Meſſire Jean de Luxembourg.

[1] Elle étoit fille de Clèves, Duc de Nevers, mort l'an 1561, & femme de Henri de Bourbon, premier du nom, Prince de Condé, mort l'an 1588. Elle mourut l'an 1586 *. (M. DE LA MONNOYE).

* M. de la Monnoye ſe trompe ſur quelques dates. François de Clèves, père de Marie, mourut le 15 Février 1562. Marie de Clèves, ſa fille, mariée au Prince de Condé, au mois de Juillet 1572, mourut en couches à Paris, le 30 Octobre 1574. Le Prince de Condé ſe remaria le 16 Mars 1586, à Charlotte-Catherine de la Tremoille.

MARIE DE FRANCE, fut une Trouverre, laquelle ne portoit ce ſurnom, pource qu'elle fût du ſang des Rois; mais pource qu'elle étoit native de France, ainſi qu'elle dit:

> *Au finement de cet écrit,*
> *Me nommerai par remembrance,*
> *Marie ai nom, ſi ſuis de France.*

Elle mit en vers François les Fables d'Eſope, moraliſées, qu'elle dit avoir tranſlatées d'Anglois en François.

> *Por l'amour au Comte Guillaume,*
> *Le plus vaillant de ce Royaume.*

*Voy. LA CROIX DU MAINE, au même Article, Tom. II, pag. 89.

MARIE DE ROMIEU, ſœur de Jaques de Romieu, ci-devant nommé. Les premiéres Œuvres poëtiques de Marie de Romieu de Vivarez, eſquelles ſe voit un Diſcours, que l'excellence de la femme furpaffe celle de l'homme * : ce qui lui fera accordé ; imprimées à Paris, *in-*12. par Lucas Breyer, 1581.

* Marie de Romieu, Demoifelle d'une famille noble du Vivarès, voulut prouver, dans fon *Brief Difcours*, en vers, *que l'excellence de la femme furpaffe celle de l'homme*, ce qu'elle prouve, 1°. par la modeftie, la candeur, la bonne foi, la douceur, qu'elle prétend être le partage des femmes ; 2°. par les faits d'armes, dans lefquels elles ont furpaffé les Héros les plus célèbres ; 3°. par les exemples tirés de l'Hiftoire Sacrée & Profane. Elle adreffe ce petit Poëme à fon frère, JACQUES DE ROMIEU, en réponfe à une Satire contre les femmes, qu'il avoit envoyée de Paris dans le Vivarès. Il le fit imprimer, & y joignit quelques autres pièces de fa façon. Il annonçoit encore d'autres Poëfies de fa fœur, qui n'ont point vu le jour. —Voy. LA CROIX DU MAINE, à l'Article de MARIE DE ROMIEU, Tom. II, pag. 89, & la Biblioth. Franç. de M. l'Abbe Goujet, Tom. XIII, pag. 272.

MARIE DE STUART. La Harangue de très-illuftre Princeffe Marie de Stuart, Roine d'Efcoffe, Douairiere de France, par elle faite, & prononcée en l'Affemblée des États de fon Royaume, tenus au mois de Mai 1563 ; imprimée à Reims, par Jean de Foigny. Méditation faite par la Roine d'Efcoffe, Douairiere de France, recueillie d'un Livre des Confolations Divines, compofé en Latin par l'Evêque de Roffe, & mife en rime Françoife ; imprimée à Paris, avec ledit Livre des Confolations, *in-*8°. par Pierre l'Huillier, 1374*.

* Voy. LA CROIX DU MAINE, & les notes, au même Article, Tom. II, pag. 90.

MARIN BARLET *. Voyez aux Harangues Militaires de Belleforeft & auffi l'Hiftoire de Caftriot, dit Scanderbeg, traduite de fon Latin.

* Il étoit de Scutari (*Scodrenfis*). Il compofa en Latin l'Hiftoire du Siége de cette Ville, imprimée, en 1504, à Venife, *in-*4°. & à Bafle, en 1556. Il écrivit auffi, en la même langue, la *Vie de Scanderberg*, qui parut à Strasbourg, en 1537, *in-fol.* & à Francfort, en 1578. On prétend qu'il y en a eu une Édition plus ancienne, publiée à Rome, *in-fol.* fans date. (Voy. *Biblioth. Cur.* de M. Clément, Tom. II, pag. 435.) Quelques Ecrivains l'ont confondu avec un autre Auteur, *Marin Becichemus*, qui étoit auffi de *Scutari*, & qui fut Profeffeur d'Eloquence à Breffe, vers le feizième fiècle. (Voyez CLÉMENT, *ibid.* & *Fabric. Biblioth. infim. Latinit.* Tom. I & V). La *Vie de Scanderberg*

Scanderberg, par Barlet, a été plusieurs fois traduite en François. —Voy. LA CROIX DU MAINE, & les notes, à l'Article JACQUES LAVARDIN, Tom. I, pag. 420 & 421.

MARIN LE FEVRE a traduit du Latin de Philippes Besanson, Docteur en Médécine, Traité en forme de Dialogue, des merveilleux Effets de deux admirables fontaines, en la forest d'Ardenne, & le moyen d'en user, en plusieurs maladies; imprimé à Paris, *in-8°*. par Pierre Cavellat, 1577.

   * Voy. LA CROIX DU MAINE, au même Article, Tom. II, pag. 91.

MARIUS EQUICOLA [1]. Voyez MICHEL ROTÉ, GABRIEL CHAPUIS.

   [1] Il s'est appelé, en Italien, *Mario Equicola d'Alveto*, parce qu'il étoit d'Alveto, ou Alvito, Bourg de l'Abruzze, pays qu'il croyoit faussement être celui des peuples nommés anciennement *Æquicoli*. Léandre Albert s'est par-là trompé, le faisant naître dans la Campagne de Rome, où il n'y a nul Bourg d'*Alveto*. Le Bandel parle souvent de *Mario* avec éloge, le nommant *Précepteur & Secrétaire de Madame la Marquise de Mantoue, Isabelle d'Est, Epouse de François de Gonzague, second du nom.* Jule Scaliger lui adressa, en 1517, une Elégie, contenue dans la partie de ses Poësies, intitulée *Lacrymæ*. Voy dans le Toppi (*Biblioth. Napolit.*) le Catalogue des Œuvres d'Equicola, parmi lesquelles n'est point rapportée l'Apologie Latine qu'il a faite de la Nation Françoise. Son Ouvrage le plus connu est celui *di Natura d'Amore*, que, dans l'Epître Dédicatoire à la Marquise de Gonzague, il dit avoir premièrement écrit en Latin. Equicola n'est pas mort avant 1524, puisque la treizième Lettre du Liv. VIII de celles de Celio Calcagnini lui est adressée, en date du 10 Janvier 1524. — Voy. les Mémoires de Niceron, Tom. XLI. (M. DE LA MONNOYE).

MARSILE FICIN, Philosophe, Médecin & Théologien très-excellent *. De la triple Vie, &c. Voyez JEAN BEAU-FILS, GUY LE FEVRE, De la Religion Chrétienne, &c. chapitres trente-huit, traduits par Guy le Fevre. Commentaire sur le banquet de Platon, traduit par Symon Sylvius.

   * Cet Auteur, Médecin, Prêtre & Chanoine de Florence, naquit dans cette Ville, le 19 Octobre 1433. Ce fut un grand Platonicien, qui, au jugement de Casaubon, a mieux entendu Platon, que n'a fait Jean de Serres, mais il l'a traduit dans un style désagréable. C'est sans doute pourquoi Marc Musurus, ami de Marsile Ficin, qu'il avoit consulté sur sa Traduction,

au lieu de lui répondre , versâ sur la première page un cornet plein d'encre.
Ce procédé engagea , dit-on, Marsile à recommencer son Ouvrage , & à le
faire imprimer tel que nous l'avons. Il est, dit-on , plus exact pour le sens ,
mais moins élégant que de Serres. Marsile Ficin , en qualité de Médecin,
avoit tant d'attention pour sa santé , qu'il changeoit de calottes plusieurs fois
par heure ; mais ni ces précautions, ni la confiance qu'il avoit à l'Astrologie
Judiciaire , ne poussèrent pas bien loin sa carrière. Il mourut à sa maison de
campagne de Carregio , en 1499 , âgé de soixante-six ans. —Voy. les Mém.
de Niceron, Tom. V.

Au trente-cinquième chapitre du Livre de la Religion Chrétienne.

[Plusieurs choses confirment la doctrine de Christ, premièrement les pré-
dictions des Sybilles & des Prophètes , puis après la sainteté & les miracles de
Christ & des Chrétiens , & par-dessus encore cette merveilleuse profondeur
& majesté, excédante toute commune façon de dire laquelle est reconnue en
leur style , combien qu'aucuns au précédent fussent pescheurs rudes & grossiers, comme S. Pierre, S. Jaques, & S. Jean. Et , afin que je me taise de
S. Paul, lequel , combien qu'avant sa conversion , il fût homme très-docte ,
toutefois depuis , en ses Epîtres , il s'élève de beaucoup par-dessus l'homme.
Qu'est-il rien plus magnifique & auguste que les Epîtres de S. Pierre? Quoi
plus vénérable que l'Epître de S. Jaques & de S. Jude ? Que dirons-nous de
l'Apocalypse de S. Jean , lequel Livre nous rapporte & représente la face du
Ciel , & contient autant de Sacremens & Mystères, que de paroles. Qu'est-
ce que de ses Epîtres , auxquelles , sans aucuns mots fardés , on goûte une
douceur nectarée , & un sens tout divin ? Quant à son Evangile , il semble
avoir été écrit des mains de Dieu, non pas d'un homme. Et Amélie Platonique le lisant , jura , par Jupiter , que cet homme barbare , c'est-à-dire , Juif ,
a oui dire à un Platonique , que le commencement & préface de l'Evangile
d'icelui devoit par-tout être écrit aux frontispices des Temples , en lettres
dorées. En somme telle a été la vie de tous , quelle a été leur parole. Car ,
tout ainsi qu'en conversation , ils ont été très-débonnaires , aux dangers &
aux labeurs très-forts & très-constans, aussi ont-ils été en parler humbles , &
ensemble très-hauts. Telles alliances & conjonctions sont estimées des Philosophes surpasser la nature. Ainsi donc Christ , leur maître , ainsi qu'il avoit
promis , a rendu ces pescheurs rustiques, pescheurs excellens des hommes. Et,
ce qui est admirable , après qu'il fut monté au Ciel , de rudes & grossiers
qu'ils étoient , par une soudaine inspiration venant du Ciel , il les enseigna
d'une telle merveille , que soudain , devant tout le peuple , ils étoient faconds
& savans en toutes langues & toutes doctrines. Ce qui est évidemment démontré , parce qu'eux-mêmes ont enseigné plusieurs hommes doctes , &
plusieurs excellens en sapience , ont librement soumis le col dessous leur joug

Hiérothée, Denis Aréopagite, & Juftin, Platoniques (defquels les écrits font remplis de toute fapience) ont foutenu la croix de Chrift enfemble avec les Apôtres. Davantage Pantene Stoïque, Quadrat, Agrippe, Ariftide; Luc & Marc, Philofophes; Tenas & Apollo, très-doctes en la loi Judaïque. Que dirai-je du fage Ignace, difciple de Chrift, & Evêque d'Antioche, lequel, comme il étoit lié & détenu, & qu'on le menoit à Rome, pour être dévoré des bêtes, écrivit fur le chemin plufieurs Epîtres du Martyre & de la Doctrine Chrétienne, adreffées aux Ephéfiens, aux Magnéfiens, aux Thraces, Smyrnéens, Philadelphiens, à Polycarpe, & aux Romains? Et, en l'Epître aux Romains, il dit: Depuis Syrie jufqu'à Rome je combats, pour être dévoré des bêtes. Cependant étant lié jour & nuit, je bataille avec dix Léopards, c'eft-à-dire, avec dix Gendarmes, qui me gardent, auxquels, d'autant plus que je fais de bien, ils en font pires. Or leur iniquité me fert de doctrine & d'érudition; mais pourtant je ne fuis pas juftifié à ma volonté, que je puiffe jouir des bêtes qui me font préparées, lefquelles je prie qu'elles foient promptes & foudaines à ma mort, & que je les puiffe allécher à me manger, de peur que j'ai qu'elles n'ofent toucher mon corps, ainfi que des autres Martyrs; que fi elles ne veulent venir, je leur ferai force, afin que je fois dévoré. Pardonnez-moi, mes enfans; je fais ce qui m'eft profitable. Je commence maintenant d'être difciple. Jà n'avienne que je defire aucune chofe de ce qu'on voit, ni de ce qu'on ne voit point, afin que je trouve Jefus-Chrift. Le feu, la croix, les bêtes, le brifement des os, la divifion des membres, la moulure & le broyement de tout le corps, tous les tourmens inventés par l'art du Diable, viennent fondre fur moi, pourvu que je jouiffe de Jefus-Chrift. Voilà qu'il dit. Et comme il étoit jà condamné d'être jeté, & qu'il oyoit jà les Lions rugiffans, d'une ardeur qu'il avoit de fouffrir, il dit: Je ferai moulu par les dents des Lions, afin que je devienne un pain net & monde. Polycarpe, auffi Evêque de Smyrne, compagnon de S. Jean l'Evangélifte, grand Docteur d'Afie, étant prié par le Juge de dénier Jefus, répondit qu'il ne pourroit renier celui auquel il avoit jà heureufement fervi par huitante & fix ans. Parainfi étant tout embrafé de l'amour de Jefus-Chrift, il endura fort aifément les flammes du feu, & la mort. Voilà que les Smyrnéens écrivirent de lui aux Eglifes de Pont. Et Juftin le Platonique, auditeur des Apôtres, au Livre que, pour la défenfe de notre religion, il préfenta aux Juges Romains, après qu'il a fait le dénombrement de plufieurs excellens Martyrs, prophétife qu'il feroit auffi confumé par martyre, par les embûches d'un certain Crefcent, Cynique, ou plutôt méchant, difant ainfi: Et moi auffi j'efpère que je fouffrirai embûches de quelqu'un de ceux auxquels pour la vérité, je réfifte. J'efpère, dis-je, que je ferai frappé d'un bâton, ou d'une maffue, voire; & ne fuft-ce que de Crefcent, non amateur de fageffe, mais de vaine pompe. Ce qui advint ainfi, & Juftin l'endura autant magnanimement, comme il l'avoit prévu manifeftement. Même S. Jean l'Evangélifte avoit prévu & prédit en la fin de fon Evangile, qu'encore qu'il endurât des

D ij

tourmens extrèmes, il ne pourroit être mis à mort. Il avoit aussi très-évidemment prédit en l'Apocalypse, entre les autres calamités des Chrétiens, celle qui advint sous l'Empereur Valérian, de laquelle Denis, Evêque d'Alexandrie, Martyr de ce temps-là, a dit : Il a été révélé à S. Jean de dire, & il lui a été donné une bouche parlante choses grandes & blasphèmes, & lui a été donnée puissance par l'espace de quarante-deux mois, & l'un & l'autre est accompli en Valérian. Voilà que dit S. Denis. Mais il convenoit, avant les autres Martyrs, de faire mention de Simon, cousin germain de Jesus-Christ, lequel, après longs tourmens, souffrit aussi volontiers la croix, étant jà parvenu à l'âge de cent-vingt ans. Mais voici une grande troupe d'hommes excellens en toute doctrine, qui se présentent devant moi ; à savoir, Timothée, Tite, Clément Romain, Barnabé, Jean le Prestre, Aristion, Softhene, Sylvain, Sosipatre, Demophile, Dorothée, Philemon, Andronique, Urbain, Lucie, Jason, Tertius, Crescent, Linus, Cletus, Paul Sergie, Proconsul de Cypre ; Sylas, Demas ; Egésipe, Juif ; Crispe, Epaphras, Marcie, Aristarque, Epaphrodite, Tychique, Onesime, Evodie, Papias, Hermas, Justus Gaius, & Mellite, Philosophe d'Asie, qui composa un Livre pour Christ, présenté à Marc Antonin le véritable, & plusieurs autres hommes très-sages, disciples des Apôtres, lesquels regardoient en assurance la croix l'un de l'autre, & incontinent chacun sans crainte, attendoit la sienne, & la soutenoit invaincu. Plusieurs autres sages ont imité ceux-ci, comme Théophile, Denis, Pénitée de Crete, Tacian, Philippe, Musian ; Modeste, Philosophe ; Bardasenes, Syrien, Dialecticien & Mathématicien ; Apollinaire, Philosophe : ces deux derniers présentèrent des Livres pour notre religion ; Victor, Irenée, Rhodon, Clément Alexandrin, Milciade très-docte, qui pour la religion Chrétienne présenta un Livre à Marc Antonin Commode ; Apollonie, Philosophe, Sénateur de la Ville de Rome & Martyr de Christ, qui composa un Livre très-excellent, présenté à Commode Sévère, pour lui rendre raison de sa foi. Apollonie, Abel, Cerapion, Bachile, Polycrate, Heraclite, Maxime, Candide, Appion, Sextus, Aravian, Narcisse, Judas, Tertullian une fontaine de doctrine, qui florissoit sous Sévère, Empereur, & qui s'écria ainsi contre les Juges : Nous disons, & le disons publiquement, & combien que nous soyons déchirés & ensanglantés par vos tourmens, si ne laissons-nous de crier à haute voix : Nous adorons Dieu par Jesus-Christ. Estimez, tant que vous voudrez, que c'est un homme, tant y a que Dieu veut en lui & par lui être connu & adoré. Nous rendons graces à vos sentences & arrêts ; quand nous sommes condamnés de vous, nous sommes absous de Dieu. Ammonie Alexandrin, noble Platonique ; Léonide le Sage, père d'Origène ; Origène lui-même, homme entre tous admirable en doctrine & en vie, lequel Porphyre préfère pour sa doctrine à tous les plus savans de son siècle, lequel en huit volumes a confuté les disputes de Celse, Epicurien, à l'encontre des Chrétiens, & autant écrit de Livres de la Philosophie Chrétienne, qu'à peine un homme en un fort long âge les pourroit lire. Icelui (comme récite Eusèbe) souffrit pour la gloire de Christ des tourmens souvent répétés & inconnus à tous les siècles. De lui furent disciples très-illustres, Plutarque, Héraclide, Héros, & les deux Serenes, qui pour Christ reçurent la couronne de martyre. Puis Triphon & Ambroise, disciples d'Origène ; Minuce, Gaius, Berille, Hippolite, Alexandre, Jules, African Gemin, Théodore, Corneille ; Cyprian d'Afrique, Martyr, & très-excellent en sapience & en éloquence ; Ponce, disciple de Cyprian, Denys, Novatian, Marion, Archelas, Anatolie, Alexandrin, Philosophe signalé ; Victorin, Pamphile, Martyr très-suffisant, & son disciple Eusèbe de Césa-rée, semblable au maître ; Phierie, Lucian, Phileas, Arnobe, Lactance, Rethnique ; Méthodie, insigne Philosophe, lequel en un excellent volume a confuté les disputations & argumens de Porphire contre nous ; Juvence, Eustache, Marcel, le grand Athanase, Antonin, Basile, Théodore, Eusèbe, Emisène, Triphile, Lucifer, l'autre Eusèbe, Sardus, Acace, Serapion, le grand Hilaire, Victorin, Titus, Damase, Apollinaire, Grégoire Bétique, Pacian, Phébadie, Didyme Alexandrin, homme divin, & Ambroise Alexan-drin son auditeur ; Optat Millevitain d'Afrique, Achilie, Cyrille, Cuzonis, Epiphane, Ephrem Syrien, le grand Basile & Grégoire son frère ; Grégoire Nazianzène, surnommé le Théologien. Cestui répond subtilement & copieu-sement aux invectives de Julian l'Empereur à l'encontre des Chrétiens ; Dio-dore, Ambroise, le grand Évagre, Philosophe ; Maxime, Jean Chrysostome, Gelase, Théotime Dexter, Amphiloche, Sophronie, & autres hommes presque innombrables, excellens en doctrine, lesquels en partie devant Julian, Empereur, & en partie lui régnant entre les glaives & le feu de plume, de langue, de vie & de mort, ont défendu la gloire de Christ, dont ils ont été appelés Martyrs, comme témoins de la gloire Chrétienne. S. Hiérosme met au nombre de ces premiers Chrétiens Josephe, Sénèque & Philon. Et même septante & deux hérésies d'hommes subtils, introduites incontinent après le commencement de cette religion, sourgeonnantes en partie par l'orgueil des hommes, & en partie par l'astuce des Démons. Or maintenant, si je voulois ennombrer les Hiérosmes, Ambroises, Augustins, Grégoires, & autres per-sonnages innombrables, très-excellens en doctrine, Grecs, Barbares & Latins, lesquels, depuis Julien l'Apostat, écrivant subtilement & ornément., ont travaillé fort long-temps pour la gloire de Christ, la computation d'Arithmé-tique me défaudroit. Pour le moins la loi Chrétienne est d'autant plus excel-lente que les autres, comme il y a en toujours de plus en plus plusieurs doctes, éloquents & saints personnages qui l'ont ensuivie, & plus que de ceux qui ont reçu les autres. Si des Dialecticiens, des Orateurs, ou des Poëtes, avoient jeté les premiers fondemens de cette religion, nous aurions suspicion que la populace eût été déçue par la finesse des hommes. Si tous les doctes l'avoient toujours rejetée, à l'aventure nous jugerions qu'on la devroit contemner. Si les Princes, ou du commencement, ou peu après, avoient du tout porté faveur à cette loi, nous penserions (comme nous estimons d'aucunes religions) que les plus foibles auroient été contraints par les plus forts, & que depuis les fucceffeurs (comme il advient) auroient fucé cette loi enfemble avec le lait de leur mère. Donc la divine providence a voulu que la fimple vérité de fa religion ait pris fa première origine d'hommes rudes & fimples, & que les plus doctes & les plus fins aient été pris par les plus fimples & groffiers. Il a permis davantage que fa religion ait été impugnée, par plus de trois cens ans, par les plus puiffans de toutes les nations, afin que le nombre fût plus grand des témoins doctes & non reprochables, & que l'autorité du fait fût plus vraie, plus certaine & plus ferme ; car en la profpérité il eft bien aifé de garder fa foi, mais malaifé en l'adverfité. Et, pour laiffer là nos Hiftoires, Corneille Tacite témoigne que les Chrétiens ont été tourmentés de tourmens recherchés & non communs. Mais il a blâmé les Chrétiens, pour flatter (comme je crois) ceux de fon fiècle, lequel même eft démontré par Tertulian avoir menti en fon Hiftoire, parce qu'il a dit que les Juifs adoroient la tête d'un âne, & parce qu'il a écrit en la même Hiftoire que Pompée ayant regardé les plus fecrets myftères des Juifs, n'y trouva aucun fimulachre. Donques par un feul menfonge apprenez les autres. Il y a davantage (comme témoigne Irénée) que non pour autre caufe fourdit lors fufpicion des nôtres, comme s'ils euffent été hommes irreligieux & impurs, que pour la vie du tout inceftueufe & exécrable d'aucuns Hérétiques, & principalement des Gnoftiques. Mais l'infamie ne dura pas long-temps, depuis que la vérité commença de fe découvrir. Lucian, Auteur Gentil & Payen, fe moquant d'un certain Pélerin Stoïque, & (comme lui-même le décrit) Chrétien illégitime, comme d'un vanteur & homme de piaffe, dit : en outre ceftui-ci apprit l'admirable Sapience des Chrétiens de leurs Prêtres & Docteurs, lefquels adorant ce grand homme attaché en croix en Paleftine, méprifent toutes autres religions. Or, fonr-ils liés & unis entre eux d'une fraternelle charité ? Ils efpérent qu'ils feront éternels, & les miférables étant menés de cette efpérance, contemnent cette vie & les biens d'icelle, & par chacun jour fe foumettent de leur bon gré à la mort violente. Voilà que dit Lucian, lequel eft démenti par Aule-Gelle, familier du Pélérin, & témoigne qu'il a écrit ce menfonge en haine d'icelui Pélerin ; car il montre que ce Pélerin étoit un homme grave & conftant, & qu'il étoit vrai Philofophe. Pline fecond, en l'Epître écrite à Trajan, fe complaint que les tourbes des Chrétiens étoient mifes à mort, encore qu'ils ne fiffent rien contre la loi des Romains, finon qu'ils chantoient des Hymnes avant le jour à Chrift, un certain Dieu. Mais, quant à conférer leur doctrine, ils défendent les homicides, larcins, adultères, brigandages & tels autres femblables forfaits. Et Trajan lui écrivit qu'il ne falloit point rechercher les Chrétiens ; mais, s'ils étoient préfentés, qu'il les falloit punir. La fentence duquel Tertulian confutoit en cette forte : O fentence confufe par néceffité ! Il dénie qu'il les faille rechercher comme innocens, & commande de les punir comme coupables ; il pardonne & ufe de cruauté, il diffimule & punit. Pourquoi te trompes-tu par ta propre cenfure ? Si tu condamnes, pourquoi auſſi n'en fais-tu faire enquête ? Si tu n'en fais faire enquête, pourquoi auſſi n'abſous-tu ? Il confute auſſi très-ſubtilement un bruit vain, qui s'étoit élevé à l'encontre des Chrétiens & de leurs mœurs, & montre qu'on a procédé à l'encontre d'iceux, non pour aucun crime, mais ſeulement pour le nom de la ſecte. Et Serene Granic (comme nous avons dit ailleurs) s'eſt en pareil complaint en l'Epître envoyée à Adrian. Dont Adrian écrivit à Minuce Fundan, Proconſul d'Aſie, qu'il ne permît pas que les Chrétiens, hommes innocens, fuſſent troublés, ni qu'on concédât à leurs calomniateurs l'occaſion de les piller. Notre Euſèbe a récité tout au long l'Epître d'Adrian. Mellite, Evêque de Sarde, écrivit un Livre pour notre religion à l'Empereur Antonin le véritable, auquel il récite l'Edit d'Antonin à ceux d'Aſie, les reprenant de ce qu'ils troublent le ſervice divin du Dieu immortel, que les Chrétiens adorent, perſécutant les Chrétiens juſqu'à la mort. Il ajoute au même Edit que pluſieurs Juges des Provinces en avoient jadis écrit à ſon père, & pluſieurs encore lui en avoient écrit tout de nouveau, en ſomme qu'il ordonnoit ce que ſon père même avoit ordonné. C'eſt à ſavoir qu'il veut & entend qu'aucun ne perſécute les Chrétiens, pour ce ſeul reſpect qu'ils ſont Chrétiens, ſi d'aventure ils ne ſont convaincus d'avoir entrepris quelque choſe à l'encontre de l'Etat Romain. J'eſtime qu'Antonin craignoit Jéſus-Chriſt, pour ce que ſon frère Aurelle a écrit, que, comme ſon armée fut en danger de mourir de ſoif entre les Allemands, par les prières d'aucuns ſoldats Chrétiens, il impétra tout ſoudain de Dieu, contre l'eſpoir de tous, des pluies en grande abondance, par leſquelles fut étanchée la ſoif des ſiens, & par l'impétuoſité des foudres, les ennemis mis en fuite. Et pour le miracle d'un fait tant ſignalé, ayant changé le nom de cette légion, il la nomma la Foudroyante. Voilà qu'Apollinaire & Tertulian ont écrit. Tertulian ajoute qu'il y a des Epîtres de Marc, Empereur, par leſquelles cette Hiſtoire eſt plus ouvertement ſignifiée. Euſèbe ajoute que ce miracle a même été rapporté par les Hiſtoriens des Gentils, mais qu'ils ont oublié à dire que cela avoit été fait par les prières des Chrétiens. Donc la calamité des Chrétiens avenoit ou du populace ignorant, ou des Princes ſans religion, deſquels Néron fut le Prince. Suétone écrit que les Chrétiens furent affligés par Néron, pour ce tant ſeulement qu'ils introduiſoient une religion nouvelle, &, comme lui-même dit, maléfique, c'eſt-à-dire, Magicienne ; car pluſieurs, voyant les miracles, attribuoient aux Démons ce qui étoit de Dieu. Mais la vérité & bonté infinie déclara ſa vérité par les menſonges de ſes propres ennemis, & convertit en biens les maux des hommes. Elle permet auſſi juſqu'à la fin du monde que l'Egliſe de ſes Saints ſoit agitée des Hérétiques, ou de ſes ennemis. Dieu ne contraint point les hommes à ſalut, que dès le commencement il a créés libres, mais par continuelles inſpirations il y allèche chacun. Que ſi quelques-uns s'approchent de lui, il les endurcit aux labeurs, il les exerce par adverſités ; & tout ainſi que l'or eſt éprouvé au feu, ainſi il éprouve l'ame par la difficulté, laquelle, ſi elle perſévère juſqu'à la fin, comme l'or dans le feu, ainſi finablement elle reſplendira heureuſement de divine lumière.

Au chapitre trente-septième où il montre la cause de l'erreur
des Juifs, des Mahumetans & Gentils.

On demande donc qui est la cause qui retient encore plusieurs Juifs en leur infidélité ? Nous répondons que c'est la divine profondeur des Mystères Prophétiques & Chrétiens, laquelle, pour être divine, ne peut être pénétrée par humaine intelligence. C'est aussi le naturel des Juifs mercenaires & misérables du tout grossier & obstiné, & l'avarice tant de garder ce qu'ils ont, que d'acquérir par une usure insatiable l'amour naturel des leurs, & la haine enracinée qu'ils portent aux Chrétiens. Et qui est-ce qui depuis S. Grégoire a tiré plusieurs Barbares en Hérésie ? la très-difficile interprétation des Lettres saintes & divines ; la race des Barbares par trop ignorante ; la main violente de Muhamed, Roi des Arabes, & les loix de sept Rois qui, de sa famille, lui ont succédé par ordre. A quoi on peut ajouter une trop libre licence. Mais qu'est-ce qui jadis a détourné les Gentils de la vraie religion des Hébreux ? Certainement ce ont été les commandemens des Princes ambitieux, le siècle peu docte, la licence effrénée, & la fallace des malins Démons ont augmenté l'erreur, puis après les blandices & flatteries des Poëtes. Or, la façon du pays, & la longue coutume retient facilement tous hommes en erreur ; mais la coutume & l'usance ne peut détenir en erreur les Chrétiens légitimes, qui dès le commencement ont reçu une religion éloignée de toute erreur. Or, n'est-il pas de besoin que, par une longue dispute, je conferme ce que Christ & ses disciples ont proposé à croire, à espérer & à faire. Car telles choses ont assez de vérité & d'autorité, parce que nous avons jà prouvé qu'elles procédent de la vérité divine. Nous amenerons donc une très-grande raison des institutions & promesses Chrétiennes, quand nous dirons, à la mode des Pythagoriens, Il l'a dit. Et aurons souvenance qu'il ne nous faut pas troubler, si nous en sommes moins capables ; car j'estime que c'est un très-grand signe de leur divinité ; car si notre entendement les comprend du tout, elles sont moindres que l'entendement ; que si elles sont telles, elles ne peuvent être divines ; car, si elles sont divines, elles excédent toute capacité d'humaine pensée. La foi (comme veut Aristote) est le fondement de science. Par la seule foi, comme prouvent les Platoniques, nous avons accès à Dieu. J'ai cru, dit David, & pour cela j'ai parlé. Nous donc croyant & nous approchant de la fontaine de vérité & bonté, nous y puiserons une vie très-sage & bien-heureuse.]

MARTIAL (Saint) [1]. Les Epîtres de saint Martial, Contemporain * des Apôtres, l'une aux Burdegalois & l'autre aux Thoulousans, translatées de Latin en langue vulgaire Gallicane ; imprimées à Paris, *in-16.* sans date ni nom d'Imprimeur.

[1] Grégoire de Tours, Liv. I de son *Histoire*, fait foi que S. Martial ne vint en Limosin que sous l'Empire de Décius, par conséquent tout au
plutôt

plutôt l'an de Jefus-Chrift 250. Il y a long-temps qu'on ne doute plus de la fuppofition des deux Epîtres ici mentionnées ; & l'on n'a pas befoin pour cela de renvoyer à la Differtation traduite du François de Jean de Cordes , Chanoine de Limoges, en Latin , par François Bofquet , Evêque de Mont-pellier , qui l'a inférée dans la feconde Partie de fon *Hiftoire Eccléfiaftique de France , in-4°.* 1636. (M. DE LA MONNOYE).

* Il y a deux opinions fur le temps où a vécu ce faint Evêque. La première place fa miffion dans les Gaules vers le milieu du troifième fiècle. C'eft celle de Grégoire de Tours , & il n'y en a pas eu d'autre jufqu'au neuvième fiècle. Enfuite on tenta d'établir qu'il étoit contemporain des Apôtres , & cette opinion prévalut jufques vers le milieu du dix-feptième fiècle , où elle a été totalement abandonnée. Ce fut peut-être à deffein de la confirmer qu'on s'avifa de fuppofer *les deux Lettres Latines* qu'on lui attribue , dont l'une eft adreffée *aux Bordelois* , & l'autre *aux Toulouzains.* Joffe Badius les publia le premier à Paris , en 1521. On prétendit qu'elles avoient été trouvées dans la Sacriftie de l'Eglife de S. Pierre de Limoges , enfermées dans un vafe de pierre , caché en terre. Jacques de Borde , Miniftre de l'Eglife Calvinifte à Bordeaux , les traduifit en François , & les publia , en Latin , avec fa Tra-duction , à Bordeaux , en 1573 ; mais en même temps il en fit connoître la fuppofition , & fon fentiment fut adopté par les Catholiques. Cela n'a pas empêché le S. Poillevé, Avocat de Limoges , de mettre ces deux Lettres en vers François. Elles ont été imprimées auffi à Limoges, en 1594. (Voyez *Fabric. Biblioth. Infimæ Latinit.* Tom. V, pag. 105 , & l'*Hift. Litt. de Franc.* par les Bénédictins , Tom. I, pag. 407 & fuiv.

MARTIAL LE MASURIER *, Docteur Régent en la Faculté de Théologie, Chanoine & Pénitencier de Paris , a écrit Inftruction & Doctrine très-utile pour bien & falutairement fe confeffer & prier Dieu pour fes péchés , extrait des faintes Ecritures ; imprimée à Paris, *in-8°.* par Guillaume Guillard & Thomas Belot , 1565. *Eft au catalogue des Livres cenfurés.*

* Voy. LA CROIX DU MAINE, au mot MARTIAL MASURIER , Tom. II, pag. 95.

MARTIAL DE PARIS dit d'AUVERGNE , a écrit en rime, les Vigiles de la mort du Roi Charles VII, à neuf Leçons, contenant la Chronique des faits advenus durant la vie dudit Roi ; imprimées à Paris , *in-fol.* par Guillaume Euftace , fans date. Les Arrêts d'Amours (en nombre cinquante) fur lefquels

Benoît le Court a fait un Commentaire en Latin. Il vivoit en
l'an 1490*.

* Voy. *LA CROIX DU MAINE*, & les notes, au mot MARTIAL
D'AUVERGNE, Tom. II , pag. 92 & 93.

MARTIN DU BELLAY , Seigneur de Langey , a écrit les
Mémoires contenant en dix Livres, le vrai Difcours de plufieurs
chofes advenues au Royaume de France , depuis l'an 1513 jufques au trépas du Roi François I , & dont les cinq , fix & fept
Livres font de Meffire Guillaume du Bellay , fon frère , qui
avoit écrit des Ogdoades , de la perte defquelles ne refte rien
que lefdits trois Livres & quelques fragmens inférés & épars
en fes mémoires ; imprimés à Paris, *in-fol.* par Pierre l'Huillier,
1571 , & préfentés au Roi par Meffire René du Bellay , Chevalier de l'Ordre de Sa Majefté , Baron de la Lande , héritier
d'icelui Meffire Martin du Bellay *.

* Voy. LA CROIX DU MAINE , & les notes, au même Article , Tom. II ,
pag. 96 & fuiv.

MARTIN BUCER. Expofition fur l'Evangile S. Matthieu ,
recueillie & prife des Commentaires de Maitre Martin Bucer ,
augmentée de plufieurs Sentences , Exhortations , & déclara-
tions d'aucuns paffages difficiles , colligées tant des Auteurs
anciens que modernes ; avec annotations en marge & table ;
imprimée 1544. *Cenfurée.* Deux Livres du Royaume de Jefus-
Chrift, utiles à tous ceux qui font commis au Gouvernement de
Républiques ou Communauté ; écrits premièrement en Latin
par Martin Bucer & traduits en François ; imprimés *in-8°.* l'an
1558. *Cenfurés.* *

* Voy. LA CROIX DU MAINE , & les notes, au même Article , Tom. II ,
pag. 98 & 99.

MARTIN FLEURY , Dieppois , a tranflaté de Latin, un
Opufcule d'Erafme de Roterodam, intitulé les Sylenes d'Alcibiades [1], qui eft un proverbe anciennement ufité des Grecs , duquel

on fe pourra aider à propos, lorfque fous vanité & folie apparente de prime face, une chofe fe manifeftera excellente : ainfi
que la grandeur de l'efprit de l'homme eft fouvent couverte &
diffimulée par extérieure apparence. Et étoient Sylenes, petites
images taillées & façonnées de telle forte qu'on les pouvoit
tourner & fléchir en diverfes figures, tellement que ces chofes
fermées montroient la figure d'une trompette, cornet ou autre
ridicule forme ; mais à l'ouverture y apparoiffoit chofe divine &
miraculeufe. La première caufe & argument de tailler telles
ftatues, eft procédée de Sylenus, jadis pédagogue de Bacchus,
en fon temps plaifant Satyre, & raillard des fecrets & hautes
puiffances poëtiques. Et Alcibiades (au Dialogue de Platon,
intitulé le Banquet) voulant extoller fon Maître Socrates, le
fait femblable aux Sylenes, en ce qu'il fembloit bien autre au
fubtil fpéculateur, que ne promettoit la face : car, à le voir à fon
port & maintien, il étoit de vile réputation, ayant face ruftique,
le regard d'un taureau, le nez pointu & plein de morve, ruftique
en vêtemens, fimple en devis, toujours parlant de charretiers,
foullons & manouvriers, parce que de telles gens il formoit fes
Ifagogies, inductions & argumens. Bref ce maintien ridicule en
Socrates, montroit le vifage d'un fot : & entre tant de Philofophes, feul il difoit qu'il favoit une chofe feule, c'étoit qu'il ne
favoit rien. Mais fi on eût découvert & déployé cetui tant
ridicule Sylene, là dedans fe fût trouvée une Divinité plutôt
qu'un homme ; affavoir grand courage, efprit parfaitement philofophique, méprifant tout ce pourquoi les humains courent
tant, navigent, travaillent, plaident, bataillent ; Dominateur
victorieux fur toutes injures, envers & contre lequel fortune
n'avoit aucune puiffance : ayant même méprifé la mort que l'on
voit crainte d'un chacun, lorfqu'il a bu la ciguë en tel vifage
qu'il fouloit boire le vin. Qui plus eft, en mourant de la poifon,
il plaifantoit avec un fien ami, nommé Phédo, lui difant, en
farcerie, qu'il s'acquitât de fon vœu, en facrifiant un Coq au Dieu
Efculape, omme s'il eût voulu dire, qu'en vertu de la médecine

qu'il avoit prife, il fentoit jà le bénéfice de fanté, puifque fon ame fortoit hors du corps, dont procédent & pullulent toutes les maladies de l'ame. Et attendu que lors il y avoit infinité de gens qui fe difoient fages, à bonne caufe, cetui réputé feul fol, a été déclaré fage par l'oracle d'Apollon. Et plus fage a été jugé cil qui fe difoit rien favoir, que les autres préfumant tout connoître : & plus favant entre tous autres, par la confeffion de fon ignorance. Ceci foit dit & fuffife pour la Déclaration dudit proverbe & argument de cet Opufcule, lequel a été imprimé à Paris, *in-*16. par Jaques Bertin, 1544.

¹ Le nom de SILÈNE, que, dans le *Banquet de Platon*, Alcibiade donne à Socrate, Rabelais fe le donne dans le Prologue de fon *Gargantua*, pour infinuer que les imaginations grotefques, répandues dans fon Ouvrage, ne laiffent pas de contenir une Morale utile. (M. DE LA MONNOYE).

MARTIN FORBISHER *. La Navigation du Capitaine Martin Forbisher, Anglois, ez Regions d'Æeft & NordWeft, en l'année 1577; contenant les mœurs & façon de vivre des peuples & habitans d'icelles, avec le pourtrait de leurs habits & armes, & autres chofes mémorables du tout inconnues par deçà; imprimée *in-*8°. par Antoine Chuppin, 1578.

* Son nom s'écrir FROBISER. C'eft ainfi qu'il fignoit fes Lettres, dont plufieurs font confervés dans la Bibliothèque Harléiene à Londres. Il eft le premier Anglois, qui ait tenté de trouver un paffage, pour aller en Chine, par le Nord-Oueft. Il étoit né en Angleterre, dans la Province d'Yorck. Il fut employé par la Reine Elifabeth dans quantité de voyages & d'expéditions. Cette Reine l'ayant envoyé en Bretagne au fecours de Henri IV, en 1594, il reçut, le 7 Novembre, une bleffure dont il mourut. Ce fut lui qui, en 1577, découvrit dans l'Océan Septentrional, le Détroit qui eft entre la côte Méridionale du vieux Groënland, & une Ifle marquée, fans nom, fur les Cartes, vers le 66ᵉ degré de latitude.

MARTIN LE FRANC, Secrétaire du Pape Felix V, & de Nicolas V, a écrit en rime, un Livre intitulé le Champion des Dames, imprimé à Paris, *in-*8°. par Galiot du Pré, 1530. Plus en profe, l'Eftrif de Fortune & de Vertu, en forme de Dialogue, où font entremêlées quelques rimes, & y eft démontré le pauvre

état de fortune, contre l'opinion commune ; imprimé à Paris,
in-4°. par Michel le Noir, 1519. Cet Auteur vivoit en l'an
1447 *.

* Voy. LA CROIX DU MAINE, & les notes, au mot MARTIN FRANC,
Tom. II, pag. 99 & suiv.

MARTIN FUMÉE, sieur de Marly le Chastel, a écrit en
cinq Livres, l'Histoire générale des Indes Occidentales & terres
Neuves, qui jusques à présent ont été découvertes ; imprimée
à Paris, *in*-8°. par Michel Sonnius, 1578 *.

* Voy. LA CROIX DU MAINE, & les notes, au même Article, Tom. II,
pag. 101 & 102.

MARTIN FUSTEL, Ecrivain & Arithméticien, à Paris,
a écrit Sentences mémorables, par ordre alphabétique, en prose,
contenant préceptes & enseignemens utiles pour l'instruction
de la jeunesse ; avec plusieurs régles générales, diversement
expliquées touchant la vraie supputation & forme de compter
au bref; imprimées à Paris, *in*-4°. par Guillaume Chaudiere,
1577.

MARTIN GREGOIRE a extrait un Épitome des trois
premiers Livres de Galien, de la composition des médicamens
en général; avec un petit Traité des poids & mesures, après
lequel suit la manière de préparer le breuvage de la racine du
bois, nommé l'Esquine, sa nature, vertu, & faculté : le tout
imprimé à Lyon, *in*-16. par Jean de Tournes, sous le titre des
Opuscules de divers Auteurs Médecins, en l'an 1552.

* Voy. LA CROIX DU MAINE, au même Article, Tom. II, pag. 103.

MARTIN LUTHER, Chef de la secte appelée de son nom
Luthérienne. Déclaration entière des fondemens de la Doctrine
Chrétienne, sur l'Epitre de saint Paul aux Galatiens : en laquelle
est contenue une Exposition de la justification qui est par la foi
en Jesus-Christ ; Auteur Martin Luther; traduite en François,
imprimée *in*-8°. par Jean Bonnefoy, 1560. *Censurée*. Antithese

de la vraie & fauffe Eglife, extraite d'un Livre envoyé au
Duc de Brunfwic, par Martin Luther, imprimée in-16. fans nom
de lieu & d'Imprimeur, & fans date. Le Miroir de Confolation,
pour çeux qui font travaillés & chargés, &c. par Martin Luther.
De même Cenfuré. Commentaire fur l'Epître de faint Paul aux
Galathes, par Martin Luther; traduit en François; imprimé à
Genève, *in-4°.* par Jean Crefpin, 1562. L'Alcoran [1] des Cordeliers, tant en Latin qu'en François *; recueilli par le Doêteur
M. Luther, du Livre des Conformités de faint François; imprimé
à Milan, l'an 1510. & traduit en François; imprimé à Genève,
in-8°. par Conrad Badius, 1556,

[1] Il mourut à Iflèbe, lieu de fa naiffance, dans la haute Saxe, le 18
Février 1546, âgé de foixante-trois ans. Ce n'eft pas lui qui a mis au jour
l'*Alcoran des Cordeliers*, ce fut feulement par fon confeil qu'Erafme Alber
prit foin d'extraire du Livre des *Conformités de S. François* divers paffages,
qu'il traduifit en Allemand. Cette Traduêtion parut fous le titre d'*Alcoran*,
l'an 1513, fans nom d'Auteur, ni d'Imprimeur. La fauffeté de la date étoit
vifible, en ce que Luther, Auteur de la Préface, imprimée au-devant du
Livre, ne fe déclara ouvertement contre l'Eglife Romaine, que fept ou huit
ans après (c'eft-à-dire, en 1520, après qu'il eut été excommunié publiquement). En 1556, comme le marque ici du Verdier, Conrad Badius publia,
in-8°. à Genève, fuivant le texte Latin des *Conformités*, les paffages qu'Erafme
Alber avoit publiés en Allemand, & y en ajouta plufieurs autres, tirés du
même Original, mettant à côté du Latin une verfion Françoife de fa façon,
Edition depuis renouvelée dans la même Ville, en 1560 & 1578. (M. DE LA
MONNOYE).

* La première Edition de l'*Alcoran des Cordeliers*, en Allemand, avec une
Préface de Martin Luther, parut d'abord fans nom de lieu & fans date, & fut
réimprimée en 1542, *in-4°.* Ces deux premières Editions font extrêmement rares. La première Edition Latine eft auffi fort rare. Elle fut publiée en 1543, *in 8°.*
& ne contient qu'un feul livre. Elle eft du même Erafme Alberus, qui avoit donné
les Extraits Allemands; mais ce n'eft pas une Traduêtion de ces Extraits, c'eft
un Extrait nouveau du Livre même des *Conformités*. Alberus a traduit en Latin fa
Préface, & celle de Luther, qui font à la tête des Editions Allemandes que
je viens de citer. Conrad Badius traduifit depuis en François cet Ouvrage,
& y joignit un fecond Livre, compofé de paffages du Livre des *Conformités*,
qu'Alberus avoit négligés dans fes Extraits. Badius publia fa Traduêtion,
fuivie du texte Latin, à Genève, en 1560, *in-8°.* Ce Livre fut condamné
par Arrêt du Parlement de Paris, le 30 Juin 1565. Cela n'empêcha pas qu'il
ne fût réimprimé à Genève, en 1578, *in-8°.* Je ne parle point des Editions

poftérieures. Celle d'Amfterdam, 1734, en 2 vol. *in-12.* avec les figures de
Bernard Picard, eft une des plus eftimées. Ce que je viens de dire fervira à
rectifier quelques méprifes, qui fe trouvent, au fujet du Livre dont eft queftion, foit dans du Verdier, foit dans les notes de M. de la Monnoye.

MARTIN MATHÉE, Médecin, a traduit les fix Livres de
Pedacion [1] Diofcoride d'Anazarbe, de la matière médicinale,
où à chacun chapitre font ajoutées certaines annotations fort
doctes, recueillies des plus excellens Médecins anciens & modernes; imprimés à Lyon, *in-4°.* par Thibault Payen, 1559.

[1] *Pedacion*, pour *Pedacius*, comme j'aurois pu auparavant le remarquer,
au mot ANTOINE DU PINET, Tom. III, pag. 133, eft ridicule. De favans
Critiques ne doutent pas même qu'on ne doive avec Photius, n°. 178, &
conformément à de très-anciens Manufcrits, lire *Pedanius*. Nous n'avons pas
de bonnes verfions Françoifes de *Diofcoride*, celle-ci, & celle d'Antoine du
Pinet, poftérieure de fept ans, n'ayant été faites que fur des Latines, auxquelles ces deux Traducteurs, dont le ftyle d'ailleurs eft furanné, n'ont pas
manqué d'ajouter de leur chef beaucoup de fautes. (M. DE LA MONNOYE).

M. MATHÉE, Prieur en l'Abbaye de Monftier-neuf près
Poitiers (je ne fais fi c'eft le même que le fufnommé, d'autant
qu'il ne met point fon nom propre au long, & auffi pour la
diverfité de profeffion) a traduit de Grec, l'Hiftoire de Théodorit, Evêque de Cyropolis, comprife en cinq Livres, en
laquelle font contenues les chofes dignes de mémoire, advenues
en la primitive Eglife, tant du règne de l'Empereur Conftantin
le Grand, comme de fes Succeffeurs; imprimée à Paris, *in-16.*
par Hiérome de Marnef, 1569.

[1] Il y a grande apparence que cet Auteur eft le même que le précédent. En
1559, il traduifit *Diofcoride*, & il a pu fort bien, s'étant fait Moine, traduire l'*Hiftoire de Théodoret* dix ans après. Du Verdier plus bas, au mot
THÉODORIT, a oublié de mettre ce M. MATTHÉE au nombre des Interprètes
François de cet Ecrivain Grec. (M. DE LA MONNOYE).

MARTIN D'ORCEESINO [1], dit l'Inventeur des menus
plaifirs honnêtes, a compofé en rime, le Triomphe de très-
haute & puiffante Dame Vérolle, Roine du puy d'Amours; imprimé à Lyon, *in-8°.* par François Jufte, 1539.

[1] Ce nom a tout l'air d'être fuppofé. (M. DE LA MONNOYE).

MARTIN DE FERER, Béarnois, a traduit de Latin en François, la Sphere de Jean de Sacro Bosco, avec la Préface contenant
argumens évidens, par lesquels est prouvée l'utilité d'Astrologie,
& qu'icelle ne doit être méprisée de l'homme Chrétien; imprimée
à Paris, *in-8°*. par Jean Loys, 1546. Il y a une autre Traduction du même Livre, faite par Guillaume des Bordes, Bourdelois;
imprimée à Paris, *in-8°*. par Hiérome de Marnef, 1570.

MARTIN DU PIN [1] a traduit du Latin de François Barbare *, Vénitien, un Opuscule de l'État & Gouvernement de
mariage, imprimé à Paris, *in-16*. par Charles l'Angelier, 1560:
plus du Grec de saint Justin, Philosophe & Martyr, Exhortation aux Gentils, imprimée à Paris, *in-16*. par Claude Fremy,
1548.

[1] Ce François Barbare, en Italien *Francesco Barbaro*, noble Vénitien, &
en Latin *Franciscus Barbarus*, fut père de *Zacharie*, & grand-père du fameux
Hermolaüs Barbarus, premier Commentateur de Pline. Il eut aussi un frère
nommé *Zacharie*, père d'un autre *Hermolaüs*, qui fut Evêque de Vérone.
(Il subsistoit encore à Venise, en 1762, onze branches de cette illustre famille
des *Barbaro*). Claude Joly, premièrement Avocat au Parlement de Paris, &
depuis Chanoine de Notre-Dame, donna, en 1667, avec des notes, une
bonne Traduction Françoise du Livre *de Re Uxoriâ*. (M. DE LA MONNOYE).

* Le Livre de l'*Etat & Gouvernement de Mariage*, traduit par Martin du
Pin, est celui que *Francesco Barbaro* avoit écrit en Latin, sous le titre *de Re
Uxoriâ*, publié, en 1513, *in-4°*. Cette première Edition est fort rare. On
peut voir ce qui en est dit dans les *Miscell. Lips. nova*, Tom. VI, pag. 338,
André Tiraqueau fit réimprimer cet Ouvrage à Paris, sur un Manuscrit de
1428, trouvé dans la maison de Guarin de Véronne. On peut voir le Catalogue des autres Editions, dans la *Biblioth. Curieuse* de Clément, Tom. II,
pag. 410 & suiv. La dernière est d'Amsterdam, 1639, *in-12*. Outre la Traduction Françoise de du Pin, & celle que Claude Joly, premièrement Avocat
au Parlement, & depuis Chanoine de Notre-Dame de Paris, donna, en
1667, avec des notes, il y en a une en Italien, publiée en 1548, & une en
Anglois, imprimée en 1677. Ceux qui seront curieux de résoudre les doutes
que Bayle a accumulés dans l'Article de *Francesco Barbaro*, sur la Généalogie
de ce Savant, en trouveront la solution dans le XXVII° Tome du *Giornale
de' Lett. d'Italia*, pag. 129 & suiv.

MARTIN RAVAULT, de Sens, a écrit le Caton des
Princes

Princes & Gouverneurs, comprenant l'État & Gouvernement d'une République, imprimé à Paris, *in-4°*. par Denys Janot, 1536.

MARTIN SEGUIER, Confervateur des Priviléges Apoſtoliques de l'Univerſité de Paris, a écrit Traité de la grandeur, puiſſance, bonté & ſapience de Dieu; rédigé en paraphraſe ſur trois Pſeaumes de David : plus une Expoſition de quelques Hymnes de l'Egliſe, en pareil nombre de vers & ſyllabes que le Latin; imprimé à Paris, par Nicolas Cheſneau, 1575. Les Soupirs du bon Paſteur, qui ſont lieux recueillis de la Bible & rapportés aux miſères du temps. *Rime.* imprimés à Paris, *in-8°.* par Jean Dallier, 1570. Prières du Roi, recueillies de la Bible & miſes en rime Françoiſe; imprimées à Paris, *in-8°.* par Federic Morel, 1577. Paraphraſe ſur trente Pſeaumes du Roi & Prophète David, en proſe; imprimée à Paris, *in-16.* par Jean de Heuqueville, 1579. Epître envoyée à un Gentilhomme François, étant en Allemagne; imprimée à Paris, *in-8°.* & à Lyon *in-16.* par Benoiſt Rigaud, 1570.

MATHEOLUS [1]. Sous ce nom ſuppoſé, un qui fut Bigame a compoſé un Livre en rime, contre les femmes *, dont le titre eſt tel,

> *Le Bigame Matheolus*
> *Qui nous montre, ſans varier;*
> *Les biens & auſſi les vertus*
> *Qui viennent pour ſoy marier;*
> *Et à tous faiᶜts conſidérer,*
> *Il dit que l'homme n'eſt pas ſage,*
> *S'il ſe tourne remarier,*
> *Quand pris a été au paſſage.*

imprimé à Lyon, *in-4°.* par Olivier Arnoullet, ſans date. Un autre Auteur a fait & compoſé un autre Livre en rime, tout au contraire de cetui-ci, & intitulé le Rebours de Matheolus, commençant ainſi,

> *Des femmes ſommes tous venus,*
> *Autant les gros que les menus,*

Parquoi celui qui en dit blâme,
Doit être réputé infame.

imprimé de même, *in-*4°. à Lyon.

[1] MATHÉOLUS eſt cité dans la 37ᵉ des *Cent Nouvelles Nouvelles.* Névizan, Liv. I de ſa *Sylva Nuptialis,* n°. 162, cite auſſi le Bigame Mathéolus; & Liv. IV, n°. 97, il renvoie au Chap. 9 du *Purgatoire des mauvais maris,* où eſt décrite fort au long la peine à laquelle eſt condamné le Bigame Mathéolus, pour avoir fait la Satire de la Bigamie contre les femmes. C'eſt cette Satire qu'on trouve manuſcrite ſur velin, *in-*4°. dans la Bibliothèque de M. le Préſident Bouhier, ſous le titre : *Lamentations de Mariage & de Bigamie, tranſlatées en rime Françoiſe, du Latin de Maître Mahieu.* On ſait qu'en Picard, *Mahieu* veut dire *Mathieu,* en Latin *Mattheus,* d'où a été formé le diminutif *Matheolus.* Voyez plus bas, à la fin de la lettre P, le PURGATOIRE DES MAUVAIS MARIS. (M. DE LA MONNOYE).

* Le Manuſcrit de la Satire de *Matheolus,* appartenant à M. le Préſident Bouhier, eſt à-peu-près du temps de Charles V, Roi de France. On y lit que cette Satire a été *tranſlatée par Jean le Fevre de Thémanne, du Latin de Maiſtre Mahieu, qui le lui avoit envoyé à cet effet.* On ne ſait pas mieux qui eſt le *Jean le Fevre de Thémanne* que le *Maiſtre Mahieu.* Dans la *Bibliothèque des Auteurs de Bourgogne,* on fait honneur de cette Traduction prétendue à Jean le Févre, Dijonnois, mort en 1565 ; mais cela ne peut être, puiſque cet Ouvrage eſt cité dans le *Champion des Dames* de Martin le Franc, qui vivoit au milieu du quinzième ſiècle, & dans d'autres pièces auſſi anciennes ; ainſi on ne ſait rien au juſte, ni ſur le prétendu Latin de *Matheolus,* qui peut fort bien n'avoir jamais exiſté, ni ſur l'Auteur de la Traduction en rime, qui probablement eſt l'Original même de la Satire, où le *Matheolus* commence ſa plainte par ces mots : *Triſtis es, anima mea,* qu'il paraphraſe en forme de prière, à la ſuite de laquelle il accumule plaintes ſur plaintes contre le mariage, & dit des femmes tout le mal qu'on a pu imaginer, pour les deshonorer & les humilier. — Voy. la Biblioth. Franç. de M. l'Abbé Goujet, Tom. X, pag. 129 & ſuiv.

MATHIAS FLACCIE ILLYRIEN a écrit un Livre en Latin, depuis tourné en François & intitulé Contre la Principauté de l'Evêque Romain, montrant par pluſieurs paſſages de l'Ecriture & des Conciles, que nul Evêque ne doit avoir autorité ni principauté ſur les autres Evêques ; imprimé à Lyon, *in-*8°. par Claude Ravot, 1564. *Calvinique.*

[1] Du Verdier, qui donne à l'Ouvrage de Flaccius la note de *Calvinique,* devoit uſer du mot général *Cenſuré,* Flaccius ayant été moins Calviniſte

que Luthérien. Il naquit le 3 Mars 1520, à Albona, dans l'Istrie, partie anciennement de l'Illyrie, d'où il s'appela *Illyricus*, ce qui a fait croire à Melchior Adam, & à ses Copistes, qu'il étoit Esclavon, parce que les Modernes ont donné à l'*Illyrie* le nom d'*Esclavonie*. Il mourut à Francfort, sur le Mein, le 11 Mars 1575, âgé de cinquante-cinq ans. On a prétendu que *Francowitz* étoit son vrai nom; il ne l'a pourtant jamais pris. Quelques-uns, mais mal, ont écrit *Trancowitz*. (Il a eu la plus grande part à la composition des *Centuries de Magdebourg*, & il est l'Auteur du fameux Livre, intitulé *Le Catalogue des témoins de la vérité*.) Bayle, après Melchior Adam, & d'autres, ont parlé du peu de scrupule que se faisoit Flaccius de voler des Manuscrits aux Moines, qui, ne le connoissant pas, l'admettoient dans leurs Bibliothèques; mais il n'a point ajouté ce qu'on a dit du même Flaccius, qu'il arrachoit, ou coupoit sans façon les feuillets, où il trouvoit quelque chose de singulier, dont il prévoyoit qu'il auroit besoin dans ses compositions, ce qui, si l'on en croit Struvius, a fait passer en proverbe, parmi les Allemands, le *Cultellus Flaccianus*. J'ai lu dans la vie manuscrite de Claude Saumaise, qu'accusé d'en avoir usé quelquefois de la sorte, il le nioit fortement, & traitoit cette action de barbare. Joachimus Fortius Ringelbergius conseille aux studieux, s'ils ont fait quelques remarques sur leurs Livres, & qu'ils soient obligés de faire voyage, d'emporter avec eux les feuillets où seront ces remarques, & de vendre ensuite les volumes; qu'à son égard, il n'en faisoit pas de difficulté. On le peut voir, pag. 71 de ses Opuscules, de l'Edition de Bâle, *in-8°*. 1541. — Voyez sur ILLYRICUS les Mémoires de Niceron, Tom. XXIV, sous le nom de FLACCIUS ILLYRICUS. (M. DE LA MONNOYE).

MATHIAS PALMIER [1]. La Vie Civile, &c. traduite par Claude des Rosiers.

[1] Il y a MATHIAS & MATHIEU PALMIER (*PALMIERI*, en Italien) *.
Mathias, qui étoit de Pise, a continué jusqu'à 1481 la *Chronique* de Mathieu Palmier, de Florence, qui finissoit à 1449. Quelques-uns croient qu'il a aussi traduit de Grec en Latin, l'*Histoire des Septante*, par Aristée, quoique d'autres assurent que cette version a été imprimée à Rome, en 1471; & à Nuremberg, en 1475, sous le nom de *Mathias Palmier*, de Vicence, d'où il s'ensuivroit qu'il y auroit eu trois *Palmiers*, contemporains, nés en trois lieux différens: un *Mathieu*, & deux *Mathias*, en quoi il pourroit bien y avoir erreur. Il y en a du moins ici, de la part de du Verdier, en ce que, par mégarde, il nomme *Mathias*, celui que, au mot CLAUDE DES ROSIERS, il a mieux nommé *Mathieu*; car c'est *Mathieu Palmier*, de Florence, qui a véritablement écrit les 4 Livres *della Vita Civile*. — Voyez sur les PALMIERI les Mémoires de Niceron, Tom. XI & XX. (M. DE LA MONNOYE).

* M. de la Monnoye a fort bien remarqué qu'il falloit corriger MATHIEU PALMIERI. Cet Ecrivain étoit d'une famille considérable de Florence. Quel-

ques-uns l'ont cru de baffe origine, & Apothicaire de profeffion, parce qu'il étoit aggrégé au corps des Apothicaires, felon la Loi de Florence, qui exige cette aggrégation, pour pouvoir être admis aux charges. Il y a un ufage à peu près pareil à Londres, & il en eft né quelquefois des méprifes femblables; mais il n'étoit pas permis au Florentin Jean-Baptifte Gilli de s'y méprendre, comme il a fait, au fujet de Mathieu Palmieri. Son Livre, *de la Vie Civile*, compofé en Italien, fut imprimé à Florence, en 1529, *in-8°*. & la Traduction Françoife de Claude de Rofieres fut publiée à Paris, en 1557.

MATHIEU (SAINT) *. L'Evangile de notre Seigneur Jefus-Chrift, felon faint Mathieu.

* S. Mathieu écrivit fon *Evangile*, environ fix ans après la mort de Jefus-Chrift, en Hébreu commun, ou plutôt en Syriaque, que l'on parloit alors à Jérufalem. La tradition atteftée par S. Cyprien, S. Irénée & S. Jérôme conftate qu'il l'écrivit par ordre des Apôtres, à la prière des Juifs convertis à la religion de Jefus-Chrift, qui vouloient établir parfaitement la vérité lumineufe de l'Evangile fur l'ombre de la loi. On a dit que S. Barthelemi ayant porté aux Indes l'Evangile de S. Mathieu, tel qu'il l'avoit écrit à Jérufalem, en Hébreu, ou Syriaque, Pantenus l'en avoit rapporté, environ 140 ans après, à Alexandrie, d'où il avoit enfuite paffé à la Bibliothèque de Céfarée, en Paleftine, où il étoit encore du temps de S. Jérôme, fans qu'on eût pris foin de faire des copies de ce précieux Original. Mais ce récit ne paroît guère croyable; c'eft une fable que Munfter imagina, pour rendre authentique le texte Hébreu, qu'il fit imprimer dans le feizième fiècle, & qu'il prétendoit tiré de ce premier Manufcrit Original. Celui que S. Jérôme a vu de fon temps étoit ce qu'on appeloit alors l'*Evangile des Nazaréens*, confervé en Syriaque dans la Bibliothèque de Céfarée, & ailleurs, copié fur l'Original de S. Mathieu, mais gâté en plufieurs endroits par l'Héréfiarque Ebion. On ne fait pas en quel temps S. Mathieu eft mort, ni de quelle manière. On croit que ce fut dans le pays des Parthes.

MATHIEU D'ANTOINE, Docteur en Droit, a écrit Réponfe aux Rêveries & Héréfies de Guillaume Poftel Cofmopolite; imprimée à Lyon, *in-16*. par Jean Saugrain, 1562. *Calvinique*.

MATHIEU MARIE BAYARD [1], Comte de Scandiane *. Roland l'Amoureux. Voyez JAQUES VINCENT.

[1] C'eft BOYARD qu'il faut dire. On fait que le *Berni*, peu content du ftyle de *Boïardo*, voulut en retoucher d'un bout à l'autre l'*Orlando inamorato*. Une

mort prématurée ne lui permit pas de s'en acquitter, comme il en auroit été capable. L'Ouvrage, quoiqu'imparfait, n'a pas laissé d'être imprimé jusqu'à trois fois, une à Milan, & deux à Venise. L'Arétin, dont les vers les plus travaillés ne valent pas les ébauches du Berni, a parlé du Poëme de celui-ci en plus d'un endroit avec beaucoup de mépris. Il faut sur-tout lire les deux Lettres à *Francesco Calvo*, qu'il auroit dû nommer *Andrea*. Pour ce qui est du *Boïardo*, c'étoit un génie fécond, à qui l'on ne peut nier que la gloire de l'invention ne soit dûe. Il s'est exercé dans plus d'une langue, & dans plus d'un genre. (M. DE LA MONNOYE).

* C'est le célèbre *Boïardo*, Comte de *Scandiano*, dont nous avons des Eglogues Latines & des Sonnets fort estimés. Il mourut en 1494. Il a eu la gloire, par son Poëme d'*Orlando Inamorato*, d'avoir fourni des idées au divin Auteur de l'*Orlando furioso*. Le Poëme de l'*Orlando Inamorato* fut imprimé à Venise, en 1500, *in-fol.* & ce n'est pas la première Edition. (Voyez *Giornale de' Lett. d'Ital.* Tom. XIII, pag. 289). Il a été depuis fréquemment imprimé. Il est divisé en six Livres ; mais il n'y a que les trois premiers qui soient du *Boïardo* ; les trois derniers sont de *Nicolo de gli Agostini*. *Louis Domenichi* entreprit de réformer la Poësie de *Boïardo*, & publia le Poëme d'*Orlando Inamorato*, avec des corrections, à Venise, en 1553. François Berni l'avoit reformé, ou, comme il le dit lui-même, *refait en entier*, & publié dès l'an 1541. Mais, si nous en croyons *Crescimbeni* (*Istor. della volgar Poësia*, Tom. II, p. 327) ses efforts ne furent pas heureux. Cependant c'est la refonte de Berni qu'on a suivie dans les Editions de ce Poëme, faites à Florence, en 1725, *in-4°.* & à Venise, en 1740, *in-12.* 2 vol. Jacques Vincent traduisit cet Ouvrage en François. Le premier Livre de cette Traduction parut en 1549; le second & le troisième en 1550. Les trois derniers, qu'il avoit promis, n'ont point été publiés. François de Rosset, n'étant pas content de la version de Jacques Vincent, en fit une autre, qui fut publiée à Paris, en 1619, *in-8°.* mais il y réussit si mal, que sa Traduction ne fut point réimprimée, & est devenue fort rare, fort commun aux mauvais Ouvrages. On lit avec plaisir la Traduction, ou plutôt l'imitation de ce même Poëme, par LE SAGE, publiée à Paris, en 1717, en 2 vol. *in-12.*

MATHIEU DE LANDA, Docteur en Théologie, Carme du Convent de Rouen, & Principal de France audit Ordre, a écrit le Miroir du corps humain, où est décrit ses misères & calamités ; aussi son excellence & dignité : ensemble de sa conduite en terre, de sa sépulture, & des cérémonies Ecclésiastiques faites sur le mort ; avec le Doctrinal de mort ; imprimé à Rouen, *in-8°.* par Robert & Jean de Gor, 1563. & depuis à Paris, *in-16.* par Léon Cavellat, 1584. Il a traduit du Latin

de Jaques Faber Stapulenſis [1], les Comtemplations du ſimple
Dévot, leſquelles traitent d'Amour divin, de vraie patience,
de la mort, de la Vierge Marie ; imprimées à Paris, *in*-8°. par
Vivant Gautherot, 1538.

[1] Les *Contemplations du ſimple dévot*, traduites par le Carme de Landa,
ne ſont pas de Jacques le Févre d'Etaples ; elles ſont de Raimond Jordan,
Chanoine-Régulier de S. Auguſtin, qui les compoſa ſur la fin du quatorzième
ſiècle, & les intitula *Contemplationes Idiotæ*. Conrad Geſner, & ſes Continuateurs, ont cru, de même que le Carme de Landa, qu'elles étoient de
Jacques le Févre, apparemment ſur ce que celui-ci, qui n'en a été que l'Editeur, a mis, au-devant du Livre, une Préface où il s'eſt nommé. (M. DE LA
MONNOYE).

MATHIEU DE LAUNOY, premièrement Prêtre, puis
Miniſtre de la prétendue Religion réformée, & à préſent
retourné au giron de l'Egliſe Chrétienne & Catholique, a écrit
avec Henry Pennetier, la Déclaration & Réfutation des fauſſes
ſuppoſitions & perverſes applications d'aucunes ſentences des
ſaintes Ecritures, deſquelles les Miniſtres ſe ſont ſervis, en ce
dernier temps, à diviſer la Chrétienté : diſpoſée en trois Livres
& enrichie de ſolides Argumens tirés de la Doctrine de Calvin,
contre lui-même ; imprimée à Paris, *in*-8°. par Jean du Cour-
roy & Guillaume de la Noüe, 1579. Replique Chrétienne, en
forme de Commentaire, ſur la Réponſe tirée du dehors de la
moüelle des ſaintes Ecritures & de toutes bonnes Doctrines ; &
faite par les Miniſtres Calviniques, à la déclaration & réfutation de leurs fauſſes ſuppoſitions ; imprimée à Paris, *in*-8°. par
Guillaume de la Noüe, 1579. Réponſe Chrétienne à vingt-
quatre articles pleins de blaſphêmes & abſurdités, dreſſés par
Pierre Pineau dit Deſaigues, Prédicant Zuuin Calvinian, contre
l'article de la ſurnaturelle & miraculeuſe tranſubſtantiation du
pain & du vin au corps glorieux de notre Seigneur Jeſus-Chriſt,
en la ſainte Euchariſtie : où ſont amplement remarquées les
Héréſies anciennes, contre la perſonne de notre Seigneur
Jeſus-Chriſt, & autres, auxquelles s'enveloppent & ſymboliſent
les Zuuin-Calviniens Hérétiques de ce-temps ; imprimée à Paris,

in-8º. par Guillaume Chaudiere, 1581. Difcours Chrétien, contenant une Remontrance charitable aux pauvres, du foin & diligence qu'ils doivent employer à bien inftruire, ou faire inftruire & endoctriner leurs enfans : enfemble du fruit que l'on recueille de tel Labeur, & des maux qui adviennent du contraire; où il eft parlé des fciences principales, efquelles ils doivent être enfeignés, chacun felon fon fexe, fon état & vacation ; imprimé à Paris, *in*-8º. par Jean du Carroy, 1578 *.

* Voy. La Croix du Maine, & les notes, au mot Mathieu de Launoy, Tom. II, pag. 106 & 107.

MATHIEU VAUCHER dit FRANCHE-CONTÉ, Hérault d'armes de la Majefté Impériale, a traduit de l'Efpagnol, Commentaire de l'illuftre Seigneur Dom Loys d'Avila & Cuniga, grand Commandeur d'Alcantara de la guerre d'Allemagne, faite par Charles V, Empereur [1] ; imprimé en Anvers, *in*-8º. par Nicolas Torcy *, 1550.

[1] Gilles Boyleau de Buillon fit paroître fa Traduction du même Ouvrage, l'année fuivante, comme le marque du Verdier. La Croix du Maine a oublié l'année de l'Edition. (M. de la Monnoye).

* Les *Memoires de la Guerre d'Allemagne*, par Louis d'Avila, furent compofés en Efpagnol, & parurent, pour la première fois, en 1546, *in*-8º. On les réimprima à Anvers, en 1550, & la même année ils y furent auffi publiés, traduits en Latin par Guillaume Malinæus. Ces Mémoires avoient été traduits en Italien par l'Auteur même, & imprimés à Venife en 1549. Il eft fingulier que Lenglet ne cite que l'Edition Italienne & Latine, & ne parle pas de l'Edition Efpagnole, qui eft l'Ouvrage Original. (*Méthod. pour étudier l'Hiftoire*, Tom. XI, pag. 229 de la nouv. Edit.)

MATHIEU DE VAUZELLES *, Docteur ès Droits & Avocat du Roi au Parlement de Dombes & Sénéchauffée de Lyon, a écrit Traité des Péages, divifé en fix parties : la première, de l'Origine des Péages : la deuxième, à qui appartient de créer Péages : la troifième, de la poffeffion immémoriale des Péages : la quatrième, des abus qui s'y commettent : la cinquiéme, des privilégiés : la fixième, en quel temps fe doit péage;

imprimé à Lyon , *in*-4°. par Jean de Tournes , 1550. Conseil en faveur des pauvres de l'Hôtel-Dieu de la ville de Lyon , fait par M. Mathieu de Vauzelles , Avocat du Roi , contenant sept questions.

*Voy. LA CROIX DU MAINE, au mot MATHIEU DE VAUZELLES, Tom. II, pag. 108.

MATHURIN CORDIER a écrit Epîtres Chrétiennes , imprimées à Lyon , *in*-16. par Loys Tachet , 1557. Sentences extraites de la sainte Ecriture , pour l'instruction des enfans , imprimées Latines - Françoises , par Thibaut Payen , 1551. Cantiques spirituels , en nombre vingt-six , imprimés à Lyon , *in*-16. par Jean Cariot , 1560. Le Miroir de la jeunesse pour la former à bonnes mœurs & civilité de vie , imprimé à Paris , *in*-16. par Jean Bonfons. Il a interprété, & fait la construction en François, des Distiques Latins qu'on attribue à Caton; imprimée à Lyon , *in*-8°. par Thibault Payen, par plus de cent fois, & depuis par autres, d'autant que c'est un Livre que les enfans manient à l'école communément. Ses Œuvres Latines sont dénombrées en la Bibliothèque de Conrad Gesner. Les Colloques de Mathurin Cordier , traduits de Latin. Voyez GABRIEL CHAPUIS *.

* Voy. LA CROIX DU MAINE, & les notes, au même Article , Tom. II, pag. 198.

MATHURIN HERET *a traduit de Grec , la vraie & brève Histoire de la guerre de Troye, anciennement écrite en Grec , par Darès Phrygius; ensemble une Harangue de Menelaüs, pour la répétition d'Hélène : le tout traduit en langue Françoise : plus quelques Dixains & Epitaphes d'Hector & Achilles; imprimée à Paris , *in*-16. par Sébastien Nivelle , 1553. Les Problêmes d'Alexandre Aphrodisé, excellent & ancien Philosophe, traduits de Grec; avec Annotations des lieux plus notables & difficiles ; & soixante autres Problêmes de même matière ; impr. à Paris , *in*-8°. par Martin le Jeune , 1555. Le Banquet de Platon , traitant

tant de l'Amour & de Beauté, mis en François par le même Mathurin Heret; avec Argumens fur chacune Oraifon, fommairement déduits, & les plus notables & meilleures Sentences, recueillies de toutes les Œuvres dudit Platon; imprimé à Paris, *in*-8°. par Guillaume Guillard, 1556.

*Voy. La Croix du Maine, au mot Mathurin Heret, Tom. II, pag. 109.

MATHURIN MAURICE, Saintongeois, a écrit la Revenche & contredifpute de Frère Anfelme Turmeda, contre les bêtes, imprimée à Paris, *in*-16. par Nicolas Chreftien, 1554. Plus, de l'Origine de vraie Nobleffe & nourriture d'icelle, pour les enfans généreux, imprimée à Paris, *in*-16. par Nicolas Chreftien*, 1551.

* Voy. La Croix du Maine, au même Article, Tom. II, pag. 109.

MATHURIN DE REDOUER, Licencié ès Loix, a tranflaté de Latin en François, le nouveau Monde & navigations faites par Améric Vefpuce, Florentin, ès Pays & Ifles nouvellement trouvés, auparavant à nous inconnus, tant en l'Ethiopie, Arabie, Calicuth, qu'autres Régions étranges; imprimé à Paris, *in*-4°. fans nom d'Imprimeur, & fans date *.

*Voy. La Croix du Maine, & les notes, au même Article, Tom. II, pag. 109 & 110.

MAURICE * PONCET, Religieux de l'Ordre S. Benoift, Docteur en Théologie, en l'Univerfité de Paris, a écrit trois Livres de l'Oraifon Eccléfiaftique, en forme de Contemplation; avec ample Explication de l'Oraifon Dominicale, pour apprendre à bien prier Dieu; imprimés à Paris, *in*-8°. par Michel Sonnius, 1568. Remontrance à la Nobleffe de France, de l'utilité & repos que le Roi apporte à fon peuple; & de l'inftruction qu'il doit avoir pour le bien gouverner; imprimée à Paris, *in*-8°. par Michel Sonnius, 1572. Oraifon funèbre, prononcée le dernier Août 1574, en l'Eglife de Brecy-le-Buiffon, aux funérailles de Meffire Euftace de Conflans, Vicomte d'Aulchy,

Capitaine des Gardes du Roi ; imprimée à Paris, *in*-8°. par Michel Sonnius, 1574. Difcours de l'avis donné au Révérend Père en Dieu, Meffire Pierre de Gondy, Evêque de Paris, fur la propofition qu'il fit aux Théologiens, touchant la traduction de la fainte Bible, en langage vulgaire ; imprimé à Paris, *in*-8°. par Pierre Cavellat, 1578. Méditations familières fur l'Hiftoire de l'Incarnation du fils de Dieu, décrite par faint Luc, en l'E-vangile, *Miffus eft Angelus Gabriel à Deo*, &c. avec ample explication de ce texte ; imprimées à Reims, *in*-8°. par J. de Foigny, 1574. Inftruction pour aimer Dieu, extraite de la fainte Ecriture, & fpécialement des Cantiques de Salomon, & de la Doctrine des Auteurs facrés & profanes, contenant dix - fept chapitres ; imprimée à Paris, *in*-8°. par Sébaftien Molin, 1584.

* Voy. LA CROIX DU MAINE, & les notes, au mot MAURICE PONCET, Tom. II, pag. 114.

MAURICE SCEVE, Lyonnois, quand vivoit, petit homme en ftature, mais du tout, grand en favoir, & excellent Poëte de fon temps, a écrit Eclogue intitulée Arion, fur le trépas de François Dauphin de France, qui mourut à Tournon, imprimée à Lyon, par François Jufte, 1536. Le Blafon du Front, du fourcil, de la gorge, imprimé avec les Blafons Anatomiques du corps féminin, compofés par plufieurs Poëtes François ; imprimé à Lyon, par François Jufte, 1537. La Sauffaye, Eclogue de la vie folitaire ; imprimée à Lyon, *in*-8°. par Jean de Tournes, 1547. Delie, objet de plus haute vertu, conte-nant quatre cent cinquante-huit Dixains, fur la matière d'Amour, d'entre lefquels font cinquante figures & emblêmes ; imprimé à Lyon, *in*-8°. par Antoine Conftantin, 1554. & depuis à Paris, *in* - 16. par Nicolas du Chemin, 1564. Microcofme, Livres trois, en vers Héroïques, commençant ainfi :

Dieu, qui trine en un fue, triple es, & trois furus,
Et comme tes Elus nous éterniferas,
De ton divin efprit enflamme mon courage,
Pour décrire ton homme & louer ton ouvrage,

Ouvrage vrayement chef-d'œuvre de ta main,
A ton image fait & divin & humain.
    Premier en son Rien clos se celoit en son Tout ,
Commencement de soy , sans principe & sans bout ,
Inconnu fors à soy , connoissant toute chose ,
Comme toute de soy , par soy , en soy enclose , &c.

Il a traduit aussi quelques Psalmes du Royal Prophète David, imprimés avec ceux que Jean Poictevin a mis en François.

*Voy. LA CROIX DU MAINE, & les notes, au mot MAURICE SCÈVE, Tom. II, pag. 112 & 113.

En la Delie, LXXXIX. Dixain.

[*Amour perdit les traits qu'il me tira ,*
Et de douleur se print fort à complaindre ;
Vénus en eut pitié , & soupira ,
Tant que par pleurs son brandon fit éteindre ,
Dont aigrement furent contraints de plaindre ;
Car l'Archer fut sans traict , Cypris sans flamme.
  Ne pleure plus , Vénus ; mais bien enflamme
Ta torche en moy , mon cœur l'allumera ;
Et toy , Enfant , cesse : va vers ma Dame ,
Qui de ses yeux tes flèches refera.

C I I I.

Si très-las fut d'environner le Monde
Le Dieu volant , qu'en mer il s'abysma ;
Mais retournant à chef de temps sur l'onde ,
Sa trousse print & en suste l'arma :
De ses deux traits diligemment rama ,
De l'arc fit l'arbre , & son bandeau tendit
Aux vents pour voile , & en port descendit
Très-joyeux d'être arrivé seurement.
Ainsi Amour, à nous perdu , rendit
Vexation , qui donne entendement.]

MELCHIOR DE FLAVIN, Prédicateur & Pénitencier du Pape, Cordelier & Gardien au Convent des Frères Mineurs, à Tholose, a écrit Remontrance de la vraie Religion, au Roi Charles IX, imprimée à Paris, *in-*8°. par Nicolas Chesneau, 1562. Plus, de l'État des Ames après le trépas, & comment elles vivent étant séparées du corps : & des purgatoires qu'elles souffrent en ce monde & en l'autre, après icelle féparation; imprimé à Tholofe, *in*-4°. par Jaques Colomiez, 1563. Plus, de la préparation à la mort, en trois Traités; le premier, du mépris de la mort, laquelle tout fidèle doit defirer; le fecond, des Affauts & tentations qui viennent à l'heure de la mort, & manière d'y réfifter; le troifième, de la manière de bien ufer de la Paffion de notre Seigneur au trépas de la mort; imprimé à Tholofe, *in*-4°. par Arnauld & Jaques Colomiez, 1570. *De regno Dei, de quo Chriftus loquutus eft per dies quadraginta, Liber, per fratrem Melchiorem Flavium, Minoritam Theologum; impreff. Parifiis, in-8°. apud Petrum l'Huillier, 1566. Catholica Cantici Graduum per Demegorias; feu Sectiones, à Fratre Melchiore Flavio Enarratio; Lutetiæ, apud Ægidium Gourbinum, 1568.*

✻Voy. La Croix du Maine, au mot Melchior de Flavin, Tom. II pag. 114.

MELLIN DE SAINT GELAIS, Poëte affez connu de nativité & nom par la France, avoit déjà donné fuffifant témoignage de fon favoir, en quelques petits fragmens, femés parmi les autres Auteurs, qui auffi ont été fort bien reçus & approuvés. Mais quiconque lira attentivement fes Œuvres poëtiques, imprimées depuis fa mort, toutes en un volume, *in*-8°. à Lyon, par Antoine de Harfy, 1574 : où font contenus plufieurs Opufcules, Elégies, Epîtres, Rondeaux, Sonnets, Quatrains, Chanfons, Epitaphes & Epigrammes; il trouvera le tout bien trouffé & fait d'une grande dextérité d'efprit, reffentant entièrement cette forme de compofer, ancienne & remplie de toute naïveté & gaillardife. Plus, Genievre, Imitation de l'Ariofte, imprimée à Paris, avec autres Imitations du même Poëte Italien, faites par Loys d'Orléans & autres, *in*-8°. chez Lucas Breyer, 1572. Ledit Saint Gelais a auffi compofé Sophonifba, Tragédie très-excellente, tant pour l'argument, que pour le langage & graves fentences, dont elle eft ornée. Les Chœurs feulement font en vers, & tout le refte en profe;

imprimée à Paris, en caractères François, *in*-8° par Richard Breton, 1560 *. Je mettrai ici quelques-uns de ses vers, en témoignage de sa douceur.

* Voy. La Croix du Maine, & les notes, au mot Mellin de Saint Gelays, Tom. II, pag. 114 & suiv.

Du Rousseau & de la Rousse.

Un jour, en s'ébattant,
Dieu créa le rousseau;
Puis dit, en le tentant,
Garçon, que tu es beau!
Le rousseau sans séjour
Dit, beau comme le jour.
Dieu prit mal ce langage,
Et dit, vois-tu, rousseau,
Tu prends gloire au pelage
D'une vache, ou d'un veau;
Le pied auras suant,
Et le reste puant.

Le rousseau bien fâché,
S'en vint à la rousselle,
Et lui trouva caché
Un bouc sous son aisselle,
Puis la sienne sentant,
En trouva tout autant.
Onques puis roux, ne rousse,
N'eurent accord parfaict;
L'un toujours se courrouce,
Et trouve l'autre infaict.
Ailleurs on n'en veut point,
Les voilà bien en point.

Quatrain.

Quel bien parler ou compter son affaire
Vous sçauroit mieux découvrir mon martyre,
Que le travail de ne le pouvoir dire,
Et le penser qui contraint de se taire?

Autre.

Dis-moi, ami, que vaut-il mieux avoir,
Beaucoup de biens, ou beaucoup de sçavoir?
Je n'en sais rien; mais les sçavans je voi
Faire la cour à ceux qui ont de quoi.

Sixain sur un petit Luth.

Pour un Luth bien petit je suis;
Mais si le cœur vaincre je puis
De la maistresse de mon maistre,
Aussi grand je penserai estre,
Entre tant de luths que nous sommes,
Qu'un Alexandre entre les hommes.

Huitain du feu de la saint Jean.

O sotte gent, qui se va travailler
A voir un feu de bois accoutumé,

Venez à moi , pour vous émerveiller
De voir un cœur de tel feu allumé ,
Que plus il brufle , & moins eft confumé ;
Et fi ce cas difficile vous femble ,
Allez voir celle où il s'eft enflammé ,
Vous le croirez & brûlerez enfemble.

Autre Huitain.

Soupirs ardens , parcelles de mon ame ,
Qui , de mon deuil , feuls la caufe entendez ;
Si vous voyez ma fin plaire à Madame ,
Volez au Ciel , & là haut m'attendez ;
Mais fi fon œil (comme vous prétendez)
De quelque efpoir nous daigne fecourir ,
Tournez à moi , & l'efprit me rendez ,
Je n'aurai plus volonté de mourir.

AUTRE.

Chatelus donne à déjeûner
A dix pour moins d'un carolus ,
Et Jaquelot donne à dîner
A dix pour moins que Chatelus :
Après ces repas diffolus ,
On eft trois jours gay & falot.
Qui me perdra , cher Chatelus ,
Ne me cherche chez Jaquelot.

Autre.

Un Maiftre ès-Arts , mal chauffé & veftu ;
Chez un payfan demandoit à repaiftre ,
Difant qu'on doit honorer la vertu ,
Et les fept arts dont il fut paffé maiftre.
Comment fept arts , répond l'homme champeftre ,
Je n'en fais nul hors mis mon labourage ;
Mais je fuis faoul , quand il me plaift de l'eftre ,
Et fi nourris ma femme & mon ménage.

DIXAIN.

Un Charlatan difoit en plein marché ,
Qu'il montreroit le Diable à tout le monde ,
Si n'y eut nul , tant fût-il empêché ,
Qui ne courût , pour voir l'efprit immonde.

Lors une bourſe aſſez large & profonde
Il leur déploye, & leur dit : Gens de bien,
Ouvrez vos yeux, voyez, y a-t-il rien?
Non, dit quelqu'un des plus près regardans :
Et c'eſt, dit-il, le Diable, oyez-vous bien,
Ouvrir ſa bourſe, & ne voir rien dedans.

ENIGME,
En façon de Prophétie.

S'il eſt permis de croire fermement,	
Que par les corps, qui ſont au firmament,	Jeu de la paulme.
Humain eſprit de ſoy puiſſe advenir	
A prononcer des choſes à venir,	
Ou ſi l'on peut, par fureur ſatidique,	
Sans art, ni ſort, avoir ſens Prophétique,	
Tant que l'on juge, en aſſeuré diſcours,	
Des ans lointains la deſtinée & cours,	
Je fais ſavoir à qui le veut entendre,	
Que cet hiver prochain, ſans plus attendre,	
Voire plutôt, en ce lieu où nous ſommes,	Les faiſeurs
Il ſortira une manière d'hommes,	de parties.
Las du repos, & fâchés du ſéjour,	
Qui franchement iront, & de plein jour,	
Suborner gens de toutes qualités	
A différends & partialités ;	
Et ſi voulez les croire & écouter,	
Quoy qu'il en doive advenir & couſter,	
Ils feront mettre en debats apparens	
Amis entre eux, & les proches parens :	Les joueurs.
Le fils hardi ne craindra l'impropère	
De ſe bander contre ſon propre père ;	
Même les grands, des nobles lieux ſaillis,	
De leurs ſujets ſe verront aſſaillis,	
Et le devoir d'honneur & révérence	
Perdre pour lors tout ordre & différence ;	
Car ils diront que chacun à ſon tour	Le changement
Doit aller haut, & puis faire retour ;	de lieu.
Et ſur ce point aura tant du meſlées,	
Tant de diſcours, venues & allées,	
Que nulle hiſtoire, où ſont les grands merveilles,	
Ne fait récit d'émotions pareilles ;	
Lors ſe verra maint homme de valeur,	
Par l'éguillon de jeuneſſe & chaleur,	

De croire trop ce fervent appétit,
Mourir en fleur, & vivre bien petit ;
Et ne pourra nul laisser cet ouvrage,
S'il y a mis une fois le courage,
Qu'il n'ait empli par noises & débats
Le ciel de bruit, & la terre de pas.
Alors n'auront, non moindre autorité
Hommes sans foy, que gens de vérité ;   Les arbitres.
Car tous suivront la créance & l'étude
De l'ignorante & sotte multitude,
Dont le plus lourd sera reçu pour juge.   Le naquet.
O dommageable & pénible déluge !
Déluge, dy-je, & à bonne raison,
Car ce travail ne perdra sa saison,
Ny n'en sera délivrée la terre,
Jusques à tant qu'il ne sorte à grande erre
Soudaines eaux, dont les plus attrempés,   Les sueurs.
En combattant, seront pris & trempés,
Et à bon droit, car leur cœur adonné
A ce discord n'aura point pardonné,
Même au troupeau des innocentes bêtes,
Que de leurs nerfs & boyaux deshonnêtes   Les raquetes.
Il ne se fait, non aux Dieux sacrifice,
Mais aux mortels ordinaire service.
Or' maintenant je vous laisse à penser
Comment le tout se pourra dispenser,
Et quel repos, en noise si profonde,
Aura le corps de la machine ronde.   L'esteuf.
Les plus heureux qui plus d'elle tiendront,
Moins de la perdre & gâter s'abstiendront,
Et tâcheront, en plus d'une manière,
A l'asservir & rendre prisonnière,
En tel endroit que la poure deffaite,   Les fosses
N'aura recours qu'à celuy qui l'a faicte,   des jeux.
Et pour le pis de son triste accident
Le clair Soleil, ains qu'être en Occident,
Lairra espandre obscurité sur elle,
Plus que d'éclipse, ou de nuit naturelle,
Dont, pour un temps, perdra la liberté,
Et du haut ciel la faveur & clarté,
Ou, pour le moins, sera seule & déserte ;
Mais elle, avant cette ruine & perte,
Aura long-temps montré sensiblement
Un violent & si grand tremblement,

                                        Que

Que lors Ethna ne fut tant agitée,
Quand sur un fils de Titan fut jetée ;
Et plus soudain ne doit être estimé
Le mouvement que fit Inarimé,
Quand Typhœus si fort se dépita ,
Que dans la mer les monts précipita.
Ainsi sera en peu d'heures rangée
A triste état , & si souvent changée ,
Que même ceux qui tenue l'auront ,
Aux survenans occuper la lairront.
Lors sera près le temps bon & propice
De mettre fin à ce long exercice ,
Car les grands eaux dont oyez deviser   La sueur.
Feront chacun la retraite adviser ;
Et toutefois , avant leur partement ,   Le feu qu'on
On pourra voir en l'air apertement   fait pour se
L'âpre chaleur d'une grand' flamme éprise ,   rafraichir.
Pour mettre à fin leurs eaux & entreprise.]

MENANDER *. Voyez les Sentences de Menander, ancien Poëte Comique Grec , qui a écrit cent & cinq Fables ou Comédies , ainsi que dit Apollodore : lesquelles Sentences ont été traduites en François, par Geofroy Linocier, & sont imprimées à Paris , *in 16.* par Michel Julian, 1580.

* Menandre , suivant un Fragment d'Apollodore , célèbre Grammairien d'Athènes, rapporté par Aulugelle, *Liv. XVII, Ch. 4,* étoit fils de Diopèthe, de la race des Cephisiens , & mourut âgé de cinquante-deux ans (environ deux cens quatre-vingt-dix ans avant l'Ère Chrétienne). Il est dit, dans ce même passage, qu'il avoit composé 105 Comédies ; d'autres disent 108 , ou 109. Il n'y eut que huit de ces pièces qui remportèrent le prix, mais qui lui firent une telle réputation, qu'il fut nommé *le Prince de la nouvelle Comédie.* Philémon, Ecrivain fort inférieur, lui fut souvent préféré , ce qui étonnoit si fort Ménandre, qu'il demandoit un jour à ce rival , s'il n'avoit pas honte de l'emporter sur lui : *Quæso , Philemon , bonâ veniâ , dic mihi , cùm me vincis , non erubescis ?* Sur quoi M. l'Abbé du Bos (*Réflex. sur la Poësie & la Peinture ,* Tom. II , pag. 437 , Edit. de 1755) remarque avec raison, « qu'il n'en faut
» pas conclure que les Comédies de Menandre aient été jugées mauvaises,
» mais bien que d'autres plurent davantage ». Si nous avions les pièces victorieuses , peut-être démêlerions-nous ce qui put éblouir le Spectateur ; peut-être même trouverions-nous que le Spectateur auroit bien jugé. Il ne nous reste que des fragmens des Comédies de Ménandre , recueillis par M. le Clerc.

MERCURE TRIMEGISTE. Voyez François Monsieur
de Foix, Gabriel du Preau.

* On prononce & l'on écrit Trismégiste. Mercure , ou Hermès Trismégiste, vivoit, dit-on, près de vingt siècles avant l'Ère Chrétienne. On prétend qu'il fut Prêtre & Roi ; d'autres disent que ce fut un Philosophe Egyptien,
Conseiller d'Isis , femme d'Osiris. On lui attribue quantité d'inventions.
Eusèbe (*Præparat. Evang.* Liv. II , Chap. 1) dit que ce Mercure , ou Hermès
Trismégiste , fut le même qu'Osiris , auquel on donna le nom de *Mercure ,*
à cause de la sagacité de son esprit à inventer tout ce qui pouvoit contribuer
à l'aisance de la vie. Il eut en particulier le nom d'*Hermès ,* à cause qu'il fut
le premier Maître d'Eloquence , parmi les hommes. Les deux Dialogues,
intitulés *Pymander* & *Asclepius ,* qu'on lui attribue , sont d'un Auteur Chrétien, qui vivoit, au plutôt, dans le second siècle de l'Eglise. Les Savans croient
cependant qu'on y trouve de précieux restes de la plus ancienne Philosophie
des Egyptiens. On peut voir , dans la *Bibliothèque Grecque* de Fabricius , des
détails très-savans & très-étendus sur Hermès , & sur les Ecrits publiés sous
le nom d'Hermès , Tom. I , pag. 7 & suiv.

MEURY RIFFLANT [1] a traduit de Grec, le Miroir des
Mélancoliques , décrit en la trentième Section des Problêmes
d'Aristote, concernant ce qui appartient à Prudence , Entendement & Sapience. Il y est disputé pourquoi les mélancoliques
sont ingénieux : puis est montré l'Analogie du vin & de la
mélancolie ; ensemble les divers effets d'iceux , & les terribles
passions de l'Ame ; avec une autre question figurant le certain
pourtrait Physical de la nature des chaudes & froides régions,
& des habitans ; imprimé à Paris , par Nicolas de Burges ,
1543.

[1] Meury est une corruption de Maurice ; mais le prétendu *Meury
Rifflant ,* Auteur , & le prétendu *Nicolas de Burges ,* Imprimeur , ont tout
l'air de noms supposés. La Caille , pag. 118 de son Livre , n'a tiré son *Nicolas
de Burges* que de cet endroit de Du Verdier. La Croix du Maine , au mot
Nicolas Léonique , a changé *de Burges* en *de Bruges ,* & c'est ainsi que le
nomme aussi la Caille , à la Table de son Livre. (M. de la Monnoye).

MICHEL D'AMBOISE , Seigneur de Chevillon , dit l'Esclave
fortuné , a composé en rime , les Contr'Epîtres d'Ovide , par
ledit d'Amboise inventées , contenant les Réponses d'Ulysses à
Penelopé , de Démophoon à Phyllis , d'Achilles à Briseis,

d'Hyppolite à Phedre ; de Paris à Œnone ; de Jaons à Hypſi-
phile ; d'Ænée à Didon ; d'Oreſtes à Hermione ; d'Hercules à
Deïanıra ; de Theſeus à Ariadne , de Macaire à Canace ; de
Jaſon à Médée ; de Proteſilaüs à Laodamie ; de Linus à Hyper-
meſtra ; de Phaon à Sappho ; imprimées à Paris , in-8°. par
Denys Janot, 1541. La Babylon , autrement la confuſion de
l'Eſclave fortuné , où ſont contenues pluſieurs Lettres , Ron-
deaux & Epîtres amoureuſes ; imprimée à Lyon , in-16. par
Olivier Arnoullet, 1535. Les Epîtres Vénériennes, Fantaiſies,
Complaintes, Epitaphes, trente-quatre Rondeaux, & trois
Ballades ; imprimées à Paris , in-8°. par Jean Longis , 1556.
Le Blaſon de la Dent , imprimé avec les Blaſons Anatomiques
du corps féminin, faits par divers Auteurs, à Lyon, par François Juſte , 1537. Il a écrit en proſe , le Guidon des gens de
guerre , imprimé à Paris, in-8°. par Galiot du Pré , 1543. Ses
Traductions en rime , les Bucoliques de Baptiſte Mantuan,
contenant dix Eglogues, imprimées à Paris, in-4°. par Denys
Janot, 1530. Le dixième Livre des Métamorphoſes d'Ovide,
avec l'Elégie de la Complainte du Noyer, imprimé à Paris, par
les frères Angeliers , ſans date. Quatre Satyres de Juvénal ; à
ſavoir les huit, dix , onze & treize, imprimées à Paris, in-8°.
par Jean Longis , 1543. Le Ris de Démocrite & le Pleur d'Hé-
raclite, Philoſophes , ſur les folies & misères de ce monde ;
traduit de l'Italien d'Antonio Phileremo Fregoſo , & interprété
en rime Françoiſe par ledit Michel d'Amboiſe , & imprimé à
Paris, in-8°. par Arnould l'Angelier , 1547. & à Rouen in-16.
par Robert & Jean du Gort, 1550 *.

    * Voy. La Croix du Maine, & les notes, au mot Michel d'Am-
boise , Tom. II, pag. 117 & 118.

    MICHEL BERLAND , Avocat au grand Conſeil du Roi,
Conſeiller en la Sénéchauſſée de Bourbonnois , Siége Préſidial
établi à Moulins, a écrit Sommaire des Loix, Statuts, Ordonnances & Edits faits par les Rois de France, réduit par Alphabet
depuis le règne de ſaint Loys, juſques au règne du Roi Henri II.

de ce nom; avec Arrêts notables, felon la matière du texte de
l'Ordonnance; imprimé à Paris, *in-fol.* par Charles l'Angelier,
1548. & depuis revu & remis en meilleur ordre par l'Auteur &
réimprimé *in-8°.* par Claude Micard, 1567.

MICHEL BOUCHER, de Bois commun, a écrit Oraifon
aux François, fur la mort du magnanime Prince Jean de Bourbon, Comte d'Anghien; imprimée à Paris, *in-8°.* par Jean
Caveillier, 1557.

MICHEL DE CASTELNAU a traduit du Latin de Pierre
de la Ramée, Traité des Façons & Coutumes des anciens Gaulois; imprimé à Paris, *in-8°.* par André Wechel, 1559 *.

* Voy. LA CROIX DU MAINE, & les notes, au même Article, Tom. II,
pag. 120 & 121.

MICHEL COIGNET, natif d'Anvers, a écrit Déclaration
fur le fait des changes; enfemble un petit Difcours de bien &
duement difconter, avec la folution fur diverfes opinions y propofées : plus la folution des queftions mathématiques par la
fupputation de Sinus, illuftrées & amplifiées par les démonftrations Géométriques, néceffaires à icelles; imprimée avec l'Arithmétique de Valentin Mennher, en Anvers, 1573. *in-8°.*
Inftruction des points plus excellens & néceffaires, touchant
l'Art de naviger; enfemble un moyen facile & très-fûr pour
naviger Eft & Oeft, lequel jufques à préfent a été inconnu à tous
pilotes; imprimée en Anvers, *in-4°.* par Jaques Heinrick, 1581.

* Voy. LA CROIX DU MAINE, au même Article, Tom. II, p. 121 & 122.

M. M. COIGNET [1], Chevalier, Confeiller du Roi, je ne fais
fi c'eft le même que le devant nommé, d'autant que fon nom
propre n'eft défigné que par ces deux lettres M. M. a écrit
Inftruction aux Princes, pour garder la Foi promife; contenant
un Sommaire de la Philofophie Chrétienne & morale, & devoir
d'un homme de bien; imprimée à Paris, *in-4°.* par Jaques du
Puys, 1584.

Ce n'eft pas le même que le précédent. (M. DE LA MONNOYE).

MICHEL LE CONTE, Avocat Parifien, a compofé en vieille rimaille, le Mariage de procès & de la femme, imprimé à Paris, par Denys du Pré, 1579. L'Art & méthode à tourner noms en Latins & François, le nom du très-Chrétien Roi de France & de Pologne Henri III; enfemble les noms de la Roine mère, de Loyfe de Lorraine, Roine de France, & autres noms tournés à aucuns Prélats, Seigneurs & autres gens de nom & de réputation; avec la Déclaration & expofition d'iceux en rime; imprimé à Paris, par Denys du Pré, 1570.

MICHEL COP a écrit Commentaire fur le Livre de l'Eccléfiaftique, autrement dit le Précheur, imprimé à Genève, in-8°. [1].

[1] Comment du Verdier n'a-t-il pas mis ici *Calvinique*, puifque ce Commentaire eft d'un Calvinique? Il fut imprimé à Genève, *in*-8°. 1563, non pas fur l'*Eccléfiaftique*, Livre que les Calviniftes ne reconnoiffent point pour Canonique, mais fur l'*Eccléfiafte*, mot qui véritablement fignifie *Prédicateur*, Εκκλησιαϛὴς, *Concionator*. (M. DE LA MONNOYE).

MICHEL COYSSARD, Jefuite, a traduit de l'Italien de R. Pere Gafpart Loart, les Méditations de la paffion de notre Seigneur Jefus-Chrift, avec l'Art de méditer; imprimées à Paris, *in*-16. par Thomas Brumen, 1578. Remèdes fouverains contre les fept péchés mortels, contre le blafphéme & le jeu, tirés des Exercices de la vie Chrétienne, de Gafpar Loart, Théologien de la Compagnie de Jefus; imprimés à Paris, *in*-16. par Thomas Brumen, 1577. Inftructions & Avertiffemens pour méditer les quinze Myftères du Rofaire de la très-fainte Vierge Marie, traduites dudit Loart, par ledit Michel Coyffard; imprimées par ledit Brumen, 1579. Pratique fpirituelle de la Princeffe de Parme.

MICHEL FERRIER, de Cahors, a mis en mufique, les Pfalmes de David, traduits par Clément Marot, imprimés à Paris, par Nicolas du Chemin.

＊Voy. *LA CROIX DU MAINE*, au même Article, Tom. II, pag. 122.

MICHEL FOURQUE ou PHOQUE , Prêtre & Vicaire perpétuel de faint Martin de Tours , a mis en vers François Héroïques , la Vie , Faits , Paffion , Mort , Réfurrection & Afcenfion de notre Seigneur Jefus - Chrift , felon les quatre Evangéliftes; imprimés à Paris , *in* 8°. par Jean Bien-né , 1574. Il a traduit auffi en rime Françoife , les Opufcules fuivans : De la Prière divine , Auteur faint Jehan Chryfoftome : de la Paffion de Jefus par Lactance Firmian; avec une Complainte de Jefus , aux pécheurs périffant par leurs propres fautes , mife à la fin; imprimée à Tours , *in*-8°. par Mathieu Chercele , 1550.

* Voy. La Croix du Maine , & les notes , au même Article , Tom. II , pag. 122 & 123.

MICHEL DE L'HOSPITAL , Chancelier de France , fous le feu Roi de bonne mémoire Charles IX , a prononcé Harangue contenant la Remontrance faite devant la Majefté du Roi très-Chrétien Charles IX , tenant fes grands États en fa ville d'Orléans , mife depuis par écrit & imprimée à Bloys , par Julian Angelier , 1561. Difcours au Roi François II , contenant une Inftruction pour bien & heureufement régner , écrit première-ment en vers Latins par Meffire Michel de l'Hofpital , lors premier Préfident des Comptes , & depuis mis en vers François par Joachim du Bellay. *In Francifci, illuftriff. Franciæ Delphini, & Mariæ, fereniff. Scotorum Reginæ, nuptias Ampliff. viri Michael. Hofpitalii Carmen. Ejufdem de Caleti & Guynæ oppidorum expugnatione Carmen, De Theavilla capta Aliud. De Meti urbe capta & ab hoftium ingenti obfidione liberata Aliud Carmen. Ad illuftriff. Francif. Lotharingum ducem Guyfianum Epiftola. Ad Carolum Cardinalem Lotharenum de Pace Carmen, Ad Margaritam, Regis fororem, Epiftola ; hæc omnia excufa Parifiis, in*-4°. *apud Federicum Morellum, 1560. Ejufdem Hofpitalii ad Margaritam Valefiam, Henrici II Regis fororem, Carmen. Aliud Carmen quo execratur lites. Ejufdem ad Janum Cardinal, Bellayum Elegia; quæ omnia, nondùm typis mandata, penes me habeo* *.

*Voy. La Croix du Maine , & les notes , à cet Art. Tom. II , p. 123 & fuiv.

MICHEL MAROT, fils de Clément Marot, a écrit quelques Rimes qui se voyent au Livre des Contredits du sieur du Pavillon, aux Ecrits de Michel Nostradamus, imprimées à Paris, *in*-8°. par Charles l'Angelier, 1560 *.

* Voy. LA CROIX DU MAINE, & les notes, au même Article, Tom. II, pag. 126 & 127.

MICHEL DE MENEHOU, Maître des Enfans de Chœur de l'Eglise saint Maur des Fossez, a écrit une nouvelle Instruction des préceptes ou fondemens de musique, tant pleine que figurée; imprimée à Paris, par Nicolas du Chemin, 1571.

* Voy. LA CROIX DU MAINE, au même Article, Tom. II, pag. 127.

MICHEL MENOT, de l'Ordre de saint François, a écrit des Sermons pour les jours & Dimanches du Carême, par lui prêchés à Paris, parmi lesquels il entremêle plusieurs propos en langage François; imprimés à Paris, *in*-8°. par Claude Chevalon, 1526 *.

* Voy. LA CROIX DU MAINE, & les notes, au même Article, Tom. II, pag. 127 & suiv.

MICHEL DE MONTAIGNE. Les Essais de Messire Michel Seigneur de Montaigne, Chevalier de l'Ordre du Roi & Gentilhomme ordinaire de sa Chambre. Livre premier & second, imprimés à Bourdeaux, *in*-8°. par Simon Millanges, 1580. Il a traduit aussi de Latin en François, le Livre des Créatures; Auteur Raymond Sebon, contenant trois cent trente chapitres; imprimé à Paris, *in*--8°. chez Gilles Gourbin, 1581. J'ai vu une autre Traduction dudit Livre en fort vieil langage *.

* Voy. LA CROIX DU MAINE, & les notes, au même Article, Tom. II, pag. 129 & suiv.

Au Chapitre dixième. Des Livres.

[Je ne fais point de doute qu'il ne m'advienne souvent de parler de choses qui sont ailleurs plus richement traitées chez les maîtres du métier, & plus véritablement. C'est ici purement l'essai de mes facultés naturelles, & nullement des acquises ; & qui me surprendra d'ignorance, il ne fera rien contre

moi ; car à peine répondrois-je à autrui de mes difcours , qui ne m'en réponds point à moi-même , ni n'en fuis fatisfait. Qui fera en cherche de
fcience , fi la cherche où elle fe loge. Il n'eſt rien de quoi je faſſe moins de
profeſſion. Ce font ici mes fantaiſies , par leſquelles je ne tâche point à donner
à connoître les choſes, mais moi. Elles me feront à l'adventure connues un
jour , ou l'ont autrefois été , felon que la fortune m'a pu porter fur les lieux
où elles étoient éclaircies. Mais j'ai une mémoire qui n'a point de quoi conferver trois jours la munition que je lui aurai donnée en garde. Ainfi je ne
pleuvy nulle certitude , fi ce n'eſt de faire connoître ce que je penfe , & jufqu'à quel point monte, pour cette heure, la connoiſſance que j'ai de ce dequoi
je traite. Qu'on ne s'attende point aux choſes de quoi je parle , mais à ma
façon d'en parler , & à la créance que j'en ai. Ce que je dérobe d'autrui ,
ce n'eſt point pour le faire mien ; je ne prétends ici nulle part, que celle de
raifonner & de juger ; le demeurant, ce n'eſt pas de mon rôle. Je n'y demande rien , finon qu'on voie fi j'ai fu choifir ce qui joignoit juſtement à
mon propos. Et ce que je cache par fois le nom de l'Auteur, à efcient, ès chofes que j'emprunte , c'eſt pour tenir en bride la légéreté de ceux qui s'entre-
mettent de juger de tout ce qui fe préfente ; & n'ayant pas le nez capable de
goûter les choſes par elles-mêmes , s'arrêtent au nom de l'ouvrier , & à fon
crédit. Je veux qu'ils s'échaudent à condamner Cicéron ou Ariſtote, en moi.
De ceci fuis-je tenu de répondre , fi je m'empêche moi-même , s'il y a de la
vanité & vice en mes difcours , que je ne fente point , ou que je fois capable
de fentir , en me le repréfentant ; car il échappe fouvent des fautes à nos
yeux ; mais la maladie du jugement confiſte à ne les pouvoir appercevoir ,
lorfqu'on les offre à fa vue. La fcience & la vérité peuvent loger chez nous
fans jugement , & le jugement y peut auſſi être fans elles. Voire la reconnoiſſance de l'ignorance eſt un des plus beaux & plus fûrs témoignages de
jugement que je trouve. Je n'ai point d'autre fergent de bande à ranger mes
pièces, que la fortune. A même que mes rêveries fe préfentent, je les entaſſe :
tantôt elles fe preſſent en foule , tantôt elles fe traînent à la file. Je veux
qu'on voie mon pas naturel & ordinaire , ainfi détraqué qu'il eſt. Je me laiſſe
aller comme je me trouve ; auſſi ne font-ce pas ici articles de foi, qu'il ne foit
pas permis d'ignorer & d'en parler cafuellement & témérairement. Je fou-
haiterois bien avoir plus parfaite intelligence des choſes, mais je ne la veux
pas acheter fi cher qu'elle coûte. Mon deſſein eſt de paſſer doucement , non
laborieuſement , ce qui me reſte de vie. Il n'eſt rien pourquoi je me veuille
rompre la tête, non pas pour la fcience même , de quelque grand prix qu'elle
foit. Je ne cherche aux Livres qu'à m'y donner du plaifir, par un honnête
amufement ; ou , fi j'étudie, je n'y cherche que la fcience , qui traite de la
connoiſſance de moi même, & qui m'inſtruife à bien mourir & à bien vivre.
Les difficultés , fi j'en rencontre en lifant, je n'en ronge pas mes ongles ; je
les laiſſe là, après leur avoir fait une charge ou deux. Si ce Livre me fâche ,
j'en prends un autre , & ne m'y adonne qu'aux heures où l'ennui de rien
faire

faire commence à me faifir. Je ne méprends guère aux nouveaux, pour ce que les anciens me femblent plus tendus & plus roides ; ni aux Grecs, parce que mon jugement ne fe fatisfait pas d'une moyenne intelligence. Entre les Livres fimplement plaifans, je trouve des modernes le Décameron de Boccace, Rabelais, & les Baifers de Jean fecond, s'il les faut loger fous ce titre, & des fiècles un peu au-deffus du nôtre, l'Hiftoire Æthiopique, dignes qu'on s'y amufe. Quant aux Amadis, & telle forte d'Ecrits, ils n'ont pas eu le crédit d'arrêter feulement mon enfance. Je dirai encore ceci, ou hardiment, ou témérairement, que cette vieille ame poifante ne fe laiffe plus chatouiller, non-feulement à l'Ariofte, mais encore au bon Ovide : fa facilité & fes inventions, qui m'ont ravi autrefois, à peine m'entretiennent-elles à cette heure. Je dis librement mon avis de toutes chofes, voire, & de celles qui furpaffent à l'adventure ma fuffifance, & que je ne tiens nullement être de ma jurifdiction. Ce que j'en opine, ce n'eft pas auffi pour établir la grandeur & mefure des chofes, mais pour faire connoître la mefure & force de ma vue. Quand je me trouve dégoûté de l'Axioche de Platon, comme d'un ouvrage fans nerfs & fans force, eu égard à un tel Auteur, mon jugement ne s'en croit pas. Il n'eft pas fi vain de s'oppofer à l'autorité de tant d'autres meilleurs jugemens, ni ne fe donne témérairement la loi de les pouvoir accufer ; il s'en prend à foi-même, & fe condamne, ou de s'arrêter à l'écorce, ne pouvant pénétrer jufqu'au fond, ou de regarder la chofe par quelque faux luftre ; il fe contente de fe garantir feulement du trouble & du déréglement. Quant à fa foibleffe, il la reconnoît volontiers. Il penfe donner jufte interprétation aux apparences que fon appréhenfion lui préfente, mais elles font imbécilles & imparfaites. La plupart des Fables d'Efope ont plufieurs fens & intelligences ; ceux qui les mythologifent, en choififfent quelque vifage, qui quadre bien à la Fable ; mais c'eft le premier vifage & fuperficiel. Il y en a d'autres plus vifs, plus effentiels & internes, auxquels ils n'ont fu pénétrer. Voilà comme j'en fais. Mais, pour fuivre ma route, il m'a toujours femblé qu'en la Poëfie, Virgile, Lucrece, Catulle & Horace tiennent de bien loin le premier rang. Et notamment Virgile, en fes Géorgiques, que j'eftime le plus plein & parfait ouvrage de la Poëfie, à la comparaifon duquel on peut reconnoître aifément, qu'il y a des endroits en l'Ænéide, auxquels l'Auteur eût donné encore quelque tour de peigne, s'il en eût eu le loifir. J'aime auffi Lucain, & le pratique volontiers, non tant pour fon ftyle (car il fe laiffe trop aller à cette affectation de pointes & fubtilités de fon temps) mais pour fa valeur propre, & vérité de fes opinions & jugemens. Quant au bon Térence, la mignardife & les graces du langage Latin, je le trouve admirable à repréfenter au vif les mouvemens de l'ame & condition de nos mœurs. Je ne le puis lire fi fouvent, que je n'y trouve quelque beauté & grace nouvelle. Ceux des temps voifins à Virgile fe plaignent de quoi aucuns lui comparoient Lucrece. Je fuis d'opinion que c'eft, à la vérité, une comparaifon inégale ; mais j'ai bien à faire à me raffurer en cette créance, quand je me trouve attaché à quelque beau lieu de ceux de Lucrece. S'ils se piquoient de cette comparaison, que diroient-ils de la bétise & stupidité barbaresque de ceux qui lui comparent à cette heure Arioste ? & qu'en diroit Arioste lui-même ? J'estime que les anciens auroient encore plus à se plaindre de ceux qui comparoient Plaute à Térence, que de la comparaison de Lucrece à Virgile. Pour l'estimation de Térence, il m'est souvent tombé en fantaisie, comme, en notre temps, ceux qui se mêlent de faire des Comédies (comme les Italiens qui y sont assez heureux) emploient trois ou quatre argumens de celles de Térence, ou de Plaute, pour en faire une des leurs. Ils entassent en une seule Comédie, cinq ou six contes de Boccace. Ce qui les fait ainsi se charger de matière, c'est la défiance qu'ils ont de se pouvoir soutenir de leurs propres graces, il faut qu'ils trouvent un corps où s'appuyer ; & n'ayant pas du leur assez de quoi nous arrêter, ils veulent que le conte nous amuse. Il en va de mon Auteur tout au contraire. Les perfections & beautés de sa façon de dire nous font perdre le goût de son sujet ; sa gentillesse & sa mignardise nous arrêtent par-tout ; il est par-tout si plaisant,

> . . . *Liquidus puroque simillimus amni,*

& nous remplit tant l'ame de ses graces, que nous fuyons la fin de son Histoire. Cette même considération me tire plus avant. Je vois que les bons & anciens Poëtes ont évité l'affectation & la recherche, non-seulement des fantastiques élévations Espagnoles & Pétrarchiques, mais des pointes mêmes plus douces & plus retenues, qui font l'ornement de tous les ouvrages poëtiques des siècles suivans. Si n'y a-t-il homme au monde qui les trouve à dire en ces anciens, & qui n'admire plus, sans comparaison, l'égale polissure, & cette perpétuelle douceur & beauté florissante des Epigrammes de Catulle, que tous les éguillons de quoi Martial éguise la queue des siens. C'est cette même raison que je disois tantôt, comme dit Martial même de soi, *Minùs illi ingenio laborandum fuit, in cujus locum materia successerat.* Ces premiers-là, sans s'émouvoir & sans se piquer, se font assez sentir. Ils ont de quoi rire par-tout ; il ne faut pas qu'ils se chatouillent ; ceux-ci ont besoin de secours étranger. A mesure qu'ils ont moins d'esprit, il leur faut plus de corps. Tout ainsi qu'en la danse & en nos bals, j'ai remarqué que ces hommes de vile condition, qui en tiennent école, pour ne pouvoir représenter le port & la décence de notre noblesse, en récompense de cette grace, qu'ils ne peuvent imiter, cherchent à se recommander par des sauts périlleux & autres mouvemens étranges & bateleresques. Et comme j'ai vu aussi les baladins excellens, jouant leurs rôles vétus à leur ordinaire, & d'une contenance commune, nous donner tout le plaisir qui se peut tirer de gens de leur métier ; les aprentifs, & qui ne sont si haute leçon, il faut qu'ils s'enfarinent le visage ; il leur faut trouver des vêtemens ridicules, des mouvemens & des grimaces, pour nous aprêter à rire. Cette mienne conception se reconnoît mieux qu'en tout autre lieu, en la comparaison de l'Ænéide & du Furieus. Celui-là on le voit aller à tire-d'aile, d'un vol haut & ferme, fuivant toujours fa pointe; cetuy-cy voleter & fauteler de conte en conte, comme de branche en branche, ne fe fiant à fes ailes, que pour une bien courte traverfe, & prendre pied à chaque bout de champ, de peur que l'haleine & la force lui faillent:

Excurfufque breves tentat. ...

Voilà donc, quant à cette forte de fujets, les Auteurs qui me plaifent le plus. Quant à mon autre leçon, qui mêle un peu plus de fruit au plaifir, par où j'apprends à ranger mes humeurs & mes conditions; les livres qui m'y fervent plus ordinairement, c'eft Plutarque, depuis qu'il eft François, & Sénèque. Ils ont tous deux cette notable commodité pour mon humeur, que la fcience que j'y cherche, elle y eft traitée à pièces découfues, qui ne demandent pas l'obligation d'un long travail, de quoi je fuis incapable, comme font les Opufcules de Plutarque, & les Epîtres de Sénèque, qui eft la plus belle partie de fes Ecrits, & la plus profitable. Il ne faut pas grande entreprife pour m'y mettre, & les quitte où il me plaît; car elles n'ont point de fuite des unes aux autres. Ces Auteurs ont beaucoup de fimilitudes d'opinions, comme auffi leur fortune les fit naître environ même fiècle, tous deux Précepteurs de deux Empereurs Romains, tous deux venus de pays étranger, tous deux riches & puiffans. Leurs créances font des meilleures de toute la Philofophie, & traitées d'une fimple façon & pertinente. Plutarque eft plus uniforme & conftant; Sénèque plus ondoyant & divers. Cetui-ci fe peine, fe roidit & fe tend, pour armer la vertu contre la foibleffe, la crainte & les vicieux appétits; l'autre femble n'eftimer pas tant leur effort, & dédaigner d'en hâter fon pas & fe mettre fur fa targue. Plutarque a les opinions Platoniques, douces & accommodables à la fociété civile; l'autre les a Stoïques & Epicuriennes, plus éloignées de l'ufage commun, mais plus commodes & plus fermes. Il paroît en Sénèque qu'il prête un peu à la tyrannie des Empereurs de fon temps; car je tiens pour certain, que c'eft d'un jugement forcé qu'il condamne la caufe de ces généreux meurtriers de Céfar. Plutarque eft libre par-tout. Sénèque eft plein de pointes & faillies; Plutarque de chofes; celui-là vous échauffe plus & vous émeut; cetui-ci vous contente davantage, & vous paye mieux. Quant à Cicéro, les Ouvrages qui me peuvent fervir chez lui à mon deffein, ce font ceux qui traitent de nos mœurs & règles de notre vie. Mais, à confeffer hardiment la vérité (car, puifqu'on a franchi les barrières de l'impudence, il n'y a plus de bride) fa façon d'écrire me femble lâche & ennuyeufe, & toute autre pareille façon; car fes préfaces, digreffions, définitions, partitions, étymologies confument la plupart de fon ouvrage. Ce qu'il y a de vif & de mouelle, eft étouffé par la longueur de fes apprêts. Si j'ai employé une heure à le lire, qui eft beaucoup pour moi, & que je ramentevoye ce que j'en ai tiré de fuc & de fubftance, la plupart du temps je n'y trouve que du vent; car il n'eft pas encore venu aux argumens qui fervent à fon propos, & aux raifons qui touchent proprement le nœud, que je cherche. Pour moi, qui ne demande qu'à devenir plus sage, non plus savant, ces ordonnances Logiciennes & Aristotéliques, ne sont pas à propos. Je veux qu'on vienne soudain au point. J'entends assez que c'est que mort & volupté, qu'on ne s'amuse pas à les anatomiser. Je cherche des raisons bonnes & fermes d'arrivée, qui m'instruisent à en soutenir l'effort. Ni les subtilités Grammairiennes, ni l'ingénieuse contexture de paroles & d'argumentations n'y servent. Je veux des discours, qui donnent la première charge dans le plus fort du doute ; les siens languissent autour du pot. Ils sont bons pour l'Ecole, pour le Barreau, & pour le Sermon, où nous avons loisir de sommeiller, ou sommes encore, un quart d'heure après, assez à temps, pour rencontrer le fil du propos. Il est besoin de parler ainsi aux juges qu'on veut gagner à tort & à droit, aux enfans & au vulgaire. Je ne veux pas qu'on emploie le temps à me rendre attentif, & qu'on me crie cinquante fois : Or oyez, à la mode de nos Hérauts. Les Romains disoient en leur religion, *Hoc age*, ce que nous disons, *sursum corda*, à la nôtre : ce sont autant de paroles perdues pour moi. J'y viens tout préparé dès le logis, il ne me faut point d'alléchement, ni de sauce ; je mange bien la viande toute crue ; &, au lieu de m'éguiser l'appétit par ces préparatoires & avant-jeux, on me le lasse & affadit. Les deux premiers, & Pline, & leurs semblables, ils n'ont point de *hoc age* : ils veulent avoir affaire à gens qui s'en soient avertis eux-mêmes ; ou, s'ils en ont, c'est un *hoc age* substantiel, & qui a son corps à part. Je vois aussi volontiers ses Epîtres, & notamment celles *ad Atticum*, non-seulement parce qu'elles contiennent une très-ample instruction de l'histoire & affaires de son temps, mais beaucoup plus pour y découvrir ses humeurs privées ; car j'ai une singulière curiosité, comme j'ai dit ailleurs, de connoître l'ame & les internes jugemens de mes Auteurs. Il faut bien juger leur suffisance, mais non pas leurs mœurs, ni leurs opinions naïves, par cette montre de leurs écrits, qu'ils étalent au théâtre du monde. J'ai mille fois regretté que nous ayons perdu le Livre que Brutus avoit écrit de la vertu ; car il fait beau apprendre la théorique, de ceux qui savent bien la pratique. Mais, d'autant que c'est autre chose le prescheur, que le prescheur, j'aime bien autant voir Brutus chez Plutarque, que chez lui-même. Je choisirois plutôt de savoir au vrai des devis que Brutus tenoit, en sa tente, à quelqu'un de ses privés amis, la veille d'une bataille, que les propos qu'il tint le lendemain à son armée ; & ce qu'il faisoit en son cabinet & en sa chambre, que ce qu'il faisoit emmy la place & au Sénat. Quant à Cicéro, je suis du jugement commun, que, hors la science, il n'y avoit pas beaucoup d'excellence en lui ; il étoit bon citoyen, d'une nature débonnaire, comme sont volontiers les hommes gras & gosseurs comme il étoit ; mais, de lâcheté & de vanité, il en avoit, sans mentir, beaucoup. Et si ne sais comment l'excuser d'avoir estimé sa Poësie digne d'être mise en lumière. Ce n'est pas grande imperfection que de mal faire des vers ; mais c'est à lui faute de jugement de n'avoir pas senti combien ils étoient indignes de la gloire de son nom. Quant à son éloquence, elle est du tout hors de comparaison, je crois que jamais homme ne l'égalera. Si est-ce qu'il n'a pas en cela franchi si net son avantage, comme Virgile a fait en la Poësie ; car, bientôt après lui, il s'en est trouvé qui l'ont pensé égaler & surmonter, quoique ce fût à bien fausses enseignes. Mais à Virgile, nul encore depuis lui, n'a osé se comparer. Et à ce propos, j'en veux ajouter ici une histoire. Le jeune Cicéro, qui n'a ressemblé son père que de nom, commandant en Asie, il se trouva un jour en sa table plusieurs Etrangers, &, entr'autres, Cæstius, assis au bas bout, comme on se met souvent aux tables ouvertes des grands. Cicéro s'informa qui il étoit à l'un de ses gens, qui lui dit son nom. Mais comme celui qui songeoit ailleurs, & qui oublioit ce qu'on lui répondoit, il le lui redemanda encore depuis deux ou trois fois : le serviteur, pour n'être plus en peine de lui redire si souvent la même chose, & pour le lui faire connoître par quelque circonstance : c'est, dit-il, ce Cæstius, de qui on vous a dit, qu'il ne fait grand état de l'éloquence de votre père au prix de la sienne. Cicéro s'étant soudain piqué de cela, commanda qu'on empoignât ce pauvre Cæstius, & le fit très-bien fouetter en sa présence. Voilà un mal courtois hôte. Entre ceux-mêmes, qui ont estimé, toutes choses contées, cette sienne éloquence incomparable, il y en a eu qui n'ont pas laissé d'y remarquer des fautes. Comme le grand Brutus, son ami, il disoit que c'étoit une éloquence cassée & effrénée *Fraclam & elumbem.* Les Orateurs voisins de son siècle reprenoient aussi en lui, ce curieux soin de certaine longue cadence, au bout de ses clauses, & remarquoient ces mots *esse videatur,* qu'il y emploie si souvent. Pour moi, j'aime mieux une cadence qui tombe plus court, coupée en ïambes. Si mêle-t-il par fois bien rudement ses nombres, mais bien rarement. J'en ai remarqué ce lieu à mes oreilles *Ego verò me minùs diu senem esse mallem, quàm esse senem, antequàm essem.* Les Historiens sont le vrai gibier de mon étude ; car ils sont plaisans & aisés ; & quant & quant la considération des natures & conditions de divers hommes, les coutumes des nations différentes, c'est le vrai sujet de la science morale. Or ceux qui écrivent les vies, d'autant qu'ils s'amusent plus aux conseils qu'aux événemens ; plus à ce qui part du dedans, qu'à ce qui arrive au dehors, ceux-là me sont plus propres. Voilà pourquoi, en toutes sortes, c'est mon homme que Plutarque. Je recherche bien curieusement, non-seulement les opinions & les raisons diverses des Philosophes anciens sur le sujet de mon entreprise & de toutes sectes, mais aussi leurs mœurs, leurs fortunes & leur vie. Je suis bien marri que nous n'ayons une douzaine de Laertius, ou qu'il ne se soit plus étendu. En ce genre d'étude des Histoires, il faut feuilleter sans distinction, toutes sortes d'Auteurs, & vieils & nouveaux, & barragouins & François, pour y apprendre les choses de quoi diversement ils traitent. Mais César seul me semble mériter qu'on l'étudie, non pour la science de l'Histoire seulement, mais pour lui-même, tant il y a de perfection & d'excellence par-dessus tous les autres, quoique Saluste soit du nombre. Certes je lis cet Auteur, avec un peu plus de révérence & de respect, qu'on ne lit les humains ouvrages; tantôt le confidérant lui-même par fes actions, & le miracle de fa grandeur; tantôt par la pureté & inimitable poliffure de fon langage, qui a furpaffé non-feulement tous les Hiftoriens, comme dit Cicéro, mais, à mon avis, Cicéro même, & toute la parlerie qui fut onques, avec tant de fincérité en fes jugemens, parlant de fes ennemis mêmes, & tant de vérité, que, fauf les fauffes couleurs, de quoi il veut couvrir fa mauvaife caufe & l'ordure de fa peftilente ambition, je penfe, qu'en cela, feul on y puiffe trouver à redire qu'il a été trop épargnant à parler de foi. Car tant de grandes chofes ne peuvent pas avoir été exécutées par lui, qu'il n'y foit allé beaucoup plus du fien, qu'il n'y en met. J'aime les Hiftoriens, ou fort fimples, ou excellens, les fimples, qui n'ont point de quoi y mêler rien du leur, & qui n'y apportent que le foin & la diligence de ramaffer tout ce qui vient à leur notice, & d'enregiftrer en bonne foi toutes chofes fans choix & fans triage, nous laiffant le jugement tout entier, pour la connoiffance de la vérité. Tel eft, entr'autres, pour exemple le bon Froiffard, qui a marché en fon entreprife d'une fi franche naïveté, qu'ayant fait une faute, il ne craint nullement de la reconnoître & corriger en l'endroit où il en a été averti, & qui nous repréfente la diverfité même des bruits qui couroient, & les différens rapports qu'on lui faifoit. C'eft la matière de l'Hiftoire nuë & informe : chacun en peut faire fon profit, autant qu'il a d'entendement. Les bien excellens ont la fuffifance de choifir ce qui eft digne d'être fu, favent trier, de deux rapports, celui qui eft plus vraifemblable; de la condition des Princes, & de leurs humeurs, ils en devinent les confeils, & leur attribuent les paroles de même. Ils ont raifon de prendre l'autorité de régler notre créance à la leur; mais certes cela n'appartient à guère de gens. Ceux d'entre deux (qui eft la plus commune façon) ceux-là nous gâtent tout; ils veulent nous mâcher les morceaux; ils fe donnent loi de juger, & par conféquent d'incliner l'Hiftoire à leur fantaifie; car, depuis que le jugement prend d'un côté, on ne fe peut garder de contourner & de tordre la narration même à ce biais. Ils entreprennent de choifir les chofes dignes d'être fues, & nous cachent fouvent telle parole, telle action privée, qui nous inftruiroit autant que le refte, omettent, pour chofes incroyables, celles qu'ils n'entendent pas; & à l'aventure encore telle chofe, pour ne la favoir dire en bon Latin, ou François. Qu'ils étalent hardiment leur éloquence & leurs dignités; qu'ils jugent à leur pofte, mais qu'ils nous laiffent auffi de quoi juger après eux; & qu'ils n'altèrent, ni difpenfent, par leurs raccourcimens & par leur choix, rien fur le corps de la matière, ains qu'ils nous la renvoient pure & entière en toutes fes dimentions. Ceux-là font auffi bien plus recommandables Hiftoriens, qui connoiffent les chofes de quoi ils écrivent, ou pour avoir été de la partie à les faire, ou privés, avec ceux qui les ont conduites; car, le plus fouvent, on trie pour cette charge, & notamment en ces fiècles ici, des perfonnes d'entre le vulgaire, pour cette feule confidération de favoir bien parler, comme fi nous cherchions d'y apprendre la Grammaire; & eux ont raifon, n'ayant été gagés que pour cela, & n'ayant mis en vente que le babil, de ne se soucier aussi principalement que de cette partie. Ainsi, à force de beaux mots, ils nous vont pâtissant une belle contexture des bruits, qu'ils ramassent ès Carrefours des Villes. Voilà pourquoi les seules certaines Histoires sont celles qui ont été écrites, par ceux-mêmes qui commandoient aux affaires, ou qui étoient participans à les conduire, comme font quasi toutes les Grecques & Romaines; car plusieurs témoins oculaires ayant écrit de même sujet (comme il avenoit en ce temps-là, que la grandeur de la fortune étoit toujours accompagnée du savoir) s'il y a de la faute, elle doit être merveilleusement légère sur un accident fort douteux; s'ils n'écrivoient de ce qu'ils avoient vu, ils avoient au moins cela, que l'expérience au maniement de pareilles affaires, leur rendoit le jugement plus sain. Car, que peut-on espérer d'un Médecin écrivant de la guerre, ou d'un Ecolier traitant les desseins des Princes? Si nous voulons remarquer la religion que les Romains avoient en cela, il n'en faut que cet exemple. Asinius Pollio trouvoit ès Histoires même de César, quelque méconte, en quoi il étoit tombé, pour n'avoir pu avoir les yeux en tous les endroits de son armée, & en avoir cru les particuliers, qui lui rapportoient souvent des choses non assez vérifiées, ou bien pour n'avoir été assez curieusement averti par ses Lieutenans, des choses qu'ils avoient conduites en son absence. On peut voir, par cet exemple, si cette recherche de la vérité est délicate, qu'on ne se puisse pas fier d'un combat à la science de celui qui y a commandé; ni aux soldats de ce qui s'est passé près d'eux, si, à la mode d'une information judiciaire, on ne confronte les témoins, & reçoit les objets sur la preuve des pontilles de chaque accident. Vraiment la connoissance que nous avons de nos affaires est bien plus lâche. Mais ceci a été suffisamment traité par Bodin, & selon ma conception. Pour subvenir un peu à la trahison de ma mémoire, & à son défaut si extrême, qu'il m'est advenu plus d'une fois de reprendre en main des livres comme nouveaux du tout, & à moi inconnus, que j'avois lus curieusement quelques années auparavant, & barbouillé de mes notes: j'ai pris en coutume depuis quelque temps, d'ajouter au bout de chaque livre (je dis de ceux desquels je ne me veux servir qu'une fois) le temps auquel j'ai achevé de les lire, & le jugement que j'en ai retiré en gros: afin que cela me représente au moins l'air & l'idée générale que j'avois conçu de l'auteur, en le lisant. Je veux ici transcrire aucunes de ses annotations. Voici ce que je mis il y a environ dix ans en mon Guichardin, car quelque langue que parlent mes livres, je leur parle en la mienne. Il est Historiographe diligent, & duquel à mon avis autant exactement que de nul autre peut-on apprendre la vérité des affaires de son temps. Aussi en la plupart en a-t-il été acteur lui-même, & en rang honorable. Il n'y a nulle apparence que par haine, faveur, ou vanité il ait déguisé les choses, dequoi font foi les libres jugemens qu'il donne des grands, & notamment de ceux par lesquels il avoit été avancé & employé aux charges, comme du Pape Clément VII. Quant à la partie dequoi il semble se vouloir prévaloir le plus, qui font fes digreffions & difcours, il y en a de bons & enrichis de beaux traits, mais il s'y eft trop plu. Car pour ne vouloir rien laiffer à dire, ayant un fujet fi plein & ample & à peu près infini, il en devient lâche & ennuyeux & fentant un peu au caquet fcolaftique. J'ai auffi remarqué ceci, que de tant d'ames & effets qu'il juge, de tant de mouvemens & confeils, il n'en rapporte jamais un feul à la vertu, religion, & confcience, comme fi ces parties-là étoient du tout éteintes au monde : & de toutes les actions, pour belles par apparence qu'elles-mêmes foient d'elles, il en rejette la caufe à quelque occafion vicieufe, ou à quelque profit. Il eft impoffible d'imaginer que parmi cet infini nombre d'actions, de quoi il juge, il n'y en ait eu quelqu'une produite par la voie de la raifon : nulle corruption ne peut avoir faifi les hommes fi univerfellement, que quelcun n'échappe de la contagion. Cela me fait craindre, qu'il y ait un peu du vice de fon goût, & que cela foit avenu de ce qu'il ait eftimé d'autrui felon foi. En mon Philippe de Comines il y a ceci : Vous y trouverez le langage doux & agréable, d'une naïve fimplicité, la narration pure, & en laquelle la bonne foi de l'Auteur reluit évidemment exempte de vanité, parlant de foi, & d'affectation & d'envie parlant d'autrui, fes difcours & enhortemens accompagnés plus de bon zèle & de vérité, que d'aucune exquife fuffifance, & tout par tout de l'autorité & gravité repréfentant fon homme de bon lieu, & élevé aux grandes affaires. Sur les Mémoires de Monfieur du Bellay. C'eft toujours plaifir de voir les chofes écrites par ceux qui ont effayé, comme il les faut conduire. Mais il ne fe peut nier qu'il ne fe découvre évidemment, en ces deux Seigneurs ici, un grand déchet de la franchife & liberté d'écrire, qui reluit es anciens de leur forte, comme au Sire de Jouinvile, domeftique de Saint Loys, Eginard, chancelier de Charlemagne, & de plus fraîche mémoire en Philippe de Comines. C'eft ici plutôt un plaidé pour le Roi François contre l'Empereur Charles V, qu'une hiftoire. Je ne veux pas croire qu'ils ayent rien changé, quant au gros du fait, mais de contourner le jugement des événemens, fouvent contre raifon, à notre avantage, & d'omettre tout ce qu'il y a de chatouilleux en la vie de leur maître, ils en font métier : témoins les recollemens de Meffieurs de Montmorency & de Biron, qui y font oubliés, voire le feul nom de Madame d'Eftampes, ne s'y trouve point. On peut couvrir les actions fecretes, mais de taire ce que tout le monde fait, & chofes qui ont tiré des effets publiques & de telle conféquence, c'eft un défaut inexcufable. Somme pour avoir l'entière connoiffance du Roi François & des chofes avenues de fon temps, qu'on s'adreffe ailleurs, fi on m'en croit. Ce qu'on peut faire ici de profit, c'eft par la déduction particulière des batailles & exploits de guerre, où ces Gentilhommes fe font trouvés, quelques paroles & actions privées d'aucuns Princes de leur temps, & les pratiques & négociations conduites par le Seigneur de Langeay, où il y a tout plein de chofes dignes d'être fues, & des difcours non vulgaires.]

MICHEL NOSTRADAMUS *, Médecin & Aftrologue, de

de Salon de Craux en Provence , a écrit des Almanachs &
Prognoſtications , chacune année depuis 1550 , juſques à 1567,
étant décédé le deuxiéme jour de Juillet 1566 : leſquels Almanachs ont été imprimés à Lyon, avec les Préſages, par Jean Brotot
& Ant. Volant , & par Benoit Odo, comme auſſi à Paris. Plus, dix
Centuries de Prophéties, par Quatrains, qui n'ont ſens, rime, ne
langage qui vaille ; imprimées à Lyon , par Benoiſt Rigaud,
1568. Opuſcule de pluſieurs exquiſes Receptes , diviſé en deux
parties ; dont la première montre la manière de faire divers
fardemens & ſenteurs pour la face ; & le ſecond, à faire confitures
de diverſes ſortes , tant en miel, que ſucre & vin cuit, imprimé
à Lyon , in 16. par Benoiſt Rigaud , 1572. Le Remède très-
utile contre la peſte & toutes fiévres peſtilentielles ; avec la
maniére d'en guérir. Auſſi la ſinguliére Recepte de l'œuf dont
uſoit l'Empereur Maximilian premier du nom ; imprimée à
Paris , in-8°. par G. Nyverd , 1561. Paraphraſe de Galien, ſur
l'Exhortation de Menodote aux études des bons Arts , mêmement en Médecine , traduite de Latin , par ledit Noſtradamus ; imprimée à Lyon , in - 8°. par Ambroiſe du Roſne,
1558.

* Nous ajouterons ici à ce que nous avons déjà dit ſur MICHEL NOSTRE-
DAME , dans la Bibliothèque de La Croix du Maine , Tom. II, pag. 135,
un paſſage de M. l'Abbé le Beuf (*Hiſtoire de la priſe de la Ville d'Auxerre* ,
p. 178) au ſujet de NOSTRADAMUS. "Hubert Languet, célèbre Bourguignon,
» contemporain de Noſtradamus, dit, dans la 109ᵉ Lettre de ſon troiſième vo-
» lume , écrite en 1565 , que dès ce temps-là les Imprimeurs en compoſoient
» (des Centuries) ſous ſon nom. Ces fraudes continuoient en 1605 & 1610.
» *Mercure Franç.* Tom. I, pag. 437. Mais , ce qui eſt plus remarquable , eſt
» que M. Petit , Intendant des Fortifications , a avoué dans une diſſertation ,
» imprimée à Paris , en 1666, chez Jean Cuſſon, que lui-même a compoſé
» pluſieurs de ces Quatrains , & qu'il a eu le plaiſir d'entendre citer, comme
» imprimés dès l'an 1568 , des Quatrains qui n'étoient pas encore faits en
» 1650. Voyez *le Recueil des Journaux des Savans de l'An*. 1666 ». Le *Journal
des Savans* (22 Mars 1666) ne dit rien de ce que cite M. l'Abbé le Beuf.
Quant à l'Ouvrage de M. Petit, d'après lequel eſt la citation, voici ce qu'on
y lit , pag. 145 , où l'on verra que l'Auteur ne dit pas qu'il eût fait lui-même
des Quatrains, & qu'on les citoit comme de 1568 , quoiqu'ils ne fuſſent pas

encore compofés en 1650. *Quand je vois des perfonnes admirer quelquefois la rencontre de certains Quatrains de Noftradamus, avec quelques événemens finguliers (je parle de fes véritables Quatrains, & non pas d'une infinité qu'on fuppofe felon les occurrences) je m'étonne de leur admiration. S'ils avoient bien confidéré que ce fou a fait entrer dans fes méchans vers, fans rime & fans raifon, tous les noms des pays, des villes, des maifons & des grandes familles qui font en Europe, & principalement en France, & qu'il en a fait des galimathias qui ne fignifient rien, & qui fignifient ce que l'on veut, quand quelque chofe eft arrivée, qui a de l'affinité avec fes termes obfcurs & barbares; ils ne s'étonneroient pas comme ils font, & ne diroient pas que la chofe y eft entièrement prédite. J'en ai confronté plufieurs fois, & des plus célèbres qu'on rapportoit, que je n'ai pas trouvés conformes aux vieux imprimés; & fi falloit-il encore les bien tirer par les cheveux, comme on dit, pour les appliquer au fujet propofé.* Ainfi, d'après ce paffage, on voit que M. l'Abbé le Bœuf s'eft trompé, & fait dire à M. Petit ce qu'il ne dit pas.

MICHEL PARPILLON, de Seyffel, Docteur en Médecine, a compofé en rime Françoife, Paraphrafe fur les diftiques moraux de Caton, autrement appelés mots dorés: imprimée à Lyon, *in-16.* par Jaques Moderne, 1546.

MICHEL ROTE, Clerc d'Office de très-illuftre Princeffe Renée de France, Ducheffe de Ferrare & de Chartres, Comteffe de Gifors & Dame de Montargis, a traduit de Latin en François, Apologie de Marius Equicola, Gentilhomme Italien, à l'encontre des médifans de la nation Françoife; imprimée à Paris, *in-8°.* par Vincent Sertenas, 1550.

*Voy. La Croix du Maine, au même Article, Tom. II, pag. 136.

MICHEL VERIN. Voyez Claude Odde, Tom. III, p. 356.

MICHEL D'USSEAU, jadis, Garde Juré de l'Apothicairerie de Paris, a traduit de Latin en François, & commenté l'Enchiridion, ou Manuel des Myropoles; imprimé à Lyon, *in-4°.* par Jean de Tournes, 1561.

MILLES DE NORRY *, Chartrain, a écrit Arithmétique contenant la Réduction tant de toutes efpèces de monnoies, fervant à faire tous payemens & recettes, que des autres braſſes, cannes, palmes, poids, & autres meſures d'un pays à l'autre : la forme de l'achapt, vente, & diſtribution de toute ſorte de marchandiſe, tant en gros qu'en détail; avec la manière univerſelle des remiſes, traites & retours des changes ; enſemble leurs différences de monnoies de France, Flandres, Angleterre, Eſpagne, Italie, Allemagne, que pays du Levant : le tout par une pratique briève & facile, imprimée à Paris, *in-4°*. par Gilles Gourbin, 1574. Les quatre premiers Livres de l'Univers, auxquels eſt traité, en vers, du nombre, ordre & mouvement des cieux. La deſcription tant Poëtique qu'Aſtronomique, des quarante-huit images céleſtes. Les ſept Planettes, leurs propriétés, grandeurs & influences ; imprimés à Paris, *in-4°*. par Gilles Beys, 1583. Il avoit compoſé en ſa jeuneſſe quelques Tragédies & Hiſtoires, qui ont depuis couru parmi les enfans ſans ſoucy, qui les ont récitées publiquement ſur l'échafaut; principalement les trois journées d'Hélie le Prophète; les deux d'Amon & Thamar, & autres non imprimées Le pourtrait de cet Auteur eſt à la ſeconde page de la première feuille de ſon Arithmétique, comme auſſi à l'entrée de ſon Univers, ſous lequel pourtrait il a mis le Sonnet qui s'enſuit, qu'il adreſſe à ſes enfans.

> *Enfans, après avoir la marâtre Nature,*
>   *Coupé le fil des ans à mon cours limité,*
>   *Si par ſort, ou émus de bonne volonté,*
>   *Vous contemplez un jour cette mienne figure,*
> *Voyant la bouche cloſe, & des yeux l'ouverture,*
>   *Le front tout découvert, & le poil remonté,*
>   *Jugez & ſoutenez qu'en tout j'ai réſiſté,*
>   *Au trop parler, peu voir, honte & fortune dure.*
> *Que cela vous incite à parler ſobrement.*
>   *Voyez beaucoup, le voir meurit le jugement;*
>   *Souffrez plutôt la mort, qu'au front une infamie ;*
> *Réſiſtez à fortune, & qu'elle n'ait pouvoir*
>   *De vous faire paſſer rien outre le devoir:*
>   *Voilà le ſeul tombeau auquel je porte envie.*

* Voy. LA CROIX DU MAINE, & les notes, au mot MILES DE NORRY, Tom. II, pag. 139.

MILLES PIGUERRE, jadis Conſeiller au Siége Préſidial de Chartres. Sous le nom de cetui-ci Guillaume de la Noue, Libraire de Paris, a imprimé l'Hiſtoire de France, faite par le ſieur de Popeliniere, *in-fol.* 1582.

MINUT, Tholoſain, (je n'ai mémoire de ſon nom propre) a écrit Dialogue au ſoulagement & conſolation de tous affligés. Interlocuteurs Gabriel, malade patient, & Blaiſe, Chirurgien, agent; imprimé à Tholouſe, *in-*4°.

.... MONDIN [1]. L'Anatomie de Mondin, tranſlatée de Latin en François, imprimée à Paris, *in-*8°. par Pierre Sergent, 1540.

[1] Son nom de baptême ne ſe trouve pas non plus dans l'Original Latin. Il n'y eſt ſeulement appelé que *Mundinus*. Son *Anatomie* fut imprimée à Straſbourg, *in-*4°. l'an 1513. (M. DE LA MONNOYE).

LE MONGE de Montmajour, Religieux du Monaſtere de Montmajour prez d'Arles, ſorti dudit Monaſtere le même an qu'il y entra, contre la volonté de ſes parens, & de ſon Supérieur, & ſe mit à la ſuite des grands Seigneurs, tant de Languedoc que de Provence, avec leſquels il fut le bien venu & eſtimé, & même entre ceux qui prenoient plaiſir à la poëſie: car il étoit un fort bon Poëte, mêmement à médire, & à écrire ſatyriquement: croiſſant en âge & en crédit, eut bien la hardieſſe, ou plutôt improbité, d'écrire contre les Poëtes Provençaux, tant contre ceux qui avoient écrit beaucoup d'années devant lui, que contre ſes Contemporains, qu'il eſtimoit tous bien peu: & pour n'être noté de médiſance, ſachant bien qu'il en médiſoit à tort, il fit un Chant, auquel il bailla à chacun des Poëtes, ſon Quolibet, & en la couple finale d'icelui, parlant contre ſoi-même, dit qu'il eſt un faux Monge, qui a laiſſé de ſervir Dieu, pour ſuivre la pance, & l'état de volupté & gourmandiſe, & qu'en ſa vie ne chanta jamais rien qui vaſût. Ceci a écrit le Monge des Iſles d'Or: & ſaint Céſari dit, qu'en plufieurs de fes Chanfons, a ufé de fort belles comparaifons & figures, & tous deux s'accordent en ceci, difant qu'il étoit un fouverain Poëte, & qu'il a toujours obfervé en fa Chanfon, qu'il a médit, & s'eft moqué des fouverains Poëtes, par feinte, & louoit grandement ceux qui fe difoient Poëtes, & n'étoient que des ignorans : & difent encore, qu'il a écrit les Vies de quelques Tyrans, qui règnoient de fon temps en Provence, lequel Traité lui coûta la vie ; non qu'il l'eût mis en lumière, mais ils en avoient vu quelques copies : ne l'un ne l'autre ne font aucune mention de quelle maifon il étoit, & qu'ils n'euffent pas voulu être de fon temps, pour n'avoir été compris en fa Chanfon fatyrique, & l'ont nommé *Lou flagel dels Trobadours*, & difent encore qu'il a mérité une louange immortelle, d'avoir réprimé les abus, audaces & infolences d'aucuns Poëtes, qu'il a nommés Poëtaftres, décéda en l'an 1355. J'ai vu en un des Fragmens de faint Céfari, auquel il fait mention que ce Moine de Montmajour, avoit fait une Defcription des anciens fépulcres qui font au cimetière de faint Honoré d'Arles, & avoit marqué ceux qui étoient des Rois d'Arles & perfonnes plus illuftres, en marbre, de Carraria tant loué, & approuvé des Souverains & anciens Auteurs, & Sculpteurs. Dom Hyllere, en fes Fragmens, dit qu'après la mort de ce Monge, Raphael, Religieux dudit Monaftère, bon Poëte Provençal, lui avoit rapporté que toutes les Perfonnes doctes de ce temps, lui donnèrent de beaux vers deffus fa tombe : entre autres, un Poëte d'Arles, nommé Remond Romyeu, avoit fait un Chant funèbre en Provençal, que tant qu'en la Crau paîtroient les brebis, & les guarrigues verdoieroient, & les bœufs braux feroient fiers & fauvages, & le Rofne baigneroit les murailles de la cité, on feroit mention de ce Monge, que le Tamarys fueroit plutôt le miel doux & délicieux, que fon nom fût peri*.

* Voyez JEAN DE NOTRE-DAME, Chap. 68. *Monge*, en Provençal, fignifie *Moine*.

LE MONGE des Ifles d'Or, dites anciennement Stecades,

ou les Ifles d'Yeres, defcendu de l'ancienne & noble famille de
Cybo de Gennes; s'étant réfolu en fes premiers ans, de fuivre
la vie Monacale, pour continuer fes études, conduit par fon bon
efprit, parvint au Monaftère de faint Honoré, en l'Ifle de Lerins,
dans la plaige de Cyagne : y ayant été connu, tant pour la
nobleffe de fon fang, que par fa bonne renommée, que dès fa
jeuneffe il avoit acquife; non-feulement fut reçu, mais grandement prié d'être du nombre des Religieux de ce Monaftère,
auquel fuivant fes études parvint facond en la Poëfie, Rhétorique, Théologie & autres arts libéraux : par quoi fut prié des
Religieux, prendre la charge de la Librairie de leur Monaftère,
renommée la plus belle de toute l'Europe, pour avoir été
enrichie & douée par les Comtes de Provence, & Rois de
Naples & de Sicile, & autres grands Perfonnages, Amateurs des
Sciences, des plus belles & rares Œuvres & des plus exquifes, en
toutes langues & facultés qu'on eût pu defirer, qui étoient mal
réduites & fans nul ordre, pour raifon des guerres, efquelles
ledit Monaftère avoit été fujet, qui avoient eu cours par le paffé
en Provence, entre les Princes des Baux, & Charles de Duras
& Raymond de Turenne, prétendant droit en la Comté de
Provence, & entre les Comtes & vrais poffeffeurs d'icelle. Le
Monge donc ayant pris la charge qui lui avoit été donnée, fit fi
bien, par fes journées, qu'en brief temps, par le moyen de
fon beau jugement, conforme à fon efpérance, il mit en ordre
la Librairie, féparant les Livres, felon la faculté des fciences,
non fans grande peine : pour autant, que felon le Catalogue
d'iceux, qu'un favant Religieux du Monaftère, nommé Hermantere, avoit fait par le paffé par commandement d'Ildefons, Roi
d'Arragon, deuxiéme du nom, Comte de Provence, plufieurs
beaux Livres en avoient été ôtés, & au lieu d'iceux, mis d'autres
de peu de valeur, & de nulle doctrine. Ce Monge vacant au
catalogue & à la vifite des Livres, entre autres, en trouva un
auquel étoient écrites toutes les nobles & illuftres familles, tant
de Provence, que d'Arragon, Italie & France, où étoient déduites

leurs alliances, avec leurs armoiries ; enfemble toutes les Œuvres des Poëtes Provençaux, en rime Provençale, recueillies par ledit Hermantere, par le commandement dudit Roi d'Arragon, que lui-même tranfcrivit en belle lettre, defquelles il envoya copie à Loys II du nom, pere de René, Roi de Naples & de Sicile, & Comte de Provence, de laquelle plufieurs Gentilshommes du pays, firent faire des copies, comme étant Œuvres rares & plaifantes : aucuns defquels Gentilshommes, même ceux qui étoient Amateurs de la poëfie Provençale, les firent tranfcrire en belle lettre de forme, & illuminer d'Or & d'azur, fur parchemin, les autres fur du papier : les Vies des Poëtes étoient écrites en caractères rouges, & les Poëmes, en lettre noire, en langue Provençale, de plufieurs fortes & façons de rime : quoi faifant, il eut grande peine d'entendre la langue Provençale, pour autant (dit-il) que leurs Poëmes étoient de diverfes phrafes : car les uns avoient écrit en leur pure langue Provençale, & des autres qui n'étoient fi bien verfés en icelle, qui étoient d'autre nation, comme Efpagnole, Italienne ou Gafconne & Françoife, les Poëmes étoient entremêlés de plufieurs mots de leurs idiomats, qui les rendoient fi obfcurs & difficiles, qu'à grande peine en pouvoit-il tirer le fens. Finalement il les reftaura tous en leur entier, & eut tant de grace en fon entendement, qu'il fut le premier caufe, que ces Poëtes, qui avoient été fi long-temps mis en oubli, furent révoqués en lumière. Quant à la vie de ce Monge, il fut bon Religieux, fingulier & parfait en toutes fciences & langues, écrivoit divinement bien de toute façon de lettres : quant à la peinture & illuminure, il étoit fouverain & exquis : il obfervoit ceci de long-temps, qu'au printemps & à l'automne fe retiroit pour quelques jours, accompagné d'un fien ami Religieux, amateur de la vertu, en fon petit hermitage aux Ifles d'Yeres (ou audit Monaftère, avoit de long-temps une petite Eglife dépendante d'icelui, qu'eft la caufe qu'il fut furnommé des Ifles d'Or) pour ouir le doux & plaifant murmure des petits ruiffeaux & fontaines, le chant des oifeaux, contem-

plant là diverfité de leurs plumages, & les petits animaux tous différens de ceux de deçà la mer, les contrefaifant au naturel, & en fit un beau Recueil, qu'on trouva, après fa mort, parmi fes Livres, auquel il avoit dépeint de beaux paffages, tout le quartier de la plaige de la mer defdites Ifles d'Yeres, & des Villages qui y font affis; toutes fortes des herbes & plantes les plus exquifes, les fleurs & les fruits d'icelles, & des arbres qui y croiffent naturellément; les bêtes & autres animaux de toutes efpéces; la perfpective des montagnes, des prairies, & de tous ces champs délicieux, arrofés de belles & claires fontaines, des poiffons de la mer, des vaiffeaux qui la traverfent à pleines voiles: le tout tant bien rapporté & contrefait au vif, qu'on eût jugé que c'étoit la même chofe. Pour montrer l'excellence de fon efprit, fit un Recueil des Victoires des Rois d'Arragon, Comtes de Provence; enfemble fit une Heure de Notre Dame, écrite de fa main, enrichie de toutes les plus rares diverfités qu'il avoit trouvées en fon recueil, en or, azur & autres belles couleurs, & fort bien & proprement reliée; en fit un préfent à Yoland d'Arragon, mere du Roi René, qui les eftima beaucoup, & lui montra qu'elle les avoit trés-agréables, parce que les peintures & illuminures d'icelles correfpondoient au texte de la lettre. Et ce fut un moyen & commencement que le Roi Loys II du nom, Roi de Naples, & Comte de Provence, & ladite Roine Yoland, avoient toujours au près de leurs perfonnes ce Monge, tant fage, beau, & prudent il étoit: toutes ces chofes & plufieurs autres fe trouvent ès fragmens de Dom Hilaire des Martins, l'un des Religieux du Monaftère faint Victor de Marfeille. Il a écrit auffi, que le Monge étoit homme de fainte vie, de bon exemple & continuelle méditation, qu'il a écrit un Livre auquel il prédit que de cette maifon de Cybo fortiroient plufieurs grands & illuftres perfonnages, qui gouverneroient & adminiftreroient l'Eglife Catholique, & feroient auprès des Rois & Princes, & grands Seigneurs. Il dit auffi qu'avant qu'il fût reçu audit Monaftère, il portoit avec lui quelques Œuvres en
rime

rime Provençale, traitant de l'Amour, qu'il avoit dédiées à Elis des Baulx, Dame des Baulx, & Comtesse d'Avelin, qui est une des anciennes familles & nobles de Provence. Décéda audit Monastère en l'année 1408, duquel temps la Roine Yoland accoucha du Roi René *.

* Voy. Jean de Notre-Dame, Chap. 75.

LE MORE DU VERGIER (c'est un nom supposé) Recteur extraordinaire de l'Université de Mateflon, a traduit du Latin de Maître Jean de la Dagueniere (c'est un autre nom supposé) Docteur en Médecine, & Mathématicien ordinaire des Landes d'Asniere, le Monstre d'abus, qui est un Livre contre Michel Nostradamus ; imprimé à Paris, *in - 8°*. par Barbe Regnaut, 1558 [1].

[1] Tous ces noms sont supposés, sans en excepter celui de *Barbe-Regnault*, qu'à son ordinaire cependant La Caille a extrait d'ici, pour grossir son Catalogue. (M. de la Monnoye).

LA MOTTE ROULLANT (Le Seigneur de) Lyonnois, a écrit les Facécieux Devis des cent & six Nouvelles nouvelles, imprimées à Paris, *in-8°*. par Jean Réal, 1550 *.

* Voy. La Croix du Maine, & les notes, au même Article, Tom. II, pag. 143 & 144.

MUSÆUS [1]. L'Histoire de Léander & Héro, écrite en Grec par Musæus *, ancien Poëte, & traduite en rime Françoise par Clément Marot.

[1] Il ne nous reste rien de l'Ancien Musée, Poëte Grec des temps Héroïques, & que l'on croit antérieur de beaucoup à Hésiode & à Homère. Jules César Scaliger, qui lui a attribué le Poëme Grec de *Léandre & Héro*, s'est trompé ; il est d'un Auteur Anonyme, que l'on croit avoir vécu dans le quatrième siècle. (M. de la Monnoye).

* On peut voir dans Fabricius (*Biblioth. Grecq.* Tom. I, pag. 102 & suiv.) les titres de divers Ouvrages de cet ancien Ecrivain, qui tous ont péri. On trouvera, au même endroit, ce que les Savans ont pensé du Poëme de *Léandre & Héro*, & de son Auteur. Nous avons de Paul Scarron, mort le 14 Octobre 1660, une Ode burlesque, imprimée sous le titre de *Léandre & Héro*, parmi fes Œuvres pofthumes, à Paris, *in*-12. 1668. Il y a nombre d'endroits très-plaifans, entr'autres, celui-ci :

> Trois fois envain elle fouffla
> Pour rendre vie à fa chandelle ;
> Mais Héro n'étoit plus pucelle :
> Il le faut être pour cela.

MUSICIENS. Pour la recommandation de la Mufique & de fes Profeffeurs, je tranfcrirai ici une partie de la Préface au Roi Henri II, que Pierre de Ronfard a mife au devant du mélange de Chanfons, tant des vieux Auteurs que modernes ; imprimées à Paris, par Adrian le Roy. [Tout ainfi que par la Pierre de Touche, on éprouve l'or s'il eft bon ou mauvais ; ainfi les anciens éprouvoient par la mufique les efprits de ceux qui font généreux, magnanimes, & non forvoyant de leur première effence, & de ceux qui font engourdis, pareffeux & abâtardis en ce corps mortel, ne fe fouvenant de la célefte harmonie du ciel, non plus qu'aux Compagnons d'Ulyffe, d'avoir été hommes, après que Circe les eut transformés en pourceaux. Car celui lequel oyant un doux accord d'inftrumens, ou la douceur de la voix naturelle, ne s'en réjouit point, ne s'en émeut point, & de tête en pieds n'en treffaut point, comme doucement ravi, & fi ne fait comment dérobé hors de foi, c'eft figne qu'il a l'ame tortue, vicieufe & dépravée, & duquel il fe faut donner garde, comme de celui qui n'eft point heureufement né. Comment pourroit-on accorder avec un homme, qui, de fon naturel, hait les accords ? Celui n'eft digne de voir la douce lumière du Soleil, qui ne fait honneur à la mufique, comme petite partie de celle, qui fi harmonieufement (comme dit Platon) agite tout ce grand Univers. Au contraire celui qui lui porte honneur, eft ordinairement homme de bien ; il a l'ame faine & gaillarde, & de fon naturel aime les chofes hautes, la philofophie, le maniement des affaires politiques, le travail des guerres, & bref tous offices honorables ; il fait toujours paroître les étincelles de fa vertu. Or de déclarer ici que c'eft que mufique, fi elle eft plus gou-

vernée de fureur que d'art, de ſes concens, de ſes tons, modu-
lations, voix, intervalles, ſons, ſyſtemates & commutations:
de ſa diviſion en Enarmonique, laquelle, pour ſa difficulté, ne fut
jamais parfaitement en uſage: en Chromatique, laquelle, pour
ſa laſciveté, fut par les anciens bannie des Républiques: en
Diatonique, laquelle comme la plus approchante de la mélodie
de ce grand Univers, fut de tous approuvée. De parler de la
Phrygienne, Dorienne, Lydienne, & comme quelques peuples
de Grece, animés d'harmonie, alloient courageuſement à la
guerre, & comme Agamemnon allant à Troyes, laiſſa à ſa maiſon, tout exprès, je ne ſais quel Muſicien Dorien, lequel par la
vertu du pied Anapeſte, modéroit les effrenées paſſions amoureuſes de ſa femme Clytemneſtre, de l'amour de laquelle Aegiſte enflammé, ne put jamais avoir jouiſſance, que premièrement il
n'eût fait mourir méchamment le Muſicien. De vouloir encore
déduire comment toutes choſes ſont compoſées d'accords, de
meſures & de proportions, tant au ciel, en la mer, qu'en la
terre; de vouloir diſcourir davantage, comme les plus ſignalés
perſonnages des ſiécles paſſés ſe ſont curieuſement ſentis épris
des ardeurs de la muſique, tant Monarques, Princes, Philoſophes & Capitaines de renom; je n'aurois jamais fait, d'autant
que la muſique a toujours été le ſigne & la marque de ceux qui
ſe ſont montrés vertueux, & véritablement nés pour ne ſentir
rien du vulgaire. Je réciterai ſeulement que les plus magnanimes
Rois faiſoient anciennement nourrir leurs enfans en la maiſon
des Muſiciens; comme Peleus, qui envoya ſon fils Achille, &
Aeſon ſon fils Jaſon, dedans l'Antre vénérable du Centaure
Chyron, pour être inſtruits tant aux armes, qu'en la médecine
& en l'art de muſique. J'ajouterai aux divines fureurs de muſique, celles de poëſie & de peinture, deſquelles accompagnant
la muſique, comme je mets en cette Bibliothèque les Poëtes,
auſſi n'y veux-je oublier les Muſiciens qui ont orné la France de
leurs compoſitions, entre leſquels ſe ſont élevés, depuis ſix ou
ſept-vingt ans, Joſquin des Prez, Hennuyer de nation & ſes diſ-

ciples Mouton, Vaillard, Richaffort & autres. Et ſi jà on y en trouve quelques-uns déſignés, par nom & ſurnom, ſelon l'ordre de l'Alphabet, & que tous n'y ayent été mis, pour n'avoir ſu leurs noms propres; tous les autres qui ſont venus à ma connoiſſance feront inſérés, en cet endroit, par leurs ſurnoms ſeulement. *Abran; Alaire; Arcadelt; d'Auxerre; du Bard; Baſtard; de Beaulieu; Belin; Benedictus; Bertrand; le Blanc; Boivin; Bonard; Boni; Bonvoiſin; des Bordes; Bourgeois; Bourguignon; Briaut; Brion; le Brun; de Buſſi; Canis; Cadeac; Capella; Caſtro; Cavillon; Certon; Chevalier; Claudin; Clemens-non-papa; Clereau; Colin; Severin Cornet; Coſteley; Courtois; de Courville; Crequillon; Cyron; Dambert; Drouyn; Ebran; Entraigues; Fabrice; de la Font; Foreſtier; Formentin; Freſneau; Gardanne; Garnier; le Gendre; Gentian; Gervaiſe; Godard; Gombert; Gorlier; Goſſe; Goudeaul; Goudimel; la Grotte; Grouzy; Guillaud; Guyon; Hawille; Heriſſant; l'Heritier; Hesdin; Heurteur; l'Huillier; Jacotin; James; Jaquet; Petit Jean; Jennequin; Joſſelme; Joſquin; Leſchenet; Leſtoquart; Lupi; Maillard l'oncle & le neveu; Maille; Maletty; Manchincourt; Marcade; Marchant; Marchandi; de Marle; Martin; Meigret; Millot; Mittantier; Mithou; la Mœulle; le Moine; de Monte; Morel; Mornable; Morpain; Moulu; Mouton; du Muys; Nicolas; Olivier; Orlando; Pagnier; Paſſereau; Peletier; Penet, Phinot; Pliſſon; Poilhot; de Porta; Puy; le Rat; Regnard; Regnes; Renvoiſi; Richaffort; Rogier; Romain; Roquelay; Rore; Rovince; Rouſſel; la Rue; Sandrin; Sanſerre; Santerre; Simon; Sohier; Strige; Tiſſier; du Tertre; Toſteau; Vaſſal; Verdelot; de Villa; Willa; Willard; Wauquel; Wildre; Wlfran:* Tous leſquels Muſiciens ſuſnommés, ont mis pluſieurs Epigrammes, & Chanſons Françoiſes, en muſique, imprimées tant à Paris qu'à Lyon, par Pierre Attaignant, Nicolas du Chemin, Adrian le Roy, Jaques Moderne, Jean de Tournes & autres.

     M. BRETAIGNE, Lieutenant-Général en la Chancellerie, & Vierg de la ville & cité d'Autun, a prononcé, puis mis par écrit, la Harangue du tiers État de France, à la Majesté du Roi, en l'assemblée des États tenus à S. Germain en Laye, le 27 d'Août 1561 ; imprimée à Paris audit an.

M. DE LA FAYE a écrit Traité & Remontrance contre l'yvrognerie & excès au boire, imprimé à la Rochelle, *in-8°*. par Pierre Haultin, 1580. Préface sur le Traité des scandales qu'a écrit Maître Jean Calvin.

M. DE LA SERRE *. Combien que celui qui traite quelque science, peut blâmer l'impiété des méchans avec acerbité de paroles, & l'erreur de ceux qui ont failli, avec telle modestie qui est requise aux hommes de Lettres, si est-ce que c'est chose de mauvais & pernicieux exemple, de blâmer l'honneur des Gens doctes, sous ombre de quelque faute, & les charger de paroles contumélieuses, à la forme des Pédantes, pour loyer & salaire de leur travail. En quoi la République a notable intérêt, & beaucoup plus si on vient attenter à l'honneur par libelles diffamatoires ; comme a fait un surnommé de la Serre. Peu auparavant, deux calomniateurs qui ne cessoient d'abboyer publiquement contre les six Livres de la République de Jean Bodin, avoient été pardevant le Roi, pour la faire défendre. Le Roi leur fit dire par le Seigneur d'Oron, Anagnoste (ou Lecteur) Royal, qui avoit lu la République de Bodin, que s'ils avoient quelque chose à dire contre lui, ils le couchassent par écrit, pour en faire jugement. Au lieu de ce faire, après cetui-ci qui se fait appeler le sieur de la Serre, fit imprimer un petit Livre, qu'il dédia au Roi, intitulé Remontrance au Roi, sur les pernicieux Discours contenus au Livre de la République de Bodin ; imprimée à Paris, *in* 8°. par Federic Morel, 1579. Le Roi l'ayant lu, & connoissant les calomnies si grossières, qu'on y voit le jour au travers ; il manda au Lieutenant civil, que la Serre fût mis en prison, & signa le décret de sa main, avec défenses à l'Imprimeur, sur la vie, d'exposer en vente ce Livret, auquel Bodin n'a voulu répondre ; comme aussi jamais homme de fain jugement n'en a fait ni mife ni recepte, finon pour un libelle plein d'extrême ignorance & médifance, fans rime ni raifon quelconque. *Herpin en fon Apologie pour la République de Bodin, contre Ogier Ferrier.*

✱Voy. La Croix du Maine, & les notes, au mot Michel de la Serre, Tom. II, pag. 136 & 137.

M. DE SILA. Le Chemin de vertu, enfeigné par Ifocrates, Orateur & Philofophe, au Seigneur, Demonique fon ami ; mis en rime par M. de Sila, felon la Traduction qu'en a faite de Grec en profe Françoife, Loys le Roy ; imprimé à Tolofe, *in-16.* par Guyon Boudeville, 1555.

M. F. CH. Petit Formulaire d'Oraifons, avec une Paraphrafe & Sommaire de l'Oraifon Dominicale ; les fept Pfalmes Péni-tentiaux & cinquante-deux Oraifons de l'Églife, felon l'ordre des cinquante-deux Dimanches : plus quelques autres Prières & Iuftructions fort néceffaires à tous Chrétiens, par M. F. CH. imprimé à Paris, *in-16.* par Jean de Heuqueville, 1576.

M. R. B. a écrit en rime, la Source des Guerres & le moyen pour acquérir la paix, où il eft dit :

Si le Seigneur ne baftit la maifon,
Certainement tous ceux qui l'édifient,
Ceux qui la font & qui la fortifient,
Perdent le temps, & travaillent envain ;
Auffi s'il n'a de la cité le foin,
Et s'il n'en eft défenfe & fauvegarde,
Celui-là perd fa peine, qui la garde.
Les grands affauts & les fortes alarmes,
L'infini nombre & troupe de gendarmes,
Ne fauvent pas de dangereux defroys
Les Empereurs, les Princes & les Rois.
Celui pour vrai fe trompe, qui cuide eftre
Par fa vertu & par fa force adextre ;
Mais l'œil de Dieu, dit David, eft fur ceux
Qui de l'aimer ne font point pareffeux,
Et ont efpoir en fa miféricorde, &c.

LIVRES D'AUTEURS INCERTAINS.

Le Roman de MABRIAN [1].

[1] Patru, dans ſes Remarques ſur celles de Vaugelas, n°. 35, cite la Chronique de Mabryan, où il eſt dit que *nul ne fut ſi hardi de prendre la vaillance d'un parſis*, pour dire *la valeur*. Ce Roman, traduit de langage plus ancien, fut imprimé l'an 1525, à Paris, *in-fol.* (M. DE LA MONNOYE).

La grande Dance MACABRE des hommes & femmes, où eſt démontré tous humains de tous états être du branſle de la mort; imprimée à Lyon, *in-4°.* par Olivier Arnoullet, ſans date, & à Paris, *in-16.* par Eſtienne Groulleau *.

* Voy. au mot LA GRAND DANCE, Tom. III, pag. 470, & la note qui en donne l'explication.

La MACARONÉE [1] de S. D. T. imprimée à Lyon, *in-8°.* par Jaques Faure, 1550.

[1] La Verſification Macaronique, originaire d'Italie, a été ainſi appelée du mot *Maccaroni*, ſorte de pâte trempée dans le bouillon du pot où la viande a bouilli, parce que, comme ces *Maccaroni*, ou *Macaroni*, ſont un mets fort groſſier, ces vers Macaroniques ſont de même une eſpèce fort groſſière de Poëſie. L'Italien *Macaroni* vient naturellement de μακαρία, Βρῶμα, dit Héſychius, ἐκ ζωμᾷ ἠ ἀλφίτων, *Cibus ex jure & farinâ*. Teofilo Folengio, nommé communément *Merlin Cocaie*, grand Artiſan de ce genre de vers, a été l'introducteur du mot. La facilité apparente de cette compoſition a fait naître à une infinité de gens l'envie de s'y exercer. Ce S. D. T. a été du nombre. Je devine par un paſſage de Naudé, pag. 277 de ſon *Maſcurat*, que ces trois lettres S. D. T. rétablies dans leur ordre régulier S. T. D. déſignent *Etienne Tabourot, de Dijon*; en Latin, *Stephanus Taborotius, Divionenſis*; mais il faut prendre garde que l'Edition, qui doit être de 1588, eſt fauſſement datée de 1550, temps auquel Tabourot n'avoit que trois ans. (M. DE LA MONNOYE).

Le Roman de Philippes de MADIAN, autrement dit, le Chevalier à l'Eſpervier blanc.

LA MAGNIFICENCE de la ſuperbe & triomphante Entrée de la noble & antique Cité de Lyon, faite au très-Chrétien Roi de France Henri II de ce nom, & à la Roine Catherine, ſon épouſe, le 23 de Septembre 1548; avec les figures & pourtraits de l'Obéliſque, Pyramide, Arcs Triomphaux, Galeres, Bucentaures, Perfpectives, Trophées, Portaux, Statues & autres; imprimée à Lyon, *in*-4°. par Guillaume Roville, 1549.

* Cet Ouvrage a été réimprimé dans le *Cérémonial François* de Godefroy, Tom. I, pag. 823 & fuiv.

DES MAISONS & États des plus illuftres de la Chrétienté; Livre premier; imprimé à Paris, *in*-4°. par Jean Longis, 1549.

Les Regrets & Peines des MALADVISÉS, compofés par d'Andouille; imprimés à Lyon, *in*-16. par Olivier Arnoullet.

Narration de ce qui s'eft traité avec ceux de MALINES, tant par écrit que verbalement, de la part de l'Archiduc Mathias, Gouverneur Général du Pays-bas; enfemble de ceux de la ville d'Anvers; imprimée par Chriftophle Plantin, 1560.

LE MANDEMENT de Jefus-Chrift à tous Fideles Chrétiens. *Cenfuré.*

LE MANTEAU mal taillé, Conte très-plaifant; imprimé à Lyon, par François Didier.

LE MANUEL des Dames, qui parle de l'Ame dévote; imprimé à Paris, *in*-4°. par Michel le Noir, fans date.

LE MANUEL des Curés & Vicaires de l'Églife Romaine; avec certain Commentaire; imprimé à Lyon, *in*-8°. par Claude Ravot, 1564. *Calvinique* *.

* Ce titre a été donné par une allufion Comique au *Manipulus Curatorum.*

MANUEL de Prières dévotes, recueillies de divers Opufcules, & imprimées par le commandement de la Roine de Navarre; imprimé à Bourdeaux, *in*-12. par Simon Millanges, 1584.

LA MAPPE-MONDE décrite en rime, imprimée par Jean Treperel, fans date *.

* L'Auteur eft GAULTIER, de Mets. Voy. DU CANGE, *Indice des Auteurs*, au-devant du Gloffaire Latin, pag. CXCII.

Hiftoire

Hiftoire de la MAPPE-MONDE , Papiftique , en laquelle eft déclaré tout ce qui eft contenu & pourtrait en la grande Table ou Carte de la Mappe-monde ; compofée pa rM. Frangidelphe ; imprimée en la ville de Lucellouvelle , *in*-4°. (il entend Genéve) par Brifaud Chaffe-diables , 1567. *Calvinique.*

Traité fingulier dévot & falutaire , intitulé la MARCHANDISE fpirituelle , diftingué en fept Régions fpirituelles , felon les fept jours de la femaine ; imprimé à Lyon , par Olivier Arnoullet.

Le Livre des MARCHANDS. *Cenfuré.*

La Règle des MARCHANDS & autres États , touchant les Ventes & Achapts des marchandifes , conventions , obligations , prêts , rentes , ufures , intérêts & autres trafiques qu'on peut avoir l'un avec l'autre ; où font traitées plufieurs belles queftions extraites de la Somme des Confeffeurs , & compilées par un dévot Religieux de la cité de Touloufe ; imprimée à Paris , *in*-16. par Jean André , 1550.

La Vie de fainte MARGUERITE , Vierge & Martyre , fille de Théodofien , à quarante-quatre Perfonnages ; imprimée à Paris , *in*-8°. par Alain Lotrian.

Les MARGUERITES du nouveau Teftament , contenant Commandemens , Enfeignemens & Police ; imprimées à Lyon , *in*-16. par Jean Didier , 1547.

Traité de la Diffolution du MARIAGE , par l'impuiffance & froideur de l'homme ou de la femme : Auteur un Confeiller du Parlement de Paris ; imprimé par Mamert Patiffon , *in*-8°. 1581 [1].

[1] Antoine Hotman, Avocat du Roi pendant la Ligue, & frère du célèbre Jurifconfulte François Hotman, ne voulant pas d'abord être connu pour Auteur de ce Traité, fit mettre au titre que c'étoit l'Ouvrage d'un Confeiller au Parlement de Paris. Ce Traité, divifé en deux Parties, a été depuis im-

primé parmi les Opuſcules des Hotmans, où il ſe trouve ſous le nom d'*An-*
toine ; & c'eſt des ſix ou ſept derniers feuillets de la première Partie qu'a été
copié l'Extrait que donne ici du Verdier *. (M. DE LA MONNOYE).

*M. le Préſident Bouhier en a donné, en 1735, une Differtation fort
curieuſe, où il garde l'*incognito*, & qu'il ſuppoſe avoir été imprimée à
Luxembourg, *in-8°*. chez Vander Kragt.

Sur la fin dudit Traité.

[Reſte à conſidérer, en troiſième lieu, comme l'on doit procéder à l'inqui-
ſition de la valeur d'un homme, d'autant que l'on doit craindre qu'il n'y ait
de la colluſion, *& ne in fraudem confiteantur partes. cap. fi. de frigid. & malef.*
Et, comme il a été dit ci-deſſus, il faut commencer à la viſitation de l'homme;
car, ſi l'on rapporte que les deux témoins de ſa valeur lui aient été ôtés, le
procès eſt tout inſtruit, & ne reſte qu'à donner la ſentence pour diſſoudre le
mariage. Mais il faut prendre garde à deux choſes : la première eſt de Hof-
tienſis, à ſavoir qu'il n'y ait que des hommes experts, & non pas des femmes.
Auſſi ne s'eſt-il jamais lu qu'à la viſitation d'un homme, aient été admiſes
les femmes, qui eſt une des premières fautes qu'un perſonnage de dignité,
de notre temps, a faite, ſouffrant d'être viſité par des obſtetrices, que nous
appelons vulgairement Sages-femmes. D'autant qu'encore qu'à cette première
viſitation, étant jugé par les Médecins & Chirurgiens entier, bien diſpoſé &
bien accompli de tous ſes membres, hormis d'un témoin qui n'apparoiſſoit
point, & par la privation duquel, en tous cas, ils diſoient qu'il ne laiſſeroit
pas d'être puiſſant ; toutefois le rapport des Sages-femmes imprima une mauvaiſe opinion de lui par-tout, à cauſe qu'elles voulurent faire les expertes en
telle matière, en laquelle elles ne pouvoient être inſtruites, & diſcoururent
ſur la longueur, groſſeur, rondeur, & telles autres impertinentes circonſtances de la verge, juſqu'à ce que l'une s'avança de parler *de capacitate fora-*
minis, & de præputio, encore que les Médecins & Chirurgiens n'y euſſent eu
aucun égard, ſachant combien cette partie change de formes, ſelon les
occurrentes occaſions : *Crede mihi, non eſt mentula quod digitus.* La ſeconde
conſidération, qui doit être en la viſitation de l'homme, eſt de ſupplier le
Juge d'inſtruire les Médecins & Chirurgiens de ce dont ils ont à faire rapport, ſoutenant qu'ils ne doivent outrepaſſer les conſidérations que les Saints
Canons ont requis : à ſavoir, de rapporter, ſi, en lui, ils connoiſſent y avoir
inciſion & privation de ce qui eſt néceſſaire pour rendre un homme puiſſant :
puis, s'ils connoiſſent qu'il n'y ait eu aucune inciſion, ni autre privation deſ-
dites parties, ils peuvent, par quelque moyen que leur art leur peut apprendre,
voir ſi la verge peut avoir quelque force, & que de fait elle ſe droſſe, ſoit que
les témoins apparoiſſent, ſoit qu'ils ſoient cachés, pour en faire leur rapport, à celle fin que le Juge puiſſe juger, ou la puiſſance ; ou bien, au cas
qu'il y ait préſomption d'impuiſſance, puiſſe, après les trois ans de continuelle

habitation , faire plus ample inquifition, par la vifitation de la femme , ainfi
que nous dirons tantôt. Mais, pendant ce différend, afin qu'il n'y ait de
force & févitie contre la femme , elle doit être fequeftrée. *cap. Cùm locum de
fponfalib.* voire même mife, par provifion, en un monaftère , fi elle déclare
avoir fait vœu de s'y rendre , en fe féparant. *cap. Caufam de probat.* Et ne doit
être avec le mari , puifqu'il n'appert pas qu'il ait pris poffeffion d'elle. *cap.
Ex parte de reftitut. fpol.* Car les Chapitres *Ex tranfmiffa. Litteras.* & , *Ex
conqueftione eodem titul.* qui veulent que *pendente quæftione fuper ftatu matri-
monii , reftituatur mulier marito ,* s'entendent *fi cognita fuerit. cap. Caufam
quæ de rapt. Panor. cap. Caufam. de probat.* Doncques la femme , étant ainfi
féparée, peut, par la vifitation de fon mari, faire diligence de prouver fon
impuiffance, finon elle lui doit être rendue, pour être trois ans avec lui , fi
ce n'eft qu'elle y ait déjà été ; car , les trois ans écoulés, elle eft recevable à
dire que , par la preuve de fa virginité , il y a preuve fuffifante de l'impuiffance de fon mari , & eft ce que l'on a nommé *juftum judicium ,* n'étant
raifonnable ce qu'aucuns maris ont voulu foutenir , qu'ils doivent être
crus , puifque la règle de Juftice eft , que perfonne ne doit être juge
en fa caufe. Ainfi fe doit entendre le Canon du Concile de Compiégne,
*In veritate viri confiftat , quia vir caput eft mulieris. can. Si quis acceperit. 33.
quæft. 1.* Et en la nouvelle conftitution de Juftinian XXII : *Ille verò quia pro
veritate eft vir , non oftendat.* ὁ δὲ , ὅτι ταῖς ἀληθείαις ἐςὶν ἀνὴρ ὁ δείκνυσι , c'eft-à-dire ,
qu'il faut que l'homme premièrement faffe paroître que pour vrai il eft
homme, auparavant que l'on reçoive la femme à fes preuves contraires.
Voire même dit le Pape Honorius III , *cap. Caufam de probat. Sequeftratâ
muliere , recepturi funt judices non folùm probationes viri , quas inducere vo-
luerit contra mulieres illas , quæ ad inveftiganda figna virginitatis ex parte puellæ
fuerint introductæ , verùm etiam probationes alias hoc negotium contingentes ,
quas pars utralibet duxerit producendas.* Comme quand le mari veut prouver
avoir connu autres femmes, qui eft un argument de puiffance approuvé.
cap. fi. de frigid & malef. & telles autres preuves, doivent fervir à l'homme
auparavant celles que l'on peut tirer de la vifitation de la femme , d'autant
qu'elle eft bien fort incertaine & fujette à illufions. Toutefois, à l'extrémité ,
la femme eft reçue à fe faire vifiter, pour fe prouver vierge. Anciennement
on n'admettoit à telle vifitation que les Matrones ; aujourd'hui l'on y admet
des Médecins & Chirurgiens, parce que les obftetrices d'aujourd'hui ne font
pas inftruites en l'Anatomie, comme elles étoient anciennement. Et de fait ,
nous lifons qu'elles devoient bien apprendre leur art , ou autrement qu'elles
feroient puniffables de leur ignorance. *l. Item fi obftetrix. Ad leg. Aquil.* Et
la pudeur, qui eft naturellement aux femmes, a été caufe de faire telle inftruction à certaines femmes , dont on récite une loi d'Athènes , parce que ,
fans cette permiffion d'y avoir des Médecines, les femmes fe laiffoient mourir,
quand il leur advenoit quelque maladie ès parties honteufes. Et à Rome ,
elles avoient autorité , taxe & falaire de leurs vacations. *l. 1. de extraordin.*

cognit. & communément étoient appelées , quand on vouloit favoir fi une
femme étoit groffe d'enfant. *l. 1. de ventre infpic.* C'eft pourquoi les Cano-
niftes ont voulu qu'elles fuffent appelées ,, pour juger fi une femme eft vierge,
ou non. *cap. Propofuifti. de probat.* Et bien que l'on dife que ce jugement foit
bien hafardeux , pour plufieurs raifons que les Médecins favent , & que
même S. Auguftin , au Livre premier de la Cité de Dieu , Chap. 18 , ait
écrit : *Obftetrix virginis cujufdam integritatem manu velut explorans , five
malevolentiá , five infcitiá , dum infpicit , perdidit* ; toutefois , puifque l'on ne
voit point d'autre meilleur expèdient , on eft contraint de le prendre , comme
a été dit par S. Cyprian , en fon Epître 62 , & de laquelle font compofés
deux Canons. *27 q. 1. can. Nec aliqua.* & , *can. Quòd fi pœnitentiam.* Car , ce
qu'il dit , *nec aliqua putet fe poffe hâc excufatione defendi , quòd infpici & pro-
bari poffit , an virgo fit , cùm & manus obftetricum & oculi fœpè fallantur,* c'eft
que les femmes peuvent par baifers & geftes impudiques avoir délinqué : fi
eft-ce que puis après , pour la vérité du fait , il fe réfout , & dit : *Infpiciantur
virgines ab obftetricibus diligenter ; & fi virgines inventæ fuerint , acceptâ Com-
munione , ab Ecclefiâ recipiantur.* Saint Ambroife ne pouvoit approuver , ni
trouver bonne cette exploration , en fon Epître 64 , où il reprend Syagrius ,
Evêque de Véronne , d'avoir ordonné qu'une Religieufe feroit vifitée , pour
favoir fi elle avoit été corrompue , parce que telle connoiffance eft hors la
puiffance des hommes. *Quid quod etiam ipfi Archiatri dicunt, non fatis liquidò
comprehendi infpeƙlionis fidem , & ipfis Medicinæ vetuſtis Doƙloribus id fententiæ
fuiffe ? Nos quoque ufu hoc cognovimus , fœpè inter obftetrices obortam varieta-
tem , & quæftionem excitatam : ut plus dubitatum fit de eâ quæ infpiciendam fe
præbuerit , quàm de eâ quæ non fuerit infpeƙta.* Pource , dit - il , vous faites
préjudice à la fille , auparavant que de lui faire juftice. Et ces mêmes raifons
peuvent être confidérées en cette difpute du mariage , où la vifitation de la
femme femble inutile , vu qu'il fe peut faire qu'elle ait été , auparavant fon
mariage , corrompue , foit par autre précédent mariage , ou autrement , &
toutefois le mari fera impuiffant. Et , pour cette occafion , l'on doit différer,
le plus tard que l'on peut , cette vifitation d'une femme , parce qu'elle lui eft
merveilleufement dangereufe & préjudiciable. *Non enim folùm vifitantur ,* ce
dit , en ce même endroit , S. Ambroife , *fed attreƙlantur. Quid igitur fibi
velit , & quò fpeƙlet quòd obftetricem adhibendam credideris , non poffum adver-
tere. Itane ergò liberum accufare omnibus ; & cùm probatione deftiterint , patebit
ut genitalium fecretorum petant infpeƙlionem , & addicentur femper facræ
virgines ad hujufmodi ludibria , quæ & vifu & auditu horrori & pudori funt ?
Quæ ergò , fine damno pudoris , in alienis auribus refonari non queunt , ea poffunt
in virgine , fine ejus tentari verecundiâ ? Ut jam non - folùm verecundiæ fuæ
difpendio , fed etiam obftetricis incerto periclitetur.* J'ai exprès affemblé toutes
ces belles remontrances de ce faint perfonnage , pour montrer que la vifitation de la femme fe doit faire au moins le plus tard que l'on pourra , fi
tant eft que l'on ne la puiffe éviter ; car , puifque les Conciles & les Papes

l'ont approuvée, nous ne pouvons & ne devons la trouver mauvaise, comme aussi a-t-elle été de tous temps reçue & tolérée. Et y en a beaucoup qui disent que la Vierge Marie souffrit elle-même telle visitation, ainsi que récite Suidas, en parlant de Jesus-Christ. Mais, comme elle doit être, en faveur de la pudeur des femmes, retardée au possible ; aussi, quand les femmes d'elles-mêmes s'y offrent, doit-elle être soupçonnée de quelques abus & illusions, que chacun sait se pratiquer ordinairement. Et, parce que les Médecins, Chirurgiens & Apothicaires savent mieux les moyens de restreindre, je me contenterai de prendre présomption sur l'impudence d'une femme qui se prostitue elle-même ; &, comme dit Hérodote, souffrant d'être vue, dépouillée de ses vétemens, facilement se dépouille elle-même de la pudeur & modestie qui doit être en elle. C'est pourquoi le Docteur Hostiense dit qu'il se faut garder de surprise en telle visitation ; & faut que les obstetrices soient bien expertes ; & si leur conseille d'user d'eau chaude pour laver le corps de celle qu'elles visitent, à celle fin qu'elles ôtent toutes choses restrictives. Ce que répète Panorme, *in capite Fraternitatis. de frigid. & malef.* Et, de notre temps, on a vu une femme, de médiocre qualité, avoir mis son mari en procès, l'accusant d'impuissance ; &, quinze jours après, s'en désister, parce qu'elle se trouva enceinte. Et, au temps de son enfantement, elle souffrit la punition de sa témérité ; car elle s'étoit si artificiellement étrécie pour l'instruction de son procès, qu'à son accouchement il lui fut besoin de Chirurgiens. Voilà tous les moyens de procéder en telles disputes que celle-ci, & qui sont approuvés par les saints Canons. Il y avoit anciennement deux autres moyens, *Per crucem & per jusjurandum septimâ manu*, qui ne se pratiquent plus aujourd'hui, car l'un étoit une sorte de sorcellerie, & l'autre qui est l'assurance de sept, qui jurent pour l'innocence d'une partie, ne se pratiquoit sinon quand le mari & la femme étoient d'accord de se démarier. Et, au lieu de ces deux explorations, je ne sais par quel malheur de notre siècle, on en a introduit une, la plus brutale que l'on sauroit excogiter, & que nous espérons être d'aussi peu de durée, qu'elle a peu de raison & d'apparence de justice : c'est ce qu'ils appellent le Congrès, lequel, outre ce qu'il est contre l'honnêteté publique, indubitablement encore est-il inutile, parce que, comme il est dit ci-devant, le mari, qui a moyens de se faire paroître puissant, n'est tenu de faire preuve qu'il ait effectuellement connu sa femme, d'autant qu'une femme peut être vierge, encore que son mari soit puissant & capable de mariage. Comme aussi peut-il advenir qu'un mari ait autrefois connu sa femme, & que puis après, toutefois pour quelque accident, il soit demeuré impuissant, qui est un cas auquel le mariage ne laisse pas d'être bon. *can. Hi qui. 32. quæst. 2.* parce que la femme & le mari doivent ensemble supporter les infortunes qui leur adviennent pendant le mariage. Et, pour cette occasion, quelque renouvellement que Panorme veuille faire, *Pap. Proposuisti. de probat.* d'exhibition de linceuls de la première nuit des noces, qui se pratiquoit du temps de l'ancien Testament, *Deuter. 22,* il se trouve fort empêché

en cette queſtion, *in cap. Fraternitatis. de frigid. & malef.* & certainement la
ſeule inſpection de l'homme y doit ſuffire ; mais lui, ni autres qui aient été
long-temps après lui, ne ſe ſont aviſés de ce congrès. Il y eut (ce dit Lucian)
un Philoſophe, qui, voyant tous ſes compagnons, empêchés pour juger ſi
Bagoàs étoit homme, ou non, & s'il devoit être reçu au nombre des Philoſophes, mit en avant cette forme de congrès, pour ſavoir ſi ſur le champ il
pouvoit faire preuve de l'état de ſa perſonne. Mais ce moyen fut trouvé ſi
ord & ſale, & ſi indigne de l'honnêteté publique, qu'il fut rejeté. Et eſt
depuis peu de temps que ce moyen a été pratiqué, dont le commencement
peut avoir été par l'offre de quelque impudent & deshonté, lequel, accuſé
d'impuiſſance par ſa femme, s'eſt vanté de faire preuve de ſa valeur, en
préſence de gens à ce connoiſſant. Et ſi les Juges peuvent par aventure avoir
admis cette épreuve, tant par ſurpriſe, & pour n'y avoir bien penſé, qu'auſſi
parce que quelques ſages, du commencement, ne trouvèrent pas mauvaiſe cette
pratique, eſtimant par cette honte & vergogne détourner les femmes de la
trop grande & fréquente plainte qu'elles faiſoient de leurs maris ; car la loi
quelquefois permet un mal, afin de remédier à un plus grand, ainſi que
nous voyons en l'hiſtoire que récite Aule Gelle, *lib. 15, chap. 10*, de quelques filles Miléſiennes, leſquelles, par frénéſie, ſe faiſoient volontairement mourir. Et ne pût-on jamais détourner le cours de cette maladie, qui
s'augmentoit bien fort, ſinon par une honte que l'on leur fit, ayant les
hommes ordonné que celles qui s'étoient ainſi fait mourir, fuſſent toutes
nues portées par-tout, & repréſentées au peuple ; car le reſte des filles furent
touchées de ſi près au cœur, par la honte de tant deshonnêtes funérailles,
qu'elles reprirent leur eſprit, & ne tombèrent plus en telle maladie. Auſſi
penſoit-on, par aventure, qu'un ſi deshonnête congrès pourroit modérer la
plainte des femmes, leſquelles au contraire (comme le ſiècle eſt malheureux)
ſe ſont par ce moyen fortifiées, & dès le commencement de leur procès
requièrent elles-mêmes le congrès, ſachant toutes que ce leur eſt moyen in-
dubitable de gagner leur procès ; car, quelque aſſurance que tout homme ſe
puiſſe promettre (s'il n'eſt auſſi brutal & impudent qu'un chien) confeſſera
s'il veut à par ſoi, & ſans paſſion, bien conſidérer qu'il n'eſt en ſa puiſſance
de ſe faire paroître capable du mariage, en préſence de la juſtice que l'on révère,
à la vue des Médecins, Chirurgiens & Matrones que l'on craint, & avec une
femme que l'on tient pour ſon ennemie, vu que telles actions d'elles-mêmes
requièrent une aſſurance, un ſecret & une amitié, dont je pourrois amener
des autorités, & principalement des Poëtes, ſi ce n'étoit qu'elles ſont entremêlées de choſes ridicules & honteuſes, deſquelles nous avons beſoin de
nous paſſer, tant parce que la nature nous en apprend aſſez, qu'auſſi parce
que cette affaire doit être ſérieuſement traitée, & plutôt avec une compaſſion,
que non pas avec une riſée, pour le moins par ceux qui veulent reconnoître
que le mariage eſt un Sacrement, qui n'a ſon fondement ſeulement ſur les
loix de nature, mais a d'autres particularités recommandables, & qui le

tendent tel & si saint, qu'il ne doit être facilement dissous, quelque chose qu'aient voulu mettre en avant ceux qui n'ont qu'une routine de l'officialité, ou qui se font tant adonnés à la Philosophie naturelle, & ont fait si grand état du Droit civil des Romains, qu'ils ont négligé les règles de la Chrétienté. Et certainement si ces bons Docteurs Ecclésiastiques ont abhorré la simple visitation d'une femme, à plus forte raison nous devons détester ce congrès, vu que mêmement, s'il se faut ranger à la raison naturelle, un tel acte requiert un esprit plus posé & assuré qu'il ne peut être lors. *Tantùm abest incesti cupido* (ce dit Minucius Fœlix) *ut nonnullis rubori sit etiam pudica conjunctio.* La raison est fort bien exprimée par Aristote, en ses Problèmes, sect. 4, chap. 28 ; mais encore mieux par S. Augustin, au XIVe Livre de la Cité de Dieu, chap. 23, quand il dit que telle action ne dépend ni de notre esprit, ni de notre corps ; de sorte que les parties qui sont destinées à telle action, n'obéissent à notre volonté, comme les autres membres. Et, pour cette occasion, nous en avons honte, parce que telles parties *non voluntate, sed libidine commoventur.* Car l'homme, gouvernant ses pieds, ses bras, & telles autres parties à sa volonté, rendra toujours raison de ce qui dépend de lui, & de ce qu'il fait ; mais il faut qu'en cette seule action honteuse, il confesse totalement son infirmité, rangeant & son esprit & son corps à une passion qui lui est inconnue. Et néanmoins nous voyons aujourd'hui que l'on veut contraindre un homme d'obéir à des Médecins, Chirurgiens & Matrones, en une action qui est hors de la puissance & de l'esprit & du corps. Encore ne veulent telles sortes de gens se contenter de l'érection, mais ils s'avancent aussi de vouloir connoître & faire rapport de la qualité de la semence : & si veulent qu'en leur présence, après une infinité de cérémonies que les Juges observent, &, sans prendre garde aux reproches & calomnies d'une femme qu'il hait & abhorre, il fasse preuve de sa valeur lors, & comme dit encore S. Augustin, *ubi ad hujusmodi opus venitur, secreta quaruntur, arbitri removentur, filiorum quoque ipsorum, si jam inde aliqui nati sunt, præsentia devitatur. Lib. 2 de gratiâ Christi, & peccato origin. cap. 37.* Si l'on a doncques ôté les preuves qui se faisoient anciennement *per crucem, & septimâ manu, per conjuratores,* nous espérons que celle-ci, comme étant contraire à la loi de nature, & contre l'honnêteté publique, sera rejetée, & que les procès qui se présenteront désormais en telles matières, se trouveront devoir être jugés selon l'ordonnance de l'Eglise, sans y ajouter, ni sans altérer l'interprétation des Canons & des Décrétales, pour lesquelles nous avons été contraints d'aller plus avant rechercher ce qu'en ont dit les Docteurs Ecclésiastiques, que ce que ceux qui ont dressé nos livres de Droit Canon ne nous y en avoient assemblé ; car nous avons des matières communes avec les Théologiens, & desquelles nous pouvons avec eux concurremment disputer. Et, comme dit Cicéron, au second Livre des Loix, & ailleurs, il y a des différends qui appartiennent indifféremment aux Pontifes & aux Magistrats, comme la police de l'Eglise, en ce qu'il est besoin de régler les choses temporelles, les mariages, les funérailles, les teſtamens, & telles autres choſes, *quæ non tantùm Legibus vindicantur, ſed etiam Pontificibus curæ ſunt. l. 8. De religioſ. l. 3 §. Divus tamen. de ſepulchr. viol. l. Hæreditas. in ſi. de pet. hæred. l. Inteſtato. §. Et divus Pius. de ſuis & legit. hæred. &c.*]

La Vie des trois MARIES.

La Chronique MARTINIENNE avec les Additions ; aſſa-voir de Meſſire Verneron, Chanoine de Liege & du Chroni-queur Caſtel ; imprimée à Paris, *in-fol.* par Antoine Verard *.

* Voy. La Croix du Maine, & les notes, à l'Article de Jean de Montreul, Tom. I, pag. 555 & 556. Nous ajouterons ſeulement ici qu'il y eut une Traduction Françoiſe de cette *Chronique* dès 1416, ainſi qu'on le voit par l'inventaire des Livres de Jean, Duc de Berry, qui eſt à la tête de l'*Hiſtoire de Charles VI*, par le Laboureur. La Collection des *Chroniques Martiniennes*, publiée par Antoine Verard, eſt rare, & à ce titre, eſt recherchée des Curieux.

Le MARTYR amoureux, contenant les diverſes Paſſions & angoiſſes qu'un Amant reçut pour ſa Dame ; le tout en Ballades, Rondeaux, Epîtres, Dixains, Huitains & autres eſpèces de rime ; imprimé à Paris, *in-16.* par Alain Lotrian, 1544.

LE MARTYROLOGE des Saints, &c. imprimé à Paris, ſans date.

Le Livre des MARTYRS, imprimé à Genève, *in-fol.* par Jean Creſpin. *Cenſuré* [1].

[1] Jean Creſpin, ſavant homme, natif d'Arras, s'étant retiré à Genève pour cauſe de Religion, y établit une Imprimerie, & y imprima non-ſeulement divers Livres de la compoſition d'autrui, mais encore pluſieurs de la ſienne propre, entr'autres, celui des *Martyrs*, dont il eſt ici parlé. Ce fut en Latin premièrement qu'il le compoſa. Le titre de l'Edition Françoiſe qui en parut, *in-fol.* l'an 1570, deux ans avant ſa mort, porte que la Traduction en avoit été faite ſur le Latin de Jean Creſpin. Ce Livre eſt extrèmement loué dans le *Scaligerana ſecunda*, au mot Martyrs. Théodore Tronchin, pag. 10 de l'*Oraiſon Fu-nèbre de Simon Goulart*, dit : *Hiſtoriæ Martyrum Primordia debentur eximio viro Joanni Criſpino : noſtro Goulartio debemus Colophonem.* Voyez le P. le Long, n°. 1760 & 1761 de ſa *Biblioth. Hiſt. de Fr.* anc. Edit. & La Croix du Maine, au mot Jean Creſpin, Tom. I, p. 483. (M. de la Monnoye).

Le

Le MASUER en François [1], felon la coutume du bas & haut pays d'Auvergne, & la manière comme on affit rente audit pays coutumier; & auffi les Ordonnances Royaux, faites par les Préfidens & Confeillers tenant les grandes Cours de Parlement, en la ville de Montferrand, en l'an 1454; imprimé à Paris, in-4°. fans date.

[1] Cette verfion de Mafuer, rapportée ici par du Verdier, & datée de 1454, me paroît poftérieure, tout au moins de vingt-quatre ans, à Mafuer. Un homme, qui nous a donné en François, par ordre Alphabétique, les *Vies des Jurifconfultes anciens & modernes*, imprimées l'an 1721, à Paris, in-4°. fait vivre Mafuer vers l'an 1560, & cite du Moulin, qui, dans fon *Confeil* 53, n°. 13, l'appelle *antiquus & doctus Practicus*. Mafuer n'a guères vécu au-delà de 1430. Pâquier, Chap. 39 du IX° Liv. de fes *Recherches*, le qualifie *Avocat en la Sénéchauffée du Bourbonnois*. Mafuer peut en avoir fait la fonction, quoiqu'il n'en parle nulle part dans fon Livre. L'unique endroit où il fe fait un peu connoître, c'eft à la page 235 des Editions de Paris, 1548 & 1555, in-8°. où, au fujet d'une queftion qu'il traite, il rapporte l'opinion de fon oncle, autrefois Docteur-Régent à Orléans, & depuis Evêque d'Arras. Voici le paffage, très-mal-à-propos fupprimé par le Traducteur Fontanon : *Et idem tenet quondam Dominus & Patruus meus, Dominus Petrus Mafuerii, utriufque Juris Profeffor, & Epifcopus Attrebatenfis, in quæftione quam deputavit* (il faut lire *difputavit*) *publicè Aurelianis actu Regens*. On fait que le ftyle de ce temps-là étoit d'appeler *Dominus meus*, le Docteur qu'on avoit eu pour Régent. On fait auffi que l'oncle de Mafuer, après avoir enfeigné le Droit pendant plufieurs années en l'Univerfité d'Orléans, fut Archidiacre de Cambrai, & l'an 1378 Evêque d'Arras, où il mourut en 1391, d'où il eft à préfumer que c'eft vers 1373, ou 1375, que fon neveu Mafuer, âgé d'environ dix-huit ou vingt ans, étoit fon Ecolier, en forte qu'en 1400, il pouvoit fort bien, ayant alors quarante-cinq ans, avoir compofé fa *Pratique*, & depuis, ayant encore vécu trente ans, être mort l'an 1430, en fa foixantequinzième année. Je ne vois donc pas fur quoi fe peuvent fonder ceux qui, avec *Moréri*, font vivre Mafuer l'an 1560, fi ce n'eft peut-être fur deux citations qu'ils y ont trouvées : l'une, pag 57 d'*Hippolyte de Marfigli*; l'autre, pag. 84 de *Nicolas Boyer*, citations poftérieures d'un fiècle, & vifiblement inférées après coup, dans le texte, par une main étrangère. (M. DE LA MONNOYE).

MAUGIS D'AYGREMONT [1]. *Roman.*

[1] Ce Roman, que le Manufcrit de M. le Préfident Bouhier donne au Roi Adenez, a été depuis, comme prefque tous les autres, mis en en profe, & plufieurs fois imprimé. (M. DE LA MONNOYE).

D'un feul MÉDIATEUR & Avocat entre Dieu & les hommes, notre Seigneur Jefus-Chrift; imprimé à Genève.

Les anciens & renommés Auteurs de la MÉDECINE, & Chirurgie; affavoir Hippocrates, des ulcères, des fiftules, des plaies de la tête; avec les Commentaires de Guy Vide, fur chacun Livre. Le même Hippocrates, des fractures des articles: de l'Officine du Chirurgien; avec le Commentaire de Galien. Galien, des Bandes, Oribafe, des Laqs, des machines & engins: le tout traduit fidèlement du Grec & du Latin, par un Docteur en médecine, & illuftré de figures, par lefquelles la chofe eft au vif repréfentée; avec une Table des matières principales, imprimés à Lyon, in-8°. par Guillaume Roville, 1555.

La MÉDECINE de l'Ame. Cenfurée.

MELIADUS de Léonois [1]. Roman.

[1] On voit au premier Prologue que ç'a été Maître Rufticien de Pife, qui, par ordre d'Edouard IV, Roi d'Angleterre, mit de Latin en François ce Roman, depuis remis en François moins ancien, dans les Editions Gothiques qui en ont paru, in-fol. & in-4°. — Voy. La Croix du Maine, au mot Girardins d'Amiens, Tom. I, p. 292, & Du Verdier, Tom. IV, p.55. (M. de la Monnoye).

MELUSINE [1]. Roman.

[1] La plus ancienne Édition du Roman de *Mélufine* eft in-fol. à Lyon, en lettre Gothique, chez Mathieu Hufz, qui imprimoit dès 1480. L'Auteur du Roman y eft nommé Jean d'Arras. — Voy. la Croix du Maine, à ce mot, Tom. I, pag. 441. (M. de la Monnoye).

La MER des Hiftoires avec le Martyrologe des Saints, imprimée à Lyon, in-fol. par Claude d'Aouft, alias de Troye, fans date [1].

[1] Cette *Mer des Hiftoires* eft différente de celle qui fut imprimée fous le titre de *Mer & Chronique des Hiftoires de France*, en 4 vol. in-4°. Paris, 1518, & qu'André du Chefne dit être la même chofe que la *Chronique*, vulgairement appelée *de S. Denis*, commencée par Jean Chartier, Moine de cette Abbaye, & continuée par d'autres, depuis Charles VII, jufqu'au décès de Louis XII. Pierre le Rouge, Imprimeur à Paris, en avoit donné la première Edition, en 2 vol. in-fol. 1488. (M. de la Monnoye).

MERLIN l'Enchanteur [1]. Roman : premier & fecond volume [*].

[1] Les trois Parties fe trouvent imprimées en un volume in-4°. à Paris, chez Antoine Vérard, 1498, Gothique. (M. DE LA MONNOYE).

[*] Ce Roman eft de Robert Bourron, fuivant M. du Cange, en l'Indice qui eft au-devant de fon Gloffaire Latin, pag. CXCII.

Les Prophèties [1] de MERLIN [*].

[1] Ces *Prophéties* font comprifes dans le volume précédent. Geoffroi de Monmouth, en Latin *Galfredus Monumetenfis*, vers le milieu du douzième fiècle, les ayant traduites, Alain de l'Ifle en donna quelques années après, en fept Livres, une ample explication, imprimée l'an 1608, in-8°. à Francfort. Merlin, tout Magicien, & tout fils du Diable qu'on l'a cru, a nonfeulement paffé pour Prophète, il a de plus trouvé un bon Carme, qui l'a, de fa grace, mis au rang des Saints. C'eft le fameux Mantuan, à la fin du premier Livre de fon *Tolentinum*, titre du Poëme, qu'en trois Livres, il a fait à l'honneur de S. Nicolas de Tolentin. Le paffage eft d'autant plus curieux, que l'Ouvrage ayant été imprimé féparément, in-4°. l'an 1509, à Milan, n'eft pas dans le corps des autres Œuvres de l'Auteur :

> .   . *Vitæ venerabilis olim*
> *Vir fuit, & vates venturi præfcius ævi*
> *Mirlinius, Laris infando de femine cretus.*
> *Hic fatus infami coïtu, pictate refulfit*
> *Eximiâ, Superûm factus poft funera confors.* (M. DE LA MONNOYE).

[*] C'eft Ambroife Merlin, Ecrivain Anglois du cinquième fiècle, dont on raconte des chofes furprenantes, comme d'avoir, par la force de fes enchantemens, tranfporté d'Irlande, en Angleterre, les grands rochers que l'on voit auprès de Salisburi. Sa prétendue origine eft bien décrite dans les vers du Mantuan. Les *Prophéties* de Merlin ont été traduites du François en Italien par Zorzi, & imprimées à Venife, en 1516, in-4°. Cette Edition eft fort rare ; en voici le titre : *La Vita di Merlino e le fue Profetie. Tratta è quefta opera del libro autentico del magnifico Meffer Pietro Delfino, fu del magnifico Meffer Zorzi tranflato da lingua Francefe in lingua Italica, fcritto nel ann. del fignor 1379*..... *Stampata in Venetia del 1516, à di XX Zenaro.*

Le Livre MERVEILLEUX, contenant plufieurs Prophèties, &c. [*]

[*] C'eft le *Liber Mirabilis*, dont il a été parlé dans La Croix du Maine, au mot MARTIN GUÉRIN, Tom. II, pag. 103.

Les MERVEILLES du monde, imprimées à Lyon, in-8°. par Olivier Arnoullet, 1534.

Déclaration de la MESSE, la forme d'icelle, la caufe & le moyen pourquoi & comment on la doit maintenir. *Cenfuré.*

La MÉTAMORPHOSE d'Ovide, illuftrée de cent foixante-dix-huit figures ou tableaux, & d'autant de huitains François, au deffous d'icelles; imprimée à Lyon, *in-8°.* par Jean de Tournes.

MILLES ET AMIS, Hiftoire ou Roman *.

* Ce Roman a été imprimé à Paris, chez Antoine Vérard, petit *in-fol.* Gothique, avec des vignettes, fans marque d'année. — Voyez la note fur le mot JOURDAN DE BLAVES, Tom. IV, pag. 565, à la fin de la lettre I.

Les MIRACLES de notre Dame, imprimés à Lyon, *in-4°.* par Olivier Arnoullet & depuis par François Arnoullet, 1583.

Le MIROIR d'Or de l'Ame pécherefle, &c. imprimé à Paris, *in-8°.* fans nom & date *.

* Petit Ouvrage de Marguerite de Valois, fœur de François I. Il en a été parlé ci-deffus, pag. 17, & dans les notes fur le mot MARGUERITE DE VALOIS, dans La Croix du Maine, Tom. II, pag. 84 & fuiv.

Le MIROIR des Courtifans.

Le MIROIR des Écoliers & auffi de toute la Jeuneffe par Quatrains; imprimé à Paris, *in8°.* par Léon Cavellat, 1578.

L'ardent MIROIR de Grace, compofé en rime, par le Riche en pauvreté; imprimé à Paris, *in-8°.* par Gilles Couteau.

Le MIROIR du monde, réduit premièrement en rime Brabançonne, par P. Heins, & tourné en profe Françoife, auquel fe repréfente au vif, tant par figures que caraèteres, la vraie fituation, nature & propriété de la terre univerfelle; imprimé en Anvers, *in-4°.* par Chriftophle Plantin, 1579.

Le MIROIR de Pénitence, très-dévot & falutaire, très-utile & profitable à toutes perfonnes, & fpécialement à gens de Religion, defirant de leurs mœurs faire converfion, & tendre à perfection ; fait & compofé nouvellement , en l'an 1512 , par celui, qui, autrefois, a compilé en François, le Livre de la femme forte , & le Dialogue de confolation entre l'ame & la raifon : & eft Religieux de la réformation de l'Ordre de Fontevrault, lequel a cueilli ledit Miroir, des Fleurs & fentences des faints Docteurs , pour dévotes Religieufes Sanctimoniales de la Magdalaine les Aurelians , inclufes & réformées dudit Ordre ; imprimé à Paris , *in-8°.* par Simon Voftre.

Le MIROIR de l'humaine Rédemption , contenant plufieurs belles matières de l'ancien Teftament , comme chofes myftiques, figures & prophèties conformes & appropriées aux faints & facrés Myftères des vertueux faits de Jefus-Chrift , quant à notre Rédemption ; imprimé à Paris , *in-fol.* par Philippes le Noir , 1531.

Le Livre de MODUS & la Roine RATIO , lequel fait mention comment on doit devifer de toutes manières de chaffes ; imprimé à Chambery , *in-fol.* par Antoine Neyret , 1486 * ; depuis corrigé , mis en meilleur langage & réimprimé *in-8°.* par Vincent Sertenas , 1560 , fous le titre fuivant : Le Roi MODUS du déduit de la chaffe , venerie & faulconnerie ; auquel Livre l'Auteur ne s'étant voulu nommer , s'eft contenté de feindre un Roi nommé Modus , qui inftruit fes apprentifs , en l'art de la chaffe des bêtes & oifeaux ; imprimé à Paris , *in-4°.* 1503 , & depuis corrigé au langage , & réimprimé *in-8°.* par Vincent Sertenas , 1560.

* L'Edition du *Livre de MODUS & la Royne RATIO* , de 1486 , eft extrèmement rare. Il y en a une Edition de Paris, de 1526 , *in-4°.* Gothique, avec quelque différence dans le titre. C'eft le même Ouvrage que cite Du Verdier , fous le titre du *Roy Modus* , imprimé en 1503 & 1560. Le Livre entier eft divifé en cinq Parties, qui traitent de diverfes efpèces de chaffe. Ce font des Dialogues où le Roi *Modus* explique à fes difciples l'Art de la Vénerie. La Roine *Ratio* débite , en quelques endroits , des Moralités Allégoriques , exprimées fouvent d'une manière peu décente. L'Edition de 1526 eft ornée de figures en bois , dont plufieurs font affez bifarres. Il y en a une au commencement, qui repréfente un homme affis & lifant, ayant fur fes épaules

une femme nue , les cuiſſes écartées. C'eſt ſans doute le Roi *Modus* & la *Roine Ratio*, dont l'attitude n'eſt pas plus décente dans la gravure , que ſon langage , dans l'Ouvrage même.

> *Le nouveau MONDE* [1] *avec l'eſtrif*
> *Du pourveu & de l'électif,*
> *De l'ordinaire & du nommé ;*
> *C'eſt un livre bien renommé,*
> *Enſuivant la forme authentique,*
> *Ordonné par la Pragmatique , &c.*

Ledit Livre *, dont le titre eſt en rime & tel que deſſus , eſt fait par perſonnages , qui ſont Bénéfice grand , Bénéfice petit , Pragmatique , Election , Nomination , l'Ambitieux , Legat , Quelcun , Vouloir extraordinaire , Pere ſaint , Proviſion Apoſ-tolique , Collation ordinaire , Univerſité , le Hérault , Omnes , Sot diſſolu , Abus , Sot trompeur , Sotte folle , Sot glorieux , Sot ignorant , Sot corrompu ; imprimé à Paris , *in-*4°. par Guillaume Euſtace , ſans date.

[1] L'Edition *in-*8°. que j'ai vue , porte que la pièce fut jouée , en 1508 , le 11 Juin , à Paris , Place S. Etienne , ſous la tente de l'Univerſité. Voy. le *Nouveau Menagiana*, pag. 100 du Tom. I. (M. DE LA MONNOYE).

* De tous les Ecrits qui ont été faits ſous le règne de Louis XI , contre l'abrogation de la Pragmatique-Sanction , celui-ci eſt le plus vif. Mais le Dia-logue en eſt ſans ordre & ſans liaiſon ; on y déclame plutôt qu'on n'y rai-ſonne , & le Pape , qui eſt un des Interlocuteurs , ne s'exprime jamais qu'en mauvais Italien. Le langage François en eſt très-peu intelligible ; il a été imprimé à la fin du quinzième ſiècle , ou dans le commencement du ſei-zième , & il y a apparence qu'il ne fut repréſenté , en public , que ſous le règne de Louis XII. Voy. la Biblioth. Franç. de M. l'Abbé Goujet , Tom. IX , pag. 419 , & l'Hiſt. du Théât. Franç. Tom. III.

MONOLOGUE de Meſſire Jean Tantoſt , qui récite une diſpute qu'il a eue contre une Dame Lyonnoiſe ; imprimé 1562. *Calvinique.*

MONOLOGUE de Providence divine , parlant à la France. *Rime.* imprimé à Reims , 1561. *Calvinique.*

MORALITÉS de diverſes ſortes , imprimées à Paris & à Lyon , par pluſieurs.

Hiſtoire, ou plutôt Roman de MORGANT le Géant, lequel, avec ſes freres, pourſuivoit ſouvent les Chrétiens ; mais finablement furent deux de ſes freres occis par le Comte Roland, & le tiers fut Chrétien, qui aida depuis à augmenter moult la ſainte Foi Catholique ; imprimée à Paris & à Lyon, *in-*4°. par Jean Lambany*.

*Voy. ſur le *Morgante* du *Pulci* une ample Remarque à l'Article 1241ᵉ de Baillet, pag. 217 du Tom. LIᵉ.

Le MOYEN de parvenir à la connoiſſance de Dieu, & conſéquemment à ſalut. *Cenſuré.*

La MUSE Chrétienne, ou Recueil des Poëſies Chrétiennes, tirées des principaux Poëtes François ; imprimée à Paris, *in-*12. par Gervais Malot, 1582.

La MUSIQUE pratique, &c. imprimée à Lyon, *in-fol.* par Jaques Moderne.

Le Livre de la MUTATION de fortune, écrit en vieil langage. *Roman.*

Le MYSTERE de la Conception & Nativité de la glorieuſe Vierge Marie ; avecque le mariage d'icelle : la Nativité, Paſſion, Réſurrection & Aſcenſion de notre Seigneur Jeſus-Chriſt ; joué à Paris, l'an de grace 1507 ; imprimé *in-fol.* par Geofroy de Marnef, 1508.

Le MYSTERE ¹ de la vengeance de la mort de notre Seigneur Jeſus-Chriſt, & deſtruction de Jeruſalem, faite par l'Empereur Veſpaſien & Titus, ſon fils : le tout par perſonnages* ; imprimé à Paris, *in-fol.* par Jean Petit.

¹ C'eſt une Tragédie du goût de celle de *la Paſſion*, dont elle eſt comme une ſuite ; auſſi eſt-ce de-là qu'après la journée de Marignan, François I, écrivant à Louiſe de Savoye, ſa mère, touchant la victoire qu'il venoit de remporter ſur les Suiſſes, prit occaſion de mettre, dit-on, dans ſa lettre, ces paroles, ou d'autres à-peu-près ſemblables : *Ils ont éprouvé,* parlant des Suiſſes, *que s'ils jouèrent bien la Paſſion il y a deux ans, nous avons cette année-ci bien ſu jouer la vengeance,* donnant à entendre par-là que ſi, en 1513, les Suiſſes, à Novare, avoient battu les François, ceux ci, en 1515,

avoient bien eu leur revanche à Marignan. *La Vendetta di Chrifto*, dont fait mention le Salviati, dans fes *Avvertimenti*, & que les Académiciens de la Crufca citent dans leur Dictionnaire, eft un Ouvrage plus ancien, fait en profe, vers le milieu du quatorzième fiècle. Il y a de plus un Poëme beaucoup plus ancien, intitulé *la Vengeance d'Alexandre*, Ouvrage mentionné, Tom. IV, p. 479, au mot JEAN LI NIVELOIS. (M. DE LA MONNOYE).

*Le *Myftère de la Vengeance* étoit en quatre journées. Il fut joué à Metz, l'an 1437, le 17 Septembre, felon la *Chronique de Metz*, « au propre Parc » où la Paffion avoit été faite. Et fut fait très-jentiment la Cité de Jerufalem » & le Port de Jaffé dedans ledit Parc, & fut Jean Mathieu le Plaidous » *Vefpafien*, & le Curé de S. Victour, qui avoit été Dieu de la Paffion, *Titus* ». Ce Myftère a été imprimé en 1491, *in-fol.* avec une Epître Dédicatoire à Charles VIII. Il fut réimprimé en 1530, *in-4°.* & dédié à François I. (Voy. *Hift. du Théâtre François*, Tom. II, pag. 352, note A.

Le MYSTERE du vieil Teftament par perfonnages, joué à Paris & imprimé là même, par Jean Petit.

MYSTERE; là où France fe repréfente, en forme d'un perfonnage, au Roi Charles VII, pour le glorifier ès graces que Dieu a faites pour lui, & qu'il a reçues à fa caufe, durant fon règne; & parlent enfemble en forme de Dialogue : puis fes Barons parlent l'un après l'autre, chacun en deux couplets; à favoir, le fieur de Barbaran, le fieur d'Eftouteville, le Maréchal de Bouffac, le fieur de Gaucourt, Poton de Xaintrailles, la Hire, Amadoc de Vignoles, Jean de Brefzé, l'Amiral de Coëtivi, Meffire Robert de Floques, le Comte d'Aumale, le Comte de Bokan, le Comte Douglas, le fieur de Gamaches, le Baron de Coulonges, Artus de Bretagne, Connétable de France, le fieur d'Orval, le Comte du Maine, Meffire Pierre de Brefzé, le Comte de Dunois, le Comte de Foix, le fieur du Buevil, le fieur de Loehac, Joachim Roault. Écrit en main.

Il ne feroit jamais fait, fi je voulois inférer ici tous les écrits qui ont été publiés fous le titre MYSTERES, tant le nombre en eft grand. C'étoient des Hiftoires & Jeux qu'on fouloit repréfenter & réciter publiquement fur échafaut, parquoi ces trois ou quatre, que j'ai mis ci-devant, fuffiront.

NICANDER

N I C.

NICANDER*. Les Œuvres de Nicandre, Médecin &
Poëte Grec; affavoir les Thériaques & les Alexipharmaques,
auxquels deux Livres eft difcouru des Bêtes venimeufes, thériaques, poifons & contrepoifons, traduites en vers François, par
Jaques Grevin; imprimées en Anvers, in-8°. par Chriftophle
Plantin, 1567. Le même Auteur compofa plufieurs autres Livres,
mêmement les Géorgiques ou l'Agriculture, dont fait mention
Ciceron, en fon Livre de l'Orateur. Les Eteriomenes ¹, les
Extraits de médecine; les Prognoftiques d'Hippocrates, lefquels
il mit en vers Héroïques. Trois Livres de tous Oracles, &
encore maints autres, qui ne font parvenus jufques à nous, & ont
été perdus.

* Nicandre, Grammairien, Poëte & Médecin Grec, natif de Claros,
demeura long-temps en Etolie, où il fe fit une réputation brillante par fes
Ecrits. Il vécut, environ cent quarante ans, avant l'Ère Chrétienne. Cicéron
dit à fon fujet (de Oratore) Nicander, homo ab agro remotiffimus : de Agri-
culturâ tamen fcripfit, tanta vis eft eloquentiæ. Ce que l'on connoît de fes
Ouvrages eft rapporté affez exactement dans cet Article. Il n'en refte plus que
fes deux Poëmes, intitulés Theriaca & Alexipharmaca.

¹ Le mot Eterioménes, ou plutôt Heteroiouménes, doit être rendu ici par
Métamorphofés, Ἐτεροιούμενοι, & non pas fréquentant les Courtifanes, Ἑταιρούμενοι,
comme on lifoit autrefois. (M. DE LA MONNOYE).

NICEPHORE ¹ Callifte. Hiftoire Eccléfiaftique, &c. Voy.
JEAN GILLOT.

¹ Il vivoit encore en 1350. Son Hiftoire contient, en 18 Livres, les chofes
arrivées dans l'Eglife, depuis la naiffance de Jefus-Chrift, jufqu'à la mort de
Phocas, en 610. Il a, au commencement de fon Ouvrage, donné le Sommaire de ces dix-huit Livres, avec beaucoup de netteté. Les Sommaires ajoutés
des cinq autres Livres, dont le dernier auroit fini à Léon le Philofophe,
mort en 911, paroiffent là hors d'œuvre, & ont tout l'air d'une addition
étrangère, l'Auteur ayant d'abord déclaré qu'il divifoit fon Hiftoire en dix-huit
Livres, & non pas en vingt-trois. (M. DE LA MONNOYE).

NICOLAS BACQUENOIS a traduit du Latin de Jean Fere, Docteur en Théologie , Précations & forme de prier Dieu ; imprimées à Reims , *in–16.* par ledit Bacquenois, 1 5 5 1*.

   * Voy. LA CROIX DU MAINE, & les notes, au mot NICOLE BACQUENOIS, Tom. II , pag. 187.

   NICOLAS BARRÉ a écrit quelques Difcours fur la Navigation du Chevalier de Villegaignon, vers l'Amérique ; imprimés à Paris, *in-8°.* par Martin le Jeune, 1 5 5 8.

   * Voy. LA CROIX DU MAINE, au même Article, Tom. II , pag. 145.

   NICOLAS DE BAUFREMONT , Seigneur & Baron de Senefcey, grand Prevôt de France, a traduit du Latin de faint Salvian , Evêque de Marfeille, en François , du vrai Jugement & Providence divine , à faint Salonie , Evêque de Vienne, Livres huit ; imprimé à Lyon , *in-8°.* par Guillaume Roville , 1575 *.

   * Voy. au mot CLAUDE DE BAUFFREMONT, Tom. III , pag. 325.

   NICOLAS BERGERON , Avocat au Parlement de Paris , a fait une Table Chronologique imprimée en une feuille & placart, à Paris , chez Guillaume Auvray , 1580. J'en ai vu une autre prefque femblable , intitulée Sommaire des Temps , imprimée long-temps auparavant, à Lyon, par Jean de Tournes. Le Valois Royal , qui eft un extrait de l'Hiftoire Valéfienne , touchant l'illuftration du pays & de la royale maifon de Valois ; imprimé à Paris, par Gilles Beys, 1583. Le Procès verbal de l'exécution teftamentaire de feu Pierre Ramus , touchant la lecture & profeffion des Mathématiques, inftituée par lui ; imprimé par Jean Richer, 1576. Arrêts notables , ajoutés à ceux qui ont été recueillis par Jean Papon ; imprimés par Rob. le Maigner , *in-8°.* Le Valois Royal , extrait des Mémoires de maître Nicolas Bergeron ; imprimé à Paris , *in-8°.* par Gilles Beys , 1583.

   * Voy. LA CROIX DU MAINE , & les notes, au mot NICOLAS BERGERON, Tom. II , pag. 146 & fuiv.

NICOLAS BOUCHERAT *. Remontrance faite au Roi le 18 Juin 1578, en la ville de Rouen, par Frere Nicolas Boucherat, Abbé de Citeaux, pour & au nom des États de Bourgogne; enfemble la Réponfe de Sa Majefté; imprimée audit an.

* Il étoit de Pont-fur-feine, en Champagne. Il étoit né en 1515, puifque, felon fon Epitaphe, il mourut à foixante-onze ans, le 21 Mars 1586. Il avoit été élu Abbé de Cîteaux, le 13 Décembre 1571. Il fut Procureur-Général de fon Ordre. Il affifta au Concile de Trente, & fut chargé de négociations importantes, foit pour fon Ordre, auprès des Papes Pie V & Gregoire XIII; foit pour la Province de Bourgogne, auprès des Rois Charles IX & Henri III. Il fe trouva aux Etats de Blois, en 1577; & l'année fuivante il prononça devant Henri III, à Rouen, un Difcours, au nom du Clergé de Bourgogne, dans lequel il expofe les malheurs de cette Province. C'eft de ce Difcours dont parle ici du Verdier. Boucherat obtint du Roi cette même année, *pour lui & fes fucceffeurs Abbés de Cîteaux*, le titre de *Premier Confeiller né du Parlement de Bourgogne*. Il s'étoit démis de fon Abbaye deux ans avant fa mort. Il eut un neveu, qui fe nommoit auffi *Nicolas*, & qui fut auffi Abbé de Cîteaux, depuis l'an 1604 jufqu'en 1625.

NICOLAS DE BRIS *, Docteur en Théologie, a écrit Inftitution à porter les adverfités du monde patiemment, avec paix d'efprit, joie & liberté intérieure; imprimée à Paris, *in-4º.* par Jean Loys, 1542. Bref éguillon à aimer l'état de Religion Chrétienne. Utilité d'icelle déduite de fa fource; avec déclaration de l'Evangile, *Si quis vult poft me venire, &c.* imprimé à Paris, *in-8º.* par Vivant Gaultherot, 1544.

* Il fut un des quatre Théologiens que Charles IX envoya au Concile de Trente. On trouvera fon éloge dans l'*Hiftoire du Collége de Navarre*, par Launoy, pag. 702.

Au Livre de l'Inftitution à porter les adverfités, il dit, après Saint Auguftin.

[Comme, en l'aire des champs, la paille eft froiffée, & le grain féparé de la paille; ainfi Tribulation, laquelle prend fon nom de l'inftrument à piler, & à efcouer le bled, appelé*Tribula*, fépare les bons Fidèles des autres, & diftingue les bons Chrétiens des mauvais. Par la fimilitude duquel inftrument, l'âpre, pefante & poignante adverfité mondaine eft appelée tribulation, par laquelle le bon Chrétien non-feulement eft foulé, ou opprimé, mais auffi purgé & féparé de la paille, vilité & ordure mondaine, comme le grain du feurre, ou paille; mais le chétif eft pilé, froiffé, broyé feulement comme le feurre,

ou paille. O Seigneur Dieu, fais qu'en cette batterie, foulerie, ou fecoue-
ment mondain, nous foyons froment, & que de nous battus, foulés,
exercés & peftris, foit dit ce que difoit S. Ignace, Martyr: Je fuis le froment
de Dieu, je fuis moulu & peftri, afin que je fois fait à Dieu pain pur, &c.]

NICOLAS ou LAONIC CHALCONDILE [1]. L'Hiftoire de
la Décadence * de l'Empire Grec, & établiffement de celui des
Turcs, comprife en dix Livres, par Nicolas Chalcondile,
Athénien; de la Traduction de Blaife Vigenere; imprimée à
Paris, *in-4°.* par Nicolas Chefneau, 1577. Cet Auteur étoit
Athénien, lequel travailloit à cette Hiftoire environ l'an 1462.
Ayant été nourri, par fon père (homme des plus nobles &
anciennes maifons de toute la contrée d'Attique, d'affaires &
d'autorité) aux bonnes Lettres, felon la portée de ce fiécle là,
qui n'y fut pas gueres heureux: & commence fon Hiftoire, où
Gregoras, qui a continué celle de Choniates, acheve la fienne,
à favoir au jeune Andronic Paléologue, fous lequel les Turcs
eurent premièrement quelque nom, vers l'an mille trois cens.
Depuis lequel temps les affaires des Grecs s'en allèrent toujours
de mal en pis à vau de route, jufques à leur finale ruine par
Mechmet, fils d'Amurath, qui prit Conftantinople & Trebizonde,
& acheva de dompter le Péloponnefe, la dernière pièce qu'em-
piétèrent les Turcs en la Grèce, l'origine defquels, enfemble
leurs premiers avancemens & progrès fort ténebreux & incertains de foi, cet Auteur-ci a mieux éclairci que nul autre, ayant
au furplus compris en fon Œuvre, le temps & efpace de quelques
cent foixante ans, qui viennent à fe terminer fur le mi-règne
d'icelui Mechmet, ne touchant toutefois les affaires des uns & des
autres, que du bout du doigt, fommairement & en paffant pays.

[1] Quoique, par inverfion, *Nicolas* foit le même nom que *Laonic*, on ne
doit pourtant pas plus dire *Nicolas Chalcondyle*, qu'on diroit le *Père Phi-
lothée Raynaud*, au lieu du *Père Théophile Raynaud*. Chalcondyle a conduit
fon Hiftoire jufqu'à 1463, dix ans après la prife de Conftantinople. Voffius,
fans autorité, l'a fuppofé encore en vie l'an 1490, & au-delà. Le nom entier
eft *Chalcocondyle*, Χαλκοκονδύλης, par contraction *Chalcondyle*. (M. DE LA
MONNOYE).

* Son *Hiftoire des Turcs* eft divifée en dix Livres, depuis Othoman, qui

régna vers 1300, jusqu'à Mahomet II, en 1463. La Traduction Latine de cette Histoire, fut imprimée plus de cinquante ans avant l'Original Grec; car on la publia, pour la première fois, traduite en Latin par Clauser, à Basle, en 1556, *in-fol.* & le Grec ne parut qu'en 1615, *in-fol.* d'après trois Manuscrits de la Bibliothèque Palatine, conjointement avec Nicephore Gregoras & Georges le Logothete, par les soins de Baltazar Baumbach, Professeur des langues Grecque & Hébraïque, à Heidelberg, avec la version de Clauser. La même version fut conservée, dans l'Edition de 1650, au Louvre, où ce Livre fut imprimé, comme faisant partie des Auteurs de l'*Histoire Bizantine*. Le texte Grec fut corrigé sur des Manuscrits, que ni le Traducteur Latin, ni le premier Editeur du texte original n'avoit connus; mais on ne toucha point à celle de Clauser. La Traduction Françoise, par Vigenère, a été réimprimée bien des fois.

NICOLAS CALLET, Avocat de Gueret, en la Marche, a écrit Commentaires sur les Loix municipales, ou coutumes du Pays & Comté de la Marche; imprimés à Paris, *in-4°.* par Pierre l'Huillier, 1573.

NICOLAS CHAPERON, Prêtre, a traduit d'Italien en François, cinq Opuscules très-salutaires. Le premier, que celui qui sert Dieu est le plus sage du monde. Le second, de la Dignité & excellence du Chrétien. Le troisiéme, que c'est de Jesus-Christ, & pourquoi il est venu au monde. Le quatrième, du Mariage spirituel, entre Jesus-Christ & l'Ame Chrétienne. Le cinquiéme, que l'homme n'a point de plus grand ennemi que soi-même; imprimés à Reims, *in-8°.* par Nicolas Bacquenois, 1558.

NICOLAS CHESNEAU, Rhetelois, Doyen & Chanoine de saint Symphorien, à Reims, a écrit le Manuel de la recherche ou antiquité de la Foi & Doctrine Catholique, recueillie de la bouche commune & conforme du peuple Chrétien; contient seize chapitres, & est imprimé à Reims, *in-8°.* par Jean de Foigny, 1578. La forme & manière de bien prier Dieu: qui est l'œuvre principale du bon Chrétien; écrite premièrement en Latin, par saint Augustin, en son Epître 101. à Probe, veuve, & traduite en Francois par Nicolas Chesneau; imprimée à Reims, *in-8°.* par Jean de Foigny, 1574. Catéchisme ou briève Instruction à Piété Chrétienne, selon la Doctrine Catholique, contenant l'expofition du *Credo*, du *Pater*, de l'*Ave Maria*, des dix Commandemens, des fept Sacremens; faite Françoife du Latin de R. Pere Michel, Evêque de Merfburg; imprimé à Paris, *in*-8°. par Claude Fremy, 1563. Paraclefes ou Confolations des efprits affligés, Livres 3, traduits du Latin d'Antoine Emert; imprimés à Paris, *in*-16. par Claude Fremy, 1568. Avis & Remontrance du Révérendiffime Cardinal Hofius, Evêque de Varme, en Pologne, touchant la cenfure que les Miniftres de Zurich & Hildeberg, ont donnée fur la doctrine n'agueres femée en Pologne contre la Trinité: où eft montré qu'une Héréfie attire l'autre, & que la fin de toutes n'eft qu'un pur Athéifme; imprimé à Reims, *in*-8°. par Jean de Foigny, 1573. Expofition & familière Réfolution des points & principaux paffages, tant du vieil que du nouveau Teftament, defquels les Hérétiques modernes abufent contre la Foi Catholique & l'Evangile; traduite des écrits Latins de René Benoift, en François, par ledit Chefneau; imprimée à Paris, *in*-8°· Cinq Livres de la Meffe Evangélique, & de la Vérité du corps & fang de notre Seigneur Jefus-Chrift au faint Sacrement de l'Euchariftie; traduits du Latin de Laurens Surius, Chartreux; imprimés à Paris, *in*-8°. par Claude Fremy, 1562: lefdits cinq Livres avoient été premièrement écrits en Allemand, par un nommé Fabri d'Hailbrun, & mis en Latin par ledit Surius. Hiftoire de l'Eglife Métropolitaine de Reims, Auteur Floard, &c. imprimée à Paris, *in*-4°. par Nicolas Chefneau, Libraire, 1581.

*Voy. LA CROIX DU MAINE, au mot NICOLAS CHESNEAU, Tom. II, p. 150.

NICOLAS LE CLERC, Théologien, a traduit du Latin de faint Hypolite, Evêque & Martyr, vrai Difcours du règne de l'Antechrift, de la confommation du monde, des misères & calamités qui adviendront aux derniers temps: & du fecond avenement de notre Seigneur Jefus-Chrift; imprimé à Paris, *in*-8°. par Robert Coulombel, 1579 *.

*Voy. LA CROIX DU MAINE, & les notes, au même Article, Tom. II, pag. 150.

NICOLAS DE COQUILLER, Evêque de Verieuſe [1], a fait un Recueil de pluſieurs Chants Royaux & Ballades, & Jeux préſentés à Madame Anne de Graville [*] : le premier Chant Royal commence ainſi :

> *Chant Royal d'un déſert ſacré ,*
> *Que Dieu pour luy a conſacré ,*
> *Et préſervé du vice immonde ,*
> *Qui règne au déſert de ce monde.*
>
> *Baptiſte Sainct de Dieu , héraut diſert ,*
> *Ta forte voix peut par-tout annoncer*
> *Que le haut Verbe , en un ſacré déſert ,*
> *Se fait humain , ſans aux Cieux renoncer ,*
> *Pour paix & grace en terre prononcer ,*
> *Eȝ gens qui ſont de bonté volontaire ;*
> *Car le fort vent de ce lieu ſolitaire*
> *Vient évertir la dure manſion*
> *D'âpre diſcord & de fureur bellique ,*
> *Pour exalter au ſaint mont de Syon*
> *Le ſainct déſert , plein de Manne Angélique.*

Non imprimés.

[1] Cet Evêché de *Vérieuſe* eſt inconnu. Je crois qu'il faut lire *Véneuſe ,* en Latin *Venuſia ,* en Italien *Venoſa ,* Ville Epiſcopale du Royaume de Naples, en la Baſilicate. Charles VIII s'étant rendu maître de ce Royaume , en 1495, put aiſément accorder cet Evêché à l'Amiral de Graville , qui le lui demanda pour Nicolas Coquiller, apparemment ſon Aumônier. (M. DE LA MONNOYE).

[*] Anne de Graville , à laquelle il dédia ſon Livre , étoit probablement la fille de l'Amiral de Graville , qui fut mariée à Pierre de Balſac , Seigneur d'Entragues. Elle cultivoit les Lettres , & mit en vers , par ordre de la Reine Claude , femme de François I, les *Amours d'Arcite & de Palémon ;* Roman écrit en proſe & en vieux langage , tiré de la *Théſeïde de Boccaçe.* L'Ouvrage d'Anne de Graville eſt à la Bibliothèque du Roi , & n'a point été imprimé.

NICOLAS DE CUSA. La Conjecture [1] des derniers temps [*], &c. Voyez FRANÇOIS BOHYER.

[1] Ce Traité , que le Cardinal de Cuſa écrivit en 1452 , eſt une rêverie , dont Rabelais , Chap. 14 du Liv. II , & Bayle , Chap. 117 du Tom. I de ſa *Réponſe aux queſtions d'un Provincial ,* ont eu raiſon de ſe moquer. (M. DE LA MONNOYE).

[*] On eſt étonné qu'un auſſi bon eſprit, ſe ſoit laiſſé aller à des imaginations

auſſi chimériques. Où avoit-il pris que la défaite de l'Antechriſt devoit arriver dans le dix-huitième ſiècle , & que la gloire de l'Egliſe ſeroit dans toute ſa ſplendeur, avant 1734 ? Ce Cardinal naquit en 1401 , à Cuſa, Village du Dioceſe de Trèves , ſur la Moſelle, dont il conſerva le nom. Il étoit fils d'un pauvre Batelier ; & ce fut un Seigneur voiſin, qui , lui ayant trouvé des diſpoſitions pour les ſciences , l'envoya étudier à Deventer. Il fit des progrès étonnans, fut reçu Docteur en Droit Canon à Padoue , à l'âge de vingt-deux ans , entra peu après chez les Chanoines Réguliers de Tartemberg , devint Curé de S. Florentin , à Coblentz , enſuite Archidiacre de Liége ; il aſſiſta, en cette qualité , au Concile de Bâle ; le Pape Eugène IV l'envoya Légat à Conſtantinople , en Allemagne & en France. Nicolas V le fit Cardinal, en 1448 , & lui donna l'Evêché de Brixen , dans le Tirol , après diverſes légations. Il mourut en 1454, âgé de cinquante-trois ans. Le P. Gaſpard Hartzeim, Jéſuite , a écrit la vie de ce Cardinal, en Latin , imprimée à Trèves , en 1730. Ses Ouvrages ont été imprimés à Bâle , 1565 , en 3 vol. *in-fol.* On y trouve beaucoup d'érudition , mais trop de ſubtilités Métaphyſiques. Le plus important eſt celui qui a pour titre *La Concordance Catholique*, où il prouve la ſupériorité des Conciles ſur les Papes.

NICOLAS DAVY, Abbé de ſaint Crépin-le-grand de Soiſſons, & grand Archidiacre de ladite Egliſe , a traduit du Latin de Révérend Pere-Frere Loys de Grenade , l'Arbre de Vie , ou Traité de l'Amour divin, imprimé à Paris, *in-16.* par Guillaume Chaudiere, 1575. Plus, de l'Eſpagnol du Révérend & très-digne Prélat Dom Antoine de Guevare , Evêque de Mondognet , l'Oratoire des Religieux , & l'exercice des vertueux , imprimé à Paris, *in-8°.* par Guillaume Chaudiere, 1578. Le Pſalterion de l'Ame dévote , au doux ſon duquel elle peut exercer & maintenir ſes penſées en contemplations profondes & divines , traduit d'Italien par Nicolas Davy ; contient vingt-cinq chapitres , & eſt imprimé avec le Tréſor de Dévotion , à Paris , *in-16.* par Guillaume Chaudiere, 1578. Diſcours de la différence des Eſprits , recueilli des Œuvres de R. Pere Dom Seraphin de Fermo, Chanoine Régulier & Prédicateur; traduit d'Italien , par ledit Davy, imprimé à Reims, *in-8°.* par Jean de Foigny, 1581. Il avoit premièrement écrit Traité de la manière de ſemer & faire pépinières de ſauvageaux , enter toutes ſortes d'arbres & faire vergers ; imprimé à Paris, *in-8°.* par Charles l'Angelier, 1560.

NICOLAS

NICOLAS DENISOT, du Mans, excellent Peintre & Poëte , autrement dit , par un beau & gaillard Anagrammatifme, CONTE D'ALSINOIS , a élégamment écrit Cantiques du premier avénement de Jefus - Chrift , (en nombre treize) imprimés à Paris, *in-*8°. par la Veuve Maurice de la Porte, 1553. Il a mis auffi en cent Quatrains François , les cent Diftiques Latins des trois fœurs Anne , Marguerite , Jeanne de Seymour , illuftres & favantes Princeffes Angloifes , fur le trépas de l'incomparable Marguerite Roine de Navarre , fœur du grand Roi François ; imprimés à Paris , *in-*8°. par Michel Fezandat, 1551. Le fieur de Montaigne , en fes Effais , dit que Nicolas Denifot a changé toute la contexture des lettres de fon nom , pour en bâtir le Comté d'Alfinois , qu'il a étrenné de la gloire de fa Poëfie & Peinture. Remy Belleau , l'un des bons Poëtes de la France , admirant & le pinceau & la plume de cet ingénieux Peintre & Poëte , a donné néanmoins plus grande louange à fes vers fpirituels & divins , qu'à fes tableaux (quoique & les uns & les autres fuffent très - que bien faits) par un Sonnet qu'il lui a adreffé, qui dit ,

> *Ce double trait , dont l'un induftrieux*
> *Ravit notre œil , l'autre doux , notre oreille ,*
> *De ta main docte annonce la merveille,*
> *Et de tes vers l'accent laborieux ;*
> *Mais ton efprit , fainctement curieux*
> *A deffeigner la beauté non-pareille*
> *De cette nuit , plus que le jour vermeille ,*
> *Sur ton pinceau refte victorieux.*
> *Car tes tableaux mourront , & la mémoire*
> *Des plus faints doigts emperlera la gloire*
> *De notre temps , à l'antique égalé :*
> *Et ton fujet , plus divin & plus ftable*
> *Que n'eft l'Amour , le créon , ou la table ,*
> *Rompra les coups du vieil faucheur ailé.*

Mais, laiffant & le témoignage de la fuffifance du Comte d'Alfinois & celui que donnent de lui Jodelle , du Bellay , Muret & autres divins efprits , faifons voir de quel haut fon , il a entonné &

pourſuivi ſes Cantiques, & en tranſcrivons ici deux, par leſquels nous ſoyons édifiés, & la louange de Dieu célébrée.

* Voy. *LA CROIX DU MAINE*, & les notes, au mot NICOLAS DENISOT, Tom. II, pag. 151 & ſuiv.

AUX CANTIQUES. Cantique ſeptième.

[Icy je ne baſty pas,
D'une main induſtrieuſe,
A la ligne & au compas,
Une maiſon ſomptueuſe :

Icy je ne veil chanter
L'orgueil de quelque édifice,
Ny l'Ouvrage retenter
D'un ancien frontiſpice.

Autre que moy, mieux appris,
En cette magnificence,
Chante l'honneur & le prix,
Et la ſuperbe excellence

D'un Palais audacieux,
Qui lève ſi haut la tête,
Qu'il la cache dans les Cieux,
Pour voiſiner la tempête.

Et de ſon heureuſe main
Faſſe quelque forme antique,
Ou quelque antique deſſeing
Corinthien, ou Dorique.

Rome a bien eu des ſonneurs,
Qui ont chanté les louanges
Des Princes & grands Seigneurs,
Juſques aux terres eſtranges.

Et, ſi a bien eu cet heur,
D'avoir le marbre & le cuivre,
Pour luy redoubler l'honneur
Qui l'a fait doublement vivre;

Entre les tréſorts ouverts
De cette machine ronde,
N'avez-vous en l'univers
Les ſept miracles du monde ?

La Grèce n'a pas laiſſe
Tomber ſes Cariatides,
Ny l'Egypte rabaiſſé
L'orgueil de ſes Pyramides.

Le ſépulchre Carien
Vit encor' en la mémoire ;
L'Amphithéâtre ancien
Jamais ne taira ſa gloire.

Mille & mille bâtimens,
Mille & mille pilliers ores,
Et mille compartimens
Se voyent pourtraiéts encores.

Tous les Palais ſomptueux,
La mémoire de nos Princes,
Malgré l'âge injurieux,
Se voyent en leurs provinces.

Et pourtant qu'en pauvre lieu,
Notre Dieu ait voulu naître ;
Notre père & notre Dieu,
Notre bon Seigneur & maître,

Faut-il taire ſa grandeur,
Faut-il taire ſa clémence,
Faut-il taire le bonheur,
Le bonheur de ſa naiſſance ?

Faut-il taire l'ornement
D'une loge mi-couverte
A toute l'horreur du vent
Et à la froidure ouverte ?

O ſainéte & ſainéte maiſon !
O maiſon dignement ſainéte !
O bien-heureuſe ſaiſon,
Qui as vu la Vierge enceinte !

Icy je vueil maçonner
De ce bâtiment l'exemple,
Et de mes vers façonner
Le projet de ce beau temple.

Çà la règle & le compas,
Çà le papier & la plume,
Muſe, avant qu'on mette bas
Le feu qui nos cœurs allume,

Venez faire ce projet,
Avant qu'on laisse les armes ;
Laissez là ce vain objet,
Qui ne cause que des larmes.

   C'est l'orgueilleux bâtiment,
Jà jà ruiné par terre,
Qui n'eut jamais fondement
Ni de brique, ni de pierre.

   Quatre fourches en quarré,
L'une sur l'autre penchantes,
Sous un plancher bigarré,
De tous côtés chancelantes,

   Etoient les quatre pilliers
De ce tant heureux repaire,
Où les Anges à milliers
Ont vu la Vierge être mère.

   Sur ces fourches tout en long
Quatre perches à l'antique
Désignoient le double front
D'un double & double portique.

   Tout le plancher de roseaux,
Et de paille ramassée,
De torchis & de tuilleaux,
D'herbe seche entrelacée,

   Etoit tout entièrement
Lambrissé en telle sorte,
Qu'on eût dit facilement
Le tout n'être qu'une porte.

   Les postres & soliveaux
Etoient petites perchettes,
Plus pour nicher les oiseaux,
Que pour servir de logettes.

   L'entour étoit façonné
D'une claye mi-rompue,
Où le vent avoit donné
Tant, qu'il l'avoit corrompue.

   Sur le dessus my-passoit,
L'herbe penchant de froidure,
Qui ses cheveux hérissoit,
Teints encore de verdure.

   Quatre gaulles de travers,
Déjà seches de vieillesse,
Ouvertes de mille vers,
Bout sus bout faisoient l'adresse,

   Pour élever tout autour
Une bien mince closture,
Qui eût remparé l'entour
De cette pauvre ouverture.

   Mais tout étoit découvert :
Le vent, la pluye, & la gresle
Trouvoient toujours l'huis ouvert,
Pour s'y fourrer pesle-melle.

   Le froid, l'humide & le chaud,
L'éclair, l'horreur, le tonnerre :
Bref, ce qui tombe d'enhaut
Sur les sillons de la terre,

   Pouvoient tomber en ce lieu,
En ce lieu sans couverture,
Qui a vu l'enfant de Dieu
Naître d'une créature.

   Mais Dieu, qui demeure ès Cieux,
Et qui gouverne & qui guide
Tous les flambeaux radieux
De la ceinture du vuide,

   Tempéra le firmament
Si bien, qu'il n'y eut Planette,
Etoile, ni Elément,
Qui ne chérît la logette.

   Qui ne croit que le Soleil
Mi-tirant ces traits encore
Dedans son pourpre vermeil
De sa face qu'il redore,

   (Encor qu'il fût rabaissé
De l'hyver qui hérissonne)
N'égalât le chaud passé
Du beau printemps qu'il ordonne ?

   L'humeur, guide de la nuit,
L'ombre, le froid, le silence,
N'étoient lors en plein minuit
En leur première ordonnance.

   Tout caressoit cet enfant,
Le Ciel, la Mer, & la Terre,
Qui de l'Enfer nous défend,
Et à la mort fait la guerre.

   Afin que rien n'offensât
La chair encor tendrelette,
Et le froid ne transperçât
La petite bandelette.

              P ij

Mais, Seigneur, qui eût ofé ;
Qui eût voulu entreprendre
Sur toy qui as difpofé
Ce que toy feul peux comprendre ?
   Voilà le beau corps d'hôtel,
Et la maifon fomptueufe,
Où le grand Dieu immortel
Eft né de la Vierge heureufe.

   Tu te pourrois bien vanter
Eftre la maifon première,
Qui vois la Vierge enfanter
De ce monde la lumière.

   Lumière qui nous conduit,
Lumière qui tout efface,
Lumière qui nous réduit
Au droit fentier de fa grace.

   Voyez donc l'Enfantelet,
Grand Seigneur de tout le monde,

Qui fuce & fuce le lait
D'une pucelle féconde.
   Qui doit un jour de fa croix
Faire une telle ouverture,
Qui, malgré tous les abbois
De l'infernale clofture,
   Brifera tous les efforts
De cette bande orgueilleufe,
Pour nos pères tirer hors
D'une force merveilleufe.

   Voilà donc l'enfant qui doit
Purger notre maléfice,
Qui devant Dieu nous rendoit
Exempts de fon bénéfice.

   Donc, Seigneur, brife l'effort
Du péché qui nous furmonte,
Par ta naiffance & ta mort,
Par ta mort, qui la mort dompte.

CANTIQUE XI.

Voicy la première entrée
Du fils de Dieu tout parfait,
Qui dans la Vierge facrée
Homme, ainfi que nous, s'eft fait,
En chair, en fang & en maffe,
Divine & humaine race,
Divin en humanité,
Humain en divinité,
Impaffible, immortel,
Et paffible & mortel.

   O combien de faints Prophètes,
Remplis de divin fçavoir,
Divins & faints interprètes,
Ont defiré de fçavoir
Et de voir cette naiffance,
Cette divine puiffance,
Ouyr ce que nous oyons,
Et voir ce que nous voyons,
Ces trois en Jefus-Chrift,
Dieu, la chair & l'efprit !

   O ineffable nature !
Avoir été tant épris,
Que même en fa créature
Créateur a forme pris,

Forme & maffe de chair vile,
Un corps humain & fervile,
Servant pour nous affranchir,
Pauvre pour nous enrichir,
Portant en fon tourment
Notre foulagement.

   Efaye en fut l'oracle,
Répondant que le haut Dieu
A fait un nouveau miracle
Du haut Ciel en ce bas lieu :
Velà, dit-il, le vrai figne,
Des fignes le plus infigne,
La Vierge concevera
Un fils, & l'enfantera,
Admirable en fes faits,
Le parfait des parfaits.

   Ores chacun fe peut dire
Affranchi, rien ne tenant
D'Adam de Nature & d'Ire,
Mais de Dieu, car maintenant
Le monde fe renouvelle,
Nous avons race nouvelle,
Dieu vient habiter en nous,
Dieu vient pour nous fauver tous ;

Arrière, antique loy,
Grace est par-deſſus toy.
  En ténèbres & en peines
Nous fûmes tous aveuglés,
Et en mil' vanités vaines
Trop vainement déréglés :
Or Dieu, par ſon fils unique,
Son Salomon pacifique,
Son Oinct, ſon Chriſt bien-aimé,
Le ſecond des trois nommé,
Nous vient enluminer,
Et Satan ruiner.
  L'énorme péché du monde
Eſt mis hors par ce ſaint fruit
De cette Vierge féconde,
Satan même eſt détruit

Avec ſa caute ſequelle,
Malheur ſur lui & ſur elle ;
Je voy qu'il eſt mis dehors,
Je voy que tous ſes efforts,
Et ſa loy de rigueur
N'auront plus de vigueur.
  C'eſt le Sauveur, c'eſt le Maiſtre
De toute l'humaine gent ;
C'eſt Joſué, qui doit étre
Capitaine diligent,
Pour nous remettre en franchiſe
Dedans la terre promiſe ;
C'eſt celuy qui oyt les ſons
De mes petites chanſons,
Que je fais, ſous l'eſpoir
De l'ouyr & le voir]

NICOLAS DURAND, autrement dit LE CHEVALIER
DE VILLEGAIGNON, de Sens, Chevalier de l'Ordre de
ſaint Jean de Jeruſalem, a mis en écrit Réponſe aux Remontrances faites à la Roine mère du Roi, imprimée à Paris, in-4°.
par André Wechel, 1561. Les Propoſitions contentieuſes entre
le Chevalier de Villegaignon & Jean Calvin, contenant la
vérité de la ſainte Euchariſtie, imprimées à Paris, in-4°. par
André Wechel, 1562. Réponſe par le Chevalier de Villegaignon, ſur la Réſolution des Sacremens de Jean Calvin, Miniſtre de Genève, imprimée par ledit Wechel, le même an.
Réponſe aux Libelles & Injures publiées contre lui, au Lecteur
Catholique ; imprimée à Paris, & depuis à Lyon, 1561.
Caroli V. Imperatoris Expeditio in Africam ad Argieram : per
Nicolaum Villagagnonem, Equitem Rhodium, Gallum. Argento-
rati excudit Rihelius, in-8°. anno 1542. De bello Melitenſi &
ejus eventu Francis impoſito, ad Carolum Cæſarem Commenta-
rius ; Pariſiis in-4°. apud Rob. Stephanum, 1553. De cœnæ
controverſiæ Philip. Melanchthon. judicio. in-4°. Pariſiis, apud
Andream Wechelum, 1561. Liber ad Articulos Calvinianos
Venetiis, in-8°. 1565. De conſecratione myſtici Sacramenti, &
duplici Chriſti oblatione adverſùs Vannium, Lutherologiæ Proſeſ-

forem: de judaici pafchatis implemento adversùs Calvinologos: de poculo fanguinis Chrifti & introitu in Sancta Sanctorum adversùs Beʒam; Lutetiæ, 1569. Ses adverſaires de Religion contraire ont écrit des Libelles diffamatoires contre lui, comme la ſuffiſance de maître Colas Durand. Item, Épouſſette de ſes Armoiries & autres *.

* Voy. La Croix du Maine, & les notes, au mot Nicolas Durand, Tom-II, pag. 156 & 157.

NICOLAS EDOARD, Champenois, a traduit du Latin du Chevalier de Villegaignon, le Diſcours de la Guerre de Malthe, contenant la perte de Tripoli & autres Forterefſes, fauſſement impoſée aux François; imprimé à Lyon, *in-8°.* par Jean Temporal, 1553. Hiſtoire de Maſcon *, traduite du Latin de Philibert Bugnon, par ledit Edoard, & imprimée par lui-même, *in-8°.* à Lyon, 1560. La Faculté & pouvoir donnés par notre ſaint Père le Pape Jules, au Révérendiſſime Cardinal Verallo, Légat en France, contenant ſoixante-quatre articles; avec les Limitations de la Cour de Parlement ſur icelles Facultés, traduites de Latin en François par le même Nicolas Edoard; imprimés à Lyon, *in-8°.* par Macé Bonhomme, 1552.

* L'*Hiſtoire de Macon*, traduite par Edoard, eſt de *François Fuſtaillier*, & non de *Philibert Bugnion*, qui n'en fut que l'Editeur, comme nous l'avons déjà remarqué dans La Croix du Maine, à l'Article de Philibert Bugnion, Tom. II, pag. 225 & 226. François Fuſtaillier étoit un célèbre Avocat de Macon, qui vivoit encore en 1542. Son *Hiſtoire de Macon* eſt écrite en Latin, & porte pour titre : *Chronica Urbis Matiſſanæ. Philip. Bugnonius concinnavit.* Ce ſont ces derniers mots qui ont fait croire à la plupart des Bibliographes que Bugnion en étoit l'Auteur; mais on a trouvé dans des Mémoires manuſcrits de M. Théfut, cités dans la *Biblioth. des Ecrivains de Bourgogne*, que le véritable Auteur de l'*Hiſtoire de Macon* étoit *Fuſtaillier.* Il faut pourtant convenir que Bugnion y fit des changemens conſidérables, Fuſtaillier étant mort avant qu'il eût mis la dernière main à cet Ouvrage. La Chronique de Fuſtaillier ne s'étend que juſqu'en 1255. Il la compoſa à Bourg en Breſſe, en 1520. Elle fut publiée en Latin, en 1559, *in-8°.* à Lyon, par Bugnion. Ce Livre eſt extrêmeſment rare. Voyez *Antiquités de Macon*, par S. Jullien, & ſur-tout la *Bibliothèque des Auteurs de Bourgogne*, Tom. I, pag. 231, à l'Art. Fuſtaillier.

NICOLAS ELLAIN, Parifien, a écrit quelques Poëfies, affavoir Sonnets, imprimées à Paris, *in-8°*. par Vincent Sertenas, 1561. Plus, Difcours Panégyrique à Révérend Pere Meffire Pierre de Gondy, Evêque de Paris, fur fon Entrée en la ville de Paris, du Jeudi neuvième jour de Mars 1570, imprimé par Denys du Pré, *in-4°*. audit an.

* Voy. *LA CROIX DU MAINE*, & les notes, au même Article, Tom. II, pag. 157.

Aux Sonnets.

[*Quelques-uns, mon Barrier, eftiment malheureux*
L'homme qui eft cocu, penfant qu'en cette vie,
On ne fceuft pourpenfer plus grande ignominie,
Chofe plus miférable, ou mal plus douloureux ;
Mais je croy, quant à moy, qu'un mal plus langoureux
Règne aujourd'huy dedans l'humaine fantaifie ;
C'eft ce fâcheux tourment, qu'on nomme jaloufie,
Mal, plus que cocuage, à craindre & dangereux.
Ces deux maux, mon Barrier, qu'on nous peint tant horribles,
Et qu'on dit tant fâcheux, ne font incompatibles,
Ains tourmentent foudain tous deux un même efprit.
Je dy cela partant qu'un jaloux (ce me femble)
Eft bien fouvent jaloux & cocu tout enfemble,
Témoin ce jaloux-là que l'on nous a dépeint.

Au Difcours Panégyrique.

.   .   .   *Ainfi qu'on voit la nuit*
Venir après le jour, ainfi que l'ombre fuit
Le corps, & que du feu vient toujours la fumée ;
Ainfi communément l'envie envenimée
Vient après la vertu. Thémiftocle difoit,
Etant adolefcent, que bien il cognoiffoit
N'avoir encore fait rien digne de mémoire,
D'autant que nul n'avoit envie fur fa gloire.
Or, tout ainfi qu'un feu, d'autant qu'il eft plus grand,
D'autant qu'il croift, d'autant moins de fumée il rend ;
Comme on voit le Soleil plus petite ombre faire,
Quand il eft au plus haut de tout fon hémifphère ;
Ainfi, quand votre gloire aura finalement
Atteint le dernier point de fon accroiffement,
Qu'elle fera parfaite & du tout confirmée,
Vos envieux iront (comme on dit) en fumée.]

NICOLAS DE L'EUZE dit DE FRAXINIS, Licencié en Théologie, Vifitateur des Livres en l'Univerfité de Louvain, a écrit la Pérégrination fpirituelle vers la terre Sainte & Cité de Jerufalem; imprimée à Paris, *in*-8º. par Michel Sonnius, 1576. Il a tranflaté auffi de Latin en François, les Heures de notre Dame, réformées, corrigées, & par le commandement de Pie Pape V du nom, publiées; avec plufieurs Hymnes, Oraifons, & Contemplations dévotes, Heures de la Croix, du S. Efprit, des Trépaffés & les fept Pfalmes; imprimées à Douay, *in*-8º. par Jean Bogard, 1577.

＊Voy. LA CROIX DU MAINE, au même Article, Tom. II, pag. 168.

NICOLAS LE FEVRE de la Boderie, frere de Guy le Fevre, ci-devant mentionné, a traduit du Latin de ce Phénix des Doctes, & ornement des Princes de fon âge, Jean Picus, Comte de la Mirandole & de Concorde, l'Heptaple; où en fept façons & autant de Livres, eft expofée l'Hiftoire des fept jours de la création du monde, adreffé au grand Laurens de Medicis; imprimé à Paris, *in-fol.* par Jean Macé, 1578 ＊.

＊ Voy. LA CROIX DU MAINE, & les notes, au même Article, Tom. II, pag. 157 & 158.

NICOLAS ＊ FILLEUL de Rouen, a écrit les Théâtres de Gaillon, dédiés à la Roine mere du Roi; où font les Jeux repréfentés à Gaillon, devant le Roi Charles IX; affavoir les Nayades ou Naiffance du Roi, Eclogue première; Entreparleurs Myrtine, Galatée, Charlot. Eclogue deux, où entreparlent Mopfe, Damis. Tethys, Eclogue trois, repréfentée près les ftatues de Francus, des Cæfars & des Rois de France: Entreparleurs Tethys, Pelée. Eclogue quatre, intitulée Francine, où entreparlent Francine, Thyrfis, Tytire, l'ombre de Daphnis. La Lucrece, Tragédie, où font introduits: Sexte Tarquin, le Chœur des Femmes Romaines, Lucrece, la Nourrice, Collatin, Brutus. Plus, les Ombres en cinq Actes, où font introduits le Satyre, Thyrfis, berger, le Chœur des Ombres amoureufes; Meliffe,

Meliffe, Bergere; Clyon, Nayade; Myrtine; Cupidon; imprimées à Rouen, *in*-4°. par George l'Oyfelet, 1566. Les Eclogues furent repréfentées en l'Ifle heureufe, le 26 Septembre, & la Lucrece & les Ombres, au Château, le 29, enfuivant, 1566. La Tragédie d'Achille, récitée publiquement au Collége de Harcourt, à Paris, l'an 1563; imprimée *in*-4°. par Thomas Richard. La Couronne de Henri le victorieux, Roi de Pologne; imprimée à Paris, *in*-4°. par Gabriel Buon, 1573.

* Voy. LA CROIX DU MAINE, & les notes, au mot NICOLAS FILEUL, Tom. II, pag. 158 & 159.

En l'Eclogue deuxième.

[*Je ne voudrois, Damis (jaçoit que, de malheur,*
Du Ciel depuis un peú nous fentions la fureur)
De ces prés émaillés changer la couleur vive
Au fable qui jaunit du Pactole la rive;
Et toy, gaillard troupeau, que toufiours j'ay mené,
Troupeau crefpé de blanc, mignardement lainé
De plus fine toyfon que celle que defpeuille
Le vieil Pafleur de Ser deffous la verte feuille;
Je ne te quitteray, & voulût-on changer
Contre toy la toyfon qui, au bord étranger
Du Phafe, fit ramer les demy-Dieux de Grèce.
Or ayme qui voudra que le peuple luy preffe
Au matin les talons, &, pour un peu d'honneur,
Du vulgaire mutin mendie la faveur,
Laquelle à fon befoin il trouve autant muable
Que le flot qui fautelle au bord contre le fable,
Ou que par mille morts il amaffe un butin,
Où le flambeau du jour allume le matin.
Quant à moy, j'ayme mieux, vuide de foin, conduire
Mes moutons au paftis, & mes amours écrire
Deffus ces jeunes troncs, avec eux ils croîtront,
Et, digne d'être aymé, ces bois me connoîtront.
D'avarice tout pur, & tout pur de pareffe,
Du repos affuré je feray ma richeffe,
Et fous mon petit toit, près le feu à requoy,
Je feray mon Sénat, & je feray ma loy,
Bien qu'eftimé je fois une perfonne vile,
Pour n'être pas connu de ces grands de la ville, &c.

En la Lucrece :

Celuy qui, conftant, embraffe
La juftice & la vertu,
Par la mutine menace
Du peuple il n'eft combattu,
Ny même par la colère
D'un tyran à tort févère ;
Car fi Jupiter iré,
Voulant l'univers diffoudre,

Décochoit d'un coup fa foudre,
Il meurt des Cieux affuré.
Ainfi la vertu maiftreffe
Mit Hercule au rang des Dieux, &c.
Heureux celuy qui s'affeure
Aux Dieux foigneux de notre heur !
On reçoit d'eux à ufure
Ce qu'on dreffe à leur honneur.

En un autre endroit de la même Tragédie.

Ces grands chiens écumeux dans les flots de Sicile
Ne courent point fi tôt autour les flancs de Scyle ;
Prothée ne pourroit fi vîte fe changer,
Qu'on voit tôt l'heur plus grand au malheur s'échanger ;
Car encontre l'efpoir la fortune s'irrite,
Muable comme un vent après fa longue fuite,
Repouffant aux rochers le Nocher loin du port,
Qui, gay, jetoit déjà fon ancre fus le bord.

En un autre lieu.

On ne doit tant craindre la flame,
De laquelle Jupin ireux
Le front d'un grand rocher entame,
Ebranlant la voûte des Cieux ;
Non pas le desbort qui faccage
De fes côtés le pâturage,
Lorfque, fans efpoir, le pafteur,
N'aguere d'un troupeau le maiftre,
Attaché au coupeau d'un Haiftre,
Raconte aux ondes fon malheur.

Même celuy qui importune,
Avec les coups d'un aviron,
Le plus doux fommeil de Neptune,
Qui dort de Thétys au gyron,
Ne craint tant la meurtrière trope,
Qui deffus les ondes galope,
Quand Æole la veut lafcher,
Qu'on craint cette flèche acérée,
Que l'enfançon de Cythérée
Vient dans les poitrines ficher.

Au cinquiéme Acte des Ombres.

Encor contre l'amour quelque fecours on trouve,
Ains je croy que celuy tout feul vainqueur l'éprouve,
Qui fe trahit foy-mefme, & qui baille la main,
De fon gré, dans les lacs de ce Dieu inhumain.
Mefme le vain plaifir, au vice favorable,
Se le fait croire Dieu & grand & Indomptable,
Afin que fe forgeant ce Dieu plus violent,
Sous la grandeur d'un Dieu on péche librement,
Luy donnant fus les Dieux cet avantage & gloire,
Combien qu'il foit petit d'avoir toufiours victoire.

L'amour n'eft point un Dieu, il naift d'oifiveté,
Ainfi qu'au bord fertile, aux premiers jours d'Eté,
Croiffent les grands rofeaux, dont Pan s'attend de faire
Un pipeau bien percé, pour à fa Nymphe plaire ;
Mais qui à fes penfers promptement donne lieu,
Le dit fils de Vénus, & fi l'appelle Dieu.
Celuy qui va, dévot, cueillir, au jour de fête,
Les fleurs, pour couronner de fes bons Dieux la tête,
Et qui, dès le matin, mène aux champs fes troupeaux,
Jufqu'à tant que Phébus débride fes chevaux,
Celuy ofte à l'amour l'arc, la trouffe & les flèches,
Celuy rend fans pouvoir l'Amour & fes flammèches.

En un autre endroit.

Qui ne veut s'agrandir, & ne veut faire voir
Sa force, il eft indigne & d'heur & de pouvoir.
Ce n'eft rien de pouvoir, ce n'eft rien de l'Empire,
Que d'autant qu'on le craint, que d'autant qu'on l'admire.

Un peu après.

Mais quiconque aux vaincus de la victoire quite,
De la main des vaincus le laurier il mérite.

NICOLAS FLAMEL vivoit en l'an 1393 & 1407, comme appert encore à Paris à Saint Innocent, ès monumens de deux arches oppofites, le cimetière entr'elles, qu'il fit alors faire : en l'une defquelles font, outre autres chofes, érigées les Effigies de deux ferpens ou dragons, & d'un Lyon, fuivant la Defcription d'iceux, en un fien petit Traité d'Alchimie, qu'il a fait en rime, intitulé Sommaire Philofophique, &c. commençant ainfi :

Qui veut avoir la cognoiffance
Des métaux, & vraye fcience
Comment il les faut tranfmuer, &c.

Et lequel a été imprimé à Paris, in-8°. par Guillaume Guillard, 1561, fous tel titre, trois anciens Traités en rime Françoife, de la transformation métallique ; efquels eft ajouté à la fin la défenfe d'icelui art, & des honnêtes perfonnages qui y vacquent, contre les efforts que J. Girard met à les outrager*.

*Voy. LA CROIX DU MAINE, & les notes, au même Article, Tom. II, pag. 159 & fuiv.

NICOLAS DES GALLARDS dit DE SAULE, a traduit de Latin, Défenfe de la Divine Effence de Jefus-Chrift, fils de Dieu, contre les nouveaux Arriens; imprimée à Lyon, *in*-8°. par Jean Saugrain, 1566. *Calvinique.* La Forme de Police Eccléfiaftique, inftituée à Londres, en l'Eglife des François, par **N.** des Gallards, Miniftre en icelle; imprimée l'an 1561 *.

* Voy. LA CROIX DU MAINE, & les notes, au même Article, Tom. II, pag. 161 & 162.

NICOLAS GODIN, Docteur Médecin en la ville d'Arras, a traduit de Latin en François, la Chirurgie-pratique de Jean de Vigo, Docteur en Médecine, divifée en deux parties, dont la première eft nommée la copieufe, contenant neuf Livres particuliers, & la feconde dite compendieufe, contenant cinq Livres; avec les Aphorifmes & Canons de Chirurgie; imprimée à Lyon, *in*-8°. l'an 1537. La Chirurgie Militaire, &c. écrite en Latin par ledit Nicolas Godin, & traduite en François par Jaques Blondel *.

* Voy. LA CROIX DU MAINE, & les notes, au même Article, Tom. II, pag. 161 & 162.

NICOLAS DE GONNESSE, Maître és Arts & en Théologie, a tranflaté en François les trois derniers Livres de Valere le grand, auxquels il a fait des Glofes, du commandement de très-excellent Prince le Duc de Berry & d'Auvergne, Comte de Poitou, & à la requête de Jaquemin Couraux, fon Tréforier; imprimés avec les fept premiers Livres dudit Valere, de la tranflation de Maître Simon Hefdin; à Lyon, *in-fol.* par Matthieu Hufz, 1485 [1].

[1] Si des neuf Livres de Valère Maxime, Nicolas de Goneffe a traduit les trois derniers, comment Simon de Hefdin peut-il avoir traduit les fept premiers, comme du Verdier le dit, tant ici, qu'au mot SIMON DE HESDIN? Voy. LA CROIX DU MAINE, & les notes, à l'Art. de NICOLAS DE GONESSE, Tom. II, pag. 162 & 163. (M. DE LA MONNOYE).

NICOLAS DE LA GROTTE. Airs & Chanfons trois, quatre, cinq, fix parties par Nicolas de la Grotte, Organifte ordinaire de la Chambre du Roi ; à Paris , par Jean Cavellat , 1583. Chanfons de Pierre de Ronfard, Bayf, des Portes, Sillac, & autres ; mifes en mufique à quatre parties, par Nicolas de la Grotte ; imprimées par Adrian le Roi , 1570.

*Voy. La Croix du Maine , & les notes, au mot Nicolas de la Grotte, Tom. II , pag. 163 & 164.

NICOLAS DE GROUCHY * a traduit de langage Portugais en François , l'Hiftoire des Indes de Portugal , contenant comment l'Inde a été découverte par le commandement du Roi Emanuel , & la guerre que les Capitaines Portugalois ont menée pour la conquête d'icelle ; écrite par Fernand Lopez de Caftanneda ; imprimée à Paris , in-4°. par Michel Vafcofan, 1553 , & en Anvers, in-8°. par Jean Steelfius , 1554. *Nicolaï Gruchii , Rothomagenfis , de Comitiis Romanorum Libri tres ; impreffi , Venitiis , in-8° apud Francifcum Bindonum , 1558. Ejufdem ad pofteriorem Caroli Sigonii de binis Magiftratuum Romanorum Comitiis , & de lege curiatâ difputationem Refutatio ; Parifiis , in-8°. apud Jac. du Pays , 1567. Quædam ex Ariftotele tranftulit & emendavit.*

* Nicolas de Grouchy, plus connu des Savans fous fon nom Latin *Gruchius* , étoit de Rouen , d'une famille noble. Il fe rendit fort recommandable par fon érudition Grecque & Latine. Il profeffa la Philofophie à Paris , à Bordeaux , à Conimbre , où Jean, Roi de Portugal , l'avoit attiré. Il eft le premier, felon le témoignage de M. de Thou (*Hift.* Lib. LIV) qui dicta en Grec des Commentaires fur Ariftote. Il écrivit , fur l'explication de ce Philofophe , des difputes contre Joachim Perionius & contre Sigonius , fur les Antiquités Romaines. Son Traité , *de Comitiis Romanorum* , eft très-eftimé. Du Verdier ne cite point la première Edition de cet Ouvrage , qui eft très-belle & affez rare. Elle fut faite chez Vafcofan , en 1555 , *in-fol.* Les Rochellois avoient engagé Gruchius à venir enfeigner dans leur Collège ; mais il mourut , en arrivant à la Rochelle , au commencement de Janvier 1572 , d'une fièvre dont il avoit été attaqué en chemin.

NICOLAS DE HERBERAY , Seigneur des Effars , Commiffaire ordinaire de l'Artillerie du Roi , & Lieutenant en icelle ès pays & gouvernement de Picardie , de Monfieur de Briffac , Grand-Maître & Capitaine-Général d'icelle , a traduit d'Efpagnol en beau langage François, les premier, fecond, troifième, quatrième, cinquième, fixième, feptième & huitième Livres d'Amadis de Gaule, le plus excellent de tous les Romans; imprimés à Paris, *in-fol.* & *in-8°.* par Jean Longis, & Vincent Sertenas, 1543; en Anvers, *in-8°.* par Guillaume Sylvius, 1574. & à Lyon, *in-16.* par François Didier. Les fept Livres de Flavius Jofephus, de la Guerre & captivité des Juifs, traduits en François, par le Seigneur des Effars; imprimés à Paris, *in-fol.* par Eftienne Groulleau, 1557. L'Horloge des Princes; avec le très-renommé Livre de Marc Aurele, recueilli par Dom Antoine de Guevare, Evêque de Guadix, traduit de Caftillan, par le même fieur des Effars; imprimé à Paris, *in-fol.* & depuis *in-8°.* par Eftienne Groulleau, 1561. Arnalte & Lucenda, Hiftoire de l'Amant mal traité de s'amie; traduite d'Efpagnol, par le même; imprimée à Lyon, *in-16.* par Euftace Barricat, 1550. Hiftoire du très-vaillant & redouté DomFlores de Grece, furnommé le Chevalier des Cygnes, fecond fils d'Efplandian, Empereur de Conftantinople; traduite de même; imprimée à Paris, *in-fol.* par Jean Longis, 1552. Il a écrit Traité fi on peut appeler ou laiffer à celui qui n'eft point; imprimé à Lyon, par Benoift Rigaud. Un Auteur François parle du fieur des Effars comme s'enfuit [1]. Nicolas de Herberay (dit-il) jeta ès mains du peuple, quelques Difcours d'Amour, lefquels furent reçus avec fi bon vifage, que lors il fut eftimé de chacun comme une règle du beau parler. Et néanmoins il n'avoit pas (ainfi que je crois) beaucoup rongé le laurier, ne long-temps fué fous le harnois & travail des Lettres humaines & bonnes Difciplines. Son parler me fembloit un peu affecté : me fembloient auffi quelques liaifons douces & gracieufes, & quelques autres rudes, disjointes & mal plaifantes : qui me faifoit foupçonner que le jugement de Lettres & le favoir défailloit en l'homme. Avecque ce, il prenoit plaifir à offrir au peuple mots nouveaux & étranges, defquels le fon m'étoit plus ennuyeux & plus déplaifant à mes oreilles, que n'eût été le fon d'une cloche caffée.

Auffi le peuple n'en a pas fait cas, & a laiffé enfevelir tels mots en oubli, avec le corps de Herberay qui les avoit offerts & préfentés. Autre avis ne puis-je donner de tous iceux Difcours : car je ne me fuis pas amufé à les lire, defirant employer le temps & mon entendement en chofes meilleures & de plus grande conféquence. Mais en paffant j'ai déclaré ce que j'en connoiffois, comme de l'ongle on juge le Lyon., &c.

¹ L'Auteur, dont, fans le nommer, les paroles font alléguées tout au long, à la fin de cet Article, n'eft autre qu'ABEL MATHIEU, feuillets 13 & 14 de fon *Devis de la langue Françoife*, Ouvrage rapporté en fon lieu. Voy. PASQUIER, Lettre VIII du Liv. I, Lettre IV du Liv. III. Voy. auffi LA CROIX DU MAINE, & les notes, au mot NICOLAS DE HERBERAY, Tom. II, pag. 165 & 166. (M. DE LA MONNOYE).

NICOLAS HOVEL, Apothicaire à Paris, a écrit Traité de la Thériaque & Mithridat, contenant plufieurs Queftions générales & particulières ; avec un entier examen des fimples médicamens qui y entrent ; divifé en deux Livres ; imprimé à Paris, *in*-8°. par Jean de Bordeaux, 1573. Traité de la Pefte, auquel eft difcouru de l'origine, caufe, fignes, préfervation & curation d'icelle ; avec les vertus & facultés de l'Electuaire de l'Ouf, duquel jadis fouloit ufer ce grand Empereur Maximilian ; imprimé à Paris, *in*-8°. par Galiot du Pré, 1573 *.

* Voy. LA CROIX DU MAINE, & les notes, au même Article, Tom. II, pag. 166 & 167.

NICOLAS JACOB, Auftrafien, a traduit d'Allemand en François, Diéte Impériale, ou Ordonnances & Réfolution de l'Empereur & des États du faint Empire, délibérée & arrêtée en la dernière journée tenue à Spire, en l'an 1570. Plus la forme de capitulation, ancien droit des Reyttres, Ordonnances & Difcipline militaire, renouvelée ; les Articles établis pour l'Infanterie, par la facrée Majefté de l'Empereur & par lefdits États ; imprimée à Paris, *in*-8°. par André Wechel, 1571.

* Voy. LA CROIX DU MAINE, au même Article, Tom. II, p. 167 & 168.

NICOLAS DE LIVRE, Seigneur de Hunerolles, a traduit

de l'Italien de Lucio Maggio, Gentilhomme Bolognois, Difcours du tremblement de terre, en forme de Dialogue; imprimé à Paris, *in*-8°. par Denys du Val, 1575 *.

* Voy. LA CROIX DU MAINE, & les notes, à l'Art. de NICOLAS LIVRE, Tom. II, pag. 168 & 169.

NICOLAS DE LYRA *.

La Tranflation en François de la Poftille de Nicolas de Lyra, Doƈteur en Théologie, de l'Ordre des Freres Mineurs, fur le Livre des Pfalmes, imprimée en deux volumes *in-fol.* à Paris, par Pierre le Rouge, 1515.

* Ce favant Auteur du quatorzième fiècle naquit à Lyre, Bourg de Normandie, au Diocèfe d'Evreux, de parens Juifs. Il fe fit Chrétien, & entra chez les Cordeliers de Verneüil, en 1291. Il étoit dès-lors habile dans la fcience des Rabbins, ce qui eft caufe que le petit Commentaire qu'il a donné fur toute la Bible eft fort bon. C'eft l'Ouvrage que du Verdier indique ici. Il compofa un Traité fur la différence de la Vulgate avec l'Hébreu, qui eft devenu fort rare, & qui eft bien fait. Tous ces Ouvrages l'ont fait mettre au nombre des Rabbins par Skuckford, Tom. III de fon *Hiftoire du Monde*, ainfi qu'il eft obfervé dans le *Journal de Trévoux*, Janvier, 1755. Il fut élevé aux premières charges de fon Ordre, & jouit d'une fi grande confidération, que la Reine Jeanne de Bourgogne, femme du Roi Philippe le Long, le nomma un de fes exécuteurs teftamentaires, en 1325. Il mourut le 23 Oƈtobre 1340, âgé, à ce que l'on dit, de cent vingt ans. Il eft enterré aux Grands Cordeliers, à Paris.

NICOLAS MACCHIAVEL*.

L'Art de la Guerre[1], traduit par Jean Charrier. Hiftoire Florentine, traduite par le Seigneur de Brinon. Les Difcours fur la première Décade de Tite-Live, traduits par Jean Maugin. Le Prince, traduit par Gafpar d'Auvergne & encore par Guillaume Cappel.

* Peu d'Auteurs font auffi connus que le fameux NICOLAS MACHIAVEL, né à Florence, d'une famille noble, & qui mourut, felon les uns, en 1528; felon d'autres, en 1530, d'un remède qu'il avoit pris par précaution. Ses connoiffances profondes en politique, qui d'abord lui donnèrent une grande confidération dans fa patrie, le firent foupçonner enfuite de mauvaife foi & de duplicité. Il fut de plus foupçonné d'avoir eu part à différentes conjurations; on ne chercha pas à l'en convaincre, mais on l'abandonna; & en quelque forte accablé de mépris dans les dernières années de fa vie, il s'en vengea, en fe fervant des armes du ridicule, pour attaquer le gouvernement & l'adminiftration

niftration des affaires publiques : petite fatisfaction, malheureufement imitée de nos jours, & qui devint plus criminelle encore, s'il eft vrai qu'il attaqua la Religion avec les mêmes armes, comme on l'en accufe. Etrange délire du faux favoir, de l'orgueil & de la corruption de l'efprit & du cœur!

[1] Le Bandel, dans fa Dédicace de fa 40e Nouvelle de la première Partie, fe moque plaifamment de Machiavel, qui, ayant un jour entrepris de ranger quelques Compagnies d'infanterie en bataille, fuivant qu'il l'a enfeigné dans fes Livres de l'*Art de la Guerre*, ne put jamais en venir à bout. (M. DE LA MONNOYE).

NICOLAS DE MAILLY, Picard, a écrit la Perfection d'honorable viduité maintenue par les Veuves de l'ancien & nouveau Teftament; imprimée à Rouen, *in*-8°. par Claude le Roy, 1548. La divine connoiffance, compilée tant du vieil que du nouveau Teftament; enfemble les Cantiques divins de l'ame regrettant, joint l'expofition de l'Oraifon Dominicale; imprimée à Paris, *in*-8°. par Galiot du Pré, en l'an 1541. La Perfection de la vie unanime, imprimée à Rouen, *in*-16. par Nicolas de Burges, 1544.

NICOLAS MARCHANT a écrit claire Probation de la Foi & Doctrine Chrétienne, pour confirmation & affurance des Catholiques, & amendement des pauvres féduits; imprimée à Paris, *in*-16. par Guillaume Julian, 1562.

NICOLAS MARTIN*, Muficien de S. Jean de Morienne, a compofé Chants fur la Nativité de notre Seigneur Jefus-Chrift, tant en vulgaire François que langage Savoifien, dit Patoys; imprimés avec la mufique, à Lyon, *in*-8°. par Macé Bonhomme, 1566.

* Voy. LA CROIX DU MAINE, au même Article, Tom. II, pag. 169.

NICOLAS MAUROY a compofé en rime Françoife, le piteux Parlement de la Croix, entre Jefus-Chrift & notre Dame; en forme de Dialogue; imprimé à Provins, *in*-8°. fans date.

NICOLAS MELLIER*, Avocat en la Sénéchauffée & Siége Préfidial de Lyon, a écrit Sommaire Explication de l'Édit du

Roi, par lequel il ordonne que dorénavant les meres ne fuccé-
deront à leurs enfans, ès biens provenus du côté paternel; mais
feulement ès meubles & conquêts provenus d'ailleurs; imprimée
à Lyon, *in*-8°. par Pierre Rouffin, 1573.

* Voy. La Croix du Maine, au mot Nicolas Mellier, Tom. II,
pag. 169.

NICOLAS DU MESNIL a écrit Traité de l'Art d'enter,
planter & cultiver Jardins; imprimé à Paris, *in*-8°. par Charles
l'Angelier, 1560.

NICOLAS DE MOFFAN. Le Meurtre inhumain commis
par Soltan Solyman, grand Seigneur des Turcs, en la perfonne
de fon fils aîné Muftapha; traduit du Latin de Nicolas de
Moffan, par J. V. avec deux Epîtres liminaires, fort utiles à
l'intelligence de l'Hiftoire; imprimé à Paris, *in*-8°. par Olivier
de Harfy, 1556.

NICOLAS MONARD. De l'Huile du Liquidambar & de
fes vertus, extrait & traduit des Livres que Nicolas Monard a
écrits en Efpagnol, touchant les fimples, médicamens apportés
des Indes Occidentales, dites le nouveau Monde; imprimé à
Lyon.

NICOLAS DU MONT, Angevin, a traduit de Latin,
l'Abrégé des vies & mœurs des Empereurs Romains; recueilli
des Livres tant de Sextus Aurelius Victor, que de plufieurs
autres Auteurs; imprimé Latin-François, à Paris, par Claude
Micard, 1577. avec les Hiftoires de Juftin, traduites par de
Seyffel.

NICOLAS DE MONTREUX *, Gentilhomme du Mans,
a mis en François, le feizième Livre d'Amadis de Gaule, traitant les Proueffes & Amours de Sphéramond & Amadis d'Aftre;
imprimé à Paris, *in*-16. par Jean Parent, 1577.

* Voy. La Croix du Maine, & les notes, au même Article, Tom. II,
pag. 171 & 172.

NICOLAS MORIN, de Blois, de l'Ordre des Freres Prêcheurs, Docteur Théologien & Inquifiteur de la Foi, a écrit
en Latin, un Traité contre certain Livre fait & publié en vulgaire François, par les Hérétiques dits les pauvres de Lyon,
autrement Vauldois, où il met le texte François des Maximes y
contenues, qu'il réfute l'une après l'autre, en tout ledit Traité,
duquel le titre est tel : *Tractatus Catholicæ eruditionis ad testi-*
monium & legem recurrens , confutanfque libellum perniciofum
velamine eleemofinæ pauperibus Lugduni impenfæ propalatum ;
impreff. Lugduni, in-8°. apud Gulielmum Boulle. Cette hérésie
prit commencement au règne du Roi Loys le jeune, VII du
nom, en l'an de falut 1160, & en furent les Sectaires appelés
vulgairement les pauvres de Lyon & Lyonnistes ; les autres les
nommoient Vauldois, à caufe d'un Pierre Valdo qui étoit l'un
des apparens & plus riches de la ville, Auteur d'icelle fuperftition, lequel fit mettre en langage François certain Recueil des
faintes Lettres, & d'aucunes opinions des faints Peres, que
lui-même expofoit à fa fantaifie. Ils n'avoient point d'héritages,
pour les poffeder en propriété, ni demeurance aucune arrêtée,
ains alloient çà & là, menant des femmes de leur même fecte,
& difoit-on, qu'ils couchoient avec elles. Ne voulant tenir ne
poffeder fonds & héritages quelconques, quittoient leurs biens :
mais quand ils avoient befoin de vêtemens, de vivre & autres
chofes, ils entroient ès boutiques des Marchands, voire dans
les magafins & au plus profond des maifons, où ils prenoient
tout ce qui leur venoit à gré, fans qu'on y pût remédier, à
caufe du trop grand nombre qu'ils étoient. Ils durèrent foixante
ans & plus.

NICOLAS DE NANCEL, Noyonnois, Médecin à Tours,
a écrit Difcours de la pefte, divifé en trois Livres, adreffé à
Meffieurs de Tours ; où font traitées plufieurs chofes contre
l'opinion commune & tradition ordinaire, tant au premier
Livre touchant la définition, différences, caufes, fignes, pro-
gnoftic de la pefte ; comme au fecond, de la précaution, & au

troifième, de la curation d'icelle; imprimé à Paris, *in*-8°. par Nicolas Chefneau, 1581 *.

* Voy. La Croix du Maine, & les notes, au même Article, Tom. II, pag. 172 & 173.

NICOLAS DE NICOLAI *, Dauphinois, Seigneur d'Arfeuille, Géographe & Valet de Chambre du Roi Henri II du nom, a écrit quatre Livres de fes Navigations & Pérégrinations Orientales; avec les figures au naturel tant d'hommes que de femmes, felon la diverfité des nations, & de leur port, maintien, & habits; imprimés à Lyon, *in-fol.* par Guillaume Roville, 1567. L'Art de naviguer, divifé en huit Livres, contenant toutes les règles, fecrets & enfeignemens néceffaires à la bonne navigation; traduit du Caftillan de P. de Medine, Efpagnol, en François par ledit Nicolaï; imprimé à Lyon, *in*-4°. par Guill. Roville, 1576. Lettre du fieur Nicolas Nicolaï au fieur du Puys, Vice-Baillif, de Vienne, contenant le Difcours de la guerre faite par le Roi Henri II du nom, pour le recouvrement du pays de Boulognois, en l'an 1549; imprimée à Lyon, *in*-4°. par Guillaume Roville, 1550. La Navigation du Roi d'Efcoffe Jaques V du nom, au tour de fon Royaume, & Ifles Hebrides & Orchades, fous la conduite d'Alexandre Lyndfay, excellent Pilote Efcoffois; recueillie & rédigée en forme de defcription Hydrographique, & repréfentée en carte marine, & routier ou pilotage, pour la connoiffance particulière de ce qui eft néceffaire & confidérable à ladite navigation, par Nicolas d'Arfeuille fieur dudit lieu & de Bel-air, Dauphinois; imprimée à Paris, *in*-4°. par Gilles Beys, 1583.

* Voy. La Croix du Maine, & les notes, au mot Nicolas de Nicolai, Tom. II, pag. 174 & fuiv.

NICOLAS PANIS, Docteur en médecine, natif de Carentan, au Diocèfe de Coutance en Normandie, & habitant à Lyon fur le Rhofne, a tranflaté de Latin en vieil langage François, la Pratique en Chirurgie de Maître Guidon de Cauliac; imprimée à Lyon, *in-fol.* par Barthelemy Buyer, 1478.

NICOLAS PAVILLON *, Parifien, a mis en vers François, les Sentences de Théognis, Poëte Grec, imprimées à Paris, *in-8°*. par Guillaume Julian, 1578.

* Ce NICOLAS PAVILLON, né à Paris, d'une famille originaire de Tours, célèbre Avocat au Parlement, Ayeul de Nicolas Pavillon, Evêque d'Alet; fut très-habile dans les langues Grecque & Latine; il fut même affez bon Poëte pour fon temps. Dans l'Epître Dédicatoire de la *Traduction de Theognis* à Pierre Girard, de Moulins en Bourbonnois, il parle de deux autres Traductions plus confidérables, qu'il avoit entreprifes, celle du Géographe Denis d'Alexandrie, & celle des Commentaires d'Euftathe fur Homère, mais qui n'ont pas paru. Voy. la Biblioth. Françoife de M. l'Abbé Goujet, Tom. IV, pag. 305. Voy. auffi *LA CROIX DU MAINE*, & les notes, au même Article, Tom. II, pag. 176 & 177.

NICOLAS PITHOU *, fieur de Champ-Gobert, a écrit Inftitution du mariage Chrétien; Livres deux, divifés par chapitres; imprimée à Lyon, *in-8°*. à la Salemandre, 1565.

* Voy. LA CROIX DU MAINE, & les notes, au même Article, Tom. II, pag. 177.

NICOLAS [1] **PSAULME** *, Evêque & Comte de Verdun, a écrit le vrai & naïf Pourtrait de l'Eglife Catholique, avec l'explication d'icelui; imprimé à Reims, *in-8°*. par Jean de Foigny, 1574.

[1] Claude Robert l'appelle NICOLAS PSALME; mais fon vrai nom étoit PSAULME. Il mourut le 10 Août 1575. Comme il fut Secrétaire du Concile de Trente, & nommé pour en rédiger les actes, il en fit une Collection, publiée l'an 1725 à Eftival, en Lorraine, dans le premier volume que l'Abbé d'Eftival, Charles-Louis Hugo, y a fait imprimer, fous le titre de *Sacræ Antiquitatis Monumenta Hiftorica, Dogmatica, Diplomatica, in-4°*. La cotte 904 des Manufcrits *in-4°*. de M. Baluze rapporte, outre cette Collection, un autre Ouvrage du même Auteur, fous le titre de *Nicolai Pfalmei, Epifcopi Virdunenfis, Adverfaria Sacra*. (M. DE LA MONNOYE).

* Nicolas Pfaulme étoit fils de Pierre Pfaulme, Laboureur du Village de Chaumont, au Bailliage de Bar. François Pfeaume, fon oncle, qui étoit Abbé Commandataire du Monaftère de S. Paul, à Verdun, le fit étudier, & lui réfigna fon Abbaye, en 1538. Nicolas Pfaulme la tint quelque temps en commande, puis prit l'habit de Prémontré, & fut élu Général de l'Ordre; mais il ne put faire confirmer fon élection par le Pape, durant fon féjour à Rome, où il avoit été envoyé, pour folliciter la Canonifation de S. Norbert.

Il fit connoiffance avec Guillaume Poftel, & nous avons plufieurs Lettres que celui-ci lui écrivit. En revenant de Rome, il paffa par Trente, & affifta à une Seffion du Concile, qui s'y tenoit pour lors. Il fut fait Evêque de Verdun, en 1548. Il fe rendit au Concile de Trente, en 1551, & y retourna, en 1562. Il écrivit un Journal des Délibérations de ce Concile, depuis le 16 Novembre jufqu'à la clôture des Séances. Ce Journal, qui étoit confervé manufcrit dans la Bibliothèque de S. Vanne de Verdun, fut publié, en 1725, par le P. Hugo, Abbé d'Eftival, dans le premier volume de l'Ouvrage inti-tulé *Sacræ Antiquitatis Monumenta*. Ce Journal eft précédé de ce que le même Evêque avoit écrit touchant les Séances du même Concile, en 1551 & 1552. Ce fut dans ce Concile que, tandis qu'il parloit avec force contre les Commandes, un Italien (l'Evêque d'Orviette) avoit voulu le railler, en lui difant : *Ita Gallus nimiùm cantat* ; il répliqua, dit-on, avec vivacité : *Utinam ifto Gallicinio ad refipifcentiam & fletum revocetur Petrus* ! Mais on n'eft pas bien d'accord ni fur le fait, ni fur les circonftances ; car Pallavicin (*Hift. Concil. Trident. Lib. XXI, Cap.* 8) dit que ce fut Pierre Danès, Evêque de Lavaur, qui prit la parole, & fit cette réponfe. Nicolas Pfaulme fut choifi pour Secrétaire de la Congrégation chargée de rédiger les Canons concernant l'inftitution & la réfidence des Evêques. Il fut auffi un des Com-miffaires nommés par le Concile, pour dreffer divers projets de réforme. Il mourut le 9 Août 1575. Celui de fes Ouvrages, dont parle ici du Verdier, ne fut le feul qu'il publia ; il avoit fait imprimer, en 1554, une *Expofi-tion de la Meffe* ; &, en 1563, un Livre intitulé : *Préfervatif contre les changemens de Religion.* Voy. *Hiftoire de Verdun*, publiée en 1745, pag. 431 & fuiv. & la Vie Latine de cet Evêque, par le P. Hugo, à la tête des *Sacræ Antiquitatis Monumenta.*

NICOLAS RAPIN, Poitevin, a écrit en vers, les Plaifirs du Gentilhomme Champêtre, imprimés à Paris, *in - 12.* par Lucas Breyer, 1581. Ode Sapphique rimée, fur la mort du fieur de Billy, Abbé de faint Michel en l'Herm, imprimée à Paris, avec l'Éloge dudit fieur de Billy, par Pierre l'Huillier, 1582. Quelques Poëfies fur la Puce de Madame des Roches, imprimées par Abel l'Angelier *.

* Voy. LA CROIX DU MAINE, & les notes, au même Article, Tom. II, pag. 178 & fuiv.

NICOLAS REGNAUD, Provençal, a écrit les chaftes Amours, contenant foixante-fix Sonnets ; enfemble les Chanfons d'Amour ; la Fable du Pin ; l'Oranger ; imprimés à Paris, *in-4°,* par Thomas Brumen, 1560. Ode de la Paix, au Roi Charles,

& autres Poëſies, imprimée par Benoît Rigaud, 1563. Ode ſur la Traduction de Pline d'Antoine du Pinet *.

* Voy. LA CROIX DU MAINE, à l'Article de NICOLAS RENAULT, Tom. II, pag. 181 & 182.

NICOLAS ROBERT a écrit en ſeize chapitres, de l'Etat & maintien du Mariage vraiment Chrétien, où ſont contenues toutes les Loix & Règles que doivent tenir & obſerver par enſemble le mari & la femme : plus une Epître conſolatoire ſur la mort des enfans ou amis; imprimé à Lyon, in-8°. par Jean Saugrain, 1565.

NICOLAS SALICET. Antidotaire de l'Ame [1], contenant pluſieurs belles Méditations & Oraiſons amaſſées par Nicolas Salicet, Abbé de Bomgart, & traduites de Latin en François, par J. D. L. A. imprimé à Douay, in-16. par Jean Bogard, 1580.

[1] Bien des gens, ſur ce que Rabelais a mis l'*Antidotarium animæ* dans ſa Bibliothèque de S. Victor, ont cru que c'étoit un Livre imaginaire, dont le titre étoit fait à plaiſir. Le contraire paroît par cet article. Nicolas Salicet, parent peut-être du Médecin Guillaume Salicet, de Plaiſance, eſt l'Auteur du Livre, & peut-être que, comme Guillaume avoit écrit une Pratique Médicinale, *de Salute corporis*, Nicolas, par une pieuſe oppoſition, appliqué à procurer la ſanté de l'ame, a compoſé l'*Antidotarium animæ*, dont le ſtyle Monacal a donné lieu à Rabelais de placer l'Ouvrage dans ſa Bibliothèque burleſque. Pietro Nelli, qui, ſous le nom d'*Andrèa da Bergamo*, publia, vers le milieu du ſeizième ſiècle, à Veniſe, ſes Satires *Alla Carlona*, déſigne l'*Antidotarium*, feuillet 9, en ces termes :

      Laſcio ungere, e fruſtar l'Antidotarò
      A Giannelli, a Chietini.

Il fut imprimé à Paris, in-8°. 1495, par Pierre Poulliac, pour Denis Roce. Il devoit, dans l'Edition de M. le Duchat, être le 143ᵉ volume du Catalogue, où cependant il eſt arrivé qu'on en a fait omiſſion. (M. DE LA MONNOYE).

NICOLAS TARTAIGLA *. Livre ſixième des Demandes & Inventions diverſes de Nicolas Tartaigla, Breſſian, ſur la manière de fortifier les Cités, eu égard à la forme : & de quelle largeur, hauteur & épaiſſeur doivent être les boulevers, platteformes & cavalières ; mis d'Italien en François, par Traducteur incertain, & imprimé à Reims, in-8°. par Nicolas Bacquenois, 1556. L'Arithmétique de Nicolas Tartaigla, Breffian, divifée en deux parties, &c. Voyez GUILLAUME GOSSELIN, Tom. IV, pag. 83.

* Nicolas, favant Mathématicien, dont le nom s'écrit en François & en Italien *Tartaglia*, & en Latin *Tartalea*, naquit de parens pauvres, à Breffe, Ville de l'Etat de Terre-ferme de la République de Venife. Le Livre qu'annonce ici du Verdier, a été écrit en Italien, & parut à Venife, en 1546, fous le titre *Quefiti ed invenzioni diverfe*. Tartaglia y traite la théorie du mouvement des bombes & des boulets, fujet dont perfonne n'avoit parlé avant lui. Le même Auteur s'eft rendu célèbre, pour avoir inventé la méthode de réfoudre les *Equations Cubiques*, que l'on attribue à Cardan, qui peut-être avoit trouvé bon de fe faire honneur de cette découverte. Tartaglia mourut à Venife, en 1557, fuivant M. de Thou (*Hift*. Lib. XIX, extremo). On trouvera une longue lifte de fes Ecrits dans le *Théâtre des Gens de Lettres* de Ghilini, Tom. II, pag. 200. Si nous en croyons cet Auteur, Tartaglia vécut jufques vers 1560.

NICOLAS THEVENEAU *, Avocat à Poitiers, a écrit de la Nature de tous Contrats, pactions & convenances, & fubftances d'iceux, imprimée à Poitiers & depuis à Lyon, 1559. Paraphrafe aux Loix municipales & Coutumes du Comté & Pays de Poitou, de nouveau réformées : avec fommaire mis fur chacun article d'icelle ; imprimée à Poitiers, in-4°. par Enguilbert de Marnef, 1565. Il a traduit de Latin, l'Enchiridion ou Manuel de Maître Jean Imbert, contenant un Recueil tant du Droit écrit gardé & obfervé en France, que du Droit abrogé & aboli par coutumes ; imprimé à Lyon, in-8°. par Jean Temporal, 1559.

* Voy. LA CROIX DU MAINE, au même Article, Tom. II, pag. 183.

NICOLAS DE THOU, Evêque de Chartres, a écrit la Forme d'adminiftrer les faints Sacremens, imprimée à Paris, par Jaques Kerver, 1580 *.

* Voy. LA CROIX DU MAINE, & les notes, au même Article, Tom. II, pag. 183.

NICOLAS

NICOLAS LE VERGEUR , Champenois , a mis en Fran-
çois du Latin de Jean Papyrius Maſſon , natif de Foreſt , l'Epitaphe ou Inſcription ſur le Tombeau de Charles , Cardinal de
Lorraine , décédé en Avignon , l'an 1575 * ; imprimé à Lyon ,
par Benoiſt Rigaud.

   * Le Cardinal de Lorraine mourut à Avignon le 26 Décembre 1574.

NICOLAS DE VIALETTES , Albigeois , a écrit Dépré-
cation des enfans fidèles de l'Egliſe de Dieu , au Roi très-
Chrétien de France , François II du nom ; imprimée à Toloſe ,
par Guyon Boudeville , 1561.

NICOLAS VIGNER , de Bar ſur Seyne , Doſteur en
médecine , a écrit Sommaire de l'Hiſtoire des François , recueilli
des plus certains Auteurs de l'ancienneté , & digéré ſelon le
vrai ordre des temps , en quatre Livres , extraits de ſa Bibliothèque Hiſtoriale non imprimée ; imprimé à Paris , *in-fol.* par
Sébaſtien Nyvelle , 1579. Traité de l'Etat & Origine des
anciens François , imprimé à Troyes , *in-4°.* par Claude Garnier , 1582. *Rerum Burgundionum Chronicon : in quo etiam
rerum Gallicarum tempora demonſtrantur , &c. Ex Bibliotheca
Hiſtorica Nicolai Vignerii , Barrenſis ad Sequanam. Baſileæ ,
in-4°. per Thomam Guarinum ,* 1575 *.

   * Voy. La Croix du Maine , & les notes , ſur cet Article , Tom. II,
pag. 184 & ſuiv.

NICOLAS XYLANDER. Confeſſions de Foi de Nicolas
Xylander , Boruſſien , Sébaſtien Flaſchius , de Mansfeldt , Jean
Brunet , de Togkembourg , jadis Miniſtres de la Confeſſion d'Auguſte (d'Augsbourg) ou Seſte Luthérienne ; leſquels , depuis l'abju-
ration de la Seſte en laquelle ils avoient été nés , enſeignés dès leur
jeuneſſe , & puis dogmatiſé au peuple , remontrent , par vives
raiſons , les occaſions de leur réduſtion , en découvrant la
nature , abus & ruſes des Seſtaires modernes maſqués ; comme
miſérablement ſont ſéduits les ſimples & pauvres Chrétiens ;

traduites tant du Latin que de l'Allemand ; imprimées à Lyon, *in*-8°. par Jean Stratius, 1584.

¹ Ce Nicolas Xylander n'étoit ni parent, ni Compatriote de Guillaume Xylander, célèbre Profeſſeur en langue Grecque, à Heidelberg, mort en 1576 ; mais s'appelant, comme lui, *Holkman*, il prit, comme lui, à la Grecque, le nom de *Xylander*. (M. DE LA MONNOYE).

NICOLE BARGEDÉ, de Vezelay, a écrit les Odes Pénitentes du moins que rien, enſemble la Bergerie d'honneur & autres rimes, imprimées à Paris, *in*-8°. par Jean Longis, 1549. L'Arrêt de trois eſprits ſur le trépas de très-haut Prince Claude de Lorraine, Duc de Guyſe ; *en rime*, imprimé à Paris, *in*-8°. par Eſtienne Groulleau, 1550. Eclogue ſur le trépas de très-haute Princeſſe Marie d'Albret, imprimée à Paris, *in*-8°. par Eſtienne Groulleau, 1551 *.

*Voy. LA CROIX DU MAINE, & les notes, au mot NICOLE BERGEDÉ, Tom. II, pag. 187.

NICOLE BERTRAND. Les Geſtes des Tholoſains & d'autres Nations d'alenviron, premierement écrites en Latin, par diſcret & lettré homme Maître Nicole Bertrandi, Avocat en Parlement, à Tholoſe, & après tranſlatées en François ; imprimées à Tholoſe, *in*-4°. par Antoine le Blanc, & à Lyon, par Olivier Arnoullet, 1517 *.

*Voy. LA CROIX DU MAINE, & les notes, au mot NICOLAS BERTRAND, Tom. II, pag. 148 & 149.

NICOLE CALING a tranſlaté de Latin, le Sentier & Adreſſe de Dévotion, imprimé à Tholoſe, *in*-4°. par Jaques Colomiès.

NICOLE CARRETTE, Prêtre & Chapelain en l'Egliſe de ſaint Sauveur, à Peronne, a écrit Expoſition ſur le Symbole des Apôtres, Oraiſon Dominicale, Commandemens de la Loi ; avec probation des Sacremens de l'Egliſe : enſemble une Epître touchant la vraie marque & indice de l'ire de Dieu ſur les Royaumes ; imprimé à Paris, *in*-8°. par Jean Poupy, 1575.

Méditations & Contemplations Chrétiennes fur les Myftères de la Paffion de notre Sauveur Jefus-Chrift; avec Catholiques Annotations tirées des Docteurs anciens de l'Eglife ; imprimées à Paris , *in-8°.* par Nicolas Chefneau , 1576.

NICOLE LE CERF , Religieux aux Chartreux de Bourg-fontaine , a traduit de Latin , Dialogue de Henri Sufo , perfonnage fort célèbre en doctrine & Sainteté de vie , traitant de la Piété Chrétienne, & du moyen très-facile pour acquérir la vraie fapience & fouveraine félicité ; imprimé à Paris , *in-8°.* par Guillaume Chaudiere , 1582. 1

1 Il donna depuis , en 1586, étant Prieur de la Chartreufe de Gaillon , dans l'Evêché d'Evreux , une verfion Françoife de toutes les Œuvres d'Henri Sufo , imprimée à Paris , *in-8°.* chez Guillaume Chaudiere. Le Cardinal de Bourbon en dédia l'Edition à Catherine de Bourbon , fa fœur , Abbeffe de Notre-Dame de Soiffons. Le P. Echard , de qui je tiens ceci , remarque qu'en 1614, cette Edition fut renouvelée à Paris , *in-8°.* chez Robert Fouet, mais dans un autre ordre. (M. DE LA MONNOYE).

NICOLE DE CHARMOY, Avocat au Parlement de Paris, a écrit en profe Françoife , un Livret intitulé le Livre de Paix: A bien faire laiffez dire; imprimé à Paris , *in-16.* par Charles l'Angelier , 1543.

NICOLE COLIN *, Chanoine & Tréforier de l'Eglife de Reims, Secrétaire du Révérendiffime Cardinal de Lorraine , a traduit d'Efpagnol , les fept premiers Livres de la Dyane de George de Monte-Mayor , lefquels , par plufieurs plaifantes Hiftoires déguifées fous noms & ftyle de Pafteurs & Bergères, font décrits les variables effets de l'honnête amour : auxquels auffi font entremêlés plufieurs chants & vers , & même au fecond Livre le Vaudeville qui s'enfuit :

Contentemens d'amour divers ,
Qui fi lentement arrivez ,
Si venez , pourquoi partez-vous ?

A peine achevez de venir ,
Après eftre tant defirez ,
Que jà eftes délibérez

De vous abfenter & partir.

Si vous voulez fi toft fuir ,
Puifqu'en trifteffe me laiffez ,
Contentemens , ne m'approchez.

Je m'en vay , tels plaifirs fuyant ,

S ij

Qui ne se viennent chez moy rendre,   *Puisque je les vay donc chassant ;*
Que pour me donner à entendre   *O mes ennuys, plus ne partez,*
Ce qui se perd, en les perdant.   *Puisque, partant, vous retournez.*

Imprimés à Reims, *in-12.* par Jean de Foigny, 1578. Ses Traductions spirituelles : la Guide des Pécheurs, où est enseigné
tout ce que le Chrétien doit faire, depuis le commencement de
sa conversion, jusques à la fin de sa perfection ; traduite de
l'Espagnol de Dom Loys de Grenade, par Nicole Colin ; imprimée à Reims, *in-16.* par Jean de Foigny, 1577. Seconde
Partie du Mémorial de la vie Chrétienne, traduite de même &
imprimée où & par qui dessus, *in-12.* l'an 1578. Lieux communs & Discours spirituels en forme de Prédications, où sont
traitées plusieurs matières concernantes le salut de l'Ame & la
réformation de notre vie ; extraits des Sermons de Révérend
Pere Loys de Grenade, Espagnol, de l'Ordre de S. Dominique,
& faits François, par ledit Nicole Colin ; imprimés à Paris,
in-8°. par Guillaume Chaudiere, 1580. Prédications contenant
certaines matières, & points nécessaires à être traités & prêchés
pour les Avents, & depuis les Avents, jusques en Carême ;
extraites des Sermons dudit de Grenade, & mises en François
par le même Nicole Colin ; imprimées à Paris, *in-8°.* par Guillaume Chaudiere, 1582.

*Voy. La Croix du Maine, au même Article, Tom. II, pag. 188.

NICOLE DE L'ESCUT, Secrétaire du Duc de Lorraine,
a traduit les quatre Livres des Institutions Impériales, publiées
sous le nom de Justinian, compilées du commandement dudit
Empereur par Tribonian, Théophile & Dorothée, personnages
consommés en la science des Loix ; avec certaines gloses &
arbre civil, où sont inférées les formules des demandes, ou
libelles judiciaux sur chacune action ; imprimés à Lyon, *in-16.*
par Jean de Tournes, 1547. *Nicolai de l'Escut Actiones juris,*
in compendiosas, juxta ac utiles figuras, & formulas, Advoca-
tis, Procuratoribus, & LL. cupidis sublevandi gratiâ studii
redactæ ; impressæ Haganoæ, in-fol. in officina Valentini Kobiani,

1537. De Teſtium examinatione Tractatus, Nicolao de l'Eſcut, Auctore; Argentorati excudebat Jo. Schottus, 1540 *.

* Du Verdier en a encore fait mention dans ſon Supplément Latin.

NICOLE ESTIENNE, Pariſienne, fille à feu Charles Eſtienne, femme de M. Jean Liebaut, Médecin à Paris, a écrit en proſe, une Apologie pour les femmes, contre ceux qui en médiſent, non imprimée. Plus, Contreſtances pour le mariage, c'eſt-à-dire, Réponſes aux Stances que Philippe des Portes a faites contre le mariage *. C'eſt une Dame bien accomplie, tant en gaillardiſe d'eſprit que grace de bien dire, à ce que j'en ai vu, deviſant une fois avec elle.

* Nicole, fille unique de Charles Eſtienne, étoit aimable & ſavante. Elle avoit compoſé quelques Poëſies Françoiſes, & une Apologie pour les femmes contre leurs détracteurs. Jacques Grevin, Médecin de la Ducheſſe de Sa-voye, dont nous avons parlé dans les notes ſur La Croix du Maine, Tom. I, p. 415 & ſuiv. devoit l'épouſer, lorſqu'il mourut en 1570; elle fut mariée depuis à Jean Liébaut, Médecin, né à Dijon, qui avoit aidé ſon beau-père, Charles Eſtienne, dans le fameux Livre d'Agriculture qu'il donna, en Latin, ſous le titre de *Prædium Ruſticum*, en 1554, qui fut enſuite traduit en François, ſous le titre d'*Agriculture & Maiſon Ruſtique*, par Charles Eſtienne, & im-primé avec des additions conſidérables de Jean Liébaut. Ce même Ou-vrage a depuis été traduit en Italien & en Allemand. Voy. les Mémoires de Niceron, Tom. XXXVI.

NICOLE GILLES, Secrétaire du Roi Loys XII, & Con-trôleur de ſon Tréſor, a écrit les Chroniques & Annales de France, juſques en l'an 1496; imprimées à Paris, *in-fol.* par Jean Foucher, 1544. & *in-8°.* par Galiot du Pré, 1563. & encore depuis *in-fol.* par Guillaume le Noir, corrigées par Belle-foreſt *.

* Voy. La Croix du Maine, & les notes, au même Article, Tom. II, pag. 188 & 189.

NICOLE GLOTELET, de Vitry en Partois, a compoſé en rime [1], Apologie pour Clément Marot abſent, contre le coup d'eſſai fait par un cerite, ou mathelineux, nommé Sagon; imprimée à Lyon, par Pierre de Sainte Lucie.

[1] Entre les Diſciples de Marot, qui épouſèrent ſa querelle contre Sagon,

ce Nicolas Glotelet fut un des premiers. Auſſi ſon Apologie pour Marot eſt-elle imprimée dans le Recueil de toutes les pièces faites pour & contre. Il s'y ſert de pluſieurs termes écorchés, les uns du Grec, les autres du Latin. Dans le titre même de ſon Apologie, ici rapporté, on voit qu'il dit *Cérite*, du Latin *Ceritus*, dans la ſignification de *fou*, & du Grec μέταιος, *matelineux*, pour *fat*, *ſot*, &c. ſi ce n'eſt plutôt une alluſion à l'Italien *matto*, ce qui a fait croire que *S. Maturin* guériſſoit de la folie, & comme de *Maturin*, on a, par corruption, fait *Matelin*, qu'on écrit mal *Mathelin*, on a, de *Matelin*, dit *Mathelineux*, dans cette même ſignification de *fou*. (M. DE LA MONNOYE).

NICOLE GRENIER *, Religieux de ſaint Victor lez Paris. Inſtitution Catholique en forme de Dialogue, contenant quarante-un chapitres. De la vérité du précieux corps & ſang de Jeſus-Chriſt au ſaint Sacrement de l'Autel ; extraite de la ſainte Ecriture, des ſaints Conciles & des anciens Docteurs de l'Egliſe, contre les Sacramentaires ; imprimée à Paris, *in-8°.* par Sébaſtien Nyvelle & par Guillaume Cavellat, 1552. Catholique Probation du Purgatoire & ſuffrages pour les fidèles trépaſſés, extraite de la ſainte Ecriture & des plus anciens Docteurs de l'Egliſe ; avec une briève diſtinction de l'honneur dû à Dieu, & celui de ſes Saints ; imprimée à Paris, *in-8°.* par Claude Fremin, 1562. Doctrine Catholique de l'Invocation & Vénération des Saints, & de leurs Images : enſemble du Signe de la Croix, extraite des ſaintes Ecritures & anciens Peres ; imprimée *in-8°.* par Claude Fremy, 1563. L'Alliance de Dieu avec les Chrétiens, par le Baptême, juſtification de la Foi en Jeſus-Chriſt, imprimée à Paris, *in 16.* par Hiérome de Marnef, 1553. L'Armure de la Foi, contenant la vérité de la ſainte Euchariſtie & du ſaint Sacrifice de la Meſſe, imprimée à Paris, *in-8°.* par Claude Fremy, 1566. L'Épée de la Foi, pour la défenſe de l'Egliſe Chrétienne, contre les ennemis de la vérité ; extraite de la ſainte Ecriture, des ſaints Conciles & des anciens Docteurs : avec un Traité & Appendix de la liberté Evangélique & Chrétienne ; imprimés à Paris, par Guillaume Cavellat, 1564. Le Bouclier de la Foi, en forme de Dialogue, extrait de la ſainte Ecriture & des ſaints Peres & plus anciens Docteurs de l'Eglife ; avec une Apologie contre un clabaut Luthérique qui a voulu ronger ce bouclier de la Foi, imprimé à Paris, *in*-16. par Gabriel Buon, 1567. Tome fecond du Bouclier de la Foi, contenant l'Antidote contre les adverfaires de la pure Conception de la Mere de Dieu ; imprimé à Paris, *in*-16. par Vivant Gaultherot. La Pratique de l'homme Chrétien, pour s'exerciter en l'Amour Divine, imprimée à Paris, *in*-16. par Claude Fremy, 1554. & par Guill. Julien, 1577. De la Juftification qui fe fait en l'homme pécheur, par le Sacrement de Confeffion ou Pénitence ; imprimée à Paris, *in*-16. par Hiérome & Denyfe de Marnef, 1552.

* Voy. LA CROIX DU MAINE, & les notes, au mot NICOLE GRENIER, Tom. II, pag. 189 & 190.

NICOLE DE HAUPAS, Médecin de Dourlens, a écrit Livre de la Contemplation de nature humaine, où eft traité de la formation de l'enfant au ventre maternel, imprimé à Paris, *in*-8º. par Michel Vafcofan, 1555. & contient vingt chapitres.

NICOLE LE HOUX a traduit du Latin d'Antoine Mizauld, Recueil des Sympathies & Antipathies de plufieurs chofes, contenant les naturels accords & difcords, amitiés & inimitiés d'icelles ; imprimé à Paris, *in*-16. par Pierre Beguin, 1556.

NICOLE LE HUEN, Profeffeur en fainte Théologie, Religieux du Convent notre Dame des Carmes du Ponteau * de mer en Normandie, Confeffeur & Chapelain de la Roine Charlote ¹, a décrit la Pérégrination d'outre mer, & grand voyage en la terre Sainte, au très-glorieux & faint Sépulchre de notre Seigneur Jefus-Chrift en Jerufalem, & du Mont de Sinay ; avec les Pourtraits des villes de Venife, Parence, Corfou, Modon, Candie, Rhodes & Jerufalem. Plus l'A. B. C. des lettres Grecques, Chaldées, Hébraïques & Arabiques, avec autres langages des Turcs, interprétés en François ; imprimée à Lyon, *in-fol.* par Michelet Topie de Piémont & Jacques

Herembel d'Allemagne, 1488. La feconde Partie du grand voyage de Jerufalem, en laquelle eft traité des Croifés & entreprifes faites par les Rois & Princes Chrétiens, pour le recouvrement de la terre Sainte, des Guerres des Turcs & Tartares ; la Prife de Conftantinople, &c. imprimée à Paris, *in-fol.* l'an 1517.

* Du Verdier écrit mal *Ponteau de Mer*; il faut écrire *Pont Audemer*, en Latin, *Pons Audemari*, & non pas *Ponticulus Maris*, comme quelques Ecrivains l'ont nommé. Il eft fitué fur la Rille, dans le Vexin Normand ; & il eft probable qu'il tire fon nom de celui du Seigneur François, qui fit, en cet endroit, conftruire un Pont fur la Rille. Le Couvent des Carmes, où vécut Huen, ne fubfifte plus. Il fut détruit en 1593, par les ordres du Gouverneur de la Ville. Quelques années après, les Carmes obtinrent la permiffion de le rebâtir, mais ils fe font contentés d'y avoir une fimple Chapelle, où l'on dit la Meffe de temps en temps.

¹ La Reine Charlotte, dont Nicole le Huen étoit Chapelain, eft la feconde femme de Louis XI, fille de Louis, Duc de Savoye. — Voy. LA CROIX DU MAINE, & les notes, au mot NICOLAS LE HUEN, Tom. II, p. 196. (M. DE LA MONNOYE).

NICOLE * ORESME, Docteur en Théologie, première-ment Doyen de l'Eglife notre Dame de Rouen, puis Précepteur du Roi Charles le Quint, dit le Sage, qui l'aima & honora toute fa vie, & le conftitua Evêque de Bayeux, a traduit en François, les dix Livres des Ethiques d'Ariftote, avec les glofes, dédiés au Roi de France, Charles V du nom ; imprimés à Paris, *in-fol.* par Antoine Verard, 1488. Item, les Politiques d'Arif-tote, avec les Glofes, imprimés à Paris, *in-fol.* par ledit Verard, 1486. Plus, le Traité de la Sphere, par lui tranflaté de Latin en François, contenant cinquante chapitres, imprimé à Paris, *in-4°.* par Simon du Boys, fans date. Il fit auffi un Livre contre les Jacobins, qui révoquoient lors en doute que la Vierge Marie fût conçue fans péché originel *.

* J'ajouterai ici, à ce qui eft dit fur La Croix du Maine, Tom. II, pag. 191 & fuiv. à l'Article de NICOLE ORESME, qu'il étoit de Bayeux, & que quelques Auteurs ont confondu le nom de fa patrie, avec celui de fon Evêché, en difant qu'il fut *Evêque de Bayeux*. Il fut Grand-Maître de Navarre,

en

en 1356, & Evêque de Lizieux, le 16 Novembre 1377. Il mourut le 11
Juillet 1382. La plus grande partie de ses Ecrits n'a point été imprimée. On
en trouvera un ample Catalogue, dans l'*Histoire du Collège de Navarre*, par
Launoy, pag. 458 & suiv. Cet Ecrivain se trompe, lorsqu'il dit qu'Oresme
gouverna sept ans l'Evêché de Lizieux. Il mourut dans la cinquième année
de son Episcopat, comme il résulte des dates que nous venons de rappeler, d'après les Auteurs de la *Gaule Chrétienne* (nouv. Edit. Tom. XI,
pag. 788). On garde un Recueil manuscrit de ses Sermons, dans la Bibliothèque
des Augustins, à Paris. Ce qui peut-être lui fit le plus d'honneur, c'est qu'il
eut le courage d'écrire contre l'Astrologie Judiciaire, dans le siècle où cette
prétendue science avoit le plus de partisans.

NICOLE SAVIN, Docteur en Théologie, Inquisiteur de
la Foi au Diocèse de Metz, a écrit un Sermon, de l'Acte intérieur de Foi, qui est crédulité de cœur ferme & pur, sur le
terme & paroles de saint Jean, au vingtième chapitre *Ne veuille
être incrédule, mais fidèle* [1], prononcé par lui lors de la dégradation de Jean Castellan, Augustin, Luthérien, qui fut faite à Vic,
au Diocèse de Metz, en l'an 1534. imprimé à Metz, *in-4°*.

[1] Ce fut le 12 Janvier 1524 (vieux style) que le Sermon ici mentionné
fut prononcé, quoique le Livre de Nicole, ou Nicolas Volkir, où ce Sermon
est inféré, n'ait été imprimé qu'en 1534, ce qui a donné lieu à du Verdier
de croire que la dégradation du Moine, à l'occasion de laquelle ce Sermon
fut prononcé, étoit de même date que l'impression du Livre. — Voy. plus
bas, au mot NICOLE VOLKIR. (M. DE LA MONNOYE).

NICOLE SÉELLIER, Scribe du Chapitre de Paris, a
translaté du Latin de Guillaume, Evêque de Paris, la Doctrine
& Enseignement de prier Dieu, imprimée à Paris, *in 8°*. par
Antoine Verard, 1511.

NICOLE VOLKYR, de Seronville, dit le Polygraphe,
Secrétaire & Historien de l'illustre Prince Antoine Duc de
Calabre, de Lorraine & de Bar, &c. a écrit en trois Livres,
l'Histoire & Recueil de la triomphante & glorieuse victoire
obtenue contre les séduits & abusés Luthériens, mécréans du
pays d'Aulsais & autres, par très-haut Prince Antoine Duc de
Calabre, de Lorraine & de Bar, en défendant la Foi Catholique, notre Mere l'Eglise & vraie noblesse; avec Annotations

Latines au marge; imprimée à Paris, *in-fol.* 1526. Traité de
la dégradation & exécution actuelle de Jean Castellan, Héré-
tique, jadis Frere de l'Ordre des Hermites de saint Augustin,
faite à Vic au Diocèse de Metz, en Austrasie, le 12 Janvier
1534 [1]; imprimé à Metz, *in-4°.* audit an. Il a traduit de Latin,
Commentaire de Paulus Jovius, Evêque de Nucere, des Gestes
des Turcs, Origine de leur Empire, les Vies de tous leurs
Empereurs, Ordre & Discipline de la Milice & Chevalerie
Turcique : le tout imprimé à Paris, *in-4°.* par Chrestien Wechel, 1540. Plus, la Physionomie de Maître Michel l'Escot,
contenant cent-vingt chapitres, imprimée à Paris, *in-16.* par
Denys Janot, 1540.

[1] Ce fut le 12 Janvier 1524 (vieux style (que cet Augustin fût dégradé,
comme l'a rapporté fort au long le P. Echard, pag. 62 & suiv. du Tom. II
de la Bibliothèque des Jacobins, à l'Article de F. Nicolaus Savin, où il
reprend du Verdier d'avoir daté la dégradation du Moine de 1534. Cet Augustin, nommé en Latin *Joannes Castellanus,* s'appeloit en François *Jean
Cathelain.* (M. DE LA MONNOYE).

NICOLE MICHEL, Docteur & Doyen en la Faculté de
Médecine à Poitiers, a traduit du Latin d'Alfonse Ferrier [1],
Néapolitain, Docteur Médecin & premier Chirurgien du Pape
Paul III du nom, de l'Administration du saint Boys, en diverses
formes & manières, contenues en quatre Traités : ensemble la
forme de ministrer du vin; avec aucunes Scholies; imprimé à
Poitiers, *in-16.* au Pellican, 1559.

[1] Ce Médecin de Paul III, s'appeloit *Alfonso Ferro,* en Italien; *Alfonsus
Ferrus,* en Latin; & par conséquent *Alphonse Fer,* en François, & non pas
Ferrier, comme écrit du Verdier. Il ne faut pas confondre ce *Nicole,* ou
Nicolas Michel, avec un Médecin Normand, de même nom, mort à Caën,
au mois de Septembre 1596, dont il est parlé honorablement dans les *Origines
de Caën* de M. Huet. (M. DE LA MONNOYE).

NOEL DU FAILL, Conseiller au Parlement de Bretagne,
Seigneur de la Herissaye, a écrit Mémoires recueillis & extraits
des plus notables & solennels Arrêts du Parlement de Bretagne, divisés en trois Livres : le premier contient les Arrêts

donnés en l'Audience : le fecond , ceux des Chambres : le tiers, les Mélanges ; imprimés à Rennes , *in-fol.* par Julien du Clos, 1579 *.

* Voy. La Croix du Maine , & les notes, au mot Noel du Fail , Tom. II , pag. 194 & 195.

NOEL TAILLEPIED , de l'Ordre de faint François , Lecteur au Convent de Pontoife , a écrit l'Hiftoire des vies, mœurs, actes , doctrine & mort de Martin Luther , André Caroloftad & Pierre Martyr ; imprimée à Paris , chez Jean Parent , 1577. Le Tréfor de l'Eglife Catholique , contenant l'Origine des inftitutions , ftatuts , cérémonies & états d'icelle ; imprimé à Paris , *in-16.* par Jean de Bordeaux , 1578. Traité & Déclaration de l'An Jubilé , & Efficace des Indulgences ; imprimé à Lyon , *in-8°.* par Loys Tantillon , 1578. La Confeffion de Foi , avec une Epître Catholique à tous Chrétiens ; imprimée à Paris , par Jean Ballin , 1579. Il a réduit en Epitome & fait Françoifes , Œuvres de Philofophie ; à favoir Dialectique , Phyfique & Ethique d'Ariftote ; imprimées à Paris , *in-8°.* par Jean Parent , 1583 *.

* Voy. La Croix du Maine , & les notes , au même Article , Tom. II , pag. 195 & 196.

NOEL ZAMBON. Chant d'Alégreffe de Noel Zambon , Vénitien , fur la magnifique Entrée de Henri III , très-Chrétien Roi de France , à Venife , à fon retour de Pologne en France ; traduit en François & impr. à Lyon , *in-8°.* par G. Rigaud , 1574.

N. LE DIGNE a écrit Difcours Satyrique de ceux qui écrivent d'Amour , imprimé avec les Soupirs amoureux de F. B. de Verville , à Paris , *in-12.* par Timothée Jouan , 1583 *.

* Voy. La Croix du Maine , & les notes, au mot Nicolas le Digne , Tom. II , pag. 154 & 155.

NESSON * (fon propre nom eft ignoré) a expofé en rime , les neuf Leçons de Job , commençant ;

> *Pardonne-moy , beaux Sire Dieux ,*
> *Car je voy que je deviens vieux*

T ij

En ſi briefs jours que ce n'eſt rien.
Oſte-moy de cette miſère,
Mon Créateur, mon Dieu, mon Père,
Toy qui m'as fait pour eſtre tien, &c.

Il finit ainſi :

Cy finiray ma petite œuvre
En cette neuvième leçon,
Et tous les liſans je requier
Qu'il leur plaiſe de corriger
Leur humble diſciple Neſſon.

Non imprimées.

* Ce doit être le même que Pierre Nesson, dont il eſt parlé dans La Croix du Maine. Voyez les notes que nous avons ajoutées à ce mot, Tom. II, pag. 301.

N. M. a écrit Exhortation à la Nobleſſe de France, avec une Ode ſur la mort de l'illuſtre Prince François de Lorraine, Duc de Guyſe, imprimée à Paris, *in-*4°. par Thomas Richard, 1563.

N. N. D. L. F. Chant ſur les Entrées du Roi Charles IX, & de la Roine ſon épouſe, dans leur ville & cité de Paris; par N. N. D. L. F. imprimé par Guillaume Nyverd, 1577.

N. V. T. a écrit Réponſe à une Lettre de Bruſquet, moins fol que malicieux, imprimée ſans nom ni date.

LIVRES D'AUTEURS INCERTAINS.

Bref Récit de la NAVIGATION faite ès Iſles de Canada, Hochelage, Saguenay & autres, avec particulières mœurs, langage & cérémonies des Habitans d'icelles; imprimé à Paris, *in-*8°. par Ponce Roffet, 1545.

Les quatre NÉCESSAIRES commençant en l'an de grace de notre Seigneur mil deux cens ſoixante-ſix, fut commencé ce Livre auquel nous mettons nom, le Traité des quatre Néceſſaires : nous diviſons ce Livre, en quatre propres parties.

En la première, des Qualités de Droit felon les mœurs : en la feconde, des Qualités de Droit felon les gens : la troifième, des Qualités des gens felon le corps : la quatrième, des Qualités des gens felon l'ame. *Ecrit en main.*

La Grande NEF des Fols du monde [1] ; avec Quatrains fervant de fommaire fur chacun chapitre, revue, corrigée, augmentée & réimprimée à Lyon, *in-*4º. par Jean d'Ogerolles, 1579 [*].

[1] Pierre Gervaife, Affeffeur de l'Official de Poitiers, dans fon Epître, inférée la 22ᵉ en nombre, parmi celles de Jean Bouchet, intitulées *Familières*, parle d'une *Nef des Fols*, traduite par un *Pierre Riviere, Auteur*, dit-il, *d'autres Livres*. L'Original de cette *Nef* eft de Sébaftien Brandt, de Strasbourg, en vers Allemands & Latins, avec des figures. Son titre, moitié Allemand, moitié Grec, eft *Narragonia*, de *Narr, fou*, & de γονεία, *génération*, parce que la génération des Fous & de toute forte de folie y eft déduite. —Voyez la note fur le mot Josse Badius, Tom. IV, pag. 547. (M. de la Monnoye).

[*] Cette Satire des mœurs du quinzième fiècle fut originairement écrite en Allemand, par Sébaftien Brandt. Jacques Locher la mit en Latin, & un Anonyme la traduifit en vers François, en 1597, s'attachant plus au fens qu'aux expreffions, & fe permettant fouvent des retranchemens. On en trouvera des notices affez détaillées, dans la Biblioth. Françoife de M. l'Abbé Goujet, Tom. X, pag. 191 & fuiv. & dans la Biblioth. Curieufe de Clément, Tom. V, pag. 190 & fuiv. Un autre Anonyme, environ quatre-vingts ans après, réduifit en profe les vers du Traducteur précédent, & fe contenta feulement de mettre en vers les Argumens, pour indiquer le fujet de chaque Chapitre, ufant auffi d'une grande liberté, pour changer & retrancher, à fon gré, ce qui lui déplaifoit. C'eft cette feconde verfion, qui fut imprimée en 1579, dont parle du Verdier.

La NEF de fanté, avec la Condamnation des Banquets [1], imprimée à Paris, *in-*4º. par Philippes le Noir.

[1] C'eft une Farce Morale, qui a de plaifans endroits. La meilleure Edition eft de 1507, *in-*4º. à Paris, chez Antoine-Vérard. (M. de la Monnoye).

NÉGOCIATION de la Paix, traitée à Cologne, en la préfence des Commiffaires de la Majefté Impériale, entre les Ambaffadeurs du Séréniffime Roi Catholique, & de l'Archiduc Mathias, & les États du Pays-bas, fidèlement décrite & tirée du

Protocole defdits États ; imprimée en Anvers, par Chriftophle Plantin.

Les grands & merveilleux Faits de NEMO [1], imités en partie des vers Latins de Ulrich de Hutten, & augmentés par P. S. A. imprimés à Lyon, *in-*8°. par Macé Bonhomme.

[1] Nous avons eu plus d'une occafion de parler d'*Ulrich Hutten*, Gentilhomme de Franconie, mort le 29 Avril 1523, à l'âge de trente-fix ans, connu par de très-bonnes Poëfies Latines, & d'autres Ouvrages d'efprit & d'agrément. Son *Nemo* eft une Paraphrafe de l'οὖτις du IXᵉ Liv. de l'*Odyffée*. On fait que c'eft à la faveur de ce mot qu'Ulyffe trompa le Géant Poliphéme, & qu'il parvint à fe tirer de fa caverne, en le trompant à propos. (M. DE LA MONNOYE).

Myftère & beau Miracle de faint NICOLAS, à vingt-quatre perfonnages, imprimé à Paris, *in*-4°. par Pierre Sergent.

Le Fondement & Origine des titres de NOBLESSE & excellents Etats de tous Nobles & Illuftres, Comtés & autres Seigneuries ; & la manière comment elles ont été érigées pour la Défenfe & Gouvernement de la chofe publique ; avec la manière de faire les Rois d'armes, Héraux & pourfuivans : enfemble le fecret des Armoiries, & l'Inftruction de faire les combats, contenant la différence d'iceux ; imprimé à Paris, *in*-16. par Denys Janot, 1535. & à Lyon, par Jean de Tournes, 1547.

NOELS vieux & nouveaux fur divers Chants, compofés à la louange de notre Seigneur Jefus-Chrift, & de la facrée Vierge Marie fa Mere, & de la fainte Nativité d'icelui notre Sauveur. Il y en a eu plufieurs Livres imprimés, & de maintes fortes, & infinis autres, qui ne furent onques imprimés, & defquels les Auteurs font en grand nombre : car n'y a, en France, prefque Paroiffe où l'on n'en faffe, pour les chanter tous les ans aux Fêtes de Noel.

Recueil des plaifantes & facétieufes NOUVELLES extraites

de plufieurs Auteurs ; imprimé à Paris, *in-16.* & depuis en Anvers, *in-12.* par Gerard Spelman, 1558 *.

* Voyez ci-deſſus, pag. 81 , au mot LA MOTTE RÒULLANT, & dans LA CROIX DU MAINE, les notes, au même. Art. Tom. II , pag. 143.

Le Parangon des NOUVELLES honnêtes & délectables à tous ceux qui defirent ouir chofes récréatives *, imprimé à Lyon, *in-16.* par Romain Morain, 1532.

* C'eſt un choix de *Nouvelles*, tirées la plupart du Bandel , de la Traduction de Belleforeſt.

O C T.

OCTAVIEN DE SAINT GELAIS, Évêque d'Angoulême, a composé en rime, le Verger d'honneur, contenant le Discours de l'entreprise & voyage de Naples, à la louange du Roi Charles VIII; avec la Complainte & Epitaphe dudit Roi & autres Compositions, imprimé à Paris, *in-fol.* par Philippes le Noir, 1505. La Chasse & Départ d'Amours, où il y a de toutes les sortes de rimes que l'on pourroit trouver; imprimée à Paris, *in-4°.* par Philippes le Noir. Il a translaté & mis en rime Françoise, les vingt-une Epîtres d'Ovide, imprimées à Paris, *in-4°.* par Antoine Verard, & *in-16.* par Denys Janot, 1541. L'Eneïde de Virgile, translatée en rime Françoise, par Mess. Oct. de saint Gelais, imprimée à Paris. Les six Comédies de Térence, partie en rime, partie en prose, imprimées à Paris, *in-fol.* par Jean Petit, 1539 *

* Voy. LA CROIX DU MAINE, & les notes, au même Article, Tom. II, pag. 199 & suiv.

ODET DE * MATIGNON, fils aîné du sieur de Matignon, Gouverneur & Lieutenant-Général pour le Roi en Normandie, a écrit en Latin, puis tourné en François, une Harangue par lui prononcée à Paris, le premier Jour de Janvier 1575, à Messieurs les Princes; imprimée tant en Latin qu'en François, à Paris, par Denys du Pré.

* Odet de Matignon étoit fils aîné du Maréchal de Matignon, Jacques, second du nom. Il naquit en 1559, & mourut à trente-six ans, en 1595, après avoir été marié, en 1587, à Louise, Comtesse de Maure, dont il ne laissa point d'enfans.

OGIER FERRIER, Tholosain, Seigneur de Castillon, Docteur Médecin, a écrit Remèdes préservatifs & curatifs de la Peste, imprimés à Tholose, *in-16.* par Guyon Boudeville, & à Lyon par Jean de Tournes, 1548. Jugemens Astronomiques

sur

fur les Nativités, divifés en trois Livres, & imprimés à Lyon, in-8°. par Jean de Tournes, 1550. Avertiffemens à M. Jean Bodin, fur le quatriéme Livre de fa République. Autres Avertiffemens dudit Ferrier, fur la Loi *Domus D. de legat. 1.* imprimés à Paris, in-8°. par Pierre Cavellat, 1580. *Augerii Ferrerii Tolofatis vera medendi Methodus duob. libris comprehenfa. Ejufdem caftigationes practicæ medicinæ; Tholofæ, in-8°. apud Petrum du Puys, 1557. Ejufdem de lue Hifpanicâ feu morbo Gallico Libri duo · & quòd Chyna & Apios diverfæ res fint: adjecto utriufque radicis ufu;* avec un Extrait defdits Livres mis en François, pour les Barbiers; *Parifiis, in-8°. apud Ægidium Gillium, 1564. Henrici II, Galliarum Reg. Chriftianiff. Epitaphia, Jul. Cæf. Scaligeri Funus, Mellini Sangelafii Epicedium, Augerio Ferrerio, Tolofate Medico, Auctore; Parifiis, apud Federicum Morellum, 1559* *.

* Voy. LA CROIX DU MAINE, & les notes, au mot AUGER FERRIER, Tom. I, pag. 62.

OLAUS *.
Epitome des vingt-deux Livres de l'Hiftoire des Pays Septentrionaux; écrite par Olaüs le Grand, Goth, Archevêque d'Upfale, & Souverain de Suecie & Gothie; où font brièvement & clairement déduites toutes les chofes rares ou étranges, qui fe trouvent entre les Nations Septentrionales; traduit du Latin de l'Auteur en François, par Traducteur incertain, & imprimé en Anvers, in-8°. par Plantin, 1561.

* Son nom de famille étoit *Magnus;* ainfi du Verdier ne devoit pas l'appeler *Olaus le Grand*. — *Olaus Magnus* fuccéda dans l'Archevêché d'Upfal, en Suède, à fon frère *Jean Magnus*, en 1544. L'un & l'autre s'oppoférent fortement à l'introduction du Luthéranifme en Suède, & furent obligés de fe retirer à Rome, où ils moururent. Olaus s'étoit diftingué au Concile de Trente. On ne fait pourquoi du Verdier lui donne ici le titre de *Souverain de Suécie & de Gothie.* Ce titre ne fut jamais attaché à la dignité d'Archevêque d'Upfal, qui eft le Primat de Suède, & non le Souverain. L'Hiftoire qu'il publia fur les mœurs, les coutumes & les guerres des Peuples du Septentrion, a été écrite en Latin, & porte pour titre: *Hiftoria de Gentibus Septentrionalibus, earumque moribus, ritibus, fuperftitionibus, difciplinis, exercitiis, ludis, rebus mirabilibus ac naturalibus.* Elle fut imprimée avec figures , à Rome , en 1555 , *in-fol.* puis à Bâle , en 1567, dans la même forme. L'Edition de Rome est belle & rare. On en publia , en 1558 , à Anvers , un Abrégé , écrit en Latin par Cornelius Scribonius Graphæus ; c'est de cet Abrégé que du Verdier cite la Traduction , & non de l'Ouvrage même d'Olaus Magnus. L'Abrégé eut beaucoup plus de succès que l'Original. Outre qu'il fut souvent réimprimé , il fut encore traduit non-seulement en François , mais en Italien , en Allemand , en Anglois & en Hollandois.

OLIVIER BOSSELIN , homme très-Expert à la Mer, a écrit & ordonné les Tables de la Déclinaison ou éloignement que fait le Soleil de la ligne Equinoctiale , chacun jour des quatre ans , pour prendre la hauteur du Soleil à l'Astrolabe : pour prendre la hauteur de l'Etoile tant par le triangle que par l'arbaléste : pour prendre la hauteur du Soleil & de la Lune & autres Etoiles de la ligne Equinoctiale & des tropiques. Déclaration de l'Astrolabe , pour en user en pilotage par tout le monde ; imprimées à Poitiers , *in-4°.* par Jean de Marnef , 1559 *.

* Voy. LA CROIX DU MAINE , & les notes , au mot OLIVIER BISSELIN , Tom. II , pag. 204 & 205.

OLIVIER CONRAD , Religieux de l'Ordre saint François , a écrit en prose Françoise , la Vie , Faits & Louanges de saint Paul , Apôtre de Jesus-Christ , extraits fidèlement tant des Actes des Apôtres , que de ses Epîtres & autres saints Docteurs ; imprimés à Paris , *in-16.* par Vivant Gaultherot , 1546. Il avoit aussi , long-temps auparavant , composé un Livre en rime , intitulé le Miroir des Pécheurs ; imprimé à Paris , par Francois Regnaut : auquel fur ces paroles *Memor esto quoniam mors non tardabit. Ecclesiastici cap.* 14. il dit ce qui s'ensuit * :

* Voy. LA CROIX DU MAINE , & les notes , au même Article , Tom. II , pag. 205 & 206.

[*Lorsque tu vois des morts la sépulture ,*
Regarde alors ta fragile nature ,
La briefveté de tes jours décroissans.
Les uns , qui là gisent en pourriture ,
Des vers mordans la viande & pâture ,
Furent jadis au monde florissans ,

Des biens mondains remplis & jouïſſant,
Haut élevés en office & honneurs,
Toſt ont pris cours, comme les eaux paſſant ;
Mort ravit tout, grands, moyens & petits.

    Et au chap. *Mors peccatorum.*

Du nombre eſt Sardanapalus,
Le grand Roy des Aſſyriens,
Qui ſe brûla, & puis Cyrus,
Qu'une Dame eut en ſes liens.
Décapité fut o les ſiens,
Et en ſang humain eſtandu :
Lors luy dit : Boy, toy & les tiens,
Du ſang que tu as eſpandu.
Icy pourra tenir ſon lieu
Cayus le ſéditieux,
Qui ſe fit adorer com' Dieu,
Tant fut fol & préſomptueux.
Il ſe mit au nombre des Dieux,
Mais depuis, par ſes démérites,
Sans confort, triſte & douloureux,
Fut tué par ſes Satellites.

Engraver ſe devroit en marbre
Le fait qu'on vous racontera,
C'eſt de Milon, qui, en un arbre
Qu'il vouloit fendre, demoura.
Le bois ſi fort ſe reſſerra,
Que là tenu fut pour les gages :
Et encor ſon mal empira,
Mangé fut des bêtes ſauvages.
Si écrire veux ſeulement
Les noms de ceux que j'ay cognu,
Ravis de mort ſoudainement,
Prolix, je ſeray maintenu,
Et n'en ſeray au bout venu
De long temps, je vous certifie.
De ſon bon ſens eſt l'homme nu,
Qui en force & ſanté ſe fie, &c.]

OLIVIER GOVYN *, de Poitiers, a écrit le Mépris & Contemnement de tous Jeux de ſort, Traité contenant neuf chapitres ; imprimé à Paris, *in-*8º. par Charles l'Angelier, 1550.

  *Voy. La Croix du Maine, au même Article, Tom. II, pag. 206.

OLIVIER DE LYON *, Docteur Théologien, Recteur & Grand-Maître du Royal Collége de Navarre, a mis par écrit & tranſlaté une Oraiſon par lui prononcée en Latin, devant Antoine du Prat, Chancelier de France, pour les priviléges des Conſeillers & Officiers de l'Univerſité de Paris, & pour l'exemption de la décime aux vrais Ecoliers ; imprimée à Paris, *in-*8º. par Jean Petit, 1518.

  * Olivier de Lyon fut un des premiers qui travailla à faire revivre l'élégance de la Littérature dans le Collège de Navarre, qui étoit alors la plus illuſtre Ecole de Paris. Il fut ſept ans Sous-Maître des Grammairiens de ce Collège, & devint enſuite Grand-Maître & Chef de toute la Maiſon (Launoy, *Gymn. Navar.*) Il fut employé dans la négociation de l'Univerſité avec la

Cour, au fujet du Concordat, & ce fut à cette occafion qu'il prononça le
18 Février 151⅔ la Harangue citée par du Verdier. Il y avoit alors fort peu
de temps qu'il étoit Grand-Maître du Collège de Navarre. Il foutient affez
bien, dans ce Difcours, la dignité de la Compagnie pour laquelle il parle,
quoiqu'elle fût pour lors en difgrace, dit M. Crévier, dans fon *Hift. de l'Univerfité* (Tom. V, pag. 120). L'Orateur loue le Chancelier du Prat, mais il
termine ainfi fon éloge : « Qu'on ne s'imagine pas que je veuille ici vous
» flatter, je me conforme à l'ufage de cette célèbre Univerfité, lorfqu'elle
» aborde les Grands ; elle les loue, non pour leur infpirer de l'orgueil, mais
» pour les exciter à la vertu ». *Laudat homines, non ut efferantur, fed ut exci-
tentur*. Il mourut en 1522. Launoy rapporte fon Epitaphe pofée fur fa tombe.
Il y eft appelé

> *Confilio Neftor, cenfurâ Stoïcus, Hermes
> Eloquio, &c.*

OLIVIER DE MAGNY *. Les Odes d'Olivier de Magny de
Cahors en Quercy, & autres Œuvres poëtiques d'icelui,
contenues en cinq Livres ; imprimées à Paris, *in-8°*. chez
André Wechel, 1559. Les Soupirs d'Olivier de Magny, imprimés à Paris, *in-8°*. par Robert le Maignier. Il avoit écrit
auparavant Hymne fur la Naiffance de Madame Marguerite de
France, fille du Roi Henri II, en l'an 1553 ; avec quelques
autres vers Lyriques ; imprimée à Paris, *in-8°*. par Arnoul
l'Angelier, 1553.

*Voy. *LA CROIX DU MAINE*, & les notes, au même Article,
Tom. II, pag. 207 & fuiv.

Au quatriéme Livre. D'aimer en plufieurs lieux,
à Guillaume Aubert.

*Pource qu'en cette amour, diverfement écrite,
Je parle or' avec Anne, or' avec Marguerite,
Magdelaine & Loyfe ; on me pourroit blâmer
D'aimer en trop de lieux, pour bien me faire aimer.
A cela je réponds que, felon les détreffes,
Que j'ay long-temps fouffert pour ces quatre maîtreffes,
Et felon que j'ay eu d'elles bon traitement,
Je l'ay voulu décrire ainfi naïvement.
Mais pour n'en aimer qu'une, & pour elle ma vie
Voir à mille tourmens pour jamais afservie,
Je ne le fçauroy faire, aimant mieux dire adieu,
Pour aller chercher mieux en quelque autre bon lieu.*

La Nature m'a fait, & la nature eſt belle,
  Pour la diverſité que nous voyons en elle :
  Je ſuis donc naturel, & ma félicité,
  En matière d'amour, c'eſt la diverſité.
L'homme jeune eſt bien ſot, & digne qu'on le chaſſe,
  Qui ne loge ſon cœur qu'en une ſeule place ;
  Et, aux ongles du chat, le rat doit tresbucher,
  Qui ne ſçait qu'un ſeul trou pour ſe pouvoir cacher.
Il faut de port en port chercher ſon adventure,
  Aller par-cy par-là pour changer de paſture ;
  Et quand quelque faveur recevoir on n'a ſçu,
  Aller en autre endroit, pour être mieux reçu.
Par les divers pays, & les divers voyages,
  Par les hommes divers, & les divers langages,
  L'homme ſe fait plus rare, & s'acquiert le renom
  D'un homme bien expert & d'un homme de nom.
Ces marmiteux Amants, qui nuit & jour ſoupirent,
  Pour un amour auquel vainement ils aſpirent,
  Perdent (comme l'on dit) & repos & repas,
  Et ſouffrent, tous en vie, un millier de trépas.
Je m'en ris & m'en moque, & leur amour ſi forte,
  Ce n'eſt pas un amour qui les ames tranſporte,
  Ains c'eſt une fureur qui les transforme tous,
  Et qui fait qu'en la rue on les appelle fouls.
Aimons donques par-tout, & ces ſottes conſtances
  Chaſſons de nos amours & de nos alliances,
  Aimant, quand on nous aime, & nous gardant touſiours
  La liberté d'entrer en nouvelles amours.]

OLIVIER MAILLARD, Vicaire-Général des Freres Minéurs, appelés de l'Obſervance, a écrit durant le temps qu'il prêchoit le Carême à Poitiers, l'Exemplaire de Confeſſion, avec la Confeſſion générale ; imprimé à Rouen & à Caen, *in-*4°. par Pierre Violete & Robinet Macé, ſans date, & par Olivier Arnoullet, *in-*8°. à Lyon, 1524. La Récolation de la très-piteuſe Paſſion de notre Seigneur, repréſentées par les ſaints & ſacrés Myſtères de la Meſſe ; prêchée devant le Grand Maître de France, en ſa ville de Laval, par ledit Maillard, & imprimée à Paris, *in-*8°. par Pierre Sergent, & *in-*4°. par Jean Bonfons, ſous tel titre, le Myſtère de la Meſſe, conforme & correſpondant à la douloureuſe paſſion de notre benoiſt

Sauveur. Traité envoyé à plusieurs Religieuses, pour les instruire & exhorter à se bien gouverner, imprimé à Paris, *in-8°.* par Symon Voftre *.

* Voy. La Croix du Maine, & les notes, au mot Olivier Maillard, Tom. II, pag. 206 & 207.

OLIVIER DE LA MARCHE, Grand Maître d'Hôtel du Roi de Caftille, a compofé un Opufcule, partie en rime, partie en profe, intitulé le Parement & Triomphe des Dames d'honneur, auquel font contenus & déclarés tous les habits, triomphes & ornemens qui appartiennent à toutes femmes d'honneur, comme les pantofles d'humilité; les fouliers de foing & bonne diligence; la Chemife d'honnêteté; le corfet ou cotte de chafteté; le cordon ou lacet de loyauté, l'épinglier de patience; la bourfe de libéralité; la gorgerette de fobriété; la bague de foi; la robe de beau maintien; les gands de charité; les paillettes de richeffes du cœur, & ainfi des autres, avec exemples & Hiftoires fervant à ce propos, imprimés à Paris, *in-8°.* par Michel le Noir, 1520. & à Lyon, *in-16.* par Olivier Arnoullet. Il a écrit auffi en profe, un Livre de Mémoire qui eft une Hiftoire de la maifon de Bourgogne, des occurrences advenues de fon temps, tant en Flandres, Duché & Comté de Bourgogne, qu'ailleurs, imprimé à Lyon, *in-fol.* par Guillaume Roville. Item, Sommaire Defcription de la taille, mœurs, complexion, piété, exercice, & faits mémorables des deux derniers Ducs de Bourgogne fes maîtres. *En main.* Plus, Difcours adreffé à Monfieur l'Avitailleur de Calais des Etats, offices, Police, & revenu annuel de la maifon de Bourgogne, par où fe voit la grandeur d'icelle, & le vrai type ou pourtrait d'un Prince vraiment jufte & équitable à l'endroit de fes fujets. *Ecrit auffi en main.* *

* Voy. La Croix du Maine, & les notes, au même Article, Tom. II, pag. 209 & fuiv.

ORUS APOLLO *. Voyez en la lettre H. Horus.

* Nous ajouterons à la note de M. la Monnoye, rapportée à l'Article Horus Apollo, Tom. IV, pag. 235, que cet *Orus*, ou *Horus-Apollo*,

fuivant la Mythologie Egyptienne, étoit le fils d'Ofiris & d'Ifis. Il aida fa mère à venger la mort de fon père fur Tiphon & fur les autres complices de ce meurtre. (*Eufeb. Præpar. Evangel.* Lib. II, Cap. 1.) Diodore de Sicile, cité par Eusèbe (*ubi fup.*) dit que cet *Orus* eft une des Divinités les plus récentes de l'Egypte, où il régna ; que fon nom, bien expliqué, fignifie *Apollon* ; qu'il avoit appris de fa mère Ifis l'art de guérir & de deviner, ce qui l'avoit mis en état d'être très-utile au genre humain, en rendant des oracles, & en guériffant les maladies. Porphyre ne voit dans Orus qu'un emblême du Soleil, dont l'éloignement, ou le voifinage, fait les différentes faifons de l'année, dans ce monde inférieur, ou fublunaire (*Ibid.* Lib. III, Cap. 11.) Voyez encore JEAN-ALBERT FABRICE, Liv. I, Chap. 13 de fa *Biblioth. Grecque,* & l'*Hift. du Ciel* par PLUCHE, Tom. I, Chap. 1 & 2.

OPPIAN *. Voyez FLORENT CHRESTIEN.

* Conrad Rittershufius, de Brunswick, favant Jurifconfulte & bon Humanifte, a donné, en 1597, une bonne Edition Grecque & Latine des deux Poëmes d'Oppien, *fur la Chaffe & fur la Pêche.* Oppien étoit Poëte & Grammairien d'Anazarbe, en Cilicie, où il mourut, au commencement du troifième fiècle, âgé de trente ans. On prétend que l'Empereur Caracalla, auquel il dédia fes deux Poëmes, en fut fi charmé, qu'il donna une pièce d'or au Poëte pour chacun de fes vers ; ils le méritoient, car les Poëmes font excellens. On trouvera, dans la Bibliothèque des Auteurs qui ont écrit fur la Chaffe, un très-bon Article fur OPPIEN, & des détails affez curieux fur cet Ecrivain, & fur les Editions & les Traductions de fes Poëmes.

OPTATUS MILEVITANUS *. Voyez PIERRE VIEL.

* Optat, Evêque de Milève, en Afrique, combattit les Donatiftes avec autant d'efprit que de favoir, & fes Ecrits font d'un ftyle noble, véhément & concis. Saint Auguftin & faint Fulgence en ont fait les plus grands éloges. Il les méritoit autant par la pureté de fes mœurs, que par la beauté de fes Ecrits & l'étendue de fon génie. Il fut Evêque vers l'an 370. Son Ouvrage contre les Donatiftes, ne comprenoit originairement que fix Livres, car l'Auteur n'en promet pas davantage dans le feptième Chapitre du Livre premier, & la première Edition n'en contenoit pas plus. Elle parut à Mayence, en 1549, *in-fol.* Elle ne peut être recherchée qu'à caufe de fa rareté, étant fort peu correcte. François Baudoin en donna une meilleure, en 1563, dans laquelle il publia le feptième Livre, & une autre, plus correcte encore, en 1569. Pierre Viel, qui traduifit cet Ouvrage en François, en 1564, ne put par conféquent fe fervir que de l'Edition de 1563. Je ne parlerai point des Editions fubféquentes, dont on trouvera la lifte dans Fabricius (*Biblioth. infim. Latinit.* Tom. V, pag. 498.) La meilleure Edition des Œuvres d'Optat eft celle de M. Dupin, *in-fol.* Amfterdam, 1701.

ORLANDE DE LASSUS *. Flamand de Nation, le plus excellent Muſicien qui ait été devant lui, & qui ſemble avoir ſeul dérobé l'harmonie des cieux, pour nous en réjouir, en la terre, ſurpaſſant les anciens, & ſe montrant, en ſon art, la merveille de notre temps; a mis en muſique à quatre, cinq, ſix, huit, dix parties, pluſieurs Epigrammes, Chanſons & Sonnets, tant de Marot, Ronſard que autres Poëtes François: le tout contenu au Livre de ſes Mêlanges, qui eſt un Recueil de ſes plus beaux Ouvrages & Muſique bien reçue en tous lieux, & digne d'être ouie & chantée; imprimés à Paris, par Adrien le Roy & Robert Ballard, 1576. Continuation des Mêlanges d'Orlando de Laſſus, &c. imprimée à Paris, par Adrien le Roy, 1584. Eſtienne Jodelle a fait un chapitre de cent ſoixante-douze vers, en faveur d'Orlande, excellent Muſicien, duquel il me prend envie mettre ici le commencement:

> S'il faut que tès chanſons, graves enſemble & douces,
> Sur l'aile des beaux chants qu'on leur doit inventer,
> Juſqu'aux Roys (ô ma Muſe) ains juſqu'aux Dieux tu pouſſes
> Des vers en contr'échange icy tu dois chanter
> Pour Orlande, qui peut aux vers l'aile ſi belle,
> D'un heur, d'un air, d'un art admirable, preſter.
> L'aile qu'Orlande peut donner aux vers, eſt telle,
> Que ſon vol animé de mouvemens ſi beaux,
> Si prompts, ſi hauts, ſurpaſſe en volant toute autre aile.
> D'Enfer au Ciel, du Ciel aux infernales eaux,
> Mercure en un moment remonte & redevale,
> Ayant au chef, aux pieds ſes ailerons jumeaux.
> Ce beau vol peut porter à la rive infernale
> Nos vers, au Ciel, aux coins de la terre, ſans peur
> De ce qui fit en mer cheoir le fils de Dédale.
> Mercure auſſi, qu'on fait fort ſubtil inventeur
> En Muſique, peut-être eſt la Muſique même,
> Hauſſant, baiſſant par-tout ce beau vol enchanteur.
> Puis donc qu'en tel art donne & courſe & force extrême
> Aux vers, & puis qu'Orlande un tel vers façonnant,
> Eſt des vieux & nouveaux ouvriers l'ouvrier ſuprême:
> Muſes, qui de tel art irez touiours tenant,
> Comme l'art tient de vous, il ne faut qu'on refuſe
> D'orner ce qui vous peut donner tant d'ornement.

Puis

Puis la Musique a pris son beau nom de la Muse,
　Même l'air des beaux chants inspirés dans les vers,
　Est comme en un beau corps une belle ame infuse, &c.

* *Orlande Lassus* est le même que *Roland Lassus*, né, en 1520, à Mons, & mort le 13 Juin 1593, à Munich, dans sa soixante-treizième année. Ayant été jeune en Italie, où il fit un assez long séjour, il y tourna son nom à l'Italienne, & se fit appeler *Orlando Lasso*. Il fut de son temps le Musicien le plus célèbre de l'Europe. Voyez sa Vie dans Melchior Adam.

ORONCE FINÉ, Dauphinois, Lecteur, Mathématicien du Roi, en l'Université de Paris, a écrit la Sphère du monde, proprement dite Cosmographie, divisée en cinq Livres, comprenant la première partie de l'Astronomie, & les Principes universels de la Géographie & Hydrographie; avec une Epître en rime, présentée jadis, par le même Auteur, au Roi François I, touchant la dignité, perfection & utilité des Sciences Mathématiques; en laquelle est introduite Philosophie parlant audit Seigneur Roi; imprimée à Paris, in-4°. par Michel Vascosan, 1551 : ladite Epître avoit été imprimée auparavant à part, in-8°. à Paris, par Pierre Leber, 1531. & commence ainsi :

　Celuy qui fit les Cieux en un moment,
　Et ordonna, &c.

La Théorique des cieux & sept planettes, avec leurs mouvemens, orbes & disposition, très-nécessaire, tant pour l'usage & pratique des Tables Astronomiques, que pour la connoissance de l'université de ce haut monde céleste; illustrée de figures, & imprimée à Paris, in-8°. par Guillaume Cavellat, 1557. Les Canons & Documens très-amples, touchant l'usage & pratique des communs Almanachs que l'on nomme Ephémérides. Briève & Isagogique Introduction sur la judiciaire Astrologie, pour savoir prognostiquer des choses à venir, par le moyen desdites Ephémérides : plus un Traité d'Alcabice, touchant les conjonctions des planettes, en chacun des douze signes, & de leurs prognostications & révolution d'années; imprimé à Paris, in-8°. par Guillaume Cavellat, 1556. Brève Déclaration de l'Horloge ou Quadrant général, imprimée à Paris. Explication de l'usage de l'Anneau Horaire. Voyez le reſte de ſes Œuvres qu'il a écrit en Latin , dans la Bibliothèque de Geſner. Charte univerſelle de tout le monde , faite en forme de cueur. La Charte Gallicane d'Oronce , après laquelle eſt venue celle de Jean Jolivet *.

* Voy. LA CROIX DU MAINE , & les notes , au mot ORONCE FINÉ , Tom. II , pag. 213 & 214.

ORPHÉE *. Hymne de la Loi: autre , du Soleil: autre , de la Santé; tournés du Grec d'Orphée , ſont contenus aux Hymnes Eccléſiaſtiques de Guy le Fevre.

* On compte pluſieurs Orphées. Le plus ancien étoit celui de Thrace , dont on ſuppoſe qu'il nous reſte des Hymnes & d'autres Poëſies. Il étoit Diſciple de Linus , Maître de Muſée , & fut Poëte & Théologien. Il alla s'inſtruire de la ſcience des Dieux , auprès des Prêtres Egyptiens , & il écrivit en vers ce qu'il en avoit appris. Il ſe livra à la contemplation , & rompit tout commerce avec les femmes , qui le déchirèrent en morceaux , ſous prétexte qu'il s'étoit abandonné à des inclinations honteuſes & contre nature. C'eſt ce qu'en raconte Ovide , dans le Liv. XI des *Métamorphoſes* , Fable 1. Il fait dire à la première des femmes qui l'attaquèrent : *En , ait , en hic eſt noſtri contemtor !* Cette tradition étoit généralement répandue. Diodore de Sicile , & , après lui , Suidas , donnent auſſi la même cauſe à la mort d'Orphée , en faiſant l'éloge de ſes Chants , dont la douceur rendoit ſenſibles juſques aux êtres inanimés , & charmoit la férocité des Lions & des Tigres. Aelien , dans ſon Ouvrage , *de variâ Hiſtoriâ* , ne veut point que l'Orphée de Thrace ait eu aucun de ces talens , parce que tous les Thraces , dit-il , ſont groſſiers & ignorans. Athenée , qui a raſſemblé pluſieurs traits de la plus haute Antiquité , parle dans le Livre treizième de l'ancien Poëte Mimnermus , lequel , dans le troiſième Livre de ſes *Elégiaques* , cite Orphée comme un des hommes les plus ſenſibles aux douceurs de l'amour ; ſelon ce Poëte , il aima éperduement les femmes. Suidas parle d'un autre Orphée de Crotone , qui écrivit des *Argonautiques* , exiſtants encore de ſon temps. Il vivoit vers le temps du Tyran Piſiſtrate. De tous ces divers ſentimens , on a droit de conclure qu'il y a eu pluſieurs Orphées , qu'on les confond tous , & que les Poëſies qui ſont données ſous le nom de l'*Orphée de Thrace* , appartiennent à différens Poëtes de même nom. Voyez encore J. ALB. FABRICE , *Biblioth. Grecque* , Liv. I , Chap. 18 & 19.

OVIDES [1]. Le Grand Olympe des Metamorphoſes , qui contient quinze Livres en rime & langage Roman , écrit en main ſur parchemin velin , en la Librairie du ſieur Laurencin , Prieur de Saint-Iregny , à Lyon , & commence ainſi ,

Or vueil commencier ma matire ,

Ovides dist, mes cuers vucult dire
Les formes qui muées furent
En nouveaux corps, &c.

Voyez Pub. Ovid. Naso. en la lettre P.

[1] Nos Anciens écrivoient *Ovides* & *Virgiles*, au fingulier, comme nous écrivons encore *Charles*, *Jacques*, *Gilles*, &c. Ovide naquit à Sulmone, *in Pelignis*, fous Augufte, environ quarante ans avant la naiffance de Jefus-Chrift, & mourut, âgé de foixante ans, fous Tibére. Il eft douteux fi ce fut dans fon exil de Tomes, ou s'il étoit de retour à Rome. Son Ouvrage des *Métamorphofes*, quoiqu'il n'y ait pas mis la dernière main, eft un chef-d'œuvre; auffi a-t-il été traduit en toutes fortes de langues, même en vers, dans la nôtre, plufieurs fois, témoin l'ancienne verfion manufcrite, ici rapportée; celle de Philippe de Vitri, Evêque de Meaux; celle que Marot avoit entreprife, dont il ne donna que les deux premiers Livres, & celle que l'infatigable Thomas Corneille a eu le loifir & le courage de finir. Je ne daigne pas parler des burlefques. —Voyez, à la fin de la lettre P, Publius Ovidius Naso. (M. de la Monnoye).

O. R. P. Des diverfes Règles de Droit ancien, tirées des Pandectes, & traduites en François, felon leur ordre; avec la Concordance des Canoniques, à chacune defquelles font ajoutées les Sommaires Définitions & Divifions des chofes y contenues; avec les Textes & Auteurs probatifs d'icelles, par O. R. P. imprimées à Paris, *in*-8°. par Jean le Bouc, 1583.

O. S. Traité de l'Obftination, & comment, & pourquoi la plupart des Hérétiques ne fe veulent reconnoître & retourner au gyron de l'Eglife Catholique; par O. S. imprimé à Paris, *in*-8°. par Claude Fremy, 1552.

OSVALDUS MYCONIUS [1] a écrit en Latin, la vie de Huldric Zuyngle, tranflatée en François, & imprimée avec les vies de Martin Luther & Jean Ecolampade; imprimée à Lyon, *in*-16. par Jean Saugrain, 1562. *Réprouvé.*

[1] Il mourut dans fa foixante-quatrième année, le 15 Octobre 1552, à Bâle, où il avoit fuccédé à Œcolampade, dans la fonction de Miniftre. (M. de la Monnoye).

OTTOMARUS [1] LUSCINIUS *. Hiftoire Evangélique des quatre Evangéliftes, en un, fidèlement abrégée, où eft

X ij

récité par ordre, à une fois, sans omettre ni ajouter cela des
faits de Jesus-Christ, qui par les quatre, étoit sans ordre plusieurs fois redit. Icelui abrégé écrit premièrement en Grec, par
Ammonius Alexandrin, personnage duquel saint Hiérome,
fait grande estime, & lequel vivoit, en l'an de notre Seigneur,
230 ; puis traduit de Grec en Latin, par Ottomarus Luscinius,
& de Latin en François, par Translateur incertain ; imprimé à
Lyon, *in-8°.* par Gilbert de Villiers, 1526 : & depuis traduit
par un autre qui ne se nomme point, & imprimé sous tel titre,
Evangélistaire abrégé, en vingt chapitres, alléguant, en marge,
les lieux d'où ils sont extraits, au soulagement de la mémoire
des Chrétiens ; imprimé à Lyon, *in-16.* par Claude Norry dit
le Prince, 1544.

¹ On a inféré dans la Bibliothèque des Pères, deux Concordes Evangéli-
ques ; l'une, sous le nom de *Tatien* ; l'autre, sous le nom d'*Ammonius
d'Alexandrie.* Le hasard en ayant offert l'une des deux, vers le milieu du
sixième siècle, à Victor de Capoue, cet Evêque ne trouvant point le nom de
l'Auteur à la tête du Livre, après avoir long-temps douté à qui de *Tatien,*
ou d'*Ammonius,* qui avoient tous deux composé un Ouvrage de cette nature, il attribueroit celui qu'il avoit entre les mains, se détermina enfin
à l'attribuer à Tatien ; en quoi Baronius (A. C 174, n°. 9) a prétendu qu'il
s'étoit trompé, prenant la Concorde d'Ammonius, pour celle de Tatien, &
la Concorde de Tatien, pour celle d'Ammonius. Aujourdhui nos Critiques
sont persuadés que les Concordes, tant de Tatien, que d'Ammonius, n'existent point, & que celles qu'on a imprimées sous leur nom sont supposées ;
d'où il s'ensuit que, selon eux, on ignore de qui est la Concorde, qu'Ottomarus Luscinius, qui l'a traduite en Latin, a cru être d'Ammonius d'Alexandrie. Cette Traduction fut d'abord imprimée ** à Strasbourg, en 1523,
ensuite à Erford, en 1544, & plus d'une fois depuis dans la Bibliothèque
des Pères. Du Verdier dit que le Traducteur François d'Ottomarus Luscinius
est incertain ; mais, pour le connoître, à ne pouvoir en douter, il n'y a qu'à
lire dans La Croix du Maine l'Article de Jean de Vauzelles, Tom. I,
pag. 602. (M. de la Monnoye).

* Le nom Allemand d'Ottomarus étoit *Nachtigal,* qui signifie la même
chose que *Luscinius* en Latin, ou *Progneus,* qu'il a pris quelquefois dans ses
Ouvrages. Il étoit né à Strasbourg, vers 1480. L'Abbé du Monastère de
S. Udalric & de Ste Afre, à Augsbourg, l'appela pour expliquer les Pseaumes
à ses Moines, & il fut en même temps Prédicateur de l'Eglise de S. Maurice, dans la même Ville, ce qui a fait croire mal-à-propos au P. le Long,

que Lufcinius avoit été Moine de S. Affre, ce qui n'eft point vrai; car, après avoir exercé pendant quelque temps les fonctions de Prédicateur à Bâle, il revint à Strasbourg, où il eut un Canonicat dans l'Eglife de S. Etienne. On croit qu'il eft mort en 1535, âgé de cinquante-cinq ans. C'étoit un homme entêté, jaloux, envieux, qui déchira plufieurs Savans de fon temps, Erafme, entr'autres, fi généralement refpecté, fur quoi Melanchthon fit ce Diftique :

> *Quum laceras miferos crudeli carmine manes,*
> *Nomen erit Vultur, non Philomela, tibi.*

Nous avons d'Ottomarus Lufcinius un Recueil de Contes, fous le titre de *Joci & Sales*, imprimés, pour la première fois, à Augsbourg, en 1524, *in*-8°. où il s'en trouve de très-licentieux.

** Je crois que M. de la Monnoye fe trompe, en citant comme de *Strasbourg* la première Edition de la Traduction Latine de l'*Hiftoire Evangélique* ; ce fut à Ausbourg (*Augufta - Vindelicorum*) qu'elle fut imprimée pour la première fois, en 1523.

OUDIN DE GOURNAY a mis en rime [1], la Légende de faint Hyldevert, Evêque de Meaux en Brie, imprimée à Rouen, *in*-8°. par Jean Crevel & la fin eft telle :

> *En l'an de l'Incarnation*
> *Six cens & trente, ou environ,*
> *A Rouen fainct Ouen régnoit,*
> *En Meaux Hyldevert fe tenoit.*

[1] *Oudin* eft une corruption d'*Audouein, Audoenus*. Gournay, dont ce Poëte étoit natif, eft un Bourg fur la Marne, à fept lieues de Meaux, où eft révéré S. Hildevert dans l'Eglife qui porte fon nom. (M. DE LA MONNOYE).

LIVRES D'AUTEURS INCERTAINS.

Les OBSEQUES & grandes Pompes funèbres de l'Empereur Charles V, faites en la ville de Bruxelles, traduites d'Italien en François, avec aucuns vers & Epitaphes Latins à fa louange ; imprimées à Lyon, *in*-8°. par Jean Saugrain, 1559.

Vifions d'OGER LE DANOIS [1], au Royaume de Féerie, écrites en vers François, par Auteur incertain ; imprimées à Paris, *in*-8°. par Ponce Roffet, 1548.

[1] Le Roman d'Oger le Danois, en rime, eft conftamment du Roi Adenez, dont il a été parlé en fon lieu. Il a depuis été mis en profe, & rien n'eft plus

commun. Mais ce Roman , & celui que du Verdier intitule ici *Viſions d'Oger le Danois* , ſont deux Ouvrages différens. (M. DE LA MONNOYE).

Le Roman d'OLIVIER DE CASTILLE [1].

[1] On trouve , en Eſpagnol , *la Hiſtoria de los Nobles Cavalleros Oliveros de Caſtilla y Artus de Algarbe* , & en François , l'*Hiſtoire d'Olivier de Caſtille* , *d'Artus d'Algarbe ; d'Hélène , fille du Roi d'Angleterre , & d'Henri , fils d'Olivier , tranſlatée du Latin par Philippes Camus* , l'une & l'autre *in-fol*. Voyez *Bibliotheca Fayana* , pag. 287 , & plus bas , à la lettre P. PHILIPPE CAMUS. (M. DE LA MONNOYE).

Le grand OLYMPE des Hiſtoires Poëtiques du Prince de Poëſie , Ovide Naſo en ſa Métamorphoſe , Œuvre authentique , & de haut artifice , pleine d'honnête récréation ; traduit de Latin en proſe Françoiſe , imprimé à Lyon , *in-8°*. par Romain Morin , 1530. à Paris , *in-16*. par Nicolas Bonſons , 1576 , & depuis revu , corrigé & mis en meilleur langage par Loys Turquet , & imprimé *in-16*. par Jean de Tournes , à Lyon , 1583.

Trois Livres de la Facture de l'OR * , traduits des vers Latins de Jean Aurel. Augurel. en proſe Françoiſe , imprimés à Lyon , *in-16*. par Guillaume Roville , 1548. François Habert les a traduits auſſi , mais en vers François , ſous tel titre : les trois Livres de la Chryſopée , c'eſt-à-dire , l'Art de faire l'Or , contenant pluſieurs choſes naturelles , traduits de Jean Aurele Augurel , Poëte Italien , par F. Habert de Berry ; imprimés à Paris , par Vincent Gaultherot , 1549. Au premier Livre après les Réponſes aux objections contre l'Art de faire l'Or , il vient à l'Expérience diſant ainſi :

> *Vienne à préſent Expérience en place ,*
> *En grave port , avec joyeuſe face ,*
> *Où l'on ne peut erreur appercevoir ,*
> *Et qui n'eſt point ſujette à décevoir.*
> *L'expérience ores manifeſtée*
> *Jadis , dit-on , vint ſervir Prométhée ,*
> *Après les arts que luy , non ocieux ,*
> *Pour le ſervir , avoit tirés des Cieux.*
> *Et par long temps il uſa du ſervice*

D'expérience , en naïf exercice.
Mais , se voyant déja vieil & chenu ,
Et sur le point des derniers jours venu ,
On fait récit qu'à son trépassement ,
Il la laissa aux sages seulement ,
Et aux prudens , auxquels , sans controverse ,
Elle obéit , & avec eux converse.
Depuis ce temps Expérience a mis
Dans les cerveaux des hommes , ses amis ,
Une facile & évidente preuve ,
Par qui certain & véritable on treuve ,
Qu'on peut , par art , muer heureusement
Aucuns métaux , & que certainement ;
Par ce même art , le vray or on peut faire ,
L'argent aussi d'autres métaux extraire , &c.

* La Traduction , en vers François , de cet Ouvrage d'Augurelli , par François Habert, fut depuis imprimée à Paris, en 1626 , *in-8°.* & M. Clément (*Biblioth. Curieuse ,* Tom. II , pag. 247) cite cette Edition , comme si elle étoit unique , en quoi il se trompe , puisque la Traduction de Habert avoit paru à Paris dès 1549. L'Edition de 1626 n'est pas même bien annoncée par M. Clément : elle fait partie d'un Recueil intitulé *Trois anciens Traités de la Philosophie Naturelle , savoir , les sept Chapitres dorés , ou les sept Sceaux d'Hermès Trismégiste , la Réponse de Bernard Tréviçan à Thomas de Boulogne , & la Chrysopée de Jean Aurel Augurel.* La première Edition de la *Chrysopée* d'Augurel , en vers Latins , est de Venise , en 1515 , *in-4°.* Elle est très-rare. Voyez Tom. IV, pag. 329 , l'Art. de JEAN AUREL AUGUREL , & les notes.

Le Livre de la vraie & parfaite ORAISON , avec le Sermon que notre Seigneur fit en la montagne , & l'Exposition contenant les huit Béatitudes , deux Homélies de saint Jean Chrisostome , pour apprendre la manière de prier Dieu ; les Pseaumes Pénitentiaux , exposés par manière d'Oraison ; & le Mystère de l'Incarnation du Verbe Divin ; imprimé à Paris, *in-16.* par Charles l'Angelier , 1544.

La très-sainte ORAISON que notre Seigneur a baillée à ses Apôtres , les enseignant comment ils , & tous vrais Chrétiens doivent prier ; avec un Recueil d'aucuns passages de la sainte Ecriture , pour éveiller l'entendement des fidèles à prier Dieu de plus grande affection. *Censuré.*

ORAISON ou Harangue, écrite, fuivant l'intention du Roi très-Chrétien François I, aux Séréniffimes, très-illuftres & très-hauts Seigneurs, & à tous les Etats du faint Empire, affemblés à Spire en Allemagne; imprimée à Paris, *in-8°.* par Robert Éftienne.

ORDONNANCES des Rois de France, imprimées diverfes fois & en divers lieux du Royaume.

Les ORDONNANCES Royaux fur le fait & jurifdiction de la Prevôté des Marchands & Echevinage de Paris, prifes fur les Regiftres d'icelle ville; imprimées à Paris, *in-4°.* par Guillaume Merlin, 1556.

ORDONNANCES de l'Empereur Charles V, publiées en fa Cour fouveraine de Parlement à Dole, le 16 Mai 1539 : où font contenues les Ordonnances tant anciennes que nouvelles de la Franche Comté de Bourgogne, obfervées en ladite Cour & autres Juftices inférieures ; celle du feu Duc Jean, pour la garde & fûreté de fes Duché & Comté de Bourgogne, & retrait de fes Sujets, & de leurs biens, en temps d'éminent peril de guerre ; & les Coutumes générales dudit Comté ; imprimées à Dole, *in-fol.* par Nicolas Ravel & Homo Dano, 1554.

L'ORLOGE de Sapience, mis de Latin en François, contenu en deux Livres : le premier fait mention de la mort & paffion de Jefus - Chrift , & de plufieurs belles chofes que Sapience enfeigne à fon Difciple; & le fecond apprend comme un bon Chrétien fe doit gouverner en ce monde, pour acquérir le Royaume de Paradis; imprimé à Paris, *in-8°.* par Jean Longis *.

* Voy. à la fin de la lettre H, Tom. IV, p. 256, l'HORLOGE DE SAPIENCE.

PALEPHATUS

P A L.

PALEPHATUS [1]. Narrations Fabuleufes *. Voyez GUIL-LAUME GUEROULT.

[1] Le PALÉPHATUS, Auteur de ces *Narrations Fabuleufes*, qui ont pour titre Περὶ ἀπίσων, vivoit, felon Suidas, du temps d'Artaxerxe, favoir, quelque quatre cent foixante ans avant Jefus-Chrift; car ce Paléphatus étant généralement reconnu pour un Ecrivain très-ancien, il ne faut pas douter que l'Artaxerxe, fous lequel on le place, ne foit le premier du nom. (M. DE LA MONNOYE).

* Ce qui nous refte de Paléphate, n'eft que le premier Livre d'un Ouvrage beaucoup plus étendu, comme l'a penfé Fabricius, par la comparaifon de la partie qui a paffé jufqu'à nous, avec les citations que les Anciens ont tirées de l'Ouvrage entier de Paléphate. Il eft difficile de déterminer l'âge où vivoit cet Ecrivain; car, s'il étoit Stoïcien, comme le dit Tzetzès, il faut qu'il ait vécu long-temps après Artaxerxe; mais il eft certain qu'il avoit écrit avant Apollo-dore & Diodore de Sicile. On peut confulter Fabricius, *Biblioth. Grecque,* Tom. I, pag. 136 & fuiv. Quant à ce qu'on lit dans Suidas, aux Articles de PALEPHATE, qui font au nombre de quatre, on n'y voit que confufion. Le Lexique, qui porte le nom de *Suidas*, n'eft manifeftement qu'une compilation, dont il eft probable que Suidas fut le premier Auteur, mais qui s'eft accrue fucceffivement, par des additions que d'autres compilateurs y ont faites fans examen & fans critique. Ce Lexique, ainfi augmenté, a continué de porter le nom du premier compilateur, au moyen de quoi les quatre Articles, qui, dans Suidas, traitent de Paléphate, pourroient bien regarder le même Ecrivain, dont les Auteurs, chez lefquels les compilateurs ont puifé, ont parlé diverfement. Ne voit-on pas tous les jours nos Bibliographes, trompés par les différences qu'ils trouvent dans les fources qu'ils confultent, foit fur la vie des Auteurs, foit fur leurs Ecrits, multiplier & les Auteurs & leurs Ouvrages ?

PALLADIUS RUTILIUS *. Voyez JEAN D'ARCES.

* Ce Palladius vivoit au quatrième fiècle.

PANDOLFO COLLENUCCIO. Voyez DENYS SAUVAGE, ANTOINE GEOFFROY.

[1] Collenuccio, né à Pefaro, étoit un homme de Littérature fort mêlée, Jurifconfulte, Médecin, Herborifte, Poëte, Hiftorien, Déclamateur. Jean Sforce, Souverain de Pefaro, le foupçonnant d'intelligence avec fes ennemis, le fit étrangler en prifon, nonobftant les grands fervices qu'il en avoit

autrefois reçus. Paul Jove & Pierius l'écrivent ainsi. Ce dernier, mal expliqué par Moréri, ne dit nullement que ce soit César Borgia qui ait fait mourir Collenuccio. Les mots *Suspectusque Principi*, ne peuvent s'entendre que de Jean Sforce, qui, en qualité de Souverain de Pesaro, l'étoit de Collenuccio. Vossius ne leur a pas donné un autre sens; mais il s'est trompé, quand il a cru que les vers suivans d'Hugolin Vérin, Liv. II *Florentiæ illustratæ*, regardoient Collenuccio :

> *Si non eloquii gravitate Coluccius omnes*
> *Exsuperat, cujus, ceu fulmina, dicta Tyrannus*
> *Bebriacus timuit, tantùm terroris habebant.*

ils regardent uniquement le fameux Colutius, Secrétaire de la République de Florence, reconnu alors pour si éloquent, que J. Galéas, Duc de Milan, (c'est le *Bebriacus Tyrannus* d'Hugolin) appréhendoit plus un trait de sa plume, que tous les efforts de mille Cavaliers Florentins. On trouvera ceci en termes Latins équivalens, dans l'*Europe du Pape Pie II*, Chap. 54, &, après lui, dans Volaterran, Liv. XXI. *Colutius*, en Italien *Coluccio*, diminutif corrompu de *Nicolo*, avoit encore *Lino* pour nom de baptême. Son nom de famille étoit *Salutato*; &, parce qu'il étoit fils d'un *Piero Salutato*, quelques-uns l'ont appelé en Latin *Colutius Pierius*. Il mourut l'an 1406, quelque cent ans avant Collenuccio. (M. DE LA MONNOYE).

PANTALEON BARTELON, de Ravieres en Bourgogne, Recteur du Collége & Ecoles dudit lieu, a écrit deux cens quatre-vingt-trois Distiques moraux Latins, mis en autant de Quatrains François, par lui-même; imprimés à Lyon, *in-8°*. par Benoist Rigaud, 1570. J'en mettrai ici quatre qui me semblent des meilleurs.

Conscius sceleris.

> *La conscience étant coupable d'un forfait,*
> *A toujours devant soy l'horreur de son méfait;*
> *Et, n'ayant de repos, une seule étincelle*
> *Conduit & jour & nuit son enfer avec elle.*

Curio mentitus.

> *D'un Vicaire en secret j'en feray un Curé,*
> *Duquel premièrement je veux être assuré*
> *Que, tant que je vivray, pour éviter les bruits,*
> *Il aura les honneurs, & je prendray les fruits.*

Mus ridiculus

> *L'espérance, amusant plusieurs, de ses doux ris,*
> *Me promettoit un train de vingt & cinq chevaux;*

Mais je voy à la fin que, de tous mes travaux,
Ne paroîtra, finon la petite fouris.

Vicarius.

Qui le devoir de Pafteur veuille faire,
N'en trouverez un tout feul entre dix ;
Chacun fert Dieu par commis, ou Vicaire,
Et par Vicaire yra en Paradis.

PANTALEON THEVENIN, de Commerci, en Lorraine, a fait un Commentaire fur l'Hymne de la Philofophie de Pierre de Ronfard, auquel eft traité de toutes les parties de la Philofophie; illuftrées de Sentences, Paffages & Hiftoires ; avec un Traité général de la Nature, Origine & partition de Philofophie; imprimé à Paris, *in-*8°. par Jean Febvrier, 1582.

* Voy. La Croix du Maine ; au même Article, Tom. II, p. 215 & 216.

PAPYRIUS MASSON, nommé auparavant JEAN MASSON, de faint Germain la Val, en Forefts, Avocat au Parlement de Paris, a écrit l'entier Difcours des chofes qui fe font paffées en la Réception d'Elifabeth d'Autriche, Roine de France à Mezieres, & Mariage du Roi Charles IX, avec elle; imprimé à Paris, & depuis à Lyon, par Benoift Rigaud, 1571. *Papyrii Maffoni Annalium Libri quatuor, quibus res Geftæ Francorum explicantur ; Lutetiæ,* in-4°. & *in-*8°. *apud Nicolaum Chefneau,* 1578 *.

* Voy. La Croix du Maine, & les notes, au même Article, Tom. II, pag. 216 & 217.

PARDOUX DU PRAT, natif d'Aubuffon, en la Marche, Docteur ès Droits, a écrit Pratique de l'Art des Notaires, contenant les formes de minuter & groffoyer toutes fortes de contrats, tant ès matières Eccléfiaftiques, que temporelles ; traduite de Latin, & fuccinctement adaptée aux Ordonnnances Royaux; avec un Traité de la difpofition judiciaire; imprimée à Lyon, *in-*8°. par la Veuve Gabriel Corier, & depuis par Pierre Michel, 1578. Théorique de l'Art des Notaires, pour connoître la nature de tous contrats, & tout ce qui concerne l'Etat & Office de Notariat; divisée en trois parties : Contrats, dernières volontés, & Jugemens; traduite de Latin, & imprimée à Lyon, *in-8°.* par Gabriel Cotier, & *in-16.* avec la Pratique des Notaires, par Pierre Michel, 1578. Annotations tenant lieu de Commentaire, sur les Ordonnances du Roi Charles IX, faites en sa ville de Moulins, en l'Assemblée des Etats, l'an 1566; imprimées à Lyon, *in-8°.* par Benoist Rigaud, 1572. Il a traduit de Grec en François, Institution de la vie humaine, ou la vie de M. Antonin, Philosophe, écrite par le même, qui étoit Empereur Romain. Remontrance d'Agapetus, Evêque, à l'Empereur Justinian ; de l'Office d'un Empereur ou Roi; imprimée à Lyon, *in-8°.* par la Veuve Gabriel Cotier, 1570. Amas Chrétien ou Extrait de la Poësie de Vergile, accommodé au vieil & nouveau Testament, réduit en deux Livres, par Proba Falconia, femme d'Adelphus, Consul Romain, & mis en vers François, par ledit du Prat; imprimé à Lyon, *in-8°.* par Jean d'Ogerolles, 1557. Richard le Blanc a pareillement traduit ledit Opuscule de Proba Falconia, en rime Françoise [1]. Vers sententieux, extraits des Poëtes Grecs & faits François; imprimés à Lyon, *in-16.* par Jean d'Ogerolles. *Jurisprudentiæ mediæ Libri 4. Pardulpho Prateio Auctore ; Lugd. in-8°. apud Gull. Rovillium, 1561. Lexicon Juris civilis & Canonici, sive potiùs Commentarius de verborum quæ ad utrumque jus pertinent significatione, Antiquitatum Romanarum elementis & leg. Pop. Rom. copiosissimo indice adauctus, à Pardulpho Prateio, Augustobuconiate delineatus ; impr. Lugd. in-fol. apud Gull. Rovillium.*

[1] On passe à Pardoux du Prat ses versions de Marc-Antonin, d'Agapet, des vers Grecs sententieux; on passe de même à Richard le Blanc ses versions d'Hésiode, de Virgile, de S. Chrysostome, de Béroalde & de Cardan ; mais on ne sauroit passer à l'un, ni à l'autre, celle qu'ils ont faite du Centon de Proba Falconia, rien n'étant plus ridicule, que de vouloir traduire un Ouvrage qui n'est point susceptible de Traduction, & dont la beauté ne peut subsister, qu'en le lisant dans sa langue originale, sans y déranger le moindre mot. On peut faire l'application de cette critique au Traducteur François, quel qu'il soit, des *Macaronées* de Merlin Cocaïe. (M. DE LA MONNOYE).

PASCHAL DE LESTOCART a mis en Mufique, à trois, quatre, cinq & fix parties, Octonaires de la vanité du monde; Auteur, la Roche Chandieu; imprimés à Lyon, par Barthelemy Vincent, 1582. Item les Pfeaumes en vers Latins & François, diftingués en plufieurs Livres, en forme de Motets: plus Mêlanges de Chanfons Latines & Françoifes, imprimés de même.

PASCHAL ROBIN, fieur du Faux, Angevin, a écrit Elégie fur le trépas de Meffire Charles de Coffé, Comte de Briffac, Maréchal de France; imprimée à Paris, par Thomas Richard, 1564. Difcours de l'excellence & antiquité du Pays & Duché d'Anjou & des Princes qui y ont commandé, & en font fortis; impr. à Paris, *in-8°*. par Emanuel Richard, 1582. Monodie fur le trépas de Meffire François de Lorraine, Duc de Guife; imprimée à Paris, par Thomas Richard, 1563. Regrets fur le trépas de Meffire Timoléon de Coffé, Comte de Briffac; imprimés à Paris, par Jean Hulpeau, 1569. Il a traduit & recueilli les vies de quelques Saints & Saintes, imprimées à Paris, parmi les trois grands Volumes de l'Hiftoire des Saints, à Paris, par Nicolas Chefneau; le fecond Hymne du Livre des Couronnes, écrit par Aurel. Prudence Clément, en vers Latins, fur la paffion de faint Laurent, Martyr; & traduit Hymne à l'honneur de faint Laurent, paraphrafé des vers Latins de M. Antoine Muret, en vers François. L'Hymne troifième, de Prudence, Poëte Chrétien, où eft décrite la vie de fainte Eulalie, Vierge & Martyre. Cantique de faint Ruffin, comprenant en bref fon Martyre, traduit des vers Latins de Pierre Damian. Oraifon à fainte Marie Magdelene, traduite des vers Latins de Pétrarque. Plus, foixante-huit vers Provençaux, faits fur la grande Baulme, en Provence, à l'honneur de ladite Sainte, par Balthafar de la Burle, Valet de Chambre de Monfieur le Cardinal de Bourbon, & traduits en François, par ledit Pafchal Robin. Hymne ou Cantique à fainte Anne, traduit des vers Latins Elégiaques de Rodolphe Agricola, Frifien, très-Docte perfonnage. Cantique ou Vœu de Didier Erafme de Roterdam, à fainte Geneviève, pour la guérifon de fa fièvre quarte , traduit des vers Latins inférés au cinquième Tome de fes Œuvres. Il a traduit auffi les Vies de quelques Saints , contenues au troifième Tome de l'Hif- toire de leur vie , mort & paffion.

PASQUIER LE MOYNE , Portier ordinaire du très-puif- fant & très-redouté Roi de France , François I de ce nom, a écrit en rime, le Couronnement du Roi François I de ce nom ; Voyage & Conquête de la Duché de Milan , victoire & répul- fion des extirpateurs d'icelle ; avec plufieurs fingularités des Eglifes , Convens, Villes & Fortereffes d'icelle Duché , faits l'an 1515 ; imprimé à Paris, *in*-4°. par Gilles Couteau , 1519.

PATRICE COCBURNO [1]. Voyez Jaques Vincent.

[1] Il eft mieux appelé Cocburne , du Latin *Cocburnus* , au mot Jaques Vincent, Tom. IV , pag. 315. Les uns l'ont cru Catholique , d'autres Pro- teftant. (M. de la Monnoye).

PATRICE TRICASSO. La Chiromance de Patrice Tricaffo des Cerefars , Mantuan , traduite d'Italien : & fur la fin eft ajouté un Avertiffement, pour l'intelligence des chofes qui plus en ont de befoin ; imprimée à Paris , *in*-8°. par Claude Fremy, 1560. & par Ambroife Drouard , 1583.

PAUL [1] ÆMILE *. Voy. Simon de Montiers, Jean Regnard.

[1] Paul Emile , Véronois , étoit de ces Auteurs qui changent & corrigent fans ceffe leurs Ouvrages. Son *Hiftoire de France* lui a coûté un travail de trente ans, & peut-être encore n'en étoit-il pas fatisfait. Son premier deffein avoit été de rechercher l'origine de la Nation Gauloife, dans les fiècles fabuleux. J'en ai vu un effai manufcrit , dédié à fon Patron le Cardinal Charles de Bourbon. Il eft divifé en deux Parties, dont la première finit à la légation des trois Fabius à Brennus , & la feconde , à la retraite des Romains dans le Capitole. De la manière dont l'Auteur s'explique , en adreffant ces paroles à Char- les VIII , qu'il nomme par-tout Heraclide , parce qu'il prétendoit que les Rois des Gaules defcendoient d'Hercule : *Tu verò , ô Carole Rex Heraclida , terrarum fpes , & fi quid veri omnium mentes augurant , & Cœleftium prædic- tiones perfentiunt , Doctorum mox ingens futurum opus , præfidiumque* ; il eft aifé de juger qu'il écrivoit avant l'expédition de Charles, en Italie , & que ceux par conféquent, qui ont dit que c'étoit Louis XII , qui avoit amené Paul Emile

en France, fe font trompés. Le Manufcrit que j'ai cité, fait voir que cet
Hiftorien étoit en France du temps de l'ancien Cardinal de Bourbon, mort
l'an 1488, dix ans avant l'avénement de Louis XII à la Couronne. Gaguin
n'avoit pas encore publié fon Hiftoire, autrement Paul Emile auroit eu tort
de commencer la Préface que j'ai vue, par dire : *Vereor ne, fi primus ego
atque externus Gallicam Antiquitatem è tenebris in lucem revocavero.* Il refte
de lui un autre Manufcrit, plus ample une fois que le précédent. C'eft une
ébauche très-imparfaite de l'*Hiftoire de France*, en trois Livres, commençant
à Clovis, & finiffant à la nomination de Charlemagne à l'Empire. La narration, comme dans l'autre Ouvrage, y eft toute pleine de Harangues ennuyeufes
& mal conçues, le ftyle affecté, obfcur, entortillé, & qui même, en divers
endroits, n'eft pas exempt de barbarifmes, peu d'exactitude pour la recherche
de la vérité ; enforte que ce n'eft pas fans raifon qu'il a depuis abandonné
ces deux premières productions, des défauts defquelles, fur-tout du trop grand
nombre de Harangues, il n'a pas entièrement purgé la troifième, plus correcte d'ailleurs, pour la fûreté des faits, pour les fentimens & pour la diction.
Dans le fecond des deux Manufcrits dont j'ai parlé, & que j'ai vu entre les
mains de feu M. Parifot, Procureur-Général au Parlement de Bourgogne,
il y avoit, touchant le miracle de la Sainte-Ampoule, un long récit, fupprimé
dans l'Hiftoire avouée depuis, & publiée par l'Auteur. Paul Emile ne fut
Chanoine de l'Eglife de Paris, que fous Louis XII. Il mourut le 5 Juillet
1529. Les huit vers, où il s'eft peint, & qu'on lit à la fuite de la Préface
de fon Hiftoire, ont été faits plus de quarante ans avant fa mort, puifque
ces mots :

> .   .   . *Retinet me Gallia : Cardo*
> *Carlus habet* .   .   .   .   .

font voir qu'il y eft parlé du Cardinal Charles de Bourbon, comme alors
vivant, que nous avons remarqué être mort l'an 1488. —Voy. les Mémoires
de Niceron, Tom. XL, fur les Editions différentes & les Traductions de
l'Hiftoire de Paul Emile, de même que les jugemens qui en ont été portés.
(M. DE LA MONNOYE).

* On trouvera encore, dans la *Bibliothèque Curieufe* de M. Clément, des
détails fur les Editions & les Traductions de l'Hiftoire compofée par Paul
Emile (Tom. I, pag. 62 & fuiv.) & dans Pope Blount, le Recueil des jugemens que divers Savans en ont portés (p. 384). Les fecours qui lui fervirent
à perfectionner fon Hiftoire, ne lui furent fournis que fucceffivement ; ce
qui fut peut-être la caufe de la longueur du temps qu'il employa à la compofer. François I lui fit remettre beaucoup de Mémoires, felon une note qui
fe trouve à la fin d'un Manufcrit intitulé *Origo Francorum, feu Chronica
Francorum, ab anno 380, ad annum 1308*, confervé dans la Bibliothèque
de Berne. Ce Manufcrit eft cité dans le Catalogue de cette Bibliothèque,
publiée par le favant Sinner, auquel la gardeen eft confiée. Voici la note que
nous tirons du Catalogue, imprimé à Berne, en 1770 (Tom. II, pag. 52) :

« Le préfent volume, & plufieurs autres, avoient été mis par commande-
» ment du grand Roi François I de ce nom, entre les mains du Seigneur Paul
» Emile, avec plufieurs anciens fragmens, inftructions & mémoires, par
» Meffire Marc le Groing, Chevalier, Vicomte de la Mothe au Groing,
» premier Gentilhomme de la Chambre du Roi, &c. pour dreffer au vray
» l'Hiftoire de France; ce qui avoit été fait avec l'aide dudit Vicomte, & du
» Seigneur de Langey, commis par ledit Roi, ainfi qu'il appert par les
» Lettres-Patentes, &c. &c. »

PAUL ANGER, Carentennois, a écrit en rime, Défenfe
en la perfonne de l'honnête Amant, pour l'Amie de Cour du
fieur de Borderie, contre la contr'Amie de Charles Fontaine;
imprimée avec la parfaite Amie & autres Opufcules, à Paris,
in-16. par Jean Ruelle, 1545 *.

* Voy. LA CROIX DU MAINE, & les notes, au mot PAUL ANGIER,
Tom. II, pag. 220 & 221.

PAUL BIEN-ASSIS, de Poitiers, a traduit de Latin, deux
Livres d'Euchaire Rodion, Docteur en Médecine, traitant des
divers Travaux & enfantemens des femmes, & le moyen pour
furvenir aux accidens qui peuvent écheoir devant & après
iceux travaux; imprimés à Paris, in-16. par Nicolas Bonfons,
1577.

PAUL EBER *. L'Etat de la Religion & République du
peuple Judaïque, depuis le retour de l'exil de Babylone, jufques
au dernier faccagement de Hiérufalem; traduit du Latin de Paul
Eber; imprimé in-8°. par Jean Crefpin, 1563.

* Il mourut le 10 Décembre 1569, âgé de cinquante-huit ans.

PAUL DU MONT a traduit de l'Efpagnol de R. P. Frere
Loys de Grenade, Docteur en Théologie, de l'Ordre faint
Dominique, la grande Guide des pécheurs à vertu, en laquelle
eft traité fort amplement des richeffes, beauté & dignité d'i-
celle vertu: enfemble du chemin qu'il faut tenir pour l'obtenir;
imprimée à Douay, in-8°. par Jean Bogard, 1574. & à Paris,
par Michel Sonnius.

PAUL

PAUL MORISE, Milanois [1]. De l'Origine des Religions, &c. Voyez Jean Lourdereau.

[1] Son nom Italien étoit Paolo Morigia. Il naquit à Milan le 1 Janvier 1525. Il entra jeune dans l'Ordre des Jesuaces, où, par son mérite, étant parvenu au Généralat, il mourut l'an 1604, dans sa quatre-vingtième année, ayant composé un très-grand nombre d'Ouvrages, dont on peut voir le Catalogue dans le Ghilini *, & dans le Picinelli. (M. de la Monnoye).

* Son Epitaphe fait monter le nombre de ses Ouvrages à 61. Voy. Ghilini, Part. I, pag. 188.

PAUL * OROSE, Historien & Compilateur de tous les âges du monde, contenant toutes choses dignes de mémoire, advenues tant ès parties Françoises, Italiques, Grecques, Romaines, qu'autres Nations du monde, depuis le premier âge, jusques à présent; translaté de Latin en François, imprimé à Paris, *in-fol.* par Philippes le Noir, 1526.

* Paul Orose, né à Tarragone, en Espagne, ayant été fait Prêtre, fut envoyé par deux Evêques Espagnols, en 414, auprès de S. Augustin, Evêque d'Hippone, pour s'instruire. Il y resta un an, & S. Augustin, l'envoyant à S. Jérôme, en rend ce témoignage: *Venit ad me Religiosus juvenis, Compresbyter noster Orosius, vigil ingenio, ornatus eloquio, flagrans studio, utile vas in domo Domini. . . Docui quod potui. Quod autem non potui undè discere valeret, admonui. Itaque, ut ad te proficisceretur, hortatus sum.* Il alloit consulter S. Jérôme sur l'origine de l'ame. A son retour de Syrie, il écrivit, par le conseil de S. Augustin, son Histoire en sept Livres, depuis le commencement du monde jusqu'à l'année 416 de Jesus-Christ. Elle est peu exacte, & cependant utile. On croit qu'il mourut à Rome, & qu'il fut enterré dans l'Eglise de S. Eusèbe. On voit à la Bibliothèque du Roi divers Exemplaires d'Orose en François, mais l'Auteur de la Traduction n'est point connu. Jean-Albert Fabrice, qui le nomme *Philippe le Noir*, a pris l'Imprimeur pour le Traducteur. — M. de Bréquigny connoît deux Manuscrits précieux de l'Histoire écrite par Orose; l'un de sept cens ans d'antiquité, dans la Bibliothèque du Chapitre de Saint Martin de Tours (coté 87), l'autre, moins ancien de quatre siècles au plus, mais très-beau & très-correct, dans la Bibliothèque du Chapitre de Saint Gatien, de la même Ville (coté 42). Si l'on vouloit donner une nouvelle Edition de cet Ouvrage, on tireroit, suivant M. de Bréquigny, de grands secours de ces Manuscrits, qu'il a conférés en partie avec les Editions, & dans lesquels il a remarqué des leçons qui contribueroient à purger le texte de beaucoup de fautes, qui y sont encore restées, malgré les soins des Editeurs. Le titre barbare, que quelques-uns donnent à

l'Hiftoire d'Orofe, de *Hormefta mundi*, ne fe trouve point dans ces Manuf-crits. On en a cherché bien loin l'étymologie ; les uns dans la langue Grec-que , abfolument ignorée d'Orofe ; les autres dans la langue des Goths , où il n'eft guère poffible qu'on ait été puifer le titre d'un Ouvrage écrit en Latin. Il eft bien plus probable que ce titre n'eft qu'un abréviation du mot *Horofii Mœfta*, que les Copiftes ont écrit d'abord *Hor. Mœfta*, ou , fans féparation , *Hormœfta*, ce qui, étant pris alors pour un feul mot , a donné lieu d'écrire *Hormefta*. Dans les Manufcrits que je cite , d'après M. de Bréquigny, le nom d'*Orofe* eft écrit affez fouvent *Horofius*. On a pu nommer l'Ouvrage dont il s'agit *Mœfta*, comme on a appelé *Triftia*, les Elégies, où Ovide fe plaint de fon infortune ; cela eft d'autant plus naturel, que le but d'Orofe eft de prou-ver , contre les Payens , que les hommes ont effuyé de plus grands malheurs, avant l'établiffement du Chriftianifme, qu'ils n'en ont éprouvé depuis. Ainfi fon objet eft de raffembler l'Hiftoire de tous les fléaux & de tous les maux qui ont défolé le genre humain, avant Jefus-Chrift. Un pareil Ouvrage eft bien digne du titre d'*Orofii Mœfta* ; & ce titre même femble fuggéré par ce paffage du premier Chapitre : *Ego initium miferiæ hominum ab initio peccantis dicere inftitui.* Au refte, le fujet que cet Ecrivain s'étoit propofé de traiter, le portoit à adopter, fans beaucoup de critique, tout ce qui pouvoit s'y rap-porter : de-là une crédulité fur tous les faits qui pouvoient groffir la lifte lamentable des malheurs du monde : de-là les erreurs fréquentes, relevées par les Savans , & dans lefquelles cette crédulité a fait tomber cet Ecrivain.

PAUL * PARUTA. Voyez FRANÇOIS GILBERT DE LA BRESSE.

* Paul Paruta, noble Vénitien, Hiftoriographe de fa République, Ecri-vain favant, & Politique habile, a donné des Notes fur Tacite, des Difcours Politiques très-eftimés, & une *Hiftoire de Venife*, depuis 1513 jufqu'en 1552. Il fut employé à diverfes ambaffades, eut le gouvernement de Breffe, & fut Procurateur de S. Marc. Il mourut le 6 Décembre 1598, âgé de cin-quante-huit ans. Cette famille Patricienne fubfifte encore à Venife. — Voy. les Mémoires de Niceron, Tom. XI.

PAUL DE VOLLANT, Tourangeois, a écrit en vers, l'Election du Séréniffime Duc d'Anjou, Roi de Pologne, com-mençant ainfi :

> *Quand le bruit babillard , meffager des fureurs,*
> *Branfle fon aileron , bigarré de terreurs,*
> *Que le guerrier Airain, trompette les alarmes, &c.*

imprimée à Paris, *in-8º.* par Gilles Blaife, 1573.

PAULIN, Evêque ou Diacre d'Aquilée, a écrit en Latin [1],

Hymne de la Naiſſance du fils de Dieu. Hymne de ſaint Simeon, autre Hymne de la Dédicace de l'Egliſe, traduits en François par Guy le Fevre.

¹ Ce n'eſt pas *Paulin, Evêque, ou Diacre d'Aquilée*, qu'il falloit dire; mais ſimplement *Paul, Diacre d'Aquilée* *, qui a vécu juſqu'à la fin du huitième ſiécle. (M. DE LA MONNOYE).

* M. de la Monnoye ſe trompe, en prenant, pour *Paul, Diacre d'Aquilée*, l'Ecrivain dont parle ici du Verdier. C'eſt *Saint Paulin*, natif d'Auſtraſie, & qui, en 776, fut fait Patriarche d'Aquilée, dont le Siège étoit pour lors à Frioul. Il eut part aux bonnes graces de Charlemagne, & à l'amitié d'Alcuin, qui en fait ſouvent mention dans ſes Lettres & dans ſes Poëſies. Il mourut le 11 Janvier 804. On peut voir dans l'*Hiſtoire Littéraire de la France*, Tom. IV, p. 286, la liſte & la notice de ceux de ſes Ecrits qui ont été publiés juſqu'ici. On y trouvera les trois Hymnes citées par du Verdier, & traduites en François par Guy le Fevre de la Boderie.

PAULO ¹ JOVIO *. Voyez BLAISE D'EVERON, DENYS SAUVAGE, NICOLE VOLKIR.

¹ Cet Hiſtorien, avide de gloire, autant qu'il l'étoit d'argent, s'aviſa de s'écrire à lui-même, ſous le nom d'*André Alciat*, la lettre qu'on voit au-devant de ſes *Hiſtoires*, mais qu'il ne fit imprimer qu'après la mort de celui qu'il ſuppoſoit la lui avoir écrite, & qu'après la mort auſſi de Paul III, à la mémoire duquel il inſulte dans cette même lettre, ſur ce que ce Pape avoit eu la malhonnêteté de lui refuſer l'Evêché de Come, patrie, comme on ſait, de Paul Jove. Rien ne lui a été plus facile que de dater comme bon lui a ſemblé. Le tort qu'il a eu, c'eſt de n'avoir point déguiſé ſon ſtyle ampoulé qui le trahit, & qui, d'un bout à l'autre, crie que c'eſt Paul Jove qui en eſt l'Auteur. Il ſe fait faire véritablement, pour la forme, quelques objeétions ; mais il eſt aiſé de voir, de la manière dont il les tourne, qu'il ſe met au-deſſus, & qu'en cela il reſſemble à Ovide, qui connoiſſoit tout enſemble ſes défauts, & les aimoit. Quant à ſes mœurs, ſans recourir à ce que Cardan & Gilbert Couſin en ont écrit, je me contenterai de rapporter l'Epitaphe que lui fit l'Arétin, en ces termes :

> *Qui Giace Paolo Giovio Ermaphrodito*
> *Che vuol dire in volgar' moglie e marito.*

On dit que ce fut en reconnoiſſance des trois vers, que, du vivant même de l'Arétin, Paul Jove avoit fait courir, & que tout le monde ſait :

> *Qui Giace l'Aretin, Poëta Toſco,*
> *Che d'ogn' un diſſe malo, fuor di dio*
> *Scuſando ſi col dir, io no'l conoſco.* (M. DE LA MONNOYE).

* Paul Jove naquit à Come le 19 Avril 1483, fut Evêque de Nocera le 13

Janvier 1528 , quitta Rome en 1549 , après y avoir demeuré trente-sept ans ;
se retira à Florence , où il mourut le 11 Décembre 1552. Il fut enterré dans
l'Eglise Ducale de S. Laurent , & on voit sa statue , en marbre blanc , dans le
Cloître de cette Eglise , avec une Inscription à sa louange. — Voy. les Mém.
de Niceron , Tom. XXV.

PEIRE ou PIERRE DE BONIFACIIS , Gentilhomme de
Provence , issu de la noble & ancienne race des Boniface , en
son jeune âge prit grande peine de savoir les bonnes Lettres ;
puis s'adonna à la poësie Provençale. Il laissa plusieurs Chansons , en cette langue , qu'il fit à la louange d'une Dame de la
maison d'Andrea , de Montpellier , de laquelle il essaya , par tous
moyens , ployer le courage , tant par ses rimes que par invocation
magique. Il se plaint , en une de ses Chansons , qu'il ne demande
que le droit , & veut bien que sa foi soit connue de tous , & se
commence.

> Lo my souffis per augmentar mon drech ,
> Que ma fé sia de tous recouneguda ,
> S'yeu vac qu'erend cauza a my non deguda ,
> Yeu pregue a Dieu , qu'yeu syey e mort , e frech.
> Lo me sufis d'annar lou camyn drech ,
> Non pas cercar la vya incouneguda.
> Mays que seria donc ma fe devenguda ?
> Non seryeu yeu mechant en tal endrech ?

Voyant qu'il ne pouvoit rien avancer , s'adonna à la facture
de l'or , & chercha tant , qu'il trouva une pierre ayant vertu de
convertir les métaux en or , fut fort curieux de savoir la vertu
des pierres précieuses & Gemmes orientales , & en fit un Chant ,
auquel il écrit la vertu d'icelles , & met le diamant le premier ,
disant , qu'il a vertu de rendre l'homme invincible , que l'A-
gatte de l'Inde , ou de Crete , rend l'homme bien parlant , &
prudent , amiable , & agréable , que l'amétiste résiste à l'yvresse ,
que la cornaline appaise l'ire & le débat , en la présence du Juge ,
que la Jacynte provoque le dormir , que la perle donne liesse
au cœur , que le camayeu vaut contre hydropisie , quand il est
gravé en images ; que l'azuli , pendu au col des petits enfans , les
fait hardis ; l'Onixe d'Arabie & d'Inde ôte la colère ; que le rubis

pendu au col, déchaffe toutes fantaifies, en dormant ; que fi
l'homme veut fentir la vertu & expérience du faphir, faut qu'il
tienne chafteté, & que la fardoyne a femblable vertu ; que
l'efmeraude fait bonne mémoire, & rend l'homme joyeux; que
la Topaze reftreint l'ire & la luxure ; que la Turquoife garde
l'homme de chûte; que l'Elyotropie rend l'homme invifible; que
l'aigue marine met l'homme hors de péril; que le corail réfifte
à la foudre; l'afbette ne fe brûle point au feu ; que le Beril fait
enamourer ; que le Chriftal éteint la foif aux fébricitans; que
l'aiman attire le fer ; que le grenat donne contentement &
joie: la Roine Jeanne tenoit ce Poëte à fes gages, lequel mourut
en l'an 1383, au temps que ladite Roine Janne première du nom,
s'étrangla [1].

1 Du Verdier, au lieu de finir par ces mots : *au temps que ladite Jeanne,
première du nom, s'étrangla,* devoit dire : *au temps que ladite Jeanne, première
du nom, fut étranglée,* ce qui auroit été plus conforme aux termes de Jean de
Notre-Dame, Chap. 74, & à la vérité de l'Hiftoire[*]. (M. DE LA MONNOYE).

[*] On conferve à Naples, dans la Maifon *Caracciolo,* un Manufcrit curieux
fur la vie & les infortunes de Jeanne II, Reine de Naples, où l'on voit que
prefque tout ce qu'on lui reproche, étoit occafionné par un tempérament
auquel elle ne pouvoit réfifter.

PEYRE ou PIERRE CARDENAL, fut d'un Château près
de Beauquaire, nommé Argence, de pauvres parens, toutefois
bien inftitué aux Difciplines libérales : excelloit & d'efprit, &
d'élégance, les Poëtes de fon temps, en toutes langues, & même
en fa naturelle vulgaire Provençale : vint habiter en la ville de
Tharafcon, où les Principaux, qui fe déleétoient lors aux bonnes
Lettres, l'entretenoient des deniers communs de leur ville, lui
baillant bons & avantageux gages, pour endoétriner la jeuneffe :
du temps que Charles II du nom, Roi de Naples, Comte de
Provence, fit Duc de Calabre, Robert fon fils, icelui Robert
étant en Provence, loua l'entreprife des hommes, & confirma
les priviléges de ladite ville, & au départ qu'il fit, s'en retournant à Naples, à l'aide de fon pere, fit exempter, pour dix ans,

la ville, de tailles & fubfides, à la charge que pendant ledit temps, ils entretiendroient ledit Pierre Cardenal. Au troifième an de fa Régeace, il devint amoureux d'une belle Damoifelle de la maifon de Roquemartine, nommée Laudune Albe, avec laquelle s'entretint quelques années en pudique amour, écrivant à fa louange plufieurs Chanfons, la nommant feulement Argence; mais il fut appelé par de Gambatefa, Sénéchal de Provence, pour ledit Charles II, que fut en l'an 1302, pour accompagner l'infante Beatrix, fille dudit Charles, Religieufe au Monaftère de Nazaret de la Cité d'Aix, que le pere envoyoit querir & enlever dudit Monaftère : & après lui avoir ôté les habits mona-caux, & vêtue en fille de Roi (car ainfi le portoit fa commiffion) en cet état fut menée & conduite par mer, avec deux Galeres à Naples, où ledit Pierre Cardenal fut chantant de fa Dame d'Argence, adreffant toutes fes Chanfons à l'infante Beatrix, laquelle fut depuis mariée avec le Marquis d'Eft. Et ledit Pierre demeura à fon fervice un long temps, & trépaffa à Naples, environ l'an 1306, du temps qne la Cour Romaine fut tranf-portée en Avignon. Il écrivit un Traité intitulé *Las Lauzours de la Dama de Argenfa* *.

* Voy. JEAN DE NOTRE-DAME, Chap. 54, & les notes fur LA CROIX DU MAINE, au mot PIERRE CARDENAL, Tom. II, pag. 260.

PEYRE REMOND, lou Proux, ou le vaillant, natif de Thouloufe, ainfi nommé, pour être preux, vaillant au fait des armes, & Poëte Lyrique, en langue Provençale, fut à la guerre de Surie contre les Infidèles, avec l'Empereur Frideric, où il compofa plufieurs Chanfons, qu'il adreffa à Jaufferande del Puech, de noble & ancienne maifon de Thouloufe, la regret-tant moult qu'il n'étoit auprès d'elle, en l'une defquelles il dit ainfi :

> *Veiglers, ny flours, ny Pras*
> *Non m'an fach Kantadour.*
> *Mais per vous (qu'yeu adour)*
> *Domna, foy allegraz.*

En une autre, pour l'avoir aimée plus d'un an, il se plaint de ce que le mal d'amour tant lui continue, qui se commence;

> *Encaras vac rekalyuan*
> *Lous mals d'Amours qu'auyey antan,*
> *Qu'una doulour senty venir*
> *Al cor, d'un angoyssous afan,*
> *Lou Mege que my pot guarir*
> *My vol en Dietta tenir,*
> *Coma lous autres Meges fan.*

Il a fait une fort belle Chanson du pouvoir d'Amour, qui se commence ainsi :

> *Amour, si ton poder es tal,*
> *Enfins que cad'un ho razona.*

En laquelle il décrit, par une infinité d'Histoires, tous ceux qu'Amour a mis sous son pouvoir. En une autre Chanson qui se commence ;

> *Non es sauy, ny gayre ben aprés*
> *A quel que blayma Amour, e mal en dis,*
> *Car el sap ben donnar ganch als marris,*
> *Et lous autres lous fay tournar courtés.*

En laquelle il dit que bienheureux fut le temps, l'an, le mois, & le jour qu'il fut feru au cœur, des beaux yeux de celle qui est tant accomplie, en beauté & bonnes vertus. Il a écrit un Traité *Contra l'errour dels Arrians*, & aussi contre la tyrannie des Princes. Il florissoit du temps dudit Frideric, Empereur II, trépassa environ l'an 1225 *.

   * Tiré de Jean de Notre-Dame, Chap. 18.

    PEYRE DE SAN ROMYECH, ou PIERRE DE SAINCT REMY, de la noble maison des Hugolens, de Saint Remy en Provence, composa des Comédies, & fit plusieurs Chansons, qu'il adressa à une Dame de Provence, de la maison de Lambesc, nommée Antoinette, Dame de Suze. Il écrivit un Traité auquel il se fâche grandement, & est ébahi de ce que le Comte de Provence ne châtie l'insolence, & fierté des Arelateins : la rebellion & arrogance des Massiliens, l'ambition, & convoitise

de régner, & le peu de juſtice de ſes Officiers d'Aix; l'abomination qui règne en ſa cité d'Avignon; les moqueurs de Digne;
la Nation Barbareſque des Nyciens; la tenante avarice & tromperie des gavots des montagnes, & les fainéants des Marte-
gaux, & tant de tyrans qu'il y a en ſon pays de Provence, où
le riche mange le pauvre, & le noble outrage, & oppreſſe le
payſan, duquel Traité il fut fait préſent à Madame Marguerite
de France, femme de ſaint Loys, Roi de France *.

* Tiré de Jean de Notre-Dame, Chap. 33.

PEYRE DE RUER, ou **PIERRE DE RUERE**, Gentilhomme de Puymont & Poëte Provençal, ayant ſuivi long-temps
les Guerres, au ſervice du Comte de Provence, & les Etudes
tout enſemble, ſe trouvant un jour en Provence, où de ce temps
les Poëtes étoient grandement eſtimés, fut ſurpris de la beauté
d'une Damoiſelle qui étoit en Provence, fille d'un fameux Chevalier de Naples, nommé Caracciolo, & après l'avoir aimée
long-temps, ſans qu'elle lui voulût donner audience, voyant
qu'argent & chevaux lui défailloient, emprunta un habit de Pélérin, & s'en vint, environ la ſemaine peineuſe, où tout le monde
étoit en dévotion, en un Château près d'Aix, nommé le Puy
ſainte Reparade, & ayant parlé au Curé de l'Egliſe du lieu,
tenant quelques papiers pliés en main, faiſant entendre avoir
permiſſion du Supérieur de ce faire, le jour du Vendredi Saint,
à faute de meilleur Prêcheur, monta en chaire, & commença à
dire quelques menus ſuffrages, & avecque un front haut & élevé
chanta ce Chant d'Amours.

> Pauc m'an valgut mos precs, ny mos prezics,
> Ny iauzimen d'Auſel, ny flour d'Eglay,
> Ny lou plazer que Dieu tranſmet en May
> Quand on vey vers lous prats, ny lous Garrycs,
> E pauc my val (ſegon ſo qu'yeu vey aras)
> Lou Dol qu'yeu ay que m'aucy, e m'accor,
> Ou qu'yuu fuſſa recluis ſoubtà un gran tor
> Que ſuſertar tant greus douluors amaras.

Sa Chanſon finie, il continua de rechef à dire quelques Exhortations

tations au peuple : & de rechef chanta les sept Pseaumes en
rime , auxquels chacun prit grand plaisir , & ayant donné la
bénédiction au peuple , descendit de la chaire la tête basse , &
tout marmiteux, se mit à la porte de l'Eglise à demander l'au-
mône : avant que de partir de là , son chapeau fut plein de
monnoie. Et ce fait , s'en retourna à Aix par devers sa Dame,
bien vêtu, selon la mode d'alors; elle, le voyant si bien en ordre,
lui fit plusieurs caresses, que le Monge des Isles d'Or n'a voulu
écrire, & moins saint Césari ; & le Monge de Montmajour en
parle trop grassement *.

* Tiré de Jean de Notre-Dame , Chap. 56. Voy. LA CROIX DU MAINE,
& les notes , au mot PIERRE DE RUERE, Tom. II , pag. 320.

PEYERE DEL VERNEGUE, Chevalier, Seigneur dudit
lieu , & bien-aimé du Dauphin d'Auvergne, fut Poëte Provençal , & vivoit du temps d'Alfons, Comte de Barcelonne &
de Provence, fils de Remond Berenguier, en l'an 1178. Il fit
un Traité en rime Provençale , intitulé *La preza de Jerusalem
prar Saladin* *.

* Voyez JEAN DE NOTRE-DAME , Chap. 3.

PEYRE VIDAL, fils d'un Pelletier de Thoulouse, fut Poëte
en langue Provençale, le plus prompt à trouver & composer
qu'on eût vu de long-temps, étoit un grand Vanteur, chantoit
de grandes folies d'Amours, & des armes, & médisoit d'un
chacun. Un Chevalier de saint Gilles lui coupa la langue pour
avoir médit d'une Dame d'honneur, sa parente; mais de crainte
qu'il eut de recevoir pis , se retira vers le Prince Hugues des
Baulx, avec lequel il demeura quelque peu de temps. Quand il
fut guéri, ayant pris congé de lui, se retira à Reynez , Prince
de Marseille , Amateur des Poëtes Provençaux , qui le mena
outre mer , en l'an 1227, où il devint amoureux d'une Grecque, belle femme, qu'il épousa, & lui faisoit-on accroire, qu'elle
étoit nièce de l'Empereur de Constantinople , par le moyen de
laquelle l'Empire d'Orient lui appartenoit. Ayant donc cru

cela, tout l'or & l'argent qu'il gagnoit, il l'employa à la conftruction de Navires, pour aller à la conquéte de fon vain Empire, & dès-lors chargea les Armoiries Impériales de Gueulles,
à un trident d'or, fe faifant nommer Empereur, & fa femme
Impératrice; étoit amoureux de toutes les Dames qu'il voyoit,
les prioit toutes d'amour, & à toutes préfentoit fon fervice;
avoit telle opinion de foi, qu'il n'avoit pas honte leur commander, & fi croyoit que toutes mourroient de defir de l'avoir en
ami, & qu'il étoit le meilleur Chevalier du monde, & le mieux
aimé des Dames. Quand il fut vieux, confidérant les maux qui
procédoient de trop parler, rédigea par écrit un Traité intitulé
La manyera de retirar fa lengua. Entre autres Chanfons par
lui faites (ainfi que faint Céfari l'a écrit) il fe vante, que la
neige, ne la pluie, ne le temps obfcur, ne l'empêchent point
d'exécuter fes hautes & glorieufes emprinfes, il le compare à
Gauvain, que tout ce qu'il prend, & atteint, il rompt & brife;
& n'étoit qu'il lui faut aller à la conquéte de fon Empire, il
feroit trembler tout le monde. Quelcun a écrit *Las vantarias de
Peyre Vidal.* Le Monge de Montmajour dit ainfi de lui: Peyre
Vidal étoit un vilain Pelletier, qui n'a point fes membres entiers : mieux lui eût valu qu'il eût la langue d'or, c'eft-à-dire,
qu'il eût parlé fagement, car on ne la lui eût pas fi facilement
coupée. Dit davantage, que la folie & la gloire lui ôtoient l'entendement, & qu'il avoit eu toujours grande indigence de
l'herbe d'Anticire, pour lui purger le cerveau travaillé d'humeur
mélancolique. Il trépaffa, à la pourfuite de fon Empire, deux ans
après fon voyage, qui fut en l'an 1229. Pétrarque a parlé de
ce Poëte, en fon triomphe d'Amour*.

* Tiré de Jean de Notre-Dame, Chap. 26.

PELERIN DE VERMANDOIS, natif de Dijon, Docteur
en Théologie, Religieux de l'Ordre de Cluny, & Prieur de
notre Dame de Mons, a écrit le Chapelet de Virginité, dit
d'Amours fpirituelles; imprimé à Paris, par Michel Soquand,
fans date. *Peregrini Vermandois, Divionenfis, Aurigale mundi.*

PERCEVAL DORIE, Gentilhomme Genevois, se tenoit
en Provence, fut Podestat ou Gouverneur d'Avignon & d'Arles, pour Charles I du nom, Comte de Provence, par le moyen
de Beatrix, fille & héritière de Remond Berenguier, Comte de
Provence, qui avoit été couronné Roi des deux Siciles & de
Naples: étoit bon Poëte en langue Provençale, en laquelle il fit
plusieurs Chants, & un Syruenté de la Guerre qui étoit entre
ledit Charles & Menfroy, injuste occupateur de la Sicile, contre
le gré de l'Eglise Romaine, qui fut honteusement vaincu par
ledit Charles, à Benevent, & en écrivit un Traité intitulé *La
guerra de Carle, Rey de Naples, & del Tyran Manfred*. Il en fit
un autre, en rime, intitulé *La fina folia d'amours*: ensemble plusieurs Tensons ou Disputes d'Amour, auxquelles ledit Doria, &
Lanfranc Sygalle, autre Poëte Provençal, sont Interlocuteurs,
& plusieurs Syruentés contre la cruauté des tyrans, trépassa
à Naples, en l'an 1276. Il se trouve un autre Poëte nommé
Symon Dorie, qui fit une Tenson, en laquelle sont Interlocuteurs lesdits Symon Dorie, & Lanfranc Sygalle, sur une
question, laquelle, pour en avoir la diffinition, ils envoyèrent
aux Dames de la Cour d'Amour de Pierrefeu & de Signe, &
ne se contentant de leur Arrêt, recoururent tous deux à la sou-
veraine Cour d'Amour des Dames de Romanin, en laquelle pré-
sidoit certain nombre de Dames du pays, entre lesquelles étoient
Stéphanette des Gantelmes Dame de Romanin ; la Marquise de
Malespine ; la Marquise de Saluces; Clarette, Dame des Baulx;
Laurette de saint Laurens; Cécile Rascasse, Dame de Caromb;
Hugonne de Sabran, fille du Comte de Forcalquier; Heleine,
Dame de Montpahon ; Yzabelle des Borilhons, Dame d'Ais;
Ursine des Ursieres, Dame de Montpellier; Alaette de Meol-
hon, Dame de Curban, & Elys, Dame de Meyrarques, &
plusieurs autres *.

* Voy. JEAN DE NOTRE-DAME, Chap. 38.

PERDIGON, fut Poëte Comique, Musicien, & Sonneur
d'Instrumens de cordes, & de vent, étoit Gentilhomme du pays

de Guivauldan ; pour son savoir fut au service du Dauphin
d'Auvergne, qui le fit passer Chevalier, & lui donna des terres
de grand revenu. Tant qu'il fut auprès de la personne du Dauphin, il se trouva fort heureux, mais quand il fut décédé,
Perdigon ne se sut entretenir avec le nouveau Dauphin son fils,
parce qu'il étoit jeune, ne sachant le plaisir & contentement
qu'on reçoit de la noble poësie, tellement qu'il perdit tout à
un coup le fruit de tant de belles & excellentes fortunes qu'il
avoit reçues : & se retira à Remond Berenguier dernier du nom,
Comte de Provence, Amateur des Poëtes Provençaux, qui
l'enrichit de tout ce qu'on pouvoit desirer. Il chanta toutes les
victoires que le Comte avoit obtenues en Provence, contre les
Rebelles du pays, les rédigea par écrit, & les lui adressa par ce
titre : *Las victorias de Monsiour lou Comte*, qui fut du temps
qu'il mit à son obéissance tout le pays de Provence, & les
Comtés de Vintimille, de Nisse, de Piémont, & Seigneurie de
Gennes. Ce Poëte étoit compagnon des deux Emerics, épousa
une Dame de Provence de la maison de Sabran, nommée Saure,
de laquelle n'eut point d'enfans, décédèrent tous deux environ
l'an 1269, & firent héritier le Comte de Provence *.

* Voy. JEAN DE NOTRE-DAME, Chap. 35.

PERNETTE DU GUILLET *, Damoiselle de Lyon, a
écrit quelques Rimes, qui ont été mises en lumière après son
décès, à la diligence d'Antoine du Moulin, & imprimées à Lyon,
in-8°. par Jean de Tournes, 1552. Maurice Sceve a mis l'Epitaphe suivant à la fin desdites Rimes.

* Voy. LA CROIX DU MAINE, & les notes, à l'Art. PERNETTE & PERRINE,
ou PERRONNELLE DU GUILLET, Tom. II, pag. 222.

Epitaphe de gentille & vertueuse Dame Pernette du Guillet,
Lyonnoise.

[*L'heureuse cendre, autrefois composée,*
En un corps chaste, où vertu reposa,
Est en ce lieu, par les graces posée,
Parmy ses os, que beauté composa.

O Terre indigne ! en toy son repos ha
Le riche estuy de celle ame gentille,
En tout sçavoir sur toute autre subtile,
Tant que les Cieux, par leur trop grande envie,
Avant ses jours, l'ont d'entre nous ravie,
Pour s'enrichir d'un tel bien mécognu,
Au monde ingrat laissant bien courte vie,
Et longue mort à ceux qui l'ont cognu.]

PETITBOYS, (Le sieur du) Poitevin, a écrit la Dorée, Chant Pastoral, ou Chant de la Tremouille., Seigneur de l'Isle de Noirmentiers[1] ; imprimée à Poitiers, in-4°. par les Bouchers, Freres, 1576.

[1] J'ai laissé *Noirmentiers*, parce que l'Auteur l'a peut-être écrit, comme on le prononçoit à Poitiers. On a d'ailleurs extrêmement varié sur l'orthographe de ce mot. *Noirmonstiers*, *Noirmoustiers*, *Nermoustier*, & *Noirmoutier*, Baronnie, Marquisat, & enfin Duché *. (M. DE LA MONNOYE).

* C'est une Isle sur les côtes de Poitou, qui a trois lieues de long, & sept de large ; la petite Ville a le même nom ; on y trouve aussi l'Abbaye de la Blanche, Ordre de Cîteaux.

PHALARIS[1]. Epîtres de Phalaris *. Voyez CLAUDE GRUGET.

[1] Voyez, touchant ces prétendues Epîtres de Phalaris, la *Biblioth. Grecque* de Jean-Albert Fabrice, Liv. II, Chap. 10, n°. 1, & le Tom. I du *Menagiana*, pag. 391 & 392. Un Auteur, qui ne s'est désigné que par ces lettres initiales, peut-être fausses, M. C. de S. M. publia, sur la fin de 1726, à Paris, quoique sans marquer le lieu de l'impression, deux petits *in-12.* dont le premier contient l'Histoire de Phalaris, le second ses Lettres. L'Histoire est un Roman mal tissu, ses Lettres sont estropiées, en ce que leur nombre y est moins ample de trente-six, que dans l'Original, les noms de plusieurs personnes, à qui elles s'adressent, altérés, & le sens mal rendu en divers endroits. (M. DE LA MONNOYE).

* Ces Lettres supposées sont adressées, pour la plus grande partie, par le Philosophe Scithe Abaris, au Tyran, avec leurs réponses. Il y a déjà long-temps qu'on fait peu de cas de ces Lettres : voici ce qu'en dit Volaterran (Lib. XVIII) *Phalaris, Tyrannus Siciliæ, Olympiad. LII, qui, æneo tauro Perilli invento, miseros cruciabat. Hujus Epistolæ, tenues admodùm, diù sibi autoritatem vindicaverant : verùm nunc passìm legi desierunt.*

PHILBERT BONNET *, Docteur ès Droits, Juge & Lieutenant-Général au Bailliage de Beaujolois, a écrit des Procès judiciels, quand c'eſt mal fait, ou non, de les avoir & ſoutenir : & comment ſe doit entendre cette Autorité de ſaint Paul. (1. Corinth. 6.) *C'eſt totalement délit en vous qu'ayez jugemens entre vous : pourquoi ne recevez vous plutôt injure ? Pourquoi ne recevez vous plutôt fraude ?* imprimés à Paris, in-8°. par Claude Fremy, 1553. Des grands biens, vertus & bontés que Dieu a donnés aux femmes, & qu'elles ont communément plus que les hommes : pour clairement montrer la témérité de ceux, qui ont dit, que les femmes, de leur nature, ſont mauvaiſes ; imprimé à Paris, *in*-8°. par Simon Calvarin, 1558. Les excellentes Dignités, vertus & puiſſances de la Vierge Marie : plus, Traité ſingulier de ladite Vierge ; imprimé à Paris, *in* 8°. par Eſtienne Deniſe, 1557. Moyens pour abréger les procès, & ôter les empêchemens de bonne & briève expédition de juſtice, faits par manière de conſeil & avis ; imprimés à Paris, par Guillaume le Noir, 1556. *Subtiliſſimæ legis neque natales C. de probationibus, & ejus gloſ.* (*quæ arduæ probandi materiæ clavis & principium eſt*) *utilis interpretatio, repetitio atque examinatio, in quâ præcipuè juridicè probandi leges & regulæ ſuccinctè & quodam ordine traduntur ; Lugduni, in-8°. apud Scipionem de Gabiano, 1536.*

* Voy. La Croix du Maine, au même Article, Tom. II, p. 223 & 224.

PHILIBERT BOYER *, Procureur au Parlement de Paris, natif de Parey en Charrolois, a écrit Inſtruction pour le fait des finances, & que c'eſt que des droits & devoirs Seigneuriaux & Domaniaux, en quoi ils conſiſtent, la forme de la vérification d'iceux, & l'ordre qu'il faut tenir à la reddition des comptes ; imprimée à Paris, *in*-16. par Guillaume de la Noüe, 1581. Déciſions de pratique, Livre premier, contenant ſoixante-cinq chapitres ; imprimées à Paris, par Robert le Maignier, 1582.

* Voy. La Croix du Maine, au même Article, Tom. II, pag. 224.

PHILIBERT BRETIN *, Bourguignon Auſſonnois, Docteur en Médecine, a écrit Poëſies Amoureuſes, réduites en forme d'un Diſcours de la nature d'Amour : plus, les Mêlanges commençans par un Poëme de l'origine & de la perfection de l'homme, où ſe reconnoît la pauvreté de ſa nature; imprimées à à Lyon, *in*-8°. par Benoiſt Rigaud, 1576. Il a traduit de Grec, les Œuvres de Lucian, de Samoſate, Philoſophe excellent, non moins utiles que plaiſantes, repurgées de paroles impudiques & profanes; avec la table des Opuſcules & Dialogues, & le ſujet de leurs Sommaires, par ordre; imprimées à Paris, *in-fol.* par Abel l'Angelier, 1582 *.

* Voy. LA CROIX DU MAINE, & les notes, au même Article, Tom. II, pag. 224 & 225.

PHILIBERT BUGNYON, Maſconnois, Avocat au Siége Préſidial de Lyon, a écrit Erotaſmes de Phidie & Gelaſine, contenant cent quatorze Sonnets, parmi leſquels ſont entre-mêlés quelques Chants, Eclogues & Epigrammes : plus, le Chant panégyrique de l'Iſle Pontine, avec la Gayeté de Mai; imprimés à Lyon, *in*-8°. par Jean Temporal, 1557. Nuptiale Seſtine à l'honneur de Pierre de Rozel, Conſeiller au Siége Préſidial de Nyſmes, & Damoiſelle Françoiſe de Sauaz, ſa femme; imprimée en Avignon, par Barthelemy Bonhomme, 1554. Déploration Elégiaque ſur le trépas de feu Jean de la Va-lette, grand Maître des Chevaliers de l'Ordre ſaint Jean de Jeruſalem, à Malte; imprimée à Lyon, *in*-8°. par Benoiſt Rigaud, 1568. Déploration ſur le trépas d'excellente Princeſſe Yſabelle de Valois, Roine d'Eſpagne; imprimée à Lyon, par Michel Jove, 1568. De la Paix, & du profit qu'elle rapporte, imprimée à Lyon, par Benoiſt Rigaud, 1577. Souhait du peuple Fran-çois, ſur l'heureux retour de Pologne, du Roi très-Chrétien Henri III, imprimé par Benoiſt Rigaud, 1574. Continuation dudit Souhait, imprimée par ledit Rigaud, audit an.

Ses Œuvres en Proſe.

Diſcours ſur l'épouvantable & merveilleux débordement du Rhoſne, dans & à l'entour de la ville de Lyon; imprimé à Lyon, par Benoiſt Rigaud, 1570. Diſcours du procès, d'entre Arnaud Neyron, & les Héritiers Jean Thevenon ; imprimé à Lyon, *in-*8°, 1576. Remontrance & Avertiſſement aux Etats Généraux de la France, tenus à Blois, imprimée à Lyon, par Pierre Rouſſin, 1576. Sommaire Diſcours ſur la Déclaration du Roi Henri III, touchant l'Atour de veloux, imprimé à Lyon, par Benoiſt Rigaud, 1577. Commentaire à l'Apologie & Défenſe de Lyſias, Orateur, ſur le meurtre d'Eratoſthene, ſurpris en adultère ; imprimé à Lyon, *in-*8°. par Benoiſt Rigaud, 1576. Icelle Apologie traduite de Grec en François, par Jaques des Comtes de Vintemille, Conſeiller au Parlement de Dijon. Commentaire ſur les Ordonnances du Roi Charles IX, faites à Moulins, en l'Aſſemblée des États, l'an 1566 ; imprimé à Lyon, *in-*8°. par Benoiſt Rigaud. Traité des Loix abrogées & inuſitées en toutes les Cours, Terres, Juriſdictions & Seigneuries du Royaume de France ; réduit en cinq Livres, pour la ſeptiéme édition, & imprimé à Lyon, *in-*4°. par Charles Peſnot, 1578. Harangue de Lyſias, Orateur Grec, contre les Marchands de bled de ſon temps, imprimée à Paris, *in-*8°. par Jean Parent, 1579. Diſcours des propriétés & vertu d'une ſource d'eau, retrouvée nouvellement en Vivarez, à deux lieues de Valence. Plus Seſtine à l'honneur & gloire de Dieu, ſur les admirables effets d'icelle ; imprimés à Lyon, par Benoiſt Rigaud, 1583. Commentaire ſur l'Édit du Roi, de l'abolition des Confrairies & Pains benis. *Eſt ſur la preſſe.* Les ſix & ſeptième Livres des Loix abrogées, qui ſeront imprimés bientôt. Commentaires, ou paratitles ſur les Ordonnances établies aux Etats Généraux, tenus en la ville de Blois, par Henri III de ce nom, très-Chrétien Roi de France & de Pologne, pour la réformation, ordre & réglement de la Juſtice de ſon Royaume ; imprimés à Lyon, *in-*8°. par Jean Stratius, 1583.

* Nous avons parlé de ſa *Chronique*, dans les notes ſur La Croix du Maine, Tom. II, pag. 225 & 226, & nous avons dit qu'il n'étoit, à proprement parler, que l'Editeur, quoique pluſieurs Ecrivains euſſent cru qu'il en étoit l'Auteur. Il eſt vrai que le fond de l'Ouvrage eſt de Fuſtailler, mais Bugnion

y avoit fait de fort grands changemens, avant de la publier. Il s'explique ainfi, dans une Epître Dédicatoire, à Guillaume Paradin : *Multò fanè plus negotii fuit mihi , in benè collocandis per quæque tempora rebus geftis , quàm , in confcribendis iis , impenfæ , curæ ; nam adeò perturbata erant omnia,* &c. Auffi, fur le titre de l'Ouvrage, *Chronica Urbis Matiffanæ,* il fe donne pour le rédacteur. *Ph. Bugnonius J. C. concinnavit.* Au refte, ce petit Ecrit ne méritoit peut-être pas tant de difcuffions. C'eft un petit Livret de 53 pages *in*-8°. Il fut imprimé à Lyon, en 1559, & il eft fort rare ; c'eft fon feul mérite.

PHILIBERT GANDIL, Capitaine d'Anton, Écuyer de Genas en Dauphiné, a écrit en rime, Devifes, Sentences, & Dictons politiques, moraux & Catholiques, tant par ordre abécédaire qu'autrement ; imprimés à Lyon, *in* 16. par François & Benoift Chauffard, freres, 1560.

PHILIBERT HEGEMON, de Châlons-fur-Saone, a écrit en rime *, la Colombière & Maifon Ruftique, contenant une Defcription des douze mois, & des quatre faifons de l'année ; avec enfeignement de ce que le Laboureur doit faire par chacun mois. L'Abeille Françoife du même Auteur : fes Fables morales & autres poëfies ; imprimées à Paris, *in*-8°. par Robert le Fizelier, 1583.

* Cet Auteur, né à Chalon-fur-Saone, de Philippe Guide, Procureur du Roi au Bailliage de cette Ville, & de Reine Rougeot, le 22 Mars 1535, pour fe donner un air favant, changea le nom de *Guide,* qui étoit celui de fa famille, en *Hegemon,* du Grec ἡγεμών, qui fignifie *Guide.* Le P. Jacob, (pag. 53 *de Script. Cabilonenf.*) dit qu'il remplit la charge de fon père, conciliant avec fes devoirs, le goût pour la vie champêtre & pour la Poëfie. Le Recueil de fes Œuvres, rapportées par du Verdier, eft un *in*-8°. de foixante-quinze feuillets. Il avoit laiffé manufcrite une Paraphrafe Françoife du Cantique des Cantiques, & une des Pfeaumes, qui périrent dans un incendie, après fa mort. Sa devife étoit *Dieu pour guide.* Il alla à Genève embraffer la Religion Prétendue Réformée, & mourut, à fon retour, à Macon, le 29 Novembre 1595, dans fa foixante-unième année. Voy. la Bibl. des Auteurs de Bourgogne, Tom. I, pag. 289, & la Biblioth. Franç. de M. l'Abbé Goujet, Tom. XIII, pag. 410.

PHILIBERT JAMBE DE FER a mis en mufique, à quatre parties, les vingt-deux Octonnaires du Pfalme 119, de David, traduits par Jean Poitevin ; imprimés à Lyon, par Thomas de

Straton, 1561. Il a mis auffi en mufique à quatre & à cinq parties, les cent cinquante Pfeaumes de David, mis en rime Françoife, par Clément Marot & Théodore de Beze ; imprimés à Lyon, par Martin la Roche, 1564 *.

*Voy. LA CROIX DU MAINE, & les notes, au mot JAMBE DE FER, Tom. II, pag. 226.

PHILIBERT DE LORME, Lyonnois, Aumônier ordinaire du Roi Henri II, & du Roi Charles IX, premièrement Abbé de faint Eloy lez-Noyon, pays de faint Serge lez-Angers, a écrit nouvelles Inventions pour bien bâtir à petits frais, imprimées à Paris, in-fol. par Hiérofme de Marnef, 1556. Plus, dix Livres d'Architecture, imprimés à Paris, in-fol. par Federic Morel, 1568 *.

*Voy. LA CROIX DU MAINE, & les notes, au même Article, Tom. II, pag. 226 & 227.

PHILIBERT POPILLON du Ryau, Gentilhomme Bourbonnois, a écrit vingt-quatre Sonnets Amoureux, imprimés à Lyon, in-8°. par Barthelemy Honorat, 1574.

PHILIBERT GAUTIER DE ROVILLE a écrit Chant funèbre des neuf Mufes, fur le tombeau d'Anne Duc de Montmorency, Pair & Connétable de France ; avec l'Acroftichide & l'Anagrammatifme dudit Seigneur ; imprimé à Paris, par l'Auteur, 1567.

PHILIBERT * DU VAL, Évêque de Séez, a écrit un Difcours en vers Héroïques, non moins élégant que haut, profond & admirable, traitant de la grandeur de Dieu, & de la connoiffance qu'on peut avoir de lui par fes œuvres. Item, de la puiffance, fapience & bonté de Dieu ; imprimé à Paris, in-8°. par Vafcofan, & encore par Federic Morel, 1568 : & à Lyon, par Gabriel Cotier. Le commencement eft tel :

Mufe du Ciel, ô divine Uranie,
D'y-moy la douce & plaifante harmonie,
Que tient le cours du monde fpacieux,
Et le réglé mouvement des hauts Cieux ;

Dy-moy l'Auteur, & la cause première
De la tousiours flamboyante lumière ;
Dy-moy celuy dont provient tant de bien,
Qui a tout fait & composé de rien.
Avant le Ciel, la Terre, & l'Eau profonde,
Et devant l'œuvre admirable du monde,
Ains qu'il y eût Soleil apparoissant,
Et que la Lune eût décours, ou croissant ;
Sans plus étoit une infinie essence,
Une bonté, puissance & sapience,
Qui n'a point eu aucun commencement,
Et durera perpétuellement.
Spirituelle, immortelle, invisible,
Inénarrable, & incompréhensible,
Toute par-tout, sans occupation,
Et dessus tout, sans limitation :
Simple substance, impassible, immuable,
Et pure & sainte, & juste & véritable,
Tout est en elle, & d'elle aussi tout vient ;
Par elle tout, & tout elle soutient, &c.

Il a traduit de Grec en prose Françoise, par le commandement du Roi François I, Dialogue de Platon, intitulé Criton, ou de ce qu'on doit faire, imprimé à Paris, *in-*8°. par Michel Vascosan, 1547.

* Le nom de cet Evêque étoit PIERRE. Voy. LA CROIX DU MAINE, & les notes, au mot PIERRE DUVAL, Tom. II, pag. 330 & suiv.

PHILIBERT DE VIENNE, Champenois, Avocat en la Cour de Parlement à Paris, a écrit le Philosophe de Cour. Il a traduit du Latin d'Erasme, Sermon de Jesus, enfant ; & sur la fin a ajouté le combat du corps & de l'esprit, imprimé à Paris, *in-*16. par Galiot du Pré, 1542.

PHILIBERTE DE FEURS, Dame Destours & de la Bastie en Masconnois, ores femme du Seigneur de Pisay, a écrit les Soupirs de Viduité, contenant cinq cens vers, par lesquels elle plaint & déplore fort la perte du sieur du Marteray Jehan de la Baulme, de la maison de Perez : se résout enfin sagement de peur d'offenser Dieu : & finalement discourt sur certaines visions qu'elle s'imagine lui être apparues. Plus, plusieurs autres Poësies que j'ai vu écrites à la main chez le sieur de la Taissoniere. Les Soupirs de Viduité commencent ainsi:

> Mon cœur, surpris d'une extrême tristesse,
> Faict, ô mon Dieu, qu'à toy ma voix j'adresse,
> Te supppliant n'avoir à déplaisir,
> Si, par ces vers, faits à peu de loisir,
> Je tâche au vray d'exprimer & d'écrire
> Ce que mon cœur affligé ne peut dire,
> Puisque je suis privée de celuy
> Qui étoit mien, & moy seule pour luy,
> Seule pour luy réservée & choisie,
> Pour, de tous points, vivre à sa fantaisie, &c.

Et un peu après.

> Celle tient nom d'une prudente & sage,
> Qui a l'honneur écrit sur le visage.

Et en un autre lieu.

> Etant pourveu d'un bon entendement,
> S'étoit acquis un parfait jugement
> En Poësie, ès accords de Musique,
> Puisés au fond de la Mathématique.
> Bref, il étoit accomply & parfait,
> Chacun l'a pu connoître par effet ;
> Car s'il vouloit se commander de faire
> Quelque discours de sérieux affaire,
> Il en sortoit, au grand étonnement
> De qui l'oyoit plus ententivement.
> Moy donc, étant heureusement réduite
> Sous son pouvoir, par sa sage poursuite,
> Luy obéy l'espace de dix ans,
> Avecques l'heur qu'ores plus je n'attens :
> J'attends plutôt de voir finir ma vie
> Par ce regret, qui, fâcheux, m'y convie.
> Mais de quoy sert ce triste lamenter ?
> Le Ciel l'a pris, le Ciel se peut vanter
> D'avoir acquis, en son brillant empire,
> Un astre beau, que l'on voirra reluire,
> Quand Jupiter, rendant le temps serein,
> Voudra ouvrir sa libérale main
> A nous humains, chassant par les orages
> Le voile obscur des vagabonds nuages,

Tandis que moy chétive, de mes pleurs,
Feray pleuvoir une mer de douleurs.
Las ! trop & trop te renforce ma peine,
Bien qu'elle soit & inutile & vaine ;
Mais toute femme éprouve ce moyen ,
Bien qu'elle ait sçu qu'elle ne sert en rien ,
Sinon d'outrer, à son propre dommage ,
Les actions du féminin courage.
Jamais bon cœur, aymant sans fiction ,
Ne peut souffrir, sans démonstration ,
Une douleur extrêmement cruelle ,
Comme j'espreuve , & la puis dire telle ,
Ayant perdu tout l'espoir de mon mieux ,
Comme mon cœur témoigne par mes yeux.
Or, ay-je beau me fâcher & me plaindre ,
Sans toy , mon Dieu , je ne sçauroy restraindre
L'œil fontaineux , ruisselant cette humeur ,
Qui ne permet receler ma douleur.
Je te pry donc , donne-moy patience ;
Je t'ay assez , par vraye expérience ,
Reconnu bon en autre adversité ;
Use envers moy de telle charité ,
Que je te puisse encore être agréable ,
Te connoissant tout bon & admirable ,
A celle fin qu'en mes plaintes & cris
Je ne t'offense , & moins par mes écrits , &c.

PHILIPPES D'ALCRIPE , sieur de Neri en Verbos (tous ces noms sont supposés) a écrit la nouvelle Fabrique des excellens traits de la Vérité : Livre pour inciter les resveurs , tristes & mélancoliques, à vivre de plaisir ; imprimée à Paris , *in*-16. par Jean de Laître , 1579. c'est un Livre de Contes facétieux & rempli de mensonges *.

* Voy. La Croix du Maine , & les notes , au même Article , Tom. II, pag. 229.

PHILIPPES DES AVENELLES a traduit du Latin de Darius Tiberti , le premier volume de l'Epitome ou Abrégé des vies de cinquante-quatre excellens personnages , tant Grecs que Romains , mises au parangon l'une de l'autre ; extrait du Grec de Plutarque de Cheronée ; imprimé à Paris , *in*-8°. par Philippes d'Anfrie & Richard Breton, 1558. Il a traduit auffi des Hiftoires d'Appian Alexandrin, Auteur Grec. L'Ibérique, ou l'Efpagnole, & l'Annibale ou des Exploits d'Annibal, Carthageois, en Italie; imprimées avec les autres Guerres d'Appian, traduites par Seyffel, à Paris, *in*-8°. en l'an 1560.

PHILIPPES DU BEC *, Évêque de Nantes, a fait & mis par écrit une Exhortation fur le Règlement & police faits audit lieu, pour l'entretenement des pauvres, au Clergé, Nobles, & Bourgeois de ladite ville; imprimée à Paris, *in*-4°. par Martin le Jeune, 1570.

* Il étoit fils de Charles Dubec, Chevalier de l'Ordre du Roi, Vice-Amiral de France, & de Madelaine de Beauvillier. C'eft ce Vice-Amiral, dont il eft parlé au Tom. II des *Mémoires de Caftelnau*, pag. 459, qui, d'un coup de Soleil, devint, en un inftant, auffi noir qu'un Nègre, fans que fon teint ait jamais repris fa couleur naturelle. Philippe Dubec fut fait Evêque de Vannes, en 1559; transféré à l'Evêché de Nantes, en 1566; nommé à l'Archevêché de Reims, le 25 Juillet 1594, & Commandeur de l'Ordre du S. Efprit, le 7 Janvier de l'année fuivante. Mais fes Bulles ne furent expédiées que trois ans après, à caufe des différends de Henri IV avec la Cour de Rome. Il mourut à Reims, le 10 Javier 1605, à quatre-vingt-un ans. On a imprimé un Recueil de fes Sermons, & une Traduction Françoife du *Traité des Veuves*, par S. Ambroife, Ouvrages dont du Verdier n'a pu parler, puifqu'ils n'ont paru qu'en 1596.

PHILIPPES BEROALDE *. Voyez FRANÇOIS HABERT, CALUY DE LA FONTAINE, CLAUDE DE PONTOUX, CLÉMENT MAROT.

* Le PHILIPPE BÉROALDE, dont il eft queftion dans cet Article, eft *l'Ancien*, né à Boulogne, en Italie, le 7 Novembre 1453, & mort dans cette même Ville le 17 Juillet 1505, dans fa cinquante-unième année. Après avoir fait fes études avec diftinction, il vint à Paris, où il enfeigna les Belles-Lettres pendant quelque temps; mais fes Concitoyens le rappelèrent dans fa patrie, l'y reçurent avec diftinction, & il y profeffa les Belles-Lettres le refte de fa vie. On lui donna les dernières marques de la confidération que l'on avoit pour fon mérito, par les funérailles folennelles qu'on lui fit. Tous ceux qui ont parlé de lui s'accordent à dire qu'il aimoit la table, le jeu avec paffion, les femmes avec emportement, au point qu'il facrifioit tout à la fatisfaction de fes defirs; mais ils difent en même temps, que c'étoit d'ailleurs un homme fage & rangé. On reconnoît dans ces expreffions cette bienveillance que les Boulonnois ont conſtamment les uns pour les autres; ce qu'il y a de plus étonnant, c'eſt que, dans une vie aſſez courte, Philippe Béroalde ait eu le temps d'écrire & de s'exercer avec ſuccès ſur toutes ſortes de ſujets, & de ſuivre tous ſes goûts. Voy. les Mémoires de Niceron, Tom. XXV, où, par le Catalogue des Ouvrages de Béroalde, on voit que tous les genres de Littérature lui étoient familiers.

PHILIPPES CAMUS a tranſlaté, à la requête & comman-dement de Jean de Crouy ſieur de Chimay, l'Hiſtoire ou Roman de Clamades & la belle Clermonde : plus le Roman d'Olivier de Caſtille *.

* Voy. LA CROIX DU MAINE, & les notes, au même Article, Tom. II, pag. 229.

PHILIPPES CHRESTIEN, Avocat au Parlement de Gre-noble, a mis par écrit pluſieurs Arrêts notables, donnés ès Cours ſouveraines de France, & ès Siéges Préſidiaux ; imprimés à Lyon, in-8°. par Jean Pidier, 1558.

PHILIPPES, (Meſſire) Duc de Cleves, Comte de la Mar-che & Seigneur de Raveſtin, a écrit Inſtruction de toutes manières de guerroyer, tant par terre que par mer, & des choſes y ſervantes ; imprimée à Paris, in-8°. par Guillaume Morel, 1580 *.

* Naudé n'a point fait mention de cet Ouvrage dans ſon Livre de Studio Militari.

PHILIPPES DE * COMMINES, Chevalier, Seigneur d'Ar-genton, a écrit les Mémoires ſur les Faits & Géſtes de Loys XI & de Charles VIII, ſon fils, Rois de France ; imprimés en plu-ſieurs formes, & divers lieux, par divers Libraires, même à Paris, in-fol. par Galiot du Pré, 1552. à Lyon, in-fol. par Jean de Tournes, 1559, & encore à Paris, par Claude Micard, in-16. 1570 & 1576. à laquelle édition eſt ajoutée une Épître de Jean Sleidan, en la recommandation de l'Auteur, lequel Sleidan a traduit auſſi de notre langage François au Latin, cette belle Chronique ou Hiſtoire du Roi Loys XI, écrite par Com-mines, ſon Chambellan, & à bon droit : car il ne ſauroit avoir choifi Hiftorien plus véritable que le fieur d'Argenton, dont l'œuvre s'eft d'elle-même rendue digne d'être prifée autant que toute autre des plus anciennes, ayant mérité d'avoir été bien vue & reçue de toutes nations : même l'Empereur Charles V, en a fait telle eftime, que le plus fouvent il tenoit ce Livre entre fes mains, jufques à le mettre la plus part des nuits au chevet de fon lit, non tant feulement pour imiter Alexandre le grand qui en faifoit de même de l'Iliade d'Homere, que pour s'en fervir ès deffeins & exploits qu'il avoit à faire, & pour enfuivre les faits de ce grand, accort & magnanime Prince & Roi très-Chrétien Loys XI, lefquels il y remarquoit comme dans un miroir, étudiant là-deffus, afin de s'y régler, & s'en aider & conduire, felon les occurrences, en femblables événemens. Vrai eft qu'icelui de Commines étoit un Courtifan qui a vécu en ufage de parler en communication d'affaires, & en fréquentation de perfonnes hors le travail d'étude. Mais l'Hiftoire qu'il a écrite eft grandement louable de ce qu'elle eft pure & nette, &, comme l'on croit, véritable, pour ne l'avoir écrite fur Mémoires, ou Avis recherchés ; ains pour avoir oui & vu le contenu d'icelui. Les liaifons & les compofitions des mots font du tems, & modeftement pris & en faifon. Aumoins, il n'y a point d'infolence de mots nouveaux & étranges. Auffi vit-il encore, & vivra au gré & contentement de tous, en foi & réputation. Or pour autant que la vie de Philippes de Commines, fera amplement décrite en notre nouvelle profopographie, je n'en ferai autre plus longue mention, finon d'ajouter ici fon Épitaphe & Éloge faits par Pierre de Ronfard.

ÉPITAPHE de Philippes de Commines.
Entreparleurs, le Prêtre, & le Paffant.

P.A. Quelle eft cette Déeffe, empreinte en cette yvoire,
Qui fe rompt les cheveux, & tord les bras ? PRE. l'Hiftoire,
P.A. Et l'autre, qui, d'un œil triftement dépité,
Lamente à ce tombeau ? PRE. La fimple Vérité.
P.A. Ne gift point mort icy le Romain Tite-Live ?
PRE. Non : mais bien un François, dont la mémoire vive
Surpaffe

Surpasse ce Romain , pour sçavoir égaler
La vérité du fait avec le beau parler.
PA. Dy-moy ce corps doué de tant de vertus dines ?
PRE. Philippes fut son nom , son surnom de Commines.
PA. Fut-il pauvre , ou s'il fut de basse race yssu ?
PRE. Il fut riche , & si fut de noble sang conçu.
PA. Qu'a-t-il écrit , dy-moy ? PRE. Le périlleux voyage
Que fit Charles à Naple , & la guerre & l'outrage
Qu'on luy fit à Fornoue , & des mêmes François
Les combats variés encontre les Anglois
Et contre les Bretons , & les querelles folles
De nos Princes fauteurs du Comte de Charroles ,
Lorsque Mars avilit de la France le loz ,
Et que le mont Hery lui vit tourner le doz.
PA. Fut-il présent au fait , ou bien s'il l'ouyt dire ?
PRE. Il fut présent au fait , & n'a voulu d'escrire ,
Sinon ce qu'il a vu : ne pour Duc , ne pour Roy ,
Il n'a voulu trahir de l'Histoire la foy.
PA. De quel état fut-il ? PRE. De gouverner les Princes ,
Et sage Ambassadeur aux étranges Provinces ,
A l'honneur de son maître , obstiné , travailler ,
Et guerrier , pour son maître obstiné , batailler.
PA. Pour avoir joint la plume ensemble avec la lance ,
Qu'eut-il , Prestre , dy-moy , pour toute récompense ?
PRE. Ah ! fière ingratitude ! Il eut , contre raison ,
La haine de son maître , & deux ans de prison.
PA. Quels maîtres avoit-il ? PRE. Philippes , & l'onzième
Loys , Roy des François , & le Roy Charl' huitième :
Un Duc , & deux grands Roys ; mais eussent-ils encor
Eté , plus qu'ils n'étoient , riches de gens , & d'or ;
Eussent-ils effrayé le monde de leur trope ,
Eussent-ils tenu seuls les brides de l'Europe ,
Si fussent-ils péris , & leur renom fust vain ,
Sans la vraie faveur de ce noble Ecrivain ,
Qui vifs , hors du tombeau , de la mort les délivre ,
Et , mieux qu'en leur vivant , les fait encore vivre.
Or toy , quiconque sois , qui t'enquêtes ainsi ,
Si tu n'as plus que faire en cette Eglise icy ,
Retourne en ta maison , & conte à tes fils comme
Tu as vu le tombeau du premier Gentilhomme ,
Qui , d'un cœur vertueux , fit à la France voir
Que c'est honneur de joindre aux armes le sçavoir.

Il trépassa l'an 1509 , & de son âge , le 64e ; fut enterré en l'Église des Auguſtins à Paris, dans la Chapelle qu'il y avoit fait bâtir, en laquelle eſt ſon effigie & de ſa femme Helene de Chambes, iſſue des Comtes de Monſoreau d'Anjou, & auſſi de Jeanne de Commines, ſa fille, qui fut femme du Comte de Poinctievre *.

* Voy. LA CROIX DU MAINE, & les notes, au mot PHILIPPES DE COMMINES, Tom. II, pag. 230 & 231.

PHILIPPES LE FRANC, Ardenois, a écrit Apologie contre certain Diſcours émis ſous le nom des États Généraux des Pays-bas, par laquelle ſont rembarrées les cavillations & impoſtures dudit Diſcours; avec un Récit véritable de ce qui s'eſt paſſé dès l'arrivée du ſieur Dom Jean d'Auſtrie, eſdits pays; imprimée 1577, ſans nom de lieu ni d'Imprimeur : & le titre dudit Diſcours eſt tel : Sommier Diſcours des juſtes cauſes & raiſons qui ont contraint les États Généraux des Pays-bas de pourvoir à leur défenſe, contre le ſieur Jean d'Auſtrie; imprimé en Anvers, *in*-8°. par Guillaume Sylvius, 1577.

PHILIPPES DE FLESSELLES, Docteur en Médecine, à Paris, a écrit Introductoire pour parvenir à la vraie connoiſſance de la Chirurgie rationelle, imprimée à Paris, *in*-8°. par Michel Fezandat, 1547.

PHILIPPES DE MAIZIERES, Chevalier Chancelier de Chypre, a compoſé en l'an 1397, un fort gros volume intitulé le Songe du vieil pélerin [1], adreſſant au blanc faulcon, pélerin au bec & pieds dorés, fait par rubriches en cent quarante-quatre chapitres : *écrit en main ſur parchemin, en la Librairie de Monſieur d'Urfé.* Sur la fin dudit Livre ſont les paroles qui s'enſuivent.

[Cy finit le Livre, appelé le Songe du vieil Pélerin, adreſſant au blanc Faucon, ayant bec & pieds dorés, lequel Livre a compoſé, l'an 1397, un très-ſage & Catholique Chevalier, Chancelier de Chipre, nommé Meſſire Philippe de Maiſieres, lequel premièrement ſervit le Pape Grégoire XIe, & depuis l'appela à ſon ſervice Charles, Roi de France, de ſon nom cinquième, auquel, pour la grande prudence & preud'hommie qu'il avoit en lui, commit, plus qu'à autre, le gouvernement de son Royaume. Ce nonobstant, ledit Chevalier voyant que très-périlleusement est user & finir ses jours au monde & parmi les mondains, & par spécial en Cour, après plusieurs requêtes & longue importunité, obtint congé de son Seigneur & Maître, Charles V, de laisser la Cour & le monde, & querir lieu solitaire, auquel il pût user, le demeurant de sa vie, à mieux & plus sûrement servir à Dieu, & lors ledit Chevalier choisit l'Hôtel des Célestins à Paris, & là il fit édifier logis & habitation convenable à la vie & état qu'il desiroit mener; & incontinent avec deux Clercs tant seulement se retrait en ladite maison, en laquelle il a demeuré avec lesdits Religieux, par l'espace de vingt-cinq ans, ou environ, jusqu'à la mort, sans jamais en vouloir partir. Mais, pour sa grande providence, ledit Roi souvent le venoit voir, & étoit seul avec lui trois ou quatre heures, pour consulter les affaires de son Royaume & de son peuple; ne jamais, tant qu'il vesquit, n'eût pris conclusion en aucune pesante matière, touchant sa personne & Royaume, ou la chose publique, que premièrement il n'eût eu le conseil & opinion dudit Chevalier. Et si ledit Roi étoit à Paris, au bois de Vincenne, à S. Germain en Laye, à Melun, ou à Meaux, il même venoit en personne vers ledit Chevalier, en son logis des Célestins, pour mieux conférer avec lui; & quand ledit Roi étoit fort loin de Paris, il envoyoit ses affaires par écrit audit Chevalier, & ledit Chevalier lui renvoyoit par écrit son avis. Repose le corps dudit Chevalier, au Chapitre desdits Célestins de Paris, auquel lieu ledit Chevalier, en sa vie, fit plusieurs biens & édifices, &, entre les autres choses, fit faire une très-belle petite Chapelle, & à côté une Citerne, à la façon de Venise, où se prend la bonne eau, pour les malades de Paris & des environs.]

1 Ceux qui ont cru que le *Songe du vieil Pélerin* étoit le même que le *Songe du Verger*, sont réfutés par la différence du titre de ces deux Ouvrages, & par celle du temps de leur composition. Le *Songe du vieil Pélerin* fut, selon la remarque de Du Verdier, composé en 1397, & ce fut vingt-trois ans auparavant, savoir, en 1374, qu'on veut que, par ordre de Charles V, le *Songe du Verger* ait été fait. Voyez ma note sur Baillet, Tom. II, pag. 32. (M. DE LA MONNOYE).

PHILIPPES MELANCHTHON *. De la Puissance & Autorité de l'Église, & comment, sans la parole de Dieu, elle ne peut être connue: Auteur. Philippes Melanchthon, & traduit de Latin en François; imprimé à Genève, in-16. l'an 1550. *Censuré.* Antithèse des articles de la Doctrine Évangilique & Papistique, composée ci-devant par Philippes Melanchthon, & mise de Latin en François; imprimée à Lyon, in-16. par Benoît Rigaud, 1564. *Réprouvée.* La Vie de Martin Luthe,

traduite du Latin de Melanchthon, imprimée fous le titre de
Hiftoire des Vies & Faits de trois excellens perfonnages, Martin Luther ¹, Jean Œcolampade & Huldrik Zuingle, à Lyon,
in-16. par Jean Saugrain, 1562. *Réprouvée.* Chronique & Hiftoire univerfelle de Jean Carion, augmentée amplement, expofée
& enrichie de diverfes Hiftoires, tant Eccléfiaftiques que politiques, anciennes & modernes, par Philippes Melanchthon &
Gafpar Peucer; & réduite en cinq Livres, traduits de Latin en
François par S. G. S. imprimée *in-8°.* par Jean Berjon, 1579.

  * Philippe Mélanchthon, célèbre Théologien, & l'un des plus favans
hommes de fon fiècle, naquit à Bretten, dans le Palatinat du Rhin, le 16
Février 1497. Ce fut le plus paifible, le plus modefte & le plus doux de tous
les Proteftans. Il ne tint pas à lui que la réunion des Proteftans d'Allemagne
avec les Catholiques ne fe fît. Il haïffoit les difputes de Religion, il croyoit
que l'on pouvoit faire fon falut dans la Communion Romaine. On ne conçoit
pas pourquoi il étoit fi vivement attaché à la Secte de Luther. Bien des gens
ont cru que fon incertitude fur les dogmes différens, venoit de ce qu'il vouloit
tout expliquer par les lumières de la raifon, & que, de cette incertitude, il
étoit paffé à l'indifférence, fuite de la douceur de fon caractère. Cependant il
mourut à Wittemberg, le 19 Avril 1560, dans fa 64ᵉ année, & vit, d'un œil
tranquille, le tombeau s'ouvrir devant lui, dans l'efpérance que tous fes
doutes feroient levés dans une autre vie, où régneroit une paix parfaite, &
où l'on n'auroit rien à redouter de la fureur des Enthoufiaftes. Il eft aifé de
juger de l'efprit d'indifférence qui animoit Melanchthon, par la réponfe qu'il
fit à fa mère Catholique, & qui l'interrogeoit fur ce qu'il falloit qu'elle crût,
au milieu de tant de difputes : *Continuez,* lui dit-il, *de croire & de prier,*
comme vous avez fait jufqu'à préfent, & ne vous laiffez point troubler par le
conflit des difputes de Religion. Cet homme, fi eftimable à bien des égards, &
fi favant, avoit une crédulité vraiment puérile pour les Prodiges, l'Aftrologie
Judiciaire & les fonges. On peut confulter fa vie, écrite en Latin par Joachim Camerarius. On trouvera un bel éloge de Melanchthon, à la fin du
XXVIᵉ Livre de l'*Hiftoire* de M. de Thou; des détails fur fa vie, & le Catalogue de fes Ouvrages, dans les *Additions* de Teiffier, & les jugemens
qu'on a portés de fes Écrits, dans le Livre de Pope Blount, intitulé *Cenfura*
Autorum celeb. (pag. 434). On fait que fon nom de famille, *Scwarferdt,*
fignifie en Allemand *Terre-noire,* & que Reuchlin, fon oncle paternel, le
lui fit changer pour celui de *Mélanchthon,* qui, en Grec, a la même fignification. Reuchlin lui-même, dont le nom, en Allemand, fignifie *Fumée,* avoit
pareillement traduit fon nom en Grec, & s'étoit appelé *Capnion.* Mélanchthon
a auffi traduit fon nom en Italien : *Meffer Philippo di Terra nera.* On le voit
ainfi à la tête de fes *Lieux Communs.* Celui de *Mélanchthon* a prévalu ; & c'eft

le feul fous lequel ce Savant foit aujourd'hui cité. Selon la Popeliniere, lorfque Carion préfenta les premiers traits de fa Chronique à fon maître Mélanchthon, *pour les voir, y ajouter, y corriger à fon plaifir, il les raya tous
d'un feul trait, & les refit toutes nouvelles; mais, par une débonnaireté natu-
rèlle, lui permit de les imprimer fous fon nom.* La Traduction Françoife de
cet Ouvrage, citée par du Verdier, eft de *Simon Goulart, Senlifien.* C'eft
le nom que défignent ces trois lettres *S. G. S.*

¹ Les *Vies de Luther, d'Œcolompade & de Zuingle,* attribuées ici à Mélanchthon, ne font pas de lui; ce font les Libraires, qui, pour mieux les
vendre, les débitèrent fous fon nom. (M. DE LA MONNOYE).

PHILIPPES DE MORNAY, fieur du Pleffis Marly, a écrit
excellent Difcours de la vie & de la mort, imprimé à Laufanne,
in-8°. 1576. & à Paris, *in-16.* par Charles Perier, 1580. De
la Vérité de la Religion Chrétienne, contre les Athées, Epicuriens, Payens, Mahumédiftes & autres Infidèles; imprimée
en Anvers, *in-4°.* par Chriftophle Plantin, 1581, & depuis
ailleurs par autres, *in-8°.* & *in-16.* & contient trente-quatre
très-doctes chapitres. Traité de l'Églife, auquel font difputées
les principales queftions qui ont été mues fur ce point, en notre
temps; imprimé à la Rochelle, *in-8°.* par Pierre Hautain,
1581. *Calvinique.* Les Méditations de Hiérome Savonarole, fur
les Pfeaumes, traduites en François, par Philippes de Mornay;
imprimées à Paris, *in-16.* par Guillaume Auvray, 1584.*

*Voy. LA CROIX DU MAINE, & les notes, fur cet Article, Tom. II,
pag. 236 & fuiv.

PHILIPPES DE PAS * a recueilli & fait imprimer les Poëmes Chrétiens de B. de Montmeia & autres divers Auteurs.

*Voy. LA CROIX DU MAINE, & les notes, au mot PHILIPPES DE
PARIS, Tom. II, pag. 239.

PHILIPPES DES PORTES, natif de Chartres, en Beauffe,
a écrit deux Livres des Amours de Diane, dont le premier
contient cinquante-fept Sonnets; Complaintes; Stances; Chanfons; Dialogues; Chant d'Amour; Procès contre Amour, au
fiége de la Raifon; Contr'Amour : & le fecond, quarante-huit
Sonnets; Chanfons; Prière au fommeil; Baifer; Contre une

nuit trop claire; Ode; de la Jaloufie; Élégie; Tombeau d'A-
mour; Rimes tiercées: plus un Livre de Mélanges: un autre
Livre des Amours d'Hippolite, contenant foixante-un Sonnets;
Chanfons; Complaintes; du Cours de l'An; Stances; Élégies
feize. Un Livre d'Imitations de l'Ariofte; à favoir Roland
furieux; la mort de Rodomont, & fa defcente aux enfers, partie
imitée de l'Ariofte, partie de l'invention de l'Auteur; Complainte de Bradamant; Angélique; imprimés à Paris, *in-*4°. par
Robert Eftienne le fils, 1573. Il avoit écrit auparavant une
Satyre contre un Tréforier, commençant ainfi, *Juif miférable,*
&c. Ses vers fe font trouvés fi agréables, pour raifon de la douceur de fon ftyle, qu'ils l'ont fait admettre, par la voix de tous,
au rang des premiers Poëtes François, tant bien il a fu imiter
les meilleurs Poëtes Italiens, comme fera facile juger à quiconque voudra conférer le Sonnet de Pétrarque qui commence,

> *Amor mi fprona in un tempo e affrena.*

Au vingt-fixième des contenus, en fes Amours d'Hippolite,
commençant;

> *Amour en même inflant m'aiguillonne & m'arrête.*

Comme auffi celui de Jean de la Cafe;

> *Cura che di timor te nutri e crefci,*

Que des Portes a traduit entièrement: & un autre de Jean Moz-
zarillo qui dit:

> *Mentre i fuperbi tetti à parte à parte,*
> *Ardean di Roma, &c.*

Auquel il donne tel commencement:

> *Durant qu'un feu cruel toute Rome faccage, &c.*

Un de Guidiccion pris tout entier, à favoir,

> *Dal' pigro e grave fonno che fepolta, &c.*

Rendu ainfi:

> *Du fommeil qui te cloft les yeux & la penfée, &c.*

De Molza ceſtui-ci,

> *Signor ſe miri à le paſſate offeſe.*

Tout pareil à cet autre,

> *Hélas ! ſi tu prens garde aux erreurs que j'ay faites.*

Du Copeta, celui qui commence,

> *Chiamar beato e dio ben ſi potea.*

A cetui-ci,

> *Jupiter, s'il eſt vray que tu fuſſe amoureux.*

De Sannazar cet Epigramme,

> *Quæritat huc illuc, raptum ſibi Cypria natum, &c.*

Imité ainſi ;

> *Vénus cherche ſon fils, Vénus toute en colère, &c.*

Du même Sannazar cet autre en vulgaire,

> *Icaro cadde chi, queſte onde il ſanno,*

Pris tout entier par des Portes, & dont le même commencement, dit

> *Icare eſt cheu icy le jeune audacieux.*

Du Bernia les ſtances de la chaſſe

> *Noi ſiamo o belle donne cacciatori,*
> *Miniſtri e ſervi à l'amoroſa dea.*

Et ainſi pluſieurs autres. D'abondant ſa perſonne s'eſt trouvée
pourvue de ſi bonnes façons & conditions, que s'étant rendu
aimable au Roi, lequel il accompagna en Pologne, il eſt parvenu
de bas lieu & de peu de moyens, en dignité & amples facultés
de biens, le Roi lui ayant donné les Abbayes de Joſaphat & de
Tyron, au Diocèſe de Chartres, & près de ladite ville d'où il eſt
eſt natif : tellement qu'il a maintenant de cinq à ſix mille écus
de rente & bon revenu, que Dieu lui gard & l'accroiſſe. Et n'a-
t-il pas eu ces bénéfices par vacance ou mort des Abbés : ains
par la réſignation qu'ils en ont faite, entre les mains de Sa Majeſté,
qui leur a donné récompenſe plus grande, afin de le pourvoir

felon fon defir. De même le grand Roi François I de ce nom, récompenfoit les hommes doctes felon leurs mérites. Auffi en eft reftée la gloire plus grande, & en fera-t-il renommé à tout jamais. Et à ce propos, il me fouvient d'un Dixain bien trouffé, que Mellin de faint Gelais fit, ayant eu du Roi une Abbaye, en fon abfence, que je mettrai ici:

> *Fortune & moy, & le Roy plus parfaict,*
> *Avons long-temps débatu une affaire,*
> *Lequel de nous fçauroit mieux en effet,*
> *Moy demander, & luy préfent me faire,*
> *Ou la fortune empêcher le parfaire;*
> *Et fans douter fortune avoit le pris,*
> *Si le grand Roy n'euft elle & moy furpris,*
> *En prévenant fon guet & mes requeftes.*
> *Un Roi qui a fur fortune entrepris,*
> *Eft bien certain de plus grandes conqueftes.*

Le même Roi François fit bien davantage, lorfque voyageant par fon Royaume, étant entré un peu devant l'heure de Vêpres, dans une Églife, comme quelqu'un qui avoit couru la pofte, lui demanda, en don, un bénéfice de collation royale, vacant par le décès du Poffeffeur d'icelui, & que le Roi à l'inftant vit, en l'un des coins du Chœur, un pauvre Prêtre qui dormoit, après l'avoir fait éveiller, lui donna le bénéfice, pour lequel l'autre, à force de courir par plufieurs journées, s'étoit mis en péril de fe rompre le col, & commanda lettres lui en être expédiées, difant, qu'il vouloit en cet endroit, faire trouver véritable le provebe qui dit, Qu'à aucuns les biens viennent en dormant. Ceux à qui j'en ai oui faire le récit, dignes & notables perfonnages, difoient cela être advenu dans l'Eglife notre Dame de Clery [1]. Ce n'eft donc de merveille fi notre Roi à préfent règnant, comme vrai imitateur de fes Ayeux, exerce libéralité (vertu propre aux Rois) envers ceux qui bien méritent des lettres.

[1] Le Conte qu'à la fin de cet Article du Verdier fait d'un bénéfice, donné, par François I, à un Prêtre, qui dormoit dans un coin de l'Eglife de Notre-Dame de Cléri, fe fait d'ordinaire, & plus vraifemblablement, de Louis XI, qu'on fait avoir eu grande dévotion à Notre-Dame de Cléri. — Voy. LA CROIX

CROIX DU MAINE, & les notes, au mot PHILIPPE DES PORTES, Tom. II, pag. 239 & fuiv. (M. DE LA MONNOYE).

Au premier Livre des Amours de Diane.

Procès contre Amour au fiége de la Raifon.

[*Chargé du défefpoir qui trouble ma penfée,*
Entre mille douleurs, dont mon ame eft preffée
Par la rigueur d'Amour, dans fa rude prifon,
Un jour ne pouvant plus fupporter fes alarmes,
Ayant l'œil & le cœur gros d'ennuis & de larmes,
Je le fis convenir au fiège de Raifon.
    Là je me préfentai fi défait du vifage,
Que, s'il n'eût eu le cœur d'une bête fauvage,
Je pouvois l'émouvoir & le rendre adouci :
Lors tout pâle & tremblant, avec la contenance
D'un pauvre criminel, qui attend fa fentence,
Parlant à la Raifon, je me fuis plaint ainfi :
Roine, qui tiens en nous la divine partie
Qui nous ramène au Ciel, lieu dont tu es fortie,
Contre cet inhumain je me viens lamenter :
Las ! fi tu peux, Raifon, donne-moy la puiffance
D'échapper librement de fon obéiffance,
Puifqu'il ne prend plaifir qu'à me voir tourmenter.
    Sur l'Avril gracieux de ma tendre jeuneffe,
Que j'ignorois encor' que c'étoit de trifteffe,
Et que mon pied voloit quand & ma volonté,
Ce tyran que tu vois, jaloux de ma franchife,
Mafquant de deux beaux yeux fa cruelle entreprife,
Avec un doux accueil deceut ma liberté.
    Mais qui fe fût gardé de fe laiffer furprendre,
Et qui, de fon bon gré, ne fe fût venu rendre,
Voyant avecques lui tant de douces beautés ?
Qui ne fe fût promis un bienheureux voyage,
Ayant la mer paifible, étant près du rivage,
Et les petits Zéphirs foufflant de tous côtés ?
    Il fe montroit à moy fur tout autre amiable,
Il ne me faifoit voir qu'un printemps defirable,
Son vifage étoit doux, doux étoient fes propos,
Et l'œil qui receloit tous les traits de fa trouffe,
Me perça l'eftomach d'une façon fi douce,
Que j'eftimois ma peine un defiré repos.
    Mais il ne dura guière en cette douce forte;
Car, fi toft que mon cœur lui eut ouvert la porte,

Et que mes sens craintifs eurent reçu sa loi,
Il dépouilla soudain sa feinte couverture,
M'enseignant mon erreur d'avoir fait ouverture
Ainsi légèrement à un plus grand que moi.

Il troubla mon esprit d'une guerre immortelle,
Il émeut mes pensers, il les mit en querelle,
Et fit, pour me laisser en éternel tourment,
De mon cœur son fourneau, ses charbons de mes veines,
Mes poulmons ses soufflets, de mes yeux ses fontaines,
Qui, sans jamais tarir, coulent incessamment.

Il bannit mes plaisirs, & leur donna la fuite,
Dont le libre repos, que j'avois à ma suite,
M'abandonna soudain, de frayeur tout surpris ;
Le travail print sa place, & la tristesse extrême,
Les veilles, les soucis, le mépris de soy-même,
Qui ne m'ont point laissé depuis que je fus pris.

Je quittai tout soudain ce qui me souloit plaire,
Ma façon rechangea, je devins solitaire,
Je portai bas les yeux, le visage & le front,
J'entretins mon amour d'une espérance vaine,
Je discourus tout seul, & moy-même pris peine
De nourrir les douleurs que deux beaux yeux me font.

Je mourus dedans moy, pensant trouver ma vie
Au cœur de la Beauté qui me l'avoit ravie ;
Mais depuis je n'ai pu, dont j'ai souffert la mort ;
Et si je semble vif, las ! ne t'en émerveille,
Ce tyran fait en moy cette étrange merveille,
Pour montrer clairement qu'il est puissant & fort.

Il me fait voir assez d'autres faits admirables,
Rentamant, sans cesser, mes playes incurables,
Brûlant mon triste cœur, sans qu'il soit consommé ;
Me donnant, pour repas, le venin qui me tue,
Et faisant que mon feu dedans l'eau continue,
Sans que, pour tant de pleurs, il soit moins allumé.

Il croît de jour en jour, sans espoir, mon martyre ;
Il me fait voler haut sur des ailes de cire ;
Il me fait trébucher, quand je vai m'élevant ;
Il me rend si pensif, que je me trouve étrange,
Et faut que ma couleur, en plus pâle se change,
Sèche comme la fleur qui a senti le vent.

Hélas ! je change assez de teint & de visage !
Mais je ne puis changer cet obstiné courage,
Qui me rend, pour aimer, tristement éperdu ;
L'amoureuse poison tous mes sens ensorcelle ;

Et ce que j'ay du Ciel, que mon esprit recelle,
Est en pleurs & en cris pauvrement dépendu.

 Soit de jour, soit de nuit, jamais je ne repose,
Je ronge mon esprit, je rêve, je compose,
J'enfante des pensers qui me vont dévorant.
Quand le jour se départ, la clarté je desire ;
Je souhaite la nuit, lorsqu'elle se retire,
Puis attendant le jour, je languis en mourant.

 Dès que l'Aube apparoît, je me perds aux valées,
Et aux lieux plus secrets des forêts recelées,
Pour, sans être entendu, plaindre ma passion ;
J'émeu l'air & le ciel de ma douleur profonde,
Et bref, en me lassant, je lasse tout le monde,
Sans que cet inhumain en ait compassion.

 En ce lieu je mey fin à mon triste langage,
Car mille gros soupirs, qui gardoient le passage,
Par où couloit ma voix, l'empêchoient de sortir,
Puis je frémissois tout de voir mon adversaire,
Qui trépignoit des pieds, qui bouilloit de colère,
Me menaçant tout bas d'un tardif repentir.

 Raison, disoit Amour, enten l'autre Partie,
Et ne conclu devant qu'être bien avertie ;
Il faut bien peser tout, pour juger droitement:
Or donc, sans t'émouvoir de ces cris pitoyables,
Ecoute entièrement mes discours véritables,
Et vois que cet ingrat m'accuse injustement.

 Ingrat est-il vraiment, & sans reconnoissance
De me rendre à présent si pauvre récompense,
Pour cent mille bienfaits qu'il a reçus de moy.
J'ay purgé son esprit par ma divine flame,
L'enlevant jusqu'au ciel, & remplissant son ame
D'amour, de beaux desirs, de constance & de foy.

 J'ay forcé son desir trop jeune & volontaire,
Qui suit le plus souvent ce qui luy est contraire,
Et contre son vouloir je l'ay favorisé:
De l'un de mes beaux traits j'ay son ame entamée,
J'ay fait luire en cent lieux sa vive renommée,
Et des meilleurs esprits je l'ay rendu prisé.

 Je luy ay fait quitter le tumulte des Villes,
Je l'ay rendu privé de passions serviles,
Compagnon de ces Dieux qui sont parmy les bois ;
J'ay chassé loin de luy l'ardente Convoitise,
L'Orgueil, l'Ambition, l'Envie, & la Feintise,
Cruels bourreaux de ceux qui font la cour aux Rois.

J'ay fait par ſes écrits admirer ſa jeuneſſe,
J'ay réveillé ſes ſens engourdis de pareſſe,
Hautain & généreux je l'ay fait devenir,
Je l'ai ſéparé loin des ſentiers du vulgaire,
Et luy ay enſeigué ce qu'il luy falloit faire,
Pour, au mont de vertu, ſûrement parvenir.
　Je luy ay fait dreſſer & la vue & les ailes
Au bienheureux ſéjour des choſes immortelles ;
Je l'ay ténu captif, pour le rendre plus franc ;
Or, ſi quelque douleur luy a livré la guerre,
Hé qui, ſans paſſion, pourroit vivre ſur terre,
Ayant des os, des nerfs, des poulmons & du ſang !
L'invincible Thébain, non pareil en proueſſe ;
Le preux fils de Thétis, lumière de la Grèce ;
Ajax, Agamemnon peuvent mieux ſe douloir ;
Car je les ay rendus ſerfs de leurs priſonnières,
Et leur ay fait aimer des ſimples chambrières,
Rabaiſſant leur orgueil par mon divin pouvoir.
　Ou ceſtuy qui ſe plaint de ſa peine cruelle,
Je le tiens ſous le joug d'une Déité telle,
Qu'il ſe doit eſtimer, entre tous, bienheureux ;
Car, de ſi grand' beauté, ſon amour j'ay fait naître,
Que moy, qui ſuis des Dieux & des hommes le maître,
J'atteſte mon pouvoir que j'en ſuis amoureux.
　Penſe un petit, Raiſon, aux tréſors deſirables,
Graces, beautés, douceurs & clartés admirables,
Que tu as vu là-haut au cabinet des Cieux,
Je ne ſçay quoy de plus, qui ne ſe peut bien dire,
Reluit dedans ſes yeux, où je tiens mon empire,
Car je n'ay pu choiſir ſiége plus précieux.
　Or, de ſes yeux divins naiſt ſa peine obſtinée,
Dans eux ſa liberté demeure empriſonnée ;
D'eux viennent les tourmens ſi fâcheux à ſentir.
Si c'eſt une priſon, priſonnière eſt mon ame,
Car je fais ma demeure aux beaux yeux de ſa Dame,
Et ſi n'ay pas vouloir de jamais en ſortir.
　Voilà de ſes penſers la grand' troupe mutine,
Voilà les chauds ſoupirs qui brûlent ſa poitrine,
Voilà l'ardent fourneau dont il eſt conſommé,
C'eſt de ſon triſte cœur le ſanglant ſacrifice ;
Mais qui, à l'homme ingrat, ſait quelque bénéfice,
Recueille mauvais fruit de ce qu'il a ſemé.
　Ainſi parloit Amour avec grand' violence,
Puis nous teuſmes tous deux, attendant la ſentence

De Raiſon, qui vers nous ſon regard adreſſa :
Votre débat, dit-elle, eſt de choſe ſi grande,
Que, pour le bien juger, plus long terme il demande,
Et, finis ces propos, en riant, nous laiſſa.

Contre Amour.

Ce malheureux Amour, ce tyran plein de rage,
  Qui s'eſt fait ſi long-temps ſeigneur de mon courage,
  Qui m'a troublé les ſens, qui m'a fait égarer,
  Qui a baigné ſa plume aux ruiſſeaux de mes larmes,
  Eſt contraint, tout confus, de me quitter les armes,
  Et chercher autre lieu propre à ſe retirer,
Ma raiſon s'eſt rendue à la fin la Maiſtreſſe ;
  Et, pour me faire voir ma faute, & la fineſſe
  De ce traître enchanteur, m'a débandé les yeux,
  Ce qui fait qu'à préſent je rougiſſe de honte
  Voyant un petit nain, dont j'ay tant fait de conte,
  Et que j'ay révéré comme un des plus grands Dieux.
Je cognoy mon erreur, je cognoy la folie,
  Qui long-temps a tenu mon ame enſevelie ;
  Je cognoy les flambeaux dont je fus embraſé,
  Je cognoy le venin qui troubla ma penſée,
  Et regrette, en pleurant, ma jeuneſſe paſſée,
  Maudiſſant le pipeur qui m'a tant abuſé.
Que mon cœur, que ma voix, que mon eſprit ſe change,
  Au lieu de tant d'écrits ſacrés à ſa louange,
  Cependant qu'un chaud mal me rendoit inſenſé :
  Que mon vers déſormais déteſte ſa puiſſance,
  Afin que pour le moins chacun ait cognoiſſance
  Que je n'ai pas grand peur qu'il en ſoit offenſé.
Amour, tyran cruel, monarque de martyre,
  La ſeule occaſion qui fait que l'on ſoupire,
  Oracle du menſonge, ennemi de pitié,
  Large chemin d'erreur, barque mal aſſurée,
  Temple de trahiſon, Foy de nulle durée,
  Bref en tous tes effets contraire à l'amitié ;
Amour, Roy des ſanglots, priſon cruelle & dure,
  Meurtrier de tout repos, monſtre de la Nature,
  Breuvage empoiſonné, ſerpent couvert de fleurs,
  Affronteur, courtiſan, bâtard, ſonge-malice,
  Beſtiale fureur, exemple de tout vice,
  Capitaine des cris, des regrets & des pleurs ;
Amour, que dis-je, Amour ? mais inimitié forte,
  Appétit déréglé, qui les hommes tranſporte,

Racine de malheur, source de déplaisir,
Labyrinthe subtil, passion furieuse,
Nid de déception, peste contagieuse,
Entretenu d'espoir, de crainte & de desir.
Sitôt que notre esprit s'abandonne à te suivre,
Hélas ! presqu'aussitôt nous délaissons de vivre ;
Nous mourons sans mourir, nous perdons la raison,
Nous changeons à l'instant notre forme première,
Nos yeux tout aveuglés sont privés de lumière,
Et n'avons pour logis qu'une obscure prison.
Tu nous fais égarer en cent mille traverses,
Changez à tout propos en cent sortes diverses,
Bouillans & refroidis, craintifs & généreux,
Or' nous volons au Ciel, sans partir de la terre,
Or' nous avons la paix, or' nous avons la guerre ;
Et n'avons rien de sûr que d'être malheureux.
S'il advient quelquefois que, parmi nos détresses,
Tu nous fasses sentir quelques fausses liesses,
Ce n'est pas que tu veuille alors nous contenter,
Ce n'est pas que nos pleurs plus doux t'ayent pu rendre,
Mais afin que la peine, en nous venant reprendre,
Nous soit plus difficile & forte à supporter.
Tout ce qu'on peut apprendre en tes vaines écoles,
Ce sont des trahisons, des feintes, des paroles,
Ecrire dessus l'onde, errer sans jugement,
Suivre celle qui fuit d'une course hastive,
Faire guerre à son ame, & la rendre captive,
Et, pour se retrouver, se perdre follement.
Les fruits qu'on en reçoit pour toute récompense,
C'est d'un long temps perdu la vaine repentance,
Un regret dévorant, un ennuyeux mépris.
Hélas ! j'en puis parler, je sais comme on s'en treuve,
J'en ai fait, à ma honte, une trop longue épreuve,
Honte, le seul loyer des travaux que j'ay pris.
Je ne me puis tenir de remettre en mémoire
Le temps, que çet aveugle, ennemi de ma gloire,
Possédoit mon esprit, yvre de son erreur ;
Et pensant à mes faits & à ma frénésie,
Presqu'il ne peut entrer dedans ma fantaisie,
Que j'aye été poussé d'une telle fureur.
Ores j'étois craintif, ores plein d'assurance ;
Ores j'étois constant, ores plein d'inconstance ;
Ores j'étois content, or' plein de passions ;
Ores je despérois d'une chose assurée,

Et or' je m'assurois d'une désespérée,
Peignant en mon cerveau mille conceptions.
Quantesfois par les prés, les bois & les rivages,
 Ay-je compté ma peine aux animaux sauvages,
 Comme s'ils eussent pu mes douleurs secourir ?
 Les antres pleins d'effroy, les rochers solitaires,
 Les déserts séparés étoient mes secrétaires,
 Et, leur comptant mon mal, je pensois me guérir.
Quantesfois plus joyeux ai-je allégé ma peine,
 Me laissant décevoir d'une espérance vaine,
 Qui, s'envolant en songe, augmentoit mon tourment ?
 Combien de mes deux yeux ai-je versé de pluie ?
 Et combien, de dépit, ai-je maudit ma vie,
 Me forgeant sans raison un mécontentement ?
Celui qui veut compter les douloureuses peines,
 Les regrets, les soucis, les fureurs inhumaines,
 Les remords, les frayeurs, qu'on supporte en aimant,
 Qu'il compte du Printemps la richesse amassée,
 Les vagues de la mer, quand elle est courroucée,
 Et les flambeaux qu'on voit la nuit au firmament.
Le Forçat enchaîné quelquefois se repose ;
 Le pauvre prisonnier, dedans sa prison close,
 Clost quelquefois les yeux, & soulage ses maux ;
 Au soir le Laboureur met ses bœufs en l'étable,
 Puis, ayant l'œil touché d'un sommeil agréable,
 Remet jusques au jour sa peine & ses travaux.
Seulement le chétif, qui porte en la pensée
 Le poignant aiguillon d'une rage insensée,
 Ne sent point de relâche, entre tant de malheurs ;
 Si le jour le fâchoit, la frayeur solitaire
 Et le silence coy rentament sa misère,
 R'enveniment sa plaie, & croissent ses douleurs.
S'il est dedans le lit, les pensers qui l'assaillent,
 Mutins & furieux, sans repos le travaillent,
 Qui de-çà, qui de-là, chacun à qui mieux mieux.
 De ses cuisans regrets le Ciel il importune,
 Il rêve, il se dépite, il maudit sa fortune,
 Noyant toute espérance au torrent de ses yeux.
S'il s'endort quelquefois, aggravé de tristesse,
 Hélas ! par le dormir sa douleur ne prend cesse,
 Mais, plus fort que devant, il se sent travailler.
 Car, au premier sommeil, les songes l'épouvantent,
 Et mille visions à ses yeux se présentent,
 Qui le font en sursaut rudement éveiller.

Ou ſi le corps, vaincu du travail & du ſomme,
Ne ſe réveille point, & qu'un dormir l'aſſomme;
Le cœur qui n'a repos ne fait que ſoupirer,
L'eſprit tremble & frémit de la frayeur horrible,
L'ame crie & ſe plaint pour ſa douleur terrible,
Et les yeux tous baignés ne ceſſent de pleurer.
Le jour eſt-il venu? ſa douleur recommence;
Il déteſte le bruit, il cherche le ſilence;
La clarté lui déplaît, & la voûte des Cieux,
Le murmure des eaux, la fraîcheur des ombrages,
Herbes, rives & fleurs, forêts, prés & bocages,
Et ne ſçauroit rien voir qui contente ſes yeux.
Amour, quiconque fut, qui te mit de la race
De ce débat confus, lourde & peſante maſſe,
Il parloit ſagement, & diſoit vérité:
Car las! qui vit jamais confuſion ſi grande,
Qu'aux miſérables lieux où ton pouvoir commande!
Pouvoir que tu maintiens par toute cruauté.
C'eſt pitié que d'ouyr les étranges merveilles,
Les miracles confus, les douleurs non-pareilles,
Et les cris différens des malheureux amans.
L'un par un doux propos aura l'ame bleſſée,
L'autre gémit d'avoir la poitrine percée
Par le trait d'un bel œil, cauſe de ſes tourmens.
L'un ſera eaptivé par une larme feinte,
Et à l'autre un beau teint donne mortelle atteinte.
L'un tranſira de froid, l'autre mourra de chaud;
L'un ſe plaint d'adorer une qui le tourmente,
Et l'autre d'en ſervir une trop inconſtante;
L'autre d'aimer trop bas, l'autre d'aimer trop haut.
Ainſi, dans les Enfers, les Ombres criminelles
Se plaignent vainement de leurs peines cruelles,
Et des tourmens divers qu'il leur faut ſupporter;
Mais las! je crois qu'Amour plus de tourmens aſſemble,
Dans un cœur amoureux, qu'on n'en voit tout enſemble
Au plus creux des Enfers les eſprits tourmenter.
Je n'aurai jamais fait, ſi je veux entreprendre
De ce bourreau cruel les rigueurs faire entendre,
Rigueurs qui, chacun jour, ſe font aſſez ſentir:
Il eſt aſſez connu, ſa rage eſt manifeſte;
Mais hélas! c'eſt le pis qu'un chacun le déteſte,
Et ne peut, ou ne veut de luy ſe garantir.
Or de moi qui le puis, & qui me délibère
D'être franc pour jamais d'une telle miſère,

Je

Je pren congé d'amour , & de ses jeux cuisans.
Adieu , Amour , adieu , enfant plein de malice ;
Adieu Oisiveté , ta mère & ta nourrice ,
Adieu tous ces écrits où j'ai perdu mes ans.
Je pren congé de vous , amoureuses pensées ;
Je pren congé de vous , nuits vainement passées ,
Discours , propos , sermens l'un sur l'autre amassés ,
Et vous , tristes sanglots de ma poitrine cuite ,
Plaintes , pleurs & regrets , je vous donne la fuite ,
Bien marri que plutôt je ne vous ai laissés.
Bien-heureuse Raison , guide de mon courage ,
Pour m'avoir délivré de l'amoureux naufrage ,
Lorsque j'étois privé de tout humain secours ,
Je t'appens en ce lieu ma robe dépouillée ,
Des flots de la tempête encor' toute mouillée ,
Ayant à l'advenir devers toi mon recours.

Aux Amours de Diane.

Sonnet XLII.

Ces eaux qui , sans cesser , roulent dessus ma face ,
Et qui vont témoignant mes cruelles douleurs ,
Maîtresse , hélas ! voyez , ce ne sont pas des pleurs ,
Tant de pleurs dedans moi ne sauroient trouver place.
C'est une eau que je fais de tout ce que j'amasse
De votre plus divin , & de cent mille fleurs ,
De vos perfections y mêlant les odeurs ,
Les roses & les lys de votre bonne grace.
Mon amour sert de feu , mon cœur sert de fourneau ,
Mes yeux d'un alembic , par où distille l'eau :
Le vent de mes soupirs nourrit sa véhémence ;
Et d'autant que le feu est véhément & chaud ,
Il fait ainsi monter tant de vapeurs en haut ,
Qui coulent par mes yeux en si grande abondance.

A ce Sonnet, en me jouant comme par manière d'exercice, je fis une réponse par un Sonnet, qui fut suivi incontinent après d'un autre, par un mien connoissant : lesquels deux Sonnets seront mis ici :

La femme , en son espèce , est plus que l'homme humide ,
C'est la raison pourquoi elle plore aisément ;
L'homme ainsi , qui proche est d'un tel tempérament ,
Jette facilement telle vapeur fluide.

Soit que le feu d'Amour dans le cerveau la guide,
Qui, de nature, mol la reçoit promptement,
Pour la résoudre en eau d'un triste mouvement,
Ou qu'une chaleur lente aux tendres yeux la vuide.
Toujours cette vapeur, qui se résout en eau,
Se doit appeler pleurs procédant du cerveau,
Qui par les tristes yeux lentement coule & passe.
Ne crois point donc, ami, qu'autre eau puisse d'ailleurs
Parfumer ton visage, ains ce sont de vrais pleurs,
Que ton moite cerveau répand dessus ta face.

Fussé-je le Printemps, où Flore qui desserre
Ses trésors de son sein, durant le renouveau,
Mes fleurs tu ne devrois cuire, pour faire une eau,
Qui ne sert qu'à baigner tes joues & la terre.
Aussi n'en crois-je rien, mais comme à cil qui erre,
Pillant dans un jardin des fleurs tout le plus beau,
Dont la terre indignée, ès mains du larronneau,
Laisse sécher sa fleur, & l'aliment lui serre:
Il t'en prend tout ainsi, qui, plein d'un fol desir,
Mes graces recueillis, ou ne prenant plaisir,
Ce mien dédain les rend entre tes mains sechées,
Dont le regret te fait naître un ulcère au cœur,
Qui distille à grands traits l'inutile liqueur
Qui coule de tes yeux par ondes relâchées.]

PHILIPPES [1] **ROBERT**, Avocat au Parlement de Bourgogne [*], a traduit du Grec d'Isocrates, sincère Exhortation à la
paix, imprimée à Paris, *in-8°.* par Jean Parent, 1579.

[1] Il naquit à Chalon-sur-Saone, fit ses études à Dijon, où il fut Avocat au
Parlement, s'étant, toute sa vie, appliqué à la Jurisprudence & aux Belles-
Lettres. Il mourut à Beaune, l'an 1594. Le Recueil qui restoit de ses vers,
tant Grecs que Latins, fut imprimé à Dijon l'an 1666, par les soins de
Louis Mailley, qu'on prononçoit *Mailli*, Avocat au Parlement, homme
d'une grande érudition, mort jeune, peu de temps après avoir procuré cette
Edition. (M. DE LA MONNOYE).

[*] Il avoit eu des leçons particulières du célèbre Jurisconsulte Cujas, & il
avoit écrit sur un Exemplaire d'un cours de droit, des Notes, qui étoient le
fruit de ces leçons. On y lit ces mots : *Dominus Cujacius privatum me monuit*,
écrits de sa main. Cet Exemplaire a appartenu depuis à M. de Thésut, Doyen
du Parlement de Dijon. On trouvera la liste de ses Ouvrages dans la *Biblioth.
des Auteurs de Bourgogne*, Tom. II, pag. 212.

PHILIPPES ULSTADE. Le Ciel des Philosophes [1], où sont

contenus les Secrets de nature , & comme l'homme se peut
tenir en santé & longue vie; traduit du Latin de Philippes
Ulstade , extrait des Livres d'Arnaud de Villeneufve , du grand
Albert, Raymond Lulle & autres; imprimé à Paris, *in-8°*. par
Vivant Gaultherot , 1559.

¹ Le *Cœlum Philosophorum* de cet Auteur, Médecin-Chymiste de Nuremberg , fut imprimé, l'an 1528, *in-fol.* à Strasbourg. (M. DE LA MONNOYE).

PHILON LE JUIF *. Voyez PIERRE BELLIER , PIERRE
SALIAT.

* Philon le Juif étoit d'Alexandrie, d'une famille illustre & Sacerdotale ,
ce qui constituoit la noblesse parmi les Juifs. Il fut envoyé en Ambassade à
Rome , pour justifier auprès de Caligula sa Nation, que les Grecs d'Alexandrie accusoient à tort d'avoir excité une sédition. Philon se montra dans
cette occasion avec magnificence , parla avec une éloquence qui étonna les
Romains , & auroit dû persuader de la bonté de sa cause tout autre qu'un
insensé ; à peine Caligula daigna-t-il l'écouter , il ne lui fit point de réponse ,
& Philon se retira , en disant : *La colère de Caïus est d'un bon augure pour
nous ; dès que les ressources humaines nous manquent , le secours du Ciel nous est
assuré.* Ses Ecrits prouvent combien il étoit habile dans les sciences & les usages
de la Nation Juive , & son éloquence approchoit tellement de celle de Platon ,
que l'on disoit en proverbe, *ou Philon platonise , ou Platon philonise.* Aussi
l'a-t-on surnommé le *Platon Juif.* La meilleure Edition de ses Ouvrages est
celle de Londres, 1742 , 2 vol. *in-fol.* Philon vivoit encore l'an de Jésus-
Christ 68 , âgé pour lors de soixante-dix-huit ans , suivant les observations
de deux savans hommes (M. le Président Bouhier & le P. de Montfaucon)
dans leurs *Lettres sur les Thérapeutes ,* imprimées *in-12.* à Paris, 1712.

PHILONE. Josias, Tragédie de Messer Philone , traduite
en François.

PHILOSTRATE *. Le premier Livre de Philostrate, Auteur Grec, contenant la vie , les Dits & merveilles du grand
Philosophe Apollonius Tyaneus ; mis en François par Traducteur incertain, & imprimé à Lyon, *in-16.* par François Juste ,
1537. Les Images, ou Tableaux de platte peinture, de Philostrate
Lemnien , Sophiste Grec ; mis en François par Blaise Vigenere ,
avec des Argumens & Annotations sur chacun d'iceux.

* Il y a eu trois *Philostrates ,* de Lemnos , Isle de l'Archipel , qui , tous

E e ij

trois, écrivirent fur différens fujets, & dont les Ouvrages leur font attribués
indifféremment ; ils étoient tous trois de la même famille, & proches parens,
le père, fon fils, & un neveu, enfant du frère du premier Philoftrate. Le
premier, ou peut-être fon fils, eft le fameux *Philoftrate Sophifte*, qui vivoit
à Rome fous l'Empereur Sévère, vers l'an 200 de Jefus-Chrift, qui compofa
en Grec, en huit Livres, la *Vie d'Apollonius de Tyane*, par les ordres de
l'Impératrice Julie, dont il étoit Secrétaire. C'eft au même que l'on attribue
l'Ouvrage, intitulé les *Images*, ou *Tableaux*, efpèce de déclamation de
Rhéteur, où il feint de décrire les fujets de différens Tableaux, peints dans
une Gallerie de Naples. On s'accorde affez à attribuer ces Ouvrages à Philoftrate, fils d'un autre Philoftrate, qui enfeignoit les BellesLettres à Athènes,
fous l'Empire de Néron, dont Suidas indique quelques compofitions, telles que
des Panégyriques, des Eclairciffemens Hiftoriques fur quelques Fêtes Athéniennes, & des déclamations, qu'il dit avoir été du goût des Orateurs de fon temps.
Le troifième Philoftrate, petit-fils, ou neveu du Profeffeur d'Athènes, écrivit
la *Vie des Sophiftes*, qu'il adreffa à l'Empereur Sévère ; ainfi il doit y avoir eu
deux Philoftrates contemporains, qui ont été à Rome à-peu-près dans le
même temps. Au refte, ceux qui voudront favoir des détails fur la vie & les
Ouvrages des Philoftrates de Lemnos, trouveront à fatisfaire leur curiofité,
dans le quatrième volume de la *Bibliothèque Grecque* de Fabricius, pag. 43
& fuiv. Quant aux Traductions Françoifes de la *Vie d'Apollonius de Tyane*
& des *Tableaux*, je ferai ici quelques remarques. La *Vie d'Apollonius de
Tyane*, écrite en Grec par Philoftrate, contient huit Livres : Du Verdier ne
parle que de la Traduction Françoife du premier, imprimée en 1537. Il n'y
a pas d'apparence que ce foit un premier effai de la Verfion de Vigenère, qui
traduifit enfuite les autres Livres. Vigenère étoit né le 15 Avril 1523, & il
n'eft guères probable qu'il ait publié cet Ouvrage à quatorze ans. Il pourroit
fe faire que, par une tranfpofition de chiffre, on eût daté l'Edition de 1537,
au lieu de 1573, ce que je ne fuis pas à portée de vérifier. Quoi qu'il en foit,
ni du Verdier, ni La Croix du Maine, aux Articles de BLAISE DE VIGE-
NÈRE, ne lui ont point attribué de Verfion de la *Vie d'Apollonius*. Ils ne
pouvoient connoître celle qui fut publiée en 1596, douze ans après l'im-
preffion de leurs Bibliothèques, & ce fut l'année même de la mort de
Vigenère. Cette Traduction contient les huit Livres de la *Vie d'Apollonius de
Tyane*. Elle fut réimprimée à Paris, en 1611, *in-4°.* 2 vol. avec les notes
d'Artus Thomas, fieur d'Embry. Quant aux *Tableaux* de Philoftrate, Vigenère les donna au public, en 1578, *in-4°.* C'étoit la feule Edition que Du
Verdier pût connoître, lorfqu'il écrivoit fa Bibliothèque. Depuis on imprima,
en 1596, la Traduction Françoife, par le même Vigenère, des *Tableaux* du
Jeune Philoftrate, des Héroïques de l'ancien Philoftrate, & des Figures de
Calliftrate. On réimprima cette fuite avec la partie qui la précède, en 1614,
1629 & 1637, *in-fol.* revue & corrigée, avec foixante-cinq figures, repréfentant les Tableaux de la première partie, & des Epigrammes fur chacun,
par Thomas, fieur d'Embry. Ces Figures, pour l'ordinaire, rendent affez

mal les defcriptions de Philoftrate. On en peut dire à-peu-près autant de la Traduction, qui eft remplie de fautes. Il y a long-temps que les Critiques fe font apperçus que Vigenère avoit plus fouvent traduit d'après les Verfions Latines, que d'après l'Original Grec.

Argument de Vigenere fur le Tableau Antée.

[Entre toutes les peines & labeurs d'Hercules, entre toutes fes plus fortes & pénibles aventures, les deux plus mal-aifées à mener à fin furent celles de l'Hydre, & d'Antée. Celle-là étoit un grand & horrible ferpent, produit en un lieu folitaire, moite, relent & étouffé, où les rays du Soleil ne pouvoient battre; très-venimeux avec cela, & ayant plufieurs têtes, dont, auffi-tôt qu'on lui en avoit avallé quelqu'une, foudain en renaiffoient deux en fa place, tellement que c'étoit toujours à recommencer. L'autre fut un très-énorme & démefuré Géant, fils de la terre, qui avoit foixante coudées de haut (s'il le faut croire ainfi) lequel, s'étant campé en un des Carrefours de Lybie, au milieu des déferts & fablons, où plufieurs grands chemins fe venoient fourcher, contraignoit les paffans, travaillés & recrus des chaleurs exceffives de la contrée, matés de peine, méfaife, difficulté & travail, de s'éprouver contre lui à la lucte; enforte que c'étoit chofe bien aifée d'en venir à bout; car, après s'être longuement houfpillés aux prifes, quand bien il eût donné du nez à terre (ce que peu fouvent toutefois arrivoit) elle, qui lui étoit naturelle mère, le reftauroit de nouvelles forces, & s'en relevoit plus frais, roide & gaillard qu'auparavant, de manière que ce n'étoit qu'une multiplication de travail & effort en vain, fans en pouvoir rien finablement obtenir, non plus que de l'Hydre. Hercule néanmoins, ainfi que de toutes autres chofes (car jamais rien ne fut impoffible à fa vertu; rien ne put oncques réfifter à fon invincible effort & courage) vint très-heureufement à bout de toutes ces deux entreprifes, cautérifant les cols de l'Hydre, à mefure qu'il lui abattoit une tête; & foulevant Antée haut en l'air, quand il fe fut apperçu de l'affaire, où il l'étouffa entre fes vigoureux & robuftes bras, fans que fa mère lui pût plus donner de fecours, puifqu'ils n'avoient le moyen de s'entretoucher. Voilà comme les Poëfies en parlent. Mais pour tirer maintenant quelque fruit de ces fables, qui ne nous ont pas été du tout inutilement données, pour une badaude récréation, fantaftique & légère : fi c'eft à un fens moral qu'on veuille appliquer cette-cy : Antée fe peut prendre pour la volupté : dit ainfi de ἀντίον, comme le veut Fulgentius, pource que rien n'eft plus contraire à l'homme que les plaifirs & délices, qui, outre ce qu'elles énervent le corps, abatardiffent la fanté & difpofition naturelle, & abrègent le cours de notre vie, nous mènent finablement à quelque malencontreufe perdition & ruine. On le feint être né de la terre; c'eft-à-dire, que la volupté & luxure proviennent de la chair, qui n'eft autre chofe que terre, laquelle lui réadminiftre toujours nouvelles forces & maintenement; car de tant plus notre volonté adhère à la chair, de tant plus auffi fe pervertit-elle & corrompt

Mais tout cela eft finablement fuppédité par Hercules, à favoir, la raifon qui doit dominer en nous, laquelle nous élevant des appétits charnels, de la fenfualité & concupifcence, aux divines contemplations, fuffoque & éteint la volupté du tout en nous, ainfi que dit Boëthius, à ce propos, extollant ce fait-ci : *Superata tellus Sidera donat.* Toutefois cela ne fe peut pas faire fans un gros eftrif & combat d'Hercules contre Antée, de l'efprit contre la chair, felon Platon, en fes Morales, qu'il n'y a point de plus forts ennemis à furmonter & défaire ; plus mal-aifés, opiniâtres & réfiftans que les internes ; ce font les vices, lubricités & affections illicites & dépravées, qui fe produifent par notre nonchalance & confentement en nos cœurs, tout ainfi que les ronces, orties, chardons & mauvaifes herbes, en une bonne & fertile terre, par faute d'être foigneufement cultivée. Et c'eft ce que veut dénoter ce tant beau & élégant vers, anciennement gravé fur la fépulture de Scipion l'Africain :

Maxima cunctarum victoria victa voluptas.

Défrichons-les donc de cette mauvaife engeance, rendons-les habiles à recevoir le bon grain, & étouffons ce maudit & pervers Antée, qui ne tâche qu'à nous ravaller contre bas, pour nous exterminer de tous points, dans fon orde & vile pouffière, élevant nos mains & penfées en haut, felon ce divin admoneftement de Pythagoras :

ἢν δ᾽ ἀπολείψας σῶμα ἐς αἰθέρ᾽ ἐλεύθερον ἔλθῃς,
ἔσσεαι ἀθάνατος θεὸς ἄμβροτος, οὐκ ἔτι θνητός.

Si délaiffant le corps (qui eft de terre & d'eau) tu paffes à un air libre (élèves ton efprit là-haut au Ciel) tu feras un Dieu immortel, & non plus homme fujet à la mort. Car il n'y a rien qui proprement tue la perfonne, finon les vices, affections & concupifcences provenantes du corps. Or, fi nous voulons appliquer cette fantaifie, ou fiction poëtique à la philofophie naturelle, nous avons déjà dit au tableau précédent, qu'Hercules n'eft autre chofe que le Soleil, lequel, par fa chaleur & fes rays, à guife de flèches, extermine l'Hydre avec toutes fes têtes renaiffantes, c'eft-à-dire, la froideur, qualité propre à l'eau, dont ce ferpent eft né, & porte le nom ; car, à la vérité de l'hiftoire, c'étoit un lieu marécageux & défert, à caufe de fes fources, fontenils & ruiffeaux, qui le rendoient effondré, inacceffible & inhabitable, dont en cuidant eftoupper un, foudain en rebouillonnoient fix ou fept ailleurs ; mais le feu qu'y appliqua Hercules, diffipa cette humidité & froidure. Antée puis après, eft le fec (vraie propriété de la terre) que la chaleur pareillement convertit en nature d'air, à elle oppofite & contraire ; c'eft-à-dire, que le froid & le fec, deux qualités, mortelles ennemies de génération & de vie, à quoi infifte perpétuellement la nature, qui n'eft autre chofe que la chaleur provenant du Soleil, doivent par cette-cy être réduites en air chaud & humide, le vrai fujet d'icelle vie. Il faut donc convertir les deux bas Elémens groffiers & matériels, l'eau & la terre, le froid & l'humide, la volupté & le corps, ès deux hauts, spirituels & formels, l'air & le feu, l'humide & le chaud, la vertu & l'esprit. Et lors nous aurons débellé l'Hydre & Antée, & accompli ce que nous recommandent tant les Philosophes Chimiques, qui ne battent que sur cette enclume : *Converte Elementa, & quod quæris invenies*. Et ailleurs : *Nisi corporea vertantur in non corporea, nihil in hâc arte prorsùs efficis. Duo autem sunt Elementa corporea, terra & aqua ; duo item incorporea, aër & ignis ;* c'est-à-dire, qu'ils sont moins matériels & grossiers. M. Budée, au quatrième Livre de son *de Asse*, approprie cette fiction au Royaume de France ; car tout ainsi qu'Antée, en la lucte, quelque mal-mené & suppédité il pût être, pourvu que de son corps il touchât la terre, ressourdoit de-là plus fort & vigoureux qu'auparavant, sans se plus sentir de la rude secousse qu'il avoit reçue : en semblable, ce bien-heureux Royaume ne pouvoit être si affligé, ne ruiné de guerres du dehors, ne dedans, de pilleries, dégâts & ruines, que venant à avoir un peu de relâche, par quelque paix ou trève, si que le labourage & le trafic pussent avoir leur train libre & accoutumé, il ne se refît, comme en moins de rien, si toutefois il ne survenoit quelques gelées, pluies excessives & grêles, ou semblables accidens, plaies & calamités des injures de l'air & du mauvais temps, qui gâtassent les biens de la terre, à quoi il est un peu sujet & enclin. Ce très-docte homme a dit cela, mais on dit d'autre part que la continue l'emporte.

Le Tableau d'Antée

LA POULDRE ici est toute telle qu'ès luctes qui se font emprès la fontaine d'Elide : & ces deux champions, dont l'un se retrousse l'oreille, l'autre défait de son épaule la peau de Lyon : les tertres quant & quant à propos : & les colonnes : & les lettres gravées. C'est la Lybie, & Anteus que la terre a produit, pour offenser (comme je crois) les passans d'une brigandesque lucte. Mais cependant qu'il s'amuse après ces combats, & à enterrer ceux qu'il a mis, comme vous le voyez, à mort en cette lucte ; la peinture nous amene ici Hercules, qui a déjà conquis ces pommes d'or, & a tant été célébré, à cause des Hespérides : n'étant pas tant toutefois en une telle admiration pour les avoir suppéditées, ains le Dragon. Or sans autrement ployer (comme on dit) le genoil, il se dépouille contre Antée : étant encore à la grosse haleine de ce long & fâcheux voyage, & se prépare à la meslée : les yeux tendus à je ne sais quelle profonde cogitation : comme consultant, à-par-soi, ce qu'il doit faire en cette épreuve, & mettant une bride à son animosité & colère, de peur qu'elle ne lui transporte l'entendement. Mais Antée le dédaignant, se hausse, ce semble, en paroles. LES ENFANS DES INFORTUNÉS. Avec je ne sais quoi de tel qu'il montre dégorger encontre Hercules : se rassurant par ces braveries & outrages. Que si Hercules avoit du tout son cœur à la lucte, il n'auroit point été né autre que le voici représenté : car il est peint puissant & robuste, & comme rempli d'artifice, pour la belle disposition de sa taille : & si est grand avec cela, & d'apparence plus que humaine : d'une charmure colorée & vermeille, les veines s'étant sur-enflées de dépit & courroux qui s'est introduit là-dedans. Vous avez peur d'Antée, ce crois-je bien, qui ressemble à une bête sauvage, & peu s'en faut qu'il ne soit aussi gros, comme long ; le col enfoncé dedans les épaules, dont la plus grande part arrive au chignon. Le bras d'ailleurs arrondi, comme s'il étoit fait au tour aussi bien qu'elles. La poitrine & le ventre, tout cela battu au marteau, & si la greue n'est pas droite, ains rustique & grossière. On sait bien au reste qu'il étoit merveilleusement fort : trappe (de fait) & amassé, néanmoins sans adresse quelconque ; & noir parmi cela, ayant ainsi été teint du Soleil. Voilà ce qui est en ces deux champions, pour le regard de la lucte. Mais vous les voyez bien maintenant aux prises : ou plutôt ayant mis déjà fin à leur combat : & Hercules à sa victoire, qui est venu à bout de son ennemi, en le soulevant hors de terre. Car elle combattoit pour Antée : & le dressant, le remettoit de nouveau sur les pieds quand on l'é-branloit. Hercules donques étant en doute comme il devoit se gouverner envers cette sienne mere, empoigne Antée par le faux du corps, au dessus des flancs, là où sont les côtes ; & le posant tout de bout sur sa cuisse, lui accouple les deux mains ensemble : lui serre quant & quant le coude contre le ventre, déjà rétreint & hors d'haleine : de sorte qu'il lui fait perdre le vent, & l'étouffe de ses côtes aiguës, adressées à la région du foie. Aussi appercevez-vous bien l'agonie en quoi il est, regardant piteusement vers la terre, de ce qu'elle ne lui donne plus de secours : & Hercules vigoureux & gaillard, qui se rit de cette besongne. Or ne jetez pas votre vue en vain au sommet de cette montagne, ains faite compte que les Dieux observent de là ce combat : car une nuée d'or y est peinte, dessous laquelle (à mon avis) ils se sont campés : & Mercure s'en vient trouver Hercules, pour le couronner, parce qu'il lui adjuge l'honneur de cette entreprise.

HERCULES PARMY LES PYGMÉES.

AUTRE TABLEAU DE PHILOSTRATE.

Argument par Vigenere.

C'est une misérable condition que celle de l'homme, qu'on la prenne de quelque sens qu'on voudra ; en ce mêmement que, lorsque nous pensons être au-dessus de toutes nos affaires, avoir la fin de toutes nos peines & travaux, ne devoir plus se soucier de rien, que de vivre en plaisir & repos, nous mignarder, réjouir & donner du bon temps, étant déchargés (ce nous semble) de ce qui pesoit le plus à notre esprit, voici arriver tout-à-coup, de l'endroit où nous l'attendions le moins, quelque nouvelle occasion de douleur, quelque nouveau souci & mélancolie, pour toujours nous tenir en bride, & nous exercer aux misères & calamités de ce monde, qui, le plus souvent, nous sont sans comparaison plus utiles, que le par trop d'aise & contentement ;

ment ; car celles-là nous apprennent à nous reconnoître , à méprifer ce qui
eft fragile & caduc , & afpirer à l'éternel & perdurable ; & ceci ne nous rend
qu'infolens , fiers , débauchés , & incompatibles à nous-mêmes , pour nous
mener finablement à une perdition & ruine. Ainfi donc eft à toutes heures
notre vie traverfée d'ennuis , qui troublent & entrerompent le projet de
notre repos , alors même (& le plus fouvent) que la fortune fe montre la plus
propice & favorable , ni plus , ni moins qu'une belle journée claire & feraine ,
d'un ciel nettoyé & riant de toutes parts , eft ordinairement plus dangereufe
de fe rompre en quelque gros tourbillon & orage , pernicieux aux biens de la
terre , que non pas le temps nubileux & couvert. Toutes les hiftoires font
pleines de ces mutations , inconftances & légéretés ; les fonges mêmes nous
travailleroient plutôt en dormant , que notre condition & deftinée nous
laiffât en un continuel aife & repos ; car les défaftres , malencontres , infortunes , malheurs , perfécutions , fâcheries & adverfités , empêchemens &
autres telles ronces & pointures font toujours à nous furveiller & au guet ,
pour fe parfemer & épandre de tous côtés , d'enhaut , d'enbas , & en flanc :
la batterie foit telle que l'on voudra , cela n'importe de rien , tout retourne à
un même molefte , de quelque endroit qu'on vienne à être affligé ; car celui
qui a reçu quelque bien grief coup de bâton , pendant qu'il eft en agonie ,
ne s'amufe pas tant à faire une enquête ; de quelle part cet orion lui fera
plu fur les oreilles , comme à fe plaindre & douloir de fon mal , & en chercher quelque allégement , s'il peut. Or , toutes ces diftributions de bien &
de mal nous procédent des deux tonneaux de Jupiter , fi nous nous en voulons
rapporter à Homère , & nous en voilà bien récompenfés. Le pauvre Hercules ,
ayant fué fang & eau à nettoyer le pays de cette pefte d'Antéus , ce Loup-
garou , brigand & bourreau infâme , tout las & travaillé du combat encore ,
du long & fâcheux chemin , & des méfaifes d'icelui , cuidant prendre un peu
de repos pour le contentement de nature , le voilà avillonné de nouveau ,
pourfuivi , agacé , affailli par une petite raquaille d'arrière-parens du défunt ,
lefquels bouillonnant de la terre , à guife d'une formillière , fans mefurer leurs
forces à la fienne , fans pefer , ne confidérer l'événement de la chofe , ayant
plus le cœur de nuire à autrui , que de fe conferver eux-mêmes , (chofe qui
a ruiné beaucoup de gens) tendus du tout à une vindicte vaine , téméraire &
outrecuidée , lui viennent entrerompre fon doux fommeil , dont auffi ils
payent la folle enchère ; car , fe réveillant en furfaut , il vous trouffe tous ces
petits frantaupins , & leur apprend , pour une fois , combien c'eft chofe dangereufe de s'attacher à plus fort que foi , ne d'entreprendre légérement à venger
la querelle d'autrui. Toute laquelle fantaifie , fort plaifante à la vérité , &
très-excellemment déduite ici par Philoftrate , tâche à nous remettre devant
les yeux ce tant célèbre & fententieux oracle du Dieu d'Apollon : ΓΝΩΘΙ
ΣΕΑΥΤΟΝ , *Qu'il fe faut connoître foi-même* , dont rien ne fauroit être dit de
plus utile & à propos pour la vie humaine. Les autres moralifent encore là-
deffus en cette forte , prenant Antée (car ce tableau dépend du précédent)
pour l'outrage , violence , tyrannie , cruauté & femblables vices , les plus

inhumains & énormes, familiers aux Géans de leur naturel ; & les Pygmées,
pour les voluptés, les délices & concupifcences, car tous les deux procédent
de la terre ; c'eft-à-dire, de la chair, lefquels viennent molefter Hercules endormi, après avoir défait Antée. C'eft l'homme oifif & pareffeux, lequel,
encore qu'il furmonte la félonnie, & la banniffe de fon cœur (car les mols
& efféminés ne font pas volontiers fanguinaires) fe laiffe d'un autre côté
abâtardir & gagner à la fenfualité & plaifirs de la chair, felon le dire du
Poëte :

    Dùm vitant ftulti vitia, in contraria currunt.

Et de rechef :

    Incidit in Scyllam, cupiens vitare Charybdim.

Mais Hercule, à fon réveil, s'en démêle légèrement, & les ferre tous en fa peau
de Lion, pour les porter à Euryfthée. Quand la vertu domine & prévaut en
nous, qui nous excite & dégourdit de notre pefanteur endormie, d'une pu-
fillanimité rouillée, & moify nonchalloir, & nous donne bien aifément la
victoire de ces petits éguillons, qui ne nous font que chatouiller, & non pas
poindre à bon efcient, fi on ne leur prête confentement, & qu'on ne leur
donne loifir de s'ancrer & prendre pied ferme, les enveloppant de la force,
magnanimité & conftance, repréfentées par la dépouille du Lion, pour en
faire finablement un préfent à Euryfthée, à favoir, au travail, vigilance, en-
durciffement, & efforts affidus, qui nous exercent & follicitent, nous élèvent
la volonté aux belles & grandes chofes, & nous excitent à les entreprendre d'un
généreux courage ; ne permettant que nous nous laiffions ramollir par une
lente & défidieufe fainéantife, après les délices qui nous énervent le corps,
débauchent les efprits de leur devoir & fonction, & empoifonnent l'ame du
plus dangereux venin de tous autres.

Tableau de Hercules.

Hercules s'étant endormi en Lybie, après avoir vaincu Antéus, eft affailli
par les Pygmées, allégant de vouloir venger cetui-ci, dont quelques-uns
des plus nobles & anciennes maifons, font les propres freres germains : non
toutefois fi rudes combattans, comme il étoit, ni à lui égaux à la lucte,
néanmoins tous enfans de la terre, & au demeurant braves hommes de leur
perfonne. Or à mefure qu'ils s'en jettent dehors, le fablon bouillonne &
frémille en la face d'icelle : car les Pygmées y habitent auffi bien comme
les fourmis, & y ferrent leurs provifions & victuailles, fans aller écornifler
les tables d'autrui, ains vivent du leur propre, & de ce qui provient du
labeur de leurs mains, parce qu'ils fement & moiffonnent & ont des
charriots attelés à la Pygmeyenne. On dit auffi qu'ils s'aident de coignées
pour abattre le bled, eftimant des épis que ce foit quelque haute futaye.
Mais quelle outrecuidance à ceux-ci (je vous prie) de fe vouloir attacher
à Hercules, lequel ils mettront à mort, en dormant, comme ils dient : &

quand bien il feroit éveillé, fi ne le redouteroient-ils pas pour cela. Lui cependant prend fon repos fur le délié fablon, étant encore tout las & rompu du travail de la lucte, & foufle à puiffance, abondamment rempli de fommeil, lequel tout brave & orgueilleux eft là planté devant lui en femblance humaine, faifant (à mon opinion) un grand cas d'avoir ainfi accablé Hercules. Antée gift là auprès quant & quant; mais l'art du peintre a repréfenté Hercules qui refpire, & eft chaud; & l'autre trépaffé, tout fec & flétri, le quittant à la terre. Le camp au refte des Pygmées a déjà enclos Hercules, dont ce gros bataillon de gens de pied va charger fa main gauche; & ces deux enfeignes d'eflite s'acheminent devers la droite, comme la plus puiffante. Les Archers & la troupe des tireurs de fronde, affiégent les pieds, tous ébahis que la jambe foit ainfi grande; mais ceux qui combattent la tête, parmi lefquels eft le Roi en bataille, pource qu'elle leur femble le plus fort endroit de tout Hercules, traînent là leurs machines & engins de batterie, comme fi ce devoit être la citadelle, où ils lancent des feux artificiels à fa chevelure : lui préfentent leurs farfouettes tout droit aux yeux: bacclent & étouppent fa bouche d'un grand huys, jeté au-devant, & fes nafeaux de deux demi-portes, afin que la tête étant prife, il ne puiffe plus avoir fon haleine. C'eft ce qu'ils font au tour du dormeur; mais le voilà qui fe redreffe, & éclate de rire au beau milieu de ce danger; car empoignant tous ces vaillans champions, il les vous ferre & amoncelle dans fa peau de lyon, & les emporte (comme je crois) à Euryfthée.

ANNOTATION.

De ces Pygmées, non-feulement les Poëtes, mais les Hiftoriens encore & Naturaliftes en ont parlé d'affurance, comme d'une chofe véritable & réelle. Qu'il n'y ait des nains, cela eft trop commun & vulgaire, pour en douter, me reffouvenant de m'être trouvé, l'an 1565, à Rome, en un banquet du feu Cardinal Vitelli, où nous fûmes tous fervis par des Nains, jufques au nombre de trente-quatre, de fort petite ftature, mais, la plupart, contrefaits & difformes. L'on en a pu encore affez voir en cette Cour, du temps même des Rois François I & Henri II, dont l'un des plus petits qui fe pût voir, étoit celui qu'on appeloit Grand-Jehan, qui fut depuis Prothenotaire; hormis ce Milanois, qui fe faifoit porter dans une cage, à guife de Perroquet; & une fille de Normandie, qui étoit à la Roine, mère de nos Rois, laquelle, en l'âge de fept à huit ans, n'arrivoit pas à dix-huit pouces. Mais, de faire une contrée & nation à part des Pygmées, tout ainfi qu'à l'oppofite les navigations des Efpagnols en font des Géans, cela eft un peu plus chatouilleux, vu que tous les découvremens des modernes, qui ont revifité très-foigneufement le pourpris de la terre habitable, n'en dient miot. Quoi que ce foit, & comme la chofe aille à la vérité, voici, en premier lieu, ce que Pline, le plus hardi Ecrivain des Latins, en a dit, au fecond Chapitre du feptième Livre, où il y a bien d'autres merveilles auffi faugrenues: Au-deffus des Afthomes, gens qui n'ont point de bouche, mais vivent de l'odeur feulement qu'ils peuvent tirer des herbes, fleurs & fruitages, velus au reste par tout le corps, ont leurs demeures au bout des montagnes de l'Inde, devers le Levant, ès sources du fleuve Ganges; les Pygmées appelés Spythaméens, pource que, de hauteur, ils n'excèdent point trois Spythames, ou Dodrantes, qui reviennent à quelques deux pieds quatre doigts de notre mesure, sous un climat tempéré & sain, la terre & les arbres en tout temps couverts de verdure. Homère les fait être fort molestés par les Grues, au moyen de quoi (ainsi que l'on dit) étant montés sur des moutons ou des chèvres, & équippés d'arcs & de flèches, en la saison du Printemps, toute l'armée descend en troupe vers la mer, là où ils font un dégât universel des œufs & des petits de ces oiseaux, s'ils font éclos: autrement ils ne leur pourroient résister à la longue. De ces écailles, & du pennage, corroyés avec de la boue, ils bâtissent leurs maisonnettes. Toutefois Aristote les fait habiter dedans les cavernes, ce qui convient mieux à ce propos. Au demeurant, le passage qu'il allègue d'Homère, est tout au commencement du 3ᵉ de l'*Iliade*, en telle substance. Les Troyens venoient au combat en bruit & clameur, tout ainsi que les oiseaux, & comme le son retentissant des Grues en l'air, lesquelles, après avoir évité les froidures & grosses pluies, s'en vont criaillant à la volte de l'Océan, portant meurtre & mort aux Pygmées. Sur quoi le Scoliaste, ou annotateur, les met tout au fond de l'Egypte, ou plus proprement en l'Ethiopie, comme a fait Pline, au sixième Livre, Chap. 30. *Quidam & Pygmæorum gentem prodiderunt ante paludes ex quibus Nilus prodiretur.* Gens adonnés au labourage, ayant continuellement la guerre contre les Grues, qui leur viennent manger leurs semailles, & leur amènent une famine. Au quatrième Livre, Chap. XI, où il en met aussi au pays de Thrace : *Gerania, ubi gens Pygmæorum fuisse proditur, quos Catizos Barbari vocant; creduntque à Gruibus fugatos.* Et au 10, 23, *Inducias habet gens Pygmæorum abscessu Gruum cum iis dimicantium.* En Asie encore, 5, 29, *Trallis, eadem Evanthia, & Seleucia, & Antiochia dicta. Alluitur Eudone amne, perfunditur Thebaïde. Quidam ibi Pygmæos habitasse tradunt.* Et finablement ès Indes, 6, 19, *Indus statim à Prasiorum gente, quorum in montanis Pygmæi traduntur.* Somme qu'en toutes les trois parts du monde il met de cette belle engeance, de peur que la race n'en faille, chose beaucoup plus plaisante que vraisemblable; car, au reste, selon leur dire, les femmes commencent à porter à cinq ans, & cessent à huit. Tout cela étant primitivement parti de la forge (comme le témoigne Aulugelle, au 4ᵉ Chap. du 9ᵉ des Nuits Attiques) de je ne sais quel Aristéas Proconésien, Isigonus, Ctesias, Onesicritus, Polystephanus, & autres tels rêveurs fantastiques, revendeurs de contes de la Cigogne; car le proverbe duquel l'on use, pour montrer quelque grandissime dissimilitude des choses extrèmes, ἀκρολιβία τῶν Πυγμαίων κολοσσῷ ἰσμαρίζειν, accommoder les primices, ou dixmes des Pygmées, à un *Colosse.* J'estimerois, quant à moi, que cela soit dit des Nains, qui viennent par quelque acident & défaut de nature. Néanmoins Ammian Marcellin, Auteur de poids & d'autorité, au 22 de son Histoire, voulant montrer la gravité & constance de l'Empereur Julian, lequel, s'étant débauché de la

religion où il avoit été né & nourri ; pour courre après les ombres & impiétés du vain Paganifme, très-fage & prudent Prince au refte felon le monde,
met ceci : *Fruſtrà virum circumlatrabant immobilem occultis injuriis ut Pygmæi,
vel Thyodamas, agreſtis homo Lyndius, cum Hercule.* Pour néant (dit-il, parlant des langars, flatteurs, envieux & détracteurs courtifans) abayent-ils
par leurs fecrètes médifances & injures ce perfonnage ici, impoſſible d'être
ébranlé, non plus que les Pygmées, ou Thyodamas, lourd & groſſier Payfan
de Lyndus, firent autrefois Hercules. Sont les propres Germains d'Antéus.
A ceci fe rapporte ce vers de Juvénal :

> *Undè fit ut malim fraterculus eſſe Gigantis.*

Néanmoins tous enfans de la terre. — On appelle communément les enfans
de la terre, ceux qui font du tout adonnés aux paſſions du corps, à guife de
bêtes brutes, à la volupté d'un côté, & violence de l'autre. L'Ecriture Sainte
les appelle enfans des hommes & de Dieu, ceux que les Ethniques difent
enfans du Ciel, ou de Jupiter, élevés à contemplation. A ce propos, Albert,
au troifième Chapitre du premier Livre des Animaux, appelle les Pygmées
hommes fauvages, participans de vrai aucunement de notre nature, en tant
que touche quelque premier motif de la délibération. Ce qu'il réfume encore
au fecond Traité du même Livre, Chap. 4, les difant avoir, ainfi que les
Singes, quelque affinité avec la reſſemblance du corps humain; mais, au 21ᵉ,
il nie tout à plat qu'ils aient aucune fcintille de raifon. Les Pygmées habitent
auſſi-bien en la terre, comme les fourmils. Philoſtrate, au 3ᵉ Livre de la vie
d'Apollon Thyanéen, dit le même. Cette mignarde fantaifie, au-refte, dépeinte
ici par Philoſtrate (dont, je crois qu'il ne fe pourroit rien trouver de plus
gentil, ni plaifant à l'œil, fi elle étoit exécutée de quelque excellent pinceau) a été
touchée très-élégamment par Alciat, en fes Emblêmes, LVIII Emblême, &c.]

PIERRE ADAM, de Waſſigny, a traduit de Grec en
François, l'Oraifon Panégyrique d'Ifocrates, prononcée en
l'Aſſemblée, qui ordinairement fe faifoit en Athenes, de cinq en
cinq ans; où eſt en partie décrit le Gouvernement d'une République; enfemble le Devoir & Office d'un Magiſtrat; plus,
l'Exhortation d'Ifocrates à Démonic, touchant le devoir de
vivre civilement, felon la vertu & honneur : enfemble l'Oraifon
confultoire du même Auteur, faite en la perfonne de Nicoclès,
Roi de Cypre, fur le devoir des fujets envers leur Prince, imprimée à Lyon, *in-8°.* par Nicolas Bacquenois, 1549.

PIERRE, Prêtre & Doyen de faint Pierre D'AIRE ¹, en
l'Archevêché de Trèves en Allemagne, a tranflaté la Bible

Hiftoriaux (j'ufe des mots du titre qu'il y a mis) de Latin en
Roman ; avec les Glofes : & l'a dédiée & envoyée à Guillaume,
Archevêque de Senlys , pour fon ouvrage corrigier fe meftier
en eût , ainfi qu'il dit en fon Épître , en l'an de grace 1291 ,
ouquel je os quarante ans accomplis , commençai-je ces Tranf-
lations des Livres Hiftoriaux de la Bible , & les ai parfaites en
l'an 1294 , o l'aide de Dieu , & pour faire layes perfonnes
entendre les Hiftoires des Écritures anciennes ; prie tous Lifeurs
qu'ils ayent mon pouvre fens , pour excufé s'en aucune chofe
a que reprendre en l'ordonnance du Roman : car vraiment de
la vérité ne fuis-je rien iffus & n'y ai rien ajouté. Si prie à tous
clercs entendant Écritures , qui cet ouvrage liront , que s'ils y
trouvent à corrigier , que la lime de leur fens veuille limer mon
rude engin. Au commencement créa Diex , le ciel & la terre:
la terre étoit vaine & vuide , & ténèbres étoient fur la face
d'abyfme , & li efperis notre Seigneur étoit porté fur les eaues,
&c. *Eft écrit en main fur parchemin en ma Librairie.*

[1] Pierre Comeftor , Doyen de l'Eglife de Troyes , Auteur de l'*Hiftoire Scholaftique*, par lui adreffée , avant l'an 1117 , à Guillaume, Archevêque de Sens,
eft ici confondu avec fon Traducteur *, *Guias des Moulins*, Prêtre , Doyen
de S. Pierre d'Aire , de l'Evêché de Térouane , qui commença , en 1291 , à
traduire , de Latin en François , cette *Hiftoire Scholaftique* , nommée *Bible
Hiftoriale* , & acheva en 1294. (M. DE LA MONNOYE).

* On voit par-là les fautes qui fe trouvoient dans le Manufcrit de Du
Verdier , qu'il étoit aifé de réparer , en féparant l'Auteur du Traducteur , &
mettant *Sens* en la place de *Senlis* , & *Térouane* pour *Trèves*.

PIERRE DE ALIACO. Les fept Degrés de l'échelle de
pénitence, figurés & expofés fur les fept Pfalmes pénitentiels.
Voyez ANTOINE BELARD *.

*Voy. LA CROIX DU MAINE , & les notes , au mot PIERRE D'AILLY,
Tom. II. pag. 245 & fuiv.

PIERRE ANDRÉ , natif de Dorat , Chirurgien à Poitiers,
a écrit Traité de la pefte & de la cure d'icelle ; avec la préparation de l'Antimoine , & les vertus & propriétés d'icelui,

fervant grandement à la curation de ladite pefte : plus un Traité de la diffenterie & de fes remèdes ; imprimé à Poitiers, *in-8°*. par Nicolas l'Ogerois, 1563.

PIERRE L'ANGLOIS*, Écuyer, fieur de Bel État, a écrit Difcours des Hiéroglyphes Ægyptiens, Emblêmes, Devifes & Armoiries ; enfemble cinquante-quatre Tableaux Hiéroglyphiques, pour exprimer toutes conceptions à la façon des Ægyptiens, par figures & images des chofes au lieu de lettres ; avec plufieurs Interprétations des fonges & prodiges ; imprimé à Paris, *in-4°*. par Abel l'Angelier, 1583.

* La Croix du Maine prétend, à l'Article de PIERRE LANGLOIS, Tom. II, pag. 249, que ce PIERRE, avec PIERRE BLONDEL, & PIERRE-MARIN BLONDEL, ne font qu'un feul & même Auteur ; Du Verdier n'en fait que deux, favoir, PIERRE L'ANGLOIS, & l'autre PIERRE-MARIN BLONDEL, comme de deux Auteurs différens.

PIERRE APPIAN. La Cofmographie de Pierre Appian, traitant de toutes les Régions & pays du monde ; par artifice Aftronomique, corrigée par Gemma Frifon, Mathématicien & Docteur en médecine ; avec autres Livres du même Gemma Frifon, appartenant audit artifice : le tout traduit de Latin en François, & imprimé en Anvers, *in-4°*. par Gregoire Bonté, 1544.

PIERRE ARETIN. Le Genefe [1], ou Paraphrafe fur le Genefe, avec la vifion de Noé, en laquelle il vit les Myftères du viel & nouveau Teftament, divifée en trois Livres, faite en Tufcan, par Pierre Aretin, & mife en François, par Traducteur incertain ; imprimée à Lyon, *in-8°*. par Sébaft. Gryphius, 1542. Les fept Pfalmes de la pénitence, de David, paraphrafés en Tufcan, par Pierre Aretin* ; icelle paraphrafe mife en François ; imprimés à Lyon, *in-8°*. par Sébaftien Gryphius, 1540. Le Miroir des Courtifans, où font introduites deux Courtifannes, par l'une defquelles fe découvrent plufieurs fraudes & trahifons qui journellement fe commettent ; fervant d'exemple à la jeuneſſe mal-aviſée : fait en Dialogue par Pierre Aretin, traduit d'Italien en François ; imprimé à Lyon, *in*-8°. par Claude d'Urbin, 1580.

[1] L'Arétin, ayant dit, en Italien, *il Geneſi*, pour *il Libro*, ou *Diſcorſo della Geneſi*, ſon Traducteur, par une expreſſion trop littérale, a dit, en François, *le Genèſe*, pour *le Livre*, *le Traité*, *le Diſcours de la Genèſe*. Ce Traducteur n'eſt autre que *Jean de Vauzelles*, qui a traduit pluſieurs autres Ouvrages pieux, & par conſéquent mauvais, du même Auteur, énoncés par La Croix du Maine, au mot JEAN DE VAUZELLES, Tom. I, pag. 602. Quant au Livre ici rapporté, ſous le titre de *Miroir des Courtiſans*, ce n'eſt qu'un Extrait du Dialogue, où la Nanna enſeigne à ſa fille l'art de devenir une parfaite Courtiſane. Ce Dialogue eſt, comme on ſait, le dernier de la première Partie des *Ragionamenti*. Ferdinand Xuarès, de Seville, voulant éviter l'obſcénité de l'Original, en a ôté tout le ſel, dans ſon infidèle verſion, intitulée, *Coloquio de las Damas*. Voilà d'où un François Anonyme a tiré ſon *Miroir des Courtiſans*, & d'où, en 1623, Gaſpar Barthius tira ſon impertinent *Pornodidaſcalus*, verſion Latine, pire encore, c'eſt tout dire, que l'Eſpagnole & la Françoiſe. J'ai parlé amplement de Pierre Arétin, en divers endroits du *Dictionnaire* de Bayle, dans le Tome IV du *Menagiana*, & ſur l'Article 1284 de Baillet, pag. 385 du Tom. IV, *in*-4°. (M. DE LA MONNOYE).

* Pierre Arétin, malgré ſes Satires mordantes, ſon Athéïſme déclaré, & l'obſcénité de ſes Ecrits, jouit d'une certaine conſidération, & fut même enterré honorablement à Veniſe, dans l'Egliſe Paroiſſiale de *San Luca*, où l'on voit encore ſon tombeau. Il faut croire que ce qui lui mérita cette faveur, fut ſa Paraphraſe des Pſeaumes, qu'il intitula l'*Arétin Pénitent*. Il mourut a Veniſe, l'an mil cinq cens cinquante-ſix, âgé de ſoixante-ſix ans. M. Falconet, dans ſes Recueils, dit que Pierre Arétin n'étoit point fils-naturel de *Liugi Bacci*, comme l'a dit M. de la Monnoye, Tom. IV du *Menagiana*, pag. 63, & que ſon vrai nom étoit *Petro Bugiardo* ; il cite la *Vie de la Croze*, pag. 319 & 320, où ſont rapportées des Lettres de Matthieu Gibert, Evêque de Vérone, & de l'Arétin.

PIERRE D'AUBUSSON, Diacre, Cardinal du titre de S. Adrian & grand Maître de l'Ordre des Freres Chevaliers de la maiſon & hôpital ſaint Jean de Hiéruſalem, a mis par écrit, de Latin en François [1], les Établiſſemens, Conſtitutions & Ordonnances dudit Ordre, rejetées des vieux établiſſemens les choſes ſuperflues, les obſcures déclarées, & les néceſſaires ajoutées, par ledit grand Maître & Freres Commandeurs dudit Ordre,

Ordre, en un Chapitre général, tenu l'an 1489; imprimé
in-4°.

¹ C'eſt ce PIERRE D'AUBUSSON, trente-neuvième Grand-Maître de Rhodes,
dont le Père Bouhours a écrit l'Hiſtoire dans une grande pureté de ſtyle. Il
mourut à Rhodes, plus qu'octogénaire, le 3 Juillet 1503. (M. DE LA
MONNOYE).

PIERRE AYRAUT, premièrement Avocat en Parlement
à Paris, & depuis Lieutenant-Criminel à Angers, a écrit de
l'Ordre & Inſtruction judiciaire, dont les anciens Grecs &
Romains ont uſé en accuſations publiques, conféré à l'uſage
de notre France : & ſi on peut condamner, ou abſoudre, ſans
forme ne figure de procès; imprimé à Paris, *in*-8°. par Jaques
du Puys, 1576. Plaidoyers (en nombre vingt-un) faits en la
Cour de Parlement de Paris, & Arrêts ſur ce intervenus; imprimés à Paris, *in*-8°. par Martin le Jeune, 1568. Diſcours à
Monſeigneur le Duc d'Anjou, Roi de Pologne, ſur l'occaſion
que, le voulant recommander pour ſes victoires, & reſtauration
de ſon univerſité d'Angers, les Panégyrics anciens de Pacatus
& d'Eumenius, jadis faits à la louange des Empereurs Conſtan-
tius & Théodoſe, lui ont été adreſſés & dédiés de nouveau :
plus Harangue audit Seigneur Duc, où il eſt traité de la façon
de ſûrement louer ou blâmer les Princes; imprimés à Paris,
in-8° par Martin le Jeune, 1576. *Petri Aerodii judicis quæſtio-
num, Andiumque ducis libell. Mag. I. C. Decretorum Libri
VI. Itemque Liber ſingularis de Origine & auctoritate rerum
judicatarum ; Pariſiis, in*-8°. *apud Martinum Juvenem, 1573* *.

* Voy. LA CROIX DU MAINE, & les notes, au même Article, Tom. II,
pag. 247 & 248.

PIERRE BELLIER, Docteur ès Droits, a traduit de Grec
en François, les Œuvres de Philon, Juif, Auteur très-éloquent,
& Philoſophe très-grave, contenant l'interprétation de pluſieurs
divins & ſacrés Myſtères, & l'inſtruction d'un chacun, en toutes bonnes & ſaintes mœurs. Les Traités ſont, de la Création
du monde ; Allégorie des ſaintes Loix données après l'œuvre

des ſix jours : du Plàntement : de la vie de Moyſe , trois Livres :
de la Charité & Amour de ſon prochain : de l'État & Devoir
du Juge : de l'Élection & Création du Prince : de la Force &
Grandeur du courage : des dix Commandemens de Dieu : des
Loix particulières , deux Traités : de la Circonciſion : de la Monarchie , deux Livres : quels doivent être les loyers & honneurs
des Sacrificateurs : des animaux qui ſont propres aux Sacrifices,
& quelles ſont les eſpèces des Sacrifices : de ceux qui offrent les
hoſties au Sacrifice : qu'il ne faut recevoir au temple le loyer &
gain de la paillarde : que tout homme de bien eſt libre : de la
Vie contemplative , ou des Vertus des perſonnes dévotes : de la
Nobleſſe : des Loyers & peines : des Malédictions : que le
Monde n'eſt périſſable : contre Flaccus , ou de la Providence :
des Vertus, & Ambaſſade faite à Cayus : le tout imprimé à Paris,
in-fol. par Nicolas Cheſneau , 1575.

PIERRE BELON , du Mans , homme de grand travail à
rechercher les choſes rares , a écrit l'Hiſtoire de la nature des
oiſeaux , avec leurs Deſcriptions & nayfs pourtraits rétirés du
naturel ; écrite en ſept Livres, imprimée à Paris , *in-fol.* par Benoiſt Prevoſt , 1555. Deux Livres de la Nature & diverſité des
poiſſons ; avec leurs pourtraits , repréſentés au plus près du
naturel ; imprimés à Paris , *in-4°.* par Charles Eſtienne , 1555.
Les Obſervations , rédigées en trois Livres , contenant les
appellations antiques des arbres & autres plantes , des ſerpens,
des poiſſons , des oiſeaux & autres bêtes terreſtres ; conférées
avec les noms François modernes ; & pluſieurs vrais pourtraits
d'iceux retirés du naturel. Les Mœurs & façons de vivre de
diverſes Nations en Grece , & Turquie , & les vêtemens d'iceux.
Les Antiquités & Ruines de pluſieurs villes illuſtres en Aſie &
Grece. La Deſcription du Caire , Jeruſalem , Damas , Antioche,
Byrſe , Alexandrie & pluſieurs autres villes du Levant ; avec
leurs noms modernes. La Deſcription de pluſieurs monts célé-
brés par les anciens Poëtes & Hiſtoriens. Pluſieurs Diſcours ſur
les chemins , en divers voyages , par Ægypte , Arabie , Aſie &

Grece, contenant diverſes choſes des antiques conférées avec les modernes. Ample Diſcours ſur la vraie origine du fin or, & ſur les principales mines d'or & d'argent du grand Turc ; imprimé à Paris, *in-4°*. par Guillaume Cavellat, 1555. Pourtraits d'Oiſeaux, animaux, ſerpens, herbes, arbres, hommes & femmes d'Arabie & Ægypte, obſervés par Pierre Belon : le tout enrichi de Quatrains ſous chacune figure; imprimés à Paris, *in-8°*. par ledit Cavellat, 1557. Remontrances ſur le défaut du labour & culture des plantes, & de la connoiſſance d'icelles, contenant la manière d'affranchir & apprivoiſer les arbres ſauvages ; imprimées à Paris, *in-8°*. par Guillaume Cavellat, 1558. *Petri Bellonii de admirabili operum antiquorum & rerum ſuſcipiendarum præſtantia Liber primus. De medicato funere, ſeu cadavere condito, & lugubri defunctorum ejulatione, Liber ſecundus. De medicamentis nonnullis ſervandi cadaveris vim obtinentibus, Liber tertius; Pariſiis, in-4°. apud Gulielmum Cavellat, 1553. Ejuſdem de arboribus coniferis, reſiniferis, aliis quoquè nonnullis ſempiterna fronde virentibus, cum earumdem iconibus ad vivum expreſſis. Item de melle cedrino, Cedria, Agarico, reſinis & iis quæ ex coniferis proficiſcuntur ; excud. ibidem in-4°.* *

.* Voy. La Croix du Maine, & les notes, au mot Pierre Belon, Tom. II, pag. 251 & ſuiv.

PIERRE BEMBO *. L'Hiſtoire du nouveau monde découvert par les Portugalois, écrite [1] par le Cardinal Bembo, & traduite en François ; imprimée par Jean d'Ogerolles, 1556. Les Azolains, &c. Voyez Jean Martin. L'Hiſtoire de Veniſe. Voyez Antoine du Verdier.

* Le célèbre Cardinal *Pierre Bembo* naquit à Veniſe, en 1470, d'une famille Patricienne, féconde en grands hommes, & qui ſubſiſte encore avec honneur. On avoit prévenu contre Bembo, Paul III, auquel on l'avoit peint comme un homme vain, peu réglé dans ſes mœurs, & qui avoit même eu des enfans d'une maîtreſſe ; mais Bembo ſe juſtifia ſi bien, que le Pape le nomma Cardinal, le 24 Mars 1539. Il eſt pourtant vrai qu'il avoit eu une maîtreſſe, nommée *Moroſina*, avec laquelle il avoit vécu vingt-deux ans, &

dont il avoit eu trois enfans ; mais elle étoit morte en 1535, âgée seulement de trente-huit ans. Bembo mourut à Rome, le 18 Janvier 1547, dans sa soixante-dix-septième année. Le Casa a écrit sa vie en très-beau Latin.

¹ Le Bembe n'a laissé aucun Ecrit, qui mérite d'être intitulé *Histoire du nouveau monde*, découvert par les Portugais ; seulement, par occasion, au commencement du sixième Livre de son *Histoire de Venise*, il parle de la découverte faite dans l'autre Hémisphère, non-seulement par les Portugais, mais aussi par les Espagnols, le tout néanmoins si succinctement, que dans l'Edition *in-8°*. la relation entière n'excède pas onze pages. Cette *Histoire de Venise* est le principal des Ouvrages Latins du Bembe ; comme le Poëme sur la mort de son frère Charles, est la meilleure de ses Compositions Italiennes. Voy. les Mémoires de Niceron, Tom. XI & XX. (M. DE LA MONNOYE).

PIERRE BERTRAND, Médecin de Bazas, a écrit en forme de Dialogue, la Dialectique Françoise pour les Chirurgiens, imprimée à Paris, par Denys du Pré, 1571.

PIERRE-MARIN BLONDEL, Lodunois, a écrit quelques Poësies, & une Ode sur la mort de Jean de la Peruse, qui est parmi les Œuvres dudit de la Peruse *.

* Voy. LA CROIX DU MAINE, & les notes, au même Article, Tom. II, pag. 297.

PIERRE BIZARRE.¹. Guerre de Cypre *, &c. Voy. FRANÇOIS DE BELLEFOREST.

¹ Son nom étant *Bizaro*, & en Latin *Bizarus*, devoit, en François, être écrit *Bizare*. Cet Auteur, connu par ses Ouvrages Historiques, tels que ses *Annales de Gènes*, son *Histoire de Perse*, &c. vivoit encore au commencement du dix-septième siècle. (M. DE LA MONNOYE).

* A la fin du Tom. III de l'*Histoire de la République de Gènes*, *in-12*. Paris, 1742, dans le Catalogue des Ecrivains & Historiens de Gènes, on lit : *Pierre Bizzarr a écrit l'Histoire de Gènes, depuis l'an 1100, jusqu'à l'an 1578*. Cet Auteur se nommoit, en Italien, *Pietro Bizari* : c'est ainsi que son nom est écrit à la tête de son *Histoire Italienne des Guerres de Hongrie*. On connoît de lui trois Ouvrages différens : l'*Histoire de Gènes*, l'*Histoire des Guerres de Hongrie*, & l'*Histoire de Perse*. Il écrivit en Latin son *Histoire de Gènes*, qui s'étend depuis l'an 1100, jusqu'en 1578. Elle parut à Anvers, chez Plantin, en 1579, *in-fol.* & elle est très-rare. Son *Histoire des Guerres de Hongrie*, entre l'Empereur & les Turcs, fut d'abord écrite en Italien, & imprimée à Lyon, en 1569, *in-8°*. puis traduite en Latin, par l'Auteur, & publiée à Bâle, en 1573, *in-8°*. Elle fut réimprimée, en cette langue, dans le *Recueil des*

Ecrivains de Hongrie, que Jacques Bongars donna, en 1600, *in-fol.* mais on en retrancha le Récit, qui se trouve à la suite dans les Editions précédentes, contenant les événemens arrivés en Europe depuis 1564. L'Edition Italienne est fort rare. Quant au troisième Ouvrage de Bizari, c'est une *Histoire de Perse*, écrite en Latin, & publiée à Anvers, chez Plantin, en 1583, *in-fol.* & depuis réimprimée dans le Recueil des Ecrivains de l'Histoire de Perse, Francfort, 1601, *in-fol.*

PIERRE BOAISTUAU, surnommé LAUNAY, natif de Bretagne, a écrit Histoires prodigieuses (en nombre quarante) extraites de plusieurs fameux Auteurs, Grecs & Latins, sacrés & profanes, avec les pourtraits & figures; imprimées à Paris, *in-8°.* par Vincent Sertenas, 1561. L'Histoire de Chelidonius Tigurinus, sur l'Institution des Princes Chrétiens, & Origine des Royaumes, contenant treize beaux Chapitres; traduite de Latin, & imprimée à Paris, *in-8°.* par Vincent Sertenas, 1557. Le Théâtre du monde, où il est fait un ample Discours des misères humaines, composé en Latin par ledit Boaistuau, puis traduit, par lui-même, en François; avec un autre sien Discours de l'excellence & dignité de l'homme; imprimé à Paris, *in-8°.* par Jean Longis & Robert le Maignier, 1558. Histoire des persécutions de l'Eglise Chrétienne, faisant un ample Discours des merveilleux combats qu'elle a soutenus, étant oppressée sous la tyrannie de plusieurs Empereurs Romains, commençant à notre Sauveur Jesus-Christ & à ses Apôtres; & quelle a été la constance de leurs Successeurs en icelle; imprimée, par trois fois, à Paris, *in-8°.* la dernière édition par Guillaume de la Noüe, 1572. Six Histoires Tragiques, extraites des Œuvres Italiennes de Bandel, & mises en langue Françoise par ledit Boaistuau. Ce sont les six premières du premier Tome des Histoires Tragiques; imprimées à Paris, *in-8°.* par Jaques Macé, 1568. En un Avertissement, par lui fait au Lecteur, mis au devant de ses Histoires prodigieuses, il avoit promis faire voir, de sa Traduction en notre langue, les Livres de la Cité de Dieu de S. Augustin; mais prévenu de mort, n'a pu effectuer sa promesse.*

*Voy. *LA CROIX DU MAINE*, & les notes, au même Article, Tom. II, pag. 254 & suiv.

Au Théâtre du Monde.

[Ce pauvre prisonnier est-il sorti de cette prison maternelle ; contemplons quel il est étant sur terre ; qu'est-ce autre qu'un simulacre d'un pauvre ver ? De quel manteau est-il orné, faisant sa magnifique entrée au palais de ce monde ? Sinon de sang, duquel il est tout baigné & couvert, qui n'est autre chose que l'image & figure du péché, qui, par le sang, est signifié en l'écriture. O grieve nécessité ! O misérable condition ! Qu'avant que cette créature ait péché, elle est liée & serve de péché : avant qu'elle ait délinqué, elle est obligée au délit. C'est la grappe amère, de laquelle parle Hiérémie, que nos peres mangèrent. Quel est le premier Cantique que chante l'homme entrant en ce monde, sinon larmes & gémissemens ? qui sont comme messagers & augures de ses calamités futures, lesquelles ne pouvant exprimer par paroles, il les témoigne par ses pleurs & cris : & toutefois voilà le commencement des Monarques, Rois, Princes & Empereurs, & autres qui suscitent tant de Tragédies en ce monde. Le ver, tant soit-il petit, sitôt que nature l'a produit sur la terre, commence à ramper, se traîner, & à chercher sa pâture. Le petit poussin, sitôt qu'il est hors de la coque, se trouve tout net, & n'a besoin d'être lavé comme l'homme. Il court après sa mere, il l'entend quand elle l'appelle : il se met à picquer & à manger : il craint le Milan, sans avoir autrement éprouvé sa malice : il fuit le danger, seulement guidé par nature. Mais incontinent que l'homme est sur la terre, c'est une petite masse de chair qui se laissa manger aux autres animaux, qui n'y pourvoira. Laissez-le en son petit nid & berceau, il demeurera tout confit en ordure, & est si impuissant, qu'il ne sauroit jeter ses ordures, ce que les petits oiseaux & autres animaux savent bien faire. Voilà les parfums, civettes & odeurs, desquels nature a voulu embaumer l'homme, & aorner celui qui fait tant de l'Hercules, & qui se dit Maître & Chef de toutes les autres créatures. Etant cette chétive créature plongée en ce gouffre de misères, il le faut nourrir, & a besoin d'alimens, pour soulager l'infirmité de sa nature. Cet office est dédié aux meres, en considération dequoi nature leur a donné les mamelles, qui sont comme petites bouteilles propres à tel effet. Mais combien y a-t-il aujourd'hui de meres auxquelles il suffit d'avoir tiré leurs enfans hors de leurs entrailles, & au lieu de les nourrir, les envoyent aux villages, pour les faire nourrir par femmes inconnues ! L'enfant n'a pas donc assez souffert de maux au ventre de sa mere, si d'abondant, faisant son entrée en ce monde, on ne lui en préparoit d'autres tous nouveaux, par l'ingratitude des meres, qui sont si délicates, qu'elles ne les veulent nourrir, mais les font téter le lait de celles qui leur changent quelquefois leur fruit, ou les paissent de lait vicieux & corrompu ; dont procèdent après une infinité de maladies, comme vérolle, lépres, & autres. Car il est tout certain que si la nourrice est louche, sujette à ébriété, ou maladie, ou autrement de mœurs corrompues, l'enfant sera louche, non par son lait, mais par son regard fréquent : si elle est yvrogne, elle prépare l'enfant à convulsion

& débilité, même le fera yvrogne & intempéré, comme on lit en la vie de l'Empereur Tibere, qui fut grand yvrogne, parce que la nourrice qui l'alaitoit, non-seulement buvoit excessivement, mais elle sevra l'enfant avec des souppes trempées en du vin. Laissons-le en la garde & protection de sa nourrice. De combien de périls est-il enveloppé cependant qu'on le nourrit ! Quelle peine & martyre ont ceux qui en ont la charge ! Les uns se rompent de force de crier, ensorte qu'il ne faut point de réveille-matin, pour les faire lever de nuit : les autres se choquent toujours à quelque chose, & le plus souvent on ne voit que plaies en leurs pauvres petits corps : sans mettre en compte plusieurs maladies héréditaires qu'ils apportent des corruptions de leurs parens. Mais qui ne s'étonnera de voir cependant les occupations fantastiques de ce petit singe, lequel tantôt paitrit de la poudre, fait de petites maisons de terre, contrefait le chevaucheur d'écuirie sur un bâton de bois, court après les chiens & les chats, se courrouce contre l'un, applaudit l'autre. Qui pourroit jamais penser qu'une si misérable créature, & couverte de tant de pauvretés, si vile, & abjecte, par succession de temps, s'abattardît ainsi, & devînt si superbe & hautaine ?

Au Discours de l'excellence de l'homme.

Il me suffira pour nous dégoûter quelque peu des misères de l'homme, lesquelles (peut-être) j'ai traité d'un style trop tragique, si je décris la dignité & excellence de l'homme. Le seul esprit duquel, vaut mieux que tout ce qui peut être d'excellent en toutes autres créatures, voire que le ciel, la terre, & tout ce qui est contenu en icelle. Outre que cette félicité de la vie éternelle, de laquelle nous sommes assurés par foi, est de prix si excellent & de valeur tant inestimable, que toutes les langues des hommes ne la sauroient comprendre, ni leurs pensées concevoir. Mais quel témoignage de la dignité de l'homme, lequel son créateur a tant prisé, que de son éternité est descendu au monde, a prins le vêtement de la chair, & s'est fait homme. Encore sa bonté a été si grande envers l'homme, & l'a tant aimé (combien qu'il ait souillé sa sainte image laquelle reluit en lui) qu'il lui offre sa main, & le fait héritier de son royaume céleste, comme son propre & légitime enfant : a soumis en sa subjection tout ce qu'il a créé sous la concavité des hauts cieux : l'a élu pour son temple & habitacle : lui a révélé ses plus grands & occultes secrets ; & finalement a tout créé pour l'amour de cet excellent & divin animal. De quoi le Prophète David émerveillé, s'écrie : Qu'est-ce, ô Seigneur, que de l'homme, que tu as ainsi magnifié ? ou du fils de l'homme, que tant tu le réputes & estimes ? En quelle révérence donc doit-on tenir celui, que notre Dieu a tant prisé, qu'il l'a élevé comme Chef & Empereur de toutes les créatures visibles ? & dès sa naissance l'a commis en la garde des Anges ; lesquels, comme fidèles Ministres lui assistent ; le conseillent, accompagnent & défendent tant des incursions des malins esprits, que des autres aguets de la chair, & du monde ? L'a outre doué de cette divinité excellente que de savoir connoître les choses présentes, se souvenir des passées, prévoir par conjecture les futures, connoître la nature des choses, savoir discerner le vice d'avec la vertu, & après avoir connu l'essence, nature & ressort de tout ce qui est contenu en l'univers, il s'élève par une harmonie, saute & pénètre jusqu'aux cieux, les connoît & en donne résolution, démontre par vive raison, que la nature qui pend contre bas, n'est autre chose, qu'une belle face & figure de Dieu, ou quelque Livre ou miroir plein de Divinité. Et combien que son habitation soit en terre, si est-ce qu'il se mêle avec les élémens par sa soudaineté, descend ès profondités de la mer par subtilité de son entendement, toutes choses lui luisent, & encore que les cieux soient d'une hauteur incrédible, il les contemple comme s'ils étoient près de lui. Nulle obscurité d'air ne confond l'intention de son entendement : l'épaisseur & massiveté de la terre ne peut empêcher son affection, nulle profondité d'eau ne peut empêcher son aspect. A raison de quoi, Homere, ce grand Poëte Grec, appeloit les hommes Alphestas, qui est autant à dire, comme Rechercheurs ; car c'est le propre de l'homme seul de rechercher la cause de toutes choses : & par telle diligence, la consommation de tous les arts, en l'espace de mille ans, a été trouvée, comme Varron écrit. Les autres l'ont nommé φῶς, c'est-à-dire, lumière, à cause de l'incrédible desir que l'homme a naturellement de connoître toutes choses. Ce qui a fait que plusieurs Philosophes anciens ont pensé que la lumière fût la vraie essence de notre ame, à raison qu'il n'y a rien qui plus refuie l'ignorance, & qui l'ait en plus grande horreur, que l'homme ; lequel est si émerveillable, qu'il a, en soi, l'esprit qui est céleste, la vertu des étoiles, l'influence des planettes, les qualités & propriétés des quatre élémens, auquel finalement toutes créatures célestes, angéliques, & terrestres, servent & obeissent. Dequoi émerveillés quelques sages d'Egypte, osèrent appeler l'homme Dieu terrestre, animal divin & céleste, messager des Dieux, Seigneur des choses inférieures, familier des supérieures, & finalement miracle de nature. Et, qui plus est, pour plus grand comble de la noblesse de l'homme, quelquefois son Dieu descend en lui, faisant choses miraculeuses, lesquelles de lui il ne sauroit faire, comme nous avons lu aux Histoires de Clazomene & d'Aristée, lesquels sortoient souvent hors de leurs corps, & alloient çà & là : puis étant retournés, racontoient choses incrédibles, lesquelles par après toutefois on expérimentoit être véritables. Comme un Cornelius, Prêtre, étant à Padoue, durant la guerre de César & Pompée, fut tellement ravi, qu'il comptoit mieux tout l'ordre de la bataille, que ceux qui y étoient présens. Apollonius, semblablement, étant en Ephese, voyoit & disoit ce qui advint à Nero, dans Rome. Socrates s'est trouvé ravi communiquant avec son esprit, sans voir ni connoître ce qui se faisoit près de lui. Platon, semblablement, entroit tous les jours en extase, certaine heure du jour, auquel à la fin il mourut.

Et

Et en un autre endroit plus bas.

Quelle excellence & beauté y a-t-il en la tête de cet animal, qui est la tour & rempart de raison & de sapience, de laquelle, comme d'une fontaine, issent diverses opérations des sens, & comme il se puisse faire qu'ils produisent & rapportent à une même source tant de commodités diverses? Mais qui ne s'émerveillera de la mémoire? Laquelle est le greffier qui toujours demeure au dedans de la tour? Laquelle garde & retient les choses qui passent soudainement : l'office de laquelle est de conserver en ses trésors & recevoir choses innumérables, voire différentes, sans toutefois les confondre : ains les conserver en leur pureté & netteté, pour s'en servir puis après, lorsque par un souvenir elle raconte ce que de long-temps elle a conçu & amassé : & alors s'apperçoit une connoissance de choses infinies, toutes dissemblables, lesquelles se produisent en tel ordre, qu'elles ne se donnent trouble ou empêchement mutuel. Mais quel miracle y a-t-il en la subtilité inexplicable de nos yeux? lesquels ont été mis au plus haut de la tour, pour être spéculateurs des choses hautes & célestes. Et du côté duquel il falloit voir, ils sont couverts de petits tayes luisantes, les rotondités desquels représentent deux pierres précieuses, afin que d'un sens profond ils pénétrassent les images des choses mises au devant, reluisantes comme en un miroir. Et sont mobiles, afin qu'ils se pussent tourner çà & là, & n'être contraints de regarder ce qui leur déplairoit, & sont aornés & enrichis de paupières, qui sont comme boulevards, & propugnacles pour les défendre de mal ou encombre : audessus desquels sont les sourcils faits en voutes, pour empêcher que la sueur ou autres superfluités ne leur fissent offense. Mais quel spectacle digne d'admiration trouverons-nous en la fabrique du nez? N'est-ce pas un petit mur élevé pour la défense des yeux? & combien qu'il soit petit, il lui a établi trois offices : l'un de pousser & retirer son vent & haleine : l'autre, d'odorer & sentir : l'autre, afin que par les trous & cavernes d'icelui, les superfluités du cerveau fussent purgées, & évacuées, & découlassent comme d'un canal ou goutière. Mais par quelle merveilleuse ordonnance sont entretaillées les lèvres, lesquelles auparavant sembloient liées & conjointes l'une à l'autre? au dedans desquelles la langue est enclose, laquelle par ses mouvemens convertit la voix en paroles, interprète, & donne à entendre l'intention de l'esprit. Mais qui ne s'émerveillera de ce petit morceau de chair, qui n'a pas trois doigts de largeur, & qui est presque le plus petit membre de l'homme? Et toutefois il loue Dieu & donne à entendre les beautés & perfections de ce que Dieu a créé : il dispute du ciel, de la terre, & de ce qui est contenu ès quatre élémens : néanmoins elle ne peut seule accomplir l'office du parler, si elle n'est aidée des dents, ce qui nous est manifesté par les enfans, lesquels plutôt ne commencent à parler, qu'ils n'ayent les dents, & les vieillards après qu'il les ont perdues, béguayent & ne peuvent former leur parole : en sorte qu'il semble qu'ils soient retournés en enfance. Outre (comme dit Lactance) il a créé de menton & décoré d'une tant honnête forme , & l'a enrichi de barbe , laquelle eſt comme un truchement pour nous faire connoître la maturité des corps , la différence du ſexe , & ornement de la virilité & force. Quant aux oreilles , elles ne ſont point oiſives ; elles ſont colloquées en lieu éminent , afin de recevoir le ſon , qui naturellement eſt porté en haut : elles ſont ouvertes & non étoupées , afin que la voix fût portée par les ſinueuſes concavités , retenue & arrêtée ; même il a voulu qu'il y eût des ordures & immundicités , afin que ſi les petits animaux vouloient offenſer l'ouie (qui eſt l'un des plus excelens de nos ſens) ils fuſſent pris là-dedans , comme en de la glu. Encore n'eſt-ce rien de la merveilleuſe fabrique de toutes ſes parties , ſi nous voulons conſidérer en général tous les linéamens de la face : en laquelle dépendent deux merveilles : la première qu'entre tous les hommes preſque infinis , tous ſont ſi différens par tant petit eſpace de la face humaine , que deux ſeulement , entre tant de millions d'hommes , ne peuvent être ſemblables , qu'incontinent ils ne ſoient diſtingués par certaines marques & notes , &c.]

PIERRE BOCELLIN, Chirurgien de Belley, en Savoye, a écrit Pratique ſur la matière de la contagieuſe maladie de Lepre, imprimée à Lyon, *in-*4°. par Macé Bonhomme, 1540.

PIERRE DE BORNE, Seigneur de Baumefort, en Vivarez, a écrit en vers le Jugement de Daire , Roi de Perſe , donné par l'avis & délibération de ſon Conſeil , ſur la diſpute de trois Archiers de ſa garde , touchant la préférence du Vin , du Roi , des Femmes & de Vérité ; tiré du troiſième & quatrième chapitres du troiſième Livre d'Eſdras ; imprimé à Lyon , *in-*8°. par Benoiſt Rigaud, 1567.

PIERRE BOTON, Maſconnois , a écrit un Livre intitulé la Camille , contenant cinq Élégies , cinquante Sonnets & trois Odes ſur le ſujet de l'Amour ; enſemble les Rêveries & Diſcours d'un Amant déſeſpéré , faits en proſe , où parmi ſont entremêlés quelques vers ; imprimé à Paris , *in-*8°. par Jean Ruelle, 1573 *.

* Voy. LA CROIX DU MAINE , & les notes , au même Article, Tom. II, pag. 257.

PIERRE BOUCHET, Rochelois , a traduit en vers Français , la Pandore , Œuvre Latin de Jean Olivier , en ſon vivant,

Évêque d'Angers, qui est la Description de la Fable & Fiction Poëtique de l'Origine des femmes, causes des maux qui sont survenus au monde; imprimée à Poitiers, *in-*8°. à l'enseigne du Pelican, 1548. sur la fin duquel Poëme sont contenus les vers suivans :

> *Comme bourdons à rien utiles, mouches*
> *Pillent le miel des odorantes ruches,*
> *Et perdent tout (en leur ventre) le bien,*
> *Qu'autruy a quis par labeur & moyen,*
> *Ce temps, pendant que les abeilles vont*
> *Parmy les champs, & ententives sont*
> *A rapporter dedans leurs maisonnettes*
> *L'amas cueilli de diverses fleurettes.*
> *Ainsi la femme en la maison demeure*
> *Avec Bobance, inutile à toute heure,*
> *Et ne voulant à travailler entendre,*
> *Comme étant née à manger & dépendre,*
> *Le bien par temps acquis, en un moment,*
> *Et tout dévore en son entendement.*
> *Or maintenant, par trait de temps & âge,*
> *De mieux en pis coulé par long usage*
> *Est advenu que les mœurs de PANDORE*
> *La femme passe, & de beaucoup encore,*
> *En mal, finesse & malices subtiles :*
> *L'une émeut guerre horrible entre les villes ;*
> *L'autre, flattant son mari, l'empoisonne ;*
> *L'autre devient furieuse personne ;*
> *L'autre son fruit & propres enfans tue ;*
> *Bref à tout mal la femme s'évertue.*
> *Sait-on pas bien quelles furent Helaine,*
> *Et Clytemnestre, & Médée inhumaine,*
> *Circe & Althée, & de Lemne les Dames*
> *De leurs maris les meurtrières infames ?*
> *De Danaüs les filles sans mercy*
> *Deïanyre, & Sthenobée aussi,*
> *Biblis, Progné, & Phedre & Agrippine,*
> *Nyobe, exploit de vengeance divine,*
> *Et celles-là qui, trop désordonnées,*
> *A leurs parens se sont abandonnées ?*
> *Et Nyctimène aussi, & Myrrhe & Scylle ;*
> *D'autre côté Canace & Eriphile,*
> *De Semelé la sœur incestueuse,*

Pasiphaé d'un taureau amoureuse ?
Tarpeie auffi , la Romaine traiftreffe ,
Qui aux Sabins vendit la fortereffe
Du Capitole ? Et la fille du Roy
Serve Romain , qui l'infame charroy
Sur le corps mort de fon père traína ,
Et les charrois du fang contamina ?
Je pourroy bien , pour mon Livre augmenter ,
Des vieux Auteurs maint exemple adjoufter ;
Mais de chanter Calliope fe laffe , &c.

PIERRE BOULENGER , natif de Troyes , a écrit Inftitution Chrétienne , ou plutôt bref Recueil des points principaux
concernant la vérité de la Foi Catholique , en forme de Dialogue : plus l'Oraifon que faint Cyprian écrivit à Cecil. touchant
le Calice de notre Seigneur , enfemble le Sermon qu'il fit de
la fainte Cene. Item un Traité du Purgatoire , contre l'erreur
des Hérétiques ; imprimée à Paris , in-8°. par Sébaftien Nyvelle,
1564 *.

＊Voy. LA CROIX DU MAINE , & les notes , au même Article , Tom. II,
pag. 257 & 258.

PIERRE DE BRACH. Les Poëmes de Pierre de Brach,
Bourdelois , divifés en trois Livres : le premier contenant les
Amours d'Aimée : le fecond , l'Hymne de Bourdeaux , la Mo-
nomachie de David & de Goliath , une Ode de la paix : le
troifième , les Mélanges ; fuite des Mélanges : efquels Poëmes
font contenus cent cinquante-cinq Sonnets ; onze Élégies ;
l'Amour de la veuve ; cinq Difcours ; quatorze Odes ; dix Chants;
Mafquarade du Triomphe de Diane , onze Cartels ; imprimés à
Bourdeaux , in-4°. par Simon Millanges , 1576. Imitations de
Pierre de Brac , Contrôleur pour le Roi en fa Chancellerie de
Bordeaux ; affavoir Aminte , Fable boccagere , prife de l'Italien de Torquato Taffo. Olympe , Imitation de l'Ariofte , imprimées à Bourdeaux , in-4°. par Simon Millanges , 1584 *.

＊Voy. LA CROIX DU MAINE , & les notes , au même Article , Tom. II,
pag. 258 & 259.

En l'Amour des Veuves.

[*Là-deſſus cent diſcours j'ai fait en mon eſprit ,*
J'ai lu ce que d'amour on apprend par écrit.
J'ai la fille en amour égalée à la roſe ,
En ſes replis vermeils nouvellement écloſe.
Mais lorſque balançant j'ay de l'autre côté
Mis l'amour de la veuve avec ſa liberté,
Avec toi j'ai l'amour de la veuve eſtimée ,
Et jugé qu'elle étoit plus digne d'être aimée ;
Car , s'il faut que l'amour par amour ſoit payé ,
Ne vaut-il pas mieux prendre un billon monnoyé,
Rebattu ſous le coin d'une marque connue ,
Que non pas ſe charger de monnoye inconnue ,
Qui pourroit decevoir le changeur plus ruſé ,
Qui n'auroit le faux coin de ſa marque adviſé ?
Celui qui par amour prétend au mariage ,
Entreprend, haſardeux , à faire un long voyage ;
Ou ainſi que ſur terre , ou ainſi que ſur mer ,
Avec mille dangers il convient de ramer,
Sentant , infortuné , ſouvent battre ſa teſte ,
De froid, de chaud , de vent , de pluye , de tempeſte.
Si quelqu'un a par terre un voyage arrêté,
Son principal ſoucy , c'eſt d'être bien monté,
De prendre un cheval fait, qui ne craigne la peine ,
Qui ſoit prompt , qui ſoit vif , qui ſoit de longue haleine ,
Voltant à toutes mains , qui , ſous le frein rangé ,
Se ſoit vu tous les jours de la ſelle chargé ;
Non d'un jeune poulain , qui , fougueux & farouche ,
Refuſe , non dompté , le frein dedans la bouche ,
Difficile au montoir , qui çà qui là s'enfuit ,
Se moquant , en ruant , de celui qui le ſuit ,
Qui , lorſqu'il eſt piqué , ne veut prendre carrière ,
Au lieu d'aller avant , reculant en arrière ;
Car , qui ſe monte ainſi , lorſqu'il veut voyager ,
De devenir piéton ſe met en grand danger.
Celui qui ſur la mer veut faire ſon voyage ,
Afin de s'aſſurer en ſon long navigage ,
Doit choiſir un vaiſſeau , duquel les flancs voutés
Ayent été battus par les flots irrités ,
Dont juſtement la charge ait été meſurée :
Voguant , il doit tenir une route aſſurée ,
Mouiller ſon ancre au port , qu'un autre aura ſondé ,
Aborder où quelque autre a plutôt abordé ,

Non pas dans une nef, fraîchement charpentée,
Dont encores on n'a mesuré la portée,
Et dont peut-être un flot, après s'être joué,
Desjoindra les côtés de son ventre cloué.
Il doit fuir les ports où personne n'arrive.
Souvent l'on veut ancrer, sans trouver fonds, ni rive.
Le passage est à craindre, où jamais le vaisseau
N'a dedans le canal fendu le cours de l'eau.
Ainsi qu'un pélerin, qui, cheminant, avise
Son chemin, qui, fourchu, en deux parts se divise,
S'arrête, ne sachant lequel prendre des deux ;
Toutefois à la fin, sous un pas hasardeux,
Il suit le plus battu ; aussi l'homme de même,
Bien qu'un doute craintif le combatte en soi-même,
Au choix de ces chemins, en laissant le désert,
(Où, pour n'être frayé, bien souvent on se pert)
Doit choisir au hasard d'un bienheureux rencontre
Le sentier, qui tracé par quelque autre se montre.
Les pucelles, Picquon, sont semblables aux champs,
Qui par le laboureur n'ont des coutres tranchans
Senti le fer denté, dont la terre pressée
Ne peut être en sillons, qu'à force renversée,
Qui ne produisent rien, en friche délaissés,
Qu'épines, que buissons, que chardons hérissés.
Mais alors que la veuve a senti quelque année
Relabourer son champ sous le soc d'Hyménée ;
C'est d'un bon laboureur un champ, qui, relevé
Par un premier labeur, d'une pluye est lavé,
Qu'en deux ou trois façons, qu'après il lui redonne,
Par ses bœufs accouplés, plus parfond il sillonne,
Qui, pour être semé, n'attend que la saison,
Pour rendre après fertile une heureuse moisson.
La pucelle, Piquon, c'est une vierge épée,
Qui peut, du premier coup qu'elle sera frappée,
En deux parts se brisant, à son maître faillir,
Le laissant désarmé, sans pouvoir assaillir.
C'est ou bien le rondache, ou la cuirasse neuve,
Que par l'arquebusade on n'a mis à l'épreuve,
Dont le fer mal battu, par un coup enfoncé,
Sans rebuter le plomb, peut être outreperçé.
Mais soit la veuve prinse, ou pour arme offensive,
Ou bien en l'assaillant pour arme défensive,
Elle semble l'acier bien trempé, bien battu,
Qui fort est éprouvé, dont on a combattu ;

Car, bien que vivement elle foit enfoncée,
Elle n'eft au combat jamais outrepercée.
Filles, pardonnez-moy, fi je dy librement,
Que, qui fuit votre amour, c'eft hafardeufement
Entreprendre tenter une brèche douteufe,
Où l'on peut recevoir une repouffe honteufe, &c.]

PIERRE BRALLIER, Apothicaire de Lyon, a écrit les Articulations fur l'Apologie de Jéan Surrelh, Médecin à Saint Galmier, en Forefts, imprimées à Lyon, 1558 *.

* Voy. LA CROIX DU MAINE, & les notes, fur cet Article, Tom. II, pag. 259.

PIERRE BRESLAY, Angevin, a écrit l'Anthologie ou Recueil de plufieurs Difcours notables, tirés de divers bons Auteurs Grecs & Latins, & divifés en deux Livres, dont le premier contient cinquante-neuf chapitres, & le fecond en a foixante; imprimée à Paris, *in-*8°. par Jean Poupy, 1574. Un nommé Jean des Caurres a tiré la plupart de ces chapitres comme il a fait de plufieurs autres Auteurs François, & d'iceux compofé le Livre qu'il a intitulé Œuvres morales, diverfifiées en Hiftoires; où je crois il n'a rien mis du fien, & n'a fait aucune mention de qui il les avoit pris, les s'attribuant. Mais fi chacun de ceux qu'il a devalifés en leurs écrits, reconnoiffant fa plume, la lui tiroit, il refteroit dénué comme la corneille d'Horace. Or j'aime tant les diverfes leçons (comme auffi j'en ai jà écrit un volume) que je chéris de tant plus tous ceux qui s'exercent en cette manière d'écrire: à raifon dequoi j'eftimerai faire chofe agréable aux Lecteurs de leur faire voir ici quelques chapitres de l'Anthologie de Pierre Breflay, tant pour la Doctrine y traitée que pour la diverfité, laquelle plaît communément.

De l'Ame & de fon immortalité, contre l'opinion de Galen.
Chapitre III.

[C'eft une queftion très-belle & utile à entendre que celle de l'immortalité de l'ame humaine, laquelle auffi exerça fort l'antique Philofophie, & à la mienne volonté, que les ténèbres de ce fiécle troublé, ne gagnaffent tant fur les yeux de plufieurs, que la lumière de notre foi Chrétienne, ne leur éclaircît aifément tout ce doute. Or qu'elle foit immortelle, ou non, cela dépend de fon effence, laquelle mal connue, fournit matière d'erreur à plufieurs grands perfonnages du temps paffé. Entre autres Galen, Prince de la médecine, ayant mis en fa tête que ce n'étoit autre chofe finon le tempérament de nos corps, donna contre elle très-inique fentence de mort, à l'appétit de ne fais quels argumens fpécieux, mais peu folides. Le premier, maintient l'ame commencer & finir, avec le tempérament. Le fecond, allégue les inclinations réfultantes d'icelui, dont aucuns panchent à ire, aucuns à paillardife, aucuns à douceur, aucuns à continence, & autant des autres vices & vertus. Le tiers met en avant la diverfe difpofition, & habilité de l'efprit, fuivant le changement périodique du tempérament par les âges, qui fait qu'on voit appertement l'enfant, l'adolefcent, l'homme mûr, & le vieillard refpectivement différer en température, affections, confeils & avis. Le quatriéme remontre combien la qualité de l'air, & des viandes, importe à la lourdeffe, ou gentilleffe de l'efprit. Le cinquiéme, infifte fur ce que les maladies du corps diminuent, voire quelquefois ôtent du tout l'ufage de raifon, jufqu'à tant que l'un remis en fanté, l'autre enfemble redevient faine. Le fixiéme, fe fonde fur ce qu'aucuns femblent vicieux, & les autres vertueux de nature : ce qui ne peut, à l'opinion de Galen, procéder, finon de la diverfité du tempérament. Voilà les principaux argumens, à la follicitation defquels, notre Pergaméan jugea ce procès, mais, certes par trop légérement, vu qu'ils ne concluent rien néceffaire. Car tout ce que deffus, peut advenir & véritablement advient, de ce que le corps manquant & défaillant, l'ame le laiffe, & que notre entendement aftraint à fe fervir de lui, reçoit non autrement qu'un bon ouvrier, beaucoup d'aide, ou d'empêchement en fes actions, de la bonne ou mauvaife difpofition de l'outil. On croira ceci encore plus fermement, après la production de mes contredits, qui font tels. En premier point je maintiens le tempérament n'être qu'une forme accidentelle, & par conféquent impuiffante à produire un être abfolu, fimple, & réel, tel que celui du corps animé, qui ne le peut tenir, que d'une effentielle, dont irréfragablement s'enfuit, que le tempérament, & ce qui anime nos corps, font chofes différentes. Secondement, puifque le tempérament eft la mixtion des quatre élémens, il tire fon corps fans plus, au lieu de l'élément fuperabondant en la mixtion ; à quoi n'eft fujette l'ame, pouffant le corps indifféremment, à toutes différences de pofitions : & le portant, s'il échet, au coupeau des montagnes, contre l'inclination des élémens plus graves, dominant en la confiftance d'icelui. Tiercement, l'ame informante le corps, jamais n'augmente, ni diminue, fuivant le privilége de toutes formes effentielles, duquel ne jouit le tempérament, expofé à diverfes mutations. Quartement, quel tempérament réfifteroit aux inclinations de fon corps ? puifque ainfi faifant, il réfifteroit à foi-même, & tâcheroit à fe détruire ? Or fent-on guerre perpétuelle, entre l'ame raifonnable, & les appétits fourdans de la

température

température du corps, auxquels elle met quelquefois le mors en la bouche, & les réduit au petit pied : que si Galen ne peut honnêtement défendre sadite opinion.

De l'œil & de la vue. Chapitre 19.

L'œil assemblé de trois humeurs, cristaline, verrine & aubineuse, enveloppées de quatre tuniques, araigneuse, vue, cornée & consolidative, regarde par une pyramide de rayons, laquelle ayant pour base la chose vue, darde sa pointe en l'œil du voyant. Cette pointe s'aguise tant plus ladite base s'éloigne, à l'occasion de quoi même objet apparoît moindre de loin, que de près, suivant la proposition de Perspective, que le vu sous plus grand angle, en apparoît plus grand, & conséquemment plus petit, sous un plus étroit. Ceci pourroit sans autre démonstration, apprendre pourquoi une longue rue parallèle, c'est-à-dire, dont les côtés persévèrent en égale distance, fait semblant de s'étrécir par le bout opposite, savoir est d'autant que le diamètre d'icelle, servant de base à la pyramide visible, en se reculant toujours, amenuise à proportion l'angle fiché dans l'œil. Même raison efficace l'ébahissement qu'ont les enfants de voir les longs chemins droits & plains, hausser à la vue, & s'ils sont couverts, abaisser leur couverture : car autant s'en fait entre deux parallèles dressées l'une sur l'autre, que couchées à côté. Que si on demande, pourquoi chaque œil ayant sa pyramide visible, nonobstant on ne voit *Solem geminum, & duplices Thebas :* Je répondrai, d'autant que les nerfs ordonnés à la vue, s'unissent, témoin l'anatomie : ou d'autant que les deux pyramides n'ont qu'un objet pour base commune. Vrai est que telle vision de toute une base ensemble est incertaine & confuse, tant que la ligne a plomb, autrement l'essieu des pyramides, la certifie & distingue : comme quand l'on nous présente un Livre ouvert, la pyramide visible de prime aspect, le prend depuis une cornière jusques à l'autre ; mais s'il est question d'y lire, adonc le mouvement exprès de l'œil fait que cette perpendiculaire, qui de l'angle vertical va frapper le milieu de la base, faute de lettre sur lettre, examinant l'écriture. Au reste les rayons visibles par un air pur & net, s'alongent exactement droit, dont advient qu'un corps tant soit poreux, s'il l'est tortueusement, nous tranche la vue plutôt que l'ouye.

De la voix. Chapitre 26.

Epicure, le plus grand rêveur de la terre, traitant de la voix, afferme que c'est une fluxion corporelle, qu'en son jargon, il nomme πνευματώδες, laquelle découpée en plusieurs semblables parcelles, se va insinuant ès oracles : surquoi je lui demanderois volontiers, si la nature d'un mot, se pourroit tant détrancher, que le hachis en emplît le théâtre de Scaurus, sans conter bonne part qui s'en déchet, & pour parler avec son Lucrece, *Quæ non aures incidit ipsas,* ains, *præterlata perit frustra diffusa per auras.* Aussi les Stoïques, un peu mieux avisés, rejettoient-ils ce détail, définissant la voix, air frappé de l'haleine provenante d'un animal garni de poumons. Expliquant leurs intentions par cette fimilitude, rémémorée par Vitruve, & Plutarque. Comme (difoient-ils) un caillou jeté en quelque étang, excite autour de fa chûte une multiplication de rondeaux fur rondeaux, tant que la violence du coup s'évanouiffe: ainfi l'air touché d'une expiration, s'entrepouffant, ondoye: mais non en cercles feulement plats, ains en globeux, afin qu'on l'oye, haut, & bas, à gauche, à droite, avant, arrière & en tous fens. A cette définition répugne Platon, niant l'air feru être la voix, mais bien le coup même qui donne en l'air, s'élance jufques aux oreilles. Certainement en ce qu'il rebute la corporalité des Stoïques, je fuis des fiens: mais au refte la plus faine partie fe range devers fon difciple Ariftote, lequel ne forge la voix dans l'air, confidérant à mon avis, qu'en parlant, ne fort point de la bouche telle impétuofité d'haleine, qu'elle batte à heurter l'air avec tant de bruit; même que quelquefois nous haleinons à tout effort, fans qu'il en retentiffe: voire quelquefois formons la voix à lèvres claufes: réfutant tout enfemble ceux qui la compofent, du bat de la langue joint à la rencontre de l'expir contre les dents. Ariftote donc foutient que c'eft un fon réfultant du fray de l'haleine, contre cet artère âpre, que les poumons envoyent à la bouche, ainfi qu'une flute, dont yffant la voix toute fimple, & indigérée, elle prend façon & agencement en la bouche, puis s'épand globeufement parmi l'air. Il faut de la puiffance à parler haut, & roide des côtés pour étreindre les poumons fort & ferme: au regard dequoi, Homere ufurpe la bonne voix, pour un figne de vaillance, appelant entre autres, Menelas, βοὴν ἀναθὸν, c'eft-à-dire, ayant bonne voix. Ce même Auteur a mis en bruit fon Stentor, à voix d'airain, difant qu'il en valoit cinquante à crier, lequel aura pour fecond, l'Egyptien qui fuivit en Scythie le camp du premier Daire, & lequel fervit audit Prince à rappeler fa flotte qu'il attendoit à l'autre bord de la Dunoye, principal fleuve d'Europe.

D'une extraordinaire fignification du vocable lettré.
Chapitre 27.

Les Romains qualifioient aucunement un homme du titre de lettré, non par honneur, comme aujourd'hui, ains en lui reprochant fa vile qualité, ayant égard aux lettres, que les Maîtres écrivoient, avec le fer chaud, fur le front de leurs efclaves, fujets à prendre la fuite, à celle fin qu'on les pût reconnoître quelque part qu'ils fe retiraffent. Les Grecs nommoient les valets ainfi acoutrés, ςιγμαρίας, c'eft-à-dire, marqués, terme propre & convenable à ceux qu'en France, on marque dans l'épaule.

Des Argumens fophiftiques de jadis. Chap. 28.

Ce n'eft pas dujourd'hui qu'on appelle cornus les argumens des Dialecticiens novices. La caufe, à mon jugement, eft procédée d'un Sophifme de Chryfippe, tel qui s'enfuit: ce que tu n'as pas perdu, tu l'as: tu n'as pas perdu les cornes, tu en as donc. Ce bel argument avoit nom κέρατα, c'eſt-à-dire, les cornes, & de là ſe nomment cornus ceux qui concluent en pareille façon. Il couroit anciennement un autre Sophiſme encore plus gaillard, appelé Crocodile, pris d'un conte de vieille. C'eſt qu'une Egytienne voyant ſon fils priſonnier d'un Crocodile, ſupplie tant affectueſuement la bête, qu'elle promet le lui rendre, ſi elle dit vérité : la femme dit : tu ne me le rendras pas. Sur quoi Dieu ſait comme l'on ergotoit par les écoles. Le plaidoyé du Maître & du Diſciple chez Pierre de Meſſie, ne doit rien à cetui-ci. Ils en avoient encore un d'Electre, fille d'Agamemnon, qui parlant à ſon frère Oreſte ſans le connoître, ſavoit une même choſe, & ne la ſavoit pas. Elle ſavoit Oreſte être ſon frere, & ignoroit que lui-même à qui elle parloit, fût icelui. Et pour fermer ce propos, le ψευδόμενος, c'eſt-à-dire, menteur, étoit encore de la ſuſdite farine, & ſe trouſſoit ainſi. Qui ment, & le confeſſe, ſavoir s'il ment ou s'il dit vrai.

Pour & contre le ſilence. Chap. 18, du deuxième Livre.

Gnathene, courtiſanne d'Athenes, avoit reçu chez elle un amoureux tout fraichement arrivé d'Helleſpont. Ce galant eſcrimoit de ſa langue à tort & à travers, tant que la Dame ennuyée de ſon caquet, lui dit : Dea beau ſire, vous venez d'Helleſpont, & ſi n'en ſavez pas la principale cité. Et quelle demanda-t-il ? Sigée repliqua-t-elle, qui étoit aſſez bien moucher ſon homme ; car σιγή ſignifie, en Grec, ſilence & taciturnité, dont s'appeloit la ville ſuſdite, à cauſe de la ranquillité du port, où la mer ne démenoit aucun bruit ; ou bien, ſelon aucuns, parce que les Grecs partant de là, ſurprirent la cité de Troye. C'eſt véritablement une belle & riche poſſeſſion que la maîtriſe de ſa langue ; mais Xenocrate la rogna par trop près, quand s'excuſant de n'avoir ſonné mot durant un feſtin, il répondit, ſuivant ſa naturelle ſévérité, le parler nuit ſouvent, & le taire jamais. Car qui ne ſait comme le ſilence ruina jadis Amycles en Italie ? Qui n'eſt rebattu de l'adage ? πολλὰς φιλίας ἀπροσηγορία διέλυσεν, & qui n'a lu ce bon trait, lancé par Platon, contre un faitiz Harpocrate ? Si tu es ſot, dit-il, c'eſt raiſon de te taire ; mais étant ſage, ce ſeroit très-mal fait. Et vraiment, ſi le parler mérite uſage, je ne ſais à quoi mieux on l'employât, qu'à expliquer les belles conceptions des bons eſprits, qui fruſtreroient de ſa légitime utilité, l'échangeant avec un obſtiné ſilence, trop mieux duiſant aux ignorans, pour en couvrir leur inſuffiſance & bétiſe. Par ainſi, l'exemple de Zenon, Citteyen, qui ayant ſoupé avec les Ambaſſadeurs de Ptolomée, ſans avancer une ſeule parole : quand, à l'adieu, ils l'enquirent de ce qu'il vouloit mander, les pria, ſans plus reporter de ſa part à leur Prince, qu'ils avoient vu un vieillard appris à ſe taire à la table. Cet exemple, dis-je, & autres pareils, ne ſe doivent prendre nûment, ains avec leurs modifications & circonſtances. Zenon ſe tut, n'appercevant les Ambaſſadeurs préparés à rien ouir de ſérieux, après les frivoles diſcours de ne ſais quels affettés Sophiſtes là préſens : outre qu'il eût penſé offenſer grièvement la Philoſophie, y ſervant de plaiſanteur atitré, à réjouir la compagnie.

Mais s'opiniâtrer après la taciturnité, quand il y a befoin & beau jeu d'entamer un beau propos; quand les hommes le valent; quand cela reffortiroit à l'édification d'une compagnie, c'eft un ftratagême d'âne, ou pour le moins le fait de gens envieux, contempteurs & arrogans. Il y a (difoit très-bien Ifocrate) certaine faifon, où le filence vaut mieux que le parler; & certaine où le parler eft préférable au filence: refte à les bien difcerner.

Plufieurs chofes être mauvaifes par le feul abus des hommes, & de la vilanie de Cratès, Philofophe Cynique. Chap. 19.

Toutes chofes font bonnes en leur ufage légitime & ordonné par le fecret confeil de Dieu; mais l'ignorance & folie humaine le méconnoiffant, fe les rend, par la perverfion d'icelles, nuifibles: puis leur en impute la faute autant mal à propos, que le chien qui mord la pierre, au lieu de fe prendre à celui qui l'en a bleffé. L'eau & le feu font Elémens tant néceffaires, qu'en extrême dédain on les défend aux coupables d'horribles forfaits. L'un eft fauteur de la vie, & miniftre de métiers infinis: & l'autre comme la grande pépinière des vivans, & quafi le guéret de nature. On ne fauroit exclure le fexe féminin fans une totale ruine du genre humain, dont il eft une effentielle moitié (jaçoit que la populeufe nation des Effenies, s'en paffât autrefois) nonobftant les hommes intempérans & ingrats des bénéfices du Créateur, on dit en commun proverbe:

> *Le feu, la femme, les eaux*
> *Sont trois maux.*

Que, fi les venins mêmes, ouvrièrement accommodés, profitent; fi la maladie rendit Hiéron & Ptolemée Philadelphe, très-doctes, & Straton, fils de Corrhage; avec Democrate Luteurs excellens: Si les Crocodiles garantiffoient l'Egypte des voleurs Ethiopiens, qui, les redoutant, ne s'ofoient aventurer à la nage; & fi c'eft louange que tirer utilité de fes jurés ennemis, certainement le Thébain Cratès commença bien à philofopher béotiquement, c'eft-à-dire, à la lourde, quand il noya fon argent, car ce n'étoit condamner l'abus, ainçois indifcretement punir la chofe innocente du vice d'autrui. Minerve ne t'avoit encore, ô nouveau Philofophe, arraché des yeux le nuage qui t'empêchoit la vue de l'indifférence des chofes externes, bonnes, ou mauvaifes, fuivant l'ufage qu'on leur fait donner; & avoit quant & quant une maigre opinion de ta Philofophie, lui prohibant ainfi l'adminiftration d'un peu d'argent, comme à quelque mauvaife ménagère; ou tout au rebours jamais le monde ne fe portera bien, que premier les Philofophes n'en manient les principaux affaires, ou que ceux qui les manient, ne philofophent. Tu craignois peut-être que la contagion de ton or ne la corrompît à la fin, ne fachant que c'eft elle-même qui extirpe & défait les vices, mieux que le facré Ibis, les ferpens en Egypte. A la vérité, fuppofé que notre nature fût purement & fimplement fpirituelle, tous ces moyens terriens fuperfluroient à l'entretien d'icelle ; mais puifque la moitié de nous étant terreftre, requiert, bon gré malgré fa provifion propre & péculière, celui ne philofophe accompliment qui n'a fouci du ciel & de la terre. L'efprit en nous répond au patron de marine, le corps, au vaiffeau, & le monde, à une mer tempêtueufe, en laquelle, ainfi qu'en l'Océan, qui ne pourvoit à la nef & nocher enfemble, ne fatisfait au métier & ne mérite les titres que s'arroge ordinairement Dame Philofophie. Chez quels riches (ô entre par-tout) euffes-tu trouvé bouche à court, & le pain que ne portoient les fontaines ? Qui t'eût fourré *gratis* en été ? Qui t'eût fourni de cotidien de lupins, & entretenu ta vie de Cyclopes ? Si la faquinerie & fainéantife de ton Diogene, n'eût rencontré plus folides & réfiftans cerveaux que le tien ? Mais bien, permettons par indult & privilége aux plus fpirituels, renoncer de point en point aux foucis temporels, & vivre en toute franchife & liberté, comme animaux facrés aux Dieux. Eft-ce pourtant à dire qu'il faille, pour enrichir en vain la mer, fruftrer la fociété humaine de ce qu'un charitable, hofpitable & libéral fauroit très-bien avaluer à fa patrie ? Il faut dire que cette tant fainte amour du pays, laquelle flamble au cœur des idiots, n'échauffoit aucunement ce Profeffeur de fapience ; témoin la fotte réponfe qu'il fit au grand Alexandre, lui demandant s'il ne vouloit pas bien que fa ville fût remife-fus ; (car ce Prince avoit pris, & ruiné Thebes, en colère) Qu'en eft-il befoin, dit-il ? Par aventure un autre Alexandre la détruiroit ; condamnant par-là tous fondateurs de villes, qui n'ont laiffé de les bâtir, jaçoit qu'ils n'en efpéraffent pas une éternelle, & à jamais exempte de démolition. Mais je ne m'ébahis, fi lui, homme fans regard, élection, ni choix, méprifoit tous bons offices & devoirs ; car tels étoient les Cyniques, gens fans foin, difcrétion, ni confcience ; ainfi nommés à caufe de leur éhontement, & contumélieufe médifance. Ils entroient par-tout comme chiens, abboyant les actions de chacun, & ne doutoient exercer en plein marché, ce que l'honnêteté naturelle oblige aux plus épaiffes ténèbres de la nuit. Toutefois bien que les femmes, fignamment Dames de qualité, ayent accoutumé en tels actes, endurer fpectateurs trop plus enuis que les hommes ; fi eft ce qu'Hipparchi, Damoifelle de riche maifon, enamourée de ce boffu Befacier, le requit de mariage ; & fe laiffa mener par lui en cœur de jour, fous un porche fort hanté, où il l'eût dépucelée à la vue de tout le monde, fans Zenon, qui étendant fon réitre au devant, fit ombre à l'abomination de fon Maître.

Pourquoi on appelle l'homme arbre renverfé. Chap. 29.

Η γῦ μέλαινα πίνει, πίνει δὲ δ᾽ἐνδρε᾽ αὐτήν.

C'eft-à-dire,

La terre noire boit, & les arbres la boivent.

Dit le bon compagnon Anacréon, & dit vrai en fe jouant ; car les arbres s'alimentent par les racines, qui fucent l'humeur de la terre abreuvée du dégout des nues. Puis ils fe vuident par amont en feuilles, fleurs & fruits. Au contraire de l'homme, qui prend nourriture par la bouche haut élevée, & fe purge par les parties baffes. De là fourdit la raillerie de ceux qui l'appeloient arbre renverfé s'en deffus deffous ; à quoi n'ont fcrupuleufement regardé les Métamorphofiftes : autrement ils n'euffent à tous coups mué les cheveux en rameaux, ni les pieds en racines ; mais tout au rebours : comme a fait Jovian Pontan, homme exaĉt en toutes chofes, transformant Adonis par ces vers,

> *Haferunt terra crines, riguitque capillus*
> *Protentâ in radice, & reĉto in ftipite corpus.*

C'eſt-à-dire,

> La chevelure à la terre fe print,
> Faite racine, & le corps tronc devint.

D'aucuns qui apprirent les lettres en Vielleſſe. Chap. 38.

Les Romains vantent leur grand Marc Caton le Cenfeur, qui en fa vieilleffe apprit les lettres Grecques ; auquel les Ifauriens oppofent leur Superian, qui n'appliqua fon efprit aux bonnes difciplines avant trente ans, néanmoins ufant d'extrème & indomtable diligence, parvint entre les premiers Sophiftes de fon temps. Eunape récite qu'il fe fervoit de pédagogue, voire avec telle févérité, qu'on lui voyoit ès mains les cicatrices des coups de fouet, que lui-même s'étoit donnés en répétant à par-foi fa leçon. Que dirons-nous d'Euridice, Dame Efclavonne ? laquelle, jà mère d'enfans grandelets, s'enamoura de l'étude des bonnes lettres ; qui lui fuccéda fi bien, qu'en perpétuelle fouvenance de fon heureufe entreprife, elle confacra cette Epigramme aux Mufes,

> Γράμματα γὰρ μνημεῖα λέγων, μήτηρ γιγανία
> Παίδων ἠδονίων, ἐξεπόνησι μαθεῖν,

C'eſt-à-dire,

> *Elle, mère d'enfans jà parcrus, entreprit*
> *Des lettres & des arts le travail non petit.*

Ces exemples & maints autres pareils, vieux & modernes, prouvent affez l'homme n'être jamais hors de faifon d'apprendre, & qu'il ne faut rien défefpérer en matière de lettres, qu'à bon cœur peu nuit le défavantage du temps ; que rien n'eſt invincible au travail, pourvu qu'on ne fe chatouille la peau. Car foit vieil, foit jeune, le labeur n'eſt ingrat à aucun.

> *Certainèment au prix de nos travaux,*
> *Les Dieux nous font de leurs biens libéraux.*

Dont fort bien répondit Socrate à celui qui lui demandoit, fi vieil comme il éroit, il apprenoit encore le jeu du Luc. Il vaut mieux, dit-il, tard que jamais. Et le fage Solon fe vantoit de vieillir en apprenant, quand il dit :

Γηράσκω δ' ἀεὶ πολλὰ διδασκόμενος.

Diverfes obfervations fur la mer. Chap. 46.

Tout amas d'eau avec largeur compétente & reftagnation, eft mer aux He-breux ; comme celle de Tiberiade, bien que ce ne foit qu'un lac fait par le fleuve Jourdan, traverfant Galilée. Salomon dédia au Temple de Hiérufa-lem, par lui bâti, un vaiffeau, qui pour fon énorme grandeur, fut appelé mer. Les Grecs & les Latins entendent auffi, par une mer, toutes chofes exceffivement grandes ; difant ceux-là θάλασσαν, ἀγαθῶν, & ceux-ci *Maria & montes pollicer.* Chez eux-mêmes, toute l'eau falée par la main de Nature, fe comprend fous le nom de mer, qui n'eft qu'un corps, bien que largement épandu, s'entretenant vifiblement, ou en cachette. Le principal membre eft l'Océan, ainfi baptifé pour fa vîteffe ; car ὠκὺς dénote léger, vîte & foudain, & γέω, couler : auffi court-il bien plus haftivement que le refte, dont Tacite, Livre fecond de fes Annales, a dit : *Quando violentior cætero mari Oceanus.* Sa place gît autour de la terre, qu'il acolle & fertilife, comme l'époux fon époufe, de façon que Neptune s'en nomme ποσειδῶν, comme qui diroit πόσις γῆς, δ pour γ, c'eft-à-dire, mari de la terre. Cet Océan, entre l'Afrique & l'Efpagne, s'enfonçant, par le détroit de Gibraltar, au milieu de notre conti-nent, fait moitié de la mer Méditerranée, & devers Septentrion, par canaux fouterreins, dégoutant en l'Euxin, achève l'autre moitié. Et que ce propos n'émerveille ceux qui penfent toute la Méditerranée entrer par Gibraltar, & n'être qu'un golfe & regorgement de l'Océan Atlantique ; car, pour l'affu-rance de telle opinion, il conviendroit néceffairement qu'elle communiquât toute au regrofliffement ordinaire dudit Océan. Or, eft-il oculaire que la mer Major, celle de Marmora, le détroit de Gallipoli, voire bonne part de l'Ar-chipelago, ne remontent jamais : ains, fans faire marée, defcendent perpé-tuellement. Parquoi la conclufion eft irréfragable, qu'elles fourdent d'amont. Le même Océan, tirant en Orient, alonge entre Ethiopie, Egypte & Ara-bie, un bras nommé la Mer Rouge, non pour couleur de terre, ni d'eau, mais de l'ancienne ville d'Erythres, fondée par le Roy Erythre, d'où les Grecs, l'appelant ἐρυθραῖον, ont trompé les Latins, qui ne prenoient garde qu'à la figni-fiance primitive du mot, qui eft *rubrum,* en François *rouge.* Quinte-Curce en parle ainfi : *Mare certè quo alluitur, ne colore quidem abhorret à cæteris. Ab Erythro Rege inditum eft nomen, propter quod ignari rubere aquas credunt.* Ce qu'il répète au commencement du dixième Livre. Outre cela, quafi au cœur d'Afie, croupit la mer Cafpe, autrement de Sala, ou de Bachau, fermée à l'environ, quoiqu'on s'y foit autrefois abufé ; mais, attendu les groffes rivières, qui, fans la croître, fe déchargent dedans, raifon nous force lui affigner fes chemins occultes, par lefquels elle entre & fort à la dérobée.]

PIERRE BRISSON*, Sieur du Palais, Confeiller du Roi & fon Sénéchal de Fontenay le Comte, en Poitou, frere de Barnabé Briffon, Préfident au Parlement de Paris, a écrit Hiftoire & vrai Difcours des guerres civiles ès pays de Poitou, Aulnis, autrement dit Rochelois, Xaintonge & Angoumois, depuis l'année mil cinq cens foixante-quatorze, jufques à l'Édit de pacification de l'année 1576; imprimée à Paris, in-8°. par Jaques du Puys, 1578. Il a traduit du Latin d'Oforius, Portugais, Évêque de Sylves & des Algarbes, l'Inftruction & nourriture du Prince, départie en huit Livres; imprimée à Paris, in-fol. par Pierre l'Huillier, 1583.

*Voy. LA CROIX DU MAINE, & les notes, au même Article, Tom. II, pag. 259 & 260.

PIERRE BROHÉ, de Tournon fur le Rofne, a traduit des vers Latins de Jean Sulpice, dit Verulan, en rime Françoife, l'Opufcule des bonnes Mœurs & bonnes contenances que doit garder un jeune homme, tant à la table, qu'ailleurs; imprimé à Lyon, in-8°. par Macé Bonhomme, 1555. *.

*Voy. LA CROIX DU MAINE, & les notes, au même Article, Tom. II, pag. 259.

PIERRE BRUNET a fait un Livre de Tablature de Mandorre, imprimé à Paris, par Adrian le Roy, 1578.

PIERRE CAROLI, Docteur en Théologie de l'Univerfité de Paris, a écrit [1] Traité auquel eft montré que la Confeffion Sacramentale, dite vulgairement auriculaire, eft de droit divin, imprimé avec un autre Traité du même fujet, fait par René Benoift, à Paris, imprimé in-8°. par Sébaftien Nyvelle, 1567.

[1] Ce PIERRE CAROLI, ainfi nommé, fuivant la coutume de mettre alors au génitif les noms de la plupart des Gens de Lettres, étoit un Docteur de Sorbonne, qui, à caufe de fa liaifon avec Jacques le Fèvre d'Etaples, s'étant rendu fufpect d'Héréfie, quitta la France, dans l'appréhenfion d'être arrêté, & fe retira, environ l'an 1534, à Genève. Il n'y fut pas long-temps, fans fe brouiller avec Faret, Viret & Calvin, les accufant, tantôt d'Arianifme, tantôt de Sabellianifme. Sur quoi ayant été oüi & condamné en deux Synodes, l'un

l'un à Laufanne, l'autre à Berne, il retourna, quoiqu'il eût femme & enfans, à la Religion Romaine, &, par l'entremife du Cardinal de Tournon, obtint du Pape des lettres d'abfolution. Il tâcha enfuite de regagner dans l'efprit des Catholiques la créance qu'il avoit perdue; il compofa des Livres de Controverfe, où il foutint la doctrine de l'Eglife; &, plein de grandes efpérances, il fit le voyage de Rome, où, s'il en faut croire Bèze, il mourut dans un Hôpital. (M. DE LA MONNOYE).

PIERRE DE * CHANGY, Écuyer, a écrit Sommaire des fingularités des feize premiers Livres de la naturelle Hiftoire de Pline, imprimé à Lyon, in-16. par Jean de Tournes, 1551. Inftruction Chrétienne pour femmes & filles mariées & à marier; de la Paix & union qu'elles doivent moyenner & entretenir en mariage; imprimée à Poitiers, in-16. l'an 1545. Inftruction de la vertu d'humilité; avec l'Épître de faint Bernard, touchant le bon & fage Gouvernement d'une maifon : le tout imprimé avec l'Inftitution de la femme Chrétienne, traduite du Latin de Jean Loys Vivez, à Paris, in-16. par Pierre Cavellat, 1579.

* Ce Pierre de Changi étoit Avocat au Parlement de Dijon. *Jacques*, fon fils, lui apporta de la Librairie du Seigneur de S. Anthoft, le Livre de Vivès, *de l'Inftitution de la femme Chrétienne, tant en fon enfance, que mariage & viduité; auffi l'office du mari*, qu'il traduifit de Latin en François. Outre les Éditions rapportées par du Verdier & La Croix du Maine, il y en a une autre, *in-8°.* Paris, 1543, chez Kerver, faite après la mort de Pierre de Changi. La Traduction des fix Livres de Pline le Naturalifte fut publiée à Lyon par Blaife de Changy, Curé d'Efpoiffes, en Bourgogne, fils de *Pierre*, longtemps après la mort de fon père. On apprend cette particularité par quelques vers Latins, qu'on trouve à la tête de la Traduction de Vivès;

> Me miferum, aïebat, qui bella ferocia geffi
> Pro Patriâ, corpus dum juvenile foret.
> Qui Plinî bis tres in Gallica verba Libellos,
> Mars, verti in caftris, fanguinolente, tuis.

Il paroît que le nom de *Changi*, que *Pierre* portoit, étoit celui du Village ou Hameau de *Changy*, qui eft de la Paroiffe & Marquifat d'Efpoiffes, au Bailliage de Semur, en Auxois. Pierre de Changi mourut en 1543, âgé de plus de foixante ans.

PIERRE CHARPENTIER, Jurifconfulte, a écrit Avertiffement Saint & Chrétien, touchant le port des armes, traduit de fon Latin; imprimé à Paris, *in*-8°. par Federic Morel & par Sébaftien Nyvelle, 1575 *.

* Voy. La Croix du Maine, & les notes, à l'Article de Pierre Charpentier, Tom. II, pag. 263 & 264.

PIERRE DE CHASTEAUNEUF, Gentilhomme, Seigneur dudit lieu, florifloit du temps de Perceval Dorie, & de fes autres Contemporains. Il fut d'un beau & fubtil efprit, tant à écrire en rime Provençale, qu'en vers Latins, & n'a fait que des Syruentés contre les Princes de fon temps, & un Traité intitulé *Las largueffas d'Amour*, qu'il adrefla à la Roine Beatrix, quand elle fut couronnée Roine de Naples. Un Auteur digne de foi, que faint Cezari écrit avoir lu, dit que ce Poëte étant au Bois de Vallongne, venant de Roquemartine, vifiter le Seigneur du lieu, fut pris par quelques larrons qui brigandoient les paffans, & après l'avoir démonté, & ôté fon argent, & dépouillé jufques à la chemife, le vouloient tuer : le Poëte les pria lui faire cette grace, d'ouir une Chanfon, qu'il diroit avant que mourir, ce qu'ils firent. Il fe mit à chanter un Chant fur fa lyre qu'il fit promptement à la louange de ces brigands, fi qu'ils furent contraints lui rendre fon argent, fon cheval, & fes accouftremens, fi grand plaifir prinrent-ils à la douceur de fa poëfie *.

* Tiré de Jean de Notre-Dame, Chap. 42.

PIERRE, ABBÉ DE CLUNY *. Les Œuvres du bon & ancien Pere Pierre, Abbé de Cluny, Contemporain du vénérable Abbé faint Bernard, contre les Hérétiques de fon temps; où fe voit la vraie Succeffion de Doctrine, & Tradition de l'Églife Catholique, depuis fa naiffance jufques à maintenant, traduites du Latin de l'Auteur, en François, par Jehan Bruneau, Confeiller & Avocat du Roi, en l'Élection & Grenier à fel de Gyen; imprimées à Paris, *in*-8°. par Guillaume de la Noüe, 1584.

* Pierre, dit *le Vénérable*, de l'ancienne & illuftre Maifon de Montboiflier, en Auvergne, fe fit Religieux de Cluni, & devint Abbé & Général

de fon Ordre en 1122, âgé pour lors de près de trente ans. Il rétablit la difcipline Monaftique dans fon Ordre, & eut véritablement les vertus de fon état, l'humilité, le défintéreffement, & le détachement des affaires du monde. Il ne fut pas toujours de l'avis de S. Bernard, fon contemporain. On a fix Livres de fes Lettres, & quelques autres Ouvrages affez curieux, mais dans lefquels on trouve des fables, & une trop grande crédulité, ce que l'on doit attribuer plutôt à l'ignorance du fiècle, qu'à la foibleffe de l'efprit de l'Auteur. Il mourut faintement dans fon Abbaye, le 25 Décembre 1157. Sa mémoire eft honorée d'un culte public dans fon Ordre. Baillet, dans fes *Vies des Saints*, a donné une affez bonne notice de Pierre le Vénérable, à la date de fa mort. Il poffédoit la charité Evangélique dans un degré éminent; ce fut lui qui affura une retraite tranquille au fameux Abailard, que S. Bernard pourfuivoit à outrance; il en agit de même avec les Hérétiques de fon temps, il chercha à les éclairer & à les ramener au fein de l'Eglife, mais jamais il ne les perfécuta. — Voyez, dans le Tom. IV de la nouvelle Edition de la *Gaule Chrétienne*, la preuve des dates que nous adoptons, & qui ne font pas conformes à celles qui font communément employées.

PIERRE DE COLOIGNE, Miniftre de la prétendue Religion réformée à Metz, a traduit d'Allemand en François, Conformité & Accord, tant de l'Écriture fainte, que des anciens & purs Docteurs de l'Église, & de la Confeffion d'Aufbourg, bien entendue, touchant la Doctrine de la fainte Cene de notre Seigneur, par les Théologiens de l'Univerfité de Herdelberg, imprimée à Genève, *in-8°.* par François Perrin, 1566. Il a traduit auffi de l'Allemand de Thomas Eraftus, vraie & droite intelligence de ces paroles de la fainte Cene de Jefus-Chrift, ceci eft mon corps, &c. imprimée à Lyon, *in-8°.* par Jean d'Ogerolles, 1564.

PIERRE CONSTANT, Langrois, a écrit en vers, la République des Abeilles, commençant ainfi:

> *Je chante l'union, l'état, auffi les mœurs*
> *De ces peuples aiflez, &c.*

imprimée à Paris, *in-4°.* par Gervais Mallot, 1582.

* Voy. LA CROIX DU MAINE, & les notes, au même Article, Tom. II, pag. 265.

PIERRE DE CORNU. Les Œuvres Poëtiques de Pierre de Cornu, Dauphinois, contenant Sonnets, Chanfons, Odes,

Difcours, Éclogues, Stances, Épitaphes & autres diverfes compofitions; imprimées à Lyon, *in*-8°. par Jean Huguetan, 1583.

* Il naquit à Grenoble, ou aux environs, & fut Confeiller au Parlement de cette ville. Son volume de Poëfies, qui parut en 1583, nè contient que des productions de fa jeuneffe, & beaucoup de vers amoureux, fouvent fort indécens, pour une Demoifelle *Laurini*, d'Avignon, qu'il aimoit. Etant dans un âge plus avancé, il rougit de ces Poëfies, & les défavoua en quelque forte. Collet dit qu'il publia un jufte volume de Quatrains moraux, dont la mémoire fut bientôt enfevelie. Voyez le Difcours de la Poëfie Morale, pag. 191. —Dans fes Poëfies, on ne trouve point d'invention: tout leur mérite fe réduit à des jeux de mots. Voy. la Biblioth. Françoife de M. l'Abbé Goujet, Tom. XIV, pag. 318.

PIERRE DE LA COSTE, Condomois, Doćteur en Théologie, de l'Ordre des Frères Prêcheurs de la ville d'Agen, & Prieur du Convent du même Ordre, en la ville de Bayonne [1], a écrit en trois Livres, Catholiques Expofitions fur le Symbole des Apôtres, où font traités les plus principaux points & plus fignalés Myftères de notre Foi, utiles à tous ayant charge d'Ames, & autres qui font profeffion de la parole de Dieu; imprimées à Paris, *in*-8°. par Guillaume de la Noüe, 1577. Sermons (en nombre vingt-quatre) fur l'Oraifon Dominicale, où font traités plufieurs grands points utiles à tous Prédicateurs, Curés & Vicaires, pour inftruire le peuple à prier Dieu; imprimés à Paris, *in*-8°. par Michel Sonnius, 1578. Quatre Sermons fur la Salutation Angélique, où font traités plufieurs points utiles à tous Prédicateurs, Curés & Vicaires, pour inftruire le peuple de Dieu, à célébrer les Louanges de la Vierge Marie; imprimés à Paris, *in*-8°. par Michel Sonnius, 1578. Quatre Sermons fur l'Antienne *Salve Regina*, efquels eft faite mention des Louanges de la Vierge Marie: enfemble l'Invocation & Interceffion des Saints; imprimés à Paris, *in*-8°. par Michel Sonnius, 1577. Douze Sermons fur le Cantique Virginal, dit *Magnificat*, efquels font traitées plufieurs belles matières de la fainte Écriture, propres à tous Prédicateurs, pour prêcher un Avent; Guill. Chaudiere, *in*-8°. 1581. Defcription de l'Origine, fource, progrès & fin des Héréfies, & des diverfes & monftrueufes bêtes fufcitées par le pere de menfonge de ce dernier temps, *in-8°*. Chaudiere, 1581. Traité des Peintures & Images érigées ès faints Temples & Églife des Chrétiens, où eft montrée leur utilité, & le fruit que les fimples en recueillent, avec Réfutation des erreurs des Hérétiques de ce temps, touchant cette matière; *in-8°*. Chaudiere, 1582. De la Création, ordre, & excellence des Anges, & du Miniftère auquel ils font ordonnés pour le fecours & tuition de l'Églife en général, & de chacun fidèle en particulier, contre l'opinion des Hérétiques modernes; *in-8°*. Chaudiere, 1581.

[1] Les PP. Quétif & Echard, pag. 268 du Tome II de leur *Bibliothèque Dominicaine*, difent que les Huguenots l'affaffinèrent, du côté de Poitiers, en 1582, ou 1583. (M. DE LA MONNOYE).

PIERRE DE COURCELLES, de Candes, en Touraine, a écrit en onze chapitres, la Rhétorique, imprimée à Paris, *in-4°*. par Guill. le Noir, 1557. Il a traduit auffi en vers François, le Cantique des Cantiques de Salomon; enfemble les Lamentations de Jérémie le Prophète; imprimé à Paris, *in-16*. par Robert Eftienne, 1560.*

*Voy. LA CROIX DU MAINE, & les notes, au mot ANTOINE FOUQUELIN, Tom. I, pag. 38.

PIERRE COURTIN, Carme, de Pertuys en Provence, & Docteur en la fainte Faculté de Théologie à Paris, a écrit Sermons fur tous les Évangiles de chacun jour & Fêtes de Carême; avec aucunes Épîtres des Dimanches jufques aux Octaves de Pâques; enfemble un Sermon funèbre de la Paffion; imprimés à Paris, *in-8°*. par Gilles Gourbin, 1573. Six Sermons & Inftructions faits pour funèbres, & prêchés au Convent des Carmes de Tours, durant les Dimanches de Carême; par lefquels eft traité tant de l'origine, progrès & fin de l'homme, comme auffi de l'immortalité de l'Ame; imprimés à Paris, *in-8°*. par Guillaume de la Noue, 1577. La Victoire de Vérité, contre toutes Héréfies, menfonges, vices & abus de tous états, contenant l'origine, grandeur, & admirables effets d'icelle, depuis la création jufques au dernier jugement; le tout déduit par chapitres ou Sermons, par Pierre Courtin, imprimé à Paris, *in-8°.* par Gilles Beys, 1584.

PIERRE DE CRESCENS [1]. Le Livre des profits champêtres & ruraux, touchant le labeur des champs, vignes & jardins; tranflaté du Latin de Maître Pierre des Crefcens de Bouloigne la Graffe; imprimé à Paris, *in-fol.* par Jean & Michel le Noir.

[1] Le Salviati, Chap. 12 du Liv. II de fes *Avvertimenti*, l'appelle *Meffer Piero de' Crefcenzi Dottor di Legge e Cittadino di Bologna.* Gefner, dans fa *Bibliothèque*, au mot PETRUS CRESCENTIENSIS, dit que ce fut en 1418 que cet Auteur, à l'inftance de Charles de Sicile, écrivit de l'Agriculture, en quoi il fe trompe énormément, n'y ayant eu nul Roi de Sicile, du nom de *Charles*, depuis 1382, jufqu'à 1480, & de plus étant hors de doute que le Charles, Roi de Sicile, qui engagea cet Auteur à écrire, n'eft autre que Charles II, qui mourut l'an 1309. L'Original de l'Ouvrage eft Latin, c'eft-à-dire, à-peu-près Latin-Barbare. La Traduction Italienne, faite vers l'an 1350, eft au contraire eftimée pour la diction, & mife au rang des Livres *del buon fecolo.* On peut bien croire qu'il n'en eft pas de même de la Françoife, ici mentionnée, dont le P. Labbe rapporte un Exemplaire, imprimé l'an 1546, *in-fol.* (M. DE LA MONNOYE).

PIERRE DE CRIGNON DE DIEPPE a écrit en rime, Célébration fur la mort de Raoul & Jean Parmentiers, freres, de Dieppe, defquels ledit Crignon étoit Compagnon en la navigation qu'ils firent en l'Ifle Taprobane; imprimée à Paris, 1531 *.

*Voy. LA CROIX DU MAINE, au mot CRIGNON, à la fin de la lettre C, Tom. 1, pag. 161.

PIERRE DE LA CROIX a traduit de Latin, Épître de Michel de Bay, Théologien de Louvain, traitant de l'union des États du Pays-bas, imprimée à Paris, par Antoine Houic, 1579 *.

* Voy. LA CROIX DU MAINE, & les notes, au mot PIERRE DE CROIX, Tom. II, pag. 266.

PIERRE DAMIAN [1]. Admirable Difcours de Pierre Damian, Cardinal d'Oftie, touchant l'heure de la mort ; traduit de Latin, par Jean Gutot, & contenu ès Méditations des Zelateurs de piété ; imprimé à Paris.

[1] Le Cardinal Pierre Damien, de la famille de *Gli Onefti*, de Ravenne, en Latin *Petrus Damiani*, en fous-entendant *frater*, voulut être ainfi nommé, par reconnoiffance pour ce frère, qui lui avoit fervi de père *. (M. DE LA MONNOYE).

* Il étoit Abbé du Monaftère de Sainte-Croix d'Avellane, près d'*Engubio*, ou *Gubio* ; dans le Duché d'Urbain, lorfque le Pape Etienne IX le fit Cardinal & Evêque d'Oftie, en 1057. Il fut depuis employé à diverfes légations, & travailla à la réforme du Clergé & des Monaftères, qu'il chercha cependant moins à inftruire, qu'à charger d'une quantité de petites pratiques, dans lefquelles il s'étoit perfuadé que confiftoit la perfection de l'Etat. On a fes Ouvrages, raffemblés en 4 vol. *in-fol.* où on trouve beaucoup de myfticité, & quelque connoiffance de l'Hiftoire Eccléfiaftique du onzième fiècle. Ce pieux Cardinal mourut à Faenza, le 23 Février 1073, dans fa foixante-fixième année.

PIERRE DE DOMPMARTIN, Avocat en Parlement à Paris, a écrit amiable Accufation & charitable Excufe des maux & événemens de la France, pour montrer que la paix & réunion des fujets n'eft moins néceffaire à l'État qu'elle eft fouhaitable à chacun en particulier ; & que nul ne peut avancer la profpérité des chofes préfentes, qui ne fe fouvient & ne juge doucement des paffées ; imprimée à Paris, *in-8°.* par Robert le Maignier, 1576.

PIERRE DORÉ, Docteur en Théologie, de l'Ordre des Freres Prêcheurs, a écrit plufieurs Œuvres, à favoir les Voies de Paradis qu'a enfeignées notre Sauveur Jefus, en fon Évangile, pour la réduction du pauvre pécheur ; imprimées à Lyon, *in-16.* par François Jufte, 1537. L'Arbre de vie, appuyant les beaux lys de la France, où font mis en lumière les hauts titres d'honneur de la Croix de notre Rédempteur ; imprimé à Paris, *in-8°.* par Jean Foucher, 1542. Le Livre des divins Bénéfices, enfeignant la manière de les reconnoître ; avec l'Information de bien vivre & la Confolation des affligés, felon qu'il eft compris au Pſalme 33 de David, qui commence *Benedicam Dominum*; imprimé à Paris, *in-8°*. par Jean Ruelle, 1544. Le Collége de Sapience, fondé en l'Univerſité de Vertu, auquel s'eſt rendue écolière Magdelene, & contient vingt-ſept chapitres; imprimé à Paris, *in-8°*. par Antoine Bonnemere, 1539. & depuis *in-16*. par Jean Ruelle, 1556. Les Triomphes du Roi ſans pair avec l'Excellence de l'Égliſe, ſon épouſe, & leur noble lignée, ſelon que David l'enſeigne au Pſalme 44 *Eructavit*, au long expliqué en vingt chapitres; imprimés à Paris, *in-16*. par Jean de Brouilly, 1548. L'Arche de l'Alliance nouvelle & Teſtament de notre Sauveur Jeſus – Chriſt, contenant la Manne de ſon précieux corps, contre tous Sacramentaires Hérétiques; imprimée à Paris, *in-8°*. par Jean Ruelle, 1549. La Croix de pénitence, enſeignant la forme de ſoi confeſſer, avec le cri du pénitent, contenu au Pſalme pénitential de David, qui commence *De profundis clamavi*; imprimée à Paris, *in-16*. par Jean Ruelle, 1545. Les Collations Royales, première & ſeconde parties, contenant l'Expoſition de deux Pſalmes Davidiques, à ſavoir des vingt-quatre & vingt-ſix, en l'un le Chevalier errant cherche ſon bon chemin; en l'autre le Chevalier hardi, ſuit la lumière qui le conduit; imprimées à Paris, *in-8°*. par Jean André, 1546. La Conſerve de Grace, requiſe par le Prophète David, au Pſalme 15, qui commence *Conſerva me, Domine,* contenant l'Expoſition dudit Pſalme; avec un doux Chant con-ſolatif de l'Ame fidèle, extrait de l'Ecriture ſainte; imprimée à Paris, *in-16*. par Guillaume Cavellat, 1548. L'Adreſſe du Pécheur, &c. Cantiques déchantés à l'entrée du très-Chrétien Roi Henri II & de la Roine, ſa femme, en la ville de Paris, l'an 1548; avec la Sympathie & Accord des vingt Lettres Latines de l'Alphabet; plus Hymnes, Odes, Threnes & Cantiques du même Auteur; imprimés à Paris, *in-16*. par Jean Ruelle, audit an. Les Allumettes du Feu Divin pour faire ardre les cœurs humains en l'Amour de Dieu; où ſont déclarés les principaux Articles & Myſtères de la paſſion de notre Sauveur

Jeſus-

Jefus-Chrift; imprimées à Lyon, *in-4°*. par Pierre de Sainte Lucie,
& à Paris, *in-16*. Le nouveau Teftament d'Amour, de notre
père Jefus-Chrift, figné de fon fang : autrement fon dernier
Sermon fait après la Cene, avec fa paffion ; où font confutées
plufieurs Héréfies; imprimé à Paris, *in-8°*. par Jean Ruelle,
1550. La Pifcine de Patience, avec le Miroir de Patience;
imprimée à Paris, *in-16*. par Benoift Prevoft, 1550. L'Image
de Vertu, démontrant la perfection & fainte vie de la bienheu-
reufe Vierge Marie, mere de Dieu, tant de l'ancien que du
nouveau Teftament; imprimé à Paris, *in-8°*. par Jean Ruelle.
Les Soupirs de l'Ame fidèle, imprimés à Paris. L'Obfervance
de Religion Chrétienne, contenant l'Expofition du Pfalme
Davidique 38, qui commence *Dixi cuftodiam vias meas* ; imprimée à Reims, par Nicolas Bacquenois, 1554. Dialogue de
la Juftification Chrétienne, entre notre Sauveur Jefus-Chrift &
la Samaritaine, imprimé à Paris, *in-16*. par Jean Ruelle,
1554. La célefte Penfée des Graces Divines arroufées, où font
déclarés les fept Dons du faint Efprit & la manière de les
demander à Dieu; imprimée à Paris, *in-16*. par Jean Ruelle,
1556. La Déploration de la vie humaine, avec la Difpofition à
dignement recevoir le faint Sacrement & mourir en bon Catholique; enfemble le Sermon funèbre fait ès exeques de Meffire
Philippes Chabot, Amiral de France; imprimée à Paris, *in-16*.
par Jean de Broully, 1543. & par Eftienne Groulleau, 1556.
La Vie & Mort Chrétienne, extraites des Epîtres de faint Paul,
contenant la Doctrine la plus néceffaire à un Chrétien de favoir
& pratiquer, Livre diftingué & parti par chapitres, comme on
voit à la table d'icelui; imprimé à Reims, *in-8°*. chez Nicolas
Bacquenois, 1556. Le Cerf fpirituel, &c. imprimé à Paris. La Pâture
de la Brebis humaine, felon que l'enfeigne le Royal Prophête
David, au 22. Pfalme qui commence *Dominus regit me* ; avec
l'Anatomie & myftique Defcription des membres & parties de
notre Seigneur Jefus-Chrift; imprimée à Paris, *in-16*. par
Jean Ruelle, 1554. Dialogue inftructoire des Chrétiens, en la

Foi, Espérance, & Amour de Dieu, où sont introduits Cornelius & saint Pierre devisant; imprimé à Paris, *in* 16. par Jean Ruelle. La Tourterelle de Viduité, contenant douze chapitres, enseignant les Veuves comment doivent vivre en leur état, & les consolant en leurs adversités, aussi les Orphelins; imprimée à Reims, *in*-16. par Nicolas Bacquenois, 1557. Dialogue entre le Samaritain & Dieu. La Victoire de toutes Tribulations, extraite de la sainte Ecriture & des Docteurs de l'Eglise; imprimée à Reims, *in*-16. par Nicolas Bacquenois, 1558. Oraison Panégyrique, pleine de consolation, pour très-haut & très-puissant Prince Claude de Lorraine, Duc de Guyse, décédé l'année 1550 ; avec la douce Musique Davidique, ouie au Cantique 125, qui commence *In convertendo Dominus captivitatem.* Item un Remède salutaire contre les scrupules de conscience; imprimé à Paris, *in*-8°. par Jean de Broully, 1550. Méditations de la Messe. Anticalvin, contenant deux défenses Catholiques de la vérité du saint Sacrement & digne Sacrifice de l'Autel, contre certains faux écrits sortis de la boutique des Sacramentaires Calvinistes, Hérétiques, mis au vent, & semés par certains lieux de ce Royaume, au scandale des fidèles & pusilles; avec un Traité de Nature & Grace; imprimé à Paris, *in*-8°. par Sébastien Nyvelle, 1568. Le second Livre des Divins Bénefices, où est amplement expliqué le Psalme Davidique, *Benedic anima mea Domino*; imprimé à Paris, *in*-8°. par Jean Ruelle, 1569. L'Espérance assurée, imprimée à Paris. Le Passe Solitaire, &c. *Paradoxa Petri Deaurati ad profligandas hæreses ex divi Pauli Epistolis Selecta; Parisiis, in-8°. excud. Joannes de Broully, 1543. Adunatio præcipuarum materiarum sparsim contentarum in diversis locis Epistolarum divi Pauli Apostoli, per fratrem Petrum Deauratum, Doctorem Theologum Ordinis Prædicatorii ; impress. Parisiis, in-16. apud Anton. Bonnemere, 1557* *.

*Voy. LA CROIX DU MAINE, & les notes, à l'Article de PIERRE DORÉ, Tom. II. pag. 271 & 272.

PIERRE EMOTTE, Docteur en Théologie de l'Université de Paris, & Chanoine Théologal à Laon, a écrit * Sermons & Exhortations Catholiques, fur toutes les Epîtres & Evangiles de chacun Dimanche de l'année : Tome premier, depuis le premier Dimanche de l'Avent jufques au jour & Fête de la fainte Trinité ; imprimés à Paris, *in-8°.* par G. Chaudiere, 1582. *Catholica fidei Profeffio, primùm utriufque Teftamenti, deindè Sanctorum Patrum, qui primis duobus Ecclefiæ feculis floruerunt, teftimoniis confirmata, digefta in 4. Libros, quorum primus quæ ad Dei, Angelorum & Sanctorum cognitionem cultumque pertinent complectitur. Secundus de homine & Dei erga illum providentiâ, prædeftinatione, juftificatione, mediifque agit. Tertius, de Sacramentis. Quartus, de hominis noviffimis tractat, per P. Emotté, Doct. Theologum ; impreff. Parifiis, in-8°. apud Mich. Sonnium, 1578.*

* Il étoit natif d'Autun, entra dans le Collège de Navarre, en 1566, & fut reçu Docteur en Théologie, en 1572. Il mourut le 1 Août 1580. Ses Sermons ne furent publiés qu'après fa mort. Du Verdier ne cite que le premier volume de fes Sermons fur les Epîtres & Evangiles des Dimanches. Il en parut un fecond, en 1588. On publia auffi fes Sermons fur les Epîtres & Evangiles du commun des Saints, & fur les fept Sacremens, en un volume, Paris, 1582, & ils furent réimprimés en 1590. Voy. LAUNOY, *Hiftoire du Collège de Navarre*, pag. 743.

PIERRE DE L'ENCRAU *, Evêque de Lombez, a traduit en François, les Prières de Jean Loys Vives, intitulées en Latin : *Excitationes animi in Deum* ; imprimées en Avignon, *in-8°.* par Pierre Roux, 1552. Geoffroy de Billy en a fait auffi une autre verfion,

* Meffieurs de Sainte - Marthe écrivent LANCRAN. Il fut Evêque de Lombez, en 1561 ; ainfi ce fut avant que d'être Evêque qu'il publia fa Traduction de Vivès. Voy. *Gall. Chrift.* Tom. III, fol. 677, v°.

PIERRE ENOC¹, autrement dit, DE LA MESCHINIERE, a écrit Opufcules poëtiques, imprimés *in-8°.* par Jacob Stœer, 1572. La Céocyre, contenant cent cinquante - un Sonnets,

Odes, Chanfons, Elégies, Bergeries, imprimés à Lyon, *in*-4°.
par Barthelemy Honnorat, 1578.

¹ La Croix du Maine (Tom. II, pag. 298) le nomme fimplement PIERRE
DE LA MESCHINIERE, fupprimant le nom de famille ENOC, fous lequel néanmoins cet Auteur, longtemps après, fans y joindre celui de LA MESCHINIERE,
publia cinq cens Quatrains, intitulés *Tableaux de la vie & de la mort*, par
M. Pierre Enoc G. La lettre *M.* fignifie *Maître*; la lettre *G.* fignifie *Génevois*.
Il étoit jeune, quand il fit fa *Céocyre*, nom qu'il donnoit à fa maîtreffe, ri-
diculement compofé de ϰαλα & de ϰῦρ, comme qui diroit *Brule-cœur*, pro-
nonçant ϰαλα, *Ceo*, & ϰῦρ, *Cir*, qu'il écrivoit encore plus mal *Cyre*. Louis
Enoc, *Lodoicus Enocus*, dont nous avons une Grammaire Grecque, imprimée
l'an 1555, à Genève, *in*-8°. étoit peut-être le père de ce *Pierre Enoc*. Voyez
encore la note, à l'Article de HIÉROSME D'AVOST, dans La Croix du Maine,
Tom. I, pag. 373, & celle de l'Article de PIERRE DE LA MESCHINIERE,
Tom. II, pag. 298. (M. DE LA MONNOYE).

PIERRE D'EPINAC, Archevêque de Lyon, Confeiller du
Roi en fon Confeil d'Etat, a prononcé la Harangue au nom
du Clergé devant le Roi féant en fes Etats généraux, affemblés
à Blois, laquelle a été imprimée à Paris, *in*-4°. par Pierre
l'Huillier, 1577. Exhortation au peuple de fon Diocèfe, avec
le formulaire des Prières qui fe font tous les jours de la femaine,
imprimée à Lyon, *in*-16. par B. Rigaud, 1583. Il a compofé
auffi plufieurs doctes & élégans Vers, & entre autres une Satyre,
non imprimés.

    * Voy. LA CROIX DU MAINE, & les notes, au même Article, Tom. II,
pag. 205 & 206.

PIERRE DE L'ESNAUDIERE, Scribe * des Priviléges
de l'Univerfité de Caen, a écrit la Louange & Recueil des
Hiftoires des bonnes, vertueufes & illuftres femmes, imprimée
à Paris, *in*-8°. par François Regnaud, 1525. *Petri de l'Efnau-
diere Opufculum de Doctoribus & Privilegiis eorum ; impreff.
Parifiis, in*-8°.

    * Voy. LA CROIX DU MAINE, & les notes, au même Article, Tom. II,
Pag. 291. Le titre unique de *Scribe des Privilèges de l'Univerfité*, que lui
donnent La Croix du Maine & du Verdier, pourroit faire concevoir une
idée peu avantageufe de fa naiffance & de fes talens. Son père étoit Gentilhomme, & s'appeloit *Pierre le Monnier*, Sieur de Lefnaudiere. Pierre, fon

fils , ne retint que ce dernier nom. Il fut fucceſſivement Maître-ès-Arts en l'Univerſité de Caën , Notaire Juré , Greffier de la Cour des Privilèges Apoſtoliques, Bachelier ès Droits, Licentié, Docteur-Régent , & deux fois Recteur. Il ſe fit recevoir Avocat, ſe maria ; puis , devenu veuf, il embraſſa l'Etat Eccléſiaſtique, & probablement reçut l'Ordre de la Prêtriſe , puiſqu'il fut nommé à une Cure , dont cependant il ne prit pas poſſeſſion. Il compila , & écrivit de ſa main, les titres des Droits & privilèges de l'Univerſité de Caën. Il ſe vantoit du talent d'écrire en fort beaux caractères. On verra dans les *Origines de Caën* de M. Huet , pag. 611 , qu'outre les Ouvrages cités par du Verdier , Pierre de Leſnaudieres avoit compoſé quelques autres Ecrits , qui paroiſſent n'avoir point été publiés.

PIERRE D'ESRAY *, de Troyes en Champagne, a tranſlaté & compilé les poſtilles & expoſitions des Épîtres & Évangiles Dominicales, avec celles des Fêtes ſolennelles , & auſſi la Paſſion & Réſurrection de notre Sauveur, premier & ſecond volumes, imprimés à Paris , *in-fol.* par Jean Mourand & Jean Gerlier, 1497. & depuis corrigées & imprimées par Poncet le Preux , 1551. La Vie des Peres anciens , jadis demeurant ès grands déſerts d'Egypte, Thebaïde, Syrie , Méſopotamie , & autres ; compoſée premièrement en Latin par ſaint Hiérome ; imprimée à Paris , *in-fol.* par Jean Petit , ſans date. Item , Généalogies , Faits & Geſtes des Papes , compoſés premièrement par Platine , imprimés à Paris , *in-fol.* par Galiot du Pré , 1519. La Mer des Chroniques & Miroir Hiſtorial de France , extrait des Chroniques de Robert Guaguin ; de Guillaume de Malmery , Chroniqueur des Normands ; de Jean le Maire, d'Hugues Florian ; de Gregoire de Tours ; de la Chronique de Bretagne , d'Antoine Sabellic ; du Chroniqueur de ſaint Denys ; de Platine ; de Sigebert ; d'Ammonius , Moine ; de Vincent de Beauvais ; d'Odes , Abbé de Cluny ; de Turpin ; de Raphaël de Volaterie ; de Jean Froiſſard ; d'Enguerrand ; imprimée à Paris , *in-fol.* en deux parties , par Galiot du Pré , 1516. & par Jaquès Nyverd , 1530. Les Faits & Geſtes du preux Godefroy de Bouillon , & de ſes Chevaleureux freres Bauldouyn & Euſtache , iſſus de la noble lignée du Chevalier au Cygne , avec leur Généalogie ; imprimés à Paris , *in-4°.* par Jean Bonfons , ſans date.

* PIERRE D'ESRAY. La Croix du Maine, au même Article, Tom. II, pag. 269, écrit DESRAY. L'orthographe de son nom, à la tête de ses Livres, est DESREY, & quelquefois DERREY. Nous avons parlé de quelques-uns de ses Ouvrages, sous son Article, dans La Croix du Maine. Nous ajouterons, 1°. que sa *Traduction des Faits & Gestes* de Godefroy de Bouillon, parut à Paris, en lettres Gothiques, *in-fol.* sans date; puis, *in-4°.* en 1500, dans la même Ville, & enfin à Lyon, en 1585, *in-12.* 2°. qu'à la Traduction Fran-çoise du *Fasciculus Temporum*, par Pierre Farget, que La Croix du Maine appelle SARGET, Tom. II, pag. 324, & FARGET, pag. 277, en faisant par conséquent deux Auteurs au lieu d'un, Desray a ajouté une continuation jusqu'en 1508, qui parut dans l'Edition de cette Traduction, à Paris, 1513, *in-fol.*

PIERRE FABRI, de Rouen, Curé de Meray, a écrit en deux Livres [1], le grand & vrai Art de pleine Rhétorique, pour élégantement parler & composer tant en prose qu'en rime, ou au lieu qu'il traite des termes & mots barbares, que celui qui compose doit éviter (comme seroit, entremêler des vocables particuliers à un pays, & inconnus ailleurs, écorcher le Latin, prendre mot pour autre assez convenant en prolation, entre-mêler du Latin parmi le François; exposer le Latin tout autre-ment que n'est sa signification) j'ai vu quelques exemples qui m'ont donné du plaisir; dont je ne veux frustrer les Lecteurs qui n'ont vu le Livre, assez vieil, & imprimé à Paris, *in-8°.* par Estienne Caveiller, 1539. Je mettrai donc ici les exemples des susdits vices l'un après l'autre, & pour le premier, ce Rondeau,

Johannes, qui prononcez Pourcel,
Apprenez à dire Pourceau;
Ne dictes point seel pour seau,
Et ne dictes seau pour seel;
Point ne faut dire un beau oysel,
Mais vous direz un bel oyseau,
        Johannes.
C'est bien dict un péché mortel,
C'est mal dict un péché morteau;
Dictes tout beau, chappeau, rousseau,
Sans dire bel, chappel, roussel,
        Johannes.

Pour le second exemple, Huitain.

En prohibant le berengaudiser,

Ne fumes point vocabules Latines ;
Ne putez point tel vocabulifer
Vous diriger en perpulchres termines ,
Mais cogitez les vies & termines ,
Pour dulcorer votre très-alme éloque ;
Si mon précept ne fervez , je commines
Vous forbanir , & que chacun s'en moque.

Pour le troifième, qui eft d'entremêler du Latin parmi le François, *De afino noftro bono, meliori & optimo , debemus* faire fête.
Qui a bon âne il eft bien étoré, car il apporte bon faix de ne-
more, &c. Pour le quatrième, qui eft d'expofer le Latin en autre
fens & fignification.

Inter natos	Entre deux nattes
Mulierum	Mouillées
Non furrexit	N'a point fué
Major Joanne	Maiftre Jean
Baptifta.	Le boiteux.
Omnia tempus habent ,	On n'y atten point de bien ,
Mundus , Caro , Demonia.	Le monde n'a cure de moynes.

Il ne trouve pas bon auffi qu'on ufe de cet ancien mot, amé,
pour dire aimé, duquel ufent néanmoins les Secrétaires du Roi
quand ils mettent à notre Amé & Féal , lequel mot Féal eft un
autre ancien mot qu'ils ont retenu , dequoi fe moqueroit encore
de plus fort ledit Fabri , s'il vivoit , ne s'étant lors pu contenir
de dire ,

Du vice de ce préfent dict	*Qui eft des envieux hamé ,*
L'on fe treuve fouvent blafmé ,	*Hamé , pour eftre pris à l'haim ,*
Exemple d'un quidam , qui dict	*C'eft trop rudement eftimé ;*
Iceluy neft pas bien amé ,	*Onc ne s'en mefla maiftre Alain.*

Mais il ne trouve pas mauvais qu'à la fin de chacun vers on ufe
pour rimer d'un femblable terme , comme verbe actif & paffif,
& nom & pofitif & comparatif. Exemple,

Bon jour , Madame la médecine ,	*Surnom.*
J'ay des drogues de médecine ,	*Praĉlique.*
Faiĉtes par art de médecine	*Art.*
Dont faut que je vous médecine.	*Verbe.*

Il a écrit auffi les Epitaphes du Roi Loys, faits à Rouen : plus

Traité, touchant le temps de maintenant, où font introduits parlant enfemble onze Dames; à favoir Naples, Venife, Rome, Florence, Gennes, Mylan, France, Efpagne, Angleterre, Flandres, Autriche & l'Acteur. Celui qui a le dernier augmenté l'Épitome de la Bibliothèque de Gefner, s'eft grandement abufé en ce qu'il attribue la Rhétorique de cet Auteur, à Pierre du Faur, Maître des Requêtes du Roi, qui a doctement écrit en Latin *Semeftrium lib.* n'ayant égard au nom, au temps, à la qualité & profeffion diverfe des perfonnes, ni au genre différent d'écrire.

[1] Le vrai nom François de cet Auteur étoit LE FÈVRE. Du Verdier, en rapportant les exemples qu'il en a tirés, y a commis quelques fautes, comme dans le premier vers, qu'il fait trop long d'une fyllabe, en lifant:

         Johannes, qui prononcez pourcel,

au lieu de dire:

         Johannes, qui dites pourcel,

Dans le fecond exemple, il lit:

         Ne fumes point vocabules latines,

au lieu de

         N'efcumez point, &c.

Je paffe d'autres endroits, qui ne méritent pas qu'on s'y arrête. J'ajouterai ici que Richelet, pag. XI de fa *Verfification Françoife*, n'auroit pas manqué, s'il avoit connu Pierre le Fèvre, de le mettre dans la lifte des Auteurs qui ont travaillé fur notre Poëfie *. (M. DE LA MONNOYE).

* Il en eft parlé dans la Bibliothèque Françoife de M. l'Abbé Goujet, Tom. I, pag. 361, où font indiquées deux Editions du *Grand Art de pleine Rhétorique*, l'une de 1521, l'autre de 1539, à Paris, chez Denis Janot, *in-12.* en caractères Gothiques, où il eft dit que cet Ouvrage peut être utile pour l'intelligence des anciens Auteurs François.

PIERRE FARGET, de l'Ordre de S. Auguftin & Docteur en fainte Théologie, a tranflaté de Latin en François, le Miroir de la vie humaine [1], compilé par un noble Docteur & Évêque, nommé Rodovaque, de la Nation d'Efpagne, & adreffé au Pape Paul II, & eft intitulé ledit Livre, le Miroir de la vie humaine *, pour autant que tout ainfi comme au Miroir matériel, un chacun voit foi-même & les autres chofes laides & belles

belles, & ce qui eſt honni, ſale ou honnête ; ainſi en ce Miroir
clair & net, pourra tant l'Eccléſiaſtique, comme le mondain
Noble ou de quelque condition qu'il ſoit, voir les choſes douces & amères, droites ou tortues, & auſſi ce qui eſt en ſoi &
en ſa vie fortunée, & pareillement verra aux autres mortels
les choſes qui ſont de louer & d'enſuivre, & qui ſe doit reprendre & corriger. Et comme dit Gelaſius, Pape, ils ſont deux
états pàr leſquels tout le monde eſt régi & gouverné ; c'eſt à
ſavoir le temporel & le ſpirituel. Et pourtant qu'en général
ſont ces deux états, l'Acteur de ce préſent Livre, a voulu com-
comprendre ſon Œuvre en deux Traités. Au premier Traité,
contenant quarante-trois chapitres, de l'état de toute la tem-
poralité & des Arts ſéculiers, en donnant forme de vivre, en
commençant au plus haut état des mondains, c'eſt à ſavoir aux
Empereurs & Rois avecques les autres Princes inférieurs, &
finablement deſcendant juſques aux bergers ; & ainſi pourra un
chacun voir la diverſité de la vie des hommes mortels, & la
vanité des arts & de l'occupation mondaine, & quel profit peut
avoir l'ame, & quel honneur temporel, profit ou dommage,
quel labeur & péril eſt reſcondu ſous telle vie, & des intérieures
& inviſibles miſères & afflictions qu'ils ont ſouffertes dès le commencement du monde, les hommes tant bons & innocens que
mauvais pécheurs, & que ſouffrent de jour en jour. Au ſecond
Livre, contenant trente chapitres, il traite de l'Etat Eccléſiaſtique & ſpirituel, & de la manière de vivre en celui état, lequel état eſt diſtingué en deux manières, c'eſt à ſavoir, en purs
Eccléſiaſtiques & Réguliers, & traite d'un chacun le principal
& nature, origination, & autorité de l'inſtitution, & différence
de la néceſſité, utilité, excellence & prérogative de leurs aguil-
lons, labeurs & périls, comme s'y devront gouverner ; & commence au plus haut, c'eſt à ſavoir au Chef de l'Egliſe, le Pape,
lequel eſt Chef de tous états & de toute la vie humaine exemplaire, & miroir. Et en après il décrit tous les Etats de l'Egliſe
& les Ordres, particulièrement à celle fin qu'un chacun ſache

élire de bien vivre; imprimé en feuille, par Nicolas Philippier, Marc Reinhardy Deſtrabourc, l'an mil quatre cent quatre-vingt-deux, le vingtième jour d'Août.

[1] Le Livre traduit par cet Auguſtin, eſt le *Speculum vitæ humanæ* de Roderic, Evêque de Zamora, dans le Royaume de Léon. Il fut, pour la première fois, imprimé à Rome, *in-fol.* l'an 1468. Je ne comprends pas comment *Rodéric*, le nom de l'Auteur, a pu être défiguré juſqu'au point d'être changé en *Rodouaque*. La Croix du Maine, qui n'a point connu cette Traduction, en rapporte pluſieurs autres, faites par Pierre Farget, inconnues à du Verdier. Les variations, ſur le nom de cet Auguſtin, ſont nombreuſes. Le P. Labbe, pag. 346 de ſa *Nova Biblioth. Manuſcript.* écrit PIERRE FARGET; La Croix du Maine, FARGET, ou FERGET, n'en demeurant pas même là, comme on le peut voir au mot PIERRE SARGET. (M. DE LA MONNOYE).

* Voy. LA CROIX DU MAINE, & les notes, à l'Article de PIERRE FERGET, ou FARGET, Tom. II, pag. 277. Nous ajouterons ici quelques remarques ſeulement touchant le *Miroir de la vie humaine*, traduit par cet Ecrivain. Ce Livre fut écrit en Latin par *Rodrigue Sancio*, né, en 1414, à Santa Maria de Nieva, dans le Diocèſe de Ségovie. Il fut ſucceſſivement Evêque d'Oviédo, de Zamora, de Calahorra & de Palentia; ce qui a donné lieu à divers Bibliographes de faire de ce même Ecrivain pluſieurs Ecrivains différens. Proſper Marchand a relevé ces mépriſes dans ſon *Dictionnaire*, Tom. II, pag. 187, note A. Sancio mourut à Rome, le 4 Octobre 1470 (*Biblioth. Hiſp. Nic. Anton.*) A la tête de ſon *Speculum vitæ humanæ*, publié, pour la première fois, à Rome, en 1468, comme le dit M. de la Monnoye, Rodrigue Sancio prend le titre d'*Evêque de Calahorra*, ancien Evêque de Zamora. Cet Ouvrage a été fréquemment réimprimé depuis; ainſi l'Edition de 1469, citée par Lenglet, dans ſes *Tablettes Chronologiques* (Tom. II, p. 482) n'exiſte point, puiſque l'Edition de 1468 eſt la première. Le *Speculum vitæ humanæ* avoit été traduit en François par Julien Macho, Auguſtin, & imprimé à Lyon, *in-fol.* en 1477. Cinq ans après, Pierre Farget en publia une Traduction nouvelle, imprimée par *Nicolas Philippi*, & *Marc Reinhardy*, de *Strasbourg.* C'eſt ainſi qu'il faut lire ces noms, défigurés par du Verdier. Rodrigue Sancio avoit dédié ſon Ouvrage au Pape Paul II, & l'Epître Dédicatoire a été traduite par Julien Macho, mais elle ne l'a point été par Pierre Farget.

PIERRE LE FEVRE, de l'Ordre de ſaint François *, Confeſſeur des Sœurs de ſainte Claire, en la cité d'Arras, a écrit un Livre, contenant vingt-quatre chapitres, intitulé la Perle précieuſe Evangélique, & Tréſor divin du Marchand Chrétien, fondée ſur texte d'Evangile, imprimée *in-16.* à

Paris, par Vivant Gautherot; auquel Livre font contenues les vraies richeffes du peuple de Dieu, & par le Marchand, dont le faint Efprit a écrit qu'il eft allé en voie loingtaine, a porté avec foi fon fac plein de pécune, & retournera en fa maifon au jour de pleine Lune, y eft, dit faint Hiérome, interpréter & & vouloir être entendu du Seigneur Jefus-Chrift, lequel defcendant du ciel en terre, a cheminé par voie très-longue, & nous a apporté au fachet de fon humanité, pécunes de graves biens, à favoir tous les tréfors de fapience & fcience divine en fon ame, & en fon corps le prix de notre rédemption. Et outre ce, nous a apporté toutes graces, aides & dons néceffaires à tous, pour parvenir au port tranquille de Paradis. Defquelles il a fait avec grande fapience la diftribution, premièrement donnant par foi-même fa fapience & fcience, en prêchant l'Évangile du Royaume de Dieu, à la fin de laquelle Prédication, il eft retourné par paffion, mort & Réfurrection, à fa maifon de Paradis, le jour de la Lune quatorzième, qui étoit pleine Lune, étant advenue la plénitude du temps quand toute vérité devoit être accomplie. Et lors nous a achetés & rachetés ce divin Marchand, baillant pour nous le prix trèsprécieux de fon fang.

* Ce Cordelier vivoit vers le milieu du feizième fiècle.

PIERRE FORCADEL, de Beziers, Lecteur ordinaire du Roi ès Mathématiques, en l'Univerfité de Paris, a écrit Arithmétique, en laquelle font traitées quatre Règles brièves, qui contiennent les deux cens quarante anciennes, & plufieurs autres Règles pour l'exercice des nombres entiers, par lefquels on peut facilement parvenir à la connoiffance de l'Algèbre; imprimée à Paris, in-4°. chez Guillaume Cavellat, en l'an 1556. Second Livre d'Arithmétique, auquel font déclarées les Fractions vulgaires, avec leurs démonftrations par les quantités continues & premières caufes des égaliffemens de l'Algèbre; imprimé à Paris, in-4°. par Guillaume Cavellat, en l'an 1557. Troifième Livre de l'Arithmétique, auquel font traitées les démonſtrations de toutes les ſortes de racines , avec l'entière pratique de l'extraction d'icelles : enſemble pluſieurs Queſtions , Règles & Démonſtrations Mathématiques ; avec le propre ſujet de l'Algèbre ; imprimé à Paris , *in*-4°. par ledit Cavellat , en l'an 1558. Arithmétique entière & abrégée , imprimée à Paris , *in*-4°. chez Charles Perier , en l'an 1565. Arithmétique par les Gects , diviſée en trois Livres , de l'invention dudit Forcadel ; imprimée à Paris , *in* - 8°. par Guillaume Cavellat , en l'an 1559. Il a traduit les ſix premiers Livres des Elémens ou principes de Géométrie d'Euclide , imprimés à Paris. Les ſeptième , huitième & neuvième Livres des Elémens d'Euclide , comprenant toute la ſcience des nombres , imprimés à Paris , *in*-4°. par Charles Perier , 1565. Deux Livres de Proclus , du mouvement , traduits & commentés par le même Forcadel , imprimés à Paris , *in*-4°. par Charles Perier , 1565. Le premier Livre d'Archimede , des choſes également peſantes , traduit & commenté par ledit Forcadel ; imprimé par ledit Charles Perier , *in*-4°. en l'an 1565. Livre d'Archimede , des Poids , qui auſſi eſt dit des choſes tombantes en l'humide , traduit & commenté par ledit Forcadel ; enſemble ce qui ſe trouve du Livre d'Euclide , du léger & du peſant ; imprimé à Paris , *in*-4°. par Charles Perier , 1565. La Pratique de la Géométrie d'Oronce , en laquelle eſt compris l'uſage du Quarré Géométrique & de pluſieurs autres Inſtrumens ſervant au même effet ; enſemble la manière de bien meſurer toutes ſortes de Plants , & quantités corporelles , avec les Figures & Démonſtrations ; imprimée à Paris , *in*-4°. par Gilles Gourbin , en l'an 1570. Deux Livres d'Autolice , l'un de la Sphere , & l'autre du Lever & coucher des Etoiles non errantes ; enſemble le Livre de Théodoſe , des habitations , traduit par ledit Forcadel , & imprimé à Paris , *in*-4°. par Hiérome de Marnef , 1572. La Muſique d'Euclide , imprimée à Paris , *in*-8°. par Charles Perier , 1572 *.

* Voy. LA CROIX DU MAINE , & les notes , au mot PIERRE FORCADEL , Tom. II , pag. 179 & 180.

PIERRE FRANCO, de Turriers en Provence, Chirurgien à Lausanne, a écrit Traité des Hernies, contenant en cent cinquante-six chapitres, une ample Déclaration de toutes les espèces d'hernies, & autres excellentes parties de la Chirurgie; assavoir de la Pierre en la vessie, de la Cure des cataractes des yeux & autres maladies; avec leurs causes, signes, accidens, anatomie des parties affectées & leur entière guérison; imprimé à Lyon, in-8°. par Thibaud Payen, 1561.

* Voy. LA CROIX DU MAINE, & les notes, au même Article, Tom. II, pag. 281.

PIERRE FRIZON [1], Chanoine de notre Dame de Reims, a traduit de l'Italien de Dom-Pierre de Lucques, Chanoine Régulier de Latran, la Doctrine de bien mourir, contenue en trois chapitres, imprimée à Paris, in-16. par Thomas Brumen, 1584.

[1] Il pouvoit, lorsqu'il fit cette version, être âgé de vingt ans au plus, & en avoir par conséquent quatre-vingt-sept, lorsqu'il mourut en 1651. Il étoit Docteur de Sorbonne, Chanoine & Grand-Pénitencier de l'Eglise de Reims *; il étoit né dans ce Diocèse; il fut ensuite Grand-Maître du Collège de Navarre à Paris. On a de lui la Vie de Henri de Sponde, Evêque de Pamiers, & l'Histoire des Cardinaux François, qu'il publia en 1629, sous le titre de *Gallia Purpurata*, contre laquelle, en 1652, Etienne Baluze publia son *Anti-Frizonius*, où il a relevé un grand nombre de fautes de l'*Histoire des Cardinaux*, ce qu'il a fait encore dans son *Histoire des Papes d'Avignon*. Baillet n'a point fait mention de l'*Anti-Frizonius*, quoiqu'imprimé avant son Catalogue des *Anti*. (M. DE LA MONNOYE).

* M. de la Monnoye a confondu, dans sa Remarque sur cet Article, l'oncle & le neveu. L'Ecrivain, dont il s'agit ici, Chanoine de l'Eglise de Reims, & Doyen de cette même Eglise, en 1580, fut Abbé de la Valroy, en 1575; & en 1589 il fut élu Archevêque de Reims, mais il refusa cette dignité. Il y a lieu de croire qu'il étoit mort avant 1597. Il étoit oncle de ce *Pierre Frison*, dont parle M. de la Monnoye, & sur lequel on trouve des détails dans l'*Histoire du Collège de Navarre*, par Launoy, pag. 833. Il suffisoit de ces détails, pour faire voir que *Pierre Frison*, dont Launoy fait mention, n'est pas le même que celui de l'Article de Du Verdier.

PIERRE GALANDIUS. Oraison sur le trépas du Roi François I, faite par Pierre Galand, son Lecteur & Professeur

ès Lettres Latines, & par lui prononcée en Latin en l'Université de Paris, le septième jour de Mai 1547, & traduite en
François par Jean Martin, Parisien, Secrétaire du R. Cardinal
de Lenoncourt; imprimée à Paris, *in-*4°. par Michel de Vaf-
cosan *.

* Voy. La Croix du Maine, & les notes, à l'Article Pierre Galand,
ou Gallandius, Tom. II, pag. 281 & 282.

En ladite Oraison.

[Je desirerois bien que vous voulussiez considérer quelle & combien pesante
est la charge de l'administration d'un Royaume, de quelles difficultés elle se
trouve enveloppée, & à quantes diverses calomnies une autorité est sujette;
car (à dire le vrai) tous personnages qui pourroient en vie particulière passer
leur âge sans répréhension, ne sauroient, en celle qui emporte commandement sur les autres, éviter les détractions & médisances du peuple, qui n'est
certes du tout sans cause, eu égard à ce que, comme nous voyons plusieurs
gouverner aisément, avec les avirons, quelque petit batteau sur une rivière
non impétueuse, après, s'ils essayent à conduire un navire en la mer mal
assurée; souventefois tombent en naufrage : ainsi peuvent faillir les Princes,
en maniant des administrations si confuses, là où, s'ils étoient particuliers,
l'on n'en parleroit point, & n'auroit-on seulement le moindre soupçon de
leur mauvais régime. Même tout ainsi que, quand les vents, pluies, & autres dispositions du Ciel, ordonnées pour le profit des hommes, viennent
en force immodérée, nous voyons les arbres de plusieurs en recevoir dommage, les bleds verser, les troupeaux des bêtes en souffrir plusieurs incom-
modités bien grandes, voire jusques à découvrir, ou ruiner les cabannes
champêtres : ainsi ne se sauroit bonnement faire que, soutenant un seul
homme la charge d'une si pesante masse, divers accidens n'offensent aucuns
sujets qui en donnent la coulpe à celui qui gouverne. Mais ajoutons encore à
ceci, qu'en si grande licence de toutes choses, entre tant de richesses, telle
puissance, si fortes attractions de voluptés, & aiguillonnemens de convoiti-
ses, il est merveilleusement difficile de ne lâcher aucunefois la bride à son
courage, & n'obéir aux affections de nature, lesquelles incessamment nous
poignent & provoquent. Encore porte la vie illustre ce mal ordinaire quant
& soi, que jamais ne sauroit cacher un mal, s'il advient qu'elle en com-
mette, & que les plus excellentes vertus dont elle peut être parée, sont
obscurcies par des petites fautes légères, ou (par aventure) de nulle importance. Davantage nous faut penser que comme, quand la mer déborde,
ou quelque fleuve regorge de son canal, on prend & ôte à chacun, sans
différence, & sans rien épargner, contrepointes, loudiers, lits, tapisseries,
vêtemens, & tous autres meubles, pour mettre au-devant de l'impétuosité
des ondes : puis, en pareil, quand le feu brûle quelque maison, nous tirons

à bas la couverture, à ce que tout le demourant soit sauvé : ne plus, ne moins, quand la nécessité nous force, en gouvernant une grande Seigneurie, afin que le corps universel de la République se préserve, les Princes sont contraints de faire assez de choses, que plusieurs jugent déraisonnables. A cette cause, les plus prudens doivent dissimuler de non voir beaucoup d'actes, que font aucunefois nos Princes, & en doivent excuser plusieurs, ou les prendre en la meilleure partie, ou de fait les attribuer non tant à leurs fautes, qu'à la grosse charge des affaires qu'ils ont. Outre cela, ceux en qui apparoissent certains signes de vertu, & une inclination naturelle à bien faire, nonobstant qu'ils n'aient la perfection tant exquise, que nous attribuons coutumièrement aux plus sages, si sont-ils dignes d'être aimés, honorés & servis de notre pouvoir, &c.]

PIERRE DROIT-DE-GAILLARD, Avocat à la Cour de Parlement à Paris, a écrit Méthode qu'on doit tenir en la Lecture de l'Histoire, vrai miroir & exemplaire de notre vie, où les principaux points des sciences morales & politiques, rapportés à la Loi de Dieu & accommodés aux mœurs de ce tems, sont contenus & illustrés de fort beaux exemples ; imprimée à Paris, in-8°. par Pierre Cavellat, 1579. Table Chronologique & méthodique pour la lecture de toutes Histoires, contenant sommairement l'ordre des temps, depuis la création du monde jusques à présent, les commencemens, le progrès & la fin des Monarchies, Royaumes & Républiques ; imprimée à Paris, par Martin le Jeune, 1577 *.

* Voy. La Croix du Maine, & les notes, au mot Pierre Drouet de Gaillard, Tom. II, pag. 270.

PIERRE GARCIE, dit FERRANDE, a écrit le grand Routier & pilotage de mer, ou enseignement pour encrer tant ès ports, hâvres que autres lieux de la mer, tant des parties de France, Bretagne, Espagne, Flandres & hautes Allemagnes ; avec les dangers des ports, hâvres, rivières des Régions susdites ; ensemble les Jugemens d'Oleron, sur le fait du navigage ; imprimé à Poitiers, in-4°. par Enguilbert de Marnef, 1520.

* Voy. La Croix du Maine, au même Article, Tom. II, pag. 283.

PIERRE DE GARROS a traduit en rime & langage Gascon,

felon l'a vérité Hébraïque, les Pfalmes de David, fous tel titre: Pféaumes de David, virats, en rime Gafcon, per Pey de Garros Laytorez; imprimés à Tholofe, *in-8°.* par Jaques Colomiez, 1565.

PIERRE GENTIEN, natif de Paris, étant amoureux d'une Dame, compofa un Livre auquel il nomme quarante ou cinquante des plus belles Dames de fon temps; prenant occafion fus un Tournoy, qu'il feint avoir été entrepris par ces Dames, pour éprouver comme elles fe porteroient au voyage d'outre mer, où elles délibéroient aller. Il y a grande apparence qu'il véquit du temps de Philippes le Bel; &, au plus tard, fous Philippe de Valois. Au commencement du règne duquel, ce Roi fit femblant d'entreprendre la guerre pour le recouvrement de la Terre fainte; & onc puis il ne fe fit croifade pour le pays de Surie. Il fe nomme à la fin de fon Livre,

> *J'ay à nom Pierre Gentien,*
> *Qui fuis loié de tel lien,*
> *Dont nus ne me puet deloier.*

Il n'y a doute qu'il ne fût de la maifon des Gentiens, très-ancienne à Paris, car il blafonne fes armes, telles que ceux de cette famille portoient lors; à favoir,

> *D'enciens guelles & d'argent,*
> *Qui contre le Soleil refplent,*
> *Une bende y ot ouvrée*
> *De fin azur, d'or fleuretée.*

Et puis après:

> *Johannes hom' non pas antien,*
> *Que on appelle Gentien,*
> *Portoit tiex armes ce difoyent.*

Ce Pierre peut bien être venu de l'un des deux freres qui furent tués, aidant à monter à cheval Philippe le Bel, furpris par les Flamands, en la bataille donnée l'an 1304, à Mont de Pirenes, en Flandres: defquels la grande Chronique dit: *Et fut le Roi de fi près pris, qu'à peine pût-il être armé à point. Et ainçois qu'il pût être*

monté

monté à cheval, peut-il voir occir devant lui Meſſire Hue de
Bouille, Chevalier ; & deux Bourgeois de Paris, Pierre & Jaques
Gentiens, freres, leſquels, pour le bien & fidélité qui étoient en
eux, étoient toujours près le Roi. Et cet Auteur même ne céle
pas en ce Livre, que Pierre Gentien ne fut vaillant de ſa perſonne, car il l'appelle Le plus vaillant de ciſt Royaume. Ce tournoy peut être lu pour la mémoire d'aucunes familles de Paris,
plus que pour excellence du ſtyle *.

* Tiré de Fauchet, Chap. 127 & dernier.

PIERRE GENTIL, de Vendôme, a écrit deux véritables
Diſcours, l'un contenant le fait entier de toute la guerre de
Malthe, & l'autre déclarant au vrai les choſes exploitées, tant
en l'armée de l'Empereur, qu'en celle du Turc & Vayvode au
pays d'Hongrie & terres circonvoiſines ; avec le pourtrait &
deſcription de la fortereſſe & ville de Zighet, ſituée audit pays
d'Hongrie, & priſe d'icelle, par le Turc ; imprimés à Paris,
in - 8°. par Jaques du Puys, 1567.

PIERRE GIRINOT, du Pont ſaint Rambert, en Forèz, a
écrit Diſcours ſur l'éjouiſſance & triomphes faits pour la paix,
entre les Rois de France & d'Eſpagne, & mariages de la fille
de France, avec le Roi Eſpagnol, & de Madame Marguerite,
Ducheſſe de Berry, avec le Duc de Savoie, Prince de Piémont,
&c. imprimé à Lyon, par Benoiſt Rigaud & Jean Saugrain,
1559. Le grand Souhait de la France, ſur le deſiré retour du
très-Chrétien Roi de France & de Pologne, imprimé à Lyon,
par Benoiſt Rigaud, 1578.

PIERRE GODEFROY, Procureur du Roi au Bailliage de
Carcaſſonne, a écrit Remontrance au Roi Charles IX, par Qua-
trains, imprimée à Paris, par Jean Hulpeau, 1569. De
Amoribus Dialogus, tribus Libris diſtinctus ; Petro Godofredo
Carcaſſonenſi, J. Procuratore Regio in fide, auctore ; excuſus
Lugduni, in-16. apud Theobaldum Paganum, 1552. Petri

Godofredi, &c. Annotamenta in tractatus primi Libri Justin.
Codicis de Hereticis. Ne S. Baptisma iteretur. De Apostatis.
Nemini licere signum crucis, &c. Parisiis, in-8°. apud Matt.
Davidem, 1555. Ejusdem Notamenta in proæmialia Justiniani
Codicis ; excus. Lugd. in-fol. apud Theobaldum Paganum.
Ejusdem Proverbiorum Liber, Parisiis, in-8°. apud Carolum
Stephanum, 1555, in Epitome Gesnerianæ Bibliothecæ, falsò
attributus alii cuidam Petro Godofredo Remæo.

PIERRE GODEFROY, de Reims, Maître d'École à
Ville-franche, en Beaujolois, a écrit une Grammaire Latine-
Françoise, sous tel titre: *Isagoge in primas literas, cum Gallicâ*
interpretatione ex Auctoribus optimis, in gratiam puerorum collect.
Lugd. in-8°. apud Sebastianum Gryphium, 1559.

PIERRE LE GOUX. Le Psautier que composa le
glorieux saint Hiérôme, à l'honneur de la glorieuse Vierge
Marie [1]; & est fait à la similitude du Psautier que composa
David le Prophète Royal, contenant autant de Pseaumes; translaté de Latin en rime Françoise, par Pierre le Goux; imprimé
à Paris, *in-4°.* par Antoine Verard.

[1] Ce Psautier, que l'ignorance attribue ici à S. Jérôme, est de S. Bonaventure, & par conséquent un Ouvrage du treizième siècle, temps où l'on
porta jusqu'à l'excès la dévotion à la Vierge. Ce Psautier ne laissa pas d'être
imprimé en Latin à Paris, l'an 1607, & dédié à Jeanne de Bourbon, Abbesse
premièrement de S. Jean de Poitiers, puis de Jouarre, avec approbation des
Docteurs-Régens de Sorbonne. (M. DE LA MONNOYE).

PIERRE DE GRAND-SAIGNE, Avocat au Parlement
de Paris, a écrit Commentaire ou briève Explication sur l'Ordonnance des usures, Arrêt & Commission pour l'exécution
d'icelle, imprimé à Paris, *in-8°.* par Gervais Mallot, 1573.

PIERRE GREGOIRE, Tholosain, Docteur ès Droits civil
& canon, premier Docteur & Lecteur en l'Université de Tholose, puis de Cahors, & à présent Professeur & Doyen en
l'Université du Pontamousson, en Lorraine, a écrit Réponse au

Confeil donné par Charles du Moulin, fur la diffuafion de la publication du Concile de Trente, en France, par laquelle eft montré que ledit Concile ne déroge aucunement aux priviléges des Rois de France, ou de l'Eglife Gallicane, & qu'il n'y a été déduit aucune chofe qui en doive empêcher la publication; imprimée à Lyon, *in*-16. par Jean Pillehotte, 1584. *Syntaxes artis mirabilis, in Libros feptem Digeftæ, per quas de omni re propofitâ, multis & propè infinitis rationibus difputari aut traclari, omniumque fummaria cognitio haberi poterit; Auctore Petro Gregorio, Tholofano, J. U. Doclore & in Academiâ Cadurcenfi publico juris civilis Profeffore; Lugduni, in-16. excudendum curavit Anton. Gryphius, 1575. Syntaxeon artis mirabilis, alter Tomus; in quo omnium fcientiarum & artium tradita eft epitome, unde faciliùs iftius artis ftudiofus, de omnibus propofitis, poffit rationes & ornamenta rariffima proferre; Lugd. in-16. apud Ant. Gryphium, 1566. De juris arte, methodo, & præceptis; quibus fingulares negotiorum hypothefes ad æquum bonumque facilè reducuntur; Lugduni, in-16. apud Gryphium, 1580. Juris univerfi methodus parva ibidem, & ab eodem Gryphio anno 1582, excuf. Ejufdem Præludia optimi Jurifconfulti, probique Magiftratûs, in quibus traclantur Themidis filiæ quinque, Juftitia, Eunomia, Pax, Horæ, & Parcæ, prout Juris traclationi conveniunt; Lugdun. in-16. apud Gryphium, 1583. Syntagma Juris univerfi atque legum penè omnium gentium, & Rerumpublicarum præcipuarum, in tres partes digeftum; in quo divini & humani juris totius, naturali, ac novâ methodo per gradus, ordineque, materia univerfalium & fingularium rerum, fimulque judicia explicantur, eodem P. Gregorio Auclore; Lugduni, in-fol. duobus tomis apud Gryphium, excuf. 1582. Commentarii in fecundum, tertium, quartum, quintum, fextum & feptimum Libros Syntaxeon artis mirabilis, eodem P. Gregorio Auclore, nondùm editi, & qui propediem ab eodem Gryphio in lucem prodibunt.*

PIERRE GRINGOIRE, dit Vaudemont, autrement Mere

fotte, Hérault d'Armes du Duc de Lorraine, a écrit notables
Enfeignemens, Adages & Proverbes, par Quatrains, imprimés
à Paris, *in-*8°. par François Regnaud, 1528. Les diverfes Fan-
tafies des hommes & des femmes, contenant plufieurs beaux
exemples, partie en rime, & partie en profe ; imprimées à Paris,
*in-*16. par Eftienne Groulleau, 1551. Les folles Entreprifes qui
traitent de plufieurs chofes morales, imprimées à Paris, *in-*8°.
fans date. Les menus Propos de Mere fotte, *rime* ; imprimés à
Paris, par Philippes le Noir. Les Vifions de Mere fotte, imprimées à Paris, par Denys Janot, 1534. Le Château d'Amours,
utile pour toutes chofes honnêtes, imprimé à Paris, *in-*8°. l'an
1500. & depuis *in-*12. par François Jufte, à Lyon. La Complainte de la Cité Chrétienne, faite fur les Lamentations de
Hiérémie, imprimée à Paris, *in-*16. par Pierre Bige. Le Blafon
des Hérétiques, imprimé à Paris. Paraphrafe fur les fept Pfeaumes du Royal Prophète David, *en rime* ; imprimée à Paris,
*in-*16. par Charles l'Angelier, 1541. Il a mis toutes les Heures
de notre Dame, & les Vigiles des morts, en rime Françoife,
imprimées avec le Latin en marge, à Paris, *in-*8°. par Antoine
Bonnemere, 1544 *.

* Voy. *LA CROIX DU MAINE*, & les notes, au mot Pierre
Gringore, Tom. I, pag. 284 & fuiv.

Aux notables Enfeignemens & Proverbes.

[*Folle amour eft muable comme vent,*
De s'arrêter ne veut être contrainte ;
La vraie amour ne va jamais fans crainte,
Et crainte va fans amour bien fouvent.

Bonté reffemble à la palme, qui porte
Bien tard fon fruit ; mais il faut regarder
Que c'eft un fruit qu'on peut long-temps garder
Sans fe corrompre, & bien loin on le porte.

Peur & feurté tiennent l'homme en tutelle :
Retiens leurs dits, apprendre les pourras,
Quand peur te dit, mon amy tu mourras,
Seurté répond : c'eft chofe naturelle.

Faifant plaifir à quelque créature ,
S'il eft ingrat , il eft pire qu'un chien ;
Le chien connoît ceux qui lui font du bien ,
L'ingrat eft lâche , & offenfe nature.]

PIERRE GROSNET a traduit de Latin, le Manuel ou Promptuaire des vertus morales & intelleƈtuales , imprimé à Paris , *in*-8°. par Pierre Sergent. Plus , les Sentences & finguliers Enfeignemens du grand Poëte , Orateur & Philofophe Sénèque, imprimées à Paris , *in*-8°. par Denys Janot. Plus , les Mots dorés du grand & fage Caton , en rime ; avec plufieurs autres Compofitions auffi en rime & de fon invention , à favoir Louange du nom du Roi François I ; la Louange des femmes; Defcription des villes & cités du Royaume de France ; Adages ; Proverbes & Dits moraux ; imprimés à Paris , *in*-8°. par Denys Janot *.

* Voy. LA CROIX DU MAINE , & les notes , au même Article , Tom. II , pag. 286 & 287.

PIERRE GUIDO , de l'Ordre de faint François , du Convent de Saumur , a traduit du Latin de Révérend Pere Jean Faber , Évêque de Vienne , Traités des misères & calamités de la vie humaine ; & du contemnement du monde : plus une Déclamation de la brièveté , inconftance & misère non moins de la vie que des autres chofes humaines , faite par Lilius Vincentius ; imprimés à Paris , *in*-8°. par Sébaftien Nyvelle , 1578.

PIERRE LE GUILLARD [1] , Avocat à Caen , a écrit en vers, l'Epénopogonéritrée, ou Louange des barbes rouges*, imprimée à Caen , *in*-4°. par Pierre le Chandelier. Plus , l'Epenopetie , ou la Louange du jeu des dez , imprimée de même.

[1] Je trouve LE GUILLARD , L'EGUILLARD , L'ESGUILLARD & L'AIGUILLARD. On ne peut, n'ayant pas le Livre, raifonner fur ces variations que par conjeƈture. La mienne eft que , de ces quatre orthographes , LE GUILLARD eft celle dont ufoit l'Auteur. Du Verdier l'a rapportée telle qu'il l'a lue. La Croix du Maine , Tom. II , p. 287, accoutumé de varier , s'eft avifé de mettre une apoftrophe entre la première & la feconde lettre du nom , afin qu'outre LE GUILLARD , on pût lire L'EGUILLARD. Colletet , ayant lu dans La Croix du Maine

L'Eguillard, a cru que, pour mieux déterminer la prononciation, il falloit écrire l'Esguillard, & l'a ainsi écrit, pag. 150 de son *Discours de la Poësie Morale*; car Guillard, qui est à la marge, & le Gaillard à la table, sont des fautes d'impression. Quant à M. Huet, qui a écrit, dans ses *Origines de Caën*, l'Aiguillard, il y a grande apparence que lui, qui est si exact à citer, ne citant ici ni du Verdier, ni La Croix du Maine, n'a su le nom de l'Auteur, & le titre de l'Ouvrage que par oüi dire, & qu'ainsi son oreille trompée lui a fait écrire l'Eguillard pour le Guillard, & *Pogonérythrée*, au lieu d'*Epénopogonérithrée*, mot bisarrement composé d'ἐπαίνος, *louange*, πώγων, *barbe*, & ἐρυθραῖος, *rouge*. La Croix du Maine & lui n'ont pas su que ce même Auteur avoit aussi fait l'*Epénopettie* d'ἐπαίνος, & de κυβλίια, *la louange du jeu des dez*. (M. de la Monnoye).

* Ce fut en 1580 que parurent ses *Quatrains à la louange des Barbes rouges, ou rousses.*

PIERRE HABERT, natif d'Yssouldun en Berry, frère de François Habert, Valet de Chambre ordinaire du Roi, son Ecrivain, puis Trésorier de ses menus plaisirs, a écrit en rime, l'Institution de Vertu, avec le moyen de promptement & facilement apprendre en lettre Françoise, à bien lire, prononcer & écrire; ensemble la manière de prier Dieu en toutes ses nécessités; imprimée à Paris, *in-*16. Le Soulagement d'esprit, contenant plusieurs belles Sentences & Histoires mémorables, en ordre alphabétique, par lesquelles un chacun peut apprendre à bien & vertueusement vivre. Plus le Miroir de vertu, contenant plusieurs belles Histoires & Sentences morales, en prose, aussi mises par Alphabet. Plus, Instruction de l'Art d'Ecriture, contenant la manière de bien tailler la plume & la choisir; ensemble le gannivet, le papier, le parchemin, & l'encre & autres secrets dudit Art, avec aucuns Quatrains par ordre Alphabétique, tant moraux que parlant de l'écriture, pour servir d'exemples aux Maîtres qui exercent ledit Art; ensemble le moyen de composer toutes sortes de missives, avec la ponctuation & accens de la langue Françoise: le tout par Pierre Habert, Maître Ecrivain à Paris, imprimé à Paris, *in-*16. par Jean Caveiller, 1559, & par Claude Micard, 1569. Des Biens & utilité qu'apporte la paix, & des maux provenans de la guerre ; imprimés à Paris , *in-*8°. par Claude Micard , 1568 *.

* Voy. LA CROIX DU MAINE, & les notes, au mot PIERRE HABERT, Tom. II , pag. 286.

PIERRE HAMON , de Bloys , a mis en lumière , Alphabet de l'Invention & utilité des Lettres & caractères en diverses écritures , imprimé à Paris , *in-*4°. par Lucas Breyer , 1577 *.

*Voy. LA CROIX DU MAINE, & les notes , au même Article, Tom. II, pag. 288 & 289.

PIERRE HASSARD , d'Armentieres , Médecin & Chirurgien , a traduit de Latin , la grande , vraie & parfaite Chirurgie de Philippe Auréole Théophraste Paracelse , comprise en deux Livres , avec Annotations au marge , pour plus ample intelligence de l'Auteur ; imprimée en Anvers , *in-*8°. par Guillaume Sylvius , 1567.

PIERRE JULIEN , de Carpentras , a écrit le vrai Chemin fort court & expédient , pour apprendre à chanter toute sorte de Musique , imprimé , &c.

PIERRE DE SAINCT JULIEN , de la maison de Balleure, Doyen de l'Église Cathédrale de Châlon , a écrit de l'Origine des vieux & premiers Bourguignons , & de l'Antiquité des États de Bourgogne ; avec un Discours des Antiquités de la ville de Châlons sur Saone ; ensemble un Recueil de ce qu'il a été possible recouvrer des jadis Évêques & affaires des Églises dudit lieu de Châlons : plus Antiquités de Mascon : Discours de l'illustre & très-ancienne cité d'Autun Auguste & capitale des Heduois : Recueil de l'Antiquité & choses plus mémorables de l'Abbaye & ville de Tournus ; imprimé à Paris , *in-fol.* par Nicolas Chesneau. Gemelles ou pareilles , recueillies de divers Auteurs tant Grecs , Latins que François ; imprimées à Lyon , *in-*8°. par Charles Pesnot , 1584. Deux Opuscules de Plutarque, l'un de non se courroucer , & l'autre de curiosité ; ensemble un un autre Opuscule du même Plutarque, auquel est disputé, à savoir si les maladies de l'Ame tourmentent plus fort que celles du corps ; traduits en François par Pierre de Saint Julien, &c. imprimés à Lyon, *in-*8°. par Jean de Tournes, 1546. & à Paris, *in-*16. par Jaques Bogard, audit an *.

* Voy. La Croix du Maine, & les notes, au même Article, Tom. II, pag. 322 & 323.

PIERRE LISET, premier Président en la Cour de Parlement de Paris, a écrit Pratique & Manière de procéder tant en l'instruction & décision des causes criminelles que civiles : plus la forme & manière d'informer esdites causes civiles & criminelles ; imprimées à Paris, *in-*8°. par Vincent Sertenas, 1555. *Petri Lizetii Alverni Montigenæ, utroque jure Consulti, primi Præsidis in supremo Regio Francorum Consistorio, Abbatisque Commendatarii S. Victoris, adversùs speudo-Evangelicam Heresim Libri seu Commentarii I X ; duobus excusi voluminibus, Lutetiæ, in-*4°. *apud Poncetum le Preux, 1551 *.

* Voy. La Croix du Maine, & les notes, au même Article, Tom. II, p. 293 & 294.

PIERRE LE LOYER. Les Œuvres & Mélanges Poëtiques de Pierre le Loyer, sieur de la Brosse, Angevin, à savoir les Amours de Flore, contenant cent-un Sonnets, neuf Chansons. Stances en trois endruits ; Élégie à sa Dame ; cinq Odes ; six Idyles ; Boccage premier & second de l'art d'aimer ; soixante-onze Sonnets Politiques ou Mélanges ; vingt-sept Épigrammes ; le Muet insensé, Comédie ; la Néphélococugie ou la Nuée des Cocus, Comédie ; Folatries & Ébats de jeunesse ; imprimés à Paris, *in*12. par Abel l'Angelier, 1579. Il avoit auparavant mis en lumière une partie desdites Compositions sous le titre de Erotopegnie ou Passetemps d'Amour, imprimé *in-*8°. par ledit Angelier, 1576. *.

* Voy. La Croix du Maine, & les notes, au même Article, Tom. II, pag. 294 & 295.

Aux

Aux Sonnets.

[*Ma mère, de moi groſſe, un jour voulut apprendre*
Des Dieux quel je ſeroy : un fils, dit Apollon,
Une fille, dit Mars, nul des deux, dit Junon ;
J'étoy Hermaphrodite, alors qu'elle m'engendre.
Demandant quelle fin ma vie devoit prendre,
Par le fer, dit la Déeſſe ; au gibet, Mars felon ;
Dedans l'onde, Phébus ; & tout cela Clothon,
Et ſes ſévères ſœurs ferme voulurent rendre.
Grimpant d'un arbre un jour les rameaux bien feuillus,
Mon épée coula, & je tombai deſſus ;
Mon pied, cas fortuit, dans un rameau ſe lie ;
Ma tête ſe noya dedans un fleuve creux :
Ainſi à moi femme, homme, & nul de tous les deux,
L'eau, le gibet, le fer fut le bout de ma vie.

Autre.

En même lit étoient couchés deux fouls,
L'un Létargique, & l'autre Phrénétique,
Qui, d'un remède admirable & oblique,
Se ſont guéris l'un & l'autre de coups.
Le Phrénétiq, ſe levant en courroux,
Pour la fureur de ſon mal qui le pique,
De tous côtés frappe le Létargique,
Et vous l'étrille & deſſus & deſſous.
Ainſi aux coups, ô étrange merveille,
Le Létargique, endormi, ſe réveille,
Guéri du mal qui l'aggravoit ſi fort ;
Et l'autre, épris de fureur & de rage,
Las de frapper, matte ſon fier courage,
Et, de travail, devient foible, & s'endort.

Autre pour une More. Aux Dames.

Qu'avez-vous maintenant, Dames, à rire ainſi,
Contemplant mon corps noir & ma laide charnure ?
Telle que me voyez, telle m'a fait nature,
More de nation & de couleur auſſi.
Mais, quoi ! ſi j'ay mon corps d'un noir teint obſcurci,
Vos maſques, vos tourets, d'une noire figure,
Vous rendent plus qu'à moy la face bien obſcure,
Sans joües, ſans menton, bouche, nez & ſourci.

Partant découvrez-vous , en montrant votre face ,
Plus blanche que la mienne , & de meilleure grace ;
Ou bien , Dames , cessez d'aller tant méprisant
Celle qui , ne cachant son naturel visage
Dessus vos masques , tient un pareil avantage ,
Et ne va pas comme eux les hommes abusant.

Aux Épigrammes. D'un dérobant la Statue de Mercure.

La nuit ce Dieu subtil , ce Dieu larron , Mercure ,
Qui préside aux larrons , qui des larrons a cure ,
Dans les mains d'un larron lui-même alla tombant ,
Lequel , plus fin que lui , voulant lors apparoître ,
L'emporta sur son dos , & dit , en se gabant ,
Maint disciple voit-on qui surpasse son maître.

Vœu de Lays.

La fameuse Lays , de Corinthe la fleur ,
Voyant les ans flétrir sa vermeille couleur ,
Append , alme Vénus , son miroir dans ton temple.
Or , dit-elle en plorant , qu'en vieillesse je suis ,
Il ne faut plus miroir , qu'en toy je me contemple ,
Car telle que j'étois , plus être je ne puis.

Contre un grand Nez.

Si au Soleil opposé tu demeures ,
Le nez en haut , & entr'ouvert des dents ,
Tu peux de rang aux passans là dedans ,
Comme au quadran , montrer toutes les heures.

Sur la Sentence d'Aristote.

La moitié de sa vie on emploie en dormant ,
Et , en cette moitié , le riche également ,
Et le pauvre , ont leur sort ressemblant l'un à l'autre.
Partant , ô Roi Attale , & toy , Roi Lydien ,
Le mendiant Irus , en grandeur & en bien ,
La moitié de sa vie eut égale à la vôtre.

Au Boccage de l'Art d'aimer.

Et si tu vois qu'elle est avare & chiche ,
Alors par l'or ploye son cueur malin ;
Rien n'est qui soit si subtil & si fin ,
Pour l'ébranler , comme est ce métal riche.

Certainement en l'âge d'or nous sommes,
Par l'or, merveille! Amour est surmonté;
L'or cause l'heur, le nom, l'autorité,
Et la noblesse & les honneurs aux hommes.

L'or peut forcer tout un camp de Gendarmes,
L'or, plus puissant que les foudres d'enhaut,
Les aspres lieux & les hauts monts assaut,
Rompt les rochers & la durté des armes.

Assez Acrise avoit gardé sa fille,
Contre l'effort de mille & mille encor,
Si Jupiter ne l'eût prise par l'or,
Fait amoureux de sa grace gentille.

Vous, les mignons des filles de Parnasse,
Que donrez-vous, si n'avez aucun bien
Pour présenter, que le Luth Cynthien,
Et un pauvre Art, qui rien ne vous amasse?

Certes bien peu vos carmes on honore,
Bien peu vous sert d'avoir un Dieu au cœur,
Qui vous échauffe & vous mette en fureur,
Si vous n'avez de quoi donner encore.

Que vienne Homère, ayant pour sa conduite,
Tant qu'il voudra, les Muses & Phébus,
S'il n'est garni de dons, c'est un abus,
Il est chassé lui & toute sa suite.

Mais croyez-vous que votre amie estime,
Au prix de l'or, vos carmes & vos chants?
Non, non: les dons sont bien plus alléchans
Que les beaux mots compris en votre rime.

Ne laissez pas toutefois de lui tendre,
Pour l'attraper, vos filets cauteleux,
Avec le temps, leur cœur trop orgueilleux,
Sera rendu humble, traitable & tendre.

Avec le temps, le Taureau difficile,
Vient sous le joug, & endure la main;
Avec le temps, le farouche Poulain
Dessous le frein pousse sa course agile.

Qui est plus mol que l'eau de la marine?
Qui est plus dur que le roc à toucher?
Et toutefois l'eau qui lave un rocher,
Par laps du temps, le consomme & le mine.

Encor n'est pas la femme d'une sorte.
L'une civile a les lettres appris,
Et celle-là aimera vos écrits,
Et se ploira à votre amitié forte.

L'une eſt indoɑ̃te, & vilaine & barbare,
Et celle-là ne ſe peut pas dompter,
Que par les dons qu'on lui doit préſenter,
Pour aſſouvir ſon appétit avare, &c.

En la Nephelococugie.

Dans l'air, où aſſis nous ſommes,
Nous voyons de toutes parts,
De-çà & de-là épars,
Mille & mille ſortes d'hommes :
Ici demeure arrêté,
Dans le milieu d'une École,
Le Philoſophe crotté,
Qui fait tonner ſa parole,
Et voulant s'autoriſer,
Pour les autres dépriſer,
Diſcourt ſur le poil d'un Lièvre,
Ou la laine d'une Chèvre.
Le Médecin eſt ici,
Des biens & d'argent farci,
Pource que bien il devine
Sur la couleur de l'urine,
Et plus ſe voit réputé,
Que beaucoup il a jeté
D'hommes de nom & de marque
Dedans l'infernale barque.
De ce côté, le bravache
Ses pas meſure en marchant,
Et de tout ſe va fâchant ;
Même ſon chapeau le fâche.
Le point d'honneur il reçoit,
Et d'un ſeul mot il s'offenſe ;
Mais c'eſt contre ceux qu'il croit
N'oſer ſe mettre en défenſe.
Là le courtiſan flatteur,
Et fin diſſimulateur,
Vend ſa fumée, & contente
L'acheteur de vaine attente :
Là le ſubtil mercadant,
Au gain eſt prompt & ardent,
Et falſifie, à ſa guiſe,
Ce qu'il vend de marchandiſe:
Là l'uſurier, ſans repos,
Va rongeant juſques aux os

Le pauvre homme, & lui aſſemble
Le fort & l'uſure enſemble.
Ici font flamber les rues,
De leurs joyaux & atours,
Les femmes, qui ſont toujours
En leurs habits diſſolues.
Elles montrent leur tetin,
Et maſquent leur face, afin
Que l'Amant tranſi leur touche
Le tetin avant la bouche,
Et qu'il aille recevant
Le plaiſir d'aimer, devant
Qu'il conçoive dedans l'ame
Combien l'Amour a de flamme,
Deçà des Dames plus fines,
Pour leur groſſeſſe cacher,
On voit la rue empêcher,
Portant des larges vaſquines.
Là marchent à graves pas,
Renforcées par le bas,
Celles qui deux culs ſupportent
Sous les robes qu'elles portent,
Deſquels l'un de chair, la nuit
Leur ſert à prendre déduit ;
L'autre, de laine & de bourre,
Autour leurs feſſes embourre.
Deçà les Conſeillers ſont,
Qui deſſus leurs mules vont,
Et traînent une grand' ſuite
D'hommes qui les ſollicite:
Ils ſe voient reſpectés,
Et requis & bonnetés
Des plus grands, qui les ſupplient,
Et qui leurs faveurs mendient.
Ici, dedans le parquet,
L'Avocat hautement tonne,
Et de ſon diſert caquet
Tous les aſſiſtans étonne,

Au pesant de l'or il vend
Sa mère nourrice langue,
Et souvent en sa harangue,
Il ne dit rien que du vent,
Et ses discours vraisemblables
Ne sont guères véritables,

Imitant par ce moyen
Ulysse Dulichien,
Duquel Homère nous chante,
Que, de sa bouche éloquente,
Mille beaux propos sortoient,
Qui véritables n'étoient.]

PIERRE MACICAUT, natif de saint Christofle, en Touraine, a écrit Discours funèbre, sur le décès du premier Président de Grenoble, Messire Jean Bellievre, sieur d'Hautefort & Abbeaux; avec plusieurs Épitaphes du défunt: ensemble l'Oraison prononcée à ses obséques, par F. Mathurin Gautier, Prieur des Jacobins de Grenoble; imprimé à Lyon, par Benoist Rigaud, 1584.

PIERRE MADUR, Prêtre de la Compagnie du nom de Jesus, a mis de Latin en François, les dix Raisons pour lesquelles M. Emond Campian, de la Compagnie de Jesus, s'est fait fort d'entreprendre la dispute pour la Religion Catholique, contre les Adversaires d'icelle; envoyées aux Régens, & Écoliers des Universités d'Angleterre, Oxonie & Cantabrigie; imprimées à Lyon, *in-16.* par Jean Pillehotte, 1584.

PIERRE MARTYR [1], Milannois *. Extrait ** du Recueil des Isles nouvellement trouvées en la grande Mer Océane, au temps du Roi d'Espagne Ferdinand & Elizabeth, sa femme; fait premièrement en Latin par Pierre Martyr de Mylan, en trois décades de Livres. Item trois Narrations, dont la première est de Cuba, la seconde de la Mer Océane, & la troisième de la prise de Thémistitan; imprimé à Paris, *in-4°.* par Simon de Colines, 1532.

[1] Rabelais, Chap. 31 du Livre V, l'appelle PIERRE TÉMOIN, par rapport au mot Grec Μάρτυς; &, dans la circonstance où il en fait mention, il vaudroit autant qu'il l'eût appelé FAUX TÉMOIN. Voyez ce que j'en ai dit, pag. 234 du Tom. II de Baillet, *in-4°.* (M. DE LA MONNOYE).

*Il étoit originaire d'Anghierra, dans le Milanois, sur le bord Méridional du Lac Majeur, & naquit en 1455. Il se distingua par ses talens, & fut choisi par Ferdinand V, le Catholique, Roi d'Arragon & de Castille, pour veiller à l'éducation de ses enfans. Il fut ensuite employé par ce Prince, dans les affaires d'Etat, & envoyé Ambassadeur extraordinaire à Venise & en Egypte. De retour, il vécut tranquillement, comblé de biens & d'honneurs, & mourut vers l'an 1525, à l'âge d'environ soixante-dix ans. Le Livre que du Verdier annonce ici, a pour titre *de Navigatione, & terris de novo repertis*. Il fut composé sur les premiers Mémoires de Christophe Colomb, & de ceux qui allèrent avec lui à la découverte de l'Amérique. Il a aussi donné une relation de son Ambassade d'Egypte, & un Recueil de Lettres, d'autant plus curieux, qu'elles contiennent toute l'Histoire du temps de leur Auteur. On doit les regarder plutôt comme une Histoire, en forme de lettres, que comme une correspondance avec ceux auxquels elles sont adressées, dont la plupart n'existoient plus au temps que ces Lettres ont été écrites. — Voy. les Mémoires de Niceron, Tom. XXIII.

** Le Livre cité par du Verdier, sous le titre d'*Extrait du Recueil des Isles nouvellement trouvées*, &c. est un Abrégé des trois premières Décades de l'Ouvrage Latin de Pierre Martyr, intitulé *de novo Orbe*. Les trois premières Décades furent imprimées à Alcala, en 1530; à Paris, en 1532; & l'Ouvrage entier, composé de huit Décades, parut à Paris, en 1536. Les trois *Narrations*, jointes à cet *Extrait*, ne font pas toutes tirées de Pierre Martyr. La première est extraite de sa *quatrième Décade*, les deux autres ont été écrites par Pierre Savorgnano de Forli. Il avoit été envoyé, par le Roi d'Espagne, auprès du Soudan de Babylone, en 1581, & il n'arriva à Alexandrie qu'au mois de Décembre de cette même année. Le Père Niceron s'est trompé, lorsqu'il a cité une Edition de son Ambassade, en 1500, *De Legatione Babylonicâ, Libri tres, Hispali, 1500, in-fol.* Lenglet, dans son *Catalogue des Historiens*, dit qu'elle fut publiée à Madrid, en 1516. Les Lettres de Pierre Martyr, fort curieuses pour l'Histoire de son temps, & publiées, en 1530, à Alcala, étoient devenues très-rares : elles furent réimprimées, en 1670, par les soins de Charles Patin, à qui M. le Premier Président de Lamoignon avoit fait présent de son Exemplaire. Elles s'étendent depuis l'an 1488, jusqu'en 1525; &, comme on n'en connoît point d'une date postérieure, on suppose que l'Auteur mourut vers ce même temps.

PIERRE MARTYR, Vermilien Florentin *. Traité du Sacrement de l'Eucharistie, composé premièrement en Latin par Pierre Martyr, & traduit en François; imprimé à Lyon, *in-16.* par Claude Ravot, 1552. *Calvinique.* Dialogue des deux Natures de Christ, traduit par Claude de Kerquifinen. Prières Chrétiennes, par Pierre Martyr, traduites de Latin en François, imprimées à Lyon, *in-16.*

* Pierre Martyr *Vermilio*, & non *Vermilien*, comme dit du Verdier;

naquit à Florence, en 1500, & non en 1600, comme on le lit dans Niceron, par erreur d'impreſſion. Il prit de bonne heure l'habit de Chanoine-Régulier à Fiéſoli, devint célèbre par ſa ſcience & ſon talent diſtingué pour la chaire, qui le fit regarder comme un des plus fameux Prédicateurs de l'Italie. Il étoit Chef & Supérieur Général de ſa Congrégation, lorſque la lecture des Livres de Zuingle & de Bucer le détermina à paſſer dans leur Communion. Il emmena avec lui Bernardin Ochin, Général des Capucins, paſſa à Zurich, de-là à Baſle, enſuite à Strasbourg, où il épouſa une jeune Religieuſe. En 1547, ſa réputation le fit appeler en Angleterre; il y paſſa avec ſa femme, & fut Profeſſeur dans l'Univerſité d'Oxford, juſqu'en 1553, qu'il revint à Zurich, où il profeſſa la Théologie juſqu'à ſa mort, en 1562. Voy. dans les Mémoires de Niceron, Tom. XXIII, le Catalogue des Ouvrages de Pierre Martyr Vermilio.

PIERRE MASSÉ, du Mans, Avocat, a écrit de l'Impoſture & Tromperie des Diables, Devins, Enchanteurs, Sorciers, Noüeurs d'éguillettes, Chevilleurs, Necromantiens, Chiromantiens & autres qui par art diabolique, arts magiques & ſuperſtitions, abuſent le peuple. *C'eſt un bien gros volume in-8°. imprimé à Paris, par Jean Poupy, 1579*.

* Voy. LA CROIX DU MAINE, au même Article, Tom. II, pag. 297.

PIERRE MATHIEU*. Eſter, Tragédie, en laquelle eſt repréſentée la condition des Rois & Princes, ſur le Théâtre de Fortune, la Prudence de leur Conſeil, les déſaſtres qui ſurviennent par l'orgueil, l'ambition, l'envie & trahiſon; combien eſt odieuſe la déſobéiſſance des Femmes; finalement comme les Roines doivent amollir le courroux des Roys, endurci ſur l'oppreſſion de leurs Sujets: prête à imprimer, & eſt entre les mains de Jean Stratius.

* Pierre Mathieu naquit, ou à Salins, en Franche-Comté, comme le dit la Bibliothèque Françoiſe de M. l'Abbé Goujet, Tom. XII, pag. 280, ou, ſuivant *Impériali*, cité dans les Mémoires de Niceron, Tom. XXVI, ſur les confins de l'Alſace, de la Franche-Comté & de la Suiſſe, & alors ce fut à Porentru, Capitale des Etats de l'Evêque Prince de Baſle. Les uns & les antres placent ſa naiſſance au mois de Décembre 1563. Ce qu'il y a de certain, c'eſt que Mathieu ſe qualifie lui-même Franc-Comtois, *Sequanus*. Il fit ſes études à l'Univerſité de Valence, de-là il vint exercer la profeſſion d'Avocat à Lyon, & il fut un des Députés que cette Ville envoya à Henri IV, lorſqu'elle ſe ſoumit à ſon Empire. Avant que de venir à Lyon, il fut quelque temps Principal du Collège de Verceil, en Piémont, où il compofa deux Tragédies; *Clytemneftre & Efther*, ici indiquée par du Verdier, & qui ne furent imprimées qu'en 1589, après qu'il eut refondu fa Tragédie d'*Efther*, & qu'il en eut compofé deux pièces féparées, l'une, fous le titre de *Vafthi*, & l'autre, fous le titre d'*Efther*, ou d'*Aman*. Il compofa enfuite fes *Tablettes*, *ou Quatrains de la vie & de la mort*, divifées en deux Parties, chacune de cent Quatrains; Ouvrage qu'on lit encore:

> Les doctes Tablettes
> Du Confeiller Mathieu, l'Ouvrage eft de valeur,
> Et plein de beaux dictons à réciter par cœur. SGANARELLE, Act. I, Sc. I.

Mathieu, s'appliquant à l'Hiftoire, abandonna la Poëfie; Henri IV eut des bontés pour lui, lui accorda le titre de *Confeiller du Roi*, *Hiftoriographe de France*; &, après la mort de Du Haillan, en 1610, il eut la penfion attachée à cette place. Louis XIII mena Mathieu avec lui dans fes premières campagnes, afin qu'il en écrivît plus exactement l'Hiftoire; il prit au fiége de Montauban la maladie dont il mourut à Touloufe, le 12 Octobre 1621, âgé de près de cinquante-fept ans. Il avoit époufé, en 1600, une Demoifelle, nommée *Louife de Croghere*, fille d'un Gentilhomme Florentin, dont la mère étoit nièce du Pape Clément VII. Il en eut deux fils & deux filles. Son Hiftoire, écrite d'un ftyle déplaifant, rapporte des faits finguliers & curieux. Voyez les Mémoires de Niceron, Tom. XXVI, la Bibliothèque Françoife de M. l'Abbé Goujet, Tom. XII, l'Hiftoire du Théâtre François, Tom. III, & les Mémoires de Languedoc, par Catel, pag. 169. — Pierre Mathieu n'avoit guère que vingt ans, lorfque du Verdier publia fa Bibliothèque (en 1584), & n'étoit connu que par fa Tragédie d'*Efther*, laquelle même n'étoit pas encore imprimée. Il a publié quelques Ouvrages Latins de Jurifprudence Canonique, puis il fe livra principalement à écrire l'Hiftoire de France. Il a compofé beaucoup d'Ouvrages de ce genre, depuis 1593, jufqu'à fa mort. On en trouvera le Catalogue dans les Mémoires de Niceron. Après fa mort, parut fon principal Ouvrage, mis au jour par fon fils, à Paris, en 1631, en 2 vol. *in-fol.* fous le titre d'*Hiftoire de France*, depuis le commencement du règne de François I, jufqu'à l'année 1621, l'onzième année du règne de Louis XIII. Ce qui concerne Louis XIII, a été ajouté par l'Editeur. Cette Hiftoire mérite d'être lue par ceux qui veulent connoître tout ce qui intéreffe fur Henri IV, parce que ce Prince, dont il étoit Hiftoriographe, avoit pris plaifir à l'inftruire lui-même de plufieurs particularités curieufes & intéreffantes. Mathieu avoit aufli donné en particulier la *Vie de S. Louis*, 1618, *in-8°*, & l'*Hiftoire de Louis XI*, 1610, *in-fol.* qui eft affez eftimée. Il avoit écrit quelques morceaux de notre Hiftoire, tels que les *Troubles de France*, depuis 1576, jufqu'en 1591; les *Guerres contre les Maifons de France & d'Efpagne*, depuis 1515, jufqu'en 1598; les chofes mémorables advenues, depuis 1598, jufqu'en 1604. Le ftyle de Mathieu eft mauvais, & chargé de ces fuperfluités, qui, de fon temps, paffoient pour des ornemens; mais on le regarde comme un Hiftorien ordinairement inftruit, & véridique.

PIERRE

PIERRE ANDRÉ MATHIOL [1]. Voyez ANTOINE DU PINET, JEAN DES MOULINS.

[1] Cet illuftre Médecin Siénois mourut l'an 1577, âgé de foixante-dix-fept ans, à Trente, où il demeuroit. Il a écrit en Latin de favans Commentaires fur Diofcoride, des Confeils de Médecine, & d'autres Ouvrages eftimés. (M. DE LA MONNOYE).

PIERRE DE MAY, de Chaftelleraud, Secrétaire du fieur Préfident Purpurat, Sénéchal de Saluces, a écrit les Triomphes du Baptême de très-illuftre Charles Emanuel, Prince de Piémont, en Odes & Sonnets, vers Latins, Italiens & François, avec Annotations; imprimés à Paris, *in-8°*. par Thomas Richard, 1567.

PIERRE MEISSONIER, Médecin, demeurant à Lyon, a traduit de Grec, les onze Livres de Denis * Halicarnaffféen, des Antiquités Romaines; tous prêts à imprimer.

* Sa Traduction des *Antiquités Romaines*, de Denys d'Halicarnaffe, n'a point paru. On ne la trouve, même manufcrite, uans aucune Bibliothèque, felon le témoignage de deux Traducteurs François de l'Hiftorien Grec, le P. le Jay, Jéfuite, & l'Abbé Bellanger. Ces deux verfions parurent prefque en même temps : celle du Jéfuite en 1722, & celle de l'Abbé l'année fuivante, l'une & l'autre en 2 vol. *in-*4°. M. Bellanger ne connut le travail du P. le Jay qu'après avoir fini le fien; &, ayant remarqué beaucoup de fautes dans la Traduction du Jéfuite, il ne craignit point de publier celle qu'il avoit faite. Le Public femble avoir prononcé en fa faveur, au moins quant à l'exactitude. On accufa même le P. le Jay d'avoir traduit fur des verfions Latines; au lieu que l'Abbé Bellanger a traduit fur le Grec. Il a même pris foin de relever, dans fa Préface, grand nombre de méprifes échappées à fon rival.

PIERRE MESSIE. Diverfes Leçons, &c. Voyez CLAUDE GRUGET.

PIERRE MICHAULT *, jadis Secrétaire du Comte de Charrolois, fils du Duc de Bourgogne, a écrit un Livre, partie en profe, partie en rime, intitulé le Doctrinal de Cour, divifé en douze chapitres, par lequel on peut être Clerc, fans aller à l'école; imprimé à Genève, *in-*4°. par Jaques Vivian, 1522. avec privilége Apoftolique.

* Voy. LA CROIX DU MAINE, & les notes, à ce mot, Tom. II, p. 298 & 299.

PIERRE DE MIRAUMONT, Confeiller du Roi en fa Chambre du Tréfor, a écrit Mémoires fur l'Origine & Inftitution des Cours fouveraines & autres Jurifdictions fubalternes, enclofes dans l'ancien Palais Royal de Paris ; imprimés à Paris, *in*-8°. par Abel l'Angelier, 1584 *.

* Voy. La Croix du Maine, & les notes, au même Article, Tom. II, pag. 300.

PIERRE DES MIREURS, Médecin, a écrit plufieurs Sonnets, Odes & autres Compofitions [1].

[1] A la fuite des vers Latins, faits par les trois fœurs Angloifes, fur la mort de la Reine de Navarre, fœur de François I, il y a une vingtaine de vers Latins de Pierre des Mireurs, traduits par lui-même en trente - quatre vers François. Son nom Latin eft *Petrus Mirarius*. (M. de la Monnoye).

PIERRE DE MONTCHAULT *, Principal au Collége de Troyes, a écrit en rime, Bergerie touchant la mort du Roi Charles IX, & l'heureufe venue de Henri III, de fon Royaume de Pologne, en France ; imprimée à Paris, *in*-4°. par Jean de Laftre, 1575. Traité de l'humilité, enfemble un Hymne de la Nativité de Jefus, imprimé à Paris, *in*-8°. par Michel du Boys. Il a traduit deux Hymnes du Poëte Prudence, l'un de la Nativité de Jefus, & l'autre de l'Apparition de l'étoile aux trois Rois ; imprimés à Troyes, *in*8°. par Jean du Ruau, 1577. Le treizième Livre ou Supplément de l'Enéide de Virgile, fait par Mapheus Vegius ; enfemble les Epigrammes Selectes, attribuées audit Virgile : le tout traduit en rime Françoife, par Pierre de Mouchaut, imprimé à Paris, Latin - François, *in*- 16. par Claude Micard, 1578.

* Ce Poëte, appelé par les deux Bibliothécaires, Montchault, & par Du Verdier, dans le Supplément à la première Edition de fa Bibliothèque, Mouchaut, qui étoit fon véritable nom, a traduit, en mauvais vers François, le prétendu treizième Livre de l'Enéide, Ouvrage d'un Anonyme, imprimé en 1483, où font décrites les noces, vraies ou fauffes, d'Enée & de Lavinie. Le même Auteur crut rendre un fervice à la langue Françoife, en traduifant auffi en vers quelques petits Poëmes Latins, des Epigrammes, & d'autres Poëfies de divers Auteurs inconnus, attribués mal-à-propos à Virgile. Voyez la Biblioth. Franç. de M. l'Abbé Goujet, Tom. V, pag. 209 & fuiv.

PIERRE MOREAU, Tourangeois, a traduit du Grec de Michel Pfellus, Poëte & Philofophe, Précepteur de l'Empereur Michel, furnommé Parapinacéen, ou affamé, environ l'an de grace 1050, Traité, par Dialogue, de l'énergie ou opération des Diables, avec les chapitres trente-troifiéme & trente-fixiéme du quatriéme Livre du tréfor de la Foi Catholique, de vénérable Nicetas de Coloffes, en Afie, efquels font déduits & confutés les principaux articles des Hérétiques Manichéens, Euchites, ou Enthoufiaftes ; imprimé à Paris, in-8°. par Guill. Chaudiere, 1576. Paternelles Remontrances & Exhortations à bien vivre & bien mourir, de Bafile Macedon, Empereur de Conftantinople, à Léon le fage, fon fils, par forme Acroftichique, avec les Cantiques de Pâques dudit Léon & de Conftantin, fon fils & confort audit Empire; traduites de l'exemplaire Grec, de la Librairie du Roi; & de celle de Monfieur de faint André, Chanoine de notre Dame de Paris, en François, par Pierre Moreau ; imprimées à Paris, in-8°. par Guill. Chaudiere, 1580. *Nicetæ Choniatæ magni Logothetæ fecretorum, Infpectoris & Judicis Veli, Præfecti facri cubiculi, Thefauri Orthodoxæ fidei lib. 5. priores quorum primo fecundo & tertio, jactis Chriftianifmi fundamentis, quarto Antearianas 44 Hærefes, quintoque Arianorum & Eunomianorum deliria confutat. Ex Bibliotheca clariff. viri Domini Jo. à Sancto Andrea. Petro Morello, Turonenfi, interprete ; impreff. Lutetiæ, in-8°. apud Guillem. Chaudiere, 1580 *.*

* Voy. La Croix du Maine, & les notes, au même Article, Tom. II, pag. 300 & 301.

PIERRE NANNIUS *. Cinq Dialogifmes des Heroïnes, &c. traduits de Latin par Jean Millet. Voyez Œuvres Latines dudit Nannius, en la Bibliothèque de Gefner.

* *Nannius*, en Flamand *Nanninck*, né à Alcmaer, en Hollande, en 1500, paffa fa vie à profeffer la langue Latine & les Humanités à Louvain. Il étoit Prêtre & Chanoine d'Arras. Il mourut à Louvain, au mois de Juillet 1557. Il a beaucoup compofé d'Ouvrages de Littérature & de critique, beaucoup

fait de Traductions du Grec en Latin ; dont on peut voir le Catalogue dans les Mémoires de Niceron, Tom. XXXVII. Les Dialogifmes, ici annoncés, parurent à Louvain, *in*-4°. en 1541, fous le titre de *Dialogifmi V Heroinarum*. Ces Héroines font Lucrèce, Sufanne, Judith, Agnès & Camma, Galatienne.

PIERRE NEVELLET a écrit quelques Sonnets, qui fe voyent au Livre intitulé la Main, ou Œuvres politiques faits fur la main de Eftienne Pafquier, Avocat au Parlement de Paris, *in*-4°. par Michel, 1584 [1].

[1] Il étoit fils d'un NEVELET, Sieur DE DOSCHES, qui avoit époufé Jeanne Pithou, fœur du célèbre Pierre Pithou. Il a écrit en Latin la vie de François Hotman, dont il publia, en 1603, l'*Anti-Tribonien*, réimprimé depuis en 1616, à la tête des Opufcules des Hotmans. Ses Epigrammes, tant Latines que Françoifes, fur la main de Pâquier, font imprimées à la fin du volume, intitulé *Œuvres mêlées d'Etienne Pâquier*. Dans la dernière Edition des Epîtres de Cafaubon, il s'en trouve une toute Grecque, à Pierre Nevelet, datée de Genève, le 24 Août 1591. Bayle, qui a parlé de lui, dans fa dernière note fur le mot HOTMAN, écrit *d'Ofche*, au lieu de *Dofches*. Pour moi, j'ai préféré de *Dofches*, parce que cette orthographe eft conforme à celle de Loifel, dans la Vie de Pierre Pithou, & de Nevelet même, dans fon Edition de l'*Anti-Tribonien*, enforte que fi ce même Nevelet, dans fa Lettre, inférée parmi celles de Pâquier, Tom. I, pag. 466, fe qualifie *Seigneur d'Ofche*, c'eft une variation qu'il faut attribuer à Pâquier, ou aux Editeurs de fes Lettres. (M. DE LA MONNOYE).

PIERRE DE NODE, Minime, a écrit en vingt-huit chapitres, Déclamation contre l'erreur exécrable des Maléficiers, Sorciers, Enchanteurs, Magiciens, Devins & femblables obfervateurs de fuperftition ; lefquels pullulent maintenant couvertement en France ; à ce que recherche & punition d'iceux foit faite, fur peine de rentrer en plus grands troubles que jamais : plus, les Articles & erreurs touchant cette matière, condamnés à Paris, par la Faculté de Théologie, en l'an 1398 ; avec l'Épître ou Préface faite à cette cenfure, par Maître Jean Gerfon ; imprimée à Paris, *in*-8°. par Jean du Caurroy, 1578.

PIERRE DE NOGEROLLES. Une Requête au langage, contenant plufieurs belles merveilleufes & grandes Receptes ; feulement appropriées à l'utilité des femmes & confervation de leur cas ; avec plufieurs Balades couronnées, enchainées &

batelées, Kyrieles, Couplets, Rondeaux, partie en rime Françoise, partie en langage Tholofain. Plus une Pronoftication pour toujours & à jamais, en rime : le tout fait & baillé aux Maîtres & mainteneurs de la gaie fcience de Rhétorique, au Confiftoire de la maifon commune de Thouloufe, par Maître Pierre Nogerolles, Docteur en ladite gaie Science; imprimée à Thouloufe, *in*-4°. par Jean Damoifel.

PIERRE OLIVIER, Docteur en Théologie, après avoir doctement & hautement traité de la connoiffance de Dieu & de nous-mêmes, miroir & moyen de parvenir à icelle de nous-mêmes, afin de toujours nous humilier, & de Dieu pour toujours icelui glorifier, a pris occafion d'écrire un autre Livre de la gloire de Dieu, contenant douze chapitres; imprimé à Paris, *in*-16. par Guillaume le Noir, 1555.

PIERRE D'OUDEGHERST, Docteur ès Loix, natif de l'Ifle en Flandres, a écrit en cent quatrevingt-dix-neuf chapitres, les Chroniques & Annales de Flandres *, contenant les héroïques exploits des Foreftiers & Comtes de Flandres, & les fingularités & chofes mémorables y advenues depuis l'an de notre Seigneur Jefus-Chrift 620, jufqu'à l'an 1476; imprimées en Anvers, par Chriftophle Plantin, *in*-4°. l'an 1571.

> * Le nouvel Editeur de la *Bibliothèque Hiftorique de France*, n°. 39370, dit qu'on prétend que Pierre d'Oudegherft a fait grand ufage du Recueil manufcrit des *Antiquités de Flandres*, par Philippe Wiélandt, Préfident du Confeil de Flandres. Il y a un Exemplaire de ce Manufcrit, dans la Bibliothèque de la Ville de Paris, avec des notes du favant Jean Godefroy, auquel il avoit appartenu. Wiélandt eft mort Maître des Requêtes à Malines, en 1519; cependant le Manufcrit dont il s'agit s'étend jufqu'en 1540 : ainfi il paroît qu'on y a fait des additions depuis la mort de l'Auteur.

PIERRE DE L'OSTAL, fieur d'Eftren, a écrit Difcours Philofophiques (en nombre dix-neuf) efquels eft amplement traité de l'effence de l'Ame & de la vertu morale; imprimés à Paris, *in*-8°. par Jean Borel, 1579 *.

> * Voy. LA CROIX DU MAINE, & les notes, au même Article, Tom. II, pag. 296.

Difcours 6. Des effets des trois facultés de l'Ame, & des pertu-
bations, vrais furgeons de la partie fenfuelle.

[Le divers mouvement des globes céleftes, dont notre ame eft une parcelle,
felon le dire des Platoniciens, & les diverfes fonctions d'icelle, nous ont ci-
deffus affez évidemment notifié la diverfité de fes facultés; mais pour ce que
l'éclairciffement de cette matière femble defirer une plus longue expofition,
tant de l'ame intelligente, que de fes deux autres parties vicieufes, afin d'a-
voir par ce moyen, une plus abfolue notion de la forme & du fujet des
vertus, voire même des pertubations qui leur contrarient directement, & à
l'émotion defquelles toute vertueufe habitude tâche de couper broche, en
tant qu'elle en eft congédiée de Nature, pour ces raifons dis-je, difcourons-
nous fur ceci le plus fuccinctement que faire fe pourra. Or tout ainfi qu'une
nef expofée à la rage des vents, eft auffi-tôt mife fans deffus deffous, fi elle
n'eft conduite par la prudence de fon Typhis : ou comme l'on voit une cité
qui a toujours l'ennemi aux portes, ou troublée par la mutinerie de la commune, être à la fin mife en défolation, fon fleuriffant état bouleverfé, fi
elle n'a d'aventure fon Camille, pour l'ôter d'alteres, ou fi elle n'eft fagement
régie par les Magiftrats qui font comme les ames de fon corps : ainfi feroit-
ce peu de chofe que de nous, fi nous n'étions enrichis de la partie intellectuelle
de l'ame, & armés de la raifon, ne plus ne moins que d'une targe, pour
foutenir le choc des appétits qui furgeonnent des deux parties paffionnées, &
qui nous tiennent en continuelles alarmes, cuidant faire échouer notre navire contre le rocher de toute infortune : joint d'autre part que nos fens
extérieurs femblent mutuellement confpirer en notre ruine : & ce n'eft pas
fans caufe fi le grand Prince de Nature nous a fournis d'hellébore contre tel
mal de tête, ne fe contentant pas de fuppléer en abondance les chofes néceffaires pour la fubftentation de nos corps, ains nous ornant de cette ame
rationale, comme d'une Roine, à laquelle toutes les émotions corporelles
doivent déférer tout honneur, & ployer fous le joug de fa fuperintendance,
non pas toutefois en telle condition qu'elle les puiffe entièrement déraciner
de l'homme, fe contentant fimplement de retrancher leurs excès & défec-
tuofités, qui s'efforcent de nous égarer hors des bornes de l'honnête devoir,
d'où vient qu'en l'exploit de tels deffeins la raifon s'écarmouche fouventes-
fois, & nommément lorfque les paffions font en leur plus grande vigueur;
mais comme il n'y a poulain fi farouche qu'à la fin un bon maquignon ne
range fous le frein, ne fi forte place qui ne foit mife à fleur de terre par la
fageffe d'un vieux Capitaine expérimenté en l'Art militaire; femblablement
il n'y a fi turbulente pertubation, ni appétit fi bouillant, dont la raifon (laquelle demeurant en l'ame, contregarde le jugement, fe contregardant
mieux elle-même après fon opération, étant en cela diffemblable de l'hellébore, lequel on jette après qu'il a achevé la cure & guérifon) dont la raifon,
dis-je, ne vienne bien à bout, le captivant à la fin fous le joug de fa domination, jaçoit qu'il femble maintefois intraitable ; tellement que le meilleur moyen

que nous ayons pour diſſiper, abattre, & diſſoudre nos paſſions, ne plus ne moins qu'une domination tyrannique, c'eſt d'avoir recours à la raiſon, & nous propoſer devant les yeux l'infamie où tombent ordinairement ceux qui ſe ſont puſillanimement laiſſés altérer par les émotions paſſionnées; & en ce faiſant nous imiterons les Spartiates, leſquels avoient anciennement accoutumé de montrer à leurs enfans leurs eſclaves, les Ilots yvres, pour leur faire avoir l'yvrognerie en déteſtation. Mais c'eſt bien peu de cas d'être enrichis de raiſon, ſi notre volonté ne réciproque aux projets d'icelle, de ſorte qu'il nous faut ſoigneuſement prendre garde qu'elles ſoient toujours aſſociées; car comme le bras droit a plus de force étant aidé du gauche, que lorſqu'il eſt ſeul; ainſi la raiſon conjointe à la volonté, mâtra plus aiſément nos concupiſcences, & quand nous ſentons qu'elle veut produire ſes effets, il ne lui faut point conteſter, car par ce moyen nous nous rendrions ſortables avec Cteſiphon l'eſcrimeur, lequel faiſoit à coup de pied & regibboit contre ſa mule, alors qu'elle lui ſembloit cheminer le mieux : & parce que nous ne pouvons pas ſi facilement arrêter un généreux cheval au milieu de ſa courſe, que quand il commence à ſe mettre en lice, & que cette ſimilitude ſe peut accommoder à nos appétits, ce n'eſt pas un médiocre ſignal de la prudence de l'homme, que de leur faire tête alors qu'ils commencent à s'allumer, & à faire nouveau ménage. Ainſi Scipion ayant ſubjugué la grande Carthage, & pris une pucelle d'excellente beauté, fiancée à Indibilis, après avoir ſu qu'elle étoit iſſue d'une noble race Carthaginoiſe, s'abſtint d'elle, & augmenta ſon douaire de ſemblable ſomme de deniers que l'on lui apportoit pour ſa rançon : ainſi Xenocrates ſe contint de Phryne, putain d'Athenes, combien qu'elle fût parfaitement belle, & qu'étant couchée avec lui, elle étalât toutes ſes mignardiſes, comme ſes baiſers, ſes gracieux ſouris, ſes chatouillemens, & mille autres petits blandices, dont les Dames ont accoutumé de charmer la continence des hommes. Ainſi Philippe & Antigonus, Rois de Macédoine, ne voulurent point prendre vengeance de ceux qui faiſoient profeſſion de les brocader en leurs communs devis. Ainſi Achilles, admoneſté par la Déeſſe Pallas, c'eſt-à-dire, par la raiſon, ſe modera, & ne dégaigna point ſon épée, combien qu'il fût déjà bien tranſporté de colère. Ainſi accoiſons-nous ſouventesfois la fureur de nos luxurieuſes ou vindicatives affections; que ſi nous ne procédions par ce moyen, elles nous feroient d'aventure broncher bien lourdement, à cauſe de la trop grande licence que nous leur aurions donnée dès le premier abord, & enfin nous viendroient donner de telles atteintes, qu'il leur faudroit quitter la carrière, pour puis après courir à bride abattue contre nous; mais ſi l'homme ſe jette à l'abri de ſa raiſon, & qu'il réſiſte de première arrivée à la violence de ſes appétits, il lui adviendra comme aux Thébains, leſquels ayant fait une fois bonne réſiſtance, & puis vivement chargé de front à droit fil l'armée des Lacédémoniens, qui, paravant, ſembloient invincibles à force d'armes; jamais depuis n'eurent du pire contre eux à enſeignes déployées. Que s'il ſaigne du nez, & qu'il perde courage aux premiers aſſauts, que les pertubations lui viendront à donner,

il lui en bâtera comme à un soldat pusillanime, lâche & poltron, lequel tout aussi-tôt qu'il voit son ennemi mettre l'épée au vent pour lui courrir sus, tourne le dos sans coup férir, ni faire aucune résistance, de sorte qu'étant talonné de près, il prend une fin honteuse & misérable. Plutarque en la vie des Gracques, dit que Caius se sentant trop colère & violent en sa façon de dire, avoit un serviteur nommé Licinius (ou selon le dire d'aucuns) Erycinus, homme de bon entendement, qui avec une petite flûte, de laquelle les Musiciens ont accoutumé de conduire tout doucement la voix de haut en bas, & de bas en haut, se tenoit derrière son Maître lorsqu'il haranguoit en plein Sénat, & quand il sentoit que sa voix s'éclatoit un petit trop, & par colère, sortoit hors de ton, il lui entonnoit un son plus doux & plus gracieux, en le retirant petit à petit de son haut braire, au son duquel Caius modéroit sa véhémence colérique. Mais à quel propos ceci, dira quelqu'un ? C'est pour montrer que tout ainsi que ce brave personnage avoit derrière soi son serviteur, tenant cette flûte, par laquelle il se temperoit, qu'aussi nous devons ordinairement avoir la raison avec nous, qui servira de flageolet, pour sonner à nos oreilles, & par ses tons nous nous accoutumerons à accoiser la rage forcenée de nos émotions, pour la mitigation desquelles elle nous a été baillée de Dieu, selon que ses opérations journalières le démontrent à ceux qui se mettent en devoir de lui rendre obéissance, comme nous voyons que fit jadis Socrate, par la confession même dont il excusa les Physionomistes qui l'avoient jugé d'un naturel enclin à toute luxure, excusa dis-je, devant l'assemblée qui faisoit sa risée de leur jugement. Supposons donc pour une chose irréfragable, que l'ame nantie de raison & susceptible de toute vertueuse qualité, nous sert de frein pour contenir nos passions : & que quiconque ne lui veut point prêter l'oreille, est d'une nature perverse, laquelle enfin se convertira en un feu d'ire soudaine, en une amertume vindicative, & en une aigreur intraitable, s'offensant de peu de chose, chagrine, hargneuse, bref semblable à une lame de fer tenue, foible & qui se perce à la moindre gravure. Et l'expérience journalière nous notifie assez qu'Athé, Déesse de meschef, vient pousser la roue pour faire trébucher en totale ruine ceux qui se plaisent à se veautrer dans le bourbier de leurs sales & déshonnêtes concupiscences, craignant de compasser leurs actions selon l'équière de raison & d'honnêteté : témoin m'en sera Sardanapale avec un nombre infini d'Empereurs esclaves de leurs vilaines affections. Or tout ainsi que la partie intelligente de l'esprit, sert de guidon au corps pour le conduire sûrement en cette pérégrination mondaine, pareillement les deux autres l'empiégent aux rets d'un million de fâcheries, étant le sujet & la source des perturbations qui le mettent coutumièrement en alarme, de sorte que l'homme peut dire être venu au comble de tout malheur, quand il se gouverne par le mouvement de sa sensualité, laquelle ne s'évertue qu'à le faire détraquer du train de ses bonnes & louables conceptions, dequoi même elle s'échevit le plus souvent, étant le seul aconite dont l'homme entaché, exécute mille desseins indignes de soi, & fait plusieurs trames & monopoles contrariantes à toute vertueuse
habitude.

habitude. Ce font doncque ces deux facultés de notre ame qui caufent que la raifon a toujours, par manière de dire, l'oreille au vent, & l'œil à l'échauguette, de peur qu'elles ne nous viennent furprendre à l'improvifte. Et que deviendroit un navire chancelant fur les vagues de la mer, & agité d'orage & de tempête : en pourroit-on rien efpérer qu'un piteux naufrage, fi il n'étoit régi par l'art de quelque prudent Pilote ? Semblablement que pourroit-on attendre de nous, de nous, dis-je, qui fommes expofés à la violence de tant de paffions ? Pourrions-nous maîtrifer tant d'appétits bouillans, qui pullulent en nous, fi nous ne faifions voile vers la raifon, ne plus ne moins que devers un havre de feurté ? Sans doute nous nous pourrions bien affortir au rofeau crû fur le rivage maritime, lequel le vent plie à fon gré, tantôt d'un côté, tantôt d'un autre ; car les perturbations humaines (defquelles la fource primitive eft introduite, non pas née avec l'homme) nous pousferoient à pleines voiles dans le labyrinthe de toute infamie ; ce qu'on peut facilement connoître ayant égard à l'imbécillité de notre nature, & à la force des paffions qui germent en nous, ne plus ne moins que les ronces & les épines ès champs demeurés en friche, & lefquelles ne font autre chofe qu'émotions de l'ame fenfuelle, contrariantes à la raifon. D'icelles doncque en conftituons nous quatre principales, felon la Doctrine des Stoïciens, favoir eft la douleur, la crainte, la concupifcence, appelée par Diogenes le Cynique, retraite de tous maux, & la joie démefurée, acertiorant que l'homme vraiment fage ne fe fent jamais époinçonné par les aiguillons de la première. Or ces quatre perturbations font comme les fontaines ou les pépinières d'une infinité d'autres, defquelles nous fommes ordinairement moleftés : & qu'ainfi foit, envie, médifance, angoife, deuil, misère, tribulation, gémiffement & défefpoir proviennent de la douleur ; pareffe, fétardife, troublement d'efprit, honte & effroi, de la crainte ; Plaifir, vanterie, de la joie démefurée ; courroux, rancune, difette, & fouhait de l'appétit défordonné. La définition de toutes lefquelles l'Orateur Romain a très-doctement baillée, & montré par conféquent les outils dont nous pouvons couper broche à leur forcenerie, voire reprenant le dire d'Epicure, qui opinoit que, pour remédier aux paffions, il falloit retirer l'efprit de tous âpres penfemens, il a foutenu qu'il n'y a rien qui les amortiffe tant qu'avoir l'entendement tendu à l'affidue cogitation des misères qui nous peuvent inquiéter en ce monde, affurant davantage qu'il eft bien facile de faire tête aux affauts de notre fenfualité, & aux accidens qui nous furviennent, après qu'elle nous a menés où il lui a plu, fi nous penfons à l'état & condition humaine, mêmement aux afflictions de cette vie, générales à un chacun : & cette méditation, dit-il, ne nous plonge point en langueur, ains au contraire elle fait que nous n'y foyons jamais, car celui qui penfe à la nature des chofes, confidérant d'autre part l'imbécillité du genre humain, n'eft point atteint de perturbation quelconque, mais il s'acquitte lors du devoir d'un homme bien advifé, pource que, en contemplant l'état humain, il fe prépare trois confolations, pour s'en fervir en fes adverfités : la première eft, que dès long-temps il a penfé tout encombrier lui pouvoir advenir, laquelle confidération a telle énergie, qu'elle amortit le feu de tout marriffon; la feconde, qu'il fait qu'il faut porter patiemment le fardeau d'infortune; la tierce, qu'il n'y a aucun mal au monde que la coulpe de quelque méfait, & qu'il n'y a point lors de coulpe, quand il nous furvient une chofe, l'événement de laquelle nous ne pouvons engarder par notre induftrie. Voilà les trois médecines que Cicéron ordonne à ceux qui ont toujours, s'il faut ainfi parler, leur fenfualité en barbe, ne plus, ne moins qu'un ennemi capital, & qui font inquiétés de mille fâcheux accidens : que fi le dernier remède doit être reçu entre ceux qui font profeffion du Chriftianifme, je m'en rapporte à ceux que le Ciel peut avoir comblés de plus grandes graces que moi, joint que cela ne fert de rien pour l'éclairciffement de notre matière : feulement dirai-je que Cicéron fuit en ceci (comme en plufieurs autres chofes) la trace d'Ariftote, & femble entièrement approuver l'avis d'icelui, touchant la prédeftination. Mais, pour reprendre nos premières brifées, & tourner le fil de notre difcours vers les perturbations, il nous convient infifter quelque peu fur cette queftion, laquelle a été jadis mife fur le bureau par les Académiciens & Stoïciens, favoir eft, fi la raifon peut totalement déraciner nos paffions, ou bien fi elle les tempère feulement ; &, pour mieux traiter les points de ce différend, voire afin que l'on en puiffe plus aifément affeoir fon jugement, nous produirons une ou deux raifons des plus confidérables de cette difpute, & qu'on allégue communément d'une part & d'autre, pour le foutien chacun de fa doctrine. Les Stoïciens foutiennent fort & ferme que la crainte, la cupidité, la joie & la trifteffe (lefquelles ils nomment maladies de l'efprit) ne font point naturelles, ainçois conçues d'une mauvaife opinion ; car, difent ils, il y en a deux qui dépendent de l'opinion du bien, tant préfent que futur ; l'une defquelles eft la joie tranfportée & émue outre mefure ; l'autre, une manière de fouhaiter, que nous pouvons, à jufte titre, appeler concupifcence. Or, tout ainfi que ces deux premières prennent leur défordre de trop grande opinion du bien, femblablement les deux autres, à favoir, crainte & trifteffe, fe fondent fur une opinion de mal, en tant que cefte-cy eft une perfuafion d'un grand efclandre jà furvenu ; celle-là, de quelque futur méchef : d'où ils veulent inférer que les perturbations peuvent être facilement retranchées, l'opinion fufdite étant ôtée. Au contraire, les Académiciens nient tout à plat qu'elles ne peuvent s'arracher, parce qu'elles prennent leur naiffance avec le corps, & davantage que nature, par fa grande providence, nous en a néceffairement armés, pour faire roidir les vertus, lefquelles les peuvent à la fin captiver fous le joug de l'ame intelligente, ce qu'Ariftote tient pour irréfragable, difant outre plus que le courroux fert d'aiguillon à la magnanimité. Et, pour en dire ce qu'il nous en femble, nous eftimons que les paffions ne fe peuvent déraciner, vu mêmement qu'elles font naturelles : toutefois Lactance acertiore que les vices font temporels, parce que, felon fon affévération, la convoitife n'a plus de lieu en nous, alors que nous avons affouvi nos appétits défordonnés, & qu'auffi l'ambition ne nous aiguillonne plus, quand nous avons atteint la cime d'honneur. Mais ce tant signalé personnage ne s'est point d'aventure aperçu, que comme dit Ovide :

> *Tant plus a beu l'hydropique,*
> *De tant plus la soif le pique.*

Et d'autant plus sommes-nous friands d'honneur, que nous sommes honorés, & convoiteux, que nous avons de chevance ; car, comme disoit Artabanus à Xerxès, les hommes ne sont jamais rassasiés de fortune, alors qu'elle leur dit bien. Et qui eût jamais pensé que ce grand Monarque Lydien, lequel s'estimoit le Phénix des hommes en prospérité, ayant toujours le vent en pouppe, se voyant Seigneur d'une infinité de nations, recevant tribut des Ioniens, Eoliens & Doriens ; bref, étant comblé de toute félicité mondaine, qui eût, dis-je, jamais pensé qu'il eût voulu porter envie à l'accroissement des Perses ? Cependant nous lisons qu'il mit ses étendards au vent, qu'il convoqua ses Alliés, & qu'il soudoya un million d'Etrangers, pour désarçonner Cyrus de sa monarchie. Qui eût estimé que Xerxès se fût daigné évertuer d'envahir la Grèce, lui qui tenoit sous sa subjection les Médes, Perses, Hellespontins, Bactriens, Caspiens, Arabes, Phéniciens, Lyciens, avec une infinité d'autres peuples ? Néanmoins les anciennes Chroniques nous font foi qu'il se mit en devoir de l'empiéter, & que telle convoitise lui fit compagnie jusqu'au tombeau ; par la production desquels exemples, les plus grossiers peuvent discerner que les vices ne sont point temporels, outre ce qu'ordinairement nous voyons, que combien que le ciel nous ait élargi plus de biens, que nous n'osions pas même souhaiter, ce néanmoins l'ambition & la convoitise nous tenaillent de plus en plus, voire nous font une cruelle guerre. Et disons, pour battre le fer tandis qu'il est chaud, que les Stoïciens, cuidans dépouiller l'homme de ce que Nature lui a baillé, se peuvent aussi assortir avec ceux qui tâchent d'ôter la crainte aux Cerfs, la félonie aux Lions, ou le venin au Basilic. Que si, selon le dire des Médecins, la joie a son siége en la rate, le courroux au fiel, la convoitise au foie, & la crainte au cœur, n'est-il pas plus facile de mettre l'homme de vie à trépas, que d'arracher rien de son essence, qui est autant comme changer sa nature ? Davantage ne connoissent-ils pas bien que, bannissant de nous les vices, on bannit aussi les vertus, qui doivent nécessairement avoir les passions pour matière, ne plus, ne moins qu'elles ont la raison pour forme ? Car, si c'est une vertu, de tirer la rêne à l'appétit charnel, si c'est une vertu de se réprimer soi-même au plus fort de sa colère, ne s'ensuit-il pas nécessairement que celui qui n'est jamais transporté ni de courroux, ni de convoitise, est dénué de tempérance ? Pouvons-nous, à juste titre, appeler un homme vertueux, qui est destitué de passions, pour la cohibition desquelles l'usage de la vertu morale est institué ? A la vérité, tout ainsi qu'il n'y a point de victoire où il n'y a point d'ennemi, de même il n'y a vertu aucune où il n'y a vice aucun, en tant qu'icelle participant de la terre, à cause de cette masse corporelle, emprunte les passives émotions, comme manœuvres, pour agir, & exercer ses fonctions, n'étant point

Q q ij

abolition de l'ame fenfuelle, ains plûtôt le régime des affections déshonnêtes d'icelle, & l'aiguillon pour l'induire à une honnête habitude, tellement qu'elle ne réfide jamais où il n'y a point d'outil pour opérer. Par quoi nous pouvons bien dire avec les Académiciens, que c'eft une chofe fort ridicule de nous cuider defpeftrer des perturbations; de quoi non-feulement on ne pourroit jamais venir à bout, parce que la force & la vigueur de l'efprit confifte en fon perpétuel mouvement, & faut qu'il combatte affiduellement l'ame paffionnée comme une hydre foifonnant en plufieurs têtes; mais davantage, d'autant que cela n'eft point néceffaire, ainçois aucontraire très-dommageable; car tout ainfi que l'eau marécageufe, laquelle demeure coye fans ondoyer ni çà ni là, eft fort trouble & mal faine, femblablement l'efprit affetardi fera du tout inutile, voire dégénérera de fa nature, laquelle eft encline à un mouvement affiduel : fi ne faut-il pas toutesfois que la raifon fe comporte à la façon de Lycurgus, Roi de Thrace, lequel fit couper les vignes de fon pays, à l'occafion que le vin enyvroit, & elle fe doit bien garder de retrancher ce qu'il peut y avoir de profitable en la paffion, avec ce qu'il y a de dommageable; mais il eft expédient qu'elle imite en cela le Prince de nature, qui nous a enfeigné l'ufage des plantes & des arbres fruitiers, retranchant les rejetons fuperflus, & cultivant ce qu'il y a d'utile; & ceux qui ont peur de s'enyvrer, ne répandent pas le vin en terre, ni pareillement ceux qui redoutent la violence des paffions ne les doivent pas du tout déraciner, ains les tempérent, ne plus ne moins qu'on dompte les chevaux pour les garder de regimber. A tant la raifon mitigera nos perturbations le mieux qu'il lui fera poffible, fans les laiffer croître aucunement; eu égard que la difpofition de la partie fenfuelle eft, par manière de dire, comme une fertilité naturelle, & fortable à un champ plantureux, lequel foifonne en mauvaifes herbes, alors qu'il demeure en friche par la nonchalance des Laboureurs, ce nonobftant il rapporte beaucoup de bons fruits après avoir été cultivé: & l'homme fe voit fouillé d'une infinité de vices contagieux, lorfqu'il ne laiffe point tenir le gouvernail à la raifon, comme, au contraire, il ne peut faillir à exploiter maintes vertueufes entreprifes, s'il fe gouverne felon le mouvement d'icelle.

PIERRE PAPARIN, de Montbrifon en Forefts, Évêque & Seigneur de Gap en Dauphiné, a paraphrafé en François, octante Pfalmes de David, avec le fens Allégorique, felon la vraie intelligence des Prophéties d'iceux: enfemble une Remontrance aux Pafteurs Chrétiens & Catholiques, traitant de la confommation de ce monde, & du fecond avenement de notre Seigneur Jefus-Chrift, imprimés à Paris, in-8°. par Nicolas Chefneau, 1582 *.

* Voy. LA CROIX DU MAINE, & les notes, au même Article, Tom II, pag. 303.

PIERRE PASCHAL. S'il m'étoit loisible de mettre en cette Bibliothèque tous ceux qui se vantent d'avoir écrit des Livres, & qui veulent qu'on les en croye, sans toutefois qu'ils fassent voir aucun échantillon de ce qu'ils promettent, qui doit être (à ce qu'ils disent) monts & merveilles, j'augmenterois le nombre des Auteurs de plus de la moitié; mais mon dessein étant éloigné de cette intention, je n'y ai enregistré sinon ceux dont j'ai vu les Œuvres, ne voulant avancer faux & supposés faits à mon escient, ne croire à crédit les propos que plusieurs avancent, si l'effet ne m'en est bien apparent. Car il s'en trouve quelques-uns entre les mains desquels la vérité même seroit soupçonnée : parquoi ne m'envoye qui voudra le Catalogue seul de ses Œuvres, ains me fasse voir icelles, autrement ne pense d'être vu ici non plus qu'un (je passerai son nom sous silence) lequel m'a baillé un grand carnet & inventaire des Livres qu'il dit avoir composés, n'ayant encore vingt-sept ans passés, en nombre de cinq cens volumes, ornés des plus beaux titres qu'on sauroit oncque imaginer, & qui tient plus de cent pages : chose ridicule & incroyable, voire impossible : vu que la vie de l'homme la plus longue (à déduire les heures esquelles il faut que le corps prenne sa réfection & son repos, l'une à manger, l'autre à dormir) ne seroit bastante, je ne dirai pas d'écrire, mais seulement de lire le quart de tant de volumes. Il s'est bien trouvé un Marcus Varro [1] Helluo *, lequel (au témoignage d'Aulugelle, au chapitre dixiéme du troisiéme Livre des Nuits Attiques) étant entré en la douziéme semaine de ses ans, à savoir en l'an quatre-vingt-quatre de son âge, se trouva lors avoir écrit septante semaines de Livres, qui font le nombre de quatre cens nonante : desquels il y en eut la plus grande partie qui se perdirent, lorsque ses Bibliothèques furent pillées du temps de sa proscription & exil : duquel Varro saint Augustin au sixiéme Livre de la Cité de Dieu, dit s'émerveiller qu'ayant tant lu, il aye eu le loisir d'écrire, & qu'ayant tant écrit, à grande peine se peut-il croire qu'il y ait homme qui aye

pu tant lire. Toutesfois fi cela n'eſt du tout impoſſible, il feroit
encore plus paſſable & croyable que n'eſt la multitude des
volumes qu'un autre donne entendre avoir faits , prodigieuſe
certes de la moitié plus , ſe vantant d'avoir écrit huit cens volumes , contenant trente mille cayers , & a bien été ſi éhonté que
de le publier par écrit , comme ſi on devoit applaudir à ſon
impudence , & les moins clairvoyans ne la ſuſſent connoître.
Quant à moi je penſe que tous les deux n'ont pas fait ſeulement
une Période de ce qu'ils diſent , & juſqu'à ce qu'ils m'auront
communiqué leurs Œuvres , ne faut qu'ils s'attendent d'avoir
place en cette Bibliothèque , laquelle je ne veux farcir de telles
impoſtures. C'eſt pourquoi je leur ai renvoyé leur Catalogue
avec avis de le bailler au ſieur de la Croix , qui ne différera leur
donner lieu honorable en la ſienne , comme il fait à pluſieurs ,
dont les uns ne furent jamais en nature , au moins s'ils le ſont ,
n'ont rien écrit , ainſi que lui-même le confeſſe , & je m'aſſure
bien que les autres ne penſèrent oncque à écrire , ou traduire les Livres qu'il leur attribue. Ce qu'il fait volontiers
(crois-je) afin de rendre ſon volume plus gros & ample. Mais
à quel propos (me dira-t-on) amené-je ceci , ayant à parler de
Pierre Paſcal , puiſqu'on n'a rien vu de lui en François , ou s'il
n'a rien écrit , à quelle occaſion l'ai-je mis ici ? A quoi je répondrai qu'il n'y eſt en rang d'Auteur , mais d'un pur abuſeur du
monde , qui repaiſſoit les gens de fumée au lieu de rôt , & qui
avec cela ſut tirer de l'épargne douze cens livres de gages par
chacun an , pour faire l'Hiſtoire de France : & pour en donner
bonne eſpérance , ſemoit de petits billets portant ces mots , *P.*
Paſchalii Liber quartus rerum à Francis geſtarum : jaçoit qu'il
n'en eût pas fait ſeulement ſix feuillets lorſqu'il mourut. Dequoi
Adrian Turnebus , Profeſſeur Royal , qui n'avoit que le tiers
de tels gages , bien qu'il méritât trois fois davantage , dépité de
voir la France ainſi befflée , fit une Satyre contre lui. J'en ai vu
à Paris au logis de la petite harpe , rue de la Harpe , tout ce qu'il
en avoit fait en ſa vie , qui ne paſſoit pas dix ou douze feuillets,

que s'en allant il avoit laiſſés avec quelques hardes , à ſon hôte nommé Maugis , pour gage de la ſomme de cinquante écus ſol , qu'il lui devoit encore , de reſte de dépenſe. Cependant le bruit qu'il avoit ſemé, a fait célébrer ſes louanges par Ronſard & autres , qui s'attendoient toujours de voir ſortir en lumière une belle & docte Hiſtoire digne de lui. Même après ſon décès qui advint à Thoulouſe, on lui dreſſa un grand Épitaphe qui ſe voit au Cloître de l'Égliſe ſaint Eſtienne. De pareille eſpérance nous a entretenu par pluſieurs années , le ſieur Montaigne, Préſident aux Généraux des Aides à Montpellier , ayant promis une autre Hiſtoire de France, grande & accomplie de tous points , de laquelle fait mention le ſieur du Haillan, en la Préface de la ſienne , ſans que depuis il en aye publié ſeulement un cayer ; qui me fait dire qu'il n'en a pas fait partie de ce qu'il a promis ; ou bien s'eſt trop fait attendre : & s'il la tient gueres davantage recluſe, on peut bien dire qu'on ne la verra qu'aux Calendes Grecques. Je le puis donc bien accoupler avec Paſcal, duquel (ainſi que je préſume) Joachim du Bellay a entendu parler , & de tous ceux de ſa ſorte, en un endroit d'une Épître traduite du Latin d'Adrian Turnebe, ſur un nouveau moyen de faire ſon profit de l'étude des lettres, par les vers ſuivans :

Il te faut quelquefois , ſoit en vers , ſoit en proſe ,
Ecrire finement quelque petite choſe ,
Qui ſente ſon Virgile , & Cicéron auſſi ;
Car ſi tu as des mots tant ſeulement ſouci ,
Tu ſeras bien groſſier & lourdaut , ce me ſemble ;
Si , par art , tu ne peux en accoupler enſemble
Quelque peu ; car ici , par un petit chef-d'œuvre ,
Aſſez d'un courtiſan le ſçavoir ſe deſcoeuvre .
Je ne veux toutefois qu'on le faſſe imprimer ;
Car , ce qui eſt commun , ſe fait déſeſtimer ,
Et la perfection de l'art eſt de ne faire ,
Ains montrer dédaigner ce que fait le vulgaire.
Même ce qui ſera des autres imprimé ,
Afin que tu en ſois plus ſavant eſtimé ,
Il te le faut blâmer ; mais il te faut élire
Des loueurs à propos , pour tes ouvrages lire ;

Et n'en faut pas beaucoup. Avec telles faveurs,
Récite hardiment aux Dames & Seigneurs,
Tu seras savant homme, & les grands personnages
Te feront des présens, & seras à leurs gages ;
Mais si tu veux au jour quelque chose éventer,
Il faut premièrement la fortune tenter,
Sans y mettre ton nom, de peur du vitupère
Qu'un enfant abortif porte au nom de son père ;
Car, en celant ton nom, d'un chacun tu peux bien
Sonder le jugement, sans qu'il te coûte rien,
D'autant que tels écrits vaguent sans connoissance,
Ainsi qu'enfans trouvés, publiques de naissance.
Mais ne faut pas aussi, si tu les vois louer,
Maistre, père & auteur, pour tiens les avouer.

   Le plus sûr toutefois seroit en tout se taire,
Et c'est un beau métier, & fort facile à faire,
Le faisant dextrement. Fay courir qu'entrepris
Tu as quelque Poëme, & œuvre de haut pris,
Tout soudain tu seras montré parmi la ville,
Et seras estimé de la tourbe civile.

   Un vieux rusé de cour naguieres se vantoit,
Que de la République un discours il traitoit ;
Soudain il eut le bruit d'avoir épuisé Rome,
Et le sçavoir de Grèce, & qu'un si savant homme
Que luy ne se trouvoit. Par-là il se poussa,
Et aux plus hauts honneurs du Palais s'avança,
Ayant mouché les Rois, avec telle pratique,
Et si n'avoit rien fait touchant la République,
Toutesfois cependant qu'il a été vivant,
Il a nourry ce bruit, qui le mit en avant,
Jusqu'à tant que la mort sa ruse eut découverte,
Car on ne trouva rien en son étude ouverte ;
Ains, par la seule mort, au jour fut révélé
Le fard, dont il s'étoit si longuement celé.

   Quelque autre dit avoir entrepris un ouvrage
Des plus illustres noms qu'on lise de notre âge,
Et jà douze ou quinze ans nous déçoit par cet art ;
Mais il accomplira sa promesse plus tard
Que l'an du jugement. Toutefois, par sa ruse,
Des plus ambitieux l'espérance il abuse,
Car ceux-là qui sont plus de la gloire envieux,
Le flattent à l'envy, & tâchent, curieux,
De gagner quelque place en ce tant docte livre,
Qui peut à tout jamais leur beau nom faire vivre.

Ce

Ce trompeur, par son art, très-riche s'est rendu,
Et son silence aux Roys chèrement a vendu,
Noyant en l'eau d'oubli les beaux noms, dont la gloire
Seroit, sans ses écrits, d'éternelle mémoire;
Car les Parthes menteurs, faux, il surmontera,
Et nul (comme il promet) n'immortalisera;
Mais il peindra le nez à tous, &, pour sa peine
De les avoir trompés d'une espérance vaine,
Dessus un cheval blanc ses monstres il fera
Par la ville, & du Roy aux gages il sera.
   C'est un gentil appas, pour les oiseaux attraire,
Ce que d'un autre dit le commun populaire,
Qui par les cabarets tout exprès délaissoit
Quatre lignes d'un Livre, & outre ne passoit,
Avec un titre au front, qui se donnoit la gloire
D'être le livre quart de la Françoise Histoire.
Qui doncques, je te pry, niera que cestui-cy
Ne soit des plus heureux, sans se donner soucy,
Qui quatre livres peut de quatre lignes faire,
Qui du doigt pour cela est montré du vulgaire,
Qui pour cela de France est dit l'Historien,
Et auquel pour cela on fait beaucoup du bien?

Au reste je n'ai vu d'icelui Pascal, autre chose qu'une Oraison ou Harangue en Latin, par lui prononcée au Sénat de Venise, contre les meurtriers de Jean de Mauléon; une autre des Loix, faite à Rome, lorsqu'il prit son degré en droit, & quelques Épîtres Latines, écrites en son voyage d'Italie: le tout témoignant à la vérité qu'il étoit éloquent & bon Orateur en Latin, & imprimé à Lyon, *in-8°.* par Sébastien Gryphius, l'an mil cinq cens quarante-huit: plus l'Eloge du Roi Henri II, écrit aussi en Latin, & imprimé à Paris, par Vascosan. L'Oraison au Sénat de Venise a été traduite en François par Pierre de Mauléon, Prothonotaire d'Urban, & l'Eloge par Lancelot de Carle, Evêque de Riez, comme j'ai dit ci-devant.

[1] Du Verdier, parlant en cet endroit de Varron, l'appelle *Marcus Varro Helluo.* Si, par manière d'épithète, il avoit, aux mots *Marcus Varro,* joint, en Italique, *Librorum Helluo,* on lui auroit pardonné ce mêlange de Latin dans son François; mais ç'a été à lui quelque chose de bien ridicule, si, sur ce que Varron a été appelé quelque part *Librorum Helluo,* il a cru que le

mot feul *Helluo* pouvoit être le furnom de Varron. — Voy. LA CROIX DU MAINE, & les notes, au mot PIERRE PASCHAL, Tom. II, pag. 303 & 304. (M. DE LA MONNOYE).

PIERRE PESSELIERE, de faint Germain d'Auxerre, a traduit en François, un Traité de faint Jean Chryfoftome, que nul n'eft offenfé finon par foi-même; imprimé à Paris, *in-*8°. par Adam Saulnier, 1543.

PIERRE PICHOT, Médecin, en la ville & cité de Bourdeaux, a écrit brief Avertiffement pour fe garder de pefte, colligé des Livres d'Hippocrates, Galen & autres anciens & excellens Auteurs; imprimé à Agen.

PIERRE * PITHOU, Avocat au Parlement de Paris, a écrit les Mémoires des Comtes héréditaires de Champagne & Brie, imprimés à Paris, *in-*4°. par Robert Eftienne, 1572. Généalogie des Comtes héréditaires de Troyes & Meaux, ou de Champagne & Brie, imprimée à Paris, en table. Bref Recueil des Evêques de Troyes, en table.

* PIERRE PITHOU (Voy. LA CROIX DU MAINE, & les notes, au même Article, Tom. II, pag. 306 & 307) mourut le 1er Novembre 1596. Il étoit né à pareil jour de l'année 1539; ainfi il vécut cinquante-fept ans complets. Depuis que du Verdier eut publié fa Bibliothèque, Pierre Pithou fit imprimer deux Ouvrages François : le premier eft intitulé *Raifons, par lefquelles il eft prouvé que les Evêques de France ont pu donner l'abfolution à Henri de Bourbon, Roi de France* (Henri IV) 1593, *in-*8°. L'Auteur crut devoir fuppofer que cet Ouvrage étoit traduit de l'Italien; mais il fut compofé en François, & l'année fuivante traduit en Latin. Pithou publia enfuite fon Traité des *Libertés de l'Eglife Gallicane*, Paris, 1594, *in-*12. Ouvrage célèbre, réimprimé plufieurs fois depuis. M. de Thou a fait le plus grand éloge de Pierre Pithou (*Hift.* Lib CXVII) : « Dès que j'appris, dit-il, la » mort de cet illuftre ami, pour qui je n'avois rien de caché, à qui je faifois » part de mes études & de mes penfées, je me fentis tellement découragé, « que je fus tenté d'abandonner la continuation de mon Hiftoire ». La vie de Pierre Pithou a été écrite par Jofias Mercier, Papyre Maffon, Loyfel, Jean Boivin, & récemment par M. Grofley. On peut confulter auffi Niceron, Tom. V, & les *Eloges* de Teiffier, Tom. IV.

PIERRE DE LA PLACE, premier Préfident en la Cou

des Aides à Paris, a écrit doctement, Traité de la vocation & manière de vivre, à laquelle chacun est appelé, divisé en deux Livres ; imprimé à Paris, *in*-4°. par Federic Morel, 1561. & depuis réimprimé *in*-8°. par Robert le Maignier, 1574. & distingué par chapitres, ce qu'ils n'étoient auparavant. Du droit usage de la Philosophie morale, avec la Doctrine Chrétienne, Livres trois, imprimé à Paris, *in*-8°. par Federic Morel, 1562. Traité de l'excellence de l'Homme Chrétien & manière de le connoître ; imprimé *in*-8°. sans nom d'Imprimeur & date. *Calvinique.—PETRI PLATEANI, Angolismæi, in summo tributorum vectigaliumque tribunali Lutetiæ Parisiorum Regii Patroni & posteà Præsidis, Paraphrasis in titulos Institutionum Imperialium de Actionibus, Exceptionibus, & interdictis. Scholiis seorsùm margini appositis ; Parisiis, in*-4°. *apud Galeotum à Prato, 1548.*

*Voy. LA CROIX DU MAINE, au même Article, Tom. II, pag. 307.

Au premier Livre de la Vocation.

[Ce mot de Vocation tiré du Latin, signifie ce à quoi l'on est appelé, bien toutesfois d'autre énergie que le mot Vacation, François & vulgaire, signifiant la manière de vivre à laquelle chacun vaque. Car, outre ce, nous est signifié par ce mot de Vocation, l'exprès vouloir de Dieu, conforme à l'état & condition de vie, en laquelle nous sommes, comme à icelle, par lui appelés. Et pour en donner la définition, nous dirons que la Vocation de l'homme, n'est autre chose sinon la manière de vivre, à laquelle chacun, non par fortune, mais par certaine providence de Dieu, est appelé, à la conservation de l'ordre, police, & gouvernement de la vie & société humaine. Tout ainsi qu'au contraire, par ce mot de révocation est signifié le contre-appel, ou pour mieux dire, le rappel, de la manière de vivre, à laquelle l'on étoit auparavant appelé, non plus fortuit que la vacation, nemoins de la providence de Dieu, & à la conservation aussi de l'ordre, police, & gouvernement de la vie & société humaine. Maintenant convient savoir qu'il y a deux sortes de vocation : l'une qui est générale, & appartient également & indifféremment à tous : l'autre particulière, qui appartient distinctement & séparément à un chacun. L'une contemplative, & l'autre active, d'autant que l'homme créé pour vivre, non comme les herbes & les plantes, ne même comme les bêtes brutes vivant sensuellement, mais selon la raison colloquée en l'entendement, propre, partie à la spéculation & contemplation, partie à l'action, est participant de deux vies : l'une desquelles gît en la contemplation des choses du tout féparées du corps, & l'autre en l'action d'icelui ; defquelles nous tirons cette divifion générale de la vocation, par laquelle nous commençons, appelant l'une générale & l'autre particulière ; non que tous ne foyons également & en général appelés & propres autant à l'une qu'à l'autre, mais pour autant que tous fommes indifféremment appelés à la connoiffance, fpéculation & contemplation de Dieu, & diftinctement & différemment à l'action felon la différence de chacune particulière vocation. Car tout ainfi que les membres du corps font deftinés particulièrement à leur office, & néanmoins tous créés à une fin, à favoir à la confervation du corps en général : auffi étant tous particulièrement deftinés chacun en notre manière de vivre, nous fommes avec ce appelés à une vocation générale, appartenant à l'union & conjonction de tous enfemblement avec Dieu, comme étant chacun de nous appelé à fa connoiffance, amour & union avec lui, pour après ci-bas conduire & régler chacun fa vocation & manière de vivre particulière, felon l'ordre & police à tous ordonné par fa loi, en laquelle gît la feule vraie & parfaite règle de la vie & fociété humaine, & laquelle fi une fois pouvoit bien entrer en nous, toutes les vocations particulières qui appartiennent à l'inftitution & réformation des mœurs de l'homme, dont nous avons ci-après à traiter, cefferoient comme inutiles & fuperflues, & ne feroit néceffaire d'en parler. Car quel befoin feroit-il de Docteurs, Précepteurs, Magiftrats, ou Supérieurs, ou autre police publique ou domeftique, fi l'entendement ou vie de l'homme étoit ainfi de foi par telle union & perfection en charité & amitié régie & gouvernée ? Etant bien véritable ce que dit Ariftote, que où gît l'amitié, il n'eft befoin de juftice ; pour autant que l'office de juftice n'eft autre que, rendre à chacun ce qui lui appartient, ce que l'on apperçoit l'amitié exécuter affez d'elle-même. Mais il eft certain de notre imperfection procède toute confufion, d'autant qu'au lieu de nous unir avec Dieu, & puis rapporter au bien commun notre manière de vivre à laquelle nous fommes appelés, nous ne voulons connoître, obéir, ni aimer finon nous-mêmes, mettant tout notre cœur & fiance en nous, c'eft-à-dire, en notre prudence, force & vertu, dont provient le mépris du bien commun, & le défordre en la fociété humaine, voulant chacun ravir à foi ce qu'à Dieu feul & à la communauté des hommes appartient. Parquoi a été néceffaire de réprimer & contenir cette fureur & outrecuidance de l'homme par loix, préceptes, enfeignemens, difciplines, docteurs, magiftrats, glaives, peines & fupplices, & introduire les vocations en diverfes fortes & manières grandement néceffaires pour l'indigence & infirmité de l'homme, & à lui ainfi ordonnées, comme un exercice propre pour fe renger à l'ordre & police Divine. En quoi nous avons à confidérer la fingulière bonté de Dieu envers nous, lequel combien que de foi même (fi tel eût été fon bon plaifir) eût bien pu par lui, fes Anges, ou autrement, gouverner & adminiftrer toutes chofes, toutefois il lui a plu tant honorer l'homme que de faire par lui, comme fien inftrument, fon œuvre ; voulant ainfi par mutuel office, induftrie & moyen départi à un chacun, felon qu'il lui plaît, nous retenir en lien d'amitié, afin que l'œil ne pût dire aux mains, ou la tête aux pieds, je n'ai que faire de vous, & ainfi des autres. Car autrement fi chacun eût été fuffifant pour foi, & fe fût connu n'avoir befoin d'autrui, l'orgueil & fierté de l'homme eft telle, que l'on n'eût vu régner que dédain, mépris & arrogance, & conféquemment toute diffipation & défordre de nature ès chofes de ce monde. Et voilà quant à la vocation générale. Au regard des vocations particulières d'un chacun, il convient favoir que toute vocation confifte ou en office privé, c'eft-à-dire, exercé par perfonnes privées : ou bien office public exercé par perfonnes publiques. L'office privé confifte partie en office œconomique, c'eft-à-dire, domeftique, comme en la conduite & gouvernement de femme, enfans, maifon & famille; partie en autre office & manière de vivre en général de perfonnes privées, comme font les arts mécaniques, & métiers que nous déduirons ci-après. L'office public confifte partie en réglement de l'intérieur, partie de l'extérieur, à favoir de l'état Eccléfiaftique pour régir l'intérieur & confcience des hommes, & en l'état politique inftitué pour la paix & tranquillité extérieure & corporelle; l'état politique exercé partie fans armes, & partie par armes. De toutes lefquelles vocations il nous convient parler fommairement & par ordre, &c.

Au premier Livre du droit ufage de la Philofophie morale avec la Doctrine Chrétienne.

Or tout ce que Plato, appris & inftruit par fon Précepteur Socrates, a difcouru en plufieurs lieux appartenant à cette Philofophie, Ariftote l'a fuccinctement & par un ordre & difpofition fingulière, réduit en un œuvre, ayant ainfi fait & compofé un corps en fon entier de plufieurs membres difperfés çà & là par un grand artifice. Aucuns venus après lui, comme les Epicuriens, & les Stoïques, ont plus par étude de contredire, qu'autrement (comme il eft vrai femblable) fuivi une autre forme de doctrine, non tant par démonftrations certaines, que par aucunes légères & frivoles conjectures. Et d'autres venus depuis, cuidant éclaircir le fujet de cette Philofophie (de foi toutefois populaire & approchant du fens commun) l'ont traitée par une je ne fais quelle manière de difpute & contention fophiftique, argute & fubtile, & de telle manière, qu'il femble mieux qu'ils l'ayent voulu reculer & éloigner de la vue & connoiffance des hommes, que non pas l'en approcher; l'ayant enfin réduite jufques là, qu'au lieu de fervir à former & compofer les mœurs des hommes, elle n'a plus femblé fervir que d'un jeu d'efcrime (par manière de dire) & paffetemps, à gens vivant otieufement aux écoles, fans apporter autre profit. Cette manière de difpute & contention venue en telle eftime & opinion, que non contens nos hommes de l'avoir ainfi inutilement adaptée à cette fcience morale, ils font venus jufques à l'appliquer à l'écriture, mêlant la Philofophie avec la Théologie, c'eft-à-dire, le ciel & la terre enfemblement, avec telle erreur & confufion, qu'il ne faut chercher ailleurs la caufe de toutes les héréfies, venues même de notre temps.

Car les aucuns & principaux Docteurs de l'Eglise, sortant de l'école de Plato, en laquelle ils avoient été nourris, déféroient à la Philosophie beaucoup plus qu'ils ne devoient. Justin, Martyr, venu à l'Eglise des Chrétiens, ne voulut laisser l'habit de Philosophe, qu'il portoit, soutenant que la Doctrine de Plato, étoit accordante à l'Evangile. Clément Alexandrin, Précepteur d'Origene en même temps, appeloit Plato, le Moyse d'Athenes; & Arnobius l'appeloit, pour même raison, le Philosophe Chrétien. Nous lisons que Porphyrius dit quelquefois par reproche à Origene, qu'ayant accoutumé d'avoir toujours Plato entre ses mains, il l'avoit abandonné pour la doctrine Chrétienne. Mais il est à souhaiter que ce reproche eût été bien véritable, n'étant celui, qui, par la lecture de ses Livres, ne puisse juger du contraire. Tertullian à cette cause me semble bien dire à propos que Plato étoit celui, qui avoit assaisonné la sausse des hérésies. Et qu'y a-t-il de semblance (dit-il) entre le Philosophe & le Chrétien, entre le Disciple de Grece & le Disciple du Ciel, entre l'ennemi & l'ami d'erreur, & entre celui qui regrate la vérité, & celui qui la pressurant en tire la vraie liqueur ? Si est-ce qu'il n'a su tant faire lui-même que de s'être pu garder de ses embûches. Qui nous donne bien à connoître que ce n'a été sans grand propos, que saint Paul admonestoit si diligemment les Colossiens, de bien prendre garde qu'ils ne fussent surpris par Philosophie & vaine déception, selon les traditions des hommes & non selon Jesus-Christ. Nous à cette cause voulant sommairement discourir ce qui appartient à cette Philosophie, nous sommes en premier lieu proposés traiter d'icelle le plus simplement que sera possible, pour la rendre plus commune & familière qu'elle n'a été jusques ici ; & avec ce nous sommes proposés de faire conférence de cette Philosophie avec la Doctrine Chrétienne, pour distinctement faire entendre les fins diverses de chacune des deux, & la différence d'entre elles bien entendues, rendre l'une & l'autre plus profitables, &c.

Au second Livre.

Plato parlant de la nature de l'homme, la compare au monstre marin Scylla; le dessus duquel il dit ressembler à une Vierge, le milieu à un Lyon, & le bas d'icelui à un chien aboyant. Voulant par là dire (selon l'opinion d'aucuns) qu'il y a trois ames ou fonctions & offices d'icelle en l'homme (car de savoir maintenant si l'ame est une chose distincte & séparée en plusieurs parties du corps, ou bien si elle est une même chose indivisible de soi, comme elle est la circonférence, l'enlevure, & la concavité en une même chose ronde & creuse, cela n'importe rien. Plato, doncque voulant dire qu'il y avoit trois ames, mettoit l'une & plus basse d'icelle, au foye, voulant dire que celle étoit semblable au chien, prompte & encline à toute volupté; comprenant par cette-ci, la vertu & force naturelle, par laquelle l'homme prend sa nourriture & croissance, & par laquelle il peut engendrer aussi; l'autre & moyenne étoit mise par lui au cœur, partie accompagnée au Lion, & en laquelle gissent les passions & affections, comme l'ire & le courtoux, la joie & tristesse, l'espérance & crainte, la haine, la miséricorde & semblables ; la tierce & plus haute, en la tête, en laquelle consiste l'intelligence & la raison, la mémoire & le jugement, & la conduite des mouvemens volontaires, accompagnée à bon droit à la Vierge, comme étant la partie la plus entière & nette de tout l'homme. Mais Aristote divise l'ame de l'homme en deux parties seulement : l'une raisonnable, & l'autre irraisonnable, appellant cette irraisonnable, en laquelle nous avons mis la vertu de la nourriture & croissance, laquelle est commune aux herbes, plantes, & toutes autres choses qui germent & prennent nourriture, dont nous ne ferons maintenant autre récit, d'autant que l'homme ne fait aucune action vertueuse par icelle : la principale opération de cette partie même étant durant le dormir, pendant lequel le méchant n'est différent du bon. A l'occasion de quoi les Anciens disoient que la moitié du temps de la vie de l'homme, celui qui est heureux n'est en rien différent du misérable, si ce n'est à l'aventure qu'au moyen des meilleures imaginations & pensées des bons, leur sommeil soit plus doux & meilleur que des autres. Cette partie irraisonnable, outre la vertu de nourriture & croissance, consistant encore en une autre partie, véritablement non raisonnable de soi, mais néanmoins aucunement participante & capable de la raison, qui est la partie sensuelle, répugnant de soi à la raison ; mais toutefois telle qu'elle peut être conduite & rangée à icelle, comme nous le voyons par expérience en celui qui s'abstient des voluptés, & celui qui ne s'en peut abstenir, étant la raison maîtresse en l'un, & en l'autre la volupté. Mais le meilleur sera de dire que cette partie sensuelle ait quelque raison en soi, telle que le fils obéissant à la raison du père, ou l'ami à l'admonestement de l'ami ; & pourtant dire que cette seconde partie de l'ame est double, l'une en laquelle gît la raison & jugement, comme est l'entendement de l'homme ; & l'autre, celle qui n'a la raison en soi, & toutefois est participante d'icelle, comme est la sensuelle. Voilà, quant à la partition de l'intérieur de l'homme, nécessaire à connoître, pour mieux entendre aussi la partition des vertus, les unes étant en l'intelligence & partie intérieure, en laquelle nous avons dit être la raison, comme la sapience & la prudence ; & les autres en la partie sensuelle & opération extérieure de l'homme, à savoir, la libéralité, la tempérance, & autres proprement appelées morales, d'autant qu'elles s'acquièrent par bonnes mœurs & coutumes. Ceux qui veulent à cette cause louer quelqu'un par ses bonnes mœurs & œuvres extérieures, ne disent pas qu'il soit sage, accort & advisé, cela appartenant aux vertus intellectives ; mais bien qu'il est gracieux, libéral & modéré, non plus que pour louer quelqu'un pour son intelligence, connoissance & raison, l'on ne dit pas qu'il est tempéré, ou constant, mais bien qu'il est sage & prudent, qui montre bien la différence des vertus morales aux vertus intellectives. Les Platoniciens distribuent autrement les vertus, à savoir en vertus, appelées par eux exemplaires, c'est-à-dire, qui, comme idées, gissent en une parfaite, certaine & immuable intelligence, & connoissance des choses célestes & humaines, jusques à en avoir les parfaites images & figures encloses en l'entendement. Puis en vertus appelées aussi par eux purgatoires, lesquelles purgent l'entendement de tout vice, & les vertus civiles, qui appartiennent à la vie civile & société humaine. Mais nous laissons cette division, & suivons celle d'Aristote, comme celle qui nous semble plus propre & plus commode, & pour ce que l'invention de ses vertus purgatoires aussi nous semble mal chrétienne, attribuant aux forces humaines ce qui ne leur peut aucunement appartenir. Parquoi nous disons, selon Aristote, que la vertu se prend & distribue en deux sortes, l'une appelée intellective, & l'autre morale. L'intellective, ainsi appelée, parce qu'elle gît en l'action de l'entendement, & à cause de ce que la plupart elle s'engendre & augmente par les arts, sciences & disciplines, & a grand besoin de l'expérience du temps. Et de ceste-cy Aristote se réserve à parler, après avoir traité premier de la vertu morale, gardant son ordre accoutumé : à savoir, de procéder premièrement par les choses qui nous sont plus proches, familières & connues, pour venir après à celles qui nous sont plus lointaines & occultes. Mais, quelque renvoi qu'il fasse, pour en parler ailleurs, si est-ce qu'il ne fait aucune mention d'icelles, j'entends de celles qui sont les principales vertus intellectives, regardant droitement au Ciel, & l'action desquelles se rapporte du tout à Dieu ; car jaçoit qu'en nous naisse quelque connoissance de la loi de Dieu, & que la raison voye plusieurs témoignages de lui en la nature, si est-ce que la confusion n'a été petite entre les Philosophes, pour le regard de la connoissance d'icelui & de sa providence, comme il est force, toute & quantefois que les entendemens humains ne sont régis par la lumière de l'Evangile. Tellement qu'il advienne que la Philosophie n'ayant eu qu'une simple connoissance des œuvres extérieures de la loi, & au demeurant étant du tout ignorante des promesses de Dieu, & accomplissement d'icelles, n'a su parler aucune chose de la foi, & confiance en icelui, de l'espérance en son aide, de l'invocation & autres vertus intellectives & chrétiennes, la doctrine desquelles a été manifestée par la parole de Dieu. &c.

Au troisième Livre.

On ne peut nier que les opérations, bonnes ou mauvaises, ne soient volontaires en nous, & l'une & l'autre procédent de l'élection, laquelle est franche & en sa liberté : si que, faisant quelque chose, nous la faisons, parce qu'ainsi nous la voulons ; ou ne la faisons point, parce que nous ne la voulons faire aussi. Parquoi l'habitude, engendrée de nos œuvres, est cause d'être vertueux, ou vicieux ; & être vertueux, ou vicieux, est cause de l'apparence vraie ou fausse de la fin : conséquemment, tant le bien que le mal faire dépend de nous ; car tels nous sommes, quelles sont nos habitudes ; & quels nous sommes, telle est la fin que nous mettons en nos œuvres. Mais l'homme se diroit volontiers cause du bien, & rejetteroit la cause du mal hors de soi, & en imputeroit toute la faute à Nature, c'est-à-dire, à Dieu même, qui l'a faite telle qu'elle est, s'il pouvoit, disant à ce propos Homère, en la personne de Jupiter :

C'est un grand cas, que ce genre mortel

Blasphème

Blafphème ainfi notre Déité haute,
Mettant fur nous l'origine & la faute,
Quand quelque mal à luy fe vient offrir,
Combien qu'au vray, ce qui le fait fouffrir,
Contre le cours de toute deftinée,
Eft feulement fa malice obftinée.

A quoi Platon accordant, dit qu'il ne faut qu'aucun, foit vieil, foit jeune, dife, ou entende, en quelque manière que ce foit, que Dieu foit la caufe du mal, c'eft-à-dire, de péché, comme étant tel propos déteftable & répugnant à la vérité, &c.]

PIERRE DE LA PRIMAUDAYE *, Ecuyer, Seigneur dudit lieu & de la Barrée, Gentilhomme de la Chambre de Monfeigneur, frère du Roi, a écrit Académie Françoife, divifée en dix-huit journées, & la journée par chapitres; en laquelle 4 jeunes Gentilshommes Angevins, font introduits fous noms Hébrieux, à favoir Afer, Amana, Aram, Achitob; difcourant élégamment & traitant en la préfence de leurs peres & de leur inftituteur, de l'inftitution des mœurs, & de ce qui concerne le bien & heureufement vivre en tous états & conditions, par les préceptes de la Doctrine, & les exemples de la vie des anciens Sages, & Hommes illuftres; imprimée à Paris, *in-fol.* par Guillaume Chaudiere, 1577. Suite de l'Academie Françoife, en laquelle il eft traité de l'homme, & comme par une Hiftoire naturelle du corps & de l'ame, eft difcouru de la création, matière, compofition, forme, nature, utilité & ufage de toutes les parties du bâtiment humain, & des caufes naturelles de toutes affections, & des vertus & des vices : & fingulièrement de la nature, puiffances, œuvres & immortalité de l'Ame; imprimée à Paris, *in-fol.* par Guillaume Chaudiere, 1580. Quatrains Confolatoires du fieur de la Primaudaye, imprimés à Paris, *in-4º.* par Pierre l'Huillier.

* Il étoit Angevin, & fon Ouvrage fut très-bien reçu du Public, lorfqu'il parut.

PIERRE DE LA RAMÉE * ou RAMUS, de Vermandois, Profeffeur & Lecteur du Roi, en Eloquence & Philofophie, à

Paris, a écrit Harangue touchant ce qu'ont fait les Députés de l'univerfité de Paris envers le Roi, faite premièrement en Latin par ledit Ramus & par lui-même mife en François ; imprimée à Paris, *in*-8°. par André Wechel, 1557. Avertiffemens fur la réformation de l'Univerfité de Paris, au Roi ; imprimés à Paris, *in*-8°. par André Wechel, 1562. La Dialectique, comprife en deux Livres, imprimée à Paris, *in*-4°. par André Wechel, 1555. faite premièrement en Latin, & par lui-même traduite en François ; depuis augmentée d'un Traité de l'exercice & pratique, non-feulement de la Logique, mais des autres arts & fciences, pour en tirer le vrai fruit & utilité ; imprimée à Paris, par Guillaume Auvray, 1577. Préface fur le proëme des Mathématiques, à la Roine mere du Roi, imprimée à Paris, *in*-8°. par André Wechel, 1566. Remontrance de Pierre de la Ramée, faite au Confeil privé, en la Chambre du Louvre, le 18 Janvier 1567, touchant la Profeffion Royale en Mathématique ; imprimée à Paris, *in*-8°. par André Wechel, 1567. La Grammaire Françoife, avec une Préface à la Roine mere, imprimée à Paris, *in*-8°. par André Wechel, 1567. Traité de l'Art Militaire, &c. Voyez Pierre Poisson. Ses Livres Latins font dénombrés en l'Epitome de la Bibliothèque de Gefner, Edition 1582 ; deux defquels à favoir, *Inftitutiones Dialecticæ*, & *Ariftotelicæ Animadverfiones*, ont été condamnés par Arrêt donné par le Pere des Lettres, François premier du nom, très-Chrétien, Roi de France, prononcé le vingt-fixiéme de Mars 1543, dont la teneur s'enfuit.

* Nous ajouterons ici à ce que nous avons dit de cet Ecrivain, dans nos Remarques fur La Croix du Maine, Tom. II, p. 311 & fuiv. qu'il étoit né en 1515 ; ainfi il n'avoit que cinquante-fept ans, quand il fut tué. Le Livre, dont parle du Verdier, intitulé *de l'Art Militaire*, eft mal défigné. C'eft l'Ouvrage, écrit en Latin par Ramus, *de Militiâ J. Cæfaris*, fur la manière dont Céfar faifoit la guerre. Il fut traduit en François par Pierre Poiffon. Ramus l'avoit compofé, à l'occafion des Commentaires de Céfar, qu'il expliquoit. Il avoit auffi compofé en Latin, à la même occafion, un *Traité fur les mœurs des Gaulois*, qui fut traduit en François par Michel de Caftelnau.

ʃFRANÇOIS, par la grace de Dieu, Roi de France, à tous ceux qui ces préfentes Lettres, verront; Salut. Comme entre les autres grandes follicitudes que nous avons toujours eues de bien ordonner & établir la chofe publique de notre Royaume, nous ayons mis toute la peine que poffible nous a été de l'accroître & enrichir de toutes bonnes Lettres & fciences à l'honneur & gloire de Notre Seigneur, & au falut des hommes. Et puis n'a guéres advertis du trouble advenu à notre chere & bien aimée fille l'univerfité de Paris, à caufe de deux Livres faits par Maître Pierre Ramus, intitulés l'un *Dialectica Inftitutiones*, & l'autre, *Ariftotelica Adnimadverfiones*. Et des procès & différends qui étoient pendans en notre Cour de Parlement, audit lieu entre elle & ledit Ramus, pour raifon defdits Livres, Nous les euffions évoqués à nous, pour fommairement & promptement y pourvoir. Et à cette fin euffions ordonné que Maître Antoine de Govea qui s'étoit préfenté à impugner & débattre lefdits Livres, & ledit Ramus qui les foutenoit & défendoit, éliroient & nommeroient de chacun côté deux bons & notables perfonnages connoiffant les langues Grecque & Latine, favàns & expérimentés en Philofophie & que nous élirions & nommerions un cinquiéme, pour vifiter lefdits Livres, ouis lefdits de Govea & Ramus en leurs difputes & débats, & fur-tout nous donner leur avis. Suivant laquelle notre Ordonnance eût ledit de Govea élu & nommé Maître Pierre Danés & François de Vicomercat. Et ledit Ramus, Maître de Jean Quentin, Docteur en décret, & Jean de Bomont, Docteur en médecine. Et nous pour le cinquiéme euffions nommé & ordonné notre cher & bien aimé Maître Jean de Salignac, Docteur en Théologie. Pardevant lefquels lefdits de Govea & Ramus euffent été ouis en leur difpute & débats, jufques à ce que pour entrerompre l'affaire icelui Ramus, fe feroit porté pour appelant defdits Cenfeurs; dont nous avertis, euffions décerné nos Lettres à notre Prevôt de Paris ou fon Lieutenant, pour contraindre lefdits de Govea & Ramus à parfaire leurs difputes, afin que par lefdits Cenfeurs nous fût donné ledit avis, nonobftant ledit appel & autres appellations quelconques, fuivant lefquelles nos lettres euffent lefdits de Govea & Ramus de rechef comparu pardevant lefdits Cenfeurs. Et voyant par icelui Ramus que lefdits Livres ne fe pourroient foutenir, eût déclaré n'en vouloir plus difputer, & qu'il les foumettoit à la cenfure des fufdits. Et, comme l'on y vouloit procéder, lefdits Quentin & de Bomont, l'un après l'autre, euffent déclaré ne s'en vouloir plus entremettre; au moyen de quoi eût icelui Ramus été fommé & requis d'en élire & nommer deux autres, ce qu'il n'eût voulu faire, & fe fût du tout foumis aux trois autres deffus nommés, lefquels, après avoir le tout vu & confidéré, euffent été d'avis que ledit Ramus avoit été téméraire, arrogant & impudent d'avoir réprouvé & condamné le train & art de logique, reçu de toutes nations, que lui-même ignoroit; & que, parce qu'en fon Livre des Animadverfions, il reprenoit Ariftote, étoit évidemment connue & manifeftée fon ignorance, voire qu'il avoit mauvaife volonté, de tant qu'il blâmoit plufieurs chofes, qui

S s ij

font bónnes & véritables, & mettoit fus à Ariftote plufieurs chofes à quoi il
ne penfa oncques. Et en fomme ne contenoit fondit Livre des Animadverfions que tous menfonges, & une manière de médire, tellement qu'il leur
fembloit être le grand bien & profit des lettres & fciences que ledit Livre fût
du tout fupprimé, femblablement l'autre, deſſus dit, intitulé *Dialectica
Inftitutiones*, comme contenant auſſi plufieurs chofes fauſſes & étranges.
Savoir, faifons que, vu par nous ledit avis, & en fur ce autre avis & délibération avec plufieurs favans & notables perfonnages, étant lez, nous avons
condamné, fupprimé & aboli, condamnons, fupprimons & aboliſſons lefdits
deux Livres, l'un intitulé *Dialectica Inftitutiones*, & l'autre *Ariftotelica Animadverfiones*, & avons fait & faifons inhibitions & défenfes à tous Imprimeurs
& Libraires de notre Royaume, pays, terres & feigneuries, & à tous autres
nos Sujets, de quelque état & condition qu'ils foient, qu'ils n'ayent plus à
en imprimer, ou faire imprimer aucuns, ne publier, vendre, ne débiter
en notredit Royaume, pays & feigneuries, fous peine de confifcation defdits livres & de punition corporelle, foit qu'ils foient imprimés en iceux nos
Royaume, pays, terres & feigneuries, ou autres lieux n'étant de notre obéiſ-
fance; & femblablement audit Ramus de ne plus lire fefdits Livres, ne les
faire écrire, ou copier, publier, ne femer en aucune manière, ne lire en
Dialectique, ne philofophie, en quelque manière que ce foit, fans notre
expreſſe permiſſion; auſſi de ne plus ufer de telles médifances & invectives
contre Ariftote, ne autres Auteurs anciens, reçus & approuvés, ne contre
notredite fille l'Univerfité, & fuppôts d'icelle, fous les peines que deſſus. Si
donnons en mandement, & commettons par ces préfentes à notredit Prevôt
de Paris, ou à fon Lieutenant, confervateur des privilèges par nous & nos
prédéceſſeurs Rois donnés & octroyés à notredite fille l'Univerfité, que notre
préfent Jugement & Ordonnance il mette, ou faſſe mettre à due & entière
exécution, felon fa forme & teneur; & à ce faire fouffrir & obéir, contraigne
& faſſe contraindre tous ceux qu'il appartiendra, & pource feront à contraindre par toutes voies & manières dûes & raifonnables, nonobftant oppofitions,
ou appellations quelconques, pour lefquelles ne voulons être différé, &
pource qu'il eft befoin faire notifier nofdites défenfes en plufieurs lieux de
notre Royaume, terres & feigneuries, afin de les faire obferver, nous voulons qu'au *vidimus* d'icelles, fait fous le fcel Royal, ou figné par collation
par l'un de nos amés & féaux Notaires & Secrétaires, foit ajoutée foi comme
au préfent Original. Mandons en outre à tous nos autres Jufticiers & Officiers,
& à chacun d'eux, fi comme à lui appartiendra, que nofdites défenfes & in-
jonctions ils faſſent obferver, en procédant par eux contre les infracteurs
d'icelles; fi aucuns en y a, par les peines ci-deſſus indictes, & autres qu'ils
verront être à faire par raifon; en témoin de ce, nous avons fait mettre
notre fcel à cefdites Préfentes. Donné à Paris, le dixième jour de Mars, l'an
de Grace mil cinq cens quarante-trois, & de notre règne le trentième. Ainfi
figné fur le repli, par le Roi, vous préfent Delachefnaie, & fcellées du grand
fcel fur double queue de cire jaune.]

PIERRE REBUFFE a écrit des Annotations Latines & Françoises, pour l'intelligence des lieux plus difficiles des Edits & Ordonnances des Rois de France; depuis l'an 1226 jusques à 1573, divisées en cinq Livres, dont le premier est de la Justice & ce qui en dépend : le second, des Droits Royaux, Domaine & Finance : le troisiéme, de la Guerre & de la Noblesse : le quatriéme, des Choses politiques & civiles, à savoir de la Police des villes, des Négoces & Contrats qui se traitent entre les hommes, ensemble des Priviléges : le cinquiéme, des Choses Ecclésiastiques & ce qui en dépend, auxquels Edits sont ajoutés les Arrêts des Cours souveraines, sur la vérification, déclaration & modification d'icelles; imprimées à Lyon, *in-fol.* à la Salamandre, 1573. Voy. ses Œuvres Latines en l'Epitome de la Bibliothèque de Gesner *.

*Voy. LA CROIX DU MAINE, & les notes, au même Article, Tom. II; pag. 313 & 314.

PIERRE DE LA RIVEY, Champenois, a traduit d'Italien, le second & dernier Livre des facétieuses nuits, du Seigneur Jean François Straparole, contenant plusieurs belles Fables & plaisans Enigmes, racontées par dix Damoiselles & quelques Gentilshommes, imprimées à Paris, *in-16.* par Abel l'Angelier, 1576. Deux Livres de Philosophie Fabuleuse; le premier pris des Discours d'Ange Firenzuola Florentin, par lequel, sous le sens Allégoric de plusieurs belles Fables, est montrée l'envie, malice & trahison d'aucuns Courtisans :-le second, extrait des Traités de Sandebar Indien, Philosophe moral, traitant sous pareilles Allégories de l'Amitié & choses semblables; traduits d'Italien & imprimés à Paris, *in-16.* par Abel l'Angelier, 1577. Six Comédies à l'imitation des anciens Grecs, Latins & modernes Italiens; à savoir le Laquais, la Veuve, les Esprits, le Morfondu, les Jaloux, les Ecoliers; imprimées à Paris, *in-12.* par Abel l'Angelier, 1579. L'Institution morale du Seigneur Alexandre Piccolomini, Gentilhomme Sienois, traduite de Tuscan en François par Pierre de la Rivey ; imprimée à Paris, *in*-4°. par Abel l'Angelier *.

PIERRE RIVRAIN, Vandomois, a traduit du Grec de saint Jean Chryfoſtome, en rime Françoiſe, Exhortation à prier Dieu, avec la Louange de parfaite Oraiſon, & autres Œuvres; imprimée à Paris, *in*-8°. par Eſtienne Groulleau, 1547.

PIERRE DE LA ROCHE, Sainſtongeois, a traduit du Grec d'Antoine Valet, en vers François, Chant funèbre ſur le trépas de Meſſire Jean de Voyer, Chevalier de l'Ordre du Roi, Vicomte de Paulmy, &c. imprimé avec le tombeau dudit Sieur, fait en pluſieurs langues, à Paris, *in*-4°. par Jean Bienné, 1571.

PIERRE DE RONSARD, Gentilhomme Vandomois, fils de Méſſire Loys de Ronſard, Chevalier Seigneur de la Poiſ-ſonniere, a été le premier qui a enrichi notre langue des Grecques & Latines dépouilles. C'eſt pourquoi on l'appelle le Pindare François, ou bien Homere Gaulois. De manière que ſelon le proverbe qui couroit de Philon, Juif, qui étoit tel :

Ou Platon Philoniſe, ou Philon Platoniſe.

On peut auſſi bien dire de lui,

Ou bien Homère Grec, écrivant, Ronſardiſe,
Ou bien Ronſard François, en chantant, Homériſe.

Car de quelle gravité a-t-il chanté ſes Hymnes, plus doſtes que ceux d'Orphée, & ſa Franciade, autant ou plus grave que l'Iliade d'Homere ? Avec quelle grace a-t-il accommodé ce que de plus beau il a tiré des Grecs, & autres Auteurs ? De combien de mots-propres, & comparaiſons ſingulières & belles a-t-il enrichi notre langue ? Pourroit-on trouver de plus belles deſcriptions que les ſiennes ? Non certainement, car il repré-ſente ſi naïvement par ſes vers, à l'eſprit de celui qui lit les

chofes qu'il décrit, qu'il femble qu'on les voie & qu'on y foit,
Bref c'eft le premier Poëte de ce fiécle, & fi oferai bien affûrer
à la vérité qu'il n'y a eu de fon temps Poëte Latin, Italien ne
François, qui aye mieux fait que lui, foit Bargæus, l'Ariofte,
Taffo, & Bartas qui tiennent les premiers rangs des modernes,
& lefquels ne lui fauroient ôter ni emporter cet honneur. Et
Bartas le confeffe auffi en un endroit de fa feconde femaine, par
ces vers,

> *L'autre ce grand Ronfard, qui, pour orner fa France,*
> *Le Grec & le Latin dépouille d'éloquence,*
> *Et d'un efprit hardi manie heureufement*
> *Toute forte de vers, de ftyle & d'argument.*

Le même Ronfard en témoigne autant de foi au Difcours contre
Fortune, à Odet de Colligny, difant ainfi :

> *Il n'y avoit François, tant fût-il bien appris,*
> *Qui n'honorât mes chants, & qui n'en fût épris ;*
> *Car tous ceux qu'en mon art les meilleurs on eftime,*
> *(S'ils ne portent au cœur une envieufe lime)*
> *Juftes confefferont (écrire je le puis)*
> *Qu'avecque grand travail, tout le premier je fuis,*
> *Qui de Grèce ay conduit les Mufes en la France,*
> *Et premier mefuré leurs pas à ma cadance ;*
> *Si qu'en lieu du langage & Romain & Grégeois,*
> *Premier les fis parler le langage François,*
> *Tout hardy, m'oppofant à la tourbe ignorante.*
> *Tant plus elle crioit, plus elle étoit ardente*
> *De déchirer mon nom ; & plus me diffamoit,*
> *Plus, d'un courage ardent, ma vertu s'allumoit*
> *Contre ce populaire, imitant mille chofes,*
> *Dedans les Livres Grecs divinement enclofes.*
> *Je fis des mots nouveaux, je reftauray les vieux,*
> *Bien peu me fouciant du vulgaire envieux,*
> *Médifant, ignorant, qui depuis a fait conte*
> *De mes vers, qu'au premier il me tournoit à honte.*

Toutes fes Œuvres ont été imprimées à Paris, par plufieurs
fois, *in-4°. in-16.* & dernièrement *in-fol.* chez Gabriel Buon :
& en l'édition faite *in-16.* font rédigées en fept Tomes, efquels
eft contenu tout ce qui s'enfuit : au premier Tome, première

partie des Amours de Caſſandre, commentée par Muret : ſeconde
partie des Amours de Marie, diviſée en deux Livres, dont le
premier eſt commenté par Remy Belleau : les Amours d'Eury-
medon & de Callirée : la Charite à la Marguerite & unique
perle de France la Roine de Navarre : Sonnets & Madrigals
pour Aſtrée : le Printemps à la ſœur d'Aſtrée : Sonnets pour
Helene, en deux Livres : les Amours diverſes, & Sonnets, à
perſonnes diverſes : Amour logé : Chanſon. Au deuxiéme Tome,
les Odes en cinq Livres ; le premier en a vingt-deux, le ſecond
quarante, le troiſiéme trente-quatre, le quatriéme quarante-
ſix, & le cinquiéme trente-ſix. Au troiſieme Tome, deux Livres
de Poëmes, à ſavoir au premier, Complainte à la Roine mere
du Roi : Diſcours à Monſieur le Duc de Savoye : Diſcours à
Charles Cardinal de Lorraine : autre à Jean du Thier, Seigneur
de Beau-regard : Epître à Ambroiſe de la Porte, Pariſien : la
Grenouille à Remy Belleau : Proſopopée de Loys de Ronſard,
pere de l'Auteur : l'Alouette : le Frelion à Remy Belleau : Diſcours contre Fortune, à Odet, Cardinal de Chaſtillon : les Iſles
Fortunées, à Marc Antoine de Muret : Gayetés en nombre
quatre : le Hous : Diſcours à P. l'Eſcot, Seigneur de Clany : Diſcours au Cardinal de Chaſtillon, à Chriſtophle de Choiſeul : le
Fourmy à R. Belleau : Epître à Charles, Cardinal de Lorraine :
Exhortation au camp du Roi Henri II, pour bien combattre le
jour de la bataille : Exhortation pour la paix : la Paix au Roi
Henri II : la bien-venue d'Anne de Montmorency, Connétable
de France : Elégie à Jean de Morel, Gentilhomme Ambrunois :
le Voyage d'Hercueil : Diſcours à Odet, Cardinal de Chaſtillon :
l'Excellence de l'Eſprit de l'homme, à Madame, à préſent
Roine de Navarre ; Paradoxe, que les mains ſervent plus aux
hommes que la raiſon : Réponſe aux vers du Roi Charles IX,
envoyés à Ronſard : autre Réponſe à autres vers du même Roi,
envoyés pour réplique audit Ronſard : Vers récités ſur le
Théâtre à la fin de la Comédie repréſentée à Fontainebleau :
Stances Lyriques pour un banquet : Traduction de quelques
autres

autres Epigrammes Grecs fur la Geniffe de Myron : Traduction de
quelques autres Epigrammes Grecs. Au fecond Livre des Poëmes, la Harangue que fit Monfieur le Duc de Guyfe, aux foldats
de Metz, le jour qu'il penfoit avoir l'affaut : à Charles, Cardinal de Lorraine : Chant de Lyeffe, au Roi : Epître à Charles
de Piffeleu, Evêque de Condon : les Armes, à Jean Brinon : A
Jean de la Peruffe : la Chaffe : Elégie au fieur Belot : le Chat :
les paroles que pouvoit dire Calypfo voyant partir Ulyffe de
fon Ifle : le Satyre : la Salade : Difcours d'un Amoureux défef-
péré & de fon compagnon qui le confole, & d'Amour qui
le reprend : Difcours à Pierre du Lac : le Soucy du Jardin :
Le Pin : le Roffignol : Epître à Caffandre : l'Ombre du
Cheval : Difcours à Maître Julian Chauveau : Hylas, à Jean
Pafferat : Elégie : Gayetés 11 : Vœu d'un Vigneron, à
Bacchus : Vœu d'un pêcheur aux Nayades : Epigramme de
Palladas, Poëte Grec : autre tiré du même : Epitaphes di-
vers, à favoir le Tombeau du Roi Charles IX : Tombeau de
Margüerite de France, Ducheffe de Savoye; enfemble celui du
Roi François I, & de Meffieurs fes enfans : Epitaphes de Fran-
çois de Bourbon, Comte d'Anguyen : Profopopée de feu Fran-
çois de Lorraine, Duc de Guyfe : Epitaphe de feu Monfieur
d'Annebaut : Epitaphe du feu Roc Chafteigner, Seigneur de
la Roche Pofé : Epitaphe d'Anne Duc de Montmorency,
Pair, & Connétable de France : Epitaphe du jeune la Chaftre,
Seigneur de Scillac : Epitaphe de Philippes de Commines :
Epitaphe de Artufe, Dame de Teligny : Epitaphe d'André
Blondet, Lyonnois, Seigneur de Roquencourt : Epitaphe de
Loyfe de Mailly, Abeffe de Caen & du Liz : autre de Claude
de l'Aubefpine, Secrétaire des commandemens, en forme de
Complainte contre la mort : autre de vertueufe & honnête
Dame Françoife de Vieil-Pont, Abeffe de Poiffy : autre de feue
Damoifelle Anne de l'Efrat, Angevine : autre fur le trépas
d'Adrian Turnebe : autre de Jean de la Perufe : autre d'Albert,
Joueur de Luth du Roi : autre de Courte, chienne du Roi Char-

les IX : Dialogue de Beaumont ; Levrier du Roi Charles IX , & de Charon. Au quatriéme Tome, cinq Difcours ; trente-cinq Elégies ; une Invective : les Eclogues en nombre cinq : le Cyclope amoureux : Mafcarades , Combats & Cartels faits à Paris , & au Carneval de Fontainebleau. Au cinquiéme Tome, les Hymnes ; à favoir de l'Eternité : de Henri II de ce nom , Roi de France : de Calays & Zethes : de la Juftice : des Démons : de Charles , Cardinal de Lorraine : du Ciel : des Aftres : fur la Victoire obtenue à Moncontour , par Monfeigneur d'Anjou , à préfent Roi de France : de la Philofophie : de Pollux & de Caftor : Hercule Chrétien : du Printemps : de l'Eté : de l'Automne : de l'Hyver : de l'Or : de Bacchus : de la Mort : Ode Sapphique : Vers Sapphiques. Au fixiéme Tome : Difcours des Mifères de ce temps , à la Roine , mere du Roi : Continuation defdits Difcours : Inftitution pour l'Adolefcence du Roi très-Chrétien Charles IX : Difcours à Guill. des Autels : Difcours à Loys des Mafures : Remontrance au peuple de France : Réponfe aux injures & calomnies de je ne fais quels Prédicans & Miniftres de Genève ; avec une Epître en profe , à un Prédicant , & deux Epigrammes Latins : l'Hydre défait , à la louange de Monfeigneur le Duc d'Anjou , frere du Roi ; à préfent Roi de France : Prière à Dieu , pour la Victoire : les Elémens ennemis de l'Hydre : Paraphrafe du *Te Deum.* Au feptiéme Tome , les quatre premiers Livres de la Franciade.

    * Voy. La Croix du Maine , & les notes, au mot Pierre Ronsard, Tom. II , pag. 316 & fuiv.

Sentences , Comparaifons & autres fleurs, extraites des Œuvres de P. de Ronfard.

Au Difcours à Charles, Card. de Lorraine.

Toute mauvaife caufe , avec art bien plaidée ,
Eft , plus que le bon droit , fouvent recommandée.

Au même.

Peu d'honneur eft reçu ,
Quand par le grand Seigneur le petit eft déçu.

Au même.

Ainfi les gros taureaux vont labourant la plaine,
Ainfi les gras moutons, au dos portent la laine,
Ainfi la mouche à miel, en fon petit eftuy,
Travaille, en fe tuant, pour le profit d'autrui.

Au Difcours à Jean du Thier.

Le peuple, qui toujours ne ceffe d'épier
Les vices des Seigneurs, & de les décrier,
Et fe plaît en cela, car de la chofe faite
Par les grands, bien ou mal, le peuple eft la trompette.

Au même.

Car tout l'avoir mondain, quelque chofe qu'on faffe,
Jamais ferme n'arrête à la troifième race ;
Ains fuit comme la bale, alors qu'au mois d'Efté,
Le grain, bien loin du van, parmy l'aire eft jeté.

Au Difcours contre Fortune.

L'impudence nourrit l'honneur & les Etats,
L'impudence nourrit les criards Avocats,
Nourrit les Courtifans, entretient les Gendarmes ;
L'impudence aujourd'hui font les meilleures armes,
Dont on fe puiffe aider, même à celui qui veut
Parvenir à la Cour, où la vertu ne peut
Pour vertu fe montrer, fi l'impudence forte
A l'huis des grands Seigneurs fur le dos ne la porte.

En un autre Difcours à Odet de Colligny.

Comme un arbre planté fur des monts folitaires,
Battu diverfement de deux vents tout contraires,
L'un le fouffle de çà, & l'autre de rechef
Le refouffle de là, les feuilles de fon chef
Volent de tous côtés, qui jufqu'en terre ondoye ;
Caché deffous un roc, le Pafteur s'en effroie :
Ou comme on voit les bleds efpeffement plantés
Branler au mois de May leurs tuyaux éventés,
Deçà delà pliés fous le vent de zéphire,
Ou fous l'Aftre moiteux : l'un à gauche les vire,
L'autre les fouffle à dextre, & pouffés en avant,
Et pouffés en arrière, obéiffent au vent ;

Ou comme un tourbillon, qui, chassé du tonnerre,
Premier en limaçon vient balayer la terre,
Puis venteux & poudreux s'élance dans la mer,
Et fait l'un dessus l'autre horriblement armer
Les flots, qui maintenant aux Etoiles s'égalent,
Maintenant jusqu'au fonds de l'arène dévalent,
Avecques un grand bruit pesle-mesle fuyans,
Bossés, voûtés, courbés, écumans & bruyans ;
L'un se voûte devant, l'autre se courbe arrière,
L'autre roule à côté : presqu'en telle manière
S'ébranle notre vie, & rien n'est en ce lieu
Ferme, sinon l'amour que nous portons à Dieu,
Lequel est plus certain, que n'est pas l'alliance
Des grands Seigneurs mondains, tous pleins de défiance.
On dit que Jupiter, devant le seuil de l'huis
De l'Olympe là haut a fait mettre deux muis,
L'un tout comblé de biens, l'autre de maux : sa dextre
Verse le bien au monde, & le mal la senestre,
Montrant que pour un bien il donne mille maux,
Et pour un seul plaisir cinq cens mille travaux.
Mais, ainsi qu'un rocher oppose au vent sa tête,
Et ses pieds endurcis aux flots de la tempeste,
Il faut contre Fortune opposer la vertu,
Et plus avoir bon cœur, tant plus on est battu.

En une Epître à Charles Cardinal de Lorraine.

C'est peu de cas (Prélat) de cet honneur mondain,
Qui, plutôt que le vent, du jour au lendemain
S'enfuyt, & longuement ne séjourne nostre hoste ;
Car un jour nous le donne, & l'autre jour nous l'oste.

A la bien-venue d'Anne de Montmorency.

On ne doit appeler, pendant qu'il vit ici,
Un homme bienheureux, ni malheureux aussi :
Tout çà bas est douteux : la seule heure dernière
Parfait notre bonheur, ou bien notre misère.
Tel fleurit aujourd'hui, qui demain flétrira ;
Tel flétrit aujourd'hui, qui demain fleurira.
La fortune gouverne, &, en tournant sa rouë,
Rit de notre conseil, & de nos faits se joue.
Rien n'y sert la raison, ny la force du cœur,
Noblesse, ny parens, richesse, ny faveur,
Ny même la vertu, ny la philosophie,
Qui s'arme en son savoir : la fortune défie

Les humaines raiſons, & ſans avoir lié
Sa force à nos conſeils, les eſcarbouille au pié,
Force qui n'a jamais notre plainte écoutée,
Et qui dompte un chacun, & n'eſt jamais domptée.

Au Poëme du Chat.

Dieu eſt par-tout, par-tout ſe meſle Dieu,
Commencement, la fin & le milieu
De ce qui vit, & dont l'ame eſt encloſe
Par-tout, & tient en vigueur toute choſe,
Comme notre ame infuſe dans nos corps.
Jà dès long-temps les membres ſeroient morts
De ce grand Tout, ſi cette ame divine
Ne ſe mêloit par toute la machine,
Luy donnant vie & force & mouvement;
Car de tout eſtre elle eſt commencement.
Des Elémens & de cette ame infuſe
Nous ſommes nés : le corps mortel, qui s'uſe
Par trait de temps, des Elémens eſt fait :
De Dieu vient l'ame, & comme il eſt parfait,
L'ame eſt parfaite, intouchable, immortelle,
Comme venant d'une eſſence éternelle :
L'ame n'a donc commencement, ny bout,
Car la partie enſuit touſiours le tout.
Par la vertu de cette ame mêlée
Tourne le Ciel à la voûte étoilée,
La mer ondoye, & la terre produit
Par les ſaiſons, herbes, feuilles & fruit :
Je dy la terre, heureuſe part du monde,
Mère bénigne, à gros tetins féconde,
Au large ſein : de-là tous animaux,
Les emplumés, les eſquadrons des eaux :
De-là, Belleau, ceux qui ont pour repaire
Ou le rocher, ou le bois ſolitaire,
Vivent & ſont, & même les métaux,
Les diamans, rubis Orientaux,
Perles, ſaphirs, ont delà leur eſſence,
Et par telle ame ils ont force & puiſſance,
Qui plus, qui moins, ſelon qu'ils en ſont pleins :
Autant en eſt de nous, pauvres humains.
Ne vois-tu pas que la ſainte Judée,
Sur toute terre eſt plus recommandée,
Pour apparoiſtre en elle des eſprits,
Remplis de Dieu, de Prophétie épris ?

Les régions, l'air & le corps y servent,
Qui l'ame faine en un corps fain conſervent ;
Car d'autant plus que bien ſain eſt le corps,
L'ame ſe montre, & reluit par dehors.
Or, comme on voit qu'entre les hommes naiſſent
Augurs, Devins & Prophètes, qui laiſſent
Un témoignage à la poſtérité
Qu'ils ont vécu pleins de Divinité ;
Et comme on voit naître icy des Sibylles
Par les troupeaux des femmes inutiles :
Ainſi voit-on Prophètes de nos maux
Et de nos biens, naître des animaux,
Qui le futur par ſignes nous prédiſent,
Et les mortels enſeignent & adviſent.
Ainſi le veut ce grand père de tous,
Qui de ſa grace a toujours ſoin de nous.
De-là ſortit l'Ecole de l'Augure
Merquant l'oiſeau, qui par ſon vol figure
De l'avenir le prompt événement,
Ravy de Dieu, & Dieu jamais ne ment.
En nos maiſons ce bon Dieu nous envoye
Le coq, la poule, & le canard & l'oye,
Qui vont montrant d'un ſigne non obſcur,
Soit ſe baignant, ou chantant le futur.
Herbes & fleurs, & les arbres qui croiſſent,
En nos jardins Prophètes apparoiſſent :
Mien eſt l'exemple, & par moy je le ſçay :
Enten l'hiſtoire, & je te diray vray.

Au Poëme de la Salade.

L'homme élevé aux honneurs inutiles
Semble un Coloſſe, attaché de chevilles,
Ferré de gonds, de barres & de cloux ;
Par le viſage il s'enfle de courroux,
Repréſentant Jupiter, ou Neptune.
La ſeule enflure étonne la Commune,
D'or enrichie & d'azur par dehors ;
Mais, quand on voit le dedans du grand corps
N'être que plâtre & argille paiſtrie,
Alors chacun connoît la moequerie ;
Et déſormais le Coloſſe pipeur,
Pour ſa hauteur, ne fait ſeulement peur
Qu'au ſimple ſot, & non à l'homme ſage
Qui hauſſebecque & mépriſe l'ouvrage, &c.

Le Poëme des Armes

Quiconque a le premier des Enfers déterré
Le fer, étoit Brinon, luy-même bien ferré :
Luy-même avoit, ce croy-je, occis son propre père,
Tué sa propre sœur, tué sa propre mère ;
Luy-même avoit, au soir, à son hôte étranger,
Dessus la table offert ses enfans à manger,
Et ne croyoit qu'au Ciel les Dieux eussent puissance,
(Car il n'en croyoit point) de punir son offense.
Que les siècles dorés à bon droit sont loués
Sur les siècles de fer, quand les glands secoués
Des chênes nourrissiers, & quand la douce feine
Paissoit le peuple oisif par les forêts sans peine,
Et quand dans les ruisseaux, jusqu'à la rive pleins,
Les hommes tiroient l'eau dans le creux de leurs mains.
Alors on n'attachoit (pour les rendre plus sûres)
Des portes aux maisons, aux portes des serrures :
Et lors on n'oyoit point ce mot de Tien & Mien :
Tous vivoient en commun, car tous n'avoient qu'un bien ;
De ce que l'un vouloit, l'autre en avoit envie,
Et tous d'accord passoient heureusement la vie.
Mais si tost que le fer par malheur fut trouvé,
Qu'au fond de ses rognons Pluton avoit couvé
Par tant d'espaces d'ans là bas dessous la terre,
Au jour, avecques luy, la discorde & la guerre
Et le meurtre sortit, & sortirent dehors
Ces mots de Tuë, Assomme, & mille horribles morts.
Le monde alors fut plein de crime & de diffame,
Le mary machina la poison à sa femme,
L'oncle occit son neveu, & le frère la sœur,
Et l'hôte ne fut pas de son hôte bien seur.
Les peuples effroyés de l'horreur des batailles
Flanquèrent leurs Cités de fosse & de murailles ;
Car le peuple qui fut par les bois espandu,
De crainte, en un monceau, s'étoit déjà rendu.
Les plus forts exerçoient justice par les armes,
Le monde renversé n'oyoit que les alarmes
Tonner de tous côtés, & l'un à l'autre Mars
Tout sanglant forcener au milieu des soldars.
Les Géans serpens-piez sur les Dieux s'enhardirent,
Les Lapithes armés les Centaures occirent :
Thebe à cent portes vit ses deux Princes tués,
Et Troye à fleur des champs ses Pergames ruës.

Qui pis eſt, des humains les races trop cruelles,
N'ont fait tant ſeulement roidir en alumelles
Le fer en long battu ; mais du grand Jupiter
Ont oſé par le fer le tonnerre imiter,
Et imiter ſa foudre, en du fer entonnée,
Bien d'une autre façon que ne fit Salmonée.
Ils ont fondu premier l'homicide métal,
Soufflé d'une Furie au braſier infernal,
Que vomit Phlegeton : ils ont mis en la fonte
Le ſon, la peur, l'horreur, l'ire & la flame prompte,
Pleine de puanteur : ils ont après cherché
Le ſouffre que Nature avoit à part caché
Dans les veines de l'eau : puis le long des murailles
D'une eſtable porchere, ou dedans les entrailles
D'une grotte relente, ou d'un mont reculé,
Ils ſont allés chercher le ſalpeſtre gelé ;
Puis poudroyant en un ces drogues éloignées,
Au penſer des mortels, ſans peur, les ont coignées
Dans le Chaos d'un bronze, & l'ont fait dégorger
Une balle, qui bruit ſi haut au deſloger,
Qui court ſi toſt par l'air, que la terre en chancelle,
Que l'Enfer s'en crevaſſe, & prend clarté nouvelle,
Que la mer en treſſaut, & la voûte des Cieux,
En craquetant, ſe rompt deſſous le pied des Dieux.
De quel genre de mort étoit digne cet homme,
Qui premier inventa le fer qui nous conſomme,
Et qui premièrement le Canon pertuiſa,
Et ſortir de ſa gorge un tel foudre aviſa ?
Et qui vit, ſans pleurer, rouer en tant de ſortes,
Parmy l'air, tant de bras & tant de têtes mortes ?
Ny la ſoif de Tantal, ny la rou' d'Ixion
Ne ſuffroient là bas à ſa punition ;
Ny le vautour beccu, dont la griffe cruelle
Pince de Prométhé la poitrine immortelle,
Par luy, comme jadis, on ne voit plus d'Hectors,
D'Achilles, ny d'Ajax, hé Dieu ! car les plus forts
Sont aujourd'hui hachés d'un poltron en cachette,
A coups de harquebuſe, ou à coups de mouſquette.
Au temps qu'on batailloit ſans fraude, main à main,
On connoiſſoit au fait celuy qui étoit plein
De peur, ou d'aſſurance, & ne vouloit-on croire
Que Therſite au combat méritât tant de gloire
Qu'Achille en méritoit ; mais Therſite aujourd'huy
Tue Achille de loin, & triomphe de luy.

Pourquoy,

Pourquoy, hommes chétifs, avez-vous tant d'envie,
A grands coups de canon, d'accourcir votre vie?
Vous mourez assez tost. Si vous pensez là bas
Avoir autant qu'icy de plaisirs & d'ébats,
Vous êtes bien trompés. Bien que l'unique fille
De Cérès en soit Royne, en nul temps la faucille
N'y coupe la moisson, ny aux coteaux voisins
Jamais Bacchus n'y fait verdeler ses raisins,
Hélas! mais à l'entour la mort pâle y demeure,
Tousiours un peuple gresle autour d'un lac y pleure,
Ayant la peau brûlée & les cheveux cendreux,
Le visage plombé, les yeux mornes & creux:
Là vous serez punis de vos fautes méchantes,
Car là bas vos canons, ny vos lames tranchantes,
Du jugement d'Eac ne vous pourront garder,
Ny tant soit peu de Dieu la dextre retarder.
*   O fortune, celuy qui, bien loin de la guerre,*
Cultive en longue paix l'usure de sa terre,
Et qui jamais au lit ne se voit étonner
D'ouir au point du jour la trompette sonner;
Qui ne sait quel mot c'est que Cargue, Camisade,
Sentinelle, Diane, Escarmouche, Embuscade;
Mais qui, plein de repos, en la grise saison,
Attend au coin du feu la mort en sa maison,
Afin qu'il ait les yeux clos des mains de sa fille,
Et qu'il soit mis en terre auprès de sa famille,
Non auprès d'une haye, ou dedans un fossé,
Ayant d'un coup de plomb le corps outrepercé.
Mais que dy-je, Brinon? qui n'auroit la minière
Du métal & du fer, jadis mise en lumière?
Et qui ne se feroit brusquement avisé,
En fondant le canon, de l'avoir pertuysé,
Et d'avoir acéré l'alumelle trempée,
Tu ne m'eusses donné ni dague, ni épée,
(Car le fer n'eust usage) & ne m'eusses, Brinon,
Donné ny pistolet, ny rouet, ny canon.
Toutefois je plains tant du commun le dommage,
Que je voudroy (croy moy) que celuy qui l'usage
Trouva premier du fer, n'eût jamais été né,
Et n'avoir eu de dons; car Dieu n'eût détourné
Son visage de nous, & la paix violée
N'eût point abandonné la terre désolée,
Pour s'envoler là haut, laissant le monde icy
S'entrepiller, navrer & tuer sans mercy.

Au quatriéme Livre des Odes. Ode xvii.

Pourquoy, chétif Laboureur,
Trembles-tu d'un Empereur,
Qui doit bientôt, légère ombre,
Des morts accroître le nombre?
Ne sais-tu qu'à tout chacun
Le port d'Enfer est commun,
Et qu'une ame Impériale
Aussitôt là bas dévale,
Dans le bateau de Charon,
Que l'ame d'un Bucheron?

   Courage, coupeur de terre:
Ces grands foudres de la guerre,
Non plus que toy, n'iront pas,

Armés d'un plastron, là bas,
Comme ils alloient aux batailles:
Autant leur vaudront leurs mailles,
Leurs lances & leur estoc,
Comme à toy vaudra ton soc.
Le bon juge Rhadamante,
Asseuré, ne s'épouvante
Non plus de voir un harnois
Là bas, qu'un levier de bois,
Ou voir une soquenie,
Qu'une robe bien garnie,
Ou qu'un riche accoustrement
D'un Roy mort pompeusement.

ODE xxviii. A Melin de S. Gelais.

Tousiours ne tempeste enragée
Contre ses bords la mer Ægée,
Et tousiours l'orage cruel
Des vents, comme un foudre, ne gronde,
Elochant la voûte du monde
D'un soufflement continuel.

   Tousiours l'hyver des neiges blanches
Des pins n'enfarine les branches,
Et du haut Apennin tousiours
La gresle le dos ne martelle,
Et tousiours la glace éternelle
Des fleuves ne bride le cours.

Tousiours ne durent orgueilleuses
Les Pyramides sourcilleuses
Contre la faulx du temps vainqueur;
Aussi ne doit l'ire felonne,
Qui de son fiel nous empoisonne,
Durer tousiours dedans un cœur.

   Rien sous le Ciel ferme ne dure:
Telles loix la sage Nature
Arrêta en ce monde, alors
Que Pyrrhe espandoit sur la terre
Nos Ayeux, conçus d'une pierre
S'amollissant en nouveaux corps.

   Maintenant une triste pluye,
D'un air larmoyant nous ennuye;
Maintenant les Astres jumeaux

D'émail enfleurissent les pleines;
Maintenant l'Eté boit les veines
D'Ide gazouillante en ruisseaux.

   Nous aussi, Melin, qui ne sommes
Immortels, mais fragiles hommes,
Suivant cet ordre, il ne faut pas
Que notre ire soit immortelle,
Balançant sagement contre elle
La raison par juste compas.

   N'as-tu point vu aux vers d'Homère,
Lorsque plus l'ardente colère
Achille enfloit contre son Roy,
Que Pallas, la sage guerrière,
Luy appant les cheveux derrière,
Tout grommelant, l'arrêta coy?
Jà sa dague il avoit tirée,
Pour tuer l'héritier d'Atrée,
Tant le courroux l'aiguillonnoit,
Sans elle, qui, dans son navire,
L'envoya digérer son ire,
Dont tout le fiel lui bouillonnoit.

   Combien de fois ce Péléide
Refusa les présens d'Atride
Pour appointer? combien encor
De prisonnières Lesbiennes,
Et de Cités Mycéniennes,
Et combien de chevaux & d'or?

Tandis Hector armoit la rage,
L'horreur, & le Troyen orage.
Contre les Grecs, & d'une part
D'un grand caillou froiſſa la porte ;
De l'autre part, du feu qu'il porte
Darda le foudre en leur rempart.

De quelque côté qu'il ſe tourne,
Bellone autour de lui ſéjourne,
Faiſant couler Xante tout roux
Du ſang des Grecs, qui par la plaine
Enduroient, innocens, la peine
De ce dommageable courroux.

O monde heureux ! ſi Prométhée
D'argile en ſes doigts retâtée,
Le cœur ne nous avoit formé,
Le trempant en l'eau Stygienne
Et en la rage Lybienne
D'un cruel lion affamé.

Certainement la vierge Aſtrée
N'eût point quitté notre contrée,
Et les foudres tombés du Ciel
N'euſſent accablé les montagnes ;
Touſiours fuſſent par les campagnes
Gliſſés les doux ruiſſeaux de miel.

Le cheval, au milieu des guerres,
N'eût point ronflé, ny les tonnerres
Des canons n'euſſent point ſonné,
Ny ſur les bornes des provinces
Le choc armé de deux grands Princes
N'eût point le Paſteur étonné.

On n'eût point emmuré les villes,
Pour crainte des guerres civiles,
Ny des étranges légions,
Ny le coutre de Pharſalie
N'eût heurté tant d'os d'Italie,
Ny tant de vuides morions.

L'ire cauſe que les batailles
Juſqu'au fond raſent les murailles
De maint Palais audacieux,
Et que les buiſſons & les herbes
S'égayent ſur les tours ſuperbes
Qui ſouloient voiſiner les Cieux.

L'ire cauſe des tragédies
Les voix chétivement hardies

Des Rois, tremblans ſous le danger,
Et que les exécrables mères
Préſentent les fils à leurs pères
Sur la table, pour les manger.

L'ire, qui trouble le courage,
Ne diffère point de la rage
Des vieux Curetes forcenés,
Ny des chaſtrez de Dyndimène,
Quand, en hurlant, elle les mène
Au ſon du buis eſpoinçonnés.

L'ire, qui les hommes manie,
Changeant la raiſon en manie,
Rien qu'un remors ne fait ſentir,
Et pour tout fruit ne nous apporte,
Après que ſon ardeur eſt morte,
Sinon un triſte repentir.

Las ! ce monſtre, ce monſtre d'ire
Contre toy me força d'écrire,
Et m'élança tout irrité,
Quand d'un vers enfiellé d'Iambes
Je vomiſſoy les aigres flambes
De mon courage dépité.

Pource qu'à tort on me fit croire,
Qu'en fraudant le prix de ma gloire,
Tu avois mal parlé de moy,
Et que, d'une longue riſée,
Mon œuvre, par toy mépriſée,
Ne ſervit que de farce au Roy.

Mais ore, Melin, que tu nies,
En tant d'honnêtes compagnies,
N'avoir médit de mon labeur,
Et que ta bouche le confeſſe,
Devant moy-même je délaiſſe
Ce dépit, qui m'ardoit le cœur.

Chatouillé vrayment d'un grand aiſe,
De voir morte du tout la braiſe
Qui me conſumoit, & de voir
Crever ceux qui, par une envie,
Troublant le repos de ma vie,
Souloient ma ſimpleſſe émouvoir.

Dreſſant à notre amitié neuve
Un autel, j'atteſte le fleuve,
Qui des parjures n'a pitié,
Que, ny l'oubly, ny le temps même,

Ny la rancueur, ny la mort blême,
Ne dénoueront notre amitié.

Car, d'une amour diffimulée,
Ma foy ne fera point voilée,
De faux vifages artifan,
Croyant feulement que tu n'ufes,
Vers tes amis, des doûbles rufes
Dont fe déguife un courtifan.

Ne penfe donc que le temps brife
L'accord de notre foy promife,
Bien qu'en courroux l'ai-je parfait;
Souvent une mauvaife caufe,
Contraire à fa nature, caufe
Secrètement un bon effet.

Les liz naiffent d'herbes puantes,
Les rofes d'épineufes plantes,

Et néanmoins la France peint
De l'un fes armes, & encore
De l'autre la vermeille Aurore
Emprunte le fard de fon teint.

Bien que l'un des fils de Jocafte,
La nuit, fous le portail d'Adrafte,
Et Tydé, enflés de courroux,
D'une main horriblement dure,
Pour un petit de couverture,
Se fuffent martelés de coups.

Toutefois après ces alarmes,
Amis jurés prindrent les armes,
Et l'un pour l'autre s'employa,
Quand devant Thèbes le Prophète,
Vif englouty dans fa charrette,
Tout armé, Pluton effroya.

Au premier Livre des Amours.

Avant qu'Amour, du chaos ocieux,
Ouvrît le fein, qui couvoit la lumière,
Avec la terre, avec l'onde première,
Sans art, fans forme étoient brouillés les Cieux.
Ainfi mon tout erroit féditieux,
Dans le giron de ma lourde matière,
Sans art, fans-forme, & fans figure entière,
Alors qu'Amour le perça de fes yeux.
Lui feul rendit mon effence parfaite;
Ronde par luy ma qualité s'eft faite;
Il me donna la vie & le pouvoir.
Il anima mes penfers de fa flame,
Et de fon branle en ordre fit mouvoir
Les pas fuivis du globe de mon ame.

Commentaire de Muret.

Les Poëtes, comme Orphée, Héfiode, Ovide & autres, difent que, devant que le le Ciel, le feu, l'air, l'eau & la terre fuffent faits, les femences & les formes de toutes ces chofes-là étoient mêlées & confondues en une lourde, obfcure, pefante & immobile maffe, qu'ils nomment Chaos. De cette maffe, ainfi que dit Orphée, Amour fortit le premier, lequel par après fépara les parties du Chaos, affignant à chacune d'icelles fon lieu propre, & donnant à chacun fa forme; ainfi dit notre Auteur que fon efprit étoit morne & affoupi dans fon corps, fans forme & fans mouvement aucun, auparavant qu'il fût amoureux; & que ce fut Amour qui premier démêla cette confufion,

& qui lui donna vie & mouvement. Ce qu'il dit ici de l'Amour, quant à la séparation des parties du Chaos, il le dit, en un autre lieu, de la Paix, parce que Amour, Paix & Amitié se prennent quelquefois l'un pour l'autre ; d'où est que Cyre Théodore, en un Dialogue Grec, nommé l'Amitié bannie, dit de l'Amitié cela même que nous disons ici de l'Amour. *Du Chaos*] Chaos, en Grec, signifie confusion. *Ocieux*] Il prend Ocieux pour ce que les Latins disent *Iners*. Ovide,

> *Nec quicquam, nisi pondus iners, congestaque eòdem,*
> *Non benè junctarum discordia semina rerum.*

Qui couvoit la lumière.] Qui tenoit la lumière enclose. *Ainsi mon tout.*] C'est-à-dire, toutes les parties de mon esprit étoient mêlées & confondues. *Dans le giron de ma lourde matière.*] Dans mon corps.

> *Et de son branle en ordre fit mouvoir*
> *Les pas suivis du globe de mon ame.*]

C'est-à-dire, & donna le premier mouvement à mon ame. On pourroit ici disputer si l'ame a mouvement, ou non ; &, si elle en a, quel il est ; car Platon tient que l'ame est principe de mouvement, & qu'elle-même est un mouvement perpétuel. Aristote confesse bien qu'aux choses animées elle est principe de mouvement, mais que toutefois elle ne se meut aucunement de soi-même, ains seulement par accident, & avec le corps, comme le nautonnier avec le navire. Quelques hommes de savoir s'efforcent les accorder, disant le mot de mouvement se prendre autrement en l'un, & autrement en l'autre. *Le globe de son ame.*] Parce que, combien que l'ame étant incorporelle, ne peut avoir figure ne ronde, ne quarrée, ni autres, si est-ce qu'elle a affinité avec le rond ; car le mouvement du rond se retourne en soi-même, & si fait aussi le mouvement de l'ame, si mouvement le faut appeler. Pour entendre ceci, considérons que l'œil voit bien toute autre chose, mais il ne peut pas voir soi-même ; parainsi son mouvement, c'est-à-dire, son action ne retourne pas en soi, ains s'étend seulement aux autres choses. Mais l'ame, non-seulement peut entendre la nature des autres choses, ains aussi sa nature même, qui est un grand argument pour l'immortalité. De-là est-ce que S. Denis, au premier Livre des noms divins, dit le mouvement de l'ame être circulier. Notre Auteur dit, *Les pas suivis*] Pource qu'au mouvement du rond, toutes les parties s'entresuivent, comme très-bien démontre Aristote, au Livre des Questions méchaniques, qui, à cette cause, dit le cercle être principe des merveilles :

> *Ceste beauté, de mes yeux adorée,*
> *Qui me fait vivre entre mille trépas,*
> *Couploit mes chiens & poursuivoit mes pas,*
> *Ainsi qu'Adon Cyprine la dorée.*
> *Quand une ronce, en vain enamourée,*
> *Ainsi que moy, du vermeil de ses bras,*

En les baifant, luy fit couler à bas
Une liqueur de pourpre colorée.
La terre adonc, qui, foigneufe, reçut
Ce fang divin, fertilement conçut,
Pareille au fang, une rouge fleurette.
Et tout ainfi que d'Hélene naquit
La fleur qui d'elle un beau furnom acquit,
Du nom Caffandre, elle eut nom Caffandrette.

Cefte beauté.] Il raconte comment ainfi qu'il alloit chaffer un cerf, fa Dame, qui le fuivoit, fut piquée d'une ronce, & que du fang qui fortit foudaine-ment de fon bras, fut foudainement engendrée une fleur, qui eut nom Caffandrette. *Ainfi qu'Adon.*] Tout ainfi que Vénus fuivoit Adonis allant à la chaffe. *Ainfi qu'Adon.*] Il a dit Adon pour Adonis, par fyncope. *Cyprine*] Vénus. *La dorée*] la belle. Ainfi l'appellent les Grecs χρυσῆ, ou πολύχρυσος.

Mimnerme ,

Ὡς ἰδ᾽ἔν μοι τερπνὸν πολυχρύσου ἀφροδίτης

Homere ,

Μῦσά μοι ἔννεπε ἔργα πολυχρύσου ἀφροδίτης.

Virgile ,

Jupiter hæc paucis : at non Venus aurea contra
Pauca refert. . . . . .

Quand une ronce envain enamourée.] Ainfi Théocrite dit que le fanglier, par qui Adonis fut mortellement bleffé, étoit amoureux de la beauté d'icelui. *Une liqueur.*] Il ne veut pas dire bonnement que ce fût fang, mais une li-queur reffemblante à fang, ou à tout le moins un fang célefte & divin, tel que Homère le dit couler des Dieux, lorfqu'ils font bleffés. Tel que fut le fang de Vénus, bleffée par Diomedes. *Et tout ainfi qu'Hélene.*] Pline dit que la fleur, nommée par les Latins *Innula*, naquit des larmes d'Hélene, d'où eft que les Grecs l'appellent *Helenium*. Ainfi dit-on que le Lys naquit du lait de Junon.

PIERRE SALA, Ecuyer, a traduit de rime Romande, en en rime Françoife, le Roman de Triftan & la belle Roine Yfeulte [1].

[1] J'ai vu un très-ample & très-ancien Manufcrit, en vélin, du Roman de Triftan, non pas en rime Romande, mais en vieille profe Françoife, à la fin duquel il étoit dit *qu'il avoit été tranflaté de Latin par le noble Chevalier d'An-gleterre Luces, Seigneur du Chatel de Grant près Salebières;* & comme ce volume, outre les faits de Triftan & de Lancelot, contenoit encore l'*Hiftoire*

de S. Graal, un autre Tranflateur dit y avoir travaillé, par ordre du Roi Henri d'Angleterre, & y avoir employé cinq ans après Meffire Luces, ajoutant que *Maître Gautier Mappe étoit*, je me fers de fes termes, *le propre Auteur de Lancelot*. Mais je crains que ceci ne foit pas autrement exact, parce qu'il y eft enfuite parlé de Robert Borron, fans fpécifier quelle part il a eue à ces Ouvrages, & que Gautier Mappe n'ait été que Traducteur Anglois du Roman *Latin*, c'eft-à-dire, Italien de Lancelot. —Voyez, touchant ce ROBERT BORRON & GAUTIER MAPPE, le mot LANCELOT, à la fin de la lettre L, Tom. IV, pag. 646. Quant à Pierre Sala, fa prétendue Traduction, ici mentionnée, eft, non pas en rime Françoife, mais en profe, & n'a jamais été imprimée. Le Manufcrit que j'en ai vu eft divifé en vingt-cinq Chapitres, & ne contient que 139 feuillets, dont le premier confifte en ce Prologue de vingt-deux vers :

> Pour obéir, Sire, au commandement
> Qu'il vous a plu me faire, ai brévement
> Deffus mon nez affifes mes lunettes,
> Pour déchiffrer lettres, que n'ai lu nettes,
> Du vieil Triftan, qu'il vous plut me bailler,
> Qui m'a fouvent de nuit bien fait bailler;
> Car les lettres en étoient effacées,
> Et les marges du parchemin caffées;
> Ce nonobftant, j'ai tant fait, trait à trait,
> Que vous en ai ce Livre ici extrait,
> Qui commence : Comme le beau Triftan,
> Etant un jour, en un grand trifte ahan,
> Seulet aux champs, penfant comme fortune
> Le traveilloit, fi faifoit-il fort une,
> De ce penfer vint première naiffance,
> Que Lancelot eut de lui connoiffance,
> Comment orrez ci-après raconter,
> Quand vous plaira, Sire, de l'écouter;
> Et néanmoins que ce foit Ecrit vain,
> Il vous plaira d'excufer l'Ecrivain,
> Votre Sala, très-humble en votre chambre,
> Qui vous requiert que de lui vous remembre.

Cet Ecrit n'eft que la première Partie du Roman, & ne fait pas la quatrième Partie du gros volume que j'ai ci-deffus dit avoir vu. Sala n'y prend point le nom de *Pierre*, ni autre nom de baptême ; il ne s'y qualifie pas non plus *Ecuyer*, mais Ecrivain de la Chambre du Roi, que je crois être Charles VIII, ou Louis XII, par ordre duquel il faifoit une nouvelle copie de ce Roman, d'après une ancienne, ufée de vieilleffe, comme il le donne à entendre, & mal conditionnée. Voyez LA CROIX DU MAINE, au mot JEAN MAUGIN, Tom. I, p. 543. (M. DE LA MONNOYE).

PIERRE SALIAT *, a traduit les neuf Livres de l'Hiſtoire de Hérodote d'Halicarnaſſe, Prince & premier des Hiſtoriographes Grecs, intitulés du nom des Muſes; avec un Recueil de George Gemiſt, dit Plethon, des choſes advenues depuis la journée de Mantinée; imprimés à Paris, *in-fol.* par Eſtienne Groulleau, & *in-16.* par Claude Micard, 1575. Il avoit traduit auſſi auparavant d'une Déclamation Latine, l'Entrée de Jeuneſſe en la maiſon d'Honneur, déclamation, contenant la manière de bien inſtruire les enfans dès leur commencement; imprimée à Paris, *in-8°.* par Simon de Colinez, & à Lyon, *in-16.* par Olivier Arnoullet, 1538. L'Oraiſon que fit Criſpe Saluſte, contre M. Tulles Ciceron, & l'Oraiſon dudit Ciceron, réponſive à celle de Saluſte; avec deux autres Oraiſons dudit Saluſte à Jules Cæſar, afin de redreſſer la République Romaine, traduites par Pierre Saliat; imprimées à Paris, *in-8°.* par Simon de Colinez, 1537. Un Opuſcule d'Ariſtote, du monde; autre Opuſcule de Philon, Juif, du monde, & le Songe de Scipion, de Ciceron : le tout traduit en François par ledit Saliat, & imprimé à Lyon, *in-4°.* par Pierre de Tours, 1543.

* Voy. LA CROIX DU MAINE; & les notes, ſur cet Article, Tom. II, pag. 320 & 321.

PIERRE SANTERRE, Poitevin, a mis en muſique les cent cinquante Pſalmes de David, imprimés à Poitiers, par Nicolas Logerois, 1567.

PIERRE SAVONNE dit TALON, natif d'Avignon, a écrit l'Arithmétique en laquelle ſont contenues pluſieurs Règles brièves & ſubtiles, pour les trafiques de pluſieurs pays; avec la différence des poids, aunages & monnoies de chacun deſdits lieux, alliage des métaux néceſſaires pour tous Maîtres de monnoie, Orfévres & Changeurs, avec le fait & manlement des changes & banques qui ſe font journellement à Lyon & par les places accoutumées, comme Flandres, Angleterre, Eſpagne, Italie & autres lieux; imprimée à Paris, *in-4°.* par Nicolas du Chemin,

Chemin, 1565. Inſtruction & manière de tenir Livres de raiſon ou de comptes par parties doubles ; avec le moyen de dreſſer carnet, pour le virement & rencontre des parties, qui ſe font aux foires ès paiemens de Lyon & autres lieux ; imprimée à Paris, *in-4°*. pour Chriſtophle Plantin d'Anvers, 1567. Inſtruction & manière de trouver le compte du toiſage de Lyon, pour ſervir à tous maîtres Maſſons, Toiſeurs & autres qui font bâtir maiſons & autres édifices à l'uſage de ladite toiſe, qui eſt de ſept pieds & demi, & vaut en hauteur & largeur, c'eſt-à-dire, longueur, cinquante-ſix pieds trois pouces, qu'on dit toiſe courante : le pied de douze pouces & le pouce de douze lignes, & eſt ladite Inſtruction départie en dix tables ; imprimée à Lyon, *in-fol.* par Jean de Tournes. Inſtruction de l'Ordre Militaire, traitant de bataillons carrés d'hommes ; Lyon, *in-4°*. de l'Imprimerie de Thibaud Ancelin, 1583. Second Livre de l'Inſtruction de l'Ordre Militaire, traitant de bataillons carrés de terrein, priſe ſur le calcul qu'il a fait des compagnies de ſoldats que les Capitaines ménent en guerre, pour les faire marcher par ordre ; commençant à cent hommes, deux cens hommes, continuant de cent hommes en cent hommes, juſques au nombre de ſix mille ; premièrement de trois hommes pour rang, cinq, ſept, neuf & onze, ſelon le nombre de ſoldats, pour puis après les mettre en bataille carrée de terrein, en coupant les rangs en autant de parties que beſoin ſera, &c. imprimé de même.

PIERRE SOREL*, Chartrain, a écrit Poëſies, imprimées à Paris, *in-4°*. par Gabriel Buon, 1566.

* Voy. *LA CROIX DU MAINE*, au même Article, Tom II, pag. 326.

PIERRE DE SURE, Lyonnois, Céleſtin du Convent d'Avignon, a écrit le Voyage ſpirituel du Pélerin de Sainte Mere l'Egliſe Romaine, ſaint Pierre de Luxembourg, jadis illuſtriſſime Cardinal, avec ſa vie ; imprimé en Avignon, *in-8°*. par Imbert Parmentier, 1562.

PIERRE SUTOR [1], Docteur en Thèologie, a écrit la

Manière de faire Teſtament très-ſalutaire, imprimée à Paris, *in*-8°. par Regnaud Chaudiere, ſans date. Voyez ſes Œuvres Latines en la Bibliothèque de Geſner.

¹J'ai dit ſur Baillet, pag. 439 du Tom. VII, que le nom François de *Petrus Sutor* étoit *Pierre le Sueur* *; mais j'ai été depuis averti par M. l'Abbé le Clerc, que, dans le privilège donné l'an 1534 pour l'impreſſion du petit Livre de *Petrus Sutor*, *de Poteſtate Eccleſiæ in occultis*, l'Auteur eſt nommé *Maître Pierre Couſturier*, *Docteur en Théologie*, *& Prieur de la Chartreuſe de Notre-Dame du Parc*, *au Comté du Maine*. En bon Latin cependant *Sutor* n'eſt pas un *Couturier*, ou, ſuivant le mot d'uſage, un *Tailleur*, mais un *Cordonnier*. (M. DE LA MONNOYE).

* Ce même Auteur a fait quelques Ecrits Polémiques contre Eraſme & Jacques le Fèvre. Il mourut le 18 Juin 1537.

PIERRE TOLET, Médecin, habitant à Lyon, a écrit Paradoxe de la faculté du Vinaigre, contre les Ecrits des modernes, où pluſieurs choſes ſont démontrées non éloignées de la vérité; imprimé à Lyon, *in*-8°. par Jean de Tournes, 1549. Il a traduit auſſi en François, la Chirurgie de Paulus-Ægineta, Auteur Grec, qui eſt le ſixiéme Livre de ſes Œuvres; avec un Opuſcule de Galien, des tumeurs outre le coutumier de nature: plus un autre Opuſcule dudit Galien, de la manière de curer, par abſtraction de ſang, & par ſangſues, révulſion, cornettes & ſcarification: le tout imprimé à Lyon, par Eſtienne Dolet, 1540. à Paris, par Charles l'Angelier, & encore à Lyon, par Jean de Tournes, 1552. Traité de l'admirable vertu & accompliſſement des facultés, pour la ſanté & conſervation du corps humain, de la racine nouvelle de l'Inde de Mechioacan, proprement nommée Rhaindice; écrit premiérement en Latin par Marcel Donat, Médecin Mantuan; imprimé à Lyon, *in*-4°. par Michel Jove, 1572 *.

* Voy. LA CROIX DU MAINE, & les notes, au même Article, Tom. II, pag. 330.

PIERRE TREDEHAN, Angevin, a traduit en rime Françoiſe, Théages, ou de la Sapience, Dialogue de Platon; imprimé à Lyon, *in*-4°. par Charles Peſnot, 1564. Les quatre

premiers Livres de l'Enéide de Virgile, mis en vers Heroïques
François; imprimés à Genève, *in* 8°. par Abel Rivery, 1574.
Les Bucoliques & Géorgiques de Virgile, traduites en vers
François, avec la Vie du Poëte, &c. imprimées à Genève, Latin-
François, *in-*8°. par Baptifte Pignereul, 1580 *.

* Voy. La Croix du Maine, & les notes, au mot Pierre Tredehan,
Tom. II, pag. 330, & la Biblioth. Françoife de M. l'Abbé Goujet, Tom. V,
pag. 76.

PIERRE TRUEUX, Berruier, a traduit de Latin, la Fleur
des Aphorifmes d'Hippocrates, & Commentaires de Galien,
imprimée à Paris, *in-*16. par Jean Ruelle, 1564.

PIERRE TURREL, Philofophe & Aftrologue, Recteur des
Ecoles de Dijon, a écrit en François, le Période, c'eft-à-dire,
la fin du monde; contenant la difpofition des chofes terreftres
par la vertu & influence des corps céleftes; imprimé à Lyon,
1531. Fatale Previfion par les Aftres & difpofition d'icelle, fur
la Région de Jupiter, maintenant appelée Bourgogne, pour
l'an 1529, & pour plufieurs années fubféquentes; imprimée à
Lyon *.

* Voy. La Croix du Maine, & les notes, au même Article, Tom. II,
pag. 327 & fuiv.

PIERRE CLEREAU. Chanfons fpirituelles à quatre parties, par Pierre Clereau, Nicolas du Chemin.

PIERRE VERNEY, Docteur en Médecine, de Semur en
Auxois, a traduit de Latin, les Préfages du Divin Hippocrates,
Auteur Grec, divifés en trois parties; avec la proteftation
& ferment que ledit Hippocrates faifoit faire à fes difciples; im-
primés à Lyon, *in-*8°. par Pierre de Sainte Lucie, 1539. & par
Eftienne Dolet, 1542.

PIERRE VIDAL, Tholofain, a recueilli, & d'Italien fait
Françoifes, les principales Lettres des fept Livres de Meffer
Clodio Tolomei, Gentilhomme Sienois, contenant maints beaux

difcours tous pleins d'efprit, de douceur & de doctrine; imprimées à Paris, *in-*8°. par Gilles Robinot, 1572.

PIERRE VIEL.*, Docteur en Théologie, de la Faculté de
Paris, a écrit Traité du mal, qui par la Simonie advient en la
Chrétienté & contient vingt-trois chapitres, où eft amplement
difcouru de tout ce qui concerne la Simonie; imprimé à Paris,
*in-*8°. par Nicolas Chefneau, 1576. Il a traduit auffi l'Hiftoire
du Schifme, blafphêmes, erreurs, facriléges, homicides, incef-
tes & autres impiétés des Donatians; écrite premièrement en
Latin, par Optat, Evêque Milevitain, environ l'an du Seigneur
380, imprimée à Paris, *in-*8°. par Federic Morel, 1564.
Catéchifme, ou Inftruction Chrétiennne, par M. Pierre Viel,
Docteur en Théologie, imprimé à Paris, *in-*8°. chez Jean Dallier, 1562. Il a traduit de Latin, les Vies de plufieurs Saints,
contenues parmi les trois Tomes de l'Hiftoire de la vie, & mort
d'iceux, imprimées à Paris, *in-fol.* par Nicolas Chefneau.

* Il entra dans la Société du Collège de Navarre, en 1540, y fut reçu
Docteur en 1547, & mourut en 1581. C'eft tout ce que nous apprend Launoy
(*Hift. Coll. Nav.* pag. 755) de la vie de Pierre Viel. Il l'appelle. *Theologus
optimus, vir ditiffimæ paupertatis.*

PIERRE DE * VILLARS, premièrement Evêque de Mirepoix, maintenant Archevêque de Vienne, a fait un bref Recueil
de la Doctrine Chrétienne, & Catéchifme extrait d'autres femblables, principalement de celui de Rome, & traduit en François, pour être enfeigné par les Curés & Maîtres d'Ecole du Diocèfe
de Vienne, aux enfans qui font fous leur charge; imprimé à Lyon,
*in-*16. par Michel Jove, 1576. *Inftitutio Parochorum quæ mo-
dum ritumque in Sacramentis adminiftrandis aliisque rebus fpiri-
tualibus tractandis obfervandum complectitur, à Petro de Villars,
Archiepifcopo Viennenfi confcripta; Lugduni, in-*4°. *excud. Ja-
cobus Rouffinus, 1578 *.*

* Pierre de Villars naquit à Lyon, le 3 Mars 1545. Il n'avoit pas encore
achevé fon cours de Théologie, lorfqu'il fut nommé, en 1575, à l'Evêché
de Mirepoix, vacant par la démiffion de fon oncle, qui fe nommoit auffi

Pierre de Villars, & qui fut fait Archevêque de Vienne. Cet Archevêché fut encore cédé, vers 1584, par son oncle, à Pierre de Villars, dont il est ici question, & il mourut le 18 Août 1613, selon son Epitaphe, rapportée par Launoy, dans son *Histoire du Collège de Navarre*, & par les Frères Sainte-Marthe (*Gall. Christ.* Tom. 1, pag. 814.) On a pris l'oncle pour le neveu, quand on a placé sa mort en 1592. Les Ecrivains de son temps ont loué sa piété & son savoir. Outre ses Ouvrages, cités par du Verdier, il publia, en 1596, à Lyon, quelques Traités sur la Simonie, sur la résidence des Bénéficiers Ecclésiastiques, les fondations, les célébrations de mariage, les devoirs d'un Médecin, les blasphêmes, &c. On en parle comme d'un Prédicateur célèbre, mais ses Sermons n'ont point été imprimés.

PIERRE VIRET *, d'Orbes, en Savoie, Ministre à Genève, puis à Lyon, en l'an 1562, a écrit de la vraie & fausse Religion, touchant les vœux & les fermens licites & illicites; & notamment touchant les vœux de perpétuelle continence, & les vœux d'anathême & d'exécration & les sacrifices d'hosties humaines, & de l'excommunication en toutes Religions; imprimé à Genève, *in*-8°. par Jean Rivery, 1560. Instruction Chrétienne en la Doctrine de la Loi & de l'Evangile, & en la vraie Philosophie & Théologie, tant naturelles que supernaturelles des Chrétiens; & en la contemplation du temple & des images & œuvres de la Providence de Dieu, en tout l'univers; & en l'Histoire de la création & chûte & réparation du genre humain : le tout divisé en trois volumes, imprimé à Genève, *in-fol.* par Jean Rivery, 1564. Des Clefs de l'Eglise, & de l'Administration de la parole de Dieu & des Sacremens, selon l'usage de l'Eglise, imprimé à Genève, *in*-8°. par Jean Rivery, 1564. Exposition familière, faite par Dialogues, sur le Symbole des Apôtres, contenant les articles de la Foi, & de la Religion Chrétienne; imprimée à Genève, 1543. Disputations Chrétiennes en manière de devis, divisées par Dialogues : le premier intitulé l'Alchimie du Purgatoire : le second l'Office des Morts : troisième, Anniversaires: quatriéme, l'Adolescence de la Messe: cinquiéme, les Enfers : sixiéme, le Requiescant in pace du Purgatoire; imprimées à Genève, *in*-8°. par Jean Girard, 1544. Seconde & troisiéme parties des Disputations Chrétiennes;

imprimées de même. Dialogues du Défordre qui eft à préfent au monde, & des caufes d'icelui, & du moyen pour y remédier; defquels l'ordre & le titre eft, le Monde a l'Empire; le Monde difforme; la Métamorphofe; la Réformation; imprimés à Genève, *in*-8°. 1545. Petit Traité de l'ufage de la Salutation Angélique, & de l'origine des Chappelets; imprimé à Genève, *in*-16. l'an 1545. De la vertu & ufage du Miniftère de la parole de Dieu & des Sacremens dépendans d'icelle; & des différends qui font en la Chrétienté à caufe d'icelle; imprimé à Genève, *in*-8°. l'an 1548. De la fource & de la différence & convenance de la vieille & nouvelle Idolâtrie, & des vraies & fauffes Images & Reliques, & du feul & vrai Médiateur; imprimé à Genève, par Jean Girard, 1551. Sommaire des principaux points de la Religion Chrétienne & des abus & erreurs contraires à iceux; imprimé à Laufanne, *in*-16. par Jean Rivery, 1561. Trois Livres des principaux points qui font aujourd'hui en différend, touchant la fainte Cene de Jefus-Chrift & la Meffe; & de la Réfolution d'iceux; imprimés à Lyon, *in*-8°. par Claude Senneton, 1565. L'Interim, fait par Dialogues: le premier intitulé les Monnoyeurs: le fecond, les Transformateurs: le troifiéme, les Libertins: quatriéme, les Perfécuteurs: cinquiéme, les Edits: fixiéme, les Modérés; imprimé à Lyon, *in*-8°. par Claude Senneton, 1565. Réponfe aux Queftions propofées par Jean Ropitel, Minime, aux Miniftres de l'Eglife réformée; avec les autres Queftions propofées à lui & à fes compagnons, fuivant la teneur des fiennes; imprimée à Lyon, *in*-8°. par Claude Senneton, 1565. Inftitution des Heures Canoniques & des temps déterminés aux Prières des Chrétiens, imprimée à Lyon, *in*-8°. par Jean Saugrain, 1564. De la Providence Divine, touchant tous les états du monde, & tous les biens & les maux qui y peuvent advenir & adviennent ordinairement par la volonté de Dieu, Dialogues quatorze; imprimé à Lyon, *in*-8°. par Claude Senneton, 1565. De l'Autorité & perfection de la Doctrine des faintes Ecritures, & du Miniftère d'icelle, & des

vrais & faux Paſteurs ; imprimé à Lyon , *in*-8°. par Claude
Senneton, 1564.

＊Voy. La Croix du Maine , & les notes , au mot Pierre Viret,
Tom. II, pag. 334 & 335. Du Verdier a omis de mettre à la fin de chaque
Article, ſuivant ſa coutume, les mots *Calvinique ,* ou *Cenſuré.*

PIERRE DYVOLLE, Doƈteur en Théologie , de l'Ordre
de ſaint Dominique, a écrit Inſtruƈtions & Sermons pour tous
les jours du Carême, entre leſquels y en a cinq de Pénitence,
de la Confeſſion & de ſes parties ; avec quatre autres des
tentations & aſſauts que reçoit l'homme nouvellement confirmé
en grace : & quelques Fragmens d'autres Sermons ſur les ſept
Pſalmes Pénitentiaux , rédigés en forme de lieux communs, &
par lui-même prêchés & prononcés à Chartres ; imprimés à
Paris, *in*-8°. par Nicolas Cheſneau , 1576. Dix Sermons de la
ſainte Meſſe & Cérémonies d'icelle , prononcés à Chartres ,
imprimés à Paris, *in*-8°. par Nicolas Cheſneau , 1581.

PIUS , Pape IV de ce nom ＊. Bulle ou Mandement pour la
punition & correƈtion des ſéditieux , rebelles , homicides &
autres quelconques coupables de mort, miſe de Latin en François par Traduƈteur dont le nom m'eſt incertain ; imprimée à
Paris, par Guillaume Nyverd , 1561. Bulle ſur l'exemption de
toutes décimes , en faveur des Prélats qui aſſiſteront au ſaint
Concile général de Trente ; traduite auſſi de Latin en François ,
imprimée à Paris, par Guillaume Nyverd, 1561.

＊Pie IV, ou Jean Ange Medichino , né à Milan , en 1499 , de Bernardin
Medichino , ſe prétendoit de la même maiſon que les Médicis de Florence.
Il fut Cardinal en 1549 , & élu Pape le 25 Décembre 1559. Le Pape Paul IV,
ſon prédéceſſeur, le traita peu favorablement ; auſſi, pendant ſon Pontificat,
traita-t-il de même les *Caraffes* , neveux de Paul IV. Il vit terminer le Concile de Trente, qu'il avoit continué malgré lui. Rome lui doit pluſieurs de ſes
embelliſſemens , dont quelques-uns portent ſon nom ; entr'autres, la *Porta Pia.*
Il s'occupa particulièrement de la grandeur & de l'élévation de ſa famille.
Il eſt vrai que S. Charles Boromée , ſon neveu, uſa dignement de ſes bienfaits. Ce Pape mourut le 9 Décembre 1565 , âgé de ſoixante-ſept ans , ſur la
fin de la ſixième année de ſon Pontificat. Sa Bulle , en faveur des Evêques
qui aſſiſtèrent au Concile de Trente , eſt du premier Mars 1561. Ce ne fut

qu'après avoir été élevé au Pontificat qu'il prit le nom & les armes des Médicis, qui ne dédaignèrent pas de le reconnoître, lorsqu'ils le virent à portée de les servir. Voy. DE THOU, *Hiſt.* Lib. XXVI.

PLATON *, *Voyez* Loys le Roy, Eſtienne Dolet, Blaiſe de Vigenere, Maturin Heret, Bonavent. des Periers, François Hotoman, Pierre Tredehan, Antoine du Verdier, Jean A. Martin de Leſpel, Philibert du Val, Jean le Maſle, Simon Vallambert ¹.

* Platon naquit à Athènes vers 429 avant Jeſus-Chriſt. Il comptoit des Rois parmi ſes Ayeux, & ſa mère étoit du ſang de Solon. Un eſſaim d'Abeilles qui ſe repoſa ſur ſes lèvres, dans ſon enfance, comme il dormoit, fut un préſage de ſon éloquence douce & raviſſante. Il eut Socrate pour Maître, voyagea de bonne heure en Italie, converſa avec les Philoſophes Pithagoriciens, & acheta fort cher les Livres du Pithagoricien Philolaüs de Crotone, dont il ſe ſervit utilement pour compoſer ſon *Timée*; il alla enſuite en Egypte, avec un convoi d'huiles, pour que le profit qu'il feroit ſur cette denrée le dédommageât des frais du voyage. On prétend que c'eſt là qu'il trouva & lut les Livres de Moyſe, où il prit des idées ſi juſtes de Dieu & de la création. Nous ne dirons rien ni de ſes diſciples, ni de ſes différens Ouvrages, connus de tout le monde, & ſur leſquels les Savans de nos jours s'exercent de manière à leur donner un nouvel éclat. Nous nous contenterons de citer ici Quintilien à ſon ſujet : *Platonem quis dubitet eſſe Philoſophorum præcipuum, ex quo multùm eloquentiæ ſe traxiſſe Cicero fatetur, ſive acumine diſſerendi, ſive eloquendi facultate, divinâ quâdam & Homericâ : multùm enim ſuprà proſam orationem, & quam pedeſtrem Græci vocant, ſurgit, ut mihi, non hominis ingenio, ſed quodam Delfico videatur Oraculo inſtructus.* Il mourut âgé de quatre-vingt-un ans. S. Auguſtin dit qu'il vécut dans le célibat. Tous les Auteurs les plus anciens rendent juſtice à la régularité de ſes mœurs, & l'amour Platonique a toujours été regardé comme l'inclination la plus chaſte & la plus déſintéreſſée. La vivacité de ſes expreſſions, l'énergie de ſon ſtyle, peut-être la force de ſon attachement pour quelques-uns de ſes diſciples favoris, ont donné lieu à quelques détracteurs de jeter ſur lui le ſoupçon d'un vice trop odieux, pour qu'un Philoſophe, ſi eſtimé de ſon temps, & ſi eſtimable, ait jamais pu s'y abandonner.

¹ Il ne s'eſt point trouvé juſqu'ici de Traducteur François de tous les Ouvrages de Platon, & plus difficilement encore, quand cette Traduction feroit achevée, s'en trouveroit-il un Imprimeur. (M. DE LA MONNOYE).

PLESSIS (LE) Gentilhomme de la maiſon du Comte d'Aran, a traduit les quatre premiers Livres des Ethiques d'Ariſtote, contenant

contenant l'Intelligence de la Philofophie morale ; imprimés à
Paris, *in*-4°. chez Michel Vafcofan, l'an 1553. Le Traducteur,
en fon Epître, outre autres bons propos & fentences, écrit ce qui
s'enfuit :

[Car, bien que je ne fois fi ignorant que je veuille dire que les exercices
tant honorables de la vollerie, de la chaffe & des chevaux, ne foient requis
à un Prince, fi eft-ce que Dieu me garde d'avouer que ce foit le métier, ni
l'état de celui en qui nature a jeté fi profondes racines d'une magnanimité,
qui eft né à voler, non pas les oifeaux, ains le cœur des hommes ; à courre,
lancer, ni prendre les cerfs, mais les Villes & Châteaux; à gouverner & ma-
nier, non pas les chiens, ni les chevaux, ains les Communautés & Républiques ; à dompter, non pas les poulains, mais les furies d'un peuple irrité &
rébelle, voire à fe vaincre & gagner foi-même ; efquels points gît le plus
grand de fon état, fans qu'il faille croire que, bien piquer un cheval, bondir,
l'embrider, avoir bonne tenue, bonne main, bien parer la greue, les camares
Siciliennes, trouffe-queues & faquarelles, foient le comble du métier de la
guerre, encore qu'il foit néceffaire pour elle de les favoir. Mais cette faute
fi cruelle du temps préfent eft venue, parce qu'aucuns fe font perfuadés les
oifeaux & les chiens être le principal office des Princes, qui tout au contraire
leur doivent fervir feulement, lorfqu'ils font las d'exécuter les chofes de
leur métier, de paffe-temps & plaifir, & les vertus de l'ame doivent être en
leur efprit les premières imprimées, & ufer de celles du corps comme d'exercice joyeux.

PLUTARQUE [1]. J'ai nommé particuliérement les Œuvres
de Plutarque de Chéronnée, en Jaques Amyot, qui les a toutes
traduites de Grec en François ; à raifon de quoi je n'en ferai ici
autre mention, finon de renvoyer le Lecteur à George de
Selve, Claude de Seyffel, Eftienne Pafquier, Pierre de Saint
Julien, Arnaud Pafquet, Lazare de Bayf, Geoffroy Tori, Denys Sauvage, Bernard de Girard, Jean Colin, Jean Lode,
Adrian de la Plance ci-devant mentionnés, lefquels en ont auffi
chacun traduit quelque chofe. Et dire que le renom de cet excellent Auteur Grec (qui fut Précepteur de l'Empereur Trajan)
s'eft rendu immortel, & vivra tant que le monde fera en être,
avec telle & fi grande gloire & admiration de quiconque le lit,
que les plus Doctes eftiment ordinairement que fi jamais il advenoit par cas ou néceffité, que tous les Livres du monde fuffent

brûlés ou perdus (ôtant toujours de ce nombre les faints Ecrits)
& qu'il en fallût conferver un tant feulement, ce feroit Plutarque
feul, auquel on donneroit cet avantage, comme à celui, qui,
pour fa rareté & accompliffement, pourroit rendre tolérable le
defir qu'on auroit des autres, & faire ceffer le deuil du befoin
qu'on fouffriroit pour la perte du refte : eu égard que, en icelui,
on voit avec l'Hiftoire tant Grecque que Latine, une agréable
abondance d'exemples, & fentences poëtiques, & un amas
très-profitable des fciences Mathématiques, de Philofophie, &
en fomme de tout ce qu'on fauroit fouhaiter de bonnes & louables difciplines, qui y font tellement difpofées, qu'il femble à
celui qui les lit, qu'on les y ait inférées autant pour la néceffité, que pour le profit de celui qui les lit, & pour l'ornement
du Livre. C'eft pourquoi auffi Théodore Gaza, Grec de Nation,
d'érudition finguliere & digne de l'ancienne Grece, étant
quelquefois enquis par fes familiers amis, qui le voyoient fi fort
affectionné à l'étude qu'il en oublioit toute autre chofe, quel
Auteur il choifiroit entre tous, s'il étoit réduit à ce point de
pouvoir n'en retenir qu'un tout feul, répondit qu'il éliroit
Plutarque, pource qu'il n'y en a pas un qui foit fi profitable ou
fi délectable enfemble à lire que lui.

* Plutarque, de Chéronée, en Béotie, infpiré par la raifon la plus faine
& la mieux aclairée, a compofé des Ouvrages qui feront utiles & agréables
aux hommes de tous les fiècles & de toutes les nations. On croit qu'il mourut
environ l'an 140 de Jefus-Chrift, âgé de plus de foixante - dix ans, fous le
règne d'Antonin le Pieux.

POGE FLORENTIN [1]. Les Facéties * de Poge Florentin,
tranflatées en François, imprimées à Lyon, *in*-4°. par Olivier
Arnoullet, & depuis *in*-16. par Jean Saugrain, fous le titre de
Contes facétieux, 1558. & encore à Paris.

[1] Poggio Bracciolini, né à Terra-Nova, dans le Territoire de Florence,
en 1380, mourut Secrétaire de cette Ville & de la République, en 1459,
âgé de près de quatre-vingt ans. Les *Facéties* du Poge lui ont donné plus de
réputation que tous fes autres Ouvrages. Le nommé Julien des Auguftins,
& un Anonyme plus ancien, les ont traduites en François, mais ne les ont

pas toujours bien entendues. L'Original Latin contient 273 Contes, réduits à 73, dans une version imprimée l'an 1712, à Amsterdam, sur le mérite de laquelle on peut voir ma note, au mot JULIEN DES AUGUSTINS, dans La Croix du Maine, Tom. II, pag. 10. Il faut voir sur le Poge, pag. 215 du Tom. II de Baillet, *in*-4°. une note ample & curieuse, qui est sûre dans toutes ses circonstances. (M. DE LA MONNOYE).

* Chacun juge suivant son goût. M. de la Monnoye nous dit que les *Facéties* du Poge ont plus contribué à sa réputation qu'aucun autre de ses Ouvrages; cependant il est constant que ce Recueil de Contes est licencieux à l'excès dans beaucoup d'endroits, souvent même obscène. Ce seroit donc établir sa réputation sur un fondement honteux & peu solide. Ne vaut-il pas mieux la rapporter aux emplois qu'il a remplis avec distinction, à la Cour de Rome, sous plusieurs Pontificats de suite; aux découvertes importantes qu'il a faites de plusieurs Ouvrages anciens qu'il a eu le bonheur de retrouver, tels que ceux de Quintilien, les Livres de Cicéron *de Finibus & Legibus*, Ammian, Marcellin & quelques autres; à ses propres Compositions, tant Historiques que morales, & aux services qu'il a rendus à sa patrie? Voyez les Mémoires de Niceron, Tom. IX. Au reste le Recueil des Contes du Poge, imprimé en Latin, sous le titre de *Facetiæ*, a souvent été pillé, sans qu'on lui en ait fait honneur. C'est de lui qu'est tiré le Conte de l'*Anneau de Hans Carvel*, qu'on retrouve dans Rabelais, l'Ariofte, les cent Nouvelles nouvelles, Malespini, la Fontaine, &c. &c. &c. C'est la 133ᵉ des *Facéties* du Poge, Edition de Milan, 1477, *in*-8°. qui est la plus ample. Nous en avons deux Traductions Françoises. La première, dont parle du Verdier, qui parut en 1558, & fut imprimée plusieurs fois depuis, pourroit bien être celle que La Croix du Maine attribue à Julien des Augustins, quoique M. de la Monnoye soupçonne qu'elle est différente. La seconde, par M. Durand, avec des réflexions, Amsterdam, 1712, *in*-12. Celle-ci ne contient qu'une petite partie des Contes du Poge. Ce Livre, plein d'obscénités, a été fort décrié par Gefner, qui le juge digne d'être noyé, d'être brulé; *Opus turpissimum, & aquis incendioque dignissimum*; par l'Abbé Trithème, qui ne le croit pas digne d'être cité dans son Traité des Ecrivains célèbres, *ab illustrium Virorum Catalogo meritò censuimus repellendum*; mais le bon Moine Jacques-Philippe de Bergame, Continuateur de Trithème, appelle les Contes du Poge, un très-beau Livre, *Pulcherrimus Liber*. Les mœurs du Poge avoient été fort déréglées Quoiqu'il eût d'abord embrassé l'Etat Ecclésiastique, il vivoit assez publiquement avec une fille, dont il eut trois fils. Il en parle dans une Lettre Latine manuscrite, citée par Sallengre (*Mém. de Littérat.* Tom. II, première Partie, pag. 9.) Le Cardinal Julien de Saint-Ange lui reprochoit « d'avoir des enfans, ce qui » n'est pas permis à un Ecclésiastique; & de les avoir, sans être marié, ce qui » ne convenoit pas même à un Laïc. — Je peux répondre, dit le Poge, que » j'ai des enfans, ce qui convient très-bien aux Laïcs, & que je les ai, sans » être marié, ce qui est l'usage constamment observé par les Ecclésiastiques

» depuis la création du monde ». *Poſſum reſpondere habere filios me , quod Laïcis expedit , & ſine uxore , qui eſt mos Clericorum , ab orbis exordio obſervatus.* Il ſe maria à 54 ans , & épouſa une fort belle fille , qui n'avoit que 17 ans , dont il eut beaucoup d'enfans. Il ſavoit aſſez de bons Contes , pour ne pas ignorer le danger qu'il couroit ; mais il étoit raſſuré , par la bonne éducation & la vertu de ſa femme , de laquelle il fait le plus grand éloge , dans une Lettre manuſcrite , au même Cardinal Julien de S. Ange (citée auſſi par Sallengre , *ubi ſuprà*) diſant que « Dieu lui avoit fait bien plus de graces qu'il » ne méritoit , en lui ayant fait rencontrer une femme auſſi propre à ſon re- » pos qu'à ſon bonheur ». *In hâc uxore ita conſuluit quieti meæ , ita egregiè ſatisfecit , ut nihil penitùs ſit quod in eâ ampliùs requiram.* Ceux qui ſeront curieux de détails ſur la vie du Poge , ſur ſes Ouvrages , & ſur les erreurs de divers Auteurs à ſon ſujet , trouveront ce détail dans trois Mémoires intéreſſans de la première Partie du Tom. II des *Mé de Littérature* de Sallengre.

POICTOU (Le Comte de) daigna bien faire honneur à la poëſie en langue Provençale ; car , outre qu'il étoit ſavant aux Sciences libérales , encore prenoit-il plaiſir à avoir en ſa Cour les plus ſavans Poëtes qu'il pouvoit trouver , leſquels il honoroit & priſoit , leur aſſignant bons & ſuffiſans gages , & ſi les provoyoit des plus beaux & honorables offices de ſa Cour , d'entre leſquels Peyre Milhon , Gentilhomme de Poitou , fut ſon premier Maître d'Hôtel , qui a fait une Chanſon à la louange d'une Dame de Poitou , de la maiſon de Montagut , qui ſe commence ,

Pueis que dal Cor my ven faray Kanſon nouvella ,

En laquelle il dit qu'après long travail il aura jouiſſance d'amours. Bernard Marchyz fut ſon Chambellan ; il a fait une Chanſon à la louange d'une Damoiſelle de la maiſon des Requiſtons de Provence , & ſe commence ,

Tant es ma Donna endurmyda.

En laquelle dit qu'il a ſi bien doucement chanté , qu'il l'a éveillée. Peyre de Valieras fut ſon Valet Trenchant , qui a chanté pour Rogere , noble Dame , belle & vertueuſe , de la maiſon de Saint Severin , iſſue de France , à Naples ; l'une de ſes Chanſons , dit ainſi :

Sol qu'als autres es plaʒer ,
Et à my grand deſplaʒenſa.

En laquelle il dit qu'il eſt né ſous telle planette, qu'il ne ſera jamais que triſte & déplaiſant. Ozil de Cadars fut un de ſes Ecuyers; il a fait l'Art de bien aimer, & a chanté à la louange d'une haute Princeſſe d'Angleterre, niéce du Comte de Poitou, de laquelle (ainſi que tel étoit le bruit) il reçut des faveurs incroyables; & pour faire croire le contraire, il fit cette Chanſon.

> *Elle a ſon cor tant hault, qu'ella meſpreʒa*
> *So que lon ten en grand prés, e honnour.*

En laquelle il dit qu'il ne ſe faut jà tant eſtimer. Louis Emeryc, fut ſieur de Rochefort en Poitou, avoit été un des principaux Secrétaires du Roi d'Arragon. Pour faux rapport il s'étoit retiré vers le Comte de Poitou qui lui bailla place, & état de Secrétaire: il fut amoureux d'une Dame de Provence de la maiſon des Comtes de Forcalquier, nommée Florence, à la louange de laquelle il fit pluſieurs Chanſons, l'une deſquelles ſe commence,

> *Kaſcun jour m'es benafort mays d'un An,*
> *Quand yeu vey y aquella que tant amy.*

En laquelle dit que *Las malas lenguas* l'en déchaſſent. Peyre Hugon, Gentilhomme de Dompierre, ſon Valet de Chambre, fut amoureux d'une Dame de Provence, de la maiſon de Roque-fueilh, nommée Beatrix d'Agoult, les autres l'ont nommée Agoulte d'Agoult, à la louange de laquelle il a fait pluſieurs Chanſons, une que j'en ai lue, ſe commence,

> *Tos temps amour my ten en tal façon,*
> *Enſins qu'aquel mal, dont s'a dormys.*

Guilhem Bouchard fut auſſi de ſes Valets de Chambre, amou-reux de Dame Tyburge de Layncel, noble maiſon de Pro-vence, à la louange de laquelle il fit pluſieurs Chanſons; l'une ſe commence,

> *En vous yeu ay meſſa*
> *(Seguent ma promeſſa)*
> *Mon cor, e m'amour.*

Gyraudon lou Roulx, fut un des Gentilshommes de fa maifon, amoureux de Dame Albe Flote, gentil-femme de Provence, à la louange de laquelle il fit cette Chanfon,

Aras faubray s'a ges de Cortezia
En vous domna, e fi timés Pekat.

Americ de Sarlac, autre Gentilhomme de fa maifon, chanta à la louange d'une Dame d'honneur de la Comteffe, qui étoit de la maifon de Fontenay, nommée Guillaume, de laquelle il fut amoureux, & fit plufieurs belles Chanfons à fa louange ; vrai eft qu'il les adreffoit à la Comteffe, l'une defquelles fe commence ainfi,

Fin, e lial, e fens dengun engan,
Enfins qu'aquel qu'a conquiftat Amours,
Auray en pax fufertat mas doulours,
E non my vaç plagnen, ny rencuran,

Guilhem des Amalrics, fut Gentilhomme Provençal, amoureux d'une Dame de Naples, de la maifon d'Arcuffia de Capro, Comte d'Hautemure, à laquelle il envoya faire fes meffages d'amour par l'Arondelle qui la réveilloit tous les matins, & ne la laiffoit dormir, à la louange de laquelle il fit plufieurs Chanfons belles & plaifantes, & même une à l'Arondelle, & quelques Chants fpirituels, & c'eft le commencement d'un Chant,

Dieu de mon efperanfa, e ma forfa, e vertut,
Fay qu'yeu non fiey contrari a ta ley pura e fanta
En temps d'adverfitat ; quand l'ennemy m'enkanta,
E my confelha d'eftre eflugnat de vertut.

Il fit un autre Chant à la louange de Robert, Roi de Sicile & de Naples, Comte de Provence, de cette teneur,

Lou Segnour Dieu t'exauce, e toujours ty defenda
Als malvays jours troublas : e ty mande fecours
Rey poderouz, alqual lou poble ha fon recours.
Après Dier que t'a fach, grand vencedour ty renda.
Lou Segnour que t'a fach tes preguieras entenda,
Faffa flourir ton nom tos temps mays en tas cours,
Pues queftu veyre en pax de tous jours lou long cours,
E que d'un bout d'almonde à l'autre, aias la renda,

Lous uns en kavals fiers, autres en granda Armada,
En Thefuaurs infinis, en kauzas tranfitorias
Si fixan totalement, e y han efperanfa :
Mays tu auras de Dieu d'excellentas victorias,
E tout ton poble aura fa vollontat armada
A toujour t'obezir per ton affeguranfa.

Pyftolleta, autre Gentilhomme de fa Cour, adreffa fes Chanfons à Dame Sance, de la maifon de Villeneufve, en Provence, & à une autre de la maifon de Chandieu, en Dauphiné, une autre à une Gentil-femme de Grymaud de Gennes, & à une autre de la maifon de Chaftillon & de Brancas, & d'Efparron de Provence ; à toutes lefquelles & à la couple finale d'icelles defire avoir une Colombe de Surie, femblable à celle de Mahomet, pour l'envoyer faire fes meffages. Tous ces Poëtes ci-deffus nommés, floriffoient d'un même temps dudit Comte de Poitou, dont ceux qui furent à fa Cour, décédèrent empoifonnés des eaux & fontaines par les lépreux du pays, par la pratique des Juifs *.

* Tiré de Jean de Notre-Dame, Chap. 59.

Un Moine de P O L L I G N Y (duquel je n'ai pu trouver autrement le nom) a fait un Roman fur Boëce, que l'on dit de Confolation (j'ufe de fon langage) à l'imitation dudit Boëce, & finit ainfi : [1]

L'an mil trois cens fix avec trente,
Le derrain jour de May prenez,
Si fçaurez quand à fin menez
Fut ce Romant à Polligny,
Dont le Frère eft de Polligny,
Qui ce Romant en rime a mis. &c.

Eft en la Librairie de la Baftie en Forez.

[1] Pour bien entendre cet Article, il faut favoir que du Cange, pag. cxci des Préliminaires de fon Gloffaire Bas-Latin, cite une Traduction manufcrite, en profe Françoife, de la *Confolation de Boëce*, par Jean de Langres, Traduction depuis rimée par Renaud de Louens, Jacobin, qui d'abord parle ainfi, fol. 1, Col. 2 du Manufcrit que j'en ai vu :

Mais ay bien regardé l'efcript,
Duquel l'on puet moult de bien traire ;

> Que un frère prefcheur fift ,
> Qui le Livre moult bien déclaire.

&, fol. 54, tout à la fin, s'en explique bien plus au long, en ces douze vers :

> Se vous voulez favoir l'année ,
> Et la ville & la journée ,
> Que le Frère parfift s'entente
> L'an mil ccc & fix , & trente,
> Le darrain jour de Mars prenez ,
> Et faurez quant à fin menez ,
> Fut cils Romens a Poloigné ,
> Dont li Frères s'eft pou loingnié,
> Qui le Roment en rime a mis.
> Dieu gard au Frère fes amis ,
> Qui ce petit Roment a fait ,
> Et li pardoint tout fon meffait.

La date de 1336, regarde le temps de la Traduction faite en profe à *Poloigné*, c'eft-à-dire, à *Poligni*, par où l'on voit que du Verdier non-feulement s'eft trompé, lorfque, fur la foi d'un Manufcrit peu correct, il a fait, contre la règle, rimer *Poligni*, au lieu de *Poloigné*, avec *pou loingnié* ; mais encore, lorfqu'il a mal-à-propos attribué au Moine, Traducteur de Boece en profe, la Traduction poftérieurement faite de cette profe en vers, par Frère Renaut de Louens , qu'il n'a connu que fous le nom de *Moine de Poligni*, perfuadé par cet endroit de fon texte corrompu :

> Si fçaurez quand à fin menez
> Fut ce Romant à Polligny ,
> Dont le Frère eft de Polligny,

que cet Ouvrage, achevé à Poligni, étoit d'un Moine né à Poligni. Cet Ouvrage, que j'ai prouvé avoir été en profe, étoit affurément de ce *Jean*, qui, né à Langres, fut Jacobin au Couvent de Poligni, où il acheva, en 1336, cette Traduction de Boëce, & de-là, à caufe de fon féjour à Poligni, où peut-être il avoit fait profeffion, fut appelé *le Moine de Poligni*. Sa profe, que Frère Renaut de Louens, fon contemporain, témoigne avoir trouvée fort bonne, fut depuis traitée de *moult rude*, comme je l'ai remarqué au mot JEAN DE CIS, fur La Croix du Maine , Tom. I , pag. 477 , ce qui ne doit pas furprendre, parce que l'Auteur, à qui elle a paru telle, écrivoit plus de cent ans après Frère Renaut. Quant à la prétendue ancienne Traduction Anonyme en vers , mentionnée, pag. 741 du Tom. II des *Mémoires de l'Académie des Belles-Lettres*, M. Falconet, dans fon ample & curiefe Differtation, alléguée au mot BRUNET LATIN, a fait voir qu'elle étoit précifément la même que celle de Renaut de Louens, & que M. Galland, qui avoit diftingué l'une de l'autre, ne s'étoit pas donné le foin de les conférer exacte-

ment,

ment. On peut donc compter quatre anciennes Traductions, en vers, de l'Ouvrage de Boëce ; la première , de Jean de Meun (encore n'est-elle en vers que pour les Mètres de Boëce, elle est en profe pour fes profes) ; la feconde, de Frère Renaut de Louens ; la troifième, de Jean de Cis, & la quatrième, de l'Anonyme qui vivoit fous Charles VII. Les verfions en profe font au nombre de trois, favoir, celle de Jean de Langres, nommé, par les raifons que j'ai dites, *le Moine de Poligni*; celle de Malaffis, & celle de l'Abbé de Cerifiers. Les PP. Quétif & Echard, dans la Bibliothèque des Ecrivains de leur Ordre, n'ont connu ni le Moine de Poligni, ni Renaut de Louens, leurs Confrères, fous quelque nom & furnom que ce foit. (Ils ont connu Renaut de Louens, fous le nom de *Gaddeoucin*, 1336). J'ajoute à ceci que , par *la Librairie de la Baftie*, que cite du Verdier, il faut entendre la *Bibliothèque de Meffieurs d'Urfé, en Forez, au Château de l'Abbatie*. C'eft ainfi qu'écrit ce mot le P. Jacob, pag. 671 de fon *Traité des Bibliothèques. La Bâtie* eft pourtant le mot d'ufage *. (M. DE LA MONNOYE).

* J'ajouterai aux Remarques de M. de la Monnoye fur cet Article, 1°. que Samuel Engel, dans fa *Biblioth. Selectiffima*, cite une ancienne Edition, *de la Confolation de la Philofophie*, par Boëce, en vers François, fans date d'année, ni de lieu , qui pourroit bien être celle dont parle ici du Verdier; 2°. que M. de la Monnoye a eu raifon de dire, dans une de fes Remarques, à l'Art. de JEAN CLOPINEL, Tom. III, pag. 395, que la Traduction en vers de cet Ouvrage de Boëce, que du Verdier croyoit n'avoir jamais été imprimée, l'*avoit été*, *en* 1494, à Paris, *in-fol*. Il auroit pu dire auffi qu'elle l'avoit été, même dès 1483, *in-fol*. à Lyon. Voyez MAITTAIRE , *Annal. Typograph*. Tom. I, pag. 441 & 573.

POLYBE, Auteur Grec *. Voyez LOYS MEIGRET.

* Polybe , né à Megalopolis , en Arcadie , l'un des plus judicieux & des plus excellens Hiftoriens que la Grèce ait produits, fut envoyé, par la République des Achéens, Ambaffadeur à Rome, où il contracta une étroite amitié avec Lelius & Scipion; il accompagna même celui-ci au fiége de Numance, & c'eft à fon retour qu'il écrivit, à Rome, cette belle Hiftoire, dont il ne nous refte que les cinq premiers Livres, de quarante dont elle étoit compofée, avec des extraits de quelques endroits des autres. Nicolas Perrot, Archevêque de Siponto, au Royaume de Naples, traduifit ces cinq Livres en Latin, & les publia, par ordre du Pape Nicolas V. Outre la Traduction, indiquée ici par du Verdier, l'infatigable Traducteur du Ryer en donna une verfion Françoife, qui fut imprimée pour la première fois à Paris, en 1655, *in-fol*. Mais elle eft tombée dans l'oubli, & l'on ne connoît plus que la bonne Traduction qu'en a donnée Dom Vincent Thuillier, Bénédictin, imprimée en 6 vol. *in-*4°. avec les favans Commentaires du Chevalier Folard. On croit que Polybe mourut dans fa patrie, âgé de quatre-vingt-deux ans, environ cent vingt-deux ans avant Jefus-Chrift.

POLIDORE Vergile [1]. Voyez FRANÇOIS DE BELLEFOREST.
Je defirerois que quelcun voulût prendre le loifir de tourner en
notre langue fon Hiftoire d'Angleterre [*].

[1] Du Verdier écrit ici *Vergile*, conformément à l'Auteur, nommé toujours
dans fes Livres *Polydorus Vergilius*. Le même du Verdier cependant, au
propre endroit de l'Article de Belleforeft, où il renvoie, écrit *Polydore
Virgile*, à l'occafion du Traité *de Inventoribus rerum*, traduit en François. La
Croix du Maine n'a pas écrit autrement, & cet ufage n'a pas difcontinué.
(M. DE LA MONNOYE).

[*] Polydore Virgile naquit à Urbin, mais on ne fait pas pofitivement la
date de fa naiffance. Il paffa en Angleterre, au commencement du feizième
fiècle, fous le règne de Louis VII. Les bénéfices qu'il y obtint, l'y fixèrent
jufqu'en 1550, que, fe trouvant fort âgé, & defirant retourner dans fa patrie,
Edouard VI lui en accorda la permiffion, & la grace d'y jouir des bénéfices
qu'il poffédoit en Angleterre, en le difpenfant de la réfidence. (Rymer,
Tom. VI, Part. III, pag. 191). Il retourna donc à Urbin, où il mourut cinq
ans après. Dans les Lettres d'Edouard, qui font en Anglois, le nom de cet
Auteur eft écrit *Polydorus Virgilius*. Il a compofé un affez grand nombre d'Ouvrages, en beau Latin. Mais ceux qui lui ont procuré le plus de célébrité,
font le Traité *de Inventoribus Rerum*, & fon *Hiftoire d'Angleterre*. Ce dernier
Ouvrage, écrit en Latin, comme le précédent, eft plus eftimé par le ftyle
que par l'exactitude des faits, & l'on rendroit aujourd'hui peu de fervice aux
Lettres, en prenant la peine de le traduire en François. Non-feulement il
connoiffoit mal l'Hiftoire ancienne d'Angleterre; il eft même très-fautif fur
l'Hiftoire de Henri VIII, fous le règne duquel il écrivoit. C'eft ce qui donna
lieu à l'Epigramme fuivante :

> *Virgilii duo funt, alter Maro, tu Polydore*
> *Alter, tu mendax, ille Poëta fuit.*

On prétend qu'une des fources de fon inexactitude vient de ce qu'il ignoroit
l'Anglois; chofe furprenante dans un homme qui vécut plus de quarante ans
en Angleterre, & qui en écrivoit l'Hiftoire! C'eft cependant le témoignage
d'un Auteur Anglois : *Maximè erravit Polydorus in defcribendis temporibus
Henrici VIII; nam præter quòd linguæ noftrates prorsùs ignarus, plurima eorum
temporum nefciri habuit neceffe. Plurima etiam, ut Mariæ Reginæ gratiam
promptiùs demereri poffet, fcripfiffe, non fine causâ, perhibetur.* (Whear, *de
Meth. legend. Hift.* Sect. 30.) On trouvera ce jugement confirmé par Nicelfon
(*Engl. Hift. Librar.*) & par les divers témoignages qu'a raffemblés Pope
Blount (*Cenfur. celeb. Autor.* pag. 451.

POMPONE DE BELLIEVRE, Confeiller du Roi en fon
Confeil d'État [1]. Harangue du fieur de Bellievre, Ambaffadeur

pour la Majefté du Roi de France, aux Seigneurs des treize Cantons des Suiffes, fur les guerres de France, recommencées l'an 1568. Seconde Harangue dudit fieur, faite aux Seigneurs des Ligues des Suiffes, les deux contenues au volume des Harangues militaires de Belleforeft.

* Pompone de Bellievre, fils de Claude de Bellievre, Premier-Préfident au Parlement de Grenoble, naquit à Lyon, en 1529; fut d'abord Confeiller au Sénat de Chamberry, enfuite Sur-Intendant des Finances, vers l'an 1575, & Préfident au Parlement de Paris, où il fut reçu le 8 Avril 1576, & réfigna cette place, en 1580, à Barnabé Briffon, qui en paya foixante mille livres, & vendit fa charge d'Avocat-Général quarante mille livres. Sur quoi Loyfel (*Opufc.* pag. 642) obferve que ce fût la première fois que les Offices du Parquet furent vendus à prix d'argent. Bellievre rendit à l'Etat des fervices importans; &, après avoir été employé en diverfes Ambaffades, il fut fait Chancelier de France par Henri IV, en 1599. Il mourut le 9 Septembre 1607, âgé de foixante-dix-huit ans. Il avoit eu de Marie Prunier, fa femme, quatorze enfans, trois fils & onze filles. Le dernier de cette illuftre famille, Premier-Préfident au Parlement de Paris, mourut fans poftérité le 13 Mars 1657.—Le Chancelier de France, dont il eft queftion dans cet Article, difoit que « les François ne remuent les bras que quand ils ont de l'eau jufqu'au col; » que l'édifice d'un auffi grand Etat ne peut être foutenu fur des chenevottes, » mais qu'il y faut de bons piliers. — En notre Cour, ajoutoit-il, les efpé- » rances font prifes pour des affurances, puifqu'on s'y propofe toutes chofes » faciles; auffi ceux qui font de bonnes difficultés n'évitent pas la calomnie ». Voy. *Longueruana,* pag. 286.

PONS DE BRUEIL, Poëte Provençal, mit par écrit un Traité intitulé *De las amours enrabiadas de Andrieu de franfæ,* duquel André de Franfe (qui mourut par trop aimer) le Roman a été perdu.

PONTUS DE TYARD, Mafconnois, Seigneur de Biffy, maintenant Evêque de Châlons fur Saone, a écrit Œuvres poëtiques; affavoir trois Livres des Erreurs amoureufes; un Livre des vers Lyriques; un Recueil de fes nouvelles Œuvres poëtiques; imprimés à Paris, *in-*4°. par Galiot du Pré, 1573. Ses Erreurs amoureufes avoient été imprimées *in-*8°. par Jean de Tournes, 1549. Solitaire premier, ou Profe des Mufes, & de la Fureur poëtique; avec quelques vers Lyriques fur la fin;

imprimé à Lyon , *in-fol.* par Jean de Tournes , 1552. Solitaire
fecond, ou Profe des Mufes, & de la Fureur poëtique, avec quelques
vers Lyriques fur la fin ; imprimé à Lyon, *in-*8°. par Jean de Tournes, 1552. Difcours du temps, de l'an & de fes parties, imprimé
à Lyon, *in-*8°. par Jean de Tournes, 1556. & à Paris, *in-fol.*
Mantice ou Difcours de la vérité de divination par Aftrologie,
imprimé à Lyon , *in-*4°. par Jean de Tournes , 1558. L'Univers , ou Difcours des parties , & de la nature du Monde,
imprimé à Lyon , *in-*4°. par Jean de Tournes , 1557. En ce
Livre il y a quelques pages prifes & tournées mot à mot de
Philon , Juif, en fon Livre du Monde ; & depuis, le même Tyard
l'ayant revu & augmenté, l'a fait réimprimer fous tel titre : deux
Difcours de la Nature du monde , & de fes parties ; affavoir le
premier Curieux , traitant des chofes naturelles ; & le fecond
Curieux des intellectuelles ; imprimés à Paris, *in-*4°. par Mamert
Patiffon , 1578. Jaques David du Perron y a mis un avant-
Difcours. Il a traduit d'Italien, Leon Hebreu , de l'Amour, Dia-
logues, imprimé à Lyon , *in-*8°. par Jean de Tournes , 1551.
Denis Sauvage , fieur du Parc , en a fait prefqu'en un même
temps , une autre Verfion. *Ephemerides octavæ fpheræ , feu*
Tabellæ Diariæ Ortûs , Occafûs , & meditationis cœli illuf-
trium ftellarum inerrantium , pro univerfâ Galliâ , & his regio-
nibus quæ polum Boream elevatum habent à 39 ad 50. gr.
Auctore Ponto Tyardeo Biffiano ; Lugduni in-fol. apud Joann.
Tornæfium , 1562. Ponti Tyardei, ad Pet. Ronfardum de cœ-
*leftibus Afterifmis Poematium ; Parifiis , in-*4°. *apud Galeotum*
à Prato , 1573 *.

　*Voy. LA CROIX DU MAINE , & les notes, au même Article , Tom. II,
pag. 336 & 337.

Au fecond Curieux.

[L'homme continue fa vie à mode des Elémens & des pierres , étant , croiffant
& s'altérant , & muant continuellement ; il eft vivant comme les métaux ,
d'un efprit vital caché ; & fi l'efprit vital des métaux eft caché , je m'en rapporte à l'immortel & vain travail des Alchimiftes. Davantage l'homme eft
vivant avec les plantes , d'une vie végétative ; avec les animaux , d'une vie

fenfitive & mouvante ; avec les intelligences féparées, de vie raifonnable, ou intellectuelle, & avec le grand moteur, de vie divine & éternelle. Pource difoit Trimégifte l'homme être tout en tout ; car il a en fon ame certaines puiffances, avec lefquelles comprenant & recherchant tout, elle fe fait tout, ou femblable à tout ; & par la capacité de fon infinie appréhenfion, approche de celle grande éternelle puiffance, que nous appelons Dieu. Ajouterai-je point que la partie de l'homme, appelée le fens, fe compare à la Terre, l'imagination à l'Eau, la raifon à l'Air, l'entendement au Feu, ou à la fubftance éthérée, & l'intelligence au Ciel, ou à fon moteur ? Vraiment l'admirable rencontre des Elémens, & le voifinage fecourable d'un à l'autre, foutient en partie, à mon avis, cette maffe mondaine Elémentaire. Et auffi les quatre humeurs complexionnaires, comparées aux Elémens, font jugées être en l'homme de telle proportion, que la mélancolie eft une partie ; la colère, deux ; la pituite, quatre, & le fang, huit ; tellement que de cette température vient la fanté, & de la diftempérie les maladies diverfes, felon que diverfement fe difproportionnent les humeurs. Mais, pour dire proprement quelles parties de l'homme font plus pertinemment comparables aux Elémens, ce font les fens extérieurs ; car l'œil, comme il eft lumineux, ne faifant fon office fans lumière, eft rapportable au Feu ; l'oreille, à l'Air, qui, frappé & bruyant, fe rend à l'ouïe ; l'odeur & le goût, à l'Eau (car en l'humide réfide la faveur & le fleurer) à favoir, le goût, par la qualité des humeurs fluantes & plus corporelles, ou matérielles ; car, combien que vous mettiez en la bouche une chofe feche, l'humeur de la bouche toutefois l'humecte, & de-là vient le goût, comme l'odorer ou fleurer vient des exhalations humides, telles que font celles d'où s'engendrent les nuées. L'attouchement eft comparé à la Terre. Ce néanmoins toutes ces parties fenfitives ne feroient officieufes, fans une certaine faculté ignée, & ce diverfement. En la vue, la chaleur pouffe les raiz, & les accompagne jufqu'à la lumière, pour lui donner vigueur d'attirer, ou recevoir l'image de l'objet préfenté. Pour aider à l'ouïe, la chaleur pénètre jufqu'en l'air plus liquide. Pour le fens du nez, elle paffe par l'air pur, jufqu'aux exhalations humides, defquelles l'air eft épaiffi. Et pour le goût, elle pénètre jufqu'à l'humeur plus matérielle. Les os en l'homme font ce que les pierres au grand monde, d'où prend fource la fable de Deucalion & Pyrra, jetant les pierres derrière le dos : auffi les os ont vie au corps humain, comme les pierres en la terre. Ce qui émeut quelques anciens, de penfer les pierres avoir des ames & vertus fecretes contre les venins & les illufions, & qu'elles étoient puiffantes de donner la force, la grace, la fageffe, la longue vie, les richeffes, le don de divination, de prophétie, de fanté, & autres tels effets, outre lefquels eft apparente la puiffance cachée de l'Aimant, & de l'Ambre, attirant ceftuy le fétu, & celui le fer. D'où il femble que les os & les pierres vivent, puifqu'ils croiffent. Même que les os humains, ainfi que les pierres, font pleins de plufieurs vertus & rares facultés. Vous avez fouvenance de ce qui eft écrit d'un os du pied droit de Pyrrhus, Roi d'Epire, & que les Médecins affurent que la poudre faite des os humains, avalée avec du vin rouge par les dyſſentériques., arrête le flux de ſang. Mais n'eſt-ce choſe admirable que l'Epilepſie (mal ſurnommé caduque & de S. Jean , ſoit guérie par un breuvage de vin , ou d'oxymel , avec la raclure du teſt , ou cranée humain ? L'on tient ce remède pour aſſuré , pourvu que la raclure , ou poudre , qui ſe doit donner à l'homme , ſoit d'un teſt féminin , & que celle qui ſe prépare pour la femme , ſoit du cranée d'un homme. Les os (dit Hiéromnine) d'Héliſée ſont honorés en nos ſacrés Livres de plus admirable faculté , & ceux qui reſtent des ſaints Martyrs , élus de Dieu , ſous le nom de vénérables reliques , ont fait tant de miraculeux effets , que la Nature & les naturels y perdent le ſens & la raiſon. Auſſi (reprit le Curieux) ne les voulois-je alléguer à ce propos , auquel il me ſuffit d'ajouter que ces vertus , propres aux pierres & aux os , prouvent aſſez que les unes & les autres ne ſont dépourvues de faculté vitale : opinion recevable , & de laquelle tout inconvénient peut être réſolu , puiſque les Philoſophes ont décrit diverſes ſortes de vie, ſelon les eſſences & eſpèces de choſes vivantes , comme Anges, Hommes , Animaux , Plantes , Pierres , & même les Métaux , auxquels ſont comparables les humeurs au corps humain. Car , ainſi qu'à la génération des métaux , auſſi à la génération des humeurs (diſent les Aſtrologues) ſervent les aſpects des Etoiles , la contrerencontre de leurs raiz , la force & influence de quelque particulière Planète , & la vertu engendrante : puis la chaleur naturelle qui les cuit , les purifie , & réduit en propre & péculiaire forme , en laquelle chacune a vie , comme les métaux en la leur. Les demi-minéraux , marcheſites , & autres de tel ordre , entrent en comparaiſon avec les vaiſſeaux inteſtins de l'homme , qui ne ſont ni chair, ni os. Encore pourrois-je étendre que les eaux intérieures de la terre , les cavernes ſpiritueuſes & venteuſes , les matières & liqueurs d'où les pierres s'endurciſſent , les viſcoſités bitumineuſes , ſont en l'homme les veines qui reçoivent le ſang, les artères qui reçoivent l'eſprit , le cerveau , la mouelle , la ſalive , & diverſes humeurs viſqueuſes , craſſes & corrompues , deſquelles il eſt plein. La chair eſt comparable aux plantes en ſa vertu végétative , prenant nourriture & accroiſſement; car , tout ainſi qu'une plante coupée recroît , ſe rejoint, ou reprend , auſſi fait la chair. Eſt-ce pas choſe étrange que l'homme eſt capable de toutes les mœurs , affections , voix & autres actions de tous les animaux ? Quel dégoiſement d'oiſeau , tant fredonnement diminué ſoit-il , n'avons-nous vu contrefaire? Quel bruit horrible d'hurlement ne peut l'homme exprimer ? Quelle voix d'autre animal peut être hauſſée , ou baiſſée plus extrêmement , ou plus à commandement ? Quel poiſſon n'eût reçu pour compagnon au nager un Glauce, un nageur Delien, un Scyllis Sicyonien, & le Matelot Néapolitain , qui , en un jour , eſt allé & revenu nageant d'Iſchia à Porezzo , à l'entrée du golfe de Naples ? ou bien Colan , ſurnommé Poiſſon , natif de Catania , en Sicile , qui , comme en un bain , par ébat ordinaire , alloit nageant par la mer ; depuis Gaiette juſqu'en Sicile? Quel Singe ne ſe voit être vaincu en ſoubreſauts & voltigemens par l'homme bien diſpos ? Qui n'a vu l'humain artifice avoir contrefait le voler des oiſeaux , émerveillés de rencontter une nouvelle espèce, fendant l'air, ainsi qu'eux ? Aussi est-il arrêté au Péripate que l'espèce humaine contient en soi, par puissance, ou capacité, les diverses natures des animaux, ce qui a mu Aristote de juger, en sa Physiognomie, les mœurs des hommes, à la ressemblance & figure qu'ils en représentent, selon les membres, couleurs, ou actions. Opinion peu éloignée de la Pythagorienne, suivie d'Empédocle, Plotin, Numénie, & autres Sectistes, qui affirmoient que l'ame humaine, dépouillée de sa robe corporelle, se revêtoit de la figure d'un animal, duquel elle avoit imité les mœurs au cours de son humaine vie, au laps de laquelle, par diverses actions, l'homme se conforme aux divers genres d'animaux ; car, en enfance & première jeunesse, que sa raison n'est encore exercée au discourir, par l'ame végétative, il se traîne & glisse sur la terre avec les reptiles. En l'âge viril, par les pensées & imaginations, il est un peu plus élevé & ferme, cheminant avec les animaux terrestres. Mais en vieillesse, que les imaginations, les pensées & l'expérience des choses lui ont poli la raison, par l'ame contemplative & spéculative, il s'élève de terre, & vole avec les oiseaux. Ceci seroit peu, si la ressemblance ne trouvoit lieu au Ciel, où le mouton terrestre reconnoît son Astre le mouton céleste ; le taureau, le taureau, & le Scorpion, le Scorpion. Donc l'homme, ainsi qu'un autre monde, reçoit communication de tous les Cieux, & participe des puissances de toutes les intelligences, tellement que, selon les Académiques, l'ame descendant çà-bas, prend de Saturne la ratiocination, l'intelligence & la spéculation ; de Jupiter, l'action ; de Mars, l'ire & l'ardeur de courage ; de Vénus, la concupiscence & mouvement du desir ; de Mercure, l'appréhension & la perspicacité d'interpréter & découvrir ses conceptions disertement ; du Soleil, l'opinion & l'imagination du savoir ; de la Lune, la vertu engendrante, l'accroissement, ou augmentation matérielle du corps, qui est, comme j'ai dit, de qualité des Elémens, & rapporté en mille singulières & subtiles comparaisons. Quelques autres Anciens ont pensé que l'homme naissant empruntoit de la Lune, le corps ; du Soleil, l'esprit ; de Mercure, l'entendement ; de Vénus, la concupiscence ; de Mars, le sang ; de Jupiter, le desir, & l'humeur, de Saturne. Le Zodiaque a lieu ici ; car, entre lui & l'homme, il y a un merveilleux consentement, par sympathie, du mouton céleste, à la tête ; du taureau, au col ; des Jumeaux, aux bras & aux épaules ; du Cancre, à la poitrine ; du Lion, aux flancs ; de la Vierge, au ventre ; des Balances, aux fesses ; du Scorpion, aux aines & parties cachées ; du Sagittaire, aux cuisses ; du Capricorne, aux genoux ; du Verseau, aux jambes, des Poissons aux pieds, observance tellement reconnue par l'expérience des Chirurgiens, Médecins, qu'ils n'appliquent jamais le fer aux Parties, desquelles le Signe est occupé par la Lune. Joint qu'il semble que les animaux des figures ainsi accommodées aux parties du corps humain, ayent plus de force de cette partie, comme le mouton de la tête, & le taureau du col. Quant aux humeurs, Saturne convient à la mélancolie, d'où le mélancolique est dit Saturnien, pource qu'il se délecte aux œuvres Saturniennes, comme profondes imaginations, solitudes, contemplations, & les semblables. Jupiter convient au fang, à l'efprit humide & chaud, &, par fuite de raifon, à la vie, de laquelle le fang eft fiége plus exprès : au refte, le jovial eft traitable & benin. Mars convient à la colère, comme tout igné, chaleureux & bouillant : d'où le Martial fait affez preuve de toutes fes violentes & ardentes opérations. Le Soleil convient à la complexion mêlée du fang de Jupiter, & de la colère de Mars, & tempére fon Solaire, pour le poufler aux œuvres & entreprifes illuftres. Vénus s'accommode à l'humidité chaleureufe & à la colère, conduifant le vénérien à la volupté de fon nom, fi le voifinage du Soleil, felon l'ufitée difpofition Aftronomique, ne corrige & defféche cette chaude & humide inclination. Mercure eft approprié à l'efprit aigu & fubtil, prompt à tout; mais, à caufe de fon inconftance, difficile d'être connu à l'œil. Au refte, nul n'ignore combien la Lune peut fur l'humide, phlegmatique & pituiteux. La curiofité de rechercher en ce petit monde une reffemblance univerfelle, avoit connue la divifion des Signes du Zodiaque, divifés en quatre ternaires, pour à chacun des quatre Elémens en approprier trois, l'un ainfi que commencement, l'autre ainfi qu'état, ou confiftance, & le tiers, comme fin de l'Elément; car au Mouton eft le commencement du Feu, au Lion fon état, & au Sagittaire fa fin. Au Taureau eft le commencement de la Terre, à la Vierge fon état, & au Capricorne fa fin. Aux Jumeaux eft le commencement de l'Air, aux Balances fa confiftance, & à Aquarius fa fin. Au Cancre eft le commencement de l'Eau ; au Scorpion fa confiftance, & fa fin aux Poiffons. Mais, comme ces douze fignes ainfi partis s'approprient aux quatre Elémens de l'univers, auffi font-ils appliqués aux quatre humeurs, vrais Elémens du petit monde, l'homme. Ainfi donc l'humain entendement comprend le commencement, l'être & la fin de toutes chofes Elémentaires, qui font, ou qui feront, & eft logé dans la tête, comparable au Ciel Etoilé, tant pour fa rondeur, que pour fes lumières & organes. Vraiment m'entretenant quelquefois de la reffemblance de ces deux Mondes, il me vint en penfée que la volonté en l'homme peut être comparée au premier Ciel, mouvant tous les autres. Le Ciel Etoilé repréfente au premier mobile, s'il y en a un fur lui, les degrés des chofes créables, on engendrables par lui & par les Planètes, & ce premier mobile exécute le miniftère, & par fon mouvement en adminiftre l'office. Davantage les Sphères inférieures obéiffent au premier mobile, & le fuivent, comme la volonté meut toutes les affections. La clarté montre bien le chemin à l'œil, toutefois ne le mène pas : l'entendement auffi montre les voies à la volonté, & la volonté, adminiftrant fes opérations, les choifit, & y ordonne. Car, quoi que faffent les membres, ils cèdent & obéiffent au mouvement volontaire. Je remets en mémoire, comme un fil tire l'autre, que les fept Planètes font accommodées à l'homme : à favoir, trois pour la conduite des actions, & quatre pour la confervation du corps. Des trois qui embefognent nos actions, Mercure a charge de la fantaifie & diligente perfpicacité d'exécuter ; Vénus, du defir & délectation de l'exécution ; & Mars, de l'impétueux mouvement de courage, qui, au hafard, fait l'opération fortunée. Qui exécutera jamais rien,

fans

fans l'avoir paffé tant foit peu par la fantaifie ? Qui s'y embefogneroit, fans
quelque plaifir que l'on prend à l'œuvre ? Et quel fuccès oferoit-on attendre,
fi de vif courage l'on ne hafardoit, fous efpérance que fortune bienheurera ?
Reftent les quatre Planètes qui confervent le corps, defquelles le Soleil eft la
fource vitale, affife dans le cœur. Jupiter regarde la vertu naturelle & fanguine au foie, fiège, difent aucuns, de l'Amour ; Saturne, la puiffance
diftributive & recevante, par la mélancolie & le fiel ; la Lune eft pour l'accroiffement & décroiffement. On ajoute que Saturne gouverne les oreilles,
principalement la droite ; car le propre du Saturnien, c'eft d'ouïr beaucoup, &
ruminer les chofes ouïes, pour, après longue confidération, s'enrichir de
prudence. On lui attribue la ratelle, vaiffeau & receptacle de l'humeur terreftre & mélancolique. Jupiter gouverne l'autre oreille, pour donner accompliffement à la fapience commencée par Saturne. Mars gouverne les reins,
qui font de chaude & féche qualité, à l'opinion de quelques uns : combien
que les autres les qualifient chauds & humides, qui ne fera encore impertinent à lui, auquel l'on donne quelque égard pour fa chaleur fur l'humidité
radicale. Le Soleil gouverne le cœur, fiège, comme j'ai dit, & commencement de vie ; & l'œil droit, & la moëlle, qui eft un fecond fang blanchi
par concoction, en figne de quoi les jeunes animaux ont la moëlle rouge,
& de couleur fanguine, &, felon qu'ils avancent d'âge, elle fe va toujours
blanchiffant. Vénus gouverne la bouche, fiège du baifer, figne & gage
d'Amour ; & les membres, qui fervent à la génération, principalement
l'échine, ou l'épine du dos, tant pource qu'elle fert (felon l'opinion de
quelques Philofophes naturels) de canal à la femence, que pource qu'en
elle fe fait une liaifon de plufieurs os, d'où elle femble un néceffaire lien
& univerfel foutenement du corps. Auffi l'amour, qui lie & étreint indiffolu-
blement les efprits au corps, eft repréfenté par cette conjonction d'os, dédiés
à Vénus, à laquelle les reins, pource qu'ils logent l'humidité radicale, qui
lui eft proprement en charge, font plus raifonnablement appropriés qu'à
Mars. Mercure gouverne la langue, comme Préfident d'éloquence ; car,
ainfi que la Planète, Mercure, difficile à voir au Ciel, fait toutefois fon
cours d'une prompte vîteffe, & fes influences de grande efficace : auffi la langue, qui eft le membre plus caché, eft celui qui fait plus vivement fes opérations : il eft accommodé aux mains pour l'habileté & promptitude des œuvres
fubtiles & manuelles. La Lune eft dédiée au gouvernement de l'œil droit,
comme croient aucuns, & du cerveau, & étend fa puiffance fur les humeurs
& les poulmons, qui rafraîchiffent & éventent les inflammations du cœur.]

PRESSAC (Le Seigneur de) a traduit quelques Epîtres de
Seneque, imprimées in-8°. par Guillaume Chaudiere, 1583 *.

*Voy. LA CROIX DU MAINE, au mot GEUFFROI DE LA CHASSAGNE,
Sieur DE PRESSAC, Tom. I, pag. 274.

PRIMASIUS [1]. Expofitions fur les Epîtres S. Paul. Voyez JEAN DE GAIGNY.

[1] Il étoit Evêque d'Adrumete, en Afrique, au fixième fiècle. Il fe trouva, en 553, au cinquième Concile Général, tenu à Conftantinople. On a de lui un Commentaire fur les Epîtres de S. Paul & fur l'Apocalypfe, & l'on voit qu'il étoit fort attaché à la Doctrine de S. Auguftin *. (M. DE LA MONNOYE).

* Il étoit Difciple de S. Auguftin. Il avoit écrit un Ouvrage divifé en trois Livres, contre les héréfies, mais cet Ouvrage a péri. Son Commentaire fur les Epîtres de S. Paul eft extrait de S. Ambroife, de S. Jérôme, de S. Auguftin, &c. &c. C'eft le feul de fes Ouvrages qui ait été traduit en François. Du Verdier & La Croix du Maine ont parlé du Traducteur JEAN DE GAIGNY. Il femble que ces deux Bibliographes, ainfi que M. de la Monnoye, aient eû quelque doute s'il faut dire GAIGNY, GANNEY, GAGNÉ, ou GANAY; mais ce nom eft écrit GAIGNY, dans le Manufcrit de la Traduction qui fe trouve à la Bibliothèque du Roi, & que cite Montfaucon (Biblioth. Bibliothecarum, manufcript. Tom. II, pag. 789.

PROBA FALCONIA [1] *. Voyez RICHARD LE BLANC, PARDOUX DU PRAT.

[1] Elle vivoit encore au commencement du cinquième fiècle. (M. DE LA MONNOYE).

* Malgré l'autorité d'Ifidore de Seville, & celle d'une note qui fe trouve dans un Manufcrit du dixième fiècle, cité par Montfaucon (Diar. Ital.) & contre l'opinion commune, le favant Fontanini a prouvé, dans le fecond Livre de fes Antiquités d'Horta, imprimées en 1708, que Proba Falconia, dont il s'agit ici, n'a rien de commun avec Anicia Falconia, femme de Probus Anicius, ni avec Valeria Proba, femme du Proconful Adelphias. Proba Falconia écrivit fes Centons fous l'Empire d'Honorius, par conféquent après l'an 393.

PROCLE *: Voyez ELIE VINET, EST. FORCADEL.

* Proclus de Lycie, appelé Diadocus, Difciple de Syrien, Philofophe Platonicien, Chef de l'Ecole d'Athènes, qui fubfiftoit encore de fon temps, c'eft-à-dire, vers la fin du cinquième fiècle, eut Marin de Naples pour Difciple & fucceffeur dans le même emploi. Il fut Grammairien, Philofophe, & même habile Phyficien; il écrivit des Commentaires fur Homère, fur Héfiode, fur la République de Platon. On dit qu'il renouvela le Miroir d'Archimede, avec lequel il mit le feu aux vaiffeaux de Vitalien, qui affiégeoit Conftantinople, fous l'Empire d'Anaftafe I. Ce Philofophe Payen écrivit contre la Religion Chrétienne. Jean le Grammairien lui répondit par

une Apologie folide , dans laquelle il lui prouva que , quoique fort habile dans la Littérature Grecque , il faifoit preuve d'ignorance , & même d'extravagance, dans tout ce qu'il avançoit contre les Chrétiens. On croit que Proclus mourut à Athènes , âgé de foixante-quinze ans.

PROCOPIUS *. Voyez GUILLAUME PARADIN.

* Procope , de Céfarée , en Paleftine , Orateur & Sophifte , fous l'Empire de Juftinien , fe fit une réputation brillante, par fon ftyle , & par fes Ecrits. Il fut Secrétaire de Bélifaire , qu'il accompagna en Afie , en Afrique & en Italie , dans toutes les guerres que ce Général fit pendant le règne de Juftinien , & il écrivit deux Livres *de la Guerre des Perfes* , deux *de la Guerre des Vandales* , quatre de celle *contre les Goths*. Ces Ouvrages eftimés font partie de l'Hiftoire Bizantine , & ont été imprimés , à l'Imprimerie Royale , en 1662 , en Grec , avec la verfion Latine du P. Maltret , Jéfuite. On attribue à ce même Procope une Hiftoire *Anecdote* de Juftinien & de l'Impératrice Théodora , fon époufe , dont il rapporte des chofes horribles , de même que de Bélifaire. Suidas regarde cette Hiftoire fecrette comme une fiction atroce , & une fatire cruelle des mêmes perfonnes qu'il avoit accablées de louanges. Cette Hiftoire fecrette fut également imprimée au Louvre , en 1663. Procope avoit cependant été décoré du titre de Sénateur , & avoit reçu de grandes récompenfes de Juftinien ; il fut même Préfect de Conftantinople. Il mourut vers 562 , âgé de plus de foixante ans.

PROSPER , Evêque de Rheige [1]. De la Vie Contemplative , Livres trois. Voyez JEAN BOUILLON.

[1] S. Profper , que les meilleurs Critiques croient , avec le P. Sirmond , n'avoir été ni Evêque de Regio , dans le Modenois , ni de Riez , en Provence, n'eft pas non plus Auteur des trois Livres *de la Vie Contemplative* , attribués à Julien Pomére , Prêtre Africain , par Gennade , fon contemporain , & par S. Ifidore de Séville. On ne fait pas précifément le temps de fa mort. Baronius dit que ce fut l'an 466 *. (M. DE LA MONNOYE).

* C'eft le Profper d'Aquitaine , le célèbre défenfeur de la Grace de Jefus-Chrift , qui a compofé le beau Poëme *contre les Ingrats* , c'eft-à-dire , contre les ennemis de la Grace , dont M. le Maître de Sacy a donné une belle Traduction en vers François , & dont M. Racine le fils s'eft fervi fi utilement dans fon Poëme de la Grace. Du Verdier , en lui attribuant les Livres *de la Vie Contemplative* , ne fait que fuivre l'opinion commune de fon temps. Volaterran , Liv. XVIII de fon *Antropologie* , qui place la mort de Profper d'Aquitaine à l'an 454 , dit que fa fcience & fa fageffe lui donnèrent beaucoup de crédit auprès du Pape Léon I , qui le fit Evêque de Regio , & il lui attribue les Livres *de la Vie contemplative*. L'opinion la plus probable fur le temps de

la mort de S. Profper, la fixe à l'an 463. (Voy. *Hift. Litt. de la France*, Tom. II, pag. 577.) On a une Edition des Epigrammes de S. Profper, qui porte pour titre, *Traité de la Vie contemplative & humaine, touchant les fept Vertus*. On ne fauroit dire ce qui a déterminé l'Editeur à donner un pareil titre à ce Recueil. Ce n'eft point là le *Traité de la Vie Contemplative*, divifé en trois Livres, dont parle ici du Verdier. Ces trois Livres font certainement d'un Prêtre, nommé *Poméré*, qui les compofa vers l'an 490. (*Ibid.* pag. 402). La tradition, qui attribue cet Ouvrage à S. Profper, remonte au huitième fiècle, & plufieurs Conciles l'ont cité comme étant de S. Profper. Mais, outre le ftyle diffus & abondant de ce Traité, bien différent de l'éloquence forte & ferrée de S. Profper, le P. Sirmond a démontré qu'il étoit de Poméré. (*App. ad S. Profp. Opera*).

PROSPER CALANIUS. Voyez JEAN GOEVROT.

PRUDENT LE CHOYSELAT, Procureur du Roi & de la Roine, à Sezanne, a écrit Difcours Œconomique, non moins utile que récréatif, montrant comme par le ménagement de poulles de cinq cens livres pour une fois employées, l'on peut tirer par an quatre mil cinq cens livres de profit honnête; imprimé à Paris, *in-8°*. par Nicolas Chefneau, 1572. Ayant lu ce Livret & m'étant plu en la lecture pour l'avoir trouvé de fi bonne grace & belle invention, je me fuis mis à faire l'Epigramme fuivant à la louange de l'Auteur.

> *L'homme prudent, à ménager appris;*
> *De fon talent tire honnête profit;*
> *Mais ce prudent en fageffe confit,*
> *Sur tous prudens ménagers a le pris.*
> *Il fait comment (frais déduits & compris)*
> *Par an on double une fomme cinq fois,*
> *Sans que d'ufure on foit foumis aux loix,*
> *Et moins de Dieu ne des hommes repris.*

PRUDENT DE SAINT MAURIS, Avocat au Parlement de Dole, a écrit la Pratique & Style Judiciaire, obfervé tant ès Cours de Parlement que Tribunaux de Juftice, au Comté de Bourgogne; imprimée à Dole, *in-4°*. par Jean Tarlot, 1577.

PUBL. VIRGIL. * MARO. *Voyez* Louis des Mafures, Robert & Antoine le Chevalier, B. Aneau, Ferrand de Bez,

Pierre de Monchau, Richard le Blanc, Guillaume Michel, Octavien de Saingelais, Joachim du Bellay, Pierre Tredehan.

*Virgile, le premier des Poëtes Latins, naquit à Andes, dans le Territoire de Mantoue, le 15 Octobre de l'an 70, avant Jesus-Christ, & mourut à Brindes, en Calabre, âgé de cinquante-un ans. Son corps fut porté à Naples, où l'on voit encore les restes de son tombeau. On donne de temps à autres de nouvelles Traductions de Virgile, soit en prose, soit en vers, & il est à croire que les dernières qui paroissent l'emportent toujours sur celles qui ont précédé.

PUBLIUS [1] SYRUS MIMUS *. Voyez les Sentences de ce Poëte, en celles des Lyriques & Comiques Grecs, tournées en François & imprimées à Paris.

[1] Mimus est ici un nom de profession, parce que ce Poëte montoit sur la scéne, & y déclamoit ses vers, appelés Mimes, du Grec μιμεῖσθαι. Les Mimes étant une imitation, une représentation Comique des mœurs & des actions des hommes, on a donné le nom de Mimes aux sentences extraites des Farces que les Mimographes composoient pour le divertissement tout ensemble & pour l'instruction du Public. La meilleure & la plus ample Edition des Mimes de Publius Syrus, comme l'a fort bien remarqué l'exact Jean-Albert Fabrice, est celle qu'on trouve à la suite des Œuvres de Muret, de l'Edition d'Ingolstad, 1599, ou de Léipsick, 1672. Les Versions Françoises, qui en ont été faites au seizième siècle, mentionnées ici par du Verdier, sont très-mauvaises. On en peut juger par le mot Publius, que Charles Fontaine, un des Traducteurs de ces Mimes, a rendu par Publian, ce qui n'est pourtant pas si ridicule que le nom Clitus, rendu par Clitouve, pour la commodité de la rime, en cet endroit d'une Epître Morale de Jean Bouchet :

Ne tua pas Alexandre, qui trouve
En sa fureur son cher ami Clitouve? (M. DE LA MONNOYE).

* Ce Poëte Mimique vivoit quelque 40 ans avant Jesus-Christ, & étoit contemporain de César, qui lui accorda sa faveur. Il l'emporta sur tous ses concurrens, & même sur le fameux Laberius, Chevalier Romain, Mime comme lui, qui n'osa plus paroître. La Morale de ses Mimes est excellente. On en peut juger par l'estime qu'en a faite La Bruière; il a fondu, dans ses Caractères, la plupart des sentences qui nous restent de Publius Syrus.

PUBL. OVID. NASO. Voyez François Habert, Octavien de Saingelais, Michel d'Amboise, Barth. Aneau, Clément Marot, Charles Fontaine, Calvy de la Fontaine, Estienne Forcadel, Antoine de Cotel *.

* Voy. ci-dessus le mot OVIDE, pag. 162 & 163.

PUBL. CORN. TACITUS. *Voyez* Eftienne de la Planche, Claude Faufchet de Blaife Vigenere, Claude Guillomet, François Douynet *.

* Voy. les notes fur le mot CORNELIUS TACITUS, Tom. III, p. 418 & 419.

PUBL. TEREN. AF. Première Comédie de Terence, intitulée l'Andrie, mife en rime Françoife par Traducteur inconnu; imprimée à Lyon, *in-8°.* par Thibaud Payen. Jean Antoine de Bayf a traduit l'Eunuque & l'Heautontimorumenos; Jean Bourlier a traduit toutes les fix Comédies de Térence, en profe Françoife, & Charles Eftienne a traduit auffi l'Andrie en profe Françoife.

* *Publius Terentius Afer*, Efclave, né à Carthage, prit le nom de fon maître *Publius Terentius Lucanus*, Sénateur, qui l'affranchit, à caufe de fes talens. Ces mêmes talens lui acquirent l'amitié des perfonnages de Rome les plus diftingués, entr'autres, de Lélius & de Scipion, ce qui avoit fait dire que ces illuftres Romains l'aidoient dans la compofition de fes pièces. Des fix qui nous reftent, le *Phormion* & l'*Hécyre* ont été traduites, ou imitées d'Apollodore, ancien Comique Grec; les autres, favoir, l'*Andrienne*, l'*Eunuque*, l'*Heautontimorumenos* & les *Adelphes*, font imitées de Ménandre. L'*Eunuque* eft, de toutes fes pièces, celle qui eut le plus de fuccès. Il fortit de Rome, âgé de trente-un ans, pour aller voyager en Grèce, d'autres difent en Afie, & il mourut de chagrin dans le Péloponnèfe, d'avoir perdu fes balots, où étoient, à ce que l'on dit, cent huit Comédies, qu'il avoit traduites de Ménandre. Il mourut environ 159 ans avant l'Ère Chrétienne. La pureté du ftyle, la beauté, l'élégance & la netteté de l'élocution rendront toûjours précieufes les Comédies de Térence aux amateurs de la belle Latinité. La meilleure Traduction de Térence feroit inconteftablement celle de Madame Dacier, fi M. l'Abbé le Monnier ne nous en avoit donné une nouvelle, qui, à bien des égards, peut le difputer à celle de cette femme favante.

P. BLANCHART, Maître d'Ecole à Laon, en Laonnois, a compofé Calendrier perpétuel, imprimé à Paris, par Jean le Clerc, 1581.

P. DE MANCHICOUR, de Tours, a mis en mufique quelques Chanfons, imprimées à Paris, par Pierre Artaignant.

P. SAPET a écrit en profe, les Enthoufiafmes ou Eprifes amoureufes, en nombre vingt-trois, imprimés à Paris, *in-8°.* par Jean Dallier, 1555.

P. S. TURNEBE [1], fils d'Adrian Turnebe, a écrit Traité de la nature, caufes, formes & effets des Cometes, imprimé à Paris, in-8°. par Lucas Breyer, 1577.

[1] Etienne Turnèbe, fils du célèbre Adrien, ne voulant pas fe déclarer nettement Auteur de ce *Traité des Comètes*, fit mettre au bas du titre *P. S. Turneb.* ce qui caufa de l'obfcurité. On comprenoit bien que *Turneb.* fignifioit *Turnèbe*, mais on ne pouvoit faire cadrer avec ce nom les deux lettres *P. S.* qui précédoient, n'y ayant nul *Turnèbe* connu, dont le nom propre fût *Pierre-Simon*, *Paul-Sébaftien*, ou tel nom double, commençant, l'un par *P*, l'autre par *S*. Dans cet embarras, Du Verdier a repréfenté de bonne foi le nom tel qu'il l'a trouvé, ne s'imaginant pas qu'on eût voulu mettre au bas d'un titre François deux lettres initiales, avec le mot *Turneb.* par abrégé, pour indiquer que ce Livre avoit été fait *per Stephanum Turnebum*. Cet Etienne Turnèbe étoit Confeiller au Parlement de Paris. (M. DE LA MONNOYE).

P. VANAELST, Flamand, a écrit en François, Règles générales d'Architecture, fur les cinq manières d'édifices ; à favoir Tufcan, Dorique, Ionique, Corinthien, & Compofite; avec les Exemples des Antiquités, lefquelles la plupart concordent à la doctrine de Vitruve; imprimées en Anvers, *in-fol*.

LIVRES D'AUTEURS INCERTAINS.

Louanges & Recommandations de la PAIX, extraites de l'Ecriture fainte, imprimées à Paris, 1563.

PANDARNASSUS *, Roman, intitulé autrement, le très-éloquent Pandarnaffus, fils du vaillant Galimaffue, qui fut tranf-porté en Faerie par Oberon, lequel y fit de belles vaillances, puis fut amené à Paris par fon pere Galimaffue, là où il tint conclufions publiques, & du triomphe qui lui fut fait après fes difputations; imprimé à Lyon, *in-8°.* par Olivier Arnoullet.

* C'eft une mauvaife imitation du Gargantua de Rabelais.

PANEGYRIC des Damoifelles de Paris, fur les neuf Mufes, fait en vers & imprimé à Lyon, *in-16.* par Jean de Tournes, 1545.

PARADOXE contre les Lettres [1], imprimé à Lyon, *in-8°*, par Jean de Tournes, 1545.

[1] Ortenfio Lando, Milanois, fit imprimer, en 1544, à Lyon, trente Paradoxes Italiens, dans le troifième defquels il a prétendu prouver *Che meglio fia l'effere ignorante che dotto* *. (M. DE LA MONNOYE).

* Ainfi le fameux Jean-Jacques Rouffeau n'eft pas le premier qui ait foutenu ce Paradoxe. —Voy. CHARLES ESTIENNE, Tom. III, pag. 297 & fuiv.

PARADIS du Pape Jules, Dialogue [1], *Cenfuré*.

[1] L'Original de ce Dialogue, entre S. Pierre & Jule II, eft en profe Latine. C'eft une pièce fatirique, imprimée, non pas, comme dit Rivet, en 1512, temps auquel Jule vivoit encore; mais au plutôt fur la fin de 1514, ou au commencement de 1515, peu de temps après la mort de ce Pape. Le Poëte Faufte, à qui on fit l'honneur d'attribuer ce Dialogue, n'auroit pas manqué, vain & étourdi comme il étoit, de le reconnoître pour fien, s'il en avoit été véritablement l'Auteur. Il n'étoit pas capable d'une telle compofition; elle étoit plus digne d'Erafme, foit par le ftyle, foit par le tour. Auffi en fut-il très-fortement, &, je penfe, affez juftement accufé, quoiqu'il l'ait toujours hautement défavouée. Il s'en eft fait plufieurs Editions. Celle qui fe trouve, pag. 123 du Recueil *Pafquillorum*, imprimé l'an 1544, *Eleutheropoli*, c'eft-à-dire, à Bâle, eft intitulée *Julius Exclufus*, parce que ce Pape y eft d'abord repréfenté la clef à la main, tâchant d'ouvrir la porte du Paradis, qui lui eft fermée. (M. DE LA MONNOYE).

Le **PARANGON** des Chanfons de divers Muficiens, Livres dix-huit, imprimé à Lyon, par Jaques Moderne.

Le grand **PARDON** & plenière Rémiffion pour toutes perfonnes & durant à perpétuité; imprimé à Genève, par Adam & Jean Riveri, 1550. *Cenfuré*.

La **PARFAITE** Amitié de deux vrais amans; & l'utilité qu'on peut tirer de fes ennemis; imprimée à Lyon, *in-16*. par Jean d'Ogerolles, 1560.

PARIS & la belle Vienne, *Roman*.

Expofitions & Contemplations fur les fept **PAROLES** que notre Seigneur Jefus-Chrift dit en la Croix, extraites des Docteurs anciens de l'Eglife, avec Additions en marge; imprimées

mées à Paris, *in-4°.* par Chreſtien Wechel, 1535 : là où l'Auteur au prologue, écrit ces paroles dorées :

[L'Arbre de la Croix, auquel étoient affichés les membres de Jeſus-Chriſt mourant, fut auſſi la chaire du Maître le monde enſeignant. Et tout ainſi que le Cigne, étant près de ſa mort, chante plus mélodieuſement qu'il ne fit onques jour de ſa vie ; pareillement notre Rédempteur a monté en cette chaire de ſa Croix, afin que les plus excellentes doctrines de vertu & bonnes mœurs il ſemât & plantât en ſon Egliſe, à laquelle il préſide, pour plus amplement l'endoctriner en la voie de ſalut, juſqu'à la conſommation du ſiècle. Et pource diſoit S. Bernard, en la Croix a été ouverte la bouche de Jeſus-Chriſt, auquel ſont contenus tous les tréſors de ſapience & de ſcience.]

Les PAROLES mémorables entre Jeſus-Chriſt & le pécheur, qui eſt un Dialogue contemplatif, pour l'attirer à ſon amour, pleines d'inſtruction ſalutaire; avec la manière de ſavoir ſe bien confeſſer ; imprimées à Lyon, *in-8°.* par Romain Morin.

Le PASQUIL de la Cour, compoſé par Maître Pierre de Cugnieres reſſuſcité ¹, jadis Avocat en Parlement ; imprimé à Paris, 1561. *Calvinique.*

¹ Voy. La Croix du Maine, & les notes, au mot Pierre de Cugnieres, Tom. II, pag. 267 & ſuiv. — La hardieſſe avec laquelle Pierre de Cugnieres parla en 1539, a fait employer ſon nom, lorſqu'on a voulu débiter quelque remontrance hardie. (M. de la Monnoye).

Le PASSETEMPS de tout homme, & de toute femme, en *Rime*; imprimé à Paris, par Antoine Verard *.

* Antoine Vérard imprima ce Livre l'an 1505, *in-4°.* Guillaume Alexis en eſt l'Auteur. —Voy. La Croix du Maine, au mot Guillaume Alexis, Tom. I, pag. 304 & ſuiv.

Le PASSETEMPS & Songe du Triſte, en *Rime* ; imprimé à Paris, *in-8°.* par Jean Longis, 1530.

PASSETEMPS honnête, recueilli des faits & propos de pluſieurs Princes, Philoſophes & hommes ſignalés ; pour récréer toute bonne compagnie; à Paris, *in-16.* par Emanuel Richard, 1579.

Le PASSETEMPS de la fortune des Dez, d'une autre bien plus gaillarde invention que n'eft celle de Laurens l'Efprit, par un ancien Auteur François, dont le nom m'eft incertain : car pour trouver fa fortune, il ne met qu'un feul renvoi à l'Empereur, au Comte de Savoye, au Roi d'Aragon, au fieur de Mylan, au Roi d'Angleterre, au Comte de Vertus, au Duc de Bourbonnois, au Duc d'Anjou, au Roi d'Hongrie, au Souldam, au Duc d'Auftriche, au Roi d'Efpagne, au Roi de Sicile, au Roi de Chypre, au Roi de Tunis, au Roi de Damas, au Roi de Bolmarin, au Seigneur de Coucy & au Duc de Baviere, chacun defquels répond par un Diftique François fur la demande de la chofe qu'on veut favoir; imprimé à Paris, in-16. par Nicolas Buffet.

PATHELIN, ou Maître Pierre Pathelin, farce [1]; avec le Blafon & Loyer des fauffes amours; imprimé à Paris, in-8°. par Simon Voftre, & depuis in-16. par Eftienne Groulleau, 1564. Ce Livre a été traduit de François en Latin, fous tel titre : *Pathelinus, Comœdia, aliàs veterator, è Gallicâ linguâ in Latinam traducta per Alexandrum Connibertum; Parifiis, in-8°. apud Simonem Colinæum, 1543.*

---

[1] Il faut écrire PATELIN, parce que ce mot ne vient ni de *πάθος*, ni de l'Aorifte *ἔπαθον*, mais du Bas-Latin *Pafta*, de la Pâte, d'où on a fait le verbe *appâter*, dans la fignification d'*attirer*, par des manières flatteufes, comme par un appas, pour faire tomber dans le piège. Cette pièce paroît avoir été faite du temps de Louis XI. Il eft dit dans le *Commentaire* de Rabelais, pag. 126 du Tom. I, que Reuchlin, au rapport de Gefner, pag. 398 de fa *Bibliothèque*, imprimée l'an 1545, à Zurich, traduifit en Latin cette Farce, & qu'il la traduifit fous le faux nom d'*Alexander Connibertus*. Je ne trouve rien de tel dans Gefner. Il rapporte fimplement cette pièce de Reuchlin, fous le titre de *Progymnafmata iambis trimetris fcripta*, & l'Edition que j'en ai vue, d'Haguenau, in-4°. chez Thomas Anfelme, 1519, ne lui donne point d'autre titre. Gefner ne fait non plus aucune mention d'*Alexander Connibertus*. C'eft Simler, qui, dix ans après, en a parlé le premier. Il eft pourtant vrai que, de deux mauvaifes petites Comédies Latines de Reuchlin, celle dont parle Gefner, intitulée *Progymnafmata*, eft, quoiqu'avec de grands déguifemens, imitée de Patelin, ce qui a donné lieu à Melchior Adam de dire, d'après Mélanchthon, que Reuchlin *edidit Fabulam Gallicam, plenam candidi*

falis. Mais ce fel, il le faut avouer, s'eft bien affadi dans le Latin. Cette Comédie, avec les changemens qu'y fit Reuchlin, fut jouée, pour la première fois, le 31 Janvier 1497, au Palais de l'Evêque de Vormes, Jean d'Albourg, fon Patron. Le Latin d'*Alexander Connibertus* eft venu quinze ans après. J'ai vu la première Edition qui en fut faite, *in*-24. l'an 1512, chez Guillaume Euftace, en Gothique, fur vélin. Le titre eft *Patelinus, aliàs Veterator.* La diction en eft fort au-deffus de la portée de Reuchlin, & je dirois que le François y eft exactement rendu, fi ce n'étoit que le Traducteur s'eft avifé d'introduire dans la pièce un perfonnage de fon invention, fous le nom de *Comicus*, qui, fans être ni oui, ni vu, fe trouve par-tout, juge de tout, & fait avec tous les autres Acteurs, un *à parte* perpétuel. Simon de Colines le réimprima *in*-8°. pour François Etienne, en 1543. La pièce contient plus de 2500 vers, au lieu que celle de Reuchlin en contient à peine 2000. Du Cange, dans fon Gloffaire Latin-Barbare, dérive le mot *Patelin* de *Patarinus*, parce que les Hérétiques, nommés *Patarins*, *Patalins*, *Paterins* & *Patelins*, induifoient par leurs belles paroles les Fidèles en erreur; Etymologie qui pourra trouver fes partifans. Je ne répète point ce qu'au mot GUILLAUME ALEXIS, j'ai dit, touchant CHEVREAU, qui a cru que *Patelin* étoit le nom du Poëte, Auteur de la Farce. Toutes ces remarques, & plufieurs autres, écrites de ma main, au-devant de mon Exemplaire de l'Edition *in*-8°. fans date, chez la veuve de Jean Bonfons, ayant été communiquées à l'Editeur du Patelin de 1723, ont été employées, fans ma participation, dans une Préface, où l'on me prête des expreffions qui ne font pas de moi, non plus que les notes, inférées dans le corps du Livre, au bas des pages. (M. DE LA MONNOYE).

Le nouveau PATHELIN, autre farce, faite à l'imitation de la précédente; imprimé à Paris [1].

[1] Cette Farce du *Nouveau Patelin* a trois perfonnages, *Patelin, le Peletier & le Prêtre*, fuivie d'une autre, intitulée *le Teftament de Patelin*, à quatre perfonnages, *Patelin, Guillemette, l'Apothicaire, & Meffire Jean le Curé*, ont été imprimées, *in*-8°. à Paris, fans date, & fans nom de Libraire, qui n'eft autre que le nommé Jean de S. Denys, parce qu'il eft dit au bas du titre qu'on les vend *rue neuve Notre-Dame, à l'Enfeigne S. Nicolas*, & que telles étoient la demeure & l'enfeigne de ce Libraire. Ces deux Farces font deux mauvaifes imitations du premier Patelin, fur-tout la dernière. De nos jours on a mieux fait: on a donné le goût moderne à l'ancien Patelin, d'une manière qu'on peut le comparer à une Chanfon, dont, quoiqu'on ait changé les paroles, & qu'on les ait mifes en profe, on n'a pas laiffé de garder l'air. L'efprit de la pièce a été en effet confervé, & l'on a eu l'adreffe, en ajoutant peu de chofe au fujet, d'en faire, en trois Actes, une Comédie régulière, qui n'a pas déplu. (M. DE LA MONNOYE).

Les Epîtres de S. PAUL, glofées & tranflatées èn François, imprimées à Paris, *in*-4°. par Michel le Noir, 1521 [1].

[1] Il ne paroît dans aucun des Ouvrages que nous avons de Richard Simon, qu'il ait eu aucune connoiffance de l'Edition ici rapportée des *Epîtres de S. Paul.* (M. DE LA MONNOYE).

Difcours des PAYS felon leur fituation, avec les Mœurs, Loix & Cérémonies d'iceux; imprimé à Lyon, *in*-16. par Jean de Tournes, 1552 [1].

[1] C'eft la Traduction du Livre de *Joannes Boëmus Aubanus, de Moribus Gentium.* Voy. JEAN BOHÈME, Tom. IV, p. 353 & 354. (M. DE LA MONNOYE).

Le PELERINAGE de l'Ame, tranflaté de Latin en François, imprimé à Paris, par Michel le Noir, 1521.

Le PELERINAGE fpirituel de l'Ame, divifé en quatre voies principales & plufieurs fentiers, imprimé à Paris, *in*-4°. par Renaud Chaudiere.

Le Roman des PELERINS, de la vie humaine, *Rime.* Il finit ainfi:

> Cy fine le Romant du Moine
> Des Pélerins de vie humaine, &c.

Livre de la Compagnie des PÉNITENS, contenant l'Ordre de recevoir un Novice; Matines de la Vierge Marie; l'Office du Dimanche, Lundi & Jeudi; l'Office du Mardi & Vendredi; l'Office du Mercredi & Samedi; Prime; Sexte; Tierce; None; Vêpres & Complies de Notre Dame: Mutation de l'Office de l'Avent: Pfalmes des degrés; Pfalmes pénitentiaux: l'Office des Morts: les Offices des Mercredi, Jeudi & Vendredi Saint: Hymnes de l'année: Commmémoration des Dimanches & des Saints; imprimé à Lyon, *in*-16. par Eftienne Dolet, 1542 [1].

[1] Dolet difoit qu'il n'avoit point imprimé de Livre *plus utile* que celui-là; il entendoit *plus lucratif.* (M. DE LA MONNOYE),

PERCEFOREST. Roman, fix volumes [1].

[1] J'ai vu les fix volumes de Perceforefts, *in-fol.* 1528, reliés en trois.

M. le Duchat , fur le fecond Livre de Rabelais , pag. 252 , cite une Edition de ce Roman , *in*-8°. en 6 volumes , & ajoûte , fur la foi du Livre , intitulé *Tocfin des Maffacres* , que c'étoit une des lectures ordinaires qu'on faifoit à Charles IX , par ordre de Catherine de Médicis , ce qui n'a guères de vraifemblance. (M. DE LA MONNOYE).

PERCEVAL le Galois [1] , Roman en rime , écrit à la main fur parchemin , en la Librairie du Capitaine Sala , à Lyon.

* Voy. dans LA CROIX DU MAINE , Tom. II , à la fin des lettres M , pag. 142 , & N , pag. 196 , les mots MENESSIER & NENNESIER. Le Roman de Perceval , mis de rime en profe , fut imprimé à Paris , *in-fol.* l'an 1530 , chez Jean Longis , en lettre Gothique. (M. DE LA MONNOYE).

PERLES d'Eflite , recueillies de l'infini tréfor des cent cinquante Pfalmes de David , traduites d'Italien en ftances Françoifes , de huit vers chacune ftance ; imprimées *in*-8°. par Jean de Laon , 1577.

PHILANIRE * , Tragédie Françoife , imprimée à Paris , *in*-8°. par Nicolas Bonfons , 1577.

* C'eft une Tragédie de Claude *Rouillet* , ou *Roillet* , compofée d'abord en Latin , & publiée depuis en François. La Croix du Maine (Tom. I , pag. 149) parle d'une Edition Françoife de l'année 1563. Celle dont parle du Verdier ne parut qu'après la mort de l'Auteur , s'il eft vrai , comme le penfe l'Auteur de la *Bibliothèque des Auteurs de Bourgogne* , que Rouillet mourut vers 1575. La pièce eft en cinq Actes , en vers libres , avec des Chœurs.

Hiftoire ou Roman des Amours de PHILIPPE , Dauphin de France , & d'Angeline Loria , Damoifelle Sicilienne , compofée en ancien langage Normand , en quatre Livres diftingués par chapitres ; étoit en la Librairie de feu Monfieur le Connétable , Anne de Montmorency , écrit en main.

PHILIPPES de Madian , autrement dit , le Chevalier à l'efprevier blanc , Roman , imprimé à Paris , *in*-4°.

Le Roman de PIERRE de Provence , & la belle Maguelonne.

La Sentence de PILATE, contre Jesus-Christ notre Sauveur, imprimée à Lyon, par Jean Stratius.

La POLICE mise sur la famine & affluence des pauvres, qui se trouvèrent l'an 1531, en la ville de Lyon, par les Citoyens d'icelle, laquelle Police y a été depuis entretenue & observée; imprimée à Lyon, par Sébastien Griphius, 1539.

Déclaration du droit de légitime succession, sur le Royaume de PORTUGAL [*], appartenant à la Roine mere du Roi très-Chrétien, Catherine de Médicis; avec la Réponse aux consultations sur ce faites, tant par les Docteurs des Universités de Boulogne la Grasse & Pavie, pour Catherine, Duchesse de Bragance, que de ceux de Péruse, pour Raynuce Fernese, Prince de Parme, & Michel ab Aguira, Docteur Boulognois, pour Philippes d'Autriche, Roi de Castille, Leon & Grenade; ensemble la défense contre les impostures & calomnie d'Antoine Nebrisse, pour l'usurpation du Royaume de Navarre, & Discours véritable du reste des illégitimes détentions dudit Castillan, tant sur la maison & couronne de France, qu'autres Princes François, notamment des Royaumes d'Aragon, Valence & pays de Catalogne, avec la Duché de Gueldres, sur les Princes de Lorraine, Auteur P. Be. IV. TH. imprimée en Anvers, in-8°. l'an 1582.

[*] Ce Livre est de *Pierre Belloy*, *Jurisconsulte Toulousain*, car c'est ainsi qu'il faut expliquer les mots écrits sur la fin de cet Article, *P. Be. Ju. Th.* *. (M. DE LA MONNOYE).

* Ceci ne doit être regardé que comme une conjecture; car Pierre Belloy, le Jurisconsulte, étoit de Montauban, & non de Toulouse, grand ennemi des Ligueurs, & zélé Royaliste, qu'Henri IV fit Avocat-Général du Parlement de Toulouse, pour le récompenser de sa fidélité.

Le Roman de PONTUS, fils du Roi de Galice.

Le PORTULAN, contenant la description tant des mers de Ponent, depuis le détroit de Gibraltar, jusques à la Chiuse, en

Flandres, que de la mer méditerranée, traduit d'Italien ; imprimé en Avignon, *in-4°*. par Pierre Roux, 1577.

Livre des POSTES, pour aller par toute la France, Italie, Espagne, Allemagne, &c. traduit d'Italien.

La PRAGMATIQUE Sanction, contenant les Décrets du Concile national de l'Église Gallicane, assemblée en la ville de Bourges, au Règne de Charles VII, avec le Concordant d'icelle entre le Roi François I & le Pape Leon X ; imprimée à Paris, *in-8°*. par Abel l'Angelier, 1561.

Traité de la PREDESTINATION, comment c'est que Dieu veut que tous soient sauvés, & que le salut vient de la pure grace de Dieu, & la damnation de la pure malice de l'homme ; imprimé en Anvers, par Dyrick Uriman, 1559.

Demandes à Maître Jean Calvin, sur la PREDESTINA-TION, avec les Contrariétés qui se trouvent en la Doctrine de Maître Jean Calvin ; imprimées de même.

Le Livre des neuf PREUX [1] & de leurs Triomphes, imprimé à Paris, *in-fol.* par Michel le Noir, 1507.

[1] Favyn, pag. 1686 de son *Théâtre d'honneur & de Chevalerie*, rapporte en cet ordre les noms de ces neuf Preux : *Josué, Gédéon, Samson, David, Judas Machabée, Alexandre le Grand, Jules César, Charlemagne & Godefroy de Bouillon.* (M. DE LA MONNOYE).

PRIERES dont on use communément en l'Eglise de Genève. *Censuré.*

Les PRIERES & Oraisons des Saints Peres, Patriarches, Prophètes, Juges, Rois, Hommes & Femmes illustres de l'ancien & nouveau Testament ; avec une Exposition du Symbole des Apôtres, & les Précations de Maître Jean Fere, Docteur en Théologie à Magonce ; traduites de Latin [1] : plus une Exposition sur l'Oraison Dominicale, selon la vérité Hébraïque, divisée en sept parties suivant les sept jours de la semaine ; & la manière de connoître par quelles gens, ou par quelles chofes, l'on contrevient au Saint Décalogue, & comme l'on fatisfait à icelui ; imprimées à Lyon, par Jean Martin, 1560.

[1] Le Traducteur François de ces Prières eft NICOLAS BACQUENOIS. Voyez à cet Article LA CROIX DU MAINE, & les notes, Tom. II, pag. 187, & à l'Art. JEAN FERÉ, Tom. IV, pag. 413. (M. DE LA MONNOYE).

La PRISON d'Amours [1], laquelle traite de l'amour de Leriano & Laureole, à la louange des Dames; traduite d'Efpagnol, & imprimée à Paris, *in-8°.* par Galiot du Pré, 1526. & depuis Efpagnol-François, à Colonnes, par Gilles Corrozet, 1560.

[1] *Amours* eft là pour *Amour*, l'Original Efpagnol ayant pour titre *Carcel de Amor*, & la Traduction Italienne que Lelio de Manfredi en a faite, *Carcer d'Amore*. C'eft, en quelque langue que ce foit, une très-ennuyeufe lecture. (M. DE LA MONNOYE).

PRIVILÉGES des Foires de Lyon, & leur Antiquité, avec celles de Brie & Champagne; & les Confirmations d'icelles, par fept Rois de France, depuis Philippes de Valois; imprimés à Lyon, *in-8°.* par Pierre Fradin, 1560.

PROBLÊMES d'Ariftote & autres Philofophes & Médecins, felon la compofition du corps humain; avec ceux de A. Zimara, traduits de Grec, imprimés à Paris, *in-16.* par Thomas Belot, 1570.

Le PROCÈS de Moyfe & Belial, Auteur incertain.

Deux Plaidoyers d'entre Monfieur PROCÈS appelant de la Sentence de Monfieur le Sénéchal de Raifon, ou fon Lieutenant au lieu de Concorde, d'une part; & Monfieur de Bonaccord intimé d'autre; par lefquels il appert de l'utilité de Procès, & de la mifère d'icelui; imprimés à Paris, *in-8°.* par Nicolas Chefneau, 1570.

PROMPTUAIRE des Médailles des plus renommées perfonnes qui ont été depuis le commencement du monde; avec
briève

briève Defcription de leurs vies & faits ; imprimé à Lyon , *in*-8°. par Guillaume Roville *.

* Antoine Auguftin, dans fon *Dialogue des Médailles*, fe moque de ce Livre avec raifon.

Les PROPOS fabuleux moralifés , extraits de plufieurs Auteurs , tant Grecs que Latins ; imprimés à Lyon , *in*-16. par Jean Saugrain , 1556.

PROTESTATION de la Foi , avec fept Confidérations , imprimée à Paris.

PROTHOCOLE des Notaires , Tabellions , Greffiers , Sergens & autres Praticiens de Cour Laye , contenant la manière de rédiger par écrit tous contrats , inftrumens , partages , inventaires , comptes , commiffions , rapports , demandes , actes , exploits de Juftice ; avec le Guidon des Notaires & Secrétaires ; imprimé à Paris , *in*-16. par Maurice Mefnier , 1553.

Les cent cinquante PSALMES du Royal Prophète David , réduits en forme de Prières , où font déclarées les œuvres , vertus , louange & puiffance de Jefus-Chrift ; imprimés à Lyon , *in*-16. par Jean d'Ogerolles , 1560.

Le PSAULTIER avec les Glofes , imprimé à Paris , *in*-4°. par Antoine Verard , fans date

La PUCE *, qui eft un Recueil de divers Poëmes Grecs , Latins & François , compofés par plufieurs doctes Perfonnages , aux grands jours tenus à Poitiers , en faveur des Dames des Roches ; imprimée à Paris , *in*-4°. par Abel l'Angelier , 1520.

* Aux grands jours de Poitiers , 1579, dans une de ces affemblées galantes de Poëtes & de Savans , qui fe tenoient chez les Dames des Roches , on apperçut une puce fur le fein de l'aimable & fpirituelle , mais infenfible Catherine des Roches. Pâquier fit le premier des vers fur la hardieffe & le bonheur de cette Puce trop fortunée. Auffitôt tous les beaux efprits du Royaume , parmi lefquels on comptoit les perfonnages les plus graves , & quelques-uns même d'entr'eux conftitués dans les plus hautes dignités, firent , à l'envi, des vers Grecs, Latins, François, Italiens & Espagnols sur ce sujet. Jamais Puce ne fut plus célébrée, & n'alluma tant d'imaginations Poëtiques. Mais j'avouerai que, dans le grand nombre de pièces composées à cette occasion, deux, ou trois valoient tout au plus la peine d'être conservées, pour donner l'idée seulement de la galanterie de leurs Auteurs, que sans doute la beauté du sein de la Demoiselle des Roches étoit bien capable d'animer, sans le secours de la puce. Le Recueil de ces différentes Poësies fut imprimé, en 1583, *in*-4°. & non en 1520, comme le dit du Verdier. Il se trouve également dans les Œuvres de Pâquier.

Le PURGATOIRE des mauvais Maris, avec l'Enfer des mauvaises Femmes, & le Purgatoire des Joueurs de dez & de cartes; imprimé à Lyon, *in*-16. par Barnabé Chauffard.

Le PUY [1] du souverain Amour, tenu par la Déesse Pallas, avec l'ordre du nuptial banquet fait à l'honneur d'un des siens enfans, mis en ordre, par celui qui porte pour devise, en son nom tourné, le *Vrai Prélude*; imprimé à Rouen, *in*-8°. par Nicolas de Bourges, 1543.

[1] Le mot *Puy* se prend ici dans le même sens que quand on dit le *Puy de Rouen*, par où l'on entend un lieu élevé, une tribune, ou un théâtre, du Grec πεδίον, comme je l'ai fait voir au mot GILBERT LE FÈVRE, Biblioth. de La Croix du Maine, Tom. I, p. 282. Ainsi le *Puy du souverain Amour* signifie le Théâtre, où l'on dispute, où l'on examine, où l'on juge par quelle voie on peut parvenir à ce qu'on appelle le souverain Amour. Quant à l'Auteur du Livre, voyez *Ibid*. PIERRE DUVAL, pag. 332, dont l'Anagramme est *le vrai perdu*, ou *vrai prélude*. J'observe de plus que le Libraire, nommé ici *Nicolas de Bourges*, est appelé *Nicolas de Burges* par La Croix du Maine, au même Article de PIERRE DUVAL, & que la Caille, qui, à la Table de son Livre, indique un *Nicolas de Burges* & un *Nicolas de Bruges*, ne retient cependant à la page 118, où il renvoie, que *Nicolas de Bruges*. (M. DE LA MONNOYE).

QUE.

QUENS D'ANJOU, que Fauchet eſtime être Charles, Frere du Roi Saint Louis, depuis Roi de Sicile ; Prince gaillard en ſa jeuneſſe, & volontaire, ainſi qu'on peut voir en l'Hiſtoire du Seigneur de Joinville, il a fait & compoſé pluſieurs Chanſons *.

* Voy. FAUCHET, Chap. 76.

QUENS DE BRETAIGNE, lequel ledit Fauchet ne doute être Pierre ſurnommé Mauclerc, a compoſé des Jeux partis : il demande à Bernard de la Ferté, lequel vaut mieux ou de proueſſe ou de largeſſe ? Bernard répond que proueſſe ſans largeſſe eſt foibleſſe : & pource que le Comte de Bretaigne n'en eſt d'accord, ils s'en rapportent au Comte d'Anjou :

Qu'en tous biens a mis ſon penſé.

Lequel je ne fais doute être Charles, frere de ſaint Louis. De ce Comte de Bretaigne fait mention le jeu parti, en la ſeptième Chanſon ; & le fait parler avec Gaces Brulez : lui demandant ſi ayant loyaument aimé une Dame, & il s'apperçoive qu'elle veuille le trahir, s'il doit attendre, ou la guerpir *.

* Voyez FAUCHET, Chap. 62, & LA CROIX DU MAINE, au mot PIERRE MAUCLERC, Tom. II, pag. 298.

LE QUENS DE LA MARCHE. Ce Comte de la Marche vivoit du temps du ſuſdit, & compoſa pluſieurs Chanſons, en l'une deſquelles il dit, en ſubſtance, que la première fois qu'il vit ſa Dame, il oublia de la ſaluer : & ne fut merveille s'il ſe trouva lors ébahi ; car il ne ſe conſeilla pas à ſon cœur, qu'elle avoit jà pris, & onques puis ne le recouvra. Il nomme s'amie, Biaux doux Rubis ; car tout ainſi (dit-il) que c'eſt la meilleure pierre des précieuſes : auſſi eſt-elle le miroir des autres Dames. En la dixième Chanſon il dit, Que Lancelot n'aima tant ſa Geneure ;

qu'il est comme le vaisseau cinglant en mer, ne sachant où arriver; que sa Dame passe toutes autres, comme un beau bouton de roses épanouies *.

* Voy. Fauchet, Chap. 78.

QUENTIN RABINEAU, Religieux de l'Ordre des Freres Mineurs de l'Observance, demeurant à Rouen, au Couvent dudit Ordre, a écrit de l'excellence & sainteté du pur & saint Vierge Joseph, époux de la très-digne mere de Dieu, la Vierge honorée; imprimé à Rouen, *in-4°.* par Martin Morin devant Sainct Lo., 1507.

QUINTUS¹ CURTIUS *. Quinte Curce, Historiographe, des Gestes d'Alexandre, translaté en François; on ne sait point par qui, car le Traducteur ne s'est point nommé; imprimé à Paris, *in-fol.* par Jaques le Messier, 1530.

¹ On dit en François *Quinte-Curce*, ne faisant qu'un mot de deux. Si l'on y ajoutoit *Rufus*, il faudroit, en trois mots séparés, dire *Quintus Curtius Rufus.* L'opinion la plus vraisemblable est de le prendre pour le Rhéteur, ainsi nommé dans la liste qu'Achille Stace nous a conservée de ceux dont faisoit mention Suétone, en son Livre *de claris Rhetoribus.* Il seroit très-possible, cela supposé, qu'ayant trente ans, lorsque Tibère mourut, il eût vécu jusqu'à l'an de Jesus-Christ 70, sous Vespasien, & au-delà. Ceux qui le font naître à Vienne en Dauphiné, anciennement dite *Vienne des Allobroges,* expliquent de lui ce que Juvénal, Sat. 7, dit du Rhéteur Rufus, que ses Ecoliers appeloient, à cause de son éloquence, le *Ciceron Allobroge.* La Traduction de Quinte-Curce, ici mentionnée, semblable peut-être à celle dont le Manuscrit se trouve dans la Bibliothèque du Roi, & ailleurs, est entièrement dans l'oubli. A peine même celle de Nicolas Séguier & du sieur de les Fargues sont-elles connues, & c'est tout ce que peut faire celle de Vaugelas que de se maintenir. (M. DE LA MONNOYE).

*Un critique hardi, & qui pensoit singulièrement, l'Abbé de Longuerue, traite assez mal cet Auteur : « L'Histoire de Quinte-Curce, dit-il, est un » Roman. C'est un ignorant, qui ne sait ni Géographie, ni Chronologie, & » un Grammairien, qui ne s'est soucié que de phrases. Il a écrit au cinquième » & au sixième siècle. Si on disoit que sa Latinité n'est pas de ces siècles-là, » je demanderois si celle de Sulpice Sévère paroît de celui auquel il a vécu ». Ce que l'on peut dire, c'est que Quinte-Curce a affecté par-tout de se faire un style élégant & fleuri, qu'il court après l'esprit, & qu'il s'attache à une perfection minucieuse, que n'ont jamais cherchée les bons Ecrivains. Cependant Juste-Lipse & Jacques Dupuy lui ont donné les plus grands éloges, & le mettent au premier rang parmi les Historiens Latins. On ignore le temps où Quinte-Curce a vécu. Les uns le placent sous Auguste, d'autres sous Claude, sous Vespasien, sous Trajan. Il y en a qui le prétendent tout-à-fait moderne, que le nom de *Q. Curtius* est supposé, & que son Histoire n'est qu'un Roman imaginé par un Italien, il y a trois ou quatre cens ans. (Voy. Bodin, *Meth. Hist.* Cap. x, & les *Lettres* de Patin, pag. 96 de la première Edition); mais Wagenseil a réfuté cette opinion (*Pera Librorum Juvenilium*, Tom. IV, pag 178). Il est vrai que les Ecrivains, qu'on nomme *Anciens*, n'ont point parlé de Q. Curce, mais il en est mention dans le *Polycraticon* de Jean Salisbury, qui vivoit dans le douzième siècle, & dans plusieurs autres Auteurs du treizième. Wagenseil ajoute que M. Magliobethi lui a montré dans la Bibliothèque de Médicis un Manuscrit de Q. Curce, de 700 ans d'antiquité, ce qui contredit formellement ce qu'on lit dans le *Scaligerana*, que *tous les Manuscrits de Q. Curce font nouveaux.* On a perdu les deux premiers Livres de cet Historien : ils ont été suppléés par différens Auteurs. Ceux qui se trouvent dans les plus anciennes Editions, depuis celle de Basle, 1545, sont de Christophe Bruno, Moine de Baviere. Dans l'Edition de Lyon, de 1615, on inséra d'autres Suppolémens des deux Livres perdus. Jean Masson, frère du célèbre Papire Masson, les avoit trouvés dans la Bibliothèque de S. Victor : il en ignoroit l'Auteur. Mais Scaliger découvrit qu'ils étoient de François Pétrarque (Colomiez, *Biblioth. Choisie*, pag. 257). Freinshémius publia Q. Curce, & y joignit des Suppolémens, qu'il composa avec beaucoup de soin, en 1640. Ces Supplémens ont été adoptés par les Editeurs postérieurs. Vaugelas ne les a point traduits, mais du Ryer les traduisit en François, & les plaça à la tête de la Traduction de Vaugelas. Pour achever de parler des divers Supplémens de Q. Curce, il en parut de Christophle Cellarius, en 1688, & de Chrétien Junkerus, en 1700. On peut consulter sur ces divers Supplémens la *Bibliothèque Latine* de Fabricius, Lib. II, Cap. 17.

QUINT. HORAT. FLACCUS *. Les Œuvres de Q. Horace Flacce, Venusin, contenant Odes, Livres quatre; Epodes, Livre un; Hymne séculaire; Satyres, Livres deux; Epîtres, Livres deux; Art Poëtique; traduites en vers François, par Luc de la Porte. Voy. FRANÇOIS HABERT, JAQUES PELETIER, JAQUES MONDOT.

* Les Poësies d'Horace ont fait son éloge depuis qu'elles existent, & lui répondent de l'estime & de l'admiration de tous les siècles. Ce Philosophe aimable, le plus excellent Poëte Lyrique Latin, le plus sage & le meilleur Satirique, l'un des plus beaux génies, & un des plus judicieux Critiques du

fiècle d'Augufte , né à Vénufe (*Venofa* , dans le Royaume de Naples) foixante-trois ans avant l'Ère Chrétienne , en faveur à la Cour d'Augufte , ami d'Agrippa , d'Afinius Pollion , de Virgile , & de Mécène , le favori d'Augufte ; fans ambition , ne cherchant qu'à jouir des douceurs d'une vie tranquille , dans un état médiocre , mourut âgé de cinquante-fept ans. Il feroit difficile de compter les Editions de fes Ouvrages , les Traductions , & les Commentaires en toutes les langues que l'on en a faits.

QUINT. FLORENS SEPTIM. TERTULLIANUS *. Le Livre Apologétique , ou Défenfe des Chrétiens , contre les Infidèles & Payens , par Florens Tertullien , Docteur ancien en l'Eglife primitive & Chrétienne ; traduit de Latin en François , imprimé à Lyon , par Jean Saugrain , 1564. Livre de Florens Tertullien , aux Martyrs étant en prifon pour la Foi de Jefus-Chrift. Item à Scapula , Préfident & Gouverneur de Carthage , qui perfécutoit les Chrétiens ; traduits de même , imprimés *in*-8°. par ledit Saugrain , 1565. Défenfes contre les Hérétiques , &c. Voyez AUDEBERT MACERÉ. De la Couronne du Soldat. Voyez ledit Maceré.

* *Quintus Septimus Florens Tertullianus* naquit , dans le fecond fiècle , à Carthage , & mourut très-âgé , vers l'an 216. M. *du Foffé* , de Port-Royal , a donné , fous le nom du fieur *de la Motte* , une excellente vie de Tertullien. Elle a été imprimée , *in*-8°. à Lyon , 1691. Nous y renvoyons ceux qui voudront avoir des détails exacts fur la vie & les Ecrits de Tertullien. On a publié à Venife , en 1746 , une bonne Edition de fes Œuvres , *in-fol.* avec des notes néceffaires , à caufe de l'obfcurité de fon ftyle , toujours fententieux , & cependant très-énergique. Il a une force , une véhémence , une rapidité qui entraîne ceux de fes Lecteurs qui le conçoivent. Ses expreffions font du bon fiècle de la Latinité. On voit qu'il s'étoit nourri de la lecture des meilleurs Auteurs dans tous les genres , mais fa conftruction eft Africaine , & , à proprement dire , il parle Grec en Latin , ce qui lui vient de l'habitude où il étoit de lire continuellement les Auteurs Grecs. Nous n'avons rien qu'on puiffe lire de lui en François , que fon *Apologétique* , par Louis Giry , encore commence-t-il à vieillir. Balfac , dans une de fes Lettres à Rigault , qui venoit de donner une Edition des Œuvres de Tertullien , caractérife affez plaifamment le ftyle de cet Ecrivain , lorfqu'il dit : " Tout épineux & tout trifte " qu'il eft , il ne me paroît point défagréable ; j'ai trouvé dans fes Ecrits " cette *lumière naïve* , dont il eft parlé dans un ancien Poëte , & je regarde " avec autant de plaifir fes obfcurités , que celle de l'Ebeine bien nette & " bien travaillée ".

LIVRES D'AUTEURS INCERTAINS.

Le QUATERNAIRE de Saint Thomas , autrement dit , les quatre chofes , imprimé fans date, nom ni lieu [1].

[1] Ce *Quaternaire* eft apparemment l'Opufcule intitulé *Liber de virtutibus & vitiis , numero quaternario procedens* ; mais on ne croit pas qu'il foit de faint Thomas. (M. DE LA MONNOYE).

Les QUINZE Joies du Mariage [1], imprimées à Lyon , *in-4°.* par Olivier Arnoullet, fans date.

[1] On peut voir ma remarque affez ample , touchant ce Livre , dans le *Menagiana* , pag. 107 & 108 du Tom. I. (M. DE LA MONNOYE).

Le QUADRAGESIMAL [1] fpirituel , ou la Salade du Carême ; affavoir des fêves frites , poix paffés , la purée , la Lamproye , le faffran , les oranges , les pruneaux , les figues , les amandes , le miel , le pain , les échaudés , le vin blanc & rouge , l'Ypocras , les Invités au dîner , les Cuifiniers , les Serviteurs à table , les Chambrières fervant de blanches nappes , ferviettes , pots & vaifelle , les Graces après dîner , le Luth ou Harpe , la Dragée , Pâques flories , les grands Pâques ; imprimé à Paris , *in-4°.* par Jean Sainct Denys , 1521.

[1] Ce ridicule petit Ouvrage fut, chofe furprenante! réimprimé, avec l'Approbation de deux Docteurs de la Faculté , à Paris , l'an 1565, dans un temps où l'on devoit être beaucoup plus éclairé qu'on ne l'étoit 44 ans auparavant, lorfque le Livre fut , pour la première fois , imprimé. Auffi Henri Etienne n'a-t-il pas manqué , Chap. 37 de fon *Apologie d'Hérodote* , d'en donner des Extraits , pour divertir fes Lecteurs. (M. DE LA MONNOYE).

QUESTIONS naturelles , Queftions morales , Queftions d'amour , &c. imprimées à Lyon , *in-8°.* par Gabriel Cotier.

QUESTIONS Enigmatiques, &c. imprimées à Lyon, par Benoift Rigaud.

R A M.

RAMBAULD D'ORENGE, fieur de Cortefon, Poëte
Provençal, vivoit du temps de l'Empereur Frederic II du nom,
& portoit, en fes armoiries, de gueulles à l'étoile à feize rayons
d'argent & en pied d'or, à un cornet d'azur. Petrarque fait
mention de lui en fon Triomphe d'Amour *.

* Voy. JEAN DE NOTRE-DAME, Chap. 25.

RAMBAULD DE VACHIERAS fut fils d'un Chevalier
de Provence, fieur de Vachieres, audit pays, bon Poëte Provençal, & Comique, fe tint long-temps avec le Prince d'Orenge qui lui fit de grands biens & faveurs, avança fa poëfie, & le
fit connoître & prifer aux plus grands de fa Cour, qui prenoient plaifir à la rime Provençale. Quelque temps après, &
environ l'an 1218, fe retira au Marquis de Montferrat Moffen
Bonifaci, avec lequel il demeura long-temps, & là fut furpris
de l'amour de Beatrix, fœur du Marquis, qui fut mariée à
Henri du Caret, à la louange de laquelle il trouva de fort
bonnes Chanfons, la nommant, par nom fecret, mon beau Chevalier. Chacun favoit bien que Beatrix lui portoit bonne affection; mais comme Princeffe très-prudente, pour ne donner
foupçon à fon mari, s'en déporta totalement, & Rambaud,
meu de fureur poëtique, fit une Chanfon convenable à fon fait,
en divers langages, que tout ainfi qu'elle avoit changé d'opinion, de même il a changé de langages. Le premier couplet, en
langue Provençale, dit, *Aras quand vey verdeiar.* Le fecond
couplet, qui eft en langue Tufcane, dit ainfi, *Ifon quel che ben
non ho.* La troifième en François dit ainfi, *Belle douce Dame
chere.* La quatriéme en Gafcon, dit ainfi, *Dauna, yeu my rend
a bous.* Et la cinquième en Efpagnol dit ainfi, *Mas tant temo
vueftro pletto.* Et le couplet final eft entremêlé defdites cinq
langues. Le Marquis allant en la Romanie, accompagné de Baudoin,

doin , Comte de Flandres , Henry , Comte de Saint Paul , &
Louis , Duc de Savoie, qui s'étoient croifés contre les Sarrazins,
& Remond , Marquis & Comte de Provence , mena avec lui
Rambaud , & le fit Chevalier , & tous ces Princes & Seigneurs
l'enrichirent de grandes Seigneuries , & même l'Empereur
Frederic II du nom , en la préfence duquel il avoit fouvent
chanté & récité plufieurs de fes Chanfons , pour le grand plaifir
qu'il prenoit en la rime Provençale , auquel il donna le gouvernement de Salonic , qu'il avoit gagné fur les Sarrazins , là où
il mourut, en l'an 1226 , encore de bon âge. Il a fait un Traité
intitulé *Lous plours del Segle* , en rime , auquel il écrit la félicité
que Dieu donna à l'homme & à la femme , quand il les colloqua
en Paradis , & les maux qui en font provenus, pour avoir tranf-
greffé fes commandemens. Le Monge de Montmajour découpe
ce Traité , & le rejette tant loing , difant que ce font raifons
réprouvées de tous , & que ce Rambaud étoit fol & tranfporté
de fon fens. Pétrarque toutefois fait mention de lui *.

   * Voy. Jean de Notre-Dame , Chap. 20.

RAOUL LE FEVRE , Chapelain de Philippe , Duc de
Bourgogne , a écrit le Recueil des Hiftoires Troyennes , où eft
contenu la Généalogie de Saturne , & de Jupiter, fon fils , avec
leurs geftes ; les proueffes d'Hercule; la manière comme il dé-
truifit Troye par deux fois; la réédification faite par le Roi Priam,
& finalement la totale deftruction d'icelle , faite par les Grecs ;
imprimé à Paris, *in*-4°. par Denys Janot , 1532 *

   * Voy. La Croix du Maine , & les notes, au mot Raoul le Feubvre,
Tom. II, pag. 345 & 346.

RAOUL GALTERE *. L'Antechrift , où font contenues
cinq Homélies ou Sermons ; écrit premièrement en Latin par
Rodolphus Galtherus de Zurich , & traduit en François ; imprimé à Lyon , *in*-8°. par Nicolas Barbier , 1559. *Calvinique.*

   * Ce *Raoul Galtere* eft *Rodolphe Gualterus ,* Suiffe , né à Zurich , Gendre
de Zuingle , Profeffeur en Théologie à Zurich , qui mourut , en 1586 , âgé
de foixante-fept ans. Il a fait des Commentaires fur la Bible.

RAOUL DE HOUDANC, qui vivoit en l'an 1220, a composé en rime, le Roman des Aelles, & un Fabliau ou conte fait à plaisir, sous un sens moral, & intitulé la Voie ou Songe d'enfer, qui est en somme le chemin que trouvent ceux qui cherchent la Cour du Seigneur d'enfer *.

*Voy. La Croix du Maine, & les notes, au même Article, Tom. II, pag. 346 & 347.

RAOUL DE MONTIFIQUET * a écrit en rime, le Guidon & Gouvernement des gens mariés, imprimé à Lyon, *in-8°.* par Olivier Arnoullet, sans date. Exposition sur l'Oraison Dominicale, en prose, imprimée à Paris, *in-16.* par Pierre Gautier, 1545.

*Il en est parlé dans le Supplément Latin, au mot Radulphus de Montifiquet. Voy. *Suppl. Biblioth. Gesn.* Tom. VI, pag. 211.

RAOUL DU MONTVERD a écrit premièrement en Latin, puis en François, les Fleurs & secrets de Médecine, imprimés à Lyon, par Olivier Arnoullet; avec la Physique des mois, pour gens malades, commençant à Janvier, & finissant à Décembre: ensemble la petite Astrologie des Bergiers.

RAOUL DE PREULLES * a translaté les vingt-deux Livres de saint Augustin, de la Cité de Dieu, & a dédié ladite Traduction au Roi de France Charles le Quint; imprimés à Abbeville, *in-fol.* par Jean du Pré & Pierre Gerard, 1486. & depuis à Paris, aussi *in-fol.* par Galiot du Pré, 1531.

*C'est Raoul de Presles qu'il faut écrire. Voy. La Croix du Maine, & les notes, au même Article, Tom. II, pag. 346 & suiv.

RAOUL SURGUIN, Seigneur de Belle-Croix, premier & ancien Avocat du Roi, à Angers, a écrit un Traité contre certaines Remontrances faites à la première assemblée des Etats tenus à Angers, le 14 Octobre 1560; imprimé à Paris, *in-8°.* par Nicolas Chesneau, 1562 *.

*Voy. La Croix du Maine, & les notes, au même Article, Tom. II, pag. 350.

RAYMOND FILLIOLI , Docteur Régent en Médecine , en l'université de Cahors , a écrit Traité des plaies faites par arqueboufades & tous bâtons à feu , contenant la vraie Cure d'icelles par remèdes fecrets , & heureufement expérimentés ; imprimés à Paris , *in*-8°. par Henry le Blé , 1578.

RAYMOND SEBOND. Théologie naturelle , &c. Voyez Jean Martin. Le Livre des Créatures, &c. Voyez Michel de Montaigne.

REMOND BERENGUIER , Comte de Provence, & de Forcalquier , fils de Ildefons , Roi d'Arragon , Comte & Marquis de Provence , iffu de cette noble & illuftre famille des Berenguiers d'Arragon , fut bon Poëte Provençal , amateur des gens de favoir & même de ceux qui écrivoient en notre langue Provençale , fut Prince plein d'humanité , benin , & miféricordieux ; il fut fi heureux, que tant qu'il fut en règne après le décès de fon pere Ildefons , il acquit beaucoup de pays , plus par fa prudence que par armes ; époufa Béatrix , fœur de Thomas , Comte de Savoye , Princeffe autant fage que belle & vertueufe , à la louange de laquelle plufieurs de nos Poëtes Provençaux firent une infinité de Chanfons, de Sons & Sonnets qu'ils lui adreffoient , defquels elle réputoit cela à un très-grand honneur , & pour récompenfe les enrichit d'armes , de chevaux , de draps , & d'argent. Ce Comte eut d'elle quatre belles filles , fages & vertueufes, toutes mariées, par une grande félicité , à des Rois & Souverains Princes , par le moyen & induftrie d'un fage Pélerin qui fut un long-temps Gouverneur de fon hôtel , la première , nommée Marguerite, fut mariée à faint Louis , Roi de France ; la deuxième Helyonne , ou Eléonore , à Henri III du nom ; les autres écrivent à Edoard , Roi d'Angleterre ; la troifième , Sance , à Richard d'Angleterre , & depuis Roi des Romains ; & la quatrième , Béatrix , qui fut par le teftament du pere , déclarée héritière de Provence , mariée à Charles , frere de faint Louis , Roi de France , qui fut depuis couronné Roi

de Naples , & des deux Sicilles. Le Monge des Ifles d'Or &
faint Cezari ont écrit que tant que ce bon Prince fut en vie ,
jamais n'en fut trouvé un qui portât plus de faveurs aux Poëtes
Provençaux , ne duquel les Provençaux fe foient trouvés plus
heureux , ne moins chargés de tailles ; jamais ne furent contraints payer aucuns impôts *Toltes , quiftes , ou Adempres* (que
nous difons levées de deniers , quiftes ou emprunts) trépaffa
fort jeune, âgé de quarante-fept ans , en l'an 1245. Le Monge
de Montmajour médifant de lui , à bon droit le nomme en fa
Chanfon , *l'inconftant Cathalan* , lequel , pour avoir cru trop
légerement les médifans (qu'il nomme *Las mallas Goullas*)
& ennuié de fa Cour , donna congé au Pélerin) qu'on nommoit
Le Rometto) qui tant heureufement & faintement conduifoit
les affaires de fon hôtel , & qui fut caufe que fes 4 filles furent
mariées à des Rois. Il le nomme auffi le Prince ingrat & fans
raifon. Dante fait ample mention de ce Poëte. *.

* Voy. La Croix du Maine , & les notes, au mot Raimond Berrenger,
Tom. II , pag. 341.

REMOND FERAUD , Gentilhomme Provençal , avoit été
toute fa vie amoureux , & vrai courtifan , fuivant la Cour des
Princes , & bon Poëte Provençal. La Roine Marie, iffue de la
maifon d'Hongrie , femme de Charles II du nom , Roi de
Naples , Comte de Provence , le retint à fon fervice , parce
qu'il écrivoit fort bien & doctement en langue Provençale ,
ainfi qu'on peut voir en la vie d'Andronic , fils du Roi d'Hongrie , furnommé faint Honnoré de Lérins , par lui traduite du
Latin , & mife en rime Provençale , à la requête de ladite Roine
d'Hongrie , à laquelle il dédia l'Œuvre, en l'an 1300. En récompenfe duquel elle lui fit avoir un Prioré dépendant du Monaftère de faint Honnoré , en l'Ifle de Lérins , en Provence. On ne
trouve qu'il aye rien écrit d'Amours ; car, pour ne donner mauvais exemple à la jeuneffe , il le mit au feu , & en laiffant cette
vie , prit la contemplative , & fe rendit Religieux audit Monaftère de faint Honnoré , reçut de grandes faveurs de Robert ,

Roi de Naples, Comte de Provence, du temps qu'il étoit Duc
de Calabre. Car voyant que ce Prince, en fa jeuneffe, prenoit
plaifir aux lettres, à connoître les nombres, les dimenfions, &
les proportions & mefures, pour bien entendre l'art de bâtir &
fortifier, faire ponts, ou machines néceffaires à la guerre,
qu'il favoit de la géométrie, architecture, & qu'il étoit Prince
benin, aimant Dieu, après qu'il fut couronné Roi de Sicile,
fit plufieurs rimes à fa louange. L'an de fon trépas fe trouve
aux regiftres dudit Monaftère, qui fut environ le temps que
deffus *.

* Voy. JEAN DE NOTRE-DAME, Chap. 52.

REMOND JOURDAN fut des Vicomtes de faint Antoine
en Quercynois, homme de grande dextérité; courtois, beau,
vaillant aux armes, large & libéral, bon Poëte en toutes langues
vulgaires, fe délectant plus à la poëfie Provençale, qu'en nulle
autre, comme étant la plus commune de ce temps, en laquelle
toutes nations fe délectoient à écrire, fe vint retirer en Provence, au fervice de Remond Berenguier, fils d'Ildefons II du
nom, Roi d'Arragon, Comte de Provence, duquel il fut grandement aimé & prifé, & de tous les Gentilshommes de fa
Cour, fut amoureux de Mabille de Ries, noble Dame de Provence, à la louange de laquelle il fit plufieurs Chanfons, fans
qu'elle le voulût jamais aimer, ne moins en faire femblant,
pour ne donner foupçon à fon mari: le Vicomte étant allé à
l'expédition de la guerre qu'on avoit dreffée contre le Comte
Remond de Thouloufe, fut rapporté à Mabile, qu'il avoit été
tué, dont de douleur elle prit la mort, le Vicomte étant de
retour, ayant entendu la mort de cette Dame, l'immortalifa
d'une belle & grande ftatue de marbre, en forme de Coloffe,
qu'il fit mettre dans l'Eglife du Monaftère de Montmajour, où
il fe rendit Religieux, & là demeura à la vie contemplative,
fans faire une feule rime, ne chanfon. Il compofa un Traité
intitulé *Lou fantaumary de las domnas*, floriffoit du temps de

Guilhem Adhemar, & décéda du temps que l'Evêque de Cu-
zeran, Légat d'Avignon, pour Innocent Pape III du nom, fit
démolir le Château du Pont de Sorgue, qui étoit du Comte
Remond de Thoulouse, accufé d'Héréfie, environ l'an 1206,
parce que plufieurs des gens dudit Comte de Thoulouse,
s'étoient retirés là, faifant plufieurs brigandages *.

* Voy. JEAN DE NOTRE-DAME, Chap. 19.

REMY BELLEAU, excellent Poëte François & confommé
en la langue Grecque, autrefois Précepteur de Monfieur le
Marquis d'Elbeuf, a fait de doctes Commentaires fur la
feconde partie des Amours de Pierre de Ronfard; imprimés
par diverfes fois, chez Gabriel Buon, avec les Œuvres du
même Ronfard. Ode Paftorale fur le trépas de Joachim du Bellay, imprimée par Robert Eftienne, 1560. La Bergerie. Les
Échanges ou les Gemmes & Pierres précieufes. Eclogues facrées
& autres Poëfies. Il a traduit les Odes d'Anacréon Teien, Poëte
Grec: l'Eccléfiafte de Salomon & plufieurs autres chofes imprimées, toutes en un volume, in-12, à Paris, par Mamert Patiffon & Robert le Maignier, fous le titre Œuvre de Remy
Belleau. Il a écrit auffi un Poëme intitulé l'Innocence prifon-
nière, & un autre nommé la Vérité fuitive; imprimé hors du
volume de fes Œuvres, & qui ont été traduits en vers Latins,
par Florent Chreftien *.

* Voy. LA CROIX DU MAINE, & les notes, au même Article,
Tom. II, pag. 351 & fuiv.

RENAUD DE BEAUNE, premièrement Évêque de Men-
de, Chancelier de Monfieur le Duc d'Anjou, fils & frere de
Roi. Remontrance du Clergé de France, faite au Roi, par
Meffire Renaud de Beaune, Archevêque de Bourges, Primat
d'Aquitaine, affifté de Meffieurs les Révérendiffimes Évêques
de Bazas & Noyon, & autres Députés dudit Clergé, à Fontainebleau, le 17 Juillet 1582, imprimée audit an. Sermon
funèbre par lui prononcé le 6 Décembre 1583, en l'Eglife

fainte Catherine du Val des Ecoliers, à Paris, aux obféques de Meffire René de Birague, Cardinal, Chancelier de France; imprimé par Gilles Beys. Il a auffi fait & prononcé le Sermon funèbre aux obféques de très-illuftre Prince Francois, Duc d'Anjou, &c. fils & frere de Roi; imprimé à Paris *.

* Voy. La Croix du Maine, & les notes, au même Article, Tom. II, pag. 354 & fuiv.

RENAUD GREBAN [1] a compofé quelques Œuvres en rime Françoife, que j'ai vues autrefois. Autres deux Greban, fes freres, ont auffi fait plufieurs Rimes.

[1] Du Verdier fe trompe, lorfque, outre les deux Grébans, Arnoul & Simon, il en fuppofe un troifième, nommé Renaud. Ce Renaud n'eft autre qu'Arnaud, ou Arnoul Greban. Voy. La Croix du Maine, & les notes, aux mots Arnoul & Simon Greban, Tom. I, pag. 58 & 59, & Tom. II, pag. 408 & 409. (M. de la Monnoye).

RENAULT DE SABUEIL (Monfegneur) eft fort eftimé par l'Auteur du Roman Guillaume de Dole, qui parle de lui ainfi :

Des bons vers celuy de Sabueil
Monfeignor Renault luy fouvient.

Il fe trouve de lui une Chanfon, commençant,

Jà de chanter en ma vie
Ne quier, mais avoir courage :
Ains voil miex qu'amors m'occie,
Por fere fon grant domage.
* Car jamais fi finement*
N'ert aimée ne fervie :
Por c'en chafti tote gent,
Quel ma mort & li traie.

Las ! j'ai dit par ma folie,
Ce fçai de voir grant outrage :
Mes à mon cuer prift envie
D'eftre legier & volage.
* Ha dame fi men repent,*
Mes cil à tart merci crie,
Qui atent tant qu'on le pent :
Poc c'ai la mort defervie.

Guiot, en fa Bible, nomme Robert de Sabueil entre les Princes & Seigneurs, fes Bienfaiteurs *.

* Tiré de Fauchet, Chap. 79.

RENÉ BENOIST, Angevin, Docteur Régent en la Faculté de Théologie à Paris, maintenant Curé de faint Euftache, a écrit plufieurs Livres & Traités, defquels voici le Catalogue :

La manière de connoître falutairement Jefus-Chrift, en laquelle
ouvertement, par l'exprefle parole de Dieu, le mafque des Hypocrites, Pharifiens, Hérétiques, & tous autres fauffement
s'attribuant la connoiffance de l'éternelle & célefte vérité, eft
décelé & rabatu; ordonnée en cinq Livres, diftingués par chapitres & imprimés à Paris, *in-8°*, par Guillaume Guillard &
Amaulry Warencore, 1561. Homélie de la Nativité de Jefus-
Chrift, en laquelle eft clairement montré l'Office du vrai Chrétien; imprimée par Claude Fremy, à Paris, 1558. Manifefte
& néceffaire probation de l'Adoration de Jefus-Chrift Dieu &
homme, en l'Hoftie facrée, tant en la Meffe, qu'en tout autre
lieu, auquel elle eft préfentée aux Chrétiens, & principalement
ès Proceffions que font, conformément à la parole de Dieu, les
vrais Chrétiens, le jour de la Fête du faint Sacrement; imprimée à Paris, *in-8°* par Guillaume Chaudiere, 1562. Réponfe
à quelques Remontrances faites à la Roine, mere du Roi, par
ceux qui fe difent perfécutés pour la parole de Dieu, à Meffieurs les Révérendiffimes Prélats de France, affemblés à Poiffy,
pour la Religion, en l'an 1561; imprimée à Paris, *in-4°*. par
Guillaume Guillard & Amaulry Warencore, 1562. Le Triomphe & excellente Victoire de la Foi, par le moyen de la véritable
& toute puiffante parole de Dieu; imprimé à Paris, *in-8°*. par
Nicolas Chefneau, 1562. Claire probation de la néceffaire man-
ducation de la fubftancielle & réale humanité de Jefus-Chrift,
vrai Dieu & vrai homme, au faint Sacrement de l'Autel,
contenant plufieurs autorités de la fainte Écriture & des anciens
Docteurs de l'Eglife; imprimée à Paris, *in-8°*. par Nic. Chefneau,
1561. Epître Confolatoire aux Habitans de la Ville de Nantes,
affligés de pefte, imprimée à Paris, *in-8°*. par Nicolas Chefneau,
1564. Traité des Dîmes, auquel clairement eft montré, que de
tout droit & raifon, tous Chrétiens font tenus de payer les
Dîmes, prémices & oblations aux Pafteurs de l'Eglife; auffi
que iceux Pafteurs, par tout droit, font tenus & obligés de
bailler & adminiftrer les chofes fpirituelles & divines à ceux
desquels

defquels ils reçoivent les Dîmes & autres chofes temporelles;
imprimé à Paris, *in-*8°. par Nicolas Chefneau, 1564. Un Traité
des Images des Chrétiens, & du vrai ufage d'icelles; imprimé à
Paris, par Nicolas Chefneau, 1564. Les Lamentations & pleurs
d'Origene, efquelles eft montré le danger qui eft en la fréquentation & familiarité des Hérétiques, & le mal qu'encourent
ceux qui les favorifent; traduites du Latin du même Origene, &
imprimées à Paris, par Nicolas Chefneau, 1563. Epître à Jean
Calvin, pour lui remontrer qu'il répugne à la parole de Dieu,
en ce qu'il a écrit des Images des Chrétiens; avec un chrétien
Avertiffement à lui-même, de fe réunir à l'Eglife Catholique
& Romaine; imprimée à Paris, *in-*8°. par Nicolas Chefneau,
1564. Difcours du Miracle des Ardents du temps de Louis le
Magnanime, fils de Philippes, Roi de France; avec un petit
Traité des Proceffions des Chrétiens; imprimé à Paris, *in-*8°.
par Thomas Belot, 1564. Admonition charitable aux fincères
Catholiques, de ne révoquer ou détourner en quelque manière
que ce foit du faint propos & affeClion de la Religion votive,
ceux ou celles qu'ils voyent y afpirer; comme auffi ceux qui s'y
fentent appelés de Dieu, de demeurer conftans & fe préparer à
toutes tentations & afflictions du monde, toûjours ennemi de
Dieu & de fon pur fervice; impr. à Paris, *in-*8°. par Jean Poftel.
Réfutation d'un Livret divulgué au nom de Jean de l'Efpine,
auquel violentant & détorquant l'Écriture fainte, il blafphème
le faint Sacrifice Évangélique, dit vulgairement la fainte Meffe;
imprimée à Paris, *in-*8°. par Guillaume Chaudiere, 1565.
Traité du faint Jeûne du Carême, ou il eft démontré icelui être
de l'Inftitution de Jefus-Chrift & Commandement de Dieu;
avec la troifième Epître à Calvin, Beze, & tous autres partifans
de fa feCte, en laquelle de point en point, & prefque de mot à
mot, eft répondu à ce qu'il écrit en fon Inftitution contre le
Jeûne, difcrétion des viandes & abftinence du Carême; imprimé
à Paris, *in-*8°. par Guillaume Chaudiere, 1566. Premier Livre

de la Communion des Saints, &c. imprimé à Paris, par Guillaume Chaudiere, 1565. Avertiſſement à l'Homme Chrétien,
de la Vénération & Adoration de l'Hoſtie ſacrée, contre les
ſectaires; traduit des Écrits Latins de Maître J. Michel, Docteur
de Paris, Chanoine de Conſtances; imprimé à Paris, in-8°. par
Guillaume Chaudiere, 1567. Catéchiſme ou Inſtruction populaire, &c. imprimé à Paris, par Guillaume Chaudiere, 1566.
Inſtruction pour tous États, &c. imprimée à Paris, par Nicolas
Cheſneau, 1564. Traité de l'Autorité des Conciles, imprimé
à Paris, par Nicolas Cheſneau, 1566. Exhortation Chrétienne
aux fidéles & élus de Dieu, de batailler par tous moyens poſſi-
bles, pour le grand Seigneur contre l'Antechriſt; imprimee à
Paris, in-8°. par Guillaume Chaudiere, 1566. Avertiſſement
par lequel aiſément tous troubles & différends, tant touchant la
Croix de Gaſtine, de laquelle y a ſi grande altercation en la
ville de Paris, que autres concernant la Religion, ſeront aſſou-
pis & ôtés; imprimé par Thomas Bellot, 1572. à ce Livre fut
faite une Réponſe par quelque Miniſtre anonyme, que l'on a
vue imprimée. Diſcours en forme de Dialogue, ou Hiſtoire
tragique, en laquelle eſt naïvement dépeinte & décrite la ſource, origine, cauſe & progrès des troubles, partialités &
différends qui durent encore aujourd'hui, meus par Luther, Calvin & leurs conjurés & partiſans contre l'Egliſe Catholique;
traduit du Latin de Révérend Pere Guillaume Lindan, Evêque
Allemand; imprimé à Paris, in-8°. par Guillaume Chaudiere,
1570. Antithèſe des Bulles du Pape, Vicaire de Jeſus-Chriſt,
& des Huguenots, touchant la Rémiſſion des péchés, &c.
imprimé à Paris, par Nicolas Cheſneau, 1566. Diſcours auquel
eſt clairement montré que quand il y a queſtion touchant la
Foi & Religion Chrétienne, il faut en demander la réſolution
aux Paſteurs de l'Egliſe Catholique, & s'arrêter à leur déter-
mination faite en Concile général, où Dieu aſſiſte toujours à ſon
Egliſe; imprimé à Paris, in-16. par Nicolas Cheſneau, 1573.
Diſcours & Réſolution de l'Uſure, &c. imprimé à Paris, par

Nicolas Chefneau, 1566. Manière de fe préparer à la Solennité de la Nativité de Jefus-Chrift, traduit des Écrits de S. Auguftin; à Paris, par Guillaume Chaudiere, 1566. Avertiffement du temps des Miniftres, & des fruits des Doctrines nouvelles, *in*-4°. par Guillaume Chaudiere, 1566. Exhortation aux François & principalement Parifiens, de recevoir humainement les Religieux de l'Ordre de faint François, en la Célébration de leur Chapitre général, & Election d'un Miniftre général, affignée en la ville de Paris, pour l'année 1579, aux jours & aux octaves de Pentecôte; imprimée à Paris, par Nicolas Chefneau, 1579. Première Remontrance aux Religieufes profeffes, qui ont été féduites & débauchées, fous prétexte d'une liberté Évangélique, & licite mariage; imprimée à Paris, *in*-8°. par Nicolas Chefneau, 1565. Seconde Remontrance aux mêmes, &c. Traité montrant qu'il faut dire la Meffe en Latin, *in*-8°. par Guillaume Chaudiere, 1565. Exhortation Chrétienne pour batailler contre l'Antechrift, &c. imprimée à Paris, *in*-8°. par Chaudiere, 1565. La Manière de bien & falutairement fe confeffer; avec la Correction de la Confeffion de Martial Mafurier, Chanoine & Pénitencier de Paris; à Paris, *in*-8°. par Guillaume Guillardet, Thomas Belot, 1565. Traité du Sacrifice Evangélique de la fainte Meffe, &c. à Paris, par Chefneau, 1564. Réponfe pour la Meffe à une Damoifelle, &c. imprimée *in*-8°. par Guillaume Chaudiere, 1565. Traité auquel eft montré que la Confeffion facramentale, dite vulgairement auriculaire, eft de droit divin, imprimé avec un autre Traité de Maître Pierre Caroli, fur même matière, à Paris, *in*-8°. par Sébaftien Nyvelle, 1567. Réponfe à ceux qui appellent Idolâtres les Chrétiens & vrais Adorateurs, en laquelle eft montré que c'eft qu'Adoration, à qui eft due Adoration; & quelle différence il y a entre l'Adoration des créatures & la vraie & fouveraine qui eft due à Dieu feulement; imprimée *in*-8°. par Guillaume Chaudiere, 1567. Difcours du fondement du Purgatoire après cette vie; des Indulgences, Pardons, & de Satisfaction; troifième partie de Pénitence; imprimé à Paris, *in*-8°. par Nicolas Chefneau, 1566. Catéchefes, ou Inftructions, touchant-les points à préfent controverfés en la Religion, accommodées aux Evangiles d'un chacun jour du Carême; propofées en Sermons, en l'Eglife faint Euftache, l'an 1573, pour ceux qui ont été mal inftruits & catéchifés, par les Hérétiques; imprimées *in*-16. par Nicolas Chefneau, 1574. Catéchefe, & Inftruction touchant les ornemens, vêtemens, & parures des Femmes Chrétiennes; avec un autre Catéchefe de la pénitence; un Avertiffement de faint Auguftin, de la manière de faire pénitence, & une Exhortation de faint Ambroife, à vraie pénitence: plus une Inftruction de la femme mariée: le tout imprimé *in*-16. par Nicolas Chefneau, 1574. Exhortation Catéchiftique du Mariage, en laquelle eft enfeigné ce qu'il faut faire pour fe marier heureufement avec la grace de Dieu; imprimée à Paris, *in*-8°. par Jean Poftel. Catéchèfe, ou manière de falutairement prier Dieu avec dévotion & fruit fpirituel; le tout accommodé aux prières publiques extraordinaires, faites à Paris ès années 1574 & 1575, & en diverfes Eglifes, imprimé *in* - 8°. par Jean Poupy, 1575. Catholique Difcours des chandelles, torches, & autre ufage du feu en la profeffion de la Foi & de la Religion Chrétienne, où eft fpécialement traité des chandelles que portent proceffionnellement les Chrétiens le jour & fête de la Purification de la glorieufe Vierge Marie, mère de Dieu; imprimé à Paris, *in*-8°. par Jean Poupy 1575. Le grand Ordinaire, ou Inftruction commune des Chrétiens, auquel font contenus & enfeignés les principaux fondemens de la Religion Chrétienne, pour falutairement vivre en l'obfervance des Commandemens de Dieu, & tenir le chemin de falut, avec trois Traités fort utiles à ceux qui defirent vivre chaftement, tant en Religion, que dehors; imprimé à Paris *in*-8°. par Guillaume de la Noue, 1580. Méditations Cathéchiftiques, utiles à toutes perfonnes dévotes, pour profiter en la leçon du Livre, dit anciennement *Grand Vita Chrifti*. Et plufieurs particuliers Traités, efquels il eft difcouru des chofes les plus néceffaires à tous Chrétiens , mais principalement à tous Religieux & Religieufes; imprimées à Paris , *in-fol.* par Nicolas Chefneau , 1582. Dévotes Oraifons , qui peuvent être dites utilement par tous bons Chrétiens , pour obtenir de Dieu fa grace en toutes chofes, qui font comme un formulaire journal des faintes prières , en toutes occurrences, à toutes perfonnes de tous états ; imprimées à Paris *in*-16. par Guillaume de la Noue , 1582. Manuel des Chrétiens qui veulent profiter en l'ouye des Sermons & Prédications ; comme auffi des Prédicateurs qui defirent prêcher felon l'intention & intelligence de l'Eglife Catholique, contenant les Epîtres & Evangiles des faints Dimanches & principales Fêtes de l'année, accompagnée chacune d'un Sommaire au commencement , & d'une Oraifon à la fin ; imprimé à Paris , *in*-16. par Guillaume de la Noue , 1582. Traité de la prédication & ouye de la parole de Dieu. L'Eccléfiafte , ou prêcheur de Salomon , avec briève explication & Scholies, pour le bien & inftruction du fimple peuple , & auffi des Pafteurs & prêcheurs ; imprimé à Paris , *in*-16. par Guillaume de la Noue , 1582. Traité des Caufes des maléfices , fortiléges & enchantemens ; avec un fragment extrait d'un plus ample Traité de la Magie repréhenfible , & des Magiciens , contenant dix-neuf Chapitres; imprimé avec le Livre de Pierre Macé fur cette matière, à Paris , *in*-8°. par Jean Poupy, 1579. Exhortation au peuple de toute la France , & principalement à ceux de Paris , les avertiffant de prier Dieu pour le Roi très-Chrétien & les Etats affemblés à Bloys ; le tout étant accommodé au Cantique que firent les Anges à la Nativité de notre Seigneur; imprimée à Paris. Epîtres & Evangiles des Dimanches & autres principales Fêtes , expofées par Scholies & familières explications ; imprimées à Paris parmi les trois volumes de la Vie des Saints, chez Nicolas Chefneau. Divers Opufcules , contenus au fecond volume de la Vie des Saints; à favoir, des Jours des Rogations , ou les Litanies, en huit Chapitres. De la néceffaire reconnoiffance de Dieu par Dîmes , Prémices , Sacrifices ,

Oblations, Chapitres 14, avec la Prophétie de Malachias. Les 3 Epîtres Catholiques de S. Jean, Apôtre, avec Argumens & Scholies ; enfemble les deux de S. Pierre & celle de S. Jude, auffi avec Argumens & Scholies. Sermon de Ste. Catherine, prononcé au Monaftère de Montmartre. Sommaire de tout l'Office de la Vigile de Noël ; enfemble de la Fête S. Etienne. Plus de la Fête S. Pierre, & du jour des Octaves de S. Pierre & S. Paul, avec Scholies & Expofitions felon les quatre fens de l'Eglife, à favoir, Littéral, Allégorique, Moral & Anagorique. Du bâtiment des Temples matériels, pour l'exercice & profeffion de la Religion, à l'honneur & exaltation du faint nom de Dieu. Difcours montrant par l'Ecriture fainte & expreffe parole de Dieu, que Dieu, remettant par fa grace la coulpe du péché, il ne remet pas toujours la peine entièrement, ains veut que l'homme lui fatisfaffe. Ce qu'eft le fondement de fatisfaction, troifième partie de Pénitence ; des Indulgences, ou Pardons, & du Purgatoire après cette vie, contenu au troifième Tome de l'Hiftoire de la Vie des Saints. Il avoit fait imprimer une Bible en François, avec Préface, Argumens & Annotations ; mais les Docteurs – Théologiens de Sorbonne l'ont cenfurée, pour autant qu'ils n'approuvent point que les faints Livres de la Bible foient mis en langue vulgaire, pource auffi qu'il avoit pris aucunes d'icelles Annotations fur les Exemplaires des Bibles traduites par les Miniftres de Genève, & dit en fa Préface que les Hérétiques, parmi leurs propos, peuvent dire quelque chofe de bon. *Modus tollendæ Religionis difcordiæ, certus ac neceffarius ; Parifiis, apud Nicolaum Chefneau, 1562. Articuli Sacræ Facultatis Theologiæ Parifienfis, circà dogmata Religionis Chriftianæ controverfa ; Parifiis, apud Guill. Guillard, 1564. Tractatus de Indulgentiis, &c. Parifiis, apud Guillelmum Guillard, 1566. Panoplia Catholicorum adversùs omnes nunc vigentes hærefes, &c. apud Nicolaum Chefneau, 1566. Ad pios & catholicos Scotos impiæ Genevenfis factionis Miniftrorum truculentâ atque fatanicâ barbarie & ferocitate divexatos & oppreffos pro fidei & religionis antiquæ,* *folius falutaris & veræ, profeffione femper retinendâ, fimplex & catholica Cohortatio ; Parifiis, apud Nicolaum Chefneau, 1581 *.*

* Voy. La Croix du Maine, & les notes, au mot René Benoist, Tom. II, pag. 359 & fuiv.

RENÉ DE BIRAGUE *, Milanois, Chevalier, première-ment Préfident pour le Roi au fouverain Sénat de Piémont, puis Gouverneur & Lieutenant-Général pour Sa Majefté en la Ville de Lyon, & de-là appelé à l'Office de Chancelier de France, &, après le décès de Madame fa femme, créé Cardinal par le Pape Grégoire XIII, a prononcé plufieurs Harangues en ma-tière d'Etat, & faits de grandé importance, defquelles celle qu'il fit en l'affemblée des Etats tenus à Bloys l'an 1577, qui eft fort fuccinéte, & néanmoins de grand poids, a été imprimée à Paris audit an. Il décéda en Novembre 1583, âgé de 76 ans, & fut enterré à Sainte Catherine du Val des Ecoliers, avec fa femme, à laquelle il avoit fait élever un affez magnifique tombeau.

* Voy. La Croix du Maine, & les notes, au même Article, Tom. II, pag. 363 & fuiv.

RENÉ BRETONNIAU, Médecin, natif de Vernantes, en Anjou, a écrit en vers la Génération de l'homme & le Temple de l'ame, avec autres œuvres Poëtiques, extraites de fon Efcu-lape, à favoir, de la Conception de l'homme & de la ftérilité, des caufes d'icelle & de fa curation. La Fabrique de l'œil. Le cœur & le foleil du petit monde, où il y a un ample Difcours des Pouls & du Ris. Le Foye, ou le Temple de nature humaine. Le Phrénétique, & fa cure. Le Mélancolique, & fa cure. La Pierre, & fa cure. La Colique, & fa cure. Les Gouttes des hé-morroïdes, & leur cure. La décoration & embelliffement de la face, des dents & des mains, avec un ample Difcours fur lef-dites mains Le Singe, imprimé à Paris, *in-*4°. par Abel l'An-gelier, 1583 *.

* Voy. La Croix du Maine, & les notes, à l'Article de René Bretonnayau, Tom. II, pag. 365 & 366.

RENÉ CHOPIN , Avocat au Parlement de Paris , a mis par écrit , Oraifon pour le Clergé de France , prononcée par René Chopin , plaidant publiquement au Parlement de Paris , touchant les réachepts Feudaux prétendus fur les Terres Eccléfiaftiques ; imprimée à Paris , *in*-4°· par Nicolas Chefneau , 1580. *Renati Chopini , Andegani J. C. & in Curiâ Parifien. caufarum Patroni de Legibus Andium Municipalibus Libri tres , itemque prævius Tractatus de fummis Gallicarum Confuetudinum Regulis ; Parifiis , in-fol. apud Nicol. Chefneau , 1581. Ejufdem de Sacrâ Policiâ Forenfi Libri tres ; Parifiis , in-4°. apud Nicolaum Chefneau , 1577. Item de Privilegiis Rufticorum Libri tres , in-4°. apud Nicolaum Chefneau , 1575 **.

* Voy. La Croix du Maine , & les notes , au même Article , pag. 366 & 367.

RENÉ DEDRAIN , natif de Nantes , Avocat au Siége Préfidial de Cahors , en Quercy , a écrit des Commentaires Latins fur les Ordonnances du Roi Charles IX , imprimés à Paris , *in*-8°. par Pierre l'Huillier , 1571.

RENÉ FAME , Notaire & Secrétaire du Roi , a traduit les fept Livres des divines Inftitutions de Lactance Firmian contre les Gentils & Idolâtres ; imprimés à Paris , *in-fol.* par Galiot du Pré & Eftienne Roffet , 1544 , & à Lyon , *in* - 16. par Jean de Tournes , 1555.

RENÉ DES FREUX [1] , Religieux de l'Ordre S. Benoît , a écrit une briève Réponfe aux quatre exécrables Articles contre la Meffe , publiés par un Auteur inconnu ; imprimée à Paris par Nicolas Chefneau , 1561. Il a traduit du Latin de Jacques Noguer , Docteur en Théologie , Doyen de Vienne , en Autriche , les Marques & Enfeignes pour connoitre la vraie Eglife de Jefus-Chrift d'avec la fauffe , que les Hérétiques fe forgent , divifées en deux Livres ; imprimées *in*-8°. à Paris , par Nicolas Chefneau , 1564.

[1] La Croix du Maine , Tom. II , pag. 368 , nomme mal le Freux ce René

Réné des Freux. M. l'Abbé le Clerc, qui a vu la Traduction du Livre de Jaques Noguer, imprimée l'an 1565, à Avignon, dit qu'au bas de l'Epître Dédicatoire, à Louis de Brezé, Evêque de Meaux, le nom du Traducteur est écrit des Freux, & ne doute point que le nom François du Jésuite *Andreas Frufius Carnotenfis*, frère peut-être du Bénédictin, ne fût *André des Freux*, ou *de Freuẓ*. (M. de la Monnoye).

RENÉ HERPIN *. Au nom fuppofé de ceftui-ci, Jean Bodin a écrit une Apologie pour fa République, contre Auger Ferrier & autres ; imprimée à Paris, *in-8°*. par Jacques du Puys, 1581, de laquelle j'ai tranfcrit ici ce qui s'enfuit.

   * Voy. La Croix du Maine, & les notes, fur cet Article, Tom. II, pag. 369.

[Ces propos feroient bons à quelques Stoïques impaffibles, ou en la République Idéale de Platon ; mais au temps auquel nous fommes, celui qui fouffre une contumélie, par fa patience, incite les autres à triompher de fa honte, comme il eft advenu à Bodin, lequel, ayant la plume en main, s'il eût répondu au premier qui s'eft attaché à lui, il eût fermé la bouche aux autres. Mais, quand les uns ont vu fa nonchalance, les autres l'ont plus hardiment affailli. Joint auffi que la loi de Nature permet la jufte défenfe, quand on eft offenfé. Combien qu'il eft mal-aifé de s'en acquitter en fon propre fait, & crois que, pour cette caufe, nos pères ont fagement ordonné que perfonne ne fût reçu à plaider fa propre caufe, comme il étoit anciennement, & eft encore permis en plufieurs pays, parce qu'il eft mal-aifé que celui qui défend fon honneur (qui eft plus cher que les biens & la vie) ne foit tranfporté de paffions violentes, ou bien qu'il ne foit contraint de faire beaucoup de chofes, qu'on ne peut dire fans rougir de honte, & principalement quand il eft queftion de l'honneur, qui fe traite autrement que les Anciens ne faifoient. Car, quand la licence de médire, de laquelle ufoient les Poëtes & joueurs de farces, en nommant un chacun, qui s'appeloit ἀρχαία κωμωδία, pour les querelles qui en avenoient, fut défendue fur grandes peines & rigoureufes, chacun fe gardoit bien d'écrire contre l'honneur de perfonne ; mais quand il fut queftion de défendre la religion contre les Athéiftes, ou la République contre les oppreffeurs d'icelle, la piété envers Dieu d'un côté, & l'amour de la patrie en l'autre, a toujours excufé les hommes jaloux de l'honneur de Dieu & du bien public. Car, comme difoit Théophrafte, il eft bien difficile que l'homme de bien s'abftienne de médire, parlant des méchans, comme font les Ecrits d'Origène contre Celfus Epicurien, de Jofeph Hébrieu contre Appion, de S. Cyrille, Bafile, Grégoire Nazianzené, & Nicephore Callifte contre Julian l'Empereur, furnommé l'Apoftat, & contre Porphyre & Procle, d'Epiphanius contre toutes les fectes de fon temps, qui ont ufé d'un ftyle aigre & piquant. Les Apologies de Tertullian, de Juftin

& d'Athénagoras l'Orateur, font beaucoup plus douces. Quant aux Ecrits des premiers Auteurs, ils étoient comme faints & inviolables ; car même, quand il advint à Zoyle d'écrire un Livre contre l'honneur d'Homère, intitulé ψόγος Ο'μήρου, pour cette caufe feulement, il fut précipité du haut de la roche Scyrronide. Et jaçoit que plufieurs trouvoient fes repréhenfions fondées en quelques raifons, fi eft-ce qu'il fut trouvé inexcufable d'attenter à un tel perfonnage, qui étoit à tous les Peuples & Princes comme un Patron d'honneur. Et même Platon, voulant clorre la porte de fa Cité à Homère, parce qu'il parloit des Dieux, à fon avis, trop irrévéremment, fi eft-ce qu'il lui donne une couronne, & l'honore de parfums. De quoi néanmoins Denis d'Halicarnace, indigné, ne s'eft pu tenir de répondre à Platon, qu'on eftimoit alors comme un Dieu, & s'en excufe envers Pompée : toutefois il ne fort point des termes d'honneur, non plus que Platon, écrivant de la Cyropédie de Xénophon ; ni Xénophon, corrigeant Platon fous la perfonne de Cyrus, jaçoit que l'un, jaloux de l'honneur de l'autre, ne fe foient aucunement nommés en leurs Ecrits, étant contraires en opinions, hormis qu'ils combattoient à qui feroit plus d'honneur à Socrate, leur maître ; car les Maîtres étoient toujours honorés comme pères. En quoi les Hébrieux font fi religieux, que jamais ils ne parlent de leurs Anciens, qu'ils ne mettent cette préface d'honneur, de laquelle ufent les Rois, en parlant de leurs pères, à favoir, *Leur mémoire foit bénite*, ou *Qu'il foit en paix*. Ce que les Grecs ont gardé fort longuement, & même le premier article du ferment d'Hippocrate porte qu'ils tiendroient leurs maîtres comme leurs pères, & leurs enfans comme leurs frères, pour les nourrir, entretenir & enfeigner gratuitement, avec exécration à celui qui contreviendroit au ferment. Le premier qui viola les loix & religion d'honneur fut Ariftote, lequel a été blâmé de tous les Académiciens, d'avoir non-feulement repris fon maître à tort, ains encore de l'avoir fouvent calomnié; car, quant à tous les anciens Philofophes & Légiflateurs, il ne les a pas épargnés. Et, en s'excufant, il dit : φιλεῖν γὰρ ἀμφοτέρους δεῖ, πιςεύειν δὲ τοῖς ἀκριβεστέροις. Encore cela fe faifoit en traitant quelque fcience. Mais il s'eft trouvé peu d'hommes qui aient pris le fujet de faire Livres pour inve£iver, comme fit le Poëte Callimach contre fon difciple Apollonius, Auteur des Argonautiques, pour fon ingratitude, qui a été fuivi d'Ovide *in Ibin*.

En un autre endroit de la même Apologie.

Car, quand vous dites que vous êtes Mathématicien, vous nous promettez que vous êtes bon Arithméticien, non pas feulement pour chiffrer, ce que font bien les Marchands en leurs boutiques, mais auffi pour favoir accommoder les nombres à toutes quantités commenfurables, mêmement pour les raifons que les Mathématiciens appellent ἀῤῥήτους. Et fi faut favoir la vraie théorie des nombres. Il faut auffi bien entendre la Géométrie, la Géodefie, l'Optique, la Catoptique, l'Aftrologie, qui n'eft pas faire des nativités (que ceux mêmes qui ne favent rien des vraies Mathématiques ne font que trop) mais la vraie science des mouvemens célestes, des aspects & grandeurs des Planètes & Étoiles fixes, de la proportion qu'elles ont entre elles & avec la terre, & de la distance d'icelles au centre du monde, & leur force & vertu, qui est, comme disoit Platon, φορὰ εἰς βάθος, c'est-à-dire, un abîme. Brief, il faut savoir la Cosmographie, Géographie, Corographie, puis après la Musique, qui n'est pas seulement chanter, comme il est requis, ains aussi faut entendre la théorie des trois genres de Musique, les différences & forces de tons. Voilà ce qu'emporte la qualité de Mathématicien, &c.]

RENÉ DE L'ORME, Gentilhomme Breton, a tiré & imité du second Livre de la Hiérusalem de Torquato Tasso, les Amours d'Olinde & Sophronie, non encore imprimées, & dont le commencement est tel :

> *Jà ton camp, Godefroy, tu rangeas en bataille,*
> *Pour te rendre vainqueur de la sainte muraille,*
> *Où le Sauveur Jesus, de son sang précieux,*
> *Vint laver les péchés du monde vicieux. &c.*

RENÉ MACÉ, Religieux du Monastère de la Trinité à Vendôme, a écrit deux Livres en rime, intitulés Le bon Prince. Au Roi très-Chrétien François I de ce nom ; *non imprimé* *.

* Voy. LA CROIX DU MAINE, & les notes, au même Article, Tom. II, pag. 370.

RENÉ, Comte de Sanzay. Harangue du Seigneur Comte de Sanzay devant le Pape Paul IV, contre les calomnies qu'on mettoit sus au Roi de France. Harangue du même Comte de Sanzay, Ambassadeur pour le Roi, vers le Roi de Portugal, après le sac fait par les François de l'Isle de Madere, en la mer Athlantique. Icelles deux Harangues, contenues au volume des Militaires de Belleforest.

RICHARD DE BARBEZIEUX, Sieur dudit lieu, Poëte Provençal, fut amoureux d'une Gentil-femme de Provence, nommée Claire de Berro, fille du sieur d'Entravenes, laquelle se rendit Religieuse au Monastère de la Celle, près Brignolle, où, peu après, étant décédée, il s'enamoura d'une Damoiselle de la maison de Ponteves, fit un Traité intitulé Lous Guizardous d'Amours. Pétrarque s'eſt aidé de pluſieurs mots de ce Poëte, lequel mourut l'an 1383 *.

* Voy. LA CROIX DU MAINE, & les notes, au même Article, Tom. II, pag. 376.

RICHARD LE BLANC a traduit en rime Françoiſe les neuf Eglogues, après la première, des Bucoliques de Publie Virgile Maron, Prince des Poëtes Latins, laquelle première avoit été traduite par Clément Marot *. Plus les quatre Livres des Géorgiques du même Virgile; imprimées à Paris, in-8°. par Charles & Arnoul les Angeliers. Les deux Livres d'Héſiode, Poëte Grec, intitulés les Œuvres & les Jours, traduits en rime Françoiſe par Richard le Blanc; imprimés à Lyon, in-8°. par Jean de Tournes, 1547. Au premier Livre, Héſiode enſeigne la manière de bien vivre, & ſuivre les mœurs de vie civile & honnête; il excite les hommes à duement obſerver juſtice, & baille les préceptes néceſſaires pour inſtituer le régime de vie vertueuſe. Au ſecond Livre, il décrit l'Art de l'Agriculture, & perſuade qu'il convient labourer; car oiſiveté eſt ſouvent cauſe de pluſieurs maux, & difficilement l'homme ocieux ſe peut contenir qu'il ne faſſe quelque mal. Pour cette cauſe, Héſiode non-ſeulement a voulu bailler les préceptes de garder & honorer juſtice, mais auſſi de labourer, & uſe en ce ſuſdit Œuvre de pluſieurs belles & élégantes deſcriptions. Opuſcule ſur le Myſtère de notre foi, colligé des Carmes de Virgile, réduits en ordre par Proba Falconia, femme bien recommandée en la Poëſie, approuvée de S. Hiérôme, traduit en François par Richard le Blanc; imprimé à Paris, in-16. par Robert Maſſelin, 1553. L'Hiſtoire de Tancredus, priſe des vers Latins de Philippe Béroalde, traduite en François par ledit le Blanc, & imprimée de même. Il a traduit auſſi en proſe le Dialogue de S. Jean Chryſoſtome, de la Dignité Sacerdotale; imprimé à Paris par Robert Maſſelin, 1553. Les XXI Livres de Hiérome Cardanus, Médecin Milannois, intitulés de la ſubtilité & ſubtiles inventions; enſemble les cauſes occultes, & raiſons d'icelles; impri-

més à Paris , *in -* 4°. chez Charles l'Angelier , 1556. Or est
subtilité (dit Cardan) quelque définition & raison, par laquelle
les choses sensibles difficilement sont comprises par les sens, & les
choses intelligibles par l'intellect , ou entendement. Et après.
Subtilité donc consiste en trois choses, en substances , accidens
& représentations. Car des choses desquelles est quelque science,
aucunes sont , les autres non , mais elles semblent être, &c.

   * Marot avoit traduit la première Bucolique de Virgile, Richard le Blanc
traduisit les neuf autres. Il entendoit assez bien son Auteur, mais il manquoit
de goût. Sa versification est dure & bien moins coulante que celle de Marot,
qu'il tâchoit d'imiter. Il dédia cet Ouvrage à Marguerite de France , sœur de
Henri II , qui aimoit les Savans, les protégeoit, & étoit fort libérale à leur
égard. Cette Traduction , en vers de dix syllabes, parut en mil cinq cens cinquante-cinq. Le même Auteur avoit donné, en mil cinq cens cinquante-quatre,
une Traduction de l'Elégie d'Ovide du Noyer, *de Nuce* , en vers Alexandrins,
adressée par une lettre en vers à Mademoiselle Françoise d'Ouartis. A la suite
des Bucoliques, dont nous avons parlé, est une Traduction des Géorgiques,
aussi en vers François. Ces différentes Traductions furent réimprimées en
1574 & en 1578. Il paroît que ce Richard le Blanc avoit enseigné les Belles-
Lettres dans quelque Collège de l'Université de Paris. Il se montre par-tout
bon François, très-affligé des troubles qui agitoient sa patrie ; il se plaint de
ce que les malheurs du temps , & les maux que causoient les hérésies, l'empêchoient de se livrer à la Traduction des Saintes Ecritures. On sait qu'il étoit
alors difficile de traduire en langue vulgaire les Livres saints , soit en prose,
soit en vers, sans encourir le soupçon de l'hérésie. Voy. la Biblioth. Françoise
de M. l'Abbé Goujet, Tom. V, pag. 53 & suiv. Tom. VI, pag. 94, &
Tom. VII, pag. 24.

   RICHARD DU BUC, Docteur en sainte Théologie , Religieux de l'Ordre des Frères Mineurs , a écrit Dévot Traité ,
compilé du Livre de la Genèse, du vingt-huitième Chapitre jusqu'à la fin dudit Livre , comprenant l'exercice de la vie active
& contemplative , sous la figure du mariage de Jacob , & sa
génération , auquel est démontré à tous états (comme en un
miroir) la voie & manière comme un chacun se doit régir &
gouverner selon son état & vacation. Et sont en ce Traité familièrement exposés plusieurs lieux difficiles de la sainte Ecriture ;
imprimé à Paris , *in-*8°. chez Jean Bignon & Pierre Sergent ,
1539.

RICHARD, furnommé Cœur de Lyon, qui fut fils de Henri, Roi d'Angleterre, & élu Empereur des Romains, en fa jeuneſſe, fréquentant la Cour de Remond Berenguier, Comte de Provence, dernier du nom, fut furpris de l'amour de Léonore, ou Hélionne, l'une des quatre filles dudit Comte de Provence, laquelle depuis il épouſa. Pendant qu'il y étoit, il oyoit ſouvent réciter pluſieurs belles Chanſons aux Poëtes Provençaux qui étoient à la ſuite du Comte, en quoi il prenoit un ſingulier plaiſir, &, pour la douceur de la langue, paſſoit le temps à rimer, & ſe délectoit à lire leurs beaux Romans. Quelques années après, étant allé outre mer, pour la conquête de la Terre-Sainte, avec S. Loys, Roi de France, & autres Princes, à ſon retour, fut fait priſonnier; pendant ſon empriſonnement, fit quelques Chanſons, qu'il adreſſa à Béatrix, Comteſſe & héritière de Provence, ſœur de ladite Hélionne, ſe plaignant de ce que ſes Barons & Gentilhommes le laiſſoient ſi longuement en captivité, ſans payer ſa rançon, diſant ainſi au ſecond Couplet d'icelle :

Or ſachan ben mos homs, e mos Barons,
Angleȝ, Normans, Peytavins, e Gaſcons,
Qu'yeu non ay ia ſi paure compagnon,
Que per aver lou laiſſ' en preſon.

Le Monge des Iſles d'Or dit que Richard avoit fait leſdites Chanſons, ſe plaignant plutôt de ce qu'il étoit privé des beaux yeux de la Princeſſe Hélionne, que non point de ſa captivité, & dit encore, avec S. Cezari, que les Electeurs de l'Empire furent diſcordans de l'élire Empereur, à l'inſtigation d'Alexandre, Pape quatrième du nom. Son trépas ſe trouve aux Chroniques d'Angleterre. Le Monge de Montmajour nomme ce Roi Richard Couard. Quelqu'un a écrit que l'Infante Léonore lui envoya un beau Roman, en rime Provençale, des Amours de Blandin de Cornaille, & de Guilhen de Myremas, des beaux faits d'armes qu'ils firent, l'un pour la belle Bryande, & l'autre pour la belle Irlande, Dames d'incomparable beauté *.

* Voy. La Croix du Maine, & les notes, au même Article, Tom. II, pag. 375.

RICHARD CRASSOT a mis les cl Pfalmes de David en Mufique, à quatre Parties; imprimées toutes en un volume *in-16.* avec la lettre au long de tous lefdits Pfalmes ; imprimés à Genève.

RICHARD RENVOISY, Maître des Enfans de chœur de la Sainte Chapelle à Dijon, a mis en Mufique, à quatre Parties, les Odes d'Anacréon [1], imprimées à Paris, par lettre Françoife, par Richard Breton.

[1] L'opinion de M. le Préfident Bouhier, pag. xli & xlii de fon *Hiſtoire des Commentateurs de la Coutume de Bourgogne,* eſt que la Traduction d'Anacréon, en vers François, par Jean Bégat, mort Préfident au même Parlement, l'an 1571, eſt celle que Richard Renvoify mit en mufique ; car, dit-il, Antoine du Verdier, qui en parle en deux endroits de fa Bibliothèque, convient, au mot Anacréon, que cette Traduction, dont il ne connoiſſoit pas l'Auteur, étoit différente de celle de Remi Belleau. Le reſte de la Remarque nous apprend que, comme Renvoify étoit Maître des Enfans de Chœur de la Sainte Chapelle de Dijon, fa trop libre fréquentation avec fes jeunes Elèves le fit tomber dans un crime, pour lequel il fut condamné au feu, le 6 Mars 1586. (M. de la Monnoye).

RICHARD ROUSSAT, Médecin, Chanoine de Langres, a écrit Livre de l'Etat & mutation des temps, prouvant par autorité de l'Ecriture Sainte, & par raifons Aftrologales, la fin du monde être prochaine ; imprimé à Lyon, *in-8°.*, chez Guillaume Roville, 1550 *.

* Il étoit oncle de Jean Rouſſat, dont il eſt parlé, dans *La Croix du Maine,* Tom. I, p. 585.

RICHARD DE VASSEBOURG, Archidiacre de Verdun, en Lorraine, a écrit en François, en deux volumes, les Antiquités de la Gaule Belgique, Royaume de France, Auſtraſie & Lorraine ; avec l'origine des Duchés & Comtés de l'ancienne & moderne Brabant, Tongre, Ardenne, Haynaud, Mozelane, Lotreich, Flandres, Lorraine, Barrois, Luxembourg, Louvain, Vaudemond, Joinville, Namur, Chiny, & autres Principautés, &c. le tout compris fous les Vies des Evêques de Verdun, en Lorraine ; avec un Abrégé des Vies des Papes,

Empereurs, Rois & Princes, depuis Jules Céfar jufqu'à notre temps ; imprimé à Paris, *in-fol.* par François Giraud, 1549 *.

* Voy. La Croix du Maine, & les notes, au mot Richard de Vassebourg, Tom. II, pag. 379 & 380.

ROBERT DE BALSAC, Seigneur d'Antraigues & de S. Amand, ès montaignes d'Auvergne, Confeiller & Chambellan du Roi en fon Confeil, & Sénéchal au pays d'Agenez & de Gafcogne, a écrit, la Nef des Batailles, où eft démontré l'ordre & train qu'un Prince, ou Chef de guerre doit tenir, qui veut conquéter un pays, ou paffer & traverfer les pays des ennemis. Plus, le chemin pour aller à l'Hôpital, imprimé à Paris, *in-4°.* par Philippe le Noir, 1525 *.

* Robert de Balfac étoit le troifième fils de Jean de Balfac, Seigneur d'Entragues, dont il continua la poftérité mafculine, le premier de fes deux aînés étant mort fans alliance ; & le fecond n'ayant eu qu'un fils, qui mourut fans enfans. Robert de Balfac fut aimé de Louis XI. Il époufa le 3 Octobre 1474, Antoinette de Caftelnau, dont il eut trois fils & trois filles. Il mourut vers l'an 1503. Son Teftament eft du 3 Mai de cette même année. Son fils aîné avoit époufé Anne Mallet, fille de l'Amiral Mallet de Graville, fa coufine-germaine, après l'avoir enlevée. L'Amiral voulut deshériter fa fille; mais le Prieur des Céleftins de Marcouffis obtint la grace de la fille & du gendre, en les préfentant à l'Amiral, un Vendredi Saint, dans l'inftant où celui-ci alloit adorer la Croix. C'eft cette Anne Mallet, qui portoit pour devife *Chantepleure*, avec ces mots *Mufas natura, Lacrymas fortuna*, comme je l'ai remarqué dans ma note fur La Croix du Maine, à l'Art. d'Anne de Graville, Tom. I, pag. 83.

ROBERT et ANTOINE LE CHEVALIER D'AGNEAUX, frères, de Vire, en Normandie, ont traduit nouvellement, de Latin en François, les Œuvres de Virgile Maron, imprimées à Paris, *in-4°.* chez Thomas Perier, 1582 *.

* Voy. La Croix du Maine, & les notes, aux mots Robert & Antoine le Chevalier, Tom. I, pag. 32, & Tom II, pag. 380 & 381.

ROBERT CIBOLLE *, Quelques Livres de cet Auteur, en François, que j'avois colligés ; enfemble de plufieurs autres de femblable nom, Robert, me font hors de la mémoire, dont je ne
les

les ai pu mettre ici, pour autant que l'Imprimeur a perdu le cahier où je les avois écrits de ma main.

* Voy. La Croix du Maine, & les notes, à l'Art. de Robert Cibolle, Tom. II, pag. 381 & 382.

ROBERT ESTIENNE. Ce rare perfonnage en favoir, induftrie & diligence au fait de l'Imprimerie, laquelle il a tellement polie, qu'en excellence de caractères, & en bonne & fincère correction, devançant tous les paffés, il n'y a aucun des préfens (j'en excepte fon fils Henry) qui l'ait égalé, a eu tant d'heur de naître, lorfque le grand & invaincu François I du nom, Tuteur des Mufes & de leurs nourriffons, a manié les rènes de cette puiffante Monarchie des Gaules ; fous la Majefté duquel, en titre d'Imprimeur Royal, il a fait voir le jour à maint bel ouvrage, tant Grec, que Latin ; de quoi, entre autres, fait foi fon *Thefaurus Latinæ linguæ*, pour lequel tous gens d'étude lui demeureront à jamais obligés. Que fi, au milieu de fon cours, il n'eût été arrêté par je ne fais quelle humeur, lui faifant changer propos, il eût parfait fa carrière en France avec los immortel. Il a écrit plufieurs Livres touchant la Grammaire, efquels, pour l'interprétation du Latin, il entremêle de dictions Françoifes, & en outre un Dictionnaire Latin-François, & un autre François-Latin, & quelques Traductions de Latin en François ; les titres defquelles œuvres je ne puis mettre ici particuliérement, le cahier où ils étoient ayant été égaré par l'Imprimeur *.

* Voy. *La Croix du Maine*, & les notes, au même Article, Tom. II, pag. 383 & 384.

ROBERT GARNIER, Lieutenant-Général Criminel au Siège Préfidial & Sénéchauffée du Maine, fur tous les genres de Poëmes, a choifi le Tragique, pour s'y adonner entièrement, auquel il a fi doctement & gravement écrit, qu'il furpaffe tous ceux qui s'en font voulu mêler ; voire femble ne céder aux Grecs, lefquels il a imités, mais fi bien, que, s'ils étoient vivans, on ne

ſauroit juger s'ils auroient emprunté de lui, ou lui d'eux. Les Tragédies que juſqu'ici il a miſes en lumière, ſont : Porcie, Hippolite;
Cornélie ; Marc-Antoine ; la Troade ; Antigone , ou la Piété ;
Bradamant ; Sedechie , ou les Juiſves ; toutes imprimées en un
volume *in*-12. à Paris , par Mamert Patiſſon , 1582. Il avoit
écrit , étant Ecolier en l'Univerſité de Tholoſe, quelques Œuvres Poëtiques, intitulées : Plaintes Amoureuſes de R. Garnier,
Manceau , contenant Elégies, Sonnets , Epîtres , Chanſons.
Plus , deux Eglogues ; la première apprêtée pour réciter devant
le Roi ; & la ſeconde récitée en la ville de Tholoſe devant la
Majeſté du Roi ; imprimées à Tholoſe , *in*-4°. par Jaques Colomiez , 1565. L'Hymne de la Monarchie , imprimée à Paris ,
in-4° par Gabriel Buon , 1567 *.

* Voy. *LA CROIX DU MAINE*, & les notes, au même Article, Tom. II,
pag. 386 & ſuiv.

Sentences tirées des Tragédies de Robert Garnier. En la Porcie.

[*O combien roulent d'accidens*
Des Cieux ſur les choſes humaines,
De combien d'effets diſcordans
Ont-ils leurs influences pleines ?
Après les grandeurs incertaines
On ſe tourmente vainement ;
Car , comme elles viennent ſoudaines ,
Elles s'en vont ſoudainement.

   Notre courte félicité
Coule & recoule vagabonde ,
Comme un gallion agité
Des vagues contraires de l'onde.
Celui qui , volage , ſe fonde
Sur un ſi douteux fondement ,
Semble qu'en l'arène inféconde
Il entreprenne un bâtiment.

   La fortune n'outrage pas
Volontiers les perſonnes baſſes ,
Elle n'appeſantit ſes bras
Que ſur les plus illuſtres races.

Les Roys craignent plus ſes menaces,
Que les durs Laboureurs ne font ,
Et le foudre eſt ſouvent aux places ,
Qui ſe montaignent plus le front.

   Les édifices orgueilleux
Voiſinant le Ciel de leurs têtes ,
Ont tant plus le chef ſourcilleux ,
Battu d'ordinaires tempêtes ,
Qu'ils élèvent plus haut les creſtes ;
Et les Aquilons furieux
Ne battent guères que les feſtes
Des rochers plus audacieux.

   Mais les caſes des Paſtoureaux
Qui s'applatiſſent contre terre ,
N'ont peur des foudres eſtivaux ,
Ny des vents que l'hyver deſſerre ;
Jupin ne darde ſon tonnerre
Contre les humides vallons ,
Et les arbres n'ont jamais guerre
Contre les roïdes Aquilons , &c.

   . . . . . *Pour un temps les méfaits*
Demeurent impunis à ceux qui les ont faits ;

Et même diroit-on, voyant que la fortune
A leurs mauvais desseins ne se montre importune,
Que les Dieux sont pour eux, mais ils le font exprès,
Afin de les punir plus aigrement après.

En l'Hippolite.

Amour est un serpent, un serpent voirement,
Qui dedans notre sein glisse si doucement,
Qu'à peine le sent-on ; mais si l'on ne prend garde
De luy boucher l'entrée, & tant soit peu l'on tarde,
Bientôt privés d'espoir de toute guarison,
Nous aurons notre sang infect de sa poison ;
Et alors (mais trop tard) cognoîtrons notre faute
D'avoir souffert entrer une bête si caute.

Ceux qui sont compagnons à faire un acte infame,
Sont compagnons aussi pour en recevoir blâme.

Il est aisé d'entrer dans le pâle séjour ;
La porte y est ouverte, & ne clost nuict, ne jour ;
Mais qui veut ressortir de la salle profonde,
Pour avoir de rechef la clarté de ce monde,
En vain il se travaille, il se tourmente en vain,
Et toûjours se verra trompé de son dessein.
Le mal qu'un autre fait, n'est pas cause valable
De nous faire à l'envi commettre un mal semblable.
Le vice ne doit pas les hommes inciter
De le prendre à patron, afin de l'imiter.
Le bruit du populaire erre le plus souvent,
Louant un vicieux, au lieu d'un bien vivant.
Mais quiconque requiert quelqu'un de deshonneur,
A grand peine qu'il soit bien hardy requéreur.

La promesse obliger ne doit,
Quand elle est faite contre droit,
Et celui n'offense, parjure,
Qui refuse le don promis
Où il s'est librement soumis,
Si ç'est de commettre une injure.

C'est se decevoir seulement
Que promettre, & fust-ce en serment,
Quand on engage sa parole
D'autre chose qu'on ne cuidoit ;
Si c'est promesse, elle se doit
Appeler promesse frivole.

En la Cornélie.

Il n'y a foy qui dure entre ceux qui commandent.
Egaux en quelque lieu, toûjours ils se débandent,
Ils se rompent toujours, & n'a jamais été
Entre Roys compagnons ferme société.

Les Dieux ne veulent point qu'aucun aille faisant
Ce que , luy étant fait , luy seroit déplaisant.
Ils veulent que l'on juge un autre par soy-même ,
Et , comme nous ferons , qu'on nous fasse de même.
Et , à la vérité , c'est la raison qu'ainsi
Qu'on est traité de nous , nous le soyons aussi ;
Car ce n'est pas assez de s'étendre bien loin ,
De courir l'univers de l'un à l'autre coin ,
Tenir toute la terre à notre main sujette ,
Et voir sous même joug l'Ethiope & le Gete.
Celuy commande plus , qui vit , du sien content ,
Et qui va ses desirs par la raison domptant ,
Qui , bourreau de soy-même , après l'or ne soupire ,
Qui ne convoite point un outrageux Empire.
Notre félicité n'est aux possessions ,
Elle est de commander à nos affections ,
D'embrasser la vertu , de ne cacher un vice
Au fond de l'estomach , dont le front nous pâlisse.

L'ire des bons Dieux excitée ,
Est paresseuse à nous punir ;
Souvent la peine méritée
Se garde aux races à venir ;

Mais d'autant qu'ils l'ont retenue ,
Prompts à pardonner nos péchés ,
D'autant plus se montrent fâchés ,
Quand notre offense continue.

Plus patient on porte une dure fortune ,
Quand on voit qu'elle tombe à tout chacun commune ,
Et rien tant ne console en un piteux esmoy ,
Que voir un autre en même , & pire état que soy.

En Marc Antoine.

Ils ont à toute chose une fin ordonnée ;
Toute grandeur du monde est par eux terminée :
L'une tôt , l'autre tard , selon comme il leur plaît ,
Et personne ne peut enfraindre leur Arrêt.
Mais à nous qui subjects de leurs volontés sommes ,
A nous , pauvres mortels , à nous , langoureux hommes ,
N'est connu ce destin , & , vivans , ne savons
Combien , ne comment vivre au monde nous devons.
Si ne faut-il pourtant d'un désespoir se puine ,
Et se rendre chétif , auparavant que l'être.
Il faut bien espérer jusques au dernier point ,
Et faire que de nous le mal ne vienne point ;

Car rien tant ne tourmente un homme en fa misère,
Que fe repréfenter fa fortune profpère.
Des hommes l'amitié doit être toujours une,
Sans branfler, variable avecque la fortune,
Qui toujours fe déplace, & onques ne voudroit
Arrêter conftamment fa boule en un endroit.
Auffi faut recevoir, comme chofe ufagère,
Les revocables biens qu'elle prête légère,
Et ne s'en affurer, ni fonder fon efpoir,
Comme deffus un bien qui ne puiffe décheoir;
Au contraire penfer que rien n'eft de durée,
Fors la feule vertu, notre hôteffe affurée,
Nous modérant de forte en la profpérité,
Que ne foyons troublés d'une infélicité,
Quand fur nous elle arrive, & ne prenant trop d'aife
De la bonne fortune, ennuy de la mauvaife.
Le fils à peine peut fouffrir fon propre père
En un commun Royaume, & le frère fon frère !
Tant cet ardent defir de cominander eft grand,
Et tant de jaloufie en nos cœurs il épand!
On permettra plutôt aimer celle qu'on aime,
Que de communiquer au facré diadême.
Toute chofe on renverfe, & tout droit on éteint,
Amitié, parentelle, & n'y a rien fi faint,
Qu'on n'aille violent, pour fe rendre feul maître,
Et n'a ton foin comment, pourvu qu'on le puiffe être.
. . . . . . Les affaires guerriers,
Et fur-tout les combats fuccédent journaliers,
Tantôt bien, tantôt mal. Et bien que la fortune
Es chofes de ce monde ait fa force commune,
Qu'elle modère tout, faffe tout, que tout foit
Attaché, maniable, au tour de fon rouet,
Si nous femble pourtant que plus elle s'adonne,
Qu'à nul autre exercice, au métier de Bellonne,
Et que là fa faveur, muable comme vent,
Avec plus de pouvoir, fe montre plus fouvent.
D'où vient qu'on voit toujours ceux qui, en leur jeuneffe,
Y ont eu de l'honneur, le perdre en leur vieilleffe,
Combattus de quelqu'un, qui n'eft point belliqueux,
Et qui fera depuis vaincu d'un moindre qu'eux.
Fortune que l'on craint, qu'on détefte & adore,
N'eft qu'un événement dont la caufe on ignore:
Encore bien fouvent la caufe on apperçoit,
Mais l'effet fe découvre autre qu'on ne penfoit.

Aussi qui souffre un crime être fait par autruy,
S'il le peut empêcher, offense autant que luy.

En la Troade.

L'ame fut de celuy méchantement hardie,
Hardie à notre mal,
Qui vogua le premier sur la mer assourdie
Et son sol inégal,
Qui d'un fresle vaisseau raclant des ondes bleues
Les larges champs moiteux,
N'a craint des Aquilons les haleines émues,
Ny des Autans pesteux;
Qui, méprisant la mort, à ses desseins compagne,
Et prodigue de foy,
Aux moissons préféra d'une herbeuse campagne
Un élément sans foy,
Et, d'un cours incertain, sur des Eaux passagères,
Sa terre abandonnant,
Alla, pour le profit, aux terres étrangères,
Leurs rives moissonnant.
Quelle crainte de mort descendit dans ses mouelles
Qui le peust effrayer?
Qui, sans peur, vit enfler la cavité des voiles,
Et les flots abayer?
Qui vit les rocs battus d'écumeuses tempêtes,
Les Astres menaçans,
Et d'Epire les monts, aux sourcilleuses têtes,
De foudres rougissans?
Qui vit les Capharez, & les rages de Scylle,
Qui vit Charybde auprès,
En son ventre engloutir les ondes de Sicile,
Pour les vomir après?
Sans cause Jupiter la terre a séparée
D'une vagueuse mer,
Si les hardis mortels, de l'une à l'autre orée,
Font leurs vaisseaux ramer,
Qu'heureux furent jadis, qu'heureux furent nos pères
En leur temps bienheureux,
Qui de voir, Nautonniers, les rives étrangères
Ne furent desireux:
Ains d'avarice francs & de feintes cautelles,
Les pestes de ce temps,
Paisibles, labouroient leurs terres paternelles,
Dont ils vivoient contens!

On ne cognoiſſoit lors les humides Pléïades,
  Orion, ny les feux,
Les ſept feux redoutés des pleureuſes Hyades,
  Les Charton, ne ſes bœufs.
Zéphire & Aquilon étoient ſans nom encore,
  Vénus & les Jumeaux,
Aſtres, que le nocher, pâle de crainte, adore,
  Flambans ſur ſes vaiſſeaux.
Tiphys tenta premier la poiſſonneuſe plaine
  Avec le fils d'Eſon,
Pour aller dépouiller une rive lointaine
  De ſa riche toiſon.
Puis notre beau Páris, de voiles & de rames,
  Fendit l'onde à ſon tour;
Mais, au lieu de toiſon, il apporta les flammes
  D'une adultère amour.
La Grèce repaſſa la mer acheminée,
  Apportant le brandon,
Qui vient d'enflamber Troye, & l'ardeur obſtinée
  Du feu de Cupidon.

En l'Antigone.

Toute principauté en repos ſe maintient,
Quand on rend à chacun ce qui lui appartient.
Il faut le vicieux punir de ſon offenſe,
Et que l'homme de bien le Prince récompenſe.
La peine & le loyer ſont les deux fondemens,
Les deux fermes pilliers de tous gouvernemens.
Le grand Dieu, qui le Ciel & la Terre a formé,
Des hommes a les loix aux ſiennes conformé,
Qu'il nous enjoint garder, comme loix ſalutaires,
Et celles rejeter qui leur ſeront contraires.
Nulles loix de Tyrans ne doivent avoir lieu,
Que l'on voit contredire aux préceptes de Dieu.
Tel forfait grièvement, qui forfaire ne penſe :
La plupart des délits ſe fait par imprudence.
Communément un Roy ne ſçait que ce qui plaît,
Que choſe de ſon goût, car le reſte on lui taît.
Il ne faut la perſonne, ains la choſe peſer.
Et ſelon qu'eſt l'avis de prendre, ou refuſer.]

ROBERT GOBIN, Maître-ès-Arts, Licencié en Décret,
Doyen de Chrétienté de Laigny ſur Marne, au Diocéſe de Paris,

Avocat en Cour d'Eglife, a écrit, partie en profe, partie en rime, les Loups raviffans, autrement Doctrinal Moral ; imprimé à Paris, *in-4°.* par Antoine Vérard, 1505 *.

* Voy. LA CROIX DU MAINE, & les notes, à l'Article de ROBERT GOBIN, Tom. II, pag. 388.

ROBERT GUAGUIN, Général de l'Ordre de la Sainte Trinité, a traduit, du Latin des Commentaires de Jules Céfar, des Batailles & Conquêtes faites par Céfar aux pays de Gaule ; imprimées à Paris, *in-fol.* par Antoine Vérard, 1488, & depuis par François Renaud, *in-fol.* 1537. Il a écrit en rime le Paffe-temps d'oifiveté [1], du temps qu'il étoit à Londres, en Ambaf-fade, avec très-magnanime Seigneur François de Luxembourg, pour le Roi de France, en l'an 1469 ; imprimé à Paris, *in-16.* fans date.

* La Croix du Maine dit que le Poëme, intitulé *le Paffe-temps d'oifiveté*, de Robert Gaguin fut compofé en 1489, & imprimé à Paris, l'an 1545. —Voy. LA CROIX DU MAINE, & les notes, au même Article, Tom. II, pag. 389 & 390.

ROBERT PREVOST a traduit de Latin, Epître Apologé-tique de Didier Erafme de Roterodam, à Révérend Père & illuftre Prince Chriftophle, Evêque de Bâle, touchant la défenfe de manger chair, & autres femblables conftitutions; imprimée à Lyon, en l'an 1561, fans nom d'Imprimeur. Il a mis auffi une Epître au-devant de la Traduction de l'Hiftoire, ou Commen-taires de Jean Seleiran, par lui (crois-je) faits en François *.

*Voy. LA CROIX DU MAINE, & les notes, au mot ROBERT LE PREVOST, Tom. II, pag. 391.

ROBERT DE REIMS *, ancien Poëte, qui vivoit avant l'an 1300, a fait des Antithèfes d'Amour, difant :

> Qui bien veut amour décrire,
> Amours eft & male & bonne.
> Le plus * mefurable enyvre,   *attrempe:
> Et le plus fage * embriconne,   * deçoit, rend
> Les emprifonnez délivre,   malotru, vient
> Les délivrez emprifonne,   de Bricon.

Chacun

Chacun fet mourir & vivre,
Et à chacun toult & done.
E fole & sage est amors.
Vie & mort, joyè & dolors.
Amours est large & avere,
S'est qui le voit en retraye.
Amour est douce & amere
A celi qui bien l'essaye.
Amours est marastre & mère :
Primes bat & puis rapaye.
Et cil qui plus le compère,
C'est cil qui meins s'en esmaye.
Amours va par aventure :
Chacun y perd & gaagne.
Par outrage & par mesure,
Sane¹ chacun &¹ mehagne.   ¹ guérit.
Eürs & mesadventure,   ² rend stropiat.
Sont tosiors en sa compaigne.
Pour c'est raisons & droiture,
Que chacuns s'en lot & plaigne.
Souvent rit & souvent pleure,
Qui bien aime en son courage.
Bien & mal liqueurent seure,
Son preu quiert & son damage.
Et se li biens li demeure,
De tant a il advantaige :
Que li biens d'une seule heure,
*Les maux d'un an * assoage.*   * soulage.
La Chieure dit sans faintise
D'amors est la deffinaille,
De ce que il en devise,
Qu'enfi le treuve-on sans faille.
Car cil qui amors justise,
*Et qui pour li * se travaille,*   * commande,
Ne porroit en nulle guise,
Le grain cueillir sans la paille.

* Tiré de Fauchet, Chap. 29.

ROBERT SENALIS, Evêque d'Avranches. J'ai vu quelques Livres de cet Auteur qui ont été traduits en François, dont je ne ne puis mettre ici les titres, d'autant que l'Imprimeur a perdu le cayer où ils étoient, ce qui fera suppléé en une feconde édition *.

* Voy. La Croix du Maine, & les notes, au mot Robert, Evêque de Vence, Tom. II, pag. 392 & 393.

ROBERT DU SOUCHEY a tranflaté les deux Livres de Divination, de Marc Tulle Ciceron [1]; imprimés à Paris, in-8°. à l'enfeigne du Phenix, près le Collége de Reims, en l'an 1545.

[1] L'Abbé Regnier des Marais en donna une nouvelle Traduction, l'an 1704, fort eftimée. Il ne connoiffoit pas celle-ci, ayant, au commencement de fa Préface, dit avec beaucoup de fécurité qu'avant lui perfonne n'avoit traduit en François les deux Livres de la Divination. (M. de la Monnoye).

ROBERT DU TRIEZ, de Lille en Flandres, a ecrit les Rufes, fineffes & Impoftures des Efprits malins ; Œuvre fort utile & délectable pour un chacun, à caufe de la variété des chofes étranges, contenues en icelui; imprimées à Cambray, in-4°. par Nicolas Cambray, 1563.

ROCCO BENEDETTI. Difcours des triomphes faits par la Séréniffime Seigneurie de Venife, à l'Entrée heureufe de Henri de Valois III de ce nom, très-Chrétien Roi de France & de Pologne, tant en Italien par Meffer Rocco Benedetti, puis traduits en François, imprimé à Lyon, par Michel Jove, 1584.

ROCH LE BAILLIF, Sieur de la Riviere, Médecin ordinaire du Roi, a écrit Sommaire Traité Apologétique, fervant de défenfe aux calomnies que les Docteurs en la Faculté de Médecine, à Paris, lui ont impofées, déduifant les principes des chofes; avec quelques préceptes de Médecine, & la néceffité de l'Art, figne en icelle, qui eft connoître la vertu de chaque chofe par fes propres marques, avec exemple ; imprimé à Paris, in-8°. l'an 1578. Difcours fur la fignification de la Comète apparue en Occident au figne du Sagittaire, le 10 Novembre 1577; imprimé à Rennes par Julien du Clos. Le Demonfterion de Roch le Baillif

Edelphe, Médecin Spagiric, auquel font contenus trois cens
Aphorifmes Latins & François, fommaire véritable de la Doctrine Paracelfique, extraite de lui, en la plupart, par ledit Baillif;
imprimé à Rennes, *in-4°.* par Pierre le Bret, 1578. Premier
Traité de l'homme en fon effentielle Anatomie; avec les Elémens, & ce qui eft en eux; de fes maladies, Médecine, &
abfolus remèdes ès teintures d'or, corail, Antimoine, & magif-
tere des Perles, & de leur extraction; imprimé à Paris, *in-8°.*
par Abel l'Angelier, 1580. Traité du remède contre la pefte,
Charbon & Pluréfie; à Paris, *in-8°.* par Abel l'Angelier,
1580 *.

  * Voy. LA CROIX DU MAINE, & les notes, au mot ROC LE BAILLY,
Tom. I, pag. 393 & 394.

ROCHES (Les Dames des) de Poitiers, mere & fille. Voy.
MADELAINE NEVEU & CATHERINE DE FRADONNET *.

  * Voy. LA CROIX DU MAINE, & les notes, aux mots CATHERINE DES
ROCHES, Tom. I, pag. 101, & MADELAINE NEVEU, Tom. II, pag. 71
& fuiv.

ROGER BACON *. Miroir d'Alchimie, &c. traduit en
François.

  * Ce favant Cordelier Anglois fut, dans fon fiècle, un prodige d'érudition, dans l'Aftronomie, la Chimie & les Mathématiques, connoiffances
dont on peut le regarder comme l'inventeur. Il reconnut des erreurs palpa-
bles dans la manière de compter les temps, & il propofa, en 1267, au Pape
Clément IV, la réformation du Calendrier. Il décrivit les effets de la chambre obfcure, & toutes les efpèces de miroirs, propres à groffir, ou à diminuer
les objets; de-là à la connoiffance des Lunettes & du Télefcope, il n'y avoit
qu'un pas. Il ne dut pas lui être difficile de faire les expériences du Miroir
ardent. On prétend auffi que, dans fes travaux Chimiques, il découvrit la
poudre à canon, dont cependant on rapporte l'invention à Bertold Schwarts,
Cordelier Allemand, contemporain de Roger Bacon, ou qui vécut peu
après lui. Il ne fut pas moins habile dans la Médecine. Enfin il avoit un génie
propre à trouver les Arts, s'ils n'euffent déjà été connus en grande partie.
Tant de talens, fupérieurs à ceux de fon fiècle, lui fufcitèrent des envieux,
qui l'accusèrent de Magie. Son Général le fit mettre en prifon, fans doute
dans le voyage qu'il fit à Rome. Il fut affez heureux pour faire comprendre à
fon Général qu'il n'y avoit rien que de naturel dans toutes fes connoiffances;

Hhh ij

il lui rendit fa liberté , & il revint en Angleterre , où il mourut à Oxford , avec la foibleffe de fon fiècle , de croire aveuglément à l'Aftrologie Judiciaire. On trouvera fur la vie & les Ecrits de Roger Bacon un Article très-étendu & très-curieux, dans le premier Tome de la *Biographie Britannique*. Il eft affez fingulier que la date de la naiffance de cet homme célèbre foit plus connue que celle de fa mort. Il naquit en 1214, mais on varie beaucoup fur l'année dans laquelle il mourut. Ceux qui placent fa mort avant l'an 1292, fe trompent certainement ; mais il y en a qui foutiennent qu'il vécut jufqu'en 1294 ; & c'eft l'opinion du favant Editeur de l'Ouvrage de Bacon, demeuré long-temps Manufcrit, connu fous le titre d'*Opus Majus* , & qui n'a été imprimé qu'en 1733.

ROLAND BETHOLAUD a mis en François, & par ordre, les Règles du Droit Civil & Canon , avec un petit Commentaire ; imprimé à Paris , *in*-8°. par la veuve de Nicolas Buffet, 1558. Deux Eglogues fur le tombeau de Salmonius Macrinus à Scevole de Sainte-Marthe ; avec quelques Sonnets, Epigrammes & autres Compofitions ; imprimées à Bourges, *in*-8°. par Jean Hantet , 1558. *Rolandi Betolandi Lemovicis Jurifcon. Salignatum & Beneventanorum Senechalli ac Judicis ordinarii* HODOEPORICUM , *in quo Synefii Hymni tres , iifdem numeris Latinè redditi : Lyrici alii , Epigrammata , Funera , Elegi , Epiftolæ , feu Sylvæ , Phaleucii & Nomica quædam continentur ;* Lutetiæ , *in*-8°. *apud Feder. Morellum,* 1576.

EGLOGUE.

MENALCAS. *TITYRE.*

[*Puifque feuls en ce bois nous nous fommes tous deux:*
D'aventure trouvés , il eft bon , fi tu veux ,
Mon Tityre , qu'affis fous l'épaiffe coudrette ,
Qui fe joint à l'ormeau , nous enflions la mufette
Pour chanter nos amours , & celles qui nous ont
Engravé la trifteffe , & le deuil fur le front.
TYT. *Las ! une autre douleur, beaucoup plus ennuyeufe ,*
M'efface de l'efprit la trifteffe amoureufe.
MEN. *Ton Marfye écorché ne te tormente pas.*
TYT. *De Marfye écorché je fais bien peu de cas ;*
Et d'autres de long-temps ont revengé l'injure ,
Que me fit quelquefois fon amitié parjure.

C'est une autre douleur qui fait qu'ores j'appan
Ma flûte de bon cœur aux Faunes & à Pan.
Je te disois un jour que la voix enrouée
De Marsye écorché fut tout ainsi louée
Par Macrin, qui l'ouyt, qu'un si sot méritoit.
Ménalque, ce Macrin, qui naguères étoit
L'honneur de mon Loudun, par la Parque ravie,
Dedans l'air, en mourant, a soupiré sa vie.
Pourquoy, s'il te souvient de ses belles Chansons,
Ménalque, en ma faveur, fay rebruyre les sons
De ta voix lamentable, & ta flûte nouvelle :
Fasse la sienne plus (s'elle peut) immortelle.
Tu ne seras tout seul à venger de l'oubly,
Et de l'Enfer hydeux Macrin ensevely.
Le savant Léonic y emploie sa peine,
Et je suis assuré que la divine veine
De mon Roger aymé à Macrin ne faut pas,
Dont il a le premier entendu le trépas.
Cher Macrin, de ma part tu auras à cette heure
Ces larmes, que pour toy misérable je pleure,
Et ces vers douloureux, que mes justes regrets
Font voir derrière nous, gravés dans le Cyprez.
O Ciel, père de tout, & vous, ondes coulantes,
Dont toute chose naît ; toy, des ames vivantes,
Air serein, seul auteur ; Terre, mère des corps,
Prenez ces petits vers ; & si les hommes morts,
Leur premier sentiment, comme nous, ont encore,
Envoyez à Macrin ce peu dont je l'honore.
Et toy, mon cher Macrin, si encore tu sens,
Saintement reposant, ce que font les vivans,
Si du monde meilleur quelque part la plus belle
Dans le Ciel éternel a ton ame éternelle
Regarde de bon œil ces miens humbles fredons,
Que tu as, les ayant, quelquefois trouvé bons.
Autant longue que belle ayant vécu ta vie,
Voyre autant qu'honorable & seure de l'envie,
Tu fais pleurer les yeux des Bergers larmoyans,
Non moins que si la Parque, en la fleur de tes ans,
Te coppant le filet, t'eût coppé l'espérance
D'être, comme on te voit, des premiers de la France.
Les Nymphes t'ont pleuré à l'envy des neuf Sœurs.
(Les coudres & les eaux en témoignent les pleurs)
Quand ton fils, se jetant sur ton corps pitoyable,
Disoit les Cieux cruels, & Jupiter coupable

D'un trop lâche forfait. Le simple pastoureau
A , sans guide , lâché par les champs le troupeau.
Le troupeau , se plaignant , a ta mort regrettée ,
Sans que de tout le jour il ait l'herbe goustée ,
Ny touché tant soit peu la liqueur des ruisseaux.
Les épaisses forêts , les sauvages coupeaux
Des plus horribles monts hautement retentissent ,
Ou même les Lions de Carthage rugissent
Pour le deuil de ta mort. Macrin , tu savois bien
Accoupler en nos champs le Tygre Arménien ,
En l'honnneur de Bacchus , renouveler sa danse ,
Ses Thiases vineux , & recouvrir sa lance
De feuillars tout autour. Macrin , tu nous montrois ,
Pour tromper nos ennuys , d'assembler à la voix
(Alors que des Bergers la fortune se joue)
Les tuyaux de Sicile , & ceux-là de Mantoue.
Tu n'as laissé languir d'un séjour paresseux
Ny ta race , ny moy , ne Macrin , ne tous ceux
Que la Muse appeloit à boire en Hypocrène ,
Les meilleures liqueurs de la sainte fontaine.
Pour nous donner courage , après avoir chanté ,
Tu nous récompensois du loyer mérité.
Comme la grappe honore une vigne tortisse ,
Et la vigne un ormeau , le troupeau la génisse ,
Et les bleds le beau champ ; ainsi , quand tu vivois ,
Tu fus l'honneur des tiens , & l'honneur de nos bois ,
Après que le ciseau de la Parque meurtrière
T'eut fait perdre , en mourant , notre belle lumière ,
Palès quitta nos champs aussitôt qu'Apollon.
En lieu d'orge semé maintenant le sillon
Jette l'aveneron , & la Fogere druë ,
La malheureuse yvraye , & la triste seguë :
En lieu de violette , & de rouge Narcis ,
De Paquerette blanche , & de rose & de Lys ,
La rose , le chardon , la groseille & l'ortie
Tiennent de nos jardins la meilleure partie ,
Pastoureaux ombragez les fontaines de fleurs ,
Sur la terre semez les flairantes odeurs ,
Elevez un tombeau à Macrin , qui souhaïte
Que , pour l'amour de luy , telle chose soit faite ,
Et que sus le tombeau l'on engrave cecy :
Je , Macrin , suys bien mort , & tu mourras aussi :
Car contre le Destin & la mort outrageuse
De rien ne m'a servi ma verve harmonieuse.

Adieu donque, Macrin, Apollon perruquier
Te fait un beau préfent de l'odeur du Laurier,
Les Faunes ont cueilli tout ce qu'ils pouvoient prendre
De meilleur pour t'offrir, de l'arbre le fruit tendre,
Du froment efpigé les grains & le tuyau.
Palès verfe du lait fur ton facré tombeau,
Les Nymphes du miel roux, & Flore des guirlandes.
Encore des neuf Sœurs un honneur tu demandes.
Chère ame, le plus grand qu'elles puiffent donner
Aux hommes, qui font morts, des vers pour réfonner
Dans leur temple divin, fur leur harpe d'ivoire,
De Macrin Loudunois l'immortelle mémoire.
Les Mufes favent bien combien tu méritas
De Lauriers verdoyans, alors que tu chantas
La mort de Gelonis, de voix Sicilienne,
Si bien qu'elles ploroient ta fortune & la fienne.
Elles le favent bien, car deffus Hélicon
On n'entend que fonner la gloire de ton nom.
Même quand nous dormons au fond d'une vallée,
Ou dans une caverne à l'écart recelée,
Elles foufflent dans nous je ne fais quelle ardeur,
Qui nous fait fi petits rechanter la grandeur
D'un berger fi favant, & fa chafte compagne.
Qu'entre les bienheureux ores il accompagne
Macrin, nous te chantons en nos hautes forez,
Où le Fau, le Bouleau, le Chêne, & le Cyprez,
La brebis & le bœuf, & la chevre barbue
Surpaffent de leurs cris la hauteur de la nue ;
Car plutôt le poiffon dans la terre naîtra,
Le Lion dans la mer, le doux miel coulera
D'un arbre venimeux ; pefle-mefle brouillée
Toute faifon aura la lumière troublée,
Ou l'Hyvér donnera une large moiffon,
Et l'Olive en Efté cueillera le Gafcon
L'Automne fe fardant de l'émail de la prée,
Et le gay Ké nouveau de la grappe pourprée.
Cela viendra premier, mon Macrin, que nos bois
Ceffent onq de chanter à l'accord de ma voix.
MEN. *Pourfuy doncques, Tityre, & retourne defpendre*
Ta flûte de l'ormeau, qui, content de la rendre,
Humble, baiffe la tête, afin que déformais
Il entende fonner Macrin, mieux que jamais.
Pan auffi ne veut pas que ta verte jeuneffe
Ceffe de la fonner, pour aucune trifteffe,

Et quand tu la maries à ta sainte chanson,
Il me semble, écoutant l'accord d'un si doux son,
Que, lassé du labeur, je dors sur les fleurettes,
Embrassant, mais en vain, mes amours tendrelettes,
Ou qu'au mois le plus chaud, quand je suis altéré,
Je bois dans un ruisseau qui traverse le pré,
Une onde argentelette, & que j'oy le murmure
De l'eau, qui ne peut voir dessécher la verdure.
O bienheureux Berger, dont la voix fait si bien
De ton heureux Macrin le ton Chalcidien:
Tu seras en son lieu, même j'ose bien dire
Que Macrin, de son gré, donne l'herbe à Tityre:
Toutefois je veux bien, en faisant mon devoir,
Etendre à son honneur tout mon humble pouvoir;
Mais je voudrois avoir le miel même d'Hymete,
Qui couloit de la bouche à ce docte Poëte.
Macrin émerveillé va là haut regardant
Le sourcilleux Olympe & le Soleil ardent,
Ayant dessous ses pieds les astres & les nues.
De-là vient que çà-bas les forez chevelues,
Et le reste des champs, & les Satyres nus,
Les Pans & les Bergers, & les Faunes cornus
L'air remplissent de joie, avecques les Naïades,
Qui sortent de leurs eaux, se mêlant aux Driades.
Le loup ne fait point peur à la simple brebis,
Ny le cerf ne craint point qu'il se voye surpris
Dans les retz du veneur, qui le laisse folâtre
Librement, comme il veut, aux campagnes esbattre.
Les tertres, les rochers, & les bocages verds,
Pour l'amour de Macrin, retentissent des vers.
Echo, comme elle peut, de sa langue nouée,
Dit qu'on garde à Macrin une fête chommée,
Car Macrin est un Dieu. Tityre; c'est un Dieu.
O Dieu, soys-nous heureux! voicy dans ce beau lieu
J'élève quatre autels, deux à toy, deux encore
A Phébus, car autant l'un que l'autre j'honore.
Tu auras de lait frais deux houles écumans,
Et deux pots d'huile gras de ma part tous les ans.
Sur-tout du bon Bacchus la liqueur savourable,
Ejouissant nos cœurs à ta fête honorable,
D'un vin nouveau d'Anjou le Nectar j'espandray.
Puis dansant, par les mains Corydon je prendray,
Qui contrefera Pan, avec Alphesibée,
Trépignant comme nous dessus l'herbe foulée.

Nous

Nous te ferons des vœux, tout ainſi qu'à Bacchus,
Tout ainſi qu'à Cérès, quand nous irons tous nuds,
Humblement revoyant la terre environnée,
Afin d'avoir encor une fertile année;
Car, tant que le Dauphin en la mer ſe plaira,
Et tant que le ſanglier les coupeaux aimera,
L'Eſté chaud les épis, l'Automne la vendange,
Macrin, les paſtoureaux chanteront ta louange.
TYT. Je ne ſçais quel préſent je te puiſſe donner,
    Pour avoir ſi bien fait ton devoir de ſonner,
    Car j'ai moins de plaiſir au doux bruit de l'haleine,
    Dont Zéphire, au Printemps, nous évente la plaine,
    Et ne ſuis point ſi aiſe à entendre frapper
    Des flots s'entreſuyvans les rives de la mer,
    Ny d'ouyr murmurer la rivière coulée
    Sur la terre pierreuſe au cœur d'une vallée.
MEN. Je te donne premier ce petit chalumeau,
    Qui m'apprit à chanter, à l'ombre d'un Ormeau,
    Et ſi m'apprit encor ton amour Galathée.
TYT. Prens ma flûte pour toy, car tu l'as méritée;
    Damete l'eut premier, & depuis Corydon,
    Qui m'en fit héritier, mais je t'en fais un don.]

ROLAND PIERRE, Avocat au Siége Préſidial de Meaux, a traduit de Grec en François un Opuſcule de Théodorit, Evéque de Cyr, intitulé, De la Nature de l'homme, avec l'expoſition des lieux les plus obſcurs & difficiles; impr. à Paris, *in-4°.* Il y en a une autre verſion, faite par Antoine du Bus. *Epiſtolæ duæ, una Q. Ciceronis ad Q. Ciceronem fratrem, de ratione benè gerendæ Provinciæ, Rolandi Petreii J. C. Commentariis illuſtratæ. Ejuſdem Petreii Nòtæ ad quoddam* προλεγόμενον *Philonis, de Officio Judicis; Pariſiis, in-4°. apud Andr. Wechelum, 1564.*

ROLAND PIETRE, Avocat en la Cour de Parlement à Paris, a écrit, Conſidérations Politiques, Livre premier, contenant neuf Chapitres; imprimées à Paris, *in-8°.* par Robert Eſtienne, 1566*.

* Voy. LA CROIX DU MAINE, au même Article, Tom. II, pag. 395 & 396.

ROOLLET DE GASSIN *, Gentilhomme de Provence, du Château de Gaſſin, aſſis au rivage du Golfe de Grimaud, Poëte,

Orateur & Hiſtorien, & vaillant aux armes, fut, par le moyen
de ſes graces & vertus ſingulieres en la Poëſie, le bien-venu entre les plus Grands, & même des Gens d'Egliſe, non-obſtant
qu'il écrivoit contre leurs vices; mais il ſoutenoit fermement
leur parti contre l'opinion des Albigeois & Vaudois de Lyon,
la doctrine deſquels avoit cours de ce tems. On ne faiſoit aucune
expédition de guerre contre les Vaudois, ou contre les Tou-
chains, ou autres ennemis de l'Egliſe, qu'il ny fût appelé des
premiers aux eſcarmouches, pour raiſon de quoi il fut eſtimé &
priſé de tous. Il fut bien vu & aimé du Comte de Provence, &
employé par lui à la réduction des membres de ſa Comté de
Provence, contre les rebelles du pays, qui ne ſe vouloient ranger à ſon obéiſſance, ne lui prêter hommage; & étant élevé
ainſi en haut degré, la fortune ne permit point le laiſſer paſſer,
ſans lui faire ſentir de ſa variété; car, en une aſſemblée qui ſe
fit en la Ville de Montpellier, où il ſe trouva, il fut ſurpris
tellement de l'amour d'une Gentil-femme, de la maiſon de Montauban, nommée Rixende, ou Richilde, qu'il fut contraint
oublier toutes ſes bonnes & honnêtes actions; & à la louange
d'icelle fit pluſieurs Chanſons, deſquelles il lui fit préſent; mais
elle, comme fauſſe *Enganeyriz*, ſe moqua de lui. Le Poëte s'étant,
contre ſon opinion, apperçu de cette trompereſſe, en prit tel
dédain en ſon cœur, que, de fureur Poëtique, fit un Chant
tout rempli des ingratitudes de ſa Dame; & ne ſe pouvant plus
honnêtement venger contre elle, abandonna le monde, & ſe
rendit Moine en un Monaſtère d'Avignon, le plus auſtère qu'il
ſut trouver, ſans avoir communiqué cet étrange changement à
aucun de ſes parens & amis, leſquels, ne le voyant plus marcher
par la Ville, furent ébahis d'avoir ouï-dire qu'il s'étoit rendu
Moine, ſans qu'il ſe voulût montrer à eux. Les nouvelles de ce
nouveau Religieux parvindrent tôt aux oreilles de l'Evêque de
Guzeran, lors Légat d'Avignon, dont il fut grandement ébahi,
& le vint viſiter au Monaſtère, où ce ſaint Hermite ſe montra
à lui ſeul à viſage découvert, lui remontrant qu'il eût plus fait

de service au saint Père de Rome, & à l'Eglise, en ce temps turbulent & calamiteux contre les ennemis d'icelles, que non là où il étoit ; que quand Sa Sainteté en seroit avertie, il y pourvoiroit, & le récompenseroit de quelque bon bénéfice & dignité. Le Poëte lui remontra que lui, ne personne ne doit être ébahi de si saint & délibéré propos, & que S. Augustin l'avoit ainsi admonesté, en songe, de vivre, & finir le reste de sa vie sous sa règle, au reste qu'il étoit humble serviteur de Sa Sainteté. Pendant que ces propos se tenoient, voici arriver un Courier, avec mémoires aux fins d'avoir la collation de la Prépositure des Pignans, vacante par le décès du dernier possesseur, qui fut dès-lors offerte & conférée audit Raoulx, laquelle il accepta, & remercia le Légat du Pape, par commandement & dispense duquel il sortit incontinent du Monastère, prit possession d'icelle, & en obtint confirmation du Comte de Provence, comme étant de sa fondation & collation, & s'y retira ; & quand il étoit employé, ou pour les affaires du Comte de Provence, ou pour les affaires de l'Eglise, il y faisoit son devoir.

* C'est le même que La Croix du Maine (Tom. II , pag. 340 , nomme RAOUL DE GASSIN , & que Jean de Notre-Dame, Chap. 24, écrit RAOULX , ou ROOLLET DE GASSIN.

ROSTANG, Berenguier, Gentilhomme de Marseille, fut de son temps estimé fort bon Poëte Provençal, fut grand ami & familier de Foulques de Villaret, grand Commandeur de saint Gilles, à la louange duquel il fit plusieurs Chansons en rime Provençale, & fut amoureux d'une Dame de Provence fort âgée, & très-experte en sorcelleries, soit à mixtionner les drogues, à observer les jours, & à donner breuvages amatoires. Il n'y avoit simple en la Colline d'Any, & en toutes les montagnes de Provence, dont elle n'eût connoissance. Elle lui donna un breuvage, je ne dirai pas amoureux, mais mortifère, dont il devint transporté de son sens ; & de la pitié qu'en eut une Damoiselle de la maison de Cybo, de Gennes, qui se tenoit lors à Marseille, laquelle ayant familiarité avec le Poëte, pour une

Chanfon qu'il avoit faite à fa louange , le remit en fon bon fens & entendement par un fouverain breuvage & antidote qu'elle lui donna , dont le Poëte , reconnoiffant ce bien , l'immortalifa par un bon nombre de Chanfons , & en devint amoureux ; & délaiffant cette Magicienne , retint la Genevoife , qu'étoit une fort fage Damoifelle , belle , vertueufe & bien apprife à la Poëfie ; mais elle ne fe voulant attendre aux prières & pourfuite du Poëte , il en fut dépiteux , & fit un Chant qui commence :

S'ella era un pauc plus liberalla , e larga ,

Et fur la fin , il dit :

V'autres vexex ô Dieus juftes veniayres ,
Qu'ell' a fon cor plus dur que lou Diafpre.
E qu'yeu non podi efchivar fa rudeffa ,
Faxés (au mens) qu'en aqueftous afayres
Ella non l'ayà ingrat , ny dur , ny afpre ,
Mais my fia douffa autant qu'a de belleffa.

Ne fachant que faire , pour un honnête dédain , fe voulut rendre de l'Ordre des Templiers , cuidant avoir quelque faveur de Foulques de Villaret ; mais cela lui fervit de bien peu , & ne le voulut-on recevoir ; en haine de quoi il publia un Traité , intitulé *De la falfa vida dels Templiers.* Et néanmoins (ainfi que l'a écrit Saint-Cezari) fut ouï en témoin contre eux ; & , pour avoir fauffement dépofé , reperdit fon fens , par une punition divine , & trépaffa l'an 1315 , du temps que Philippe , Roi de France , & Clément VI du nom , Pape , qui réfidoit en Avignon , pourfuivoient lefdits Templiers. Le Monge de Montmajour appelle ce Poëte *Falfa Garentia ,* qui fignifie Faux témoin , en langue Provençale *.

* Voy. JEAN DE NOTRE-DAME , Chap. 58.

ROSTAN DE BIGNOSC , Provençal , Chirurgien Juré à Paris , a revu & augmenté , avec Ambroife Paré , l'Anatomie univerfelle du corps humain , par ledit Paré ; imprimée à Paris , *in-8°.* par Jean le Royer , 1561.

RUPERT , Abbé. Des divins Offices *. &c. Voyez JEAN BOUILLON.

* Rupert, Abbé de Duitz, fur le Rhin, né en Flandres, favant Bénédictin du douzième fiècle, a compofé plufieurs Ouvrages que l'on a réunis & imprimés à Paris , en 2 vol. *in-fol.* 1638. Le principal eft le Traité *de Officiis,* dont la Traduction eft ici annoncée. La date de fa mort n'eft point conftante. Deux Manufcrits de l'Abbaye de Liége , de trois cens ans d'antiquité, la placent en 1127 ; les Hiftoriens cependant la mettent fous l'an 1135 , & cette dernière date fe trouve dans fon Epitaphe, rapportée par Dom Martenne. Voyez *Hift. Litt. de la France* , Tom. XI , pag. 427). Mais cette Epitaphe eft d'une main récente. Quant à l'âge où il mourut , ce ne peut être à quarante-quatre ans , car il avoit reçu la Prêtrife vers l'an 1100 ; même après s'en être défendu long-temps par humilité. (Mabillon, *Annal. Bened.* Tom. V, pag. 302.) Son *Traité des divins Offices* eft le premier de tous fes Ouvrages. Il y travailloit dès l'an 1111 ; mais il ne le publia que vers 1126. Les uns ont prétendu enlever cet Ouvrage à l'Abbé Rupert ; les autres ont cru y appercevoir des erreurs fur l'Euchariftie, & Bellarmin lui-même l'en a accufé. Mais Rupert a été très-bien défendu fur ces deux points. On trouvera , tant fur cet objet, que fur fa vie & fes Ecrits, des détails très-intéreffans, dans le Tom. XI de l'*Hift. Litt. de la France.*

RUTEBEUF fut un Meneftret, duquel on trouve plufieurs Fabliaux (c'eft-à-dire , Contes de plaifir, & nouvelles) mis en rime ; & encore des plaïntes de la Terre-Sainte , adreffées au Roi S. Louis, le Comte de Poitiers , & la Nobleffe de France , pour fecourir Meffire Geoffroi de Sargines , vaillant Chevalier, qui la défendoit à fon pouvoir. La plainte d'Anceau de l'Ifle eft auffi dudit Rutebeuf, de laquelle ce Couplet me femble bon:

> Toufiours deüt un preud'homme vivre :
> Se mort eüt fans ne favoir.
> S'il fut mors, il deüt revivre :
> I ce doit bien chacun favoir.
> Mes mors eft plus fière que * Huivre   * Guivara, en Ita-
> Et fi plaine de mon favoir.   lien,eft un ferpent,
> Que de bons le fiege délivre ,   tel que celui d'un
> Et au mauvais laiffe vie avoir.   quartier des armes
>   de Milan.

Il a fait en vers la vie de fainte Elifabeth de Turinge, qu'il préfenta à Ifabel, Roine de Navarre. Il femble qu'il a auffi fait le Dit des Ordres de Paris , auquel , parlant ainfi des aveugles, que nous appelons Quinze-vingts, il me fait soupçonner que ceux que S. Louis premièrement y amassa, ne furent Chevaliers, comme l'on pense, ains quelques pauvres gens, car cestuy-cy les fait mendians, disant d'eux:

Li Roix a mis en un repaire,
Mes je ne sai pas porquoi faire,
Trois cens aveugles tote à rote.
Parmi Paris va en 111. paire,
Tote jor ne finent de braire,
As trois cens qui ne voient gote.

Li uns sache, li autre bote,
Se se donnent mainte secosse,
Qu'il n'y a nul qui lor éclaire:
Si feux y prent, ce n'est pas dote,
L'ordre sera brûlée tote,
S'aura li Roix plus à refaire.

Par le même Opuscule, il montre que ceux du Val-des-Ecoliers souloyent mendier, & que les Guillemins (ce font les Blanman-teaux) furent premièrement reclus. C'est lui (à mon avis) qui a fait le Fabliau du Clerc, lequel ne pouvant persuader à une Dame, qui n'étoit des plus sages, qu'elle ne pourroit voler sans ailes & plumes, la baisant pour lui faire le bec, & maniant nue, pour faire sortir les plumes, lui attacha si avant sa queue, qu'elle germa (disoit la Dame) dedans son ventre, l'empêchant tellement de voler, qu'à peine pouvoit-elle voir ses pieds, tant le ventre lui étoit cru. Je ne fais doute que ce Fabel n'ait donné occasion à Bocace de faire la dixiéme Nouvelle de la neuviéme Journée de son Décaméron. Il en a encore fait un autre de la femme d'un Ecuyer, laquelle ayant donné assignation à son Curé de l'aller trouver en un petit bois voisin, son mari étant venu contre son espérance, elle l'envoya coucher de bonne heure, disant vouloir veiller tard pour achever sa toile. Puis, le sentant endormi, elle vint trouver son Curé, avec lequel de-meurant trop longuement, & le mari, ne la sentant point cou-chée près de soi, demanda où elle étoit. La Chambriere lui dit qu'elle veilloit chez sa voisine. Le mari, courroucé, se lève, & la vint chercher chez ses voisines; mais oyant dire qu'elle n'y avoit point été, il s'en retourne tout furieux. La Dame, qui l'avoit senti passer le long du bois, & la menacer avec le Prêtre, s'en retourna en sa maison, là où étant accueillie d'injures par son mari, qui l'appeloit Putain, & qu'elle venoit

d'avec le Curé, elle ne lui répondit mot : ce qu'ayant mis le
mari en plus grande colère, comme fi, en fe taifant, elle con-
feffât ce qu'il difoit, voulant lui couper les cheveux, elle lui
dit qu'étant groffe, on l'avoit confeillée d'aller fur le minuit
faire trois tours à l'entour du Monftier, en difant trois pate-
nôtres ; puis, fans mot dire, faire avec le talon une foffe, laquelle fe trouvant ouverte au bout de trois jours, ce feroit un
fils, & fi elle étoit clofe, ce feroit une fille, échappant par
ce moyen à la colère de fon mari. Rutebeuf fe plaifoit fort en
équivoques : & pour ce, au dit d'Hypocrifie, il veut que fon
nom vienne de Rude & de Bœuf. Il fut marié par deux fois ; &
combien qu'il eût peu de biens, il prit (dit-il) femme qui n'étoit
ne gente, ne belle. Auffi Dieu l'avoit fait compagnon de Job,
lui ayant oté tout-à-coup ce qu'il avoit, avec l'œil dextre, dont
il voyoit le mieux. Il adreffe fa Complainte au Comte de Poitiers & de Touloufe (ce fut Alphons, frère de S. Louis) qui lui
donnoit volontiers. Rutebeuf a vécu longuement, & le plus fous
le règne de S. Louis. Toutefois, par un de fes Œuvres, il femble qu'il foit venu jufqu'à l'an 1310 *.

* Tiré de Fauchet, Chap. 87.

RAVIERES (Le Seigneur de) Angoumois, a traduit d'Efpagnol les grandes & admirables Merveilles, jadis découvertes
au Duché de Bourgogne, près la Ville d'Antan, par le Seigneur
Dom Nicole de Gautieris, Gentilhomme Efpagnol ; imprimées
à Rouen, in-8º. 1581.

R. DE VILLARET, de Caftres, a écrit la Polixene, Livres 2,
contenant Sonnets, Elégies, Chanfons, Eglogues. Plus l'Yde-
rine, Livres 2, prêts à imprimer, chez Jean Stratius, à Lyon.

R. B. DE LA GRISE * a traduit d'Efpagnol le Livre de
Marc Aurèle, imprimé à Paris, par Galiot du Pré, 1535, in-fol.
& puis in-16. Il a traduit auffi d'Italien en François la Pénitence
d'Amour, en laquelle font plufieurs perfuafions & réponfes très-
utiles pour ceux qui veulent converfer honnêtement avec les

Dames ; & les occasions que les Dames doivent fuir de complaire par trop aux pourchats des hommes, & importunités qui leur font faites, fous couleur de fervice, dont elles fe trouvent ou trompées, ou infames de leur honneur ; imprimée à Lyon, *in-16*. à la marque de l'Icarus, en l'an 1537.

* Le nom de cet Auteur eft René Bertaut, Sieur de la Grise, Secrétaire du Cardinal Gabriel de Gramont-Navarre, qui mourut Archevêque de Touloufe, le 26 Mars 1534.

LIVRES D'AUTEURS ANONYMES.

Le RASOIR des Rafés, Recueil auquel eft traité de la tonfure des Prêtres ; imprimé à Lyon, 1561. *Calvinique*.

Bref RECUEIL de la fubftance & principal Fondement de la Doctrine Evangélique. *Cenfuré*.

Bref RECUEIL d'aucuns Lieux * fort néceffaires, pour mettre fa confiance en Dieu. *Cenfuré*.

* Le mot *Lieux* apparemment veut dire ici *Paffages de l'Ecriture*.

RECUEIL de plufieurs paffages de la Sainte Ecriture, faifant à la déclaration de l'Oraifon Dominicale, des articles de la Foi & des dix Commandemens de la Loi, avec le Recueil des Offices des Chrétiens.

Le REFUGE des Chrétiens, compofé fur les dix Commandemens de Dieu, imprimé à Lyon, *in-4°*. par Jean Mofnier, 1540.

REGIME de Vivre & confervation du corps humain, auquel eft amplement difcouru des chofes naturelles, & de tous vivres qui font communément en ufage ; avec plufieurs receptes bien approuvées : le tout recueilli des bons Auteurs, tant anciens que modernes ; imprimé à Paris, *in-8°*. par Vincent Sertenas, 1561.

Le REGIME de Santé, tranflaté de Latin en François * ;
avec

avec les Gloſes de Maître Arnauld de Villeneufve ; imprimé à
Paris, par Philippes le Noir.

* C'eſt ce qu'on appelle vulgairement l'*Ecole de Salerne.*

Le REGISTRE des ans paſſés, ou Fardeau des temps [1], qui
eſt un Epitome du Livre *Chronica Chronicorum*, depuis la
création du monde juſques à l'an 1532, imprimé à Paris, *in-fol,*
par Galiot du Pré, 1552.

[1] Je crois que c'eſt le *Faſciculus Temporum*, traduit en François par Pierre
Farget, Auguſtin. Voyez, à la fin de la lettre F, Tom. III, pag. 695, le mot
FASCICULE, & les notes, à l'Article de PIERRE FERGET, dans LA CROIX DU
MAINE, Tom. II, pag. 277 & 278. (M. DE LA MONNOYE).

Maître REGNARD & Dame Herſant [1], Traité utile à
toutes perſonnes, contenant les cautelles & fineſſes que faiſoit
ledit Maître Regnard ; avec pluſieurs beaux exemples pris ſur les
cautelles dudit Maître Regnard ; imprimé à Lyon, *in-4°.* par
Olivier Arnoullet, 1528.

[1] Jean Teneſſax, qui en eſt l'Auteur, écrivoit en 1466, comme il paroît
par les Chapitres 18, 20, 29, &c. L'Edition que j'en ai vue, eſt de Paris,
in-4°. chez Michel le Noir, 1516. Il eſt en rime, à la Bibliothèque du Roi,
au Manuſcrit 1308, rapporté, pag. 288 de la *Nova Bibliotheca Manuſcriptor.*
du P. Labbe. Le même, auſſi en rime, eſt rapporté, pag. 16 du Catalogue
de Madame la Princeſſe, où il eſt dit que c'eſt un Ouvrage de l'an 1290,
par où l'on peut juger que c'eſt, de toutes manières, un Ouvrage très-diffé-
rent de celui de Jean Teneſſax. (M. DE LA MONNOYE).

La REGLE des Freres & Sœurs du tiers Ordre Saint
François, vivant en commun ; imprimée à Paris, *in-16.* par
Jean Janot, ſans date.

Traité ſur la matière des RELEVEMENS, ſelon les Ordonnances, Droit & Coutumes de France, contenant la manière
comment en Chancellerie de France ſont les lettres de relief,
chacun jour expédiées, & eſt diviſé en trois parties. En la
première eſt traité du Mineur, & en combien de manières il
peut être deceu, & reſtitué : en quel temps l'on peut pourſuivre
la caſſation des contrats. En la ſeconde, de la reſtitution des
Majeurs. Et en la troiſiéme, ſont examinés en communauté

quelques articles concernant la reſtitution des Mineurs & Majeurs par indivis ; imprimé en Avignon, *in-16.* par François Tachet, 1549.

Traité de la REMISSION des péchés, Juſtification, Pénitence & bonnes Œuvres, recueilli de la Sainte Ecriture, contre les erreurs de ce temps, imprimé en Avignon, *in-16.* par Pierre Roux, 1566.

REMONTRANCE à tous États, par laquelle eſt en bref démontré la foi & innocence des vrais Chrétiens. Les abus auxquels ſont advenus leurs ennemis & perſécuteurs, & le jugement que Dieu en fera ; imprimée à Paris, *in-8°.* 1560. *Calvinique.*

REMONTRANCE à Monſieur le Chancelier de France, faite par quelques Gentilshommes étrangers, qui ont autrefois hanté en France, ſur la réduction des habits & port des draps de ſoie, ſuivant l'Ordonnance du Roi Charles IX ; imprimée à Lyon, 1561.

La REMONTRANCE de la vertu inſupérable, & des fruits ineſtimables de la Foi Chrétienne.

Livre intitulé REPOS de Cuers. *Ecrit en main.*

La REQUETE des Maris ombrageux, courtbatus, boucquineux, farouches, trop triſtes, penſifs & déſolés. Item, pluſieurs ſortes de Ballades en divers langages, Chant Royal & autres différentes Rimes, dirigées aux Meſſieurs, & mainteneurs de la gaie ſcience de Réthorique de Thoulouſe, au mois de Mai, auquel par leſdits ſieurs s'adjugent les fleurs d'or & d'argent aux mieux diſant ; imprimée à Thoulouſe, *in-8°.* par Gaſton Recoleyne, 1533.

La REQUÊTE faite & baillée par les Dames de Thoulouſe, aux Maîtres & Mainteneurs de la gaie ſcience de Rhétorique, au mois de Mai, qu'ils adjugent les fleurs d'or & d'argent, aux

mieux difant ; avec plufieurs fortes de rimes en divers langages
& fur divers propos, compofées par lefdites Dames ; imprimée
à Thouloufe, *in-*4°. fans date. Et font les Dames qui ont fait
icelles compofitions, nommées Catherine Fontaine, Françoife
Marrie, Claude Ligoune, Efclarmonde Spinete, Andieta Pef-
chaira, Bernarde Deupi, Johane Perle, & autres.

Rondeau de Françoife Marrie.

Encontre Dieu quelques hommes infames
Veulent défendre à nous, pour être femmes,
Voir l'Evangile & les beaux propos faints ;
Mais ne font-ils d'entendement mal faints,
Dignes en font de reproches & blafmes.
Ne vaut-il plus de lire mille rames
De faints écrits, qui refont corps & ames,
Qu'un de ces comptes, qui font fales & vains
　　　Encontre Dieu.
Donc je vous prie, mes bonnes fœurs & dames ;
Qu'au lieu du jeu des cartes, ou des dames,
Teniez fouvent l'Evangile en vos mains.
En le lifant, vous prendrez eshats maints,
Et ne ferez chofes qui foient infames
　　　Encontre Dieu.

Rondeau de Catherine Fontaine que fe peut lire à double fens,
en avant, en arrière, en haut, en bas, ligne à ligne, à demi
vers ou à vers entiers.

Qui rimes faict,	*Il eft fot & maudit,*
Grand los acquiert ;	*Qui point ne fçait rimer.*
Moult eft parfait,	*Qui des rimeurs médit,*
Qui tel art fert ;	*Il eft fort à blâmer ;*
Plufieurs biens pert	*Qui rimes veut aimer,*
Qui point n'en fçait,	*Vertueux fera dict ;*
Rimeur expert	*Trop eft à déprimer,*
Grandement plaît.	*Qui des rimeurs médit.*

De la bragarde indigente, Rondeau de Claude Lignoune,
au langage de Thouloufe.

Sec quin brague notre vezine	*Le garde col de fin velous*
Am laupalandre d'ou ftadine	*Que li crubis touta l'efquine.*
Et la cinta de douas coulous	*Les margots a de fede fine*

Et la gourrelle Dieu fap quine.   *N'avem aur, blat, pa ny farine*
Dous pams plus longue quelz talous   *A qui que be fon las doulous.*
         Sec.   *Trop monta de dous efcalous :*
Mais quant am aquefte famine   *Que faria mais una Regine*
                                             Sec.

Le RESOLU en mariage, en rime, traitant & démontrant la prouefle & réfiftance qu'ont eu & ont de préfent les femmes contre les hommes & principalement contre les puiffants & forts, imprimé à Lyon, *in-4°.* par Olivier Arnoullet.

RÉPONSE aux Remontrances faites à l'Empereur Charles V, par aucun de fes fujets, fur la reftitution du Royaume de Navarre & Duché de Mylan; imprimée à Paris, *in-8°.* par Nicolas l'Héritier, 1542.

RÉPONSE de bonne & mauvaife Fortune, par quatrains; c'eft prefque un même argument de paffetemps de la Fortune des dez; imprimée à Paris, *in-16.* par Nicolas Bonfons, 1576.

Bonne RÉPONSE à tous propos, où eft contenu grand nombre de Proverbes & Sentences joyeufes, traduite d'Italien & réduite par ordre alphabétique; imprimée à Paris, *in-16.* par Galiot du Pré, 1548.

Merveilleufe & miraculeufe REVELATION de l'état de l'autre monde, laquelle par divine difpenfation a été démontrée à l'inftruction & cautelle de tous dévots & fidèles Catholiques, afin de préconnoître ce qu'on doit craindre ou efpérer après le décès de la vie préfente, imprimée à Paris, *in-8°.* par Guichard Soquand, fans date.

Traité du défordonné appétit des RICHESSES mondaines, imprimé à Lyon, *in-8°.* par Guido Malinian.

REYNIER LE RENARD [1], Hiftoire très-joyeufe & récréative, contenant foixante-dix chapitres, imprimé en deux langages, François & bas Allemand, en Anvers, *in-8°.* par Chriftophle Plantin, 1566.

[1] Ne l'ayant point vu, je conjecture que c'eft une Edition renouvelée du

Roman de *Maître Renard & de Dame Herfant*, ci-deffus fpécifié, car je ne penfe pas qu'il ait rapport au *nouveau Renard* de Jaquemars Gielée. (M. DE LA MONNOYE).

Déploration de tous les prifes de ROME, depuis la fondation d'icelle, faite par Romulus jufques à la dernière prife des Efpagnols, qui a été la plus cruelle que toutes autres [1]; imprimée à Paris, *in-fol.* par Jean Longis, 1528.

[1] Cet Ouvrage les décrit & les rapporte au nombre de fix : la première, par Brennus, Capitaine des Gaulois, l'an 364 de la fondation de la Ville ; la feconde, par Alaric, Roi des Goths, l'an de Jefus-Chrift 410; la troifième, par Genferic, Roi des Vandales, en 455 ; la quatrième, par Odoacre, Roi des Hérules, en 476; la cinquième, par Totila, Roi des Goths, en 546 ; la fixième & dernière, en 1427, par les Efpagnols & Allemands, que commandoit Charles de Bourbon, pour l'Empereur Charles-Quint. (M. DE LA MONNOYE).

La Deftruction de RONCEVAUX, en rime (ce fut en 778) *écrite en main en ma Librairie.*

Déduction du fomptueux ordre, plaifans fpectacles & magnifiques théâtres dreffés par les Citoyens de la ville de ROUEN, à l'Entrée de la facrée Majefté du très-Chrétien Roi Henri II, leur fouverain Seigneur, & de très-illuftre Princeffe Catherine de Médicis, fa femme, qui fut ès jours premier & deuxiéme d'Octobre 1550; avec les pourtraits & figures defdits triomphes; imprimée à Rouen, *in-4°.* par Robert & Jean du Gord, 1551.

Le nombre des ROIS Chrétiens, en nombre dix-huit, compris l'Empereur, contenant leurs cris d'armes & portant chacun fa claufe & devife. *Rime.*

ROMANS.

Nous n'avons eu aucun Livre en notre langue, finon depuis le temps du Roi Philippe Augufte, auquel on commença d'y écrire au langage qui lors avoit cours, qui a été corrigé par ceux qui penfant bien faire, nous ont ôté tout ce qui étoit d'ancien, & les Livres de ce temps-là ne contenoient que les

Hiſtoires de leur ſiécle, & en outre quelques Fables; les Gaulois ayant retenu cela de la Grece qui a été la nourricière d'icelles. Mais depuis la guerre des Anglois, notre langue devint plus polie & commença d'accroître: & après, Charles V, dit le Sage, fit traduire une partie des bons Auteurs Latins (ainſi qu'on dit) & lors les vieux Romans furent mis en proſe, qu'il eût été meilleur avoir laiſſé en leur vieille Rime : telles bourdes & menſonges ſeroient plus tolérables en cette forme de Poëſie, & y pourroit-on reconnoître quelques mots anciens, que la fréquentation du Latin & vulgaire Italien nous a fait abandonner. Quant à ce mot de Roman & de ſon origine, il n'y a homme qui en aye mieux diſcouru que Claude Fauchet qui en a fait un Livre, où il ne laiſſe rien à dire de ce qui s'en peut, par une recherche non moins curieuſe que belle & louable. Car auparavant la plus part de ceux qui avoient ce mot de Roman à la bouche, ne ſavoient l'origine d'icelui. Un Auteur Italien en parle comme s'enſuit :

[« Io non neghero, che il Romanzo, non ſia imitatione d'atti grandi e » illuſtri, è degni dell' Epica Poeſia. Ma certamente la voce è ſtraniera, è » come nella favella Spagnuola, coſi credo, che nella Provenzale ſignifichi » il volgar Idioma, perochè in Hiſpagna, & in Provenza con le Colonie de » Romani la lingua eſſendoſi tanto diffuſa, e talmente, che Romanamente » vi ſi parlava, poiche l'una e l'altra parte occuparono, & habitaronvi Bar- » bare nationi : la favella romana che vi rimaſe, ben che in gran parte con- » taminata, e guaſta pur come piu regolata, e piu leggiadra della Gothica, » e dell' Alavica lor natia, s'ingeguarono elle dapprendere, e di tenere, e » Romanzo la chiamavano, è in quella Scriveano. La-onde, percioche non » prima d'altrô, che de fatti, e de gli amori de' Cavalieri in tal favella da » loro ſi trattò, le compoſitioni fatte intorno a queſta materia, Romanzi ſi » diſſero. Queſta medeſima voce in Italia paſſo ».]

Quelques autres, même Hotoman, en diſent (comme en paſſant) ce qui leur en ſemble. Mais Fauchet a frappé au but, & ſi bien dénoué cette difficulté, qu'il n'eſt beſoin de s'en inſtruire davantage; & parce que c'eſt une matiére de rare connoiſſance, & digne d'être ſue des François, je tranſcrirai ici le quatriéme Chapitre de ſondit Livre. La langue Romance n'étoit pas la

pure Latine, ains Gauloife corrompue, par la longue poſſeſſion &
ſeigneurie des Romains : que la plupart des hommes, habitans
depuis la rivière de Meuſe juſques aux monts des Alpes &- des
Pyrénées, parloient. Car la France que Luitprand, au chapitre
ſix du premier Livre de ſon Hiſtoire, appelle Romaine, comprenoit ſeulement juſques à la Loire. Et pour montrer que parler
Roman, ne s'entendoit pas au temps jadis pour parler Latin,
je m'aiderai de ces vers pris du Roman d'Alexandre, compoſé
par gens vivans environ l'an 1150, ſous Louis le Jeune, Roi
de France.

> *La verté de l'Hiſtoir' ſi com' li Roix la fit ,*
> *Un Clers de Chaſteaudun , Lambert li Cors l'eſcrit ,*
> *Qui de Latin l'a * treſt , & en Roman la mit.*   * pour tirée.

Il faut donc dire que Latin & Roman fuſſent différens, puiſque
cetui-ci tire du Latin une Hiſtoire, pour la mettre Roman. Il
eſt vrai que ces vers ſont faits plus de trois cens ans après
Charles le Grand. Et qu'ainſi ne ſoit, qu'on entendoit, il y a
huit cens ans, que parler Ruſtic Romain fût le langage commun des Habitans de deçà Meuſe, il ne faut que lire ce qu'a
écrit Guitard en ſon Hiſtoire de la Diſcorde des enfans de
l'Empereur Louis le Débonnaire, advenue en l'an huit cens
quarante-un. Car faiſant mention de Louis Roi de Germanie
& de Charles le Chauve, ſon frere, Roi de France, Weſtrienne
ou Occidentale (c'eſt-à-dire, de ce qui eſt entre Meuſe &
Loire) il dit que les deux Rois voulant aſſûrer ceux qui les
avoient ſuivis, que cette alliance feroit perpétuelle ; ils parlè-
rent chacun aux gens de ſon païs (c'eſt le mot dont ledit
Guitard uſe (à ſavoir Louis Roi de Germanie aux François
Weſtriens (qui ſuivoient ledit Charles) en langue Romaine
(c'eſt-à-dire la Ruſtique) & Charles à ceux de Louis (qui
étoient Auſtraſiens, Allemands, Saxons, & autres Habitans
de-là le Rhin) en langue Theutonique, qui eſt la Théotiſque
du Concile de Tours, ou, comme j'ai dit, Thioiſe. Les paroles
du Serment que Charles fit en langue Romaine, furent telles,

ainſi que je les ai priſes d'un Livre écrit il y a plus de cinq cens ans.

[« Pro don amur & pro Chriſtian poblo & noſtro commun ſaluament diſt
» di en avant inquant des ſavir & podir me dunat ſi ſalvareio ciſt meon fradre
» Karlo & in adjudha, & in cadhuna coſa ſi com hom per dreit ſon fradra
» ſalvar diſt ino quid il un altre ſi faret. Et abludher nul plaid nunquam prindrai
» que meon vol ciſt meon fradre Karle in danno ſit.

Et le Peuple de Weſtrie répond en même langage:

» Si Lodhuvigs ſagrament que ſon fradre Karle jurat conſervat, & Karlus
» meo ſendr, de ſuo part non lo ſtanit. Si io returnar non lint pois neio ne
» nuls cui eo returnar int pois in nulla aiudha contra Lodhuvig nunli iuer ».]

Or ne peut-on dire que la langue de ces ſermens (laquelle Guitard appelle Romaine) ſoit vraiment Romaine, j'entends Latine, mais plutôt pareille à celle dont uſent à préſent les Provençaux, Cathales, ou ceux de Languedoc. Et il appert par les Livres compoſés en langue Latine du temps de Charles le Chauve, qu'il y a grande différence entre ce Serment & ce qu'ils tenoient lors pour Latin. Il faut donc néceſſairement conclure que cette langue Romaine entendue par les ſoldats du Roi Charles le Chauve, étoit cette ruſtique Romaine, en laquelle Charles le Grand vouloit que les Omélies prêchées aux Egliſes, fuſſent tranſlatées, afin d'être entendues par les ſimples gens, comme leur langue maternelle, aux Prônes & Sermons; ainſi qu'il eſt aiſé à déviner ou juger. Il reſte maintenant, ſavoir pourquoi cette langue Romaine Ruſtique a été chaſſée outre Loire, de-là le Roſne & la Garonne; ce que je confeſſe librement ne pouvoir aſſurer par témoignages certains. Car qui ſeroit cetui-la tant hardi, de ſeulement promettre pouvoir tirer la vérité d'un ſi profond abyſme, que celui où l'ignorance & nonchalance de ſept ou huit cens ans l'a précipitée ? Toutefois j'en dirai bien des cauſes & raiſons, ſinon vraies, à tout le moins vraiſemblables. Et s'il eſt loiſible de deviner, & les conjectures ont lieu en cette matière, comme je crois qu'elles doivent avoir, je ſoutiens que le partage des enfans de l'Empereur Louis Débonnaire, apporta

une

une grande mutation en l'État de France : & non-feulement
fépara leurs fujets, mais encore rompit toute l'ancienne fociété,
que les François & Gaulois demeurans deçà la Meufe, avoient
avec ceux de delà, pour les grandes guerres que les freres,
enfans dudit Empereur Débonnaire, eurent les uns contre
les autres, & lefquelles après la mort de prefque toute la
noblesse, tuée en la bataille de Fontenay, grandement altérèrent
les alliances, que les Seigneurs vivans fous un fi florissant Empire, prenoient auffitôt loin que près. Car durant le règne de
Pepin, Charles le Grand, & Louis fon fils : l'Austrazien, Saxon,
Baviérien, Allemand, qui fe marioit en Westrie, Bourgogne,
Italie, Septimanie, qui est Languedoc, ou en Aquitaine, ne
craignoit point de perdre fes héritages, ainfi qu'il est porté par
un article de la divifion que Charles le Grand fit de fes Royaumes entre fes enfans. Là où depuis Charles le Chauve, foit que
la claufe & article fufdits euffent été oubliés en l'appointement
fait l'an huit cens quarante-trois, entre les trois freres, enfans
dudit Débonnaire, ou pour quelque autre raifon que nous n'a-
vons point trouvée écrite, il n'y eut plus d'efpérance de fe
rejoindre, chacun voulant avoir un Roi de fon langage. Voilà
pourquoi les Austrafiens n'eurent agréable ledit Charles le
Chauve, quand il voulut prendre le Royaume de Lothaire fon
neveu, mort fans enfans légitimes ; ne les Westriens, Charles
le Gras, & encore moins Arnoul, quand ils s'efforcèrent de les
gouverner durant la minorité de Charles le fimple : voulant,
ainfi que j'ai dit, chacun être commandé par un homme de fa
langue. Ce qui apparut bien évidemment, quand la famille de
Pepin vint à faillir au Royaume de Germanie ; d'autant que les
Italiens firent Roi Beranger ; les Saxons, Henri le Fauconnier, &
quelque temps après les Westriens, Hugues Capet, marris de ce
que Charles Duc de Lorraine, fentoit trop fon Allemand. (Des
Romans.) Cette dernière féparation de Capet, fut caufe, & à
mon avis, apporta un plus grand changement, voir, fi j'ofe
dire, doubla la langue Romance. Car fon entreprife étant fuivie

de plufieurs autres Seigneurs, jà gouvernant les grands Comtés & Duchés, ils fe montrèrent non pas Rois, car ils n'avoient l'autorité acquife de fi longue main, que Hugues Capet, venu d'un grand-pere & d'un grand oncle Rois, mais ufurpateurs de tous droits Royaux, tenant Cour à part, battant monnoie, & ne fe rendans fujets qu'à tel fervice qu'il leur plaifoit faire à ce Roi, auffi nouveau en fa dignité, qu'eux-mêmes qui l'avoient fupporté contre l'apparent héritier de la Couronne, pour avoir part au butin, plutôt que pour affeétion qu'ils lui portaffent, ou defir de réformer les abus lors regnans. De manière qu'ils ne fe foucièrent beaucoup de hanter la Cour de ce nouveau Roi, ne fe patronner fur fes mœurs, & encore moins fuivre fon langage, qui à la fin ne fe trouva de plus grande étendue que fon domaine, raccourci par ces Harpies. Car ledit Hugues Capet & Robert, fon fils, ne jouiffoient d'aucune ville de marque, fors d'Orléans, Paris & Laon: pource que les autres avoient leurs Comtés, & les Provinces des Ducs, qui tenoient grand territoire. Comme Richard, Seigneur de toute Normandie: Hebert qui étoit Comte de Meaux & Troyes, c'eft-à-dire, de Brie & Champagne: Thiebault, Comte de Chartres, Blois & Tours: Guillaume, Duc de Guyenne, & Comte de Poitou: Geoffroy, Comte d'Anjou: lefquels depuis s'accrurent grandement, pource que ceux de Chartres joignirent à leur Domaine, Champagne & Brie, par ufurpation: ceux de Normandie, Angleterre: la maifon d'Anjou, Touraine. Tellement que l'on vit en France de belles Cours & magnifiques, tout à un même temps. Car le Comte d'Anjou époufa l'héritière d'Angleterre & Normandie. Le Duc de Guyenne avoit les hommages d'Auvergne, Limofin, d'Angoulmois, Agenois, & de toute l'Aquitaine. Le Comte de Champagne, Brie, & tout ce qui étoit depuis l'embouchure de la rivière de Marne dans celle de Seine, jufques vers la Lorraine: & de là retournant à Sens. Les Berangers, toute la Provence, Languedoc & Cathalongne. Ce qui donna occafion aux Poëtes & Hommes ingénieux, qui en ce témps-là voulurent écrire, ufer de la langue de ces Roitelets, pour davantage leur complaire, & montrer qu'ils n'avoient que faire d'emprunter aucune chofe de leurs voifins. Ce fut lors, ainfi que je penfe, qu'écrire en Roman, commença d'avoir lieu, & que les Contéor & Jugléor, ou Jongleurs, Trouverres & Chanterres, coururent par les Cours de ces Princes, pour réciter ou chanter leurs Contes fans rime, Chanfons & autres Inventions poëtiques: ufant du Romain ruftique ainfi que du langage entendu par plus de gens, encore qu'il leur échappât affez de mots de leur terroir. De là vient que l'on trouve tant de Livres de divers dialectes, Limofin, Vallon ou François, & Provençal, portant le nom de Roman: voulant les Poëtes donner à connoître par ce titre, que leur Œuvre ou langage n'étoit pas Latin ou Roman Grammatic, ains Romain vulgaire. Ce que je devine, car autrement je ne veux affûrer une chofe tant obfcure, par un paffage d'un Livre compofé environ l'an 1227 ou 28, par Huon de Meri, qui dit au commencement du Roman intitulé le Tournoyment d'Antechrift:

> *N'eft pas oyfeux, ains fet bon œuvre,*
> *Li trouverre qui fa bouche euvre*
> *Por bonne œuvre conter & dire,*
> *Mais ki bien treuve plain eft d'ire,*
> *Quant il n'a de matere point*
> *Jolivetez femond & point*
> *Mon cuer de dire aucun biau dit.*
> *Mais n'ay de quoy, car tout eft dit,*
> *Fors ce que de nouvel avient.*
> *Mais au Trouveor bien avient,*
> *S'il fçait aventure nouvelle,*
> *Qu'il faffe tant, que la nouvelle*
> *Par-tout s'efpande & par-tout aille,*
> *Et que fon gros François détaille*
> *Pour faire œuvre plus déliée.*
> *Por ce ma langue ay déliée,*
> *Quiconque m'en tienne à * trefpenfé,*   * Outrecuidé.
> *Pour dire mon nouvel penfé.*

Ce gros François détaillé me femble devoir être pris pour le

Roman & plus poli langage, dont les Trouverres, Jugléors, & autres ci-deſſus nommés, uſoient plus que le commun. Car Hebert dit au Roman des ſept ſages,

Moult volontiers me penoroie,
Si je m'en pooie entremettre
Qu'en bons Romans pëuſſe mettre
Une ¹ Eſtoire ² auques ancienne.

¹ Hiſtoire.
².Auſſi.

Et puis quelques vers après il ajoute,

Li bons Moines de bonne vie
De Haute-Selve l'Abeie
A l'Eſtoire renouvellée,
Par bel Latin l'a ordenée,
*Hebers la * vieut en Romans trere,*
Et dels Romans un Livre faire :
El nom & en la reverence
Del Roy fil Phelipe de France
¹ Loëis qu'en doit tant loër.

* Veut.
¹ Ce Louis doit être le père de S. Louis, ou Louis Hutin,

Et puis encore quelque peu après,

Por s'amor encommenceray
L'Eſtoire, & enromanceray, &c.

Qui eſt à dire, je mettrai en François. Que ſi quelcun penſe que le Roman ne fut qu'en rime, je lui réponds qu'il y avoit auſſi des Romans ſans rime & en proſe. Car en la vie de Charles le Grand, miſe en François avant l'an mil deux cens, à la requête d'Yoland, Comteſſe de ſaint Paul, ſœur de Baudouin, Comte de Hainau, ſurnommé le Baſtiſſeur, au quatriéme Livre l'Auteur dit ainſi,

[Baudoin, Comte de Hainau, trouva à Sens, en Bourgogne, la vie de Charlemagne, & mourant la donna à ſa ſœur Yoland, Comteſſe de S. Paul, qui m'a prié que je la mette en Roman ſans rime, parce que tel ſe delitera el Roman qui del Latin n'eut cure, & par le Roman ſera mielx gardée. Maintes gens en ont ouy conter & chanter, mais n'eſt-ce menſonge non ce qu'ils en dient & chantent cil Conteor ne cil Jugleor. Nuz contes rymez n'en eſt vrais : tot eſt menſonge ce qu'ils dient.]

Ce parler Roman étoit lors pris pour langage, maintenant

appelé François le plus poli, témoin ce vers du Roman d'Alexandre, de la compofition de Lambert li Cors;

> *Veftu comme François, & fot * parler Roman.*   * Sceut.

Et les Souiffes le penfent encore; car au lieu de dire, Je fais bien parler François, ils difent Je fais bien parler Roman. Et je dirois volontiers que le parler Roman fut plus particulier à Paris & lieux voifins, qu'autres; car au Roman d'Alexandre, compofé par le Clerc Simon, en racontant les peuples divers qui fortirent de Babylone, après la confufion advenue en bâtiffant la tour, il dit,

> *Li enfans fe départent, li * piere en fu dolans,*   * Pere.
> *Et li autre devient Mefopotamiens,*
> *Li autre fu Torquois, li autre Elimitans.*

Et puis quelques vers après,

> *Li autre fu Romains & li autre Tofcans.*

Et encore depuis,

> *L'autre fu Efpeingnos, & s'autre fu Normans,*
> *Li autre Erupeis & parla bien Romans,*
> *Li autre fu François, & li autre Normans.*

Lefquels Erupeis ou Erupers, je prens pour ceux du pays d'Hurepois, qui n'a point de limite certain, finon qu'à Paris nous difons que le quartier devers Midi ou de l'Univerfité eft en Hurepois. Et néantmoins près de Meaux & Joerre il y a un terroir appelé Hurepois, comme auffi quelque endroit voifin de Montreau – fault – Yonne. Que fi aucun veut dire que Simon prend le mot Erupeis pour *Eröpæus*, je réponds qu'il parleroit trop généralement, ayant nommé tant de peuples particuliers. Je ne fuis pas d'opinion que Hurepois ait pris fon nom du vent Eurus, puifqu'il fe trouve & à l'Orient & au Midi de Paris. Mais j'ajouterai bien, qu'à Paris quand l'on veut dire qu'une façon de faire n'eft gueres civile, on ufe de ces mots, c'eft du pays ou quartier de Hurepois: ce que d'autres difent, cela fent fon Écolier Latin. Comme fi nos Rois demourans du côté que nous appelons Cité & Ville ; à favoir au Palais, à S. Martin, au Louvre, près S. Gervais, S. Paul, & aux Tournelles, lieux habités par nos Rois, euffent plus façonné les Habitans de cet endroit de Paris, & que celui de l'Univerfité fût moins civil, pour n'être pas tant hanté de Courtifans ; ce qui lui auroit plus fait retenir le langage Ruftic Romain. Que les Erupers, Erupeis, Hurepois, ou Herupois fuffent fujets des Rois de France, il en appert au Roman de Bertain, compofé par le Roi Adenez, vivant du temps du fils de S. Louis, où ils font nommés avec ceux qui accompagnèrent Charles le Grand contre les Saxons. Car parlant de Saxe, il dit,

Après l'ot Guithekins qui * ainc n'ama François,   * Onc.
Cil fu fils Juftamont mout fu de grand * bufois.   * Orgueil.
Car bien cuida conquierre France & * Olenois,   * Orléans.
Champaignois & Bourgongne & Flamans & Englois
Jufqu'à Cologne fu, là il fit maint defrois,
Longuement tint Saffoigne qu'ins nus n'i mil * defois   * Défenfe.
Mes puis fu reconquife par Francs & par Thiois :
Au reconquerre fure li baron Herupois
Et flaman li Eu wage Brabançon Ardenois.

Quant à l'étymologie & fignification de ce mot Hurepois, voici ce que j'en ai trouvé dans le Roman de la Conquéte d'outre mer. Parlant d'un Hélias, qui fut le Chevalier au Cygne, nourri avec fes freres dans un bois, fans jamais avoir vu autre homme qu'un Hermite, qui les vêtoit de feuilles & écorces coufues de Til, il dit,

Li foreftier s'en tourne qui ot non Malaqurez
A l'hermitage vint hideux & hurepez.

Et du même Helias :

Velus eftoit com ¹ Leus v Ours ² enkaënez,   ¹ Loup.
Les ongles grans & lons, les * cevals meelez,   ² Enchaînés.
La tefte hurepée n'ert pas fouvent lavez.   * Cheveux.

Puis il en dit autant des pauvres gens, lefquels ayant perdu leurs chevaux & biens, fuivoient à pied en ce voyage d'outre mer, les autres Chétiens; étant conduits par Pierre l'Hermite:

La puiſſiez voir tant viez draps depanez,
Et tante grande barbe & tant * ciez hurepez.   * Chefs.

De ſorte que le pays de Hurepois pourroit avoir pris ſon nom
de ce que les Habitans portoient leurs cheveux droits & hériſſés
comme poil de Sanglier, la tête duquel en venerie s'appelle
Hure. De Hurepé donc vient par ſyncope Hupé, qui eſt une
touffe de plumes levées, qu'une eſpèce de coqs porte ſus la tête:
& encore Houpe, ce floc de ſoie ou de fil noué qui jadis ſe
mettoit au ſommet des chapeaux & bonnets des hommes plus
honorables; non-feulement Rois, Princes & Gentilshommes,
mais encore Cardinaux, Evêques & Docteurs. Dont poſſible
vient le proverbe, Abbatre l'orgueil des plus houpés, quand
c'étoient clercs: ou hupés, quand c'étoient gens de guerre
portant plumes. Tant y a que les anciens Sicambriens, deſquels
autre part j'ai montré que ſont venus les François, portoient
leurs cheveux noués ſus la tête. Le mot de Hurepé pour poil
levé & mal peigné, dure encore en la bouche d'aucunes femmes
de Paris, en même ſignification que le Latin *arrecta coma.* Mais
tout ceci ſera dit pour réveiller l'eſprit de quelcun, lequel poſſible rencontrera d'autres endroits d'Auteurs plus exprès &
clairs que ceux-ci par moi allégués. Les Eſpagnols auſſi ont
gardé ce mot de Roman, appelant Romancé Caſtellano, leur
langage commun, & dont ils uſent en la compoſition ou tranſ-
lation des Livres. Je ne puis oublier que Giovan Babtiſta Giraldi
en ſes diſcours, penſe que les Romans ont pris leurs noms de
Reims; pource que le Livre que Turpin, Evêque de cette ville,
a fait de la vie & geſtes de Charles le Grand, a plus donné de
ſujet aux Trouverres. Comme ſi le mot Romancé venoit de
Rhemenſes. Et Pigna, un autre Italien, allégue cette raiſon au
Livre qu'il a fait de l'origine des Romans; ajoutant que les
Annales étoient ainſi appelées; & que depuis d'autres nommè-
rent ainſi leurs Contes fabuleux, ce qui a fait appeler Romans
les ſemblables poëſies. Mais il faut pardonner à ces étrangers

s'ils choppent en pays éloigné de leur connoiffance, étant les Romans une forte de poëfie Gauloife ou Françoife. Quant au Vallon ou Gallon, j'eftime que c'eft un moyen & nouveau langage, né depuis Charles le Grand, ainfi appelé parce qu'il fentoit plus le Gaulois que Thiois; lequel toutefois on ne laiffa d'appeller Romain, pource qu'il approchoit plus du Romain que du Thiois ou François Germain. Ce dialecte, c'eft-à-dire, propriété & diverfité de langage, ayant trouvé des Cours riches; comme celles des Comtes de Flandres, d'Artois, de Hainau, de Louvain, Namur, Liége & Brabam, a donné occafion de penfer que ce fût une autre manière de parler François. Mais la maifon de Hugues Capet, ayant régné fi longuement, & peu à peu joint à la Couronne les grandes terres, jadis occupées par des Seigneurs particuliers, a quant & quant éteint deçà Loire la langue Romance, ou Romaine Ruftique, pareille à celle du ferment deffus écrit, qui s'y parloit, ainfi que j'ai dit, du temps de l'Empereur Charles le Grand; la banniffant aux Cours plus éloignées vers Italie, Provence, Languedoc, Gafcongne, & partie d'Aquitaine, qui approche de Garonne: tout ainfi que le Vallon fe retira outre les rivières de Somme & de Meufe: laiffant un langage moyen à ceux qui demeurèrent entre les montagnes d'Auvergne & ces rivières, depuis appelé François, pource que les Rois portant le nom de France le parloient. Jufques ici Fauchet a difcouru amplement des Romans; maintenant je viens à les mettre tous de rang ci-après *.

ROMANS vieux & nouveaux.

Amadis; Apollonius; Alexandre le Grand; Artus de Bretaigne; Quatre fils Aymon; Baudouyn, Comte de Flandres, qui époufa le Diable; Berinus; Beufues de Hantone & la belle Jofienne; Charlemagne; Clamades & la belle Cleremonde; Le Chevalier de la Croix; Le Chevalier; Doolin de Mayence; Fierabras; Florimont, fils de Mataquas, Duc d'Albanie; Florent & Lyon; Florent & la belle Elinde; Florimont & Pafferofe; Gaillehaut

le

le Brun ; Galien Reſtaūré ; Gerard d'Euphrate ; Gerard de
Rouſſillon ; Geoffroy à la grand dent ; Giglan, fils de Gauvin ;
Guerin Meſquin ; Guerin de Monglave ; Guillaume de Palerne ;
Guy de Warvich ; Gyron le Courtois ; Hector de Troye ; Huon
de Bourdeaux ; Jean de Paris ; Petit Jean de Saintré ; Jourdan
de Blaves ; Iſaye le Triſte ; Lancelot du lac ; Mabrian ; Maugis
d'Aygremont ; Meliadus de Leonois ; Meluſine ; Merlin, deux
volumes ; Milles & Amis ; Morgant le géant ; Le preux Mer-
vin, fils d'Oger le Danois ; Oger le Danois ; Olivier de Caſtille ;
Palladion ou Hiſtoire Palladienne ; Palmerin d'Olive ; Pandar-
naſſus ; Paris & la belle Vienne ; Perceforeſt , ſix volumes ;
Perceval le Gallois ; Philippes de Madian , autrement dit le
Chevalier à l'eſpervier blanc ; Pierre de Provence & la belle
Maguelonne ; Pontus, fils du Roi de Galice ; Primaléon de Grece ;
Robert le Diable ; Roland l'Amoureux ; Roland Furieux ; Richard
ſans peur , Duc de Normandie ; Les ſept ſages de Rome ; Sin-
graal ; Syperis de Vineaux & de ſes dix-ſept fils ; Théſéus de
Coloigne ; Triſtan de Léonnois ; Les trois fils de Roi ; Chroni-
que de Turpin, de la conquête de Trebizonde, faite par Renaud
de Montauban ; Valentin & Orſon ; Urbain le méconnu.

* Fauchet , Chap. 4 du Liv. I de la Langue & Poëſie Françoiſe,

S A I.

SAINT ¹ SALVIAN. * Voyez Nicolas de Bauf-FREMONT.

¹ Quoique, de son temps, Salvien, dans les éloges qu'on en a faits, ait été qualifié *Saint & Bienheureux*, suivant le commun usage de donner alors ce titre aux Evêques & aux Prêtres, on ne s'est pourtant pas accoutumé dans la suite à dire ni *Saint Salvien*, ni le *Bienheureux Salvien*. Il doit être aussi simplement appelé *Prêtre*. C'est le titre qu'il s'est toujours donné, & il ne faut point s'arrêter à la Préface des Livres *de la Providence*, sur ce qu'elle est adressée en ces termes à Salonius, Evêque de Vienne : *Sancto Episcopo Salonio , Salvianus Episcopus Salutem in Domino* , parce qu'en effet, quoique cette adresse ait été conservée dans toutes les Editions, même dans celle de M. Baluze, on sait néanmoins qu'elle lui étoit fort suspecte, & la vérité est qu'elle paroît entièrement postiche, n'y ayant rien, dans la Préface dont elle est suivie, qui touche Salonius, ni près, ni loin. On voit, pag. 838 du Tom. III de la Collection donnée l'an 1724 par les PP. Bénédictins Martenne & Durand, *in-fol.* à Paris, que c'est Gregoire Corraro, mal nommé dans l'Edition *Conraraicus*, qui, au retour du Concile de Bâle (vers 1437) apporta de Suisse en Italie les Livres de Salvien de la Providence : *Revolve Libros Lactantii , Cypriani . . .* (Ce sont les termes de Corraro, dans son Epître à Cécile de Gonzague, Religieuse, fille de Jean-François de Gonzague, Marquis de Mantoue) *Salviani quoque, cujus Libros de Providentiâ Dei è Concilio Basileensi rediens , de Germanorum ergastulis in Italiam deportavi*. Ce Corraro, ou, comme on le nommoit alors, *Corario*, étoit un noble Vénitien, dont la famille subsiste encore, homme de Lettres, connu par ce qu'en ont dit Pie II, Tortellius, le Poge, Gyraldus, &c. Il mourut l'an 1465. (M. de la Monnoye).

* Salvien, né de parens illustres, établis dans les environs de Cologne, ou de Trèves, mourut vers l'an 484. Son style, quoiqu'on n'y trouve pas toutes les graces & les finesses de la belle Latinité, a cependant de la force & de l'élégance, & persuade. Selon M. de Tillemont, S. Salvian étoit né vers l'an 390 ; ainsi il vécut fort vieux. Il se maria de bonne heure ; mais, de concert avec sa femme, ils renoncèrent aux plaisirs du mariage, pour vivre dans l'état de chasteté, à l'imitation de plusieurs Chrétiens de ce siècle, qui croyoient approcher par-là davantage de la Perfection Chrétienne. Salvian embrassa ensuite la vie Monastique. On croit que ce fut à Lérins. Il vint à Marseille vers l'an 427, & y fut ordonné Prêtre. On a cru long-temps qu'il avoit été Evêque. Ce qui a donné lieu à cette méprise, est un passage de Gennade (*Vir. Illust.*) qui, parlant des Homélies de Salvian, composées

pour l'inftruction des Evêques, & que nous n'avons plus, fe fert de ces mots *Epifcopis factus* ; quelques Copiftes ont écrit *Epifcopus factus* : de-là on a cru que Salvian avoit été Evêque de Marfeille. Cette erreur s'eft glifée dans fon Livre *fur la Providence*, comme l'a remarqué M. de la Monnoye ; mais on eft bien convaincu aujourd'hui qu'il ne fut Evêque, ni de Marfeille, ni d'aucun autre lieu. (Voy. *Hift. Litt. de la France*, Tom. II, & *Gall. Chrift.* feconde Edition, Tom. I, Col. 633.) Le P. Bonnet de l'Oratoire a publié une bonne verfion Françoife de toutes les Œuvres de Salvian, Paris, 1700, 2 vol. *in-12*. Le plus confidérable de fes Ouvrages, eft fon Traité *de la Providence*, dont il y a eu plufieurs Traductions Françoifes.

SAMUEL DU LYS. Sous ce nom fuppofé, Simon Goulard a exprimé en vers François, Difcours écrits en vers Grecs, par Gregoire Nafienzene, Evêque & Docteur en l'Eglife primitive, fous l'Empire de Valentinian, contre les diffolutions des femmes fardées, & trop pompeufement attifées. Plus les Regrets & defirs du même Gregoire Nafienzene; imprimés l'an 1574.

SAPPHO LESBIENNE [1]. Voyez fes Sentences parmi celles des Poëtes Lyriques Grecs, traduites en François.

[1] Elle vivoit quelque fix cens ans avant Jefus-Chrift. Il ne nous refte d'elle rien d'entier que deux Epigrammes, l'une de deux vers, l'autre de quatre, & deux Odes en vers, appelées de fon nom *Sapphiques*, l'une à Vénus, l'autre à une belle, pour qui elle mouroit d'amour *. (M. DE LA MONNOYE).

* La *Sapho* la plus connue, celle à qui on attribue l'invention du vers Saphique, étoit de Mitylène, dans l'Ifle de Lesbos. Il a exifté une autre Sapho, qui étoit d'Erèfe, & qu'Athénée dit être celle qu'aima Phaon. Les Fragmens qui nous reftent fous le nom de Sapho, font de Sapho de Mitylène. Ses Poëfies admirables lui méritèrent, de la part de la Grèce entière, le furnom de *dixième Mufe*. Cette femme célèbre reffentit vivement la paffion de l'Amour, & l'exprima de même. On en peut juger par les deux feules Odes qui foient venues jufqu'à nous, & fur-tout par celle que Longin rapporte dans fon *Traité du Sublime*, & que Boileau (*Traité du Sublime*, Chap. VIII) a fi fupérieurement rendue en vers François, & qui commence par ce vers :

> Heureux qui, près de toi, pour toi feule foupire !

Longin fait remarquer le fublime qui règne dans cette Ode. « Ainfi, dit-il, » quand Sapho veut exprimer les fureurs de l'Amour, elle ramaffe de tous » côtés les accidens qui fuivent & accompagnent en effet cette paffion. Mais » où fon adreffe paroît principalement, c'eft à choifir, de tous ces accidens, » ceux qui marquent davantage l'excès & la violence de l'amour, & à bien

» lier tout cela enfemble ». On a voulu faire un crime à Sapho de fon attachement pour plufieurs belles femmes ; mais le témoignage d'Alcée , & de
beaucoup d'autres Anciens , qui l'appellent *chafte & vertueufe* , doit au moins
balancer , s'il ne les détruit pas tout-à-fait, les bruits injurieux à fa réputation. Denis d'Halicarnaffe nous a confervé l'*Hymne à Vénus* , & Longin
l'Ode dont j'ai parlé ci-deffus. M. Moutonnet de Clairfonds , & M. de Sau-
vigny viennent de faire revivre les accens divins de cette dixième Mufe : le
premier , dans une Traduction élégante & correcte , en profe , jointe à la
Traduction d'Anacréon, de Bion & Mofchus, & de plufieurs autres morceaux
choifis de Catule , de Tibule , d'Horace , &c. en 1 vol. *in-8°*. avec des Gra-
vures, à Paphos (Paris) chez le Boucher, 1773. Le fecond , dans une Traduction charmante en vers, faifant partie du premier volume du *Parnaffe des
Dames* , Paris , 1773, chez Ruault. On ne fauroit trop multiplier les excellens
modèles de l'Antiquité , fur-tout dans un fiècle où la fureur du bel-efprit, &
le froid poifon de la Philofophie nouvelle étouffent le bon goût , tuent le
génie, énervent la vraie fcience, corrompent & aboliffent tous les principes,
& dévaftent de plus en plus les champs fertiles de l'Eloquence, de la Poëfie,
de la Littérature , en détournant les feules fources qui foient propres à les
fertilifer.

SAVARIC DE MAULÉON, fut Gentilhomme, Anglois de
nation, lequel s'étant mis du parti du Roi de France, fut autant
prudent, vaillant & renommé aux armes en fait de guerre, que
Chevalier de fon temps , Amateur des Gens doctes. Tous les
Poëtes écrivant de ce temps, tant en Latin que Provençal, fe
retiroient à lui, qui les recevoit de bon cœur, les entretenoit,
& leur faifoit de beaux préfens. On ne trouve point par écrit
aucun fieur , ainfi que l'ont écrit le Monge des Ifles d'Or, &
faint Cézari , qui ait montré une plus ouverte libéralité envers
les Poëtes, que ce Mauléon : car il étoit favant aux lettres &
libéral; & fi les Poëtes de fon temps lui ont donné beaucoup de
louanges , ceux qui font venus après eux, lui en ont attribué
davantage. Et au contraire, quelques excellentes & rares vertus
qui reluifoient en lui , le Monge de Montmajour, fléau des
Poëtes Provençaux , s'eft effayé en une couple de fa Chanfon,
les obfcurcir, difant ainfi: Savaric de Mauléon qui fe mêle de
chanter, il vaudroit mieux qu'il tint fecrettes fes Chanfons,
attendu que tout ce qu'il fait & compofe ne vaut rien, & a
befoin d'une bonne glofe, tant obfcure & fàcheufe eft fa rime.

Il faut donc conclure, ainſi que la vérité eſt telle, & que ſes
Œuvres le démontrent, qu'il écrivoit doctement, & en haut &
grave ſtyle. Fut amoureux d'une gentilfemme du pays d'Aquitaine, de la maiſon d'Aſpremont, aucuns écrivent de Levy,
d'incomparable prudence, ſageſſe, & vertu excellente de ſon
temps, ſoit à la Poëſie, à la Muſique, & en autres ſciences &
vertus ſingulières, qu'il épouſa, & mena en Provence, quand
il fut viſiter le Comte de Provence, laquelle peu de temps après
trépaſſa, & s'enamoura d'une autre gentilfemme de Provence,
de la maiſon de Glandevès, à la louange de laquelle fit pluſieurs
bonnes Chanſons, en l'une deſquelles ſe plaignant d'elle, dit,
qu'il auroit plutôt ployé un gros arbre, entendant d'un chêne
qui porte le gland en alluſion de ſon ſurnom, que le cœur d'elle,
ainſi qu'il le démontre en ces vers ici,

> *O cor ingrat, rude è inexorable,*
> *Plus dur cent ſes a plegar qu'un gros Aubre ;*
> *Coura aura fin vers my ta crudeltat ?*

Quelques années après elle fut mariée à un Gentilhomme de
Provence, de la maiſon des Baulx, fils de Hugues des Baulx, &
de Dame Beralle, Vicomte de Marſeille. Et Savaric s'en retourna en France, où il mourut en quelque guerre au ſecours
du Roi de France; mais nul de ceux qui écrivent de lui, ne met
point quand ce fut. Semble bien que le Monge des Iſles d'Or
en paſſant, dit que fut du temps dudit Remond, Comte de
Provence *.

* Voy. JEAN DE NOTRE-DAME, Chap. 29 & 32.

SAUVEUR ACCAURRAT, natif d'Uzès en Languedoc,
a traduit les ſept Livres de Seneque, traitant des bienfaits;
imprimés à Paris, *in-8°.* par Eſtienne Groulleau, 1561.

SAXON GRAMMAIRIEN [1]. Harangues de Saxon Gram-
mairien, recueillies de quinze Livres des Hiſtoires de Dannemarch *,
miſes en François & contenues au volume des Harangues militaires de Belleforeſt.

[1] Cet Hiſtorien fabuleux a vécu juſqu'à l'an 1193, ou 1194. Son ſtyle ;

quoique extrêmement éloigné de la pureté qu'on lui attribue, marque de l'érudition, & c'est ce qui lui a fait donner le surnom de *Grammairien*, que j'interprète ici *Humaniste*. Du reste sa prose & ses vers ne sont qu'un jargon souvent inintelligible. (M. DE LA MONNOYE).

＊ L'Ecrivain, connu sous le nom de *Saxon Grammairien*, étoit de Séeland, en Dannemarck. Il y naquit en 1150, & vécut au-delà de 1203. Son *Histoire de Dannemarck* s'étend jusqu'à 1186. Il y a inséré beaucoup de vers assez mauvais, & sa prose ne vaut guère mieux.

SCEVOLE DE SAINTE MARTHE, Loudunois, Thré-sorier-Général de France, en la charge & généralité de Poitiers. La connoissance, familiarité & amitié que je me suis acquise de ce docte Personnage, lorsque de bonne aventure tous deux nous sommes trouvés logés à l'Hôtellerie de l'Ange, rue de la Huchette à Paris, là venus pour un même effet, à savoir de prêter le serment devant les Sieurs tenans la Chambre des Comptes; lui pour son Office de Tréforier-Général, moi pour celui de Contrôleur-Général en la Charge de Lyon. Et qui plus est la suffisance & grande doctrine dont il est pourvu à bien écrire, & à dire encore mieux, tout cela dis-je & les autres infinies graces & perfections que Dieu lui a départies, m'inciteroient volontiers à faire ici un bel Eloge de lui, si je ne me sentois trop foible pour entreprendre, conduire & amener un tel prix-fait, au faîte des louanges dont il est digne, lesquelles se découvrant à plein par ses Œuvres, qui louent assez d'elles-mêmes l'Ouvrier, je ne ferai que les nommer. Elles contiennent donc : les Poëmes, Le Palingene, l'Amour & les Epigrammes. Divers Sonnets. Métamorphoses Chrétiennes; imprimés à Paris, *in-8°*. par Fedéric Morel, & depuis *in-4°*. par Mamert Patisson, 1579. La Sauterelle, imprimée sur la fin du Livre des Poësies de Jean de la Peruse, 1556. Hymne sur l'Avantmariage du Roi Charles IX, imprimé par Fedéric Morel, 1570. Il a fait & prononcé devant le Roi très-Chrétien Henri III, à présent régnant, au nom de tous les Tréforiers-Généraux de France élus, & autres Officiers supprimés par l'Edit dernier, une fort belle, docte & diserte Harangue par lui continuée deux heures durant, & fi bien écoutée que Sa Majefté qui eft le mieux difant de fon Royaume, & qui fe connoît le mieux en éloquence, a dit n'avoir onc en fa vie oui mieux parler. Au refte je ne fais fi fes perfuafions étoient fophifmes ou non, tant y a que de tout ce à quoi il concluoit n'a rien été accordé ne fait, & la volonté & meure délibération du Prince eft demeurée depuis jufques à préfent irréfragable.

Ses Œuvres Latines.

Scævolæ Sammarthani Poëtica paraphrafis in facra Cantica. Sylvarum, Libri 2. Epigrammatum, Liber 1. Carminum diverfi generis, Liber 1. Lutetiæ in-8°. excud. Federicus Morellus, 1575. Pædotrophiæ, five de puerorum educatione, Libri duo priores. Reliquos Libros nondùm Auctor abfolvit; Parifiis, in-8°. apud Mamertum Patiffonnium, 1580. Hieracofophion ¹, Sive de Re Accipitriaria, Libri tres; Parifiis, in-4°. excud. Mamertus Patiffonius, 1584.*

¹ Le Poëme *Hieracofophion*, quoiqu'imprimé à la fuite des Poëfies Latines de Scévole de Sainte-Marthe, n'eft pas de lui, mais de Jacques de Thou. Voy. LA CROIX DU MAINE, & les notes, au mot SCÉVOLE DE SAINCTE MARTHE, Tom. II, pag. 400 & fuiv. (M. DE LA MONNOYE).

L'Argument du Livre du Zodiaque de la vie, par Marcel Palingene, Poëte Latin.

[*Je veux maints beaux difcours diverfement écrire,*
Et toujours ne veux pas arrêter mon navire
En un même courant; mais ma route fera
Celle par où le vent mes voiles pouffera,
Allant de lieu en lieu, & faifant navigage
Tantôt en haute mer, tantôt près du rivage.
Et bien que quelquefois je chercheray de près
De nature & des Cieux les plus divins fecrets,
Mon deffein toutefois, & ma fin principale,
C'eft de traiter ici la fcience morale,
Pour remettre les mœurs plus honnêtes & faints,
En ce temps corrompu totalement éteints,
Et tâcher doucement à rendre confolée
L'ame qui de grands mots eft fouvent affolée.
La Mufe ne fauroit choifir plus beau traité,
Ne qui foit mieux féant à fa virginité,

Que de parler des mœurs : cette science heureuse
Eveille des esprits la force vigoureuse ;
Elle rend l'homme sage, & encore qu'il n'eût
D'esprit non plus qu'un âne, & encore qu'il fût
Un lourd, un ignorant, sujet à gourmandise,
Et au sale appétit de l'orde paillardise,
Sujet à boire trop, & de cœur envieux,
Cauteleux, mensonger, & bref tout vicieux,
Elle seule pourra, chassant le vice infame,
En la meilleure voye acheminer son ame ;
Elle hausse en honneur les hommes les plus bas ;
Elle rend suffisant à tenir des Etats,
Pour conduire en privé les choses domestiques,
Ou pour guider le frein des grandes Républiques.
Ny le teint de vermeil & de blanc coloré,
Ny un bel œil riant, ny un beau chef doré,
Ny toutes les beautés du monde les plus belles,
Qui égalent aux Dieux les personnes mortelles ;
Ne peuvent plaire, tant qu'un esprit revêtu
De sainteté, de mœurs, de grace & de vertu.
Combien estimez-vous qu'une pure innocence
Apporte de repos, faisant qu'un homme pense
Que la faveur du Ciel jamais ne lui défaut ?
Si l'on parle en secret, de bien peu lui en chaut,
Et s'il est adjourné, son asseuré courage
D'un Juge, ny d'un Roy, ne craint point le visage.
Le méchant au contraire est toujours en horreur,
Qu'on ne découvre au jour son crime & son erreur.
Et quand il oit tonner, il craint que la tempête,
Pour les maux qu'il a faits, n'escarbouille sa tête.
Si l'on parle en secret, lors il dit à part soy,
Mon Dieu, ces gens icy tiennent propos de moy,
Ils disputent entre eux combien ma faute est grande !
Et si le Magistrat d'aventure le mande,
Il doute s'il ira, ou fuira le danger,
Auquel sa pauvre vie iroit là se ranger.
Bref, les Dieux ont voulu qu'une peur éternelle
Soit des hommes méchans une juste bourrelle ;
Car un homme pervers, encor qu'on pensera
Quelquefois, à le voir, que joyeux il sera,
Si est-il agité, non moins que l'isle ronde,
Des Aquilons battue au beau milieu de l'onde,
Ou que le Montgibel, quand, de son bras puissant,
Pyracmon forge au feu le foudre punissant.

Dois-je

Dois-je donques plutôt chanter les murs de Troye,
Qui des Soldats Grégeois furent la riche proye,
Pour la folle pitié qu'ils eurent de léger,
Croyant au faux semblant d'un Sinon mensonger ?
Ou les malheurs Thébains, ou, d'un flatteur langage,
Donner à un Corbeau d'un Phénix le plumage ;
Ou remplumer Dédale, & décrire en mes vers
Des hommes & des Dieux les changemens divers,
Et par un vain discours d'inutiles merveilles,
Des hommes de loisir repaître les oreilles ?
Dois-je chanter l'Amour des hommes & des Dieux,
Ou, ce qui est encor' beaucoup plus odieux,
Profaner leurs saints noms par écrits impudiques ?
Que n'avons-nous osé ? nous les faisans lubriques :
Le vice règne au Ciel, & par nos beaux écrits
Là souvent du mari l'adultère est surpris.
O trop grande vergongne ! Est-ce la sainte offrande,
Est-ce le juste honneur que le Ciel nous demande ?
Est-ce en telle façon que les Dieux immortels
Sont honorés de vœux, & d'encens, & d'autels ?
Qu'est-ce que faussement les hommes ne controuvent,
Afin que le moyen plus librement ils trouvent
De pécher à leur aise, & leurs fautes couvrir,
Et de leurs méchans faits l'infamie amoindrir ?
O tourbe d'Ecrivains, trop indigne d'écrire,
Qu'on ne purgeroit pas de toute une Anticyre,
On parle à vous icy. Vous n'épargnez aucun,
Et par votre médire offensez un chacun.
Faut-il donc s'étonner si ce même tonnerre
Sur vos têtes aussi justement se desserre ?
Dites à quelle fin nuit & jour vous veillez ?
Si ce n'est que pour vous qu'ainsi vous travaillez,
Vous ne méritez donc que louange on vous donne.
Car celui qui, sans plus, à son profit s'adonne,
Sans avoir aucun soin de secourir autruy,
Mais plutôt se riant de le voir en ennuy,
Pourvu que cependant à soi-même il profite,
D'une bête le nom à bon droit il mérite.
Donques il est requis d'écrire tellement,
Qu'on puisse profiter, de peur que justement
Le lecteur, n'ayant lu que toute chose vaine,
Plaigne, comme perdus, & son temps, & sa peine.
Déesse, qui tenez le mont à deux sommets,
A qui j'ay mes beaux ans voué pour tout jamais,

Si j'ose, moy petit, demander chose grande,
Un œuvre qui soit tel icy je vous demande,
Ou me gardez au moins de fournir de papiers
De quoy envelopper le poivre aux Epiciers,
Et gardez que Vulcan, en sa fureur encore,
Défraudant mon labeur, mes écrits ne dévore.

Aux divers Sonnets XLIV.

Que tu es, innocence, une vaine vertu!
Je pensois, pauvre moy, que, t'ayant bien servie,
J'assurerois mes biens, mon honneur & ma vie,
Pour triompher du vice à mes pieds abattu ;
Mais je vois que j'ai fait un trésor d'un festu,
Aveuglé de l'erreur qui la jeunesse lie,
Et connois combien c'est une étrange folie
De penser aller droit en un siècle tortu.
Non que j'aye regret, vu que la vertu pense
Estre seule de soy la juste récompense,
De voir couler sans fruit mes honnêtes labeurs ;
Mais que des bons l'honneur & les biens on engage,
Pour couvrir des méchans la honte & le dommage,
N'est-ce pas pour maudire & le temps & les mœurs?

Aux Poëmes.   Comparaison du Poëte au Financier.

Mon Garraut, qui es favori
De la Muse qui m'a nourri,
Folle seroit la fantaisie
De celui qui penser voudroit
Que suivre ensemble on ne pourroit
La Finance & la Poësie.
Tel homme ne connoîtroit pas
L'union de ces deux états,
Qui, de tous points, est si parfaite,
Qu'on peut voir assez clairement
Symbolifer entièrement
Le Financier & le Poëte.
Tous deux sont subtils & adroits,
L'un de l'esprit, l'autre dès doigts ;
L'un & l'autre ses plaisirs aime,
Tous deux suivent d'un soin pareil,
L'un Phébus, l'autre le Soleil,
Qui n'est qu'une Déité même.
Tous deux se récréent aux sons,
L'un d'écus, l'autre de chansons,
Deux choses d'effets non contraires.

Les vers à l'amour sont duisans,
Et ces beaux écus bien luisans
En amour sont trop nécessaires.
Tous deux également ont soin
D'étendre leur renom plus loin,
Rendant la France décorée
De leurs superbes monumens,
L'un de somptueux bâtimens,
Et l'autre d'écrits de durée.
L'un est prompt à compter l'argent,
L'autre n'est pas moins diligent
A nombrer des vers la cadence :
Bref, ils ne diffèrent tous deux,
Sinon que l'un est souffreteux,
L'autre se baigne en l'abondance.
Nous donc, mon Garraut, qui suivons
L'un & l'autre, si nous pouvons
Les tempérer tous deux ensemble,
De l'une & l'autre extrémité
Tirons la médiocrité
A qui le vrai bonheur s'assemble.

Aux Epigrammes.

VI.

Bien que vous ayez un époux	*Et n'avez une heure de bien.*
Patient, débonnaire & doux,	*Pourquoy vous fâchez-vous, la belle,*
Sans fin vous êtes en querelle,	*A celui qui ne vous fait rien?*

VII.

Je confesse bien, comme vous,	*Mais puisque Poëte vous n'êtes,*
Que tous les Poëtes sont fous;	*Tous les fous ne sont pas Poëtes.*]

SCIPION DE ROGRES a écrit en vers François, Discours sur la Chrétienne & louable Entreprise de haut & puissant Prince Charles de Lorraine, Marquis du Maine, contre le grand Turc, en l'an 1572; imprimé à Paris, *in-4°.* par Denys du Pré, audit an.

SEBASTIEN BRAND. Les Regnards traversant les périlleuses voies des folles fiances du monde ¹; tiré des vers Latins de Sébastien * Brand, en rime; imprimé à Paris, *in-fol.* sans date.

¹ Ce Poëme n'est point du tout de Sébastien Brand; il est de Jean Bouchet, qui, en 1500, le mit entre les mains d'Antoine Vérard, pour l'imprimer. Celui-ci, dans la crainte qu'en y mettant un nom aussi peu connu que l'étoit alors celui de *Jean Bouchet*, le Livre ne fût dur à la vente, y mit le nom de *Sébastien Brand*, tel qu'on le voit dans le titre qu'en rapporte ici du Verdier. On peut voir, au mot JEAN BOUCHET, dans La Croix du Maine, les suites qu'eut ce procédé. Sébastien Brand, ou *Titio*, nom Latin, synonyme de l'Allemand, étoit de Strasbourg, où il mourut l'an 1520. On trouve sa vie, & le Catalogue de ses Ouvrages, dans Melchior Adam, au Tome des *Jurisconsultes.* (M. DE LA MONNOYE).

* Sébastien Brand naquit à Strasbourg, en 1458, & y mourut le 2 Mai 1521. On trouvera dans La Croix du Maine, à l'Article de JEAN BOUCHET, Tom. I, pag. 459 & suiv. des détails sur l'Ouvrage attribué ici à Sébastien Brand. Un autre Ouvrage, qui est en effet de Sébastien Brand, c'est la *Nef des Fous.* Cet Ouvrage fut publié d'abord en Allemand, en 1494; ensuite en Latin, en 1497, traduit par Jacques Locher. Il fut mis en vers François la même année par un Anonyme, & imprimé, *in-4°.* à Paris, puis en prose, par Jean Dogerolles, vers l'an 1500. On l'a traduit aussi en Anglois & en Flamand. Voyez ci-dessus, p. 149, l'Article de *La Grande Nef des Fous,* & les deux notes. Il y a une faute d'impression dans la seconde, où on lit *1597,* pour *1497.*

SÉBASTIEN COLIN , Médecin à Fontenay le Comte en Poitou , a écrit un Livre , de l'Ordre & régime qu'on doit garder & tenir en la cure des fièvres, contenant trente-fept chapitres , dont le dernier eft fingulier à traiter les caufes & remèdes des fièvres Peftilentiales. Plus un Dialogue contenant les caufes , jugemens , couleurs & Hypoftafes des urines , lefquelles adviennent le plus fouvent à ceux qui ont la fièvre : le tout imprimé à Poitiers , *in-8°.* par Enguilbert de Marnef, 1558. Plus , il a traduit de Grec en François , le onziéme Livre d'Alexandre Traillian , traitant des Gouttes ; avec une briève Expofition d'aucuns mots , pour facilement entendre l'Auteur ; enfemble la Pratique & méthode de guérir les Gouttes , écrite par Maître Antoine le Gaynier , traduite de Latin : le tout imprimé à Poitiers , *in-8°.* par Enguilbert de Marnef, 1567 *.

* Voy. La Croix du Maine, & les notes , au même Article , Tom. II , pag. 404.

SÉBASTIEN MAMEROT, de Frixons [1], Chantre & Chanoine de l'Eglife faint Eftienne de Troyes , & Chappelain de Monfieur Louis de la Val , fieur de Chaftillon en Veudelois & de Gael , a compilé & écrit compendieufement les Paffages d'outre mer , faits par les François ; imprimés à Paris, *in-fol.* par Michel le Noir , 1528.

[1] Au lieu de *Frixons*, d'autres lifent *Frixone* ; j'aimerois mieux lire *Soiffons* & *Vendelois*. Dans l'endroit auffi où il eft dit que ce Livre fut imprimé par Michel le Noir, 1528, il faut lire 1508 , ou 1518 *, cet Imprimeur étant mort le 29 Septembre 1520 , comme le marque fon Epitaphe , rapportée , pag. 64 du Traité de la Caille , *de la Librairie de Paris*. On a l'Hiftoire des Rois Charles VI , Charles VII , & Louis XI , du même Sébaftien Mamerot , contenue dans la féconde Partie de la Chronique Martinienne, *in-fol.* à Paris, chez Antoine Vérard. (M. de la Monnoye).

* La conjecture de M. de la Monnoye eft jufte : l'Ouvrage de Mamerot fut imprimé , non en 1528 , comme le dit du Verdier, mais en 1518 , *in-fol.* à Paris , chez le Noir. Il avoit même été imprimé , *in 4°.* dès l'année précédente : Il eft fingulier que Ménage ne connût point ce Livre , lorfqu'il écrivit fon *Hiftoire de Sablé* , en 1583 ; & que celui qui lui indiqua un paffage du Livre de Mamerot, dont Ménage fe fervit , ignorât qu'il fût imprimé.

Il ne le cite que d'après un Manuscrit, qui nous apprend que *Mannerot* (car c'est ainsi qu'il le nomme) avoit commencé cette Histoire à Troye, en 1472, & l'avoit finie à Viarron, en 1474, à la prière de *M. Loys de Laval, Seigneur de Chatillon, en Vendelais, Gouverneur de Champagne,* dont Mamerot se dit Chapelain. Au milieu de cette Histoire, les Copistes ont inséré un autre Ouvrage de Mamerot, qui est une Description de la Terre-Sainte. Il n'entreprit ce dernier Ouvrage qu'en 1488, après son retour du voyage qu'il fit à la Terre-Sainte & en Egypte; ainsi il ne doit pas être confondu avec son *Histoire des Passages d'Outre-mer,* qu'il avoit finie quatorze ans auparavant. M. l'Abbé le Bœuf a remarqué le premier cette confusion, & en a averti, dans son Mémoire sur les Chroniques Martiniennes (*Mém. de l'Acad. des Belles-Lettres,* Tom. XX, pag. 249 & suiv.) On verra aussi, dans le Mémoire que j'indique, qu'il n'y a rien de Mamerot dans la seconde Partie des Chroniques Martiniennes, & que Mamerot n'a ni composé, ni traduit rien de ce qui s'y trouve sur Charles VI, Charles VII, & Louis XI, en quoi presque tous nos Bibliographes se sont mépris.

SÉBASTIEN MUNSTER. Cosmographie [1] universelle *, &c. Voyez ses Œuvres Latines en Gesner.

[1] Sa *Cosmographie* (dit Bodin, Chap. 4 de sa *Méthode*) devoit plutôt être intitulée *Germanographia.* (M. DE LA MONNOYE).

* Il étoit né à Ingelheim, dans le Palatinat, en 1489. Il se fit Cordelier; mais, ayant embrassé le Luthéranisme, il quitta l'habit Religieux en 1529, & se réfugia à Basle, où il passa sa vie à enseigner les Belles-Lettres & les langues savantes. Il y mourut en 1552, âgé de 63 ans. C'étoit un homme simple, que la lecture des Ouvrages de Luther séduisit, & auquel on n'a pu reprocher que les passions l'eussent déterminé à quitter la Religion où il étoit né. Il vécut dans la plus grande régularité, constamment appliqué à l'étude, sans aucune espèce d'ambition, quoique sa réputation fût si bien établie, qu'on l'appelle encore le *Strabon* & l'*Esdras de l'Allemagne.*

SÉBASTIEN SERLIO *. Architecture. Voyez JEAN MARTIN.

* Sébastien Serlio étoit de Boulogne. François I le fit venir en France, où il l'employa à plusieurs constructions. Il mourut au service de ce Prince. Ses *Livres d'Architecture* sont estimés. Guillaume Filandrier, plus connu sous le nom de *Philander,* Savant illustre, de Chatillon-sur-Seine, a été un de ses disciples.

SEDULIE, Poëte Chrétien *. Voyez quelques Hymnes des siens, traduits par G. le Fevre.

* *Caïus Cælius,* ou *Cæcilius Sedulius,* Prêtre Ecossois, & célèbre Poëte

Latin du cinquième siècle, Auteur d'un Poëme Latin, intitulé *Paschale Carmen*, qui contient l'Histoire de la Vie & des Miracles de Jesus-Christ. Sigebert le qualifie *Evêque* sans preuve, car les deux doubles Acrostiches Hexamètres, aux lettres initiales & finales desquels on lit *Sedulius Antistes*, ne tirent pas à conséquence, & le mot *Antistes* n'y doit pas plus être pris à la lettre, que celui d'*Abbé*, aujourd'hui commun parmi nous aux moindres Ecclésiastiques.

SERAPHIN DE FERMO [1]. Opuscules spirituelles, imprimées à Paris, &c.

[1] Il étoit Chanoine de S. Jean de Latran, & écrivoit en 1570. Son Explication de l'*Apocalypse*, ayant paru, en Italien, à Venise, fut traduite en Latin, & imprimée *in*-8°. à Anvers, en 1581. (M. DE LA MONNOYE).

SELVE (DE) (son nom propre m'est incertain) [1], frere de feu le premier Président de Selva, Secrétaire de très-haute Princesse Jeanne d'Albret, Roine de Navarre, a traduit du Latin de George Buchanan, Jephté, Tragédie, imprimée à Paris. Il y en a une autre Traduction faite par Florent Chrestien.

[1] Les deux frères de Selve avoient tous deux nom *Jean*, & c'est le frère du premier Président qui est véritablement Auteur du Traité *de Beneficio*, comme le marque le Mémoire cité par Bayle, au mot SELVE, lettre B. (M. DE LA MONNOYE).

SEVERE SULPICE [*]. Epitome de la Bible. Voyez JEAN FILLEAU.

[*] Gennadius, Prêtre de Marseille, du sixième siècle, dans son *Catalogue des Hommes Illustres*, parlant de Sévère Sulpice, le nomme *Severus Presbyter cognomento Sulpicius*; Grégoire de Tours le nomme de même; mais comme Sulpice, dans l'adresse de deux de ses Lettres, met *Sulpicius* devant *Severus*, l'usage pour *Sulpice Sévère* a prévalu en François; car, en Latin, on lit & on dit presque toûjours *Severus Sulpicius*. Il étoit d'Aquitaine, comme il l'atteste formellement lui-même dans le premier de ses Dialogues, Chap. 20. Il avoit été marié: après la mort de sa femme, il se mit sous la discipline de S. Martin de Tours, & il entra dans l'Etat Ecclésiastique. Il a écrit un Abrégé de l'Histoire du Monde, depuis la création, jusqu'à l'an 400 de Jesus-Christ; la Vie de S. Martin; des Dialogues, en Latin, d'un style si élégant, si pur, qu'on le regarde comme le meilleur des Ecrivains Ecclésiastiques, sur-tout dans son *Histoire du Monde*; il l'emporte même sur Lactance, qui quelquefois est aussi élégant, aussi pur, mais n'est pas toujours égal. On ignore l'année de la naissance de Sévère Sulpice; mais comme S. Paulin de Nole, son ami intime,

dit, dans la première de fes Lettres, qu'il étoit déjà dans un âge avancé, lorfque Sévère étoit encore à la fleur de fon âge, & que Paulin, né en 353, où 354, eft mort, en 431, à foixante-dix-huit ans, on peut placer la naiffance de Sévère Sulpice vers l'an 380; il n'auroit donc eu que quarante ans en 420, année où communément on fixe la date de fa mort, ce qui ne s'accorde point avec Gennade, qui le fait vivre fort vieux. Il ne fut jamais Evêque, & on ne l'a cru que fur la foi de Guibert Gemblours, qui, plus de fix fiècles après la mort de Sévère Sulpice, l'a confondu avec S. Sulpice, Evêque de Bourges, dans le fixième fiècle; & peut-être n'eft-ce que par une fuite de cette méprife que Sévère a été placé comme Saint dans les Légendes : auffi les Bollandiftes n'ont-ils ofé prononcer fur la Sainteté de Sulpice Sévère (*Acta SS. Januar.* 19, pag. 968.) Quels que foient les éloges qu'on a faits de fon ftyle, il faut pourtant convenir qu'il n'a guère d'autre mérite que d'être plus pur que celui des autres Ecrivains de fon fiècle ; & c'eft le jugement qu'en a porté Scaliger (*Epift.* 305.) L'Hiftoire écrite par cet Auteur contient bien des détails puériles, adoptés avec la plus aveugle crédulité ; mais elle offre quelques faits importans, qui ne fe trouvent point ailleurs. Le goût de cet Auteur pour le merveilleux, & fon extrême crédulité, fe manifeftent encore plus dans fa *Vie de S. Martin*, & dans fes *Dialogues*, qui ont auffi la Vie de S. Martin pour objet. Ses Livres eurent un grand fuccès, & il s'applaudit avec affez de complaifance, dans fes Dialogues, de la joie qu'avoient fes Libraires, du prompt débit, & de la cherté de fes Ouvrages (*Dial.* 1, Cap. 16.) *Exultantes Librarios vidi, quòd nihil ab his quæftuariùs haberetur, . . . nihil promptiùs, nihil cariùs venderetur.* L'Hiftoire de Sulpice Sévère a été traduite, en François, par Jean Filleau, en 1564, *in* 8°. Du Verdier en a parlé. (Voyez Tom. IV, pag. 415, à l'Article de JEAN FILLEAU, & c'eft ce qu'il appelle ici *Epitome de la Bible.*) J'ajouterai que cette même Traduction fut de nouveau publiée en 1626, à Rouen, *in-*12. par le P. Bauldri, Dominicain, & annoncée comme une Traduction nouvelle ; mais il n'y a de nouveau que des Remarques, & la Traduction de la Préface de l'Auteur, que Filleau avoit omife. Louis Givry a donné une Traduction Françoife des Œuvres de Sévère Sulpice, en 1659, *in-*12.

SEVERIN CORNET. Chanfons Françoifes, mifes en Mufique à cinq, fix & huit parties, par Severin Cornet, Maître des enfans de la grande Eglife d'Anvers ; imprimées par Chriftophle Plantin, 1581.

SEVERIN DE LUBAC, Mathématicien, à Romans, en Dauphiné, a juftement calculé & écrit Tables montrant la fomme d'argent que doit avoir un chacun enfant, par droit de légitime, & ce, depuis deux enfans jufques à vingt, n'excédant la valeur du bien dix cens mille livres; non-feulement profitables & néceffaires à Gens Profeffeurs, mais à tous autres; imprimées à Lyon, *in-8°.* par Benoiſt Rigaud, 1575.

SIBERT LOUVEMBORCH, Licencié ès Loix, demeurant en Cologne, a tranflaté en François, les Œconomiques d'Ariſtote, imprimées à Lyon, *in-16.* par François Juſte, fans date.

SIMON BOURGOIN, Valet de Chambre du Roi, a compoſé en rime goffe & mauvais termes, l'Efpinette du jeune Prince conquérant le Royaume de bonne renommée; imprimée à Paris, *in-fol.* par Jean Petit, 1514. & a traduit du Grec de Lucian, un Livre intitulé des vraies Narrations, lequel récite choſes admirables, vues par Lucian, navigant au Ciel, en la Mer, & en la Terre; avec l'Oraiſon ou Déclamation dudit Lucian, contre calomnie; imprimé à Lyon, *in-8°.* par Gilles & Jacques Huguetan, 1540. L'Homme juſte & l'Homme mondain, avec le Jugement de l'Ame dévote, & l'exécution de la Sentence: le tout par perſonnages, en nombre quatre-vingt-deux; imprimé à Paris, *in-8°.* par Antoine Verard, 1580 *.

* Voy. LA CROIX DU MAINE, & les notes, au même Article, Tom. II, pag. 406 & 407.

SIMON BOUQUET, Citoyen de Paris, a ordonné & deſ-figné par charge de Meffieurs les Echevins de la ville, & en après décrit l'Ordre & Triomphes faits à l'Entrée du très-Chrétien Roi Charles IX, & de très-illuſtre Princeffe Elizabeth d'Autriche, fon épouſe, dans Paris, 1571 : & du Couronnement d'icelle Roine; imprimé avec les figures defdits Triomphes & devifes, portraites & taillées par Olivier Codoré, à Paris, *in-4°.* chez Denis du Pré, 1572.

SIMON BRUNEL a traduit de Latin, Défenſe pour le Roi très-Chrétien François I du nom, à l'encontre des injures & détractions de Jacques Omphalius; imprimée à Paris, *in-4°.* par Robert Eſtienne, 1546.

SIMON

SIMON FONTAINE, de l'Ordre de S. François, Docteur en Théologie à Paris, a écrit en dix-huit Livres, Histoire Catholique de notre temps, touchant l'état de la Religion Chrétienne, contre l'Histoire de Jean Sleydan; imprimée à Paris, *in-8°.* puis en Anvers, par Jean Steelsius, 1558. & encore à Paris, par Guillaume Julian, 1562 *.

* Voy. LA CROIX DU MAINE, & les notes, au même Article, Tom. II, pag. 408.

SIMON GORLIER, Musicien, a écrit un Livre de Tabulature de flûtes d'Allemand, imprimé à Lyon par lui-même, 1558. Plus, premier Livre de Tabulature d'Espinette, contenant Motets, Fantasies, Chansons, Madrigales & Gaillardes; imprimé à Lyon, *in-4°.* par ledit Gorlier, 1560. Livre de Tabulature de Guiterne, imprimé de même. Livre de Tabulature de Cistre, imprimé de même. Livre de Musique à quatre ou cinq parties, en cinq volumes, imprimé à Lyon.

SIMON GOULARD, de Senlys, a écrit en vers François, Imitations Chrétiennes; Odes douze. Suite des Imitations Chrétiennes, contenant deux Livres de Sonnets, le premier en a cent, & le second quatre-vingt-dix-sept; imprimées avec les Poëmes Chrétiens de B. de Montmeia, 1574. Sonnets Chrétiens, accommodés à la musique d'Orlando Bony & Bertrand, à quatre parties, imprimés, &c. Il a enrichi les Œuvres morales & mêlées de Plutarque, de Préfaces générales, de sommaires au commencement des Traités, & d'Annotations en marge, qui montrent l'artifice & la suite des Discours de l'Auteur; imprimés avec lesdites Œuvres, *in-fol.* par François Estienne, 1582. Annotations servant de Commentaire, sur la Semaine du sieur du Bartas, imprimées premièrement à Genève, *in-16.* puis à Paris, *in-4°.* & *in-16.* Deux Livres de Théodoric, Evêque de Cyr, ancien Docteur de l'Eglise, touchant la Providence de Dieu, contre les Epicures & Athéistes; avec deux autres Livres du même Auteur; l'un de la Providence Divine, l'autre du but de la vie humaine & du dernier Jugement ; impr. *in-8°*. à Lyon, Jean Lertout, 1578. La Chronique de Jean Carion, augmentée par Phil. Melanchthon & Gafpar Peucer, impr. en deux tomes, *in-8°*. Hiftoire de Portugal, contenant les Entreprifes, Navigations & Geftes mémorables des Portugalois, tant en la conquête des Indes Orientales par eux découvertes, qu'ès guerres d'Afrique & autres exploits depuis l'an mil quatre cens nonante-fix, jufques à l'an mil cinq cens feptante-huit, fous Emanuel I, Jean III, & Sébaftien I du nom ; comprife en vingt Livres, dont les douze premiers font traduits du Latin de Hiérome Oforius, Evêque de Sylves Algarve, les huit fuivans pris de Lopez de Caftanede & d'autres Hiftoires ; avec un Difcours du Traducteur, du fruit qu'on peut recueillir de la lecture de cette Hiftoire ; imprimée *in-fol.* par François Perrin, 1581. Les Devins, ou Commentaire des principales fortes de Divinations ; diftingué en quinze Livres, traduits du Latin de Gafpar Peucer ; imprimés en Anvers, *in-4°*. 1584 *.

* Voy. *LA CROIX DU MAINE*, & les notes, au même Article, Tom. II, pag. 410 & fuiv.

SIMON GRYNÉE * a écrit la Vie de Jean Ecolampade, traduite de Latin en François, & contenue en un Livre *in-16*. intitulé Hiftoire des Vies & Faits de trois excellents Perfonnages, imprimée à Lyon, par Jean Saugrain, 1562. *Cenfuré.*

* Simon Grinée, en Latin *Grynæus*, & en Allemand *Gryner*, naquit au Village de Veringen, en Suabe, en 1493, enfeigna les langues & les Belles-Lettres en différentes Villes d'Allemagne, & fe fixa enfin à Bâle, où il laiffa des defcendans, qui fe diftinguèrent dans la République des Lettres. Il mourut à Bâle, le premier Août 1541. Il a donné la première Edition de l'*Almagefte* de Ptolomée, en Grec.

SIMON DE HESDIN, Maître en Théologie, Religieux des Hofpitaliers de faint Jean de Hiérufalem, a tranflaté en vieil langage François, les fept premiers Livres de Valere le Grand, imprimés avec les Glofes dudit Tranflateur, à Lyon, *in-fol.* par Matthieu Hufz, 1485. & y font ajoutés les trois derniers Livres, affavoir le huitiéme, neuviéme & dixiéme dudit Valere, de la Tranflation de Nicolas de Goneffé, avec les Glofes *.

*Voy. La Croix du Maine, & les notes, à l'Art. Nicolas de Gonnesse, Tom. II, pag. 162 & 163.

SIMON DE MAILLÉ, Archevêque de Tours, a écrit dévotieux petit Difcours adreffé au Peuple de Touraine, pour l'exhorter à l'amour & crainte de Dieu, par la confidération de la mort naturelle : & le Remède de ne tomber en l'éternelle, par le moyen de l'Oraifon. Auffi la façon & manière que nous devons tenir en priant ; imprimé à Paris, *in-16*, par P. l'Huilier, 1574. *Ex Libris D. Bafilii, Archiepifcopi Cæfareæ in Cappadocia, Conciones de vita & moribus 24. Simeonis Magiftri ac Logothetæ induftriâ felectæ, Latinæ factæ à Simone à Maille, Arch. Turonenfi, græcè & latinè ; Parifiis, in-8°. apud Guil. Morellium*, 1558 *.

*Voy. La Croix du Maine, & les notes, au même Article, Tom. II, pag. 414.

SIMON DE MONTHIERS, Avocat au Parlement de Rouen, a traduit élégamment les deux premiers Livres de Paul Aemyle, Chanoine de Notre Dame de Paris, de l'Hiftoire de France ; imprimés *in-4°*, à Paris, par Michel Vafcofan, 1556.

SIMON DE MOURELLES, a écrit Lettres envoyées de Vitorbe au Seigneur d'Arimbaut, fon bon frere d'armes & féal ami, contenant le voyage de Monfieur de Vaudemont : enfemble la Prife de Rome & les affauts à elle donnés. Auffi les calamités dans icelle exercées par fes ennemis ; avec la mort de Charles, Duc de Bourbon & ladite prife ; imprimées *in-8°*. fans date & nom de lieu ni d'Imprimeur.

SIMON NERAULT, Docteur en Théologie, a compofé un Livre intitulé le Flagice de Pefte, traitant des fignes indicatifs de pefte, des caufes provocatives d'icelle ; les moyens pour empêcher fes effets & malice par voie naturelle & fpirituelle ; de fa dilatation & du pouvoir qu'elle a d'infecter ; imprimé à Poitiers *in*-8°. par Jaques Bouchet , 1530 *.

* Jean Bouchet en parle , Epître 74.

SIMON DE PROVENCHIERES , Langrois , Médecin à Sens , a traduit de Latin , la Chirurgie de M. Jacques Hollier, Docteur en Médecine de la Faculté de Paris , contenant quatorze chapitres ; imprimée à Paris , *in*-16. par Charles Macé , 1576. La Chirurgie de Fernel , tranflatée de Latin & enrichie de brièves Annotations & d'une Méthode Chirurgique par ledit Provenchieres ; imprimée à Paris , *in*-16. par Guillaume Chaudiere , 1579. Lettre envoyée à M. Arnoul , Doyen de Sens , & grand Vicaire du R. Cardinal de Pellevé , par Simon de Provenchieres , Médecin , faifant mention d'un enfant confervé en la matrice , par l'efpace de vingt-huit ans ; imprimée à Lyon , 1582 *.

* Voy. LA CROIX DU MAINE , & les notes , au même Article, Tom. II , pag. 415.

SIMON SYLVIUS , dit DE LA HAYE , Valet de Chambre d'illuftre Princeffe Marguerite de France , Roine de Navarre , a traduit de Latin , le Commentaire de Marfile Ficin , Florentin, fur le banquet d'Amour de Platon ; imprimé à Poitiers , *in*-8°. par Enguilbert de Marnef , 1556.

SIMON VALLAMBERT , natif d'Avalon , en la Duché de Bourgogne , Médecin , a écrit Méditation de l'Oraifon des Chrétiens , en profe , prife du Livre de Pafque , dit autrement le Trépas des Fidèles ; avec un Sommaire difcours à la fin des principaux points dudit Pafque ; imprimée à Paris , *in* 8°. par Guerould Sibere , fans date. Epitaphes de Monfeigneur le Duc d'Orléans , en Latin , Grec & François ; imprimées à Paris , *in* 8°. par Chreftien Wechel , 1545. De la Conduite du fait de Chirurgie , en profe , imprimée à Paris , *in* 8°. par Vafcofan , 1558. Cinq Livres de la manière de nourrir & gouverner les enfans dès leur naiffance : le premier contenant la manière de bien choifir une Nourrice : le deuxiéme, l'Inſtruction de la Sage-femme des accouchées, & de la Nourrice, au gouvernement de l'Enfant nouveau né : le troiſiéme, la manière de nourrir & gouverner l'Enfant avant que le fevrer : le quatriéme, la manière de nourrir & gouverner l'Enfant après qu'il eſt ſevré : le cinquiéme, la manière de guérir les maladies des Enfans ; imprimés à Poitiers, in-4°. par les de Marnefs & Bouchets, freres, 1565. De l'Obéiſſance qu'on doit à Juſtice, & la Patience qu'il convient avoir quand on eſt condamné à tort, Livre de Platon, intitulé Crito, tourné de Grec en François par ledit Vallambert, & imprimé à Paris, in-8°. par Olivier Mallard, 1542. Le même Dialogue Crito a été auſſi traduit en François par Pierre du Val, Evêque de Séès, imprimé in-8°. par Vaſcoſan, 1547. *Hiſtoria de vitâ & rebus geſtis M. T. Ciceronis M. filii à Simone Vallamberto Hæduo Avallonenſi, Auctore; Pariſiis, in-8°. apud Simonem Colineum, 1545. Simonis Vallamberti Epigrammatum Somnia, Lugduni, in-8°. apud Theob. Paganum.*

* Voy. LA CROIX DU MAINE, & les notes, au même Article, Tom. II, pag. 415 & 416.

SIMON VERREPÉ *. Manuél de Dévotion, extrait des Saints Peres & Docteurs, & mis en très-bel ordre par Simon Verrepé, traduit de Latin en François par J. B. imprimé à Lyon, in-16. par Michel Jove, 1573.

* Il eſt appelé *Simon Verrepée*, Prêtre de Brabant, pag. 116 de la *Biblioth. Sacrée* de Guillaume Gazet. Aubert le Mire le nomme *Simon Verepæus*. Il écrivit des Livres de dévotion, & fit auſſi des Ouvrages de Grammaire. Son Abrégé de la Grammaire de Deſpautere fut fort eſtimé, & adopté, pour l'inſtruction publique dans les Pays-Bas. Simon Verrepé fut quelque temps Directeur du Couvent du Thabor, à Malines. C'eſt un Couvent de Chanoineſſes de S. Auguſtin. Il en fut chaſſé durant les guerres de Religion, & ſe retira à Bois-le-Duc, où il mourut en 1598 (*Hiſt. Méchlin.* Tom. I, pag. 81.

SIMON VIGOR, premièrement Chanoine Théologal de Notre Dame de Paris, Curé de ſaint Paul en ladite ville, puis Prédicateur du Roi & Evêque de Narbonne, a écrit Oraiſon funèbre par lui prononcée aux Obféques de très-haute Princeſſe Madame Elizabeth de France, Roine des Efpagnes, en l'Eglife notre Dame de Paris, le 25 Octobre 1568, imprimée par Claude Fremy, audit an, Sermons & Prédications Chrétiennes & Catholiques pour tous les jours du Carême & Ferie de Pâques, recueillis fidèlement par un docte Perfonnage, felon qu'elles ont été prononcées à Paris en l'Eglife faint Eftienne du mont, par ledit feu, de bonne mémoire, Vigor, revues par Maître Jean Chriſti, Docteur en la Faculté de Théologie, à Paris, Théologal à Nantes, & imprimées à Paris, in-8°. par Nicolas Chefneau, 1577. Sermons & Prédications Chrétiennes du faint Sacrement de l'Autel, accommodées pour tous les jours des Octaves de la Fête-Dieu, recueillies de même, felon qu'elles ont été par lui prononcées; imprimées à Paris, in-8°. par Nic. Chefneau, 1579.*.

* Voy. LA CROIX DU MAINE, & les notes, au même Article, Tom. II, pag. 416 & 417.

SIMPHORIEN CHAMPIER, Chevalier, Docteur Régent en Médecine, en l'Univerfité de Pavie, Seigneur de la Faverge, premier Médecin du Duc de Lorraine, a écrit * la Nef des Princes, avec plufieurs Enfeignemens profitables à toutes manières de gens, pour connoître à bien vivre & mourir; imprimée à Paris, in-8°. par Michel le Noir, 1525. La Déclaration du Ciel & du monde & des merveilles de la terre, fituation, Royaumes & Provinces d'icelle; imprimée de même. Le Doctrinal du Pere de famille à fon enfant, imprimé à Paris, in-8°. fans nom d'Imprimeur. Dialogue de la Cure du Phlegmon, où font introduits devifant Phlegmoniatros, Philochirurgus & Metéorus, imprimé à Lyon, in-8°. par Pierre de fainte Lucie, fans date. Le Miroir des Apothicaires, auquel eft montré comment ils errent communément en plufieurs fimples médecines, contre l'intention des Grecs & par la fauffe intelligence des Auteurs Arabes, lefquels ont falfifié la Doctrine des Grecs. Plus les Lunettes des Chirurgiens : le tout imprimé à Lyon, in-

8°. fans nom d'Imprimeur & fans date. Les Prophéties, Dits & Vaticinations des Sibylles, tranflatées de Grec en Latin, par Lactance Firmian, & mifes en rime Françoife par ledit Champier, avec Commentaires d'icelui Champier; dédiées à très-illuftre Princeffe Anne de France, Ducheffe de Bourbon & d'Auvergne; imprimées *in*-4°. fans nom d'Imprimeur ni date. La Vie & les Geftes du preux & vaillant Chevalier Capitaine Bayard, Dauphinois, contenant plufieurs Victoires par lui faites ès règnes des Rois de France, Charles VIII, Louis XII, & François I du nom, tant en Italie, Naples & Picardie, qu'autres Pays & Régions; imprimée à Lyon & à Paris, *in*-4°. Du Royaume des Allobroges, dit long-temps après Bourgogne ou Viennois, avec l'Antiquité & origine de l'ancienne Cité Métropolitaine & primace des Allobroges Vienne fur le Rofne; imprimé à Lyon, *in*-8°. fans date. Police fubfidiaire à celle quafi infinie multitude de pauvres que la ville de Lyon nourrit; imprimée à Lyon, 1531. La Nef des Dames vertueufes, &c. Il a fait des Additions fur le Guidon en François, imprimées avec ledit Guidon; imprimées à Lyon, par Conftantin Fradin, 1520. Voyez le Catalogue de fes Œuvres Latines qui font en grand nombre en l'Epitome de la Bibliothèque de Gefner, & en notre fupplément.

*Voy. LA CROIX DU MAINE, & les notes, au mot SYMPHORIEN CHAMPIER, Tom. II, pag. 417 & fuiv. — Je citerai ici l'Anecdote fuivante, qui fe trouve dans les Recueils de M. Falconet, quoiqu'elle n'ait qu'un rapport indirect à Symphorien Champier: « Baluze m'a dit que M. Belizani un » jour lui fit voir une Edition Gothique d'un Ouvrage de Symphorien » Champier, fur l'Hiftoire de France, *in*-4°. (fans doute celui qui a pour » titre le *Triomphe de Louis XII*, Lyon, 1509, *in*-4°.) où il y avoit à la » tête deux vers Latins, faits à l'occafion de la Ligue de Cambrai contre les » Vénitiens:

> *Floribus adjunctus, ranas per prata vagantes*
> *Arctabit coluber, proprias remeare paludes.*

Dans cette Edition, il y avoit *Colbert*, au lieu de *Coluber*. Belizani fit voir le Livre, en 1672, temps de la guerre de Hollande, à M. Colbert, & voulut lui faire regarder ces vers comme une prédiction de ce qui arrivoit alors aux Hollandois; mais le Miniftre, homme folide, n'en fut point la dupe.

SOFREY CALIGNON [1], Maître des Requêtes du Roi de Navarre, a écrit plusieurs Poëmes non imprimés [*]; lui en ayant été tiré des mains une Satyre à moi depuis baillée, icelle sera insérée ici tout du long.

[1] *Sofrey* est une corruption du nom de *Ceolfridus*, Abbé de S. Pierre de Vermout, en Angleterre, mort à Langres le 25 Septembre 716. L'*Index* de De Thou dit *Sofroi*; l'Abbé Chatelain, *Souffroi*. On prononce apparemment *Soffrei* en Dauphiné (& c'est la prononciation qu'on a retenue, comme la meilleure.) Le Président de Thou a fait l'éloge de Calignon, qu'il dit être mort, dans sa cinquante-septième année, en 1606 (à Paris). Il étoit Président à la Chambre de l'Edit de Grenoble, & Chancelier de Navarre. C'est lui qui travailla le plus à dresser l'Edit de Nantes; la Satire qu'il fit contre les Dames ne se trouve plus que dans du Verdier. Elle n'est pas mal versifiée pour le temps. Il manque des vers en plus d'un endroit. Le P. le Long, n°. 8473 de sa *Biblioth. Histor. de France*, rapporte un Ouvrage manuscrit de Calignon, &, n°. 8222, lui en attribue, par conjecture, un, imprimé (Il a pour titre l'*Histoire des choses plus remarquables advenues en France ès années 1587, 1588 & 1589, par S. C.*) en 1590, *in-8°*. Il rapporte aussi, n°. 14209, la *Vie de Soffroi Calignon*, par Gui Allard, *in-12*, à Grenoble, 1675. (M. DE LA MONNOYE).

[*] Le *Journal d'Henri IV*, Tom. III, dit que « Soffrey Calignon, Chancelier » de Navarre, excellent esprit en tout, mourut Protestant à 56 ans & quelques » mois, à Paris, au mois de Septembre 1606 ». Il avoit commencé par être Ministre, & attaché au service de M. de Lesdiguieres. Il eut grande part à la confiance d'Henri IV, & dressa l'Edit de Nantes avec Jacques-Auguste de Thou l'Historien. Il laissa un fils Conseiller au Parlement de Grenoble. Dans un Manuscrit de l'*Histoire* de M. de Thou, qui est à la Bibliothèque du Roi, on lit d'assez longues additions sur la vie de Calignon, qu'on a mises en notes, dans la Traduction Françoise, à la fin du XXXVI° Livre de cette Histoire. On y voit que Calignon laissa deux fils, & que sa femme mourut peu de temps après lui. Il étoit un des plus anciens & des plus intimes amis de M. de Thou. Le P. le Long n'est pas heureux dans sa conjecture, quand il attribue à Calignon l'*Histoire des choses remarquables*, en 1587, &c. C'est une des pièces les plus violentes en faveur des Guises, contre Henri III. Il n'y a même aucune apparence que ce soit l'Ouvrage de Calignon, zélé Protestant, comme l'a remarqué M. de Fontette, dans sa nouvelle Edition de la *Biblioth. Histor. de la France*, Tom. II, pag. 331. La méprise du P. le Long se retrouve dans la nouvelle Edition du *Catalogue des Historiens* de Lenglet. Quant à l'Ouvrage manuscrit que le P. le Long attribue aussi à Calignon, il a pour titre, *Journal des Guerres faites par François de Bonne, Duc de Lesdiguieres, depuis 1585, jusqu'en 1597, par Soffroi de Calignon, Chevalier de Navarre*.

Navarre. Il n'a point été imprimé , & faisoit autrefois partie du Manuscrit de Colbert. Il est aujourd'hui à la Bibliothèque du Roi.

Le Mépris des Dames.

SATYRE.

[*Triolz , c'est un abus des hommes de notre âge*
De vouloir adoucir , par un doré langage ,
La rigueur d'une ingrate , & , d'un gentil soucy ,
Luy prêcher doucement l'amoureuse mercy.
   On dit que Promethé , dedans sa main subtile ,
La femme patronna d'une gluante argile ;
L'argile s'endurcit aux rayons éthérés
D'un midy bluettant de mille traits dorés ;
Et la femme , qui tient de sa fatale source ,
Devient dure , revesche , & cruelle , & rebource ,
Plus elle voit un cœur brûler de passions ,
Et s'allumer au raiz de ses perfections.
Il est vrai que , du temps de la saison dorée ,
L'on voyoit la vertu seulement adorée ;
Que les Dieux habitoient en ce monde nouveau ,
Que l'Amour ne portoit ny trousse , ny flambeau ;
Mais , sans faire sentir sa cruelle pointure ,
Se guidoit librement sous les loix de nature.
Il est vray , dis-je , alors que la Muse servoit
D'escort aux amoureux , & celuy qui savoit
Découvrir doucement sa passion enclose ,
En l'école d'Amour profitoit quelque chose ;
Mais , depuis que le temps , d'un vol précipité ,
De ce siècle premier souilla l'intégrité ,
Et qu'au siècle d'airain l'avarice rouillée
Altéra des humains la poitrine souillée ,
La vertu s'envola , & la troupe des Dieux ,
La foy , la piété s'éclipsa de nos yeux ,
Et , dans le plus touffu des forêts hérissées ,
S'écarta le troupeau des Muses offensées.
Depuis on ne les vit , & la sucrée voix
Des Poëtes ne put , sous ses nombruses loix ,
Fléchir la cruauté de ces rudes maîtresses ,
Qui ne tirent plaisir , sinon de nos tristesses.
   Au lieu de proprement sa langue façonner ,
Il faut tant seulement avoir de quoi donner ;
Car le prix est en prix , & la flèche acérée
D'Amour n'habite plus dans sa trousse azurée ,

Ains au fond d'une bourse, où l'or étincelant,
Dans les plus recamés, sa lumière répand.
De-là les hameçons, de-là provient l'amorce,
Et les philtres secrets de la secrète force,
Qui charme, qui contraint, qui seule fait sentir
Aux femmes l'éguillon de l'amoureux desir.
　　Les Charites d'Homère, en nommant Cytherée,
L'appellent seulement Cyprine la dorée,
Car dorés sont ses traits, & doré son flambeau,
Doré son Cupidon, & doré son bandeau,
Pour montrer que l'or seul peut en la fantaisie
De la femme engraver l'amoureuse furie,
Qui dit, pour s'excuser, que le Père des Dieux,
Jadis en pluye d'or s'est rendu précieux,
Que le prix d'un présent, d'une offrande sacrée,
Plus que l'affection, aux célestes agrée,
Et que si l'or fléchit sa libre volonté,
　Qu'elle approche en cela de la Divinité.
　　Dans les champs amoureux où la vague féconde
Du Nil Egyptien fait déborder son onde,
L'Image de Memnon, ouvrage industrieux,
Ravit d'étonnement les plus ingénieux.
Cette Idole est muette, & de lourde matière;
Mais si tôt que Phébus, retraçant sa carrière,
Monté sur l'Horison, la touche de ses raiz,
L'Image dans le Ciel fait pénétrer sa voix.
A cette Idole-là j'accompare la femme.
Découvrez-luy cent fois le tourment de votre ame;
Versez dix mille pleurs, faites mille soupirs,
Accusez sa beauté, mère de vos desirs,
Priez, idolâtrez, elle sera muette,
Dédaigneuse & farouche à votre humble requeste.
Mais si quelque joyau, dépouille du Levant,
Quelque perle Erithrée, ou quelque diamant
Brille devant les yeux de ces belles cruelles,
Vous les verrez brûler de vives étincelles,
Aux œuvres de Cypris facilement ployer,
Et faire en un besoin office de prier.
Les Poëtes sacrés, dont la gloire éternelle
S'est frayé dans le Ciel une sente nouvelle,
Dont l'esprit agité d'une divine ardeur
De ce sexe trompeur ont célébré l'honneur,
Divins, rares cerveaux, trésoriers de mémoire,
Qui abrégent leurs jours pour alonger leur gloire,

Qui, pour un peu d'honneur, leurs biens ont méprisés,
Ne se virent jamais d'Amour favorisés.
Témoin m'en soit celui qui sacra sur la rive
De son Loyre Angevin la pâlissante olive,
Et celuy, qui, si doux soupira ses ardeurs,
Que la Sorgue naquit du cristal de ses pleurs.
Témoin le Vandomois, & mille ames gentilles,
Qui, déployant les traits de leurs plumes subtiles,
De ces vaines beautés ont paré leurs écrits,
Et n'en ont à la fin remporté que mépris.
　Il est vray, mon Triolz, que toujours l'avarice
Ne leur fait faire joug à l'amoureux service,
Et gratuitement les Dames quelquefois
D'un pauvre serviteur ont voulu faire choix.
Mais tout ainsi qu'on voit une louve agitée
De la rage d'Amour, courir par la vallée,
Tantôt gagner le haut des coteaux hérissés,
Ores tracer les bois de feuilles tapissés :
Une suite de loups, d'une importune presse,
La muguette, la suit, la talonne & la presse
Par les bois, par les champs, puis enfin harassés,
Se couchent paresseux, endormis & lassés.
La rage bouillonnante en sa poitrine fière
Ne la laisse endormir, ny ciller la paupière,
Ains voyant assoupir cette troupe de loups,
Choisit le plus hideux & difforme de tous,
Assouvit son ardeur, & d'une urtade souple
L'éveille, le caresse, & avec luy se couple ;
Ainsi la femme ingrate, & qui voit dédiés
A ses perfections les cœurs sacrifiés,
De mille serviteurs que sa douceur attire,
Si elle aime par choix, elle choisit le pire.
　Aussitôt que l'Avril de ma jeune saison
La joüe me frisa d'une blonde toison,
Quelque Dame conçut une secrette envie
Dessus la liberté, maîtresse de ma vie,
M'assujettit aux raiz de ses perfections,
Et déroba la clef de mes affections.
J'avois pour concurrent un vieillard froid & pâle,
Qui jà tenoit le pié dans la barque fatale ;
De son œil catherreux distilloit un ruisseau,
La roupie coulant lui glaçoit le cerveau ;
Son corps étoit semblable à une anatomie,
Son visage au tableau d'une Cosmographie,

De rides sillonné, & sembloit, ainsi beau,
Un fantastic esprit échappé du tombeau,
Un songe frénétic, une ombre solitaire,
Et le modèle vrai d'une affreuse chimère.
Voyant devant mes yeux cette idole de mort,
Et moy d'autre côté jeune, gaillard & fort,
Qui avois l'avantage, & qui, soit en adresse,
Soit en dextérité, ou force de jeunesse,
Habile en ce métier, en tout le surpassois,
Sinon qu'il avoit plus d'écus que je n'avois.
Je pris opinion de voir favorisée
Mon amitié fidelle, & la sienne moquée :
Mais las ! tout au rebours je me vis méprisé,
Et ce bel Adonis en mon lieu caressé.
Je fus au désespoir, & ennuyé de vivre.
Pour affranchir l'esprit de son hôte délivre,
J'implorois le destin, & la Parque & le sort,
Pour m'ôter de ce monde, & me donner la mort.
Mais enfin la faveur de quelque bon Génie
De ces divins propos me vint flatter l'ouye :
N'espère pas, dit-il, vu ta condition,
D'être, plus que les Dieux, vuide de passion.
Ne sçais-tu d'Apollon la peine infortunée,
Qui, voulant embrasser la fille de Pénée,
Jeune, brave & gentil, n'épousa qu'un laurier,
Et trempe dans le Ciel encore à marier?
Ne vois-tu d'autre part, sans égard de mérites,
Qu'Ericine la belle, & l'une des Charites,
Epousent à l'envi un forgeron boiteux,
La butte, la risée & la fable des Dieux?
Ne sçais-tu le malheur de ce Romain Joconde,
Qui de beauté parut la merveille du monde?
Ne sçais-tu les erreurs du * Prince des Lombards?   *Astolphe.
Si les Dieux sont sujets à semblables hazards,
Si les Roys vont courant cette borrasque dure,
Es-tu plus que les Roys, fils aînés de nature?
A tant se teut le Dieu, &, d'un vol incertain,
Me déroba l'objet de son Idole vain.
  Or, Triols, j'en ay vu qui, d'une autre manière,
Avoient l'esprit à gauche, & l'ame traversière,
Qui, volages de cœur, se jouant de l'Amour,
Changent de volontés dix mille fois le jour.
Leur cœur est inconstant, légère est leur pensée,
Comme une girouette à tous vents élancée,

Et qui s'en va tournant à volte du cerveau,
Comme dedans les flots le débile roseau.
   Autant que le miroir, dans sa glace polie,
Reçoit d'impressions, que notre fantaisie
Font errer çà & là, & nous montre au-dedans
L'objet qui n'y est pas, & trompe notre sens ;
Autant dans leurs esprits ces cervelles volages
Forgent d'affections, & figurent d'images,
Qui naissent & s'en vont, & renaissent ainsi
Que l'ombre dans le vain d'un miroir éclairci.
Tantôt vous les verrez de vous ne faire compte,
Tantôt se repentir, tantôt l'ire les dompte ;
Si de vos passions elles prennent pitié,
La moindre occasion trouble cette amitié.
Comme le papillon, aux ailes étoilées,
Caché dessous les lys aux robes émaillées,
Du jeune chasserot va decevant les pas,
Qui pense les tenir, & si ne les tient pas :
Le délicat enfant, d'une démarche folle,
S'approche, & cependant le papillon s'envole.
   Ou comme on voit partir hors des espics crestez
Un lièvre roydement, suivi de tous costez,
Et tromper de sa fuite, en courses ondoyantes,
Des levriers découplés les meutes aboyantes,
Qui faillent leur pinsade, & reclaquant des dents,
N'arrachent que le poil, & remachent les vents,
Le lièvre gagne aux pieds plus vîte qu'un tonnerre,
Et les levriers honteux donnent du nez en terre :
Ainsi on voit les traits pleins de légéreté
Des Dames que je peins de cette qualité,
Qui, après longuement avoir été servies,
Et de mille sujets martyrisé les vies,
Après avoir tiré plaisir de leur tourment,
Au lieu de leur donner enfin allégement,
Au lieu d'avoir pitié de leur cerveau malade,
D'amour & de martel, d'une douce bravade,
Se moquent de leur mal, & renvoyent ces fous,
Payés d'un je ne puis, ou d'un retirez-vous.
   Quand le Père Océan des cruches éternelles
A coup fit débourder mille sources nouvelles,
Et qu'on vit sur les monts vaguer de toutes parts,
Ply sur ply, flots sur flots, les orages épars,
Deucalion resté seul de l'humaine essence,
Pour des hommes noyés réparer la semence,

S'acofta de fa femme, & tous deux aux yeux clos
Les pierres ont femé, de leur mère les os,
Des folides cailloux, & de maffe pefante
Les hommes font iffus de nature conflante.
De-là pouffé naquit fur l'orage marin
Afpre, rude, fans poids, gommeleufe & légère,
Se trouva pour ce fait la plus apte matière.
  Il eft vray que fouvent, d'une feinte douceur,
Leur mielleux appât attire notre cœur,
Comme de leur odeur les Pantheres attirent
Les fimples animaux, & après les déchirent ;
Ou comme le pefcheur, qui affeuble fa tête
De la peau d'une chèvre, & puis fa ligne jette,
Pour tirer amorcé l'Efcarc à l'hameçon,
Amoureux de la chèvre, & le mettre en prifon :
Ainfi le plus fouvent ces cruelles harpies
Mafquent leurs trahifons de mille courtoifies,
Semblables à la chèvre, excepté qu'elles n'ont
Ny la barbe au menton, ny les cornes au front :
Car c'eft pour leur mary dont la tête s'appelle
Un Parnaffe fourché à la pointe jumelle.
Tu me diras, Triols, qu'il s'en peut rencontrer
Parmy tant de milliers quelque douce à traiter,
Et je confefferay par erreur de nature
Qu'on en pourroit trouver quelcune à l'adventure ;
Mais, quand elle feroit un miroir de douceur,
Telle bonté ne peut apporter que malheur.
Regarde dans Homère, Hélène, ou Pénélope,
Dont l'une la Phrygie arma contre l'Europe,
Et fit du fang Grégeois & du fang des Troyens
Par dix ans ondoyer les murs Neptuniens !
L'autre, portant l'honneur empreint dans le vifage,
Fit errer fon mary pendu deffus l'orage,
Et fit flotter en mer, l'efpace de dix ans,
Sa barque Nauphragère, à l'abandon des vents.
Bref, Triols, choifis-la Pénélope, ou Hélène,
Tu n'en auras jamais que défaftre & que peine.
On dit que les chevaux, qui refoulent après
La trace que la louve aura marché de frais,
Prendent des pafturons la jointure étourdie,
Et tombent chancelans d'une chûte engourdie,
Auffi l'homme ennobli d'un généreux efprit,
Qui s'abandonne en proye à la femme qu'il fuit,
Devient fot & ftupide, & fon ame abeftie,

D'un étourdiffement enfin eft fubvertie.
Si toutefois, Triols, la Dame que tu fers,
Pour qui dernièrement tu m'envoyas des vers,
Eft honnête, gentille, & belle, & bien apprife,
Et d'un pareil amour en amour favorife,
Adore-la, fers-la, garde foigneufement
Le tréfor que le Ciel nous donne rarement.
Mais, lorfque tu verras fon amour éventée
Se glacer peu-à-peu ; quitte-moy ce Prothée,
Laiffe-moy cette ingrate & fa mobilité,
Et que ta voile fingle au port de liberté :
Si tu ne peux fi toft voir libre, dépeftrée,
Du licol amoureux ton ame enchevestrée,
Implore le fecours des neuf divines Sœurs,
Et trompe fur le luth l'ennuy de tes ardeurs,
Compofe-moy des vers qui te feront reluire
A la poftérité. Sçais-tu pas que la lyre
A pouvoir d'adoucir la chaleur que tu fens ?

    Hé ! n'as-tu jamais vu la guérifon étrange
Du Faucheur Tarentin, piqué de la Phalange.
Que le venin agite, & feulement le fon
De la mufique peut diffiper ce poifon ?
Telles font les chanfons des favantes pucelles,
Qui étouffent d'amour les vives étincelles.
Donques toy, mon Triols, qui as eu cet honneur
D'être aimé d'Apollon, & d'être bon fonneur,
D'avoir vu mille fois, fous les tardes ferrées.
Les Mufes qui bailloient à coftes agrafées.
D'avoir guidé leur danfe, & en mille façons.
Entonné les accens de leurs belles chanfons :
Si Vénus envers toy eft farouche & cruelle,
Chaffe-moy par les vers l'humeur qui te martelle.
Malheureux eft l'ouvrier, qui n'a ni le pouvoir,
Ny le moyen d'ufer de fon propre favoir.]

SOPHOCLE *. Voy. JEAN ANT. DE BAYF.

* Sophocle, Poëte Tragique célèbre, né à Athènes (d'autres difent à Co-
lone, Bourg de l'Attique, d'un nommé Sophile, Maître de Forge) 495 ans,
avant Jefus-Chrift, étoit contemporain de Périclès, avec lequel il commanda
les armées de la République, où il fe fignala dans plufieurs combats. Il compofa cent vingt-trois Tragédies, dont vingt-trois remportèrent le prix. Il ne
nous refte plus que fept de ces Tragédies, que l'on regarde comme autant
de chef-d'œuvres. C'eft le plus élégant, le plus noble & le plus accompli des
anciens Poëtes Tragiques. Celle de fes pièces qu'il eftimoit le plus, eft l'Œdipe

à Colonne. Il la compofa dans un âge très-avancé, lorfque fes enfans prétendoient qu'il n'étoit plus en état de gouverner fes affaires domeftiques, & le vouloient faire interdire. Pour prouver que fon efprit n'étoit point affoibli, il lut
à l'affemblée de la République fon *Œdipe à Colonne ;* elle en fut enchantée,
& conferva à cet heureux génie tous fes droits, que l'avarice de fes fils vouloit lui enlever. Valère Maxime, Liv. VIII, Chap. 8, nous dit que Jophon,
fils de Sophocle, fit mention, dans l'Epitaphe de fon père, de l'*Œdipe à
Colonne,* comme de la plus belle production de l'efprit humain, cependant
Sophocle donnoit la préférence à fon *Antigone,* & ne vouloit pas qu'on dît
autre chofe, dans fon Eloge Funèbre, finon qu'il étoit l'*Auteur d'Antigone.*
Ariftote, qui n'étoit pas volontiers de l'avis des autres, donne la préférence
à l'*Œdipe Tyran.* Il mourut de joie, âgé de près de cent ans, de ce qu'une
de fes pièces, qui avoit long-temps balancé les fuffrages du Public, les avoit
enfin remportés. Il avoit eu les paffions vives dans fa jeuneffe ; Valère
Maxime en rapporte un trait, Liv. IV, Chap. 3 ; mais il s'en corrigea, à
en juger par la réponfe qu'il fait faire au même Sophocle, auquel on demandoit fi les plaifirs de l'amour lui étoient encore agréables à un âge déjà
avancé : *Dii meliora, inquit ! libenter enim iftinc tanquam ex aliquâ furiosâ do-
minatione profugi.* — Suidas parle d'un fecond Sophocle, Poëte Tragique,
petit-fils du premier, qui compofa quarante Tragédies, & remporta huit fois
le prix ; il compofa auffi des Elégies.

SORDEL fut Poëte Mantuan, qui furpaffa en Poëfie Provençale, Calve, Folquet de Marfeille, Lanfranc Cygalle,
Perceval Doria, & autres Poëtes Genevois, & Tufcans, qui,
toutefois pour la douceur de la langue Provençale, s'y font plutôt délectés, qu'en la leur propre maternelle. Ce Poëte fut homme
ftudieux, & grand rechercheur de toutes chofes. Il a fait plufieurs Chanfons, non d'amour, car il ne s'en trouve aucune, mais
en Philofophie. Remond Berenguier dernier du nom, Comte
de Provence, en fes derniers jours, le prit à fon fervice, étant
de l'âge de quinze ans, pour l'excellence de fa Poëfie, & de fes
belles Inventions, ainfi que le récite Pierre de Chafteauneuf,
Poëte Provençal. Il a fait des Syrventés en rime Provençale, &
ent'autres un, auquel il taxe & reprend tous les Princes de la
Chrétienté, fait en forme de Chant funèbre, fur la mort de
Blacas, Gentilhomme Provençal, qui étoit auffi Poëte, &
commence,

> *Plagneruol Sen Blakas en aqueft leugier fon,*
> *Ab cor trift, e irat, e en ay ben Razon.*

En

En laquelle il dit que le dommage de la mort de Blachas, est si grand qu'il ne fait moyen pour le restaurer, fors qu'en lui ôtant le cœur, en donner à manger premièrement à l'Empereur, s'il veut vaincre les Mylannois & le Pape qui lui fait si mortelle guerre. Que si le Roi de France en mange, recouvrera Castille, mais parce qu'il est jeune, qu'il se garde bien que la Roine, sa mere, ne le voye, attendu qu'il n'ose rien faire sans elle. Que le Roi d'Angleterre en mange tant qu'il voudra, pour avoir meilleur courage à recouvrer les terres que le Roi de France lui occupe. Qu'il est besoin que le Roi de Castille en mange pour deux, attendu qu'il avoit deux Royaumes, desquels il a perdu un, & qu'il mange du cœur à requoi, afin que l'autre Roi ne lui donne bastonnades. Que le Roi d'Arragon en peut manger, afin qu'il recouvre l'honneur qu'il perdit à Milan, & à Marseille, lorsqu'il les voulut prendre par force. Que le Roi de Navarre en mange à suffisance, attendu qu'il valoit plus quand il étoit Comte, que ores qu'il est fait Roi, afin que de haut il ne tombe en bas. Qu'il est besoin au Comte de Toulouse d'en manger, si tant est qu'il aye souvenance des terres qu'il souloit tenir, & de celles qu'il possède ores. Finalement que le Comte de Provence en mange, s'il a souvenance quand il fut déshérité de son Royaume de Sicile, & des Vêpres Siciliennes; que s'il échappe de ses durs assauts, il sera besoin qu'il mange du cœur pour le grand fais qu'il soutient. Ce Syruentez fut fait peu après que Jean Prochite, vêtu en habit de Cordelier, siffla à l'oreille des Princes, de mettre à mort tous les François étant au Royaume de Sicile, en l'année 1281. Outre ces Œuvres, il a laissé par écrit un Traité intitulé *Lou Progres, e avansament dels Reys d'Arragon en la Comtat de Provensa*, en prose Provençale. Il a traduit *La somma del Drech*, de Latin en prose Provençale, tous lesquels Traités furent mis en la Librairie du Monastère de Laverne en Provence, ainsi que disent le Monge des Isles d'Or, & saint Cezari.

* Voy. Jean de Notre-Dame, Chap. 46.

SOTADES *. Voyez fes Sentences en celles des Poëtes Grecs Lyriques & Comiques, traduites par Geofroy Linocier.

* Sotades naquit à Maronée, Ville de Thrace (*Marogna*, dans la Romanie). Il vécut environ 260 ans avant l'Ère Chrétienne, & fut un Poëte lafcif, impudent, fatirique à l'excès, cynique même dans fes expreſſions, à un point que l'on n'ofoit fe vanter d'avoir lu la plupart de fes Écrits. Il inventa une forte de vers ïambes rétrogrades, auxquels il donna fon nom, & qu'on étoit obligé de lire à rebours, pour en comprendre le fens. Volaterran (*Anthropolog.* Lib. XIX) cite pour exemple ces deux vers :

> *Laus tua, non tua fraus, virtus, non copia rerum:*
> *Scandere te fecit hoc decus eximium.*

En commençant par le dernier mot du Diſtique, on retrouve un autre Diſtique, dont le fens eſt tout contraire. En un mot Sotades fut l'Arétin de fon temps, mais on ne le craignit pas autant, & il n'eut pas une fin auſſi tranquille, car Prolomée Philadelphe, contre lequel il avoit ofé écrire, le fit enfermer dans un coffre de plomb, & jeter à la mer.

SPERON SPERONE *. Les Dialogues de Meſſire Speron Sperone, Italien, traduits en François par Claude Gruget, imprimés à Paris, *in-*8°. chez Vincent Sertenas, 1552.

* Voici ce qu'on lit dans l'Epitaphe de cet Auteur, à la Cathédrale de Padoue : *Meſſere Sperone Speroni delli Alvaroti Filofofo e Cavalier Paduano nacque nel'* 1500 *alli* 12 *Aprile*, *mori nel* 1588 *d.* 3 *Giugno*. Par conféquent il étoit dans fa quatre-vingt-neuvième année. Il profeſſa la Philofophie dans fa jeuneſſe, & fut enfuite employé dans les affaires publiques, où il fe diſtingua. Ses Ouvrages ne donnent pas une grande idée de fon érudition, mais ils prouvent qu'il poſſédoit bien la langue Italienne. Vittorio Roſſi, dans l'éloge d'Ottavio Pancirola, dit que *Speroni* ne lifoit que les Livres les moins eſtimés & les moins connus, difant pour raifon qu'il en tiroit ce qui lui plaifoit, pour inférer dans fes Ouvrages, fans que l'on s'en apperçût, au lieu que s'il s'amufoit à feuilleter les Auteurs célèbres, fes plagiats feroient auſſitôt découverts. Ses Dialogues ont été imprimés plufieurs fois. Parmi fes Difcours, on en voit un fur l'obligation où font les mères d'allaiter leurs enfans, imprimé à Milan, 1604, *in-*12. à la fuite du Dialogue *Della Cura Famigliare*. Voy. les Mémoires de Niceron, Tom. XXXIX.

Au Dialogue des Langues, où font Entreparleurs, Bembo, Lazare, le Courtifan, l'Ecolier, Lafcar, Peret.

[LAS. Et pour cette caufe je vous dis que j'aimerois mieux favoir parler comme faifoit Ciceron, que d'être le Pape Clément. COUR. Et moi je connois beaucoup d'hommes qui pour être médiocrement Seigneurs, feroient contens d'être muets. Je ne dis pourtant que je fois de ceux là ; mais je dis bien, puifque le défaut provient de mon peu d'efprit, que je ne vois point pour quelle caufe l'homme puiffe à bon droit tant exalter la langue Grecque ne Latine, que, pour le defir de les favoir, il doive meprifer les mitres & couronnes : car s'il étoit ainfi, ce feroit plus grande dignité être le fommelier ou cuifinier de Démofthène, & de Cicéron, que d'être Empereur ou Pape. Bem. Ne penfez pas que le Seigneur Lazare defire feulement la langue Latine de Cicéron, qui, à lui & aux autres Romains, étoit commune, ains avec les mots Latins, il en fouhaite l'éloquence & la fapience, qui à lui feulement furent péculières. Et lefquelles doivent être de tant plus réputées excellentes par deffus toute dignité mondaine, comme elles fautent par deffus la hauteur des Principautés, ou par fucceffion ou par fortune, là où monte notre ame, non point avec d'autres aîles que celles de fon efprit & de fon induftrie. De ma part je fais peu au prix de ces grands Perfonnages, fi eft ce que je ne changerois ce peu de connoiffance que j'ai des langues, au Marquifat de Mantoue. Laz. Je ne crois pas que vous ayez opinion que tout le peuple, mais auffi beaucoup de Sénateurs & Confuls à Rome parlaffent fi bon Latin que faifoit Cicéron ; à la ftudieufe diligence duquel Rome fut plus obligée qu'aux victoires de Céfar. Et partant j'ai dit & dis encore que j'ai en plus grande eftime & admiration la langue de Cicéron que l'Empire d'Augufte. A cette caufe, je parlerai maintenant des louanges de cette langue, non tant pour fatisfaire au defir de ce bon Gentilhomme, que pource que j'y fuis obligé ; mais là où vous êtes, ce n'eft pas raifon qu'un autre en parle devant vous, & qui feroit autrement, donneroit injure à la langue, & fi feroit nommé audacieux. BEM. Pour plufieurs raifons, cet office de louer la langue Latine vous eft dû, tant pour être ordonné à l'enfeigner publiquement, que pource que vous tenez plus fon parti que moi, qui ne l'eftime pas tant que de vouloir, pour elle, déprifer le vulgaire Tufcan ; &, qui plus eft, je ne l'ai préférée qu'à un Marquifat : au contraire vous l'avez mife au-deffus de l'Empire de tout le monde : c'eft donc à vous à la louer ; car, en ce faifant, vous ferez agréable à la langue, à laquelle & votre nom & votre renommée font grandement tenus. LAZ. Puifque vous le voulez, je l'exalterai, fous condition que je pourrai quant & quant blâmer le vulgaire, fans qu'il vous tourne à fâcherie BEM. J'en fuis content, pourvu que la condition foit commune, & que, quand vous le blâmerez, je le puiffe défendre. COUR. Et, pour ma part, je veux que, quand vous direz quelque chofe que je n'entendrai point, en interrompant le propos, je puiffe vous prier de me l'éclaircir. LAZ. J'en fuis content, &, fans faire plus long proëme, pour mon commencement je dis qu'encore que nous foyons, en beaucoup de manières, différens des bêtes brutes, fi eft-ce que la principale caufe qui nous éloigne d'elles, c'eft qu'en parlant & écrivant, nous communiquons l'un à l'autre nos affections, ce que les bêtes ne peuvent faire. S'il eft donc ainfi, celui-là qui mieux parlera & écrira, fera plus purifié du brutal. Par ce moyen, quiconque defire être parfaitement homme, doit en toutes fortes s'étudier à fe rendre parfait

à bien parler & écrire , & celui qui le pourra faire , à bonne raison se nom-
mera tel entre les hommes que les hommes sont entre les bêtes. Cette vertu
de bien parler & bien écrire, les Grecs & Latins se la sont quasi également
appropriée : de-là vient que leurs langues sont venues à tel point, que seules,
entre toutes les autres du monde , se sont par leur excellence aliénées des
barbares & des créatures irraisonnables; aussi , entre les Poëtes vulgaires , il
n'y en a pas un seul qui, au jugement des doctes , se puisse appareiller à
Virgile & Homère ; ni, entre les Orateurs, un à Démosthène, ou Ciceron.
Louez, tant que vous voudrez, Pétrarque & Bocace, si n'aurez - vous la
hardiesse de les égaler aux Antiques, ni, les faisant inférieurs, les en approcher de trop près : au contraire, vous les en trouverez si loin, que n'oserez
les nommer avec eux. Trouvera-t-on en aucune autre langue un seul qui soit
leur pair ? Quant à moi, je ne suis jamais si triste, ou infortuné, que je ne
me sente tout réjoui, en lisant leurs vers & leurs oraisons. Tous autres plaisirs, fêtes, jeux, chansons & instrumens ne me sont rien au regard de cestui-
ci seul, pource que les autres sont les récréations du corps, & cestui-ci est
de l'ame : de-là vient que d'autant que l'intellect est plus noble que le sen-
suel , de tant est sa délectation plus grande & agréable que celle des autres.
COUR. Je crois bien ce que vous dites, & suis d'opinion que l'excellence
de quelque langue que ce soit, ne doit être arguée, ni blâmée de nul homme,
plutôt je crois, la nature des choses étant décrite, avoir vertu d'immuer le
corps & l'esprit de qui les lit. BEMB. Ce n'est pas cela, ains la faconde est
seule ou principale occasion de faire en nous ces merveilleux effets. Qu'il soit
vrai, lisez Virgile en langue vulgaire, Homère en Latin , & Boccace en
François, vous verrez qu'ils ne feront pas ces miracles. Le Seigneur Lazare
dit vrai donc, quand il met ès langues la propriété de tels effets , non pas
qu'il prouve par cette sienne raison qu'on ne doive apprendre autre langue
que la Latine & la Grecque; car si notre langue n'est pour le présent douée
de si nobles personnages, si n'est-il pas impossible qu'elle n'en ait quelquefois
de peu moins excellens que Virgile & Homère. Je veux dire que soient tels
en notre commune langue que ces autres en Grec & Latin, LAZ. Lorsque
notre vulgaire aura ses Cicérons, ses Virgiles, ses Homères & ses Démos-
thènes, adonc je la dirai digne d'être apprise, comme maintenant le sont la
Grecque & la Latine; mais cela jamais n'adviendra, pourautant que la langue ne le peut souffrir, étant barbare, & incapable de nombres & de décoration, tellement que si ces quatre-ci mêmes renaissoient, & que, avec
l'esprit & la même industrie qu'ils observoient, en orant & poëtisant, ils
venoient à parler & écrire vulgairement, ils ne se pourroient rendre dignes
de la louange qu'ils ont. Ne voyez-vous cette pauvre langue manquer en déclinaison de nom, les verbes sans conjugaisons & sans participes, & sans aucune bonne propriété ? Et méritoirement, comme ainsi soit que j'aie entendu
par ceux qui la suivent, que sa propre perfection consiste en l'éloignement
du Latin, qui a toutes ses parties d'oraison entières & parfaites ; & quand
j'aurois, faute de raisons, pour la blâmer, ce sien premier commencement,

qui eft de s'émanciper de la Latine, eft raifon affez démontrant fa déprava-
tion. Quoi plus ? Elle montre en fa face avoir pris fon origine & fon accroiſ-
fement des Etrangers, & de ceux principalement qui firent plus d'ennui aux
Romains, à favoir, des François & des Provençaux, defquels non-feulement
nous font dérivés les noms, verbes & adverbes, mais encore l'Art Oratoire
& Poëtique. O fuperbe langage ! Nommez-le comme vous voudrez, pourvu.
que vous le nommiez Italien ; car il eft venu d'outre mer, & de de-là les Alpes, qui féparent l'Italie de la France. Auffi n'eft-ce point proprement aux
François à fe glorifier qu'ils en foient les inventeurs & augmentateurs, ains
procède de ce que, depuis le déclin de l'Empire de Rome, jufques à huy,
il n'eft venu en Italie aucune nation fi barbare, ne tant privée d'humanité,
comme les Huns, les Goths, les Wandales & autres, qui, en guife de trophées, n'y aient laiffé quelque nom, ou quelque verbe, des plus excellens
qu'ils euffent. Dirons-nous donc qu'en parlant vulgairement, il nous puiffe
naître des Cicérons & des Virgiles ? En bonne foi, fi cette langue étoit,
d'étrangère, faite domeftique de la Latine, tant s'en faut que je le confeffaffe,
que même je ne le dirois pas, étant une indivife confufion de toutes les bar-
baries du monde. Je prie Dieu qu'en ce chaos il envoye encore fa difcorde,
pour féparer les termes l'un d'avec l'autre, & les envoyer chacun en fa propre région, afin que finalement cette pauvre Italienne demeure en fon premier idiome, par lequel ne fut moins révérée des autres Provinces, que
crainte pour fes armes. J'ai bien peu lu en ces lettres vulgaires, & fi me femble avoir affez gagné en la perte de telle étude, pource qu'il eft meilleur les
ignorer que les favoir, & fi vous-dis plus que toutes les fois que, par mon
malheur, je les ai vues, autant de fois ai-je en moi-même pleuré notre
mifère, penfant en moi quelle jadis fut notre langue, & quelle eft maintenant celle par laquelle nous parlons & écrivons. Et puis nous ne verrons
jamais des Virgiles & Cicérons Tufcans. Vrai eft que Mores & Turcs peuvent bien avoir en leur langue de tels Cicérons & Virgiles : pource, le dis-
je, que, parlant une fois à un mien ami, qui entendoit fort bien la langue
Arabefque, il me dit qu'Avincenne avoit compofé beaucoup d'œuvres, que
l'on reconnoiffoit fiennes, non tant pour l'invention qui y étoit, que pour
fon ftyle, avec lequel il paffoit de bien loin tous les autres qui écrivoient
en cette langue, excepté feulement celui de l'Alcoran. Parainfi donc, comme
par quelque raifon, Avicenne feroit nommé le Cicéron des Arabes. Je confeffe devoir venir, voire que plutôt eft déjà né, & peut-être mort, notre vulgaire Virgile ; mais je dis, & à bonne caufe, que tel Virgile eft un Virgile
peint, & que le bon & vrai Virgile que l'homme (en laiffant les chofes inutiles à part) devroit embraffer, c'eft celui qui a la langue Latine, comme
Homère a la Grecque. Si donc nous faifons autrement, nous fommes de
pire condition que les Ultramontains, lefquels exaltent & révèrent entièrement notre langue Latine, s'y employant de tout leur efprit, lequel, s'il
étoit tel en eux que le defir, je me fais certain que la France & l'Allemagne
produiroient force Virgiles. Et nous, qui lui fommes indigènes, par la

coulpe de notre peu de jugement, & à notre vergogne, de tant fommes-
nous loin de l'honorer, que nous cherchons par tous moyens, comme
gens féditieux, de la chaffer de fon pays, & en fon lieu y mettre cefte-cy,
de laquelle (pour ne dire pis) le pays & le nom font inconnus. COURT. Il
me femble, Seigneur Lazare, que vos raifons tendent à fin de faire qu'on ne
parle jamais vulgairement, ce qui ne fe peut faire, finon que l'on édifiât une
nouvelle Ville, où ne demeuraffent que Gens Lettrés, & où l'on ne parlât
que Latin ; car, en Boulogne, qui ne parleroit de langage commun, ne feroit
point entendu, & fembleroit être un pélerin contrefaifant, fans propos, le
Cicéron entre les Artifans. LAZ. Au contraire, je veux que comme, aux
greniers des riches, il y a du grain de toute forte, comme orge, mil, froment, avoine, & autres fortes de bleds, de partie defquels les hommes
mangent, & d'autre partie les bêtes du logis, auffi que l'on parle diverfement ores Latin & ores vulgaire, où & quand il en eft befoin. Si l'homme
va en lieu public, ou aux villages, ou s'il eft en fa maifon avec le commun,
avec fes voifins, ou fes ferviteurs, qu'il parle fon vulgaire, & non autrement ; mais aux Ecoles de doctrine, entre les Savans, là où nous pouvons &
devons être hommes, que nos propos foient humains, c'eft-à-dire, Latins.
Autant en foit-il de l'écriture, laquelle fera rendue vulgaire par la néceffité,
& Latine par les chofes d'élection, mêmement quand nous écrirons quelque chofe pour l'honneur, que difficilement nous peut donner la langue qui
eft née & a pris croiffance avec notre calamité, & qui néanmoins fe conferve à notre ruine. BEMB. Vous accufez trop âprement cette innocente
langue, qui femble vous être plus en haine, que vous n'aimez la Latine &
la Grecque, tellement qu'au lieu que nous avons promis de louer principalement ces deux, & quelquefois, avenant le cas, vitupérer la Tufcane, vous
avez fait tout le contraire ; car vous n'avez loué les deux, combien qu'ayez
âprement blafonné cefte-cy, voire à grand tort, vu qu'elle n'eft point fi
barbare, ni tant pauvre de nombre & d'harmonie que vous nous l'avez dépeinte. Et pourtant fi fon origine fut au commencement barbare, fera-t-elle
point par la longueur de quatre ou cinq cens ans devenue habitante d'Italie ?
Si fera fi autrement les Romains même, qui, après être chaffés de Phrygie,
vinrent habiter ce pays, euffent été barbares, & leurs perfonnes, leurs
mœurs & leur langue feroient barbares. La France, l'Italie, la Grèce, &
toute autre province, pour douce & humaine qu'elle foit, pourroit être nommée barbare, fi l'origine des chofes étoit fuffifante pour leur donner cette
vilaine dénomination. Je confeffe donc notre langue maternelle être un certain raffemblement non confus, ains réglé de plufieurs & diverfes voix,
noms & verbes, & autres parties d'oraifon, lefquelles au commencement
furent formées en Italie par étranger & diverfes nations, & puis par la douce
& artificielle diligence de nos prédéceffeurs, ramaffées en un fon, une forme
& un ordre tellement compofé, qu'ils en forgèrent cette langue, qui maintenant nous eft propre, & non d'autrui, imitant en cela notre mère Nature,
laquelle, avec les quatre Elémens, fort divers entr'eux pour leur qualité &

leur affiette, nous a faits & formés plus parfaits & plus nobles, que ne font les Elemens mêmes. Perfuadez-vous, Seigneur Lazare, que vous voyez l'empire, la dignité, les richeffes, les doctrines, & finalement les hommes en la puiffance des étrangers, enforte que ce foit quafi chofe impoffible de les en tirer. Voyant telle chofe, ne voudriez-vous point vivre, communiquer, étudier, ni parler, vous, ni vos enfans ? Ou fi plutôt, en laiffant toute chofe au loin, vous parleriez Latin, ou bien en telle manière que ceux en la puiffance defquels vous feriez tombé ne vous puffent entendre, ou fi vous parleriez, enforte que chacun vous entendît & fît réponfe. Il a donc quelquefois été force en Italie de parler vulgairement ; mais, par fucceffion du temps (comme l'on dit en proverbe) l'homme a fait de néceffité vertu, donnant par les Italiens art & induftrie à leur langue ; car, comme au commencement du monde les hommes fe défendoient des bêtes fauvages, en les fuyant, quelquefois les tuant feulement, & maintenant paffant plus outre pour notre profit & honneur, en figne de domination, nous fommes vêtus de leurs peaux : auffi au commencement nous parlions langage vulgaire, afin feulement d'être entendus de ceux qui dominoient, & à cette heure nous parlons & écrivons vulgairement pour la mémoire de notre nom. Je ne nie pas toutefois qu'il ne fût meilleur de parler Latin, mais fi eft-ce qu'il eût été meilleur que les Etrangers n'euffent pris, ne détruit l'Italie, & que l'Empire de Rome eût toujours duré. Qu'eft-il donc de faire, étant autrement advenu ? Voulons-nous demeurer muets, & ne parler jufqu'à ce que Cicéron & Virgile renaiffent ? Il eft certain que les logis, les temples, les deffins, ni les édifices modernes, ni pareillement les portraits que l'on fait ès métaux, marbres, & autres chofes, ne font comparables aux antiques ; devons-nous pourtant demeurer dans le bois ? Ne devons-nous ni bâtir, ni peindre, ni engraver, ni encore facrifier à Dieu, ni l'adorer ? Seigneur Lazare, mon ami, il fuffit à l'homme de faire ce qu'il peut, & fe doit contenter de fes forces. Je confeille donc & admonefte chacun d'apprendre les langues Grecque & Latine, les embraffer, pour, avec l'aide d'icelles, étudier à fe faire immortel ; mais Dieu n'a pas donné à tous également l'efprit & le temps de ce faire. Je vous dirai plus ; tel peut être à qui ni nature, ni l'induftrie ne défaillent : ce néanmoins, par la force des Planètes, il fera plus enclin en un même fujet & en une matière à mieux écrire & parler fon vulgaire que Latin. Que doit faire celui-là ? Qu'il ne foit ainfi, prenez les Œuvres Latines de Pétrarque & de Bocace, & les appareillez à leur vulgaire, vous jugerez qu'il n'en eft point de pires en Latin, ni de meilleures en Tufcan. Donc, pour réfolution, je vous confeille, Seigneur Lazare, que vous écriviez & parliez Latin, comme celui qui mieux y parle & écrit qu'en vulgaire. Et à vous, mon Gentilhomme, à qui, ou la fuite de la Cour, ou l'inclination de votre naiffance contraint de faire autrement ; je vous donne autre confeil, pource que, fi vous me croyez, non-feulement vous ne vivrez point fans honneur, mais encore de tant plus exalté, quand mieux vous écrirez & parlerez bon Tufcan. A tout le moins tel ferez-vous entre le commun. Au contraire, si vous écrivez & parlez mal Latin, vous serez en vil prix, tant entre les indoctes que les savans. Que l'éloquence donc du Seigneur Lazare ne vous persuade point plutôt à devenir muet, qu'à ne composer en vulgaire ; car la prose, aussi-bien que les vers de notre moderne langue, n'a en quelques sujets non guère moins de nombres, & n'est guère moins capable d'ornemens que la Grecque, ou Latine : les vers ont leurs pieds, leurs couleurs & leurs nombres ; la prose sa fluidité d'oraison, ses figures & ses éloquences de parler, ses répétitions, ses diversités, ses complexions & autres telles propriétés, au moyen desquelles il n'y a peut-être pas tel éloignement & contrariété des langues, comme vous croyez, pource que, si les mots sont différens, l'artifice de les composer & accoûtrer est pareille en la Tuscane qu'en la Latine. Si le Seigneur Lazare me nioit telle chose, je lui demanderois d'où procéderoit cela, que les Nouvelles de Bocace ne sont toutes également belles, ni les Sonnets de Pétrarque ne sont aussi tous parfaits. C'est chose certaine qu'il lui seroit force de dire que nulle oraison, ou rime, en Tuscan, ne seroit plus ou moins belle l'une que l'autre, & par conséquent Séraphin, égal à Pétrarque ; ou bien il confesseroit qu'il se trouve entre les compositions vulgaires aucunes plus ou moins élégantes & ornées que les autres, ce qui ne se pourroit faire, si elles étoient du tout frustrées de l'Art Oratoire & Poëtique. LAZ. J'ai nié que la moderne langue ait nombre, décoration, ni consonance, & si le nie encore, non par expérience que j'en aye, ains par raison ; car l'homme qui ne saura que c'est de sonner du tambourin, ni de la trompette, en l'oyant sonner une fois, le peu de plaisir qu'il y prendra, lui fera juger tels instrumens n'être propres pour faire musique, ou sonner un bal. Aussi quand par moi-même j'écoute & forme ces mots vulgaires par chacun de leur son séparé de l'art, sans que je les dispose autrement ; je peux aisément comprendre quel plaisir ils peuvent amener aux oreilles de ceux qui écoutent les proses & les rimes qui en sont faites. Vrai est que chacun n'a pas ce jugement, ains seulement ceux qui sont accoutumés de baller au son des luths & violons. Il me souvient qu'étant un jour à Venise, où étoient arrivés quelques navires de Turcs, j'ouys en la moyenne d'icelles un bruit de plusieurs instrumens ; mais, de ma vie, je n'ouys, que je sache, un son plus déplaisant & ennuyeux, & toutefois ceux qui n'étoient usités à la douceur & déliées d'Italie, trouvoient que c'étoit une douce musique. Autant s'en peut-il dire des nombres de l'oraison, & des vers de cette langue. Il s'y trouve bien aucunefois quelque harmonie, qui la fait plus agréable, ou moins déplaisante une fois qu'à l'autre, mais c'est une musique de tambourins, ou plutôt de arquebuses & fauconneaux, qui étourdit le cerveau, enforte qu'il n'est plus capable de recevoir contentement des autres plus délicats instrumens, hrs en aider. Pour cette cause, celui qui n'a le temps, ou le pouvoir de sonner les luths & violons de la Latine, se doit plutôt tenir oisif, que mettre la main aux tambours & cloches communes, prenant l'exemple de Pallas, laquelle, pour ne se contrefaire la face, en jouant de la flûte qu'elle avoit inventée, la jetta au loin, & lui fut plus louable l'éloigner de

soi,

foi , ne daignant l'approcher de fa bouche , qu'il ne fût profitable à Marfias la recueillir & fonner , car il en perdit la peau. A ce que vous dites , Monfeigneur , que nos premiers Tufcans furent contraints de parler ainfi , pour ne paffer leur vie en filence , & que nous, leurs fucceffeurs , avons fait vertu de la force d'autrui, je le confeffe , mais cette violence donne beaucoup plus grande gloire à autrui, qu'elle ne nous amène de vertu. Ce fut honneur à nos prédéceffeurs d'être fages en leur misère ; mais ce nous eft blâme & injure , maintenant que nous fommes libres , de recevoir & conferver longuement le perpétuel témoignage de notre vergogne , & non-feulement le nourrir, ains auffi le décorer , vu que cette vulgaire langue n'eft autre chofe qu'un indice démonftratif de la fervitude des Italiens. Une fois la République de Venife, menant guerre , & lui défaillant deniers pour payer les Soldats , les Venitiens (comme l'on dit) firent faire grande quantité de monnoie de cuir , forgée au coin de S. Marc , & avec cela foutinrent la guerre , & furent victorieux. Ce leur fut grande fapience de faire ainfi ; toutefois fi , en temps de paix , ils euffent donné cours à cette monnoie, en la faifant de jour en jour plus belle & de meilleur cuir , telle fapience eût été convertie en avarice. Or çà , fi quelqu'un , par le mépris qu'il feroit d'or & d'argent , faifoit tréfor de cuir , ne feroit-il point fol ? Cela eft certain que oui. A nous autres donc , à qui eft défailli le tréfor Latin , notre calamité a fait prévoyance de vulgaire monnoye, laquelle encore nous a été befoin de dépenfer avec le commun peuple, qui n'en connoît point d'autre ; mais venant le temps de recouvrer nos richeffes perdues, fi confervons-nous encore ce vulgaire , & dans les fecrets de notre ame, où nous foulions ferrer l'or & l'argent de Rome , nous donnons lieu aux reliques de toute la barbarie univerfelle. COUR. Il me femble ; Seigneur Lazare , que cela n'eft pour louer la langue Latine , ni vitupérer la vulgaire , c'eft plutôt lamenter la ruine d'Italie , chofe auffi peu à propos que profitable , & , qui pis eft , vous n'en parlez point volontiers. LAZ. Vous eft-il avis que le blâme de cette langue foit petit, quand je conjoins fa naiffance à la deftruction de l'Empire & du nom Latin, & fon accroiffement au défaut de notre efprit ? Pour me faire plaifir, vous ne me donnerez louange en cette forte. COUR. Cela me femble plus merveille que blâme , car celle chofe doit être grande, de laquelle l'homme ne peut parler, en taifant la ruine de Rome , qui fut le chef du monde. Qu'il foit vrai : prenons le cas que , non les Etrangers , mais les Grecs l'aient détruite, & que toujours depuis les Italiens aient parlé Athénien , dépriferez - vous pourtant la langue Attique , pour être conjointe à notre fervitude ? LAZ. S'il fut ainfi advenu, l'Italie eût plutôt été réformée que gâtée, &, pour cette caufe, tant s'en faut que j'euffe blâmé la ruine de l'Empire , qu'au contraire j'euffe loué Dieu de l'avoir voulu orner de langage convenable à fa dignité. COUR. Eft-ce donc plus grand dommage d'avoir perdu la langue que la liberté ? LAZ. Oui vraiment , d'autant qu'en quelque état que foit l'homme , foit franc ou ferf, il eft toujours homme , & fi ne dure point plus que l'homme ; mais la langue

Latine a pouvoir de faire les hommes Dieux, &, de mortels que nous fommes, immortels par renommée. Qu'ainſi ſoit, l'Empire de Rome qui s'étoit
étendu par-tout eſt péri, ce néanmoins la mémoire de ſa grandeur, con-
ſervée ès Hiſtoires de Salluſte & Tite-Live, durera à toujours. Autant s'en
peut-il dire de l'Empire, & de la langue des Grecs. COUR. Je crois que cette
vertu, de rendre les hommes mémorables, ne procède de ces Hiſtoires Grecques & Latines, pour être Grecques & Latines, ains pource que ce ſont Hiſtoires ſimplement, leſquelles, en quelque propriété qu'elles ſoient écrites,
ſont toujours témoins du temps, lumières de la vérité, vie de la mémoire,
maîtreſſes de la vie d'autrui, & renouvellement de l'Antiquité. LAZ. Il eſt
vrai que cette vertu n'eſt point pour la propriété de l'Hiſtoire Grecque ou Latine, ni qu'une autre langue n'en ſoit participante ; auſſi toutes les Hiſtoires
Grecques & Latines n'ont pas eu tel privilége ſeulement : celles-là l'ont eu,
qui ont été artificiellement compoſées par quelques éloquens hommes, étant
ces deux langues en leur perfection. COUR. Encore n'entends-je point bien
en quoi conſiſte la ſuavité de la langue, & des paroles Latines, & l'ennuyeux
barbariſme des vulgaires. Parquoi, en vous confeſſant librement mon ignorance, je dis que grande quantité de noms & de participes Latins, avec leur
étrange prononciation, me ſonnent le plus ſouvent en la tête un je ne ſais
quel fâcheux Bergamaſque : auſſi ſont quelques temps des verbes, leſquels
rudes ſons, s'il s'en trouvoit des pareils en vulgaire, on ne daigneroit proférer en notre Cour. LAZA. Je vous avertis, mon Gentilhomme, que la
conſiſtoriale autorité n'eſt point juge compétant du ſon & des accens de la
langue Latine, & partant ſi quelquefois la langue Latine ſemble tenir du
Bergamaſque, ſi n'eſt-ce pas à dire qu'elle le ſoit, & ſi ne devez plus vous
émerveiller de tel jugement, puiſque vous avez lu en Ovide, que le Roi Midas
donna plus de louange au bruiſſement des cannes de Pan, qu'à la douce mélodie de la Harpe d'Apollon. COUR. Bien donc, je ſuis content de confeſſer
qu'en tel cas mes oreilles ſont plutôt aſinines que humaines, pourvu que
vous me diſiez pour quelle cauſe vous appelez Muſique de Harquebuſes, les
nombres & les conſonances des oraiſons & vers de notre langue, vu que nos
Muſiciens (à la profeſſion deſquels l'harmonie eſt ſujette) font peu ſouvent
de Chanſons, ou Motets, que la lettre n'en ſoit ou un Sonnet, ou une Chanſon vulgaire. Cela me donne évidente conjecture que nos vers ſont d'eux-
mêmes pleins de mélodie. LAZ. L'harmonie muſicale, & celle des proſes
& vers, n'eſt pas (comme peut-être vous penſez) une même choſe : il y a
grande différence, & ſachez que l'on fait auſſi-bien de la muſique ſur un
Kyrie, ou un *Sanctus*, comme ſur mots vulgaires, &, de cette harmonie,
toute oreille en général peut faire jugement ; car, tout ainſi que la ſaveur
eſt en la bouche, les couleurs aux yeux, & les odeurs au nez, auſſi eſt le ſon
aux oreilles, leſquelles, de leur naturel, & ſans aucune étude, peuvent facilement diſcerner l'agréable du mal plaiſant. Mais les nombres & l'harmonie des oraiſons & des vers Latins n'eſt autre choſe qu'une artificielle diſpo-
ſition de mots, par les ſyllabes deſquels, ſelon la briéveté, ou longueur

d'iceux , naiſſent aucuns nombres , que nous appelons pieds , moyennant leſquels le vers, ou l'oraiſon, chemine par meſure , du commencement juſqu'à la fin. Et ſont ces pieds de diverſes manières , faiſant leurs pas longs & courts , peſans & ſoudains , chacun à ſa mode. C'eſt un bel art de les aſſembler , en ſorte qu'ils ne diſcordent point , ains que l'un & l'autre & tous enſemble ſoient conformes au ſujet ; car aucuns pieds ſont péculiers à aucunes matières , parmi leſquels aucuns meilleurs , aucuns pires s'accompagnent en leur voyage ; & quand quelqu'un d'aventure les y conjoint, ſans avoir égard à la nature d'iceux & des choſes dont il veut parler , ſes vers & ſes oraiſons naiſſent boiteux, on ne les devroit point nourrir. Par ainſi les oreilles communes ne ſont capables de cette bonne mélodie, ni des autres corrompues ne ſe peuvent ou doivent former les termes de la langue vulgaire. Et s'il étoit ainſi , que l'homme , en faiſant ſon oraiſon, ne ſe ſouvînt , ou ne ſe ſouciât ni des ſpondées , ni des dactiles , ni des trochées , ni auſſi des anapeſtes , & , pour concluſion, de nulle forme de pieds, d'où procède la règle de l'oraiſon, je ne pourrois dire pour quelle cauſe la proſe eſt ſujette aux nombres. Certainement cette nouvelle bête de vulgaire proſe , ou elle eſt ſans pieds & gliſſante comme une couleuvre, ou elle a ceux qui , en leur eſpèce , ſont contraires à la Grecque & Latine. Par conſéquent , on ne devroit faire ſcience, ni art, d'un tel animal, qui eſt comme un monſtre de nature , & venu contre la coutume & intention de tout bon entendement. Toutefois je confeſſe que les vers , formés de onze ſyllabes , ne ſemblent pas être privés de quantité , pource que là les ſyllabes ont leur lieu, & font leur office de pieds ; mais de ceux que l'on fait, à la volonté, briefs & longs, je ne dirois jamais que leur ſentier fût droit, ſinon que Monſeigneur Bembo dît les rimes être l'appui des vers qui les ſoutiennent , & les font cheminer droit , ce qui ne me ſemble pourtant véritable ; car j'ai ouï dire que les rimes ſont plutôt les chaînes du Sonnet, ou de la Chanſon, qu'elles ne ſont leurs pieds, ou leurs mains. Or ſuis-je content que l'on diſe que j'ai uſé d'une certaine brièveté , eu égard à ce qui s'en pourroit dire , combien qu'il y en ait aſſez pour le reſpect de votre requête , & peut-être trop pour la préſence de Monſeigneur , qui connoît mieux que moi la défectuoſité de cette langue , & le peut mieux déclarer. BEMB. Je ne veux maintenant diſputer avec vous la cauſe de ces nombres, ne ce qui en eſt , ni pareillement ſi la proſe en a ſa part comme les vers , & en quelle ſorte elle l'a ; car toutes ces choſes ſont aſſez faciles à voir , & ſi ſont fort loin du propos, j'aime mieux approuver ce qu'en avez dit , non tant pource qu'il ſoit vrai, qu'à cauſe de ce qui s'en enſuit. Je vous dis donc cette langue moderne , bien qu'elle ſoit plus vieille qu'autrement , n'être encore qu'un petit & délicat ſion , lequel n'ayant à grande peine flori, comment auroit-il porté le fruit qu'il doit faire? Si eſt-ce que ce n'eſt par le défaut de ſa nature , étant auſſi apte d'engendrer que les autres , ains en eſt la coulpe à ceux qui l'ont eu en leur garde, ſans le cultiver à ſuffiſance, le laiſſant , comme une plante ſauvage , envieillir & quaſi mourir en ce même déſert où il commença de lui-même à naître, & ne l'ont daigné arroſer, ni abreuver, ni même effarter ces hayes épineufes qui lui faifoient ombre. Croyez que fi les antiques Romains euffent été aufli négligens à cultiver leur Latin, lôrfqu'il commençoit à poufler fes rejetons, il ne fût en fi peu de temps devenu fi grand ; mais eux, comme bons Laboureurs, l'arrachèrent premièrement d'un lieu fauvage, pour fe le faire domeftique ; puis, afin qu'il portât plutôt fes fruits, & qu'il fuffent plus beaux & meilleurs, en émondant les inutiles branches, ils y entèrent quelques greffes, fubtilement prifes du Grec, qu'ils s'appliquèrent foudainement en forte, & les rendirent fi femblables au tronc, que maintenant ils ne femblent point adoptifs, ains naturels : de-là bourgeonnèrent, fleurirent & fruétifièrent ces belles couleurs d'éloquence, avec ces nombres & ce bel ordre que tant vous exhauffez, lefquelles font ordinairement produites par toutes langues, non tant par leur naturel, que fecourues de l'artifice d'autrui, dont nous avons exemple, en ce que, par l'enfeignement de Thrafimac, de Gorgias, & de Théodore, le nombre eft né, & qu'Ifocrate lui a finalement donné perfeétion. Si donc les Grecs & Latins, plus curieux de la culture de leur langue, que nous de la nôtre, n'ont trouvé en icelle ni la quantité, ni la grace, finon avec le temps, & après grands travaux, nous devons nous émerveiller fi, ce qui nous fuffiroit en notre langue, nous eft encore défaillant. Si ne doit-on pour tel argument la déprifer comme vile & de néant. Il eft vrai que la Latine eft d'affez meilleure ; mais combien il nous feroit meilleur de dire, elle fut, & toutefois bien qu'elle l'ait été par le paffé, & foit encore, fi viendra-t-il peut-être un temps que la vulgaire fera douée d'autant plus grande excellence comme maintenant, elle n'eft point comparable à la Grecque pour le peu de vertu & de grace qui eft en elle en ce temps-ci. Lorfque naiffoit la Latine, la Grecque étoit jà grande : parquoi fi vos raifons avoient lieu, nos prédéceffeurs ne devoient laiffer prendre racine à une nouvelle langue : autant pouvons-nous dire de la Grecque au regard de l'Hébraïque, & par ainfi on peut conclure, à votre dire, que le monde ne doit avoir qu'une feule langue pour écrire & parler. De-là viendroit qu'en penfant feulement arguer la langue Tufcane, afin de l'extirper, moyennant vos raifons, hors du monde, vous parleriez auffi contre la Grecque & la Latine, & non-feulement contre les langues du monde, mais auffi contre Dieu, qui a voulu par fon immuable ordonnance, que nulle chofe créée ne dure perpétuellement, ains que d'heure à autre leur état fe change ores en augmentation, ores en diminution, jufqu'à ce qu'une fois tout finiffe, fans jamais plus fe renouveler. Vous me dites, notre langue arrête trop à former fa perfeétion, & je réponds être vrai : mais fi eft-ce que tel retardement ne doit faire accroire être impoffible qu'elle devienne parfaite : plutôt nous peut affurer que, dès-lors qu'elle nous fera acquife, nous en jouirons plus long-temps ; car nature veut que l'arbre qui bientôt croît, fleurit, & porte fruit, foit bientôt vieil & meure, & au contraire que celui dure par longues années, lequel aura été long-temps à faire fes rameaux. Notre langue donc, en gardant fa perfeétion, pour avoir été par plufieurs ans cherchée & defirée, fera peut-être femblable à aucuns hommes, lefquels, de tant plus ils font difficiles à appren-

dre les Lettres , plus difficilement elles leur fortent de la mémoire , ou
bien il faut dire qu'elle eft témoin de notre vergogne , étant venue en
Italie par la ruine du pays ; ou plutôt qu'elle eft témoignage de notre bon
cœur , diligence & fageffe , pource que comme Enée , venant de Troye en
Italie , prenoit à honneur de laiffer , en écrit , à un trophée qu'il avoit
fait dreffer , ces mots , qui difoient là être les armes de ceux qui avoient
vaincu fon pays ; auffi ne nous peut-il tourner à honte d'avoir quelque chofe
en Italie , que nous avons prife des mains de ceux qui nous avoient ôté la
liberté. Finalement , quand je voudrois être malin , je dirois que , comme le
Soleil levant doit plutôt être idolâtré des hommes que le couchant , auffi
que les langues Grecque & Latine font jointes à leur Occident , & n'être plus
langues , mais feulement papier & encre , & partant de la difficulté qui eft à
les proférer , dites-le par mon exemple ; car , quant à vous , il ne vous eft
loifible de parler Latin en autres termes que de ceux de Cicéron , tellement
que quand vous parlez , ou écrivez Latin , ce n'eft autre chofe que le même
Cicéron , tranfcrit plutôt de papier en autre , que de fujet en autre , en quoi
non vous feul péchez , mais auffi moi , & maints autres , plus grands & meilleurs Latins que moi. Toutefois tel péché n'eft du tout indigne d'excufe , ne
fe pouvant faire autrement. Or je ne dis pas que le peu que j'ai dit contre
la langue Latine , au profit de la vulgaire , foit véritable ; car j'entendois feulement montrer à qui voudroit prendre la caufe de cette nouvelle langue ,
qu'il ne demeureroit fans défenfe , vu que le cœur ni les armes ne lui défaillent , pour fe défendre d'autrui. COURT. Je prife grandement notre
langue vulgaire , je dis la Tufcane , afin qu'aucun ne penfe que je dife le
vulgaire de toute l'Italie , ni la moderne Tufcane , accoutumée au vulgaire
du jourd'hui , ains la vieille , en laquelle Pétrarque & Boccace ont fi doucement parlé ; car Dante feritoit beaucoup plus fon Lombart que le Tufcan ; & là
où il parle Tufcan , il eft beaucoup plus payfan que citadin : c'eft donc de cel-
là que je parle , & que je confeille d'apprendre , pource qu'encore qu'elle ne
foit venue à fa vraie perfection , fi s'en eft-elle tant approchée , qu'il refte peu de
temps , auquel , arrivée , je ne doute point qu'elle n'atteigne à la perfection de
la langue Latine & Grecque. COU. Si je veux donc bien écrire en Italien , eft-il
befoin que je retourne à naître à Tufcan ? Non pas renaître , mais étudier la
langue ; car quelquefois il eft meilleur prendre naiffance en Lombardie qu'à
Florence , pource que la manière de parler Tufcan eft pour le jourd'hui tant
contraire aux règles de la vraie langue , qu'il eft plus dommageable naître
en icelle que dehors. COUR. Un homme ne peut donc être Tufcan par art
& par nature ? BEM. Difficilement le peut-il être ; car , par longueur de
temps , l'ufage eft quafi converti en nature , qui eft du tout contraire à
l'art. Ainfi celui qui n'eft Tufcan en apprendra mieux la langue que celui
qui , dès fon enfance , a toujours , en parlant , perverti le vrai langage.
COUR. Difficilement vous puis-je répondre , n'étant né Tufcan , & n'ayant
épié la langue. Et toutefois il me femble que le vulgaire Tufcan du jourd'hui
fe conforme plus à Boccace que ne fait le Bergamafque. C'eft pourquoi il me

femble que le Milannois, qui jamais n'auroit parlé le Lombard, apprendroit plus aifément les règles de la langue Tufcane, que ne feroit le Florentin, à caufe de fon pays; mais de dire qu'il foit né Lombard & en ait toujours parlé le langage jufqu'à huy, & que demain matin il parle & écrive mieux en Tufcan, & plus facilement que le Tufcan même, je ne le puis croire : autrement, pour parler la langue Grecque & Latine, il eût été jadis meilleur naître Efpagnol que Romain, ou Macédonien qu'Athenien. BEM. Non pas cela, non; car, au temps de la langue Grecque & Latine, elles étoient pures & nettes en toutes perfonnes, & ne leur nuifoit en rien la barbarie des autres langues, tellement que le populaire parloit auffi bien entre les lieux publics, que faifoient les doctes en leurs Académies. Que cela foit vrai, nous lifons que Théophrafte, qui fut l'un des flambeaux de l'Eloquence Grecque, étant en Athènes, fut à fa parole jugé Etranger par une pauvre Villageoife. COUR. Je n'entends point moi comment cela fe peut faire, mais fi vous veux-je bien dire que, s'il falloit que j'appriffe quelque langue, j'aimerois mieux apprendre la Grecque & la Latine, que la vulgaire; car il me fuffit de l'avoir apportée avec moi du berceau, fans autrement la chercher maintenant parmi les vers des Auteurs Tufcans. BEM. En faifant ainfi, vous parlez à la volée, non pas avec raifon, pource qu'Italie n'a aucune autre langue réglée que celle dont nous parlons. COUR. A tout le moins je pourrai dire mon intention en cette langue, &, au lieu du temps que j'employois à enfiler les termes de l'une & de l'autre, je le mettrai à trouver les conceptions de mon ame, & à les difpofer, car la vie de l'écriture en dérive : auffi m'eft-il avis que mal aifément nous nous pouvons accoutumer à interpréter les conceptions de notre ame avec la langue Tufcane, ou Latine, ou telle autre que ce foit, laquelle nous apprenons en lifant feulement, & non en parlant les uns avec les autres. Je ne dis pas pourtant que l'on doive écrire en Padouan, ni en Bergamafque, mais je veux que, de toutes les langues d'Italie, nous puiffions faire un amas de paroles, & en faire une manière de parler à tel ufage que bon nous femblera, les accommodant fi bien, que le nom ne difcorde du verbe, ne l'adjectif du fubftantif, laquelle règle fe peut apprendre en trois jours, non pas ès Ecoles Grammairiennes, mais parmi les Cours des Princes, entre les Gentilhommes; non avec ennuyeufe étude, ains en jouant & riant, avec le plaifir & récréation, tant des difciples, que des précepteurs. BEM. Ce feroit un grand bien, fi telle manière d'étude fuffifoit à l'homme pour faire chofe digne de louange & de merveille; mais la caufe en eft trop légère, pour le rendre éternel par renommée : fi eft-ce pourtant que, s'il fe pouvoit faire, le nombre des bons & louables Ecrivains en augmenteroit beaucoup en peu de temps. Il eft donc befoin, mon Gentilhomme, à celui qui veut être trouvé dedans les mains, & parmi les bouches des hommes, tenir, par long efpace de temps, pied à boulle en fon étude. Et quiconque defire, après fa mort, revivre en la mémoire des hommes, il doit acquérir telle réfurrection par fueur & trembler fouvent, & fouffrir faim & foif, & veiller, tandis que les autres mangent & dorment. COUR. Tout cela ne pourroit fans grande difficulté le rendre louable. A quoi fuffira le bien parer? Que vous en femble, Seigneur Lazare? Quant à moi, je fuis content, pour la difpute qui eft entre mon Seigneur Bembo & moi, que votre Sentence y mette fin. LAZ. Je ne ferois jamais cela; car je defire que les défenfeurs de telle langue foient toujours difcordans, afin que telles diffentions civiles foient la ruine d'icelle, comme l'on voit ruiner les règnes divifés. COUR. Aidez-moi donc contre l'opinion de Monfieur. Et fi vous n'y êtes induit de la vérité que vous devez aimer & honorer fur toute chofe, au moins que ce foit à caufe de la haine que vous portez à cette vulgaire langue, de laquelle, fi vous êtes victorieux, vous aurez vaincu le principal défenfeur qu'elle ait pour le jourd'hui, pource que fur fon jugement chacun choifit argument de la prendre & pratiquer. LAZ. Combattez enfemblement, afin que de ces mêmes armes que vous employez contre la Latine & la Grecque, votre vulgaire foit ferue & ruinée. COUR. Monfeigneur, ce ne vous feroit honneur de vaincre moi, débile champion, & déjà las de la bataille que j'ai eue contre le Seigneur Lazare, ni à moi injure d'être fecouru d'autrui contre votre autorité & votre doctrine, defquelles je fuis fi fort combattu, que je ne connois point en moi de plus forte guerre, parquoi voyant qu'il ne fe veut bander avec moi pour me défendre, vous, Seigneur Ecolier, qui nous avez écouté, je vous prie, fi vous avez quelques armes defquelles me puiffiez aider, les tirer hors en ma faveur; car, puifque ce combat n'eft point mortel, vous y pouvez entrer fans crainte, vous rangeant de quel côté qu'il vous plaira, & principalement du mien, qui vous en ai requis, vu l'honneur qui vous pourra venir d'être vaincu d'un fi digne adverfaire. L'ECOL. Monfieur, ce que je n'ai parlé jufqu'à préfent, provient de ce que je ne favois que dire, pour n'avoir fait profeffion ès langues, & me fuffifoit d'écouter avec efpérance & defir d'apprendre. A cette caufe, fi vous avez quelque combat à faire pour défendre votre opinion, je vous confeille de combattre fans moi, qui ne vous puis aider: auffi eft-ce le meilleur que vous combattiez feul, que d'être accompagné d'un homme qui, par inexpérience des armes, fe retire, dès que les premiers coups fe ruent, en vous donnant occafion de crainte & de fuite. COUR. Si, avec tout cela, vous me pouvez aider, aidez-moi, je vous prie; j'entends, pourvu que telle queftion ne vous foit en mépris, comme chofe vile, & de fi peu de valeur, que voulufiez dédaigner d'entrer en ce camp avec nous. L'ECOL. Comment, penfez-vous que je ne daignaffe parler de ce de quoi Monfeigneur Bembo a parlé maintenant, & une autrefois mon Précepteur Peret avec le Seigneur Lafcar, non moins doctement qu'élégamment? Je ferois trop dédaigneux, fi je le favois faire; mais quoi, je fais peu de toute chofe, & rien des langues, comme celui qui, de la Grecque, à peine connoît les Lettres, & de la Latine, tant feulement affez pour me faire entendre les Livres de la Philofophie d'Arifote, lefquels, felon que j'en ai entendu dire à Meffire Lazare, font plus barbares que Latins: du vulgaire, je n'en dis mot, pource que de tels langages je n'y fus jamais rien, & fi n'eus jamais defir de les apprendre, fors que mon Padouan, pour l'intelligence duquel, depuis le lait de ma nourrice, je n'ai eu autre maître que le commun. COUR. Pour le moins il faudra que vous difiez ce qu'en avez appris de Peret & de Lafcar, qui en ont parlé, comme vous dites, fi docte-ment. L'ECOL. J'en ai trop peu appris en un jour au regard de l'infinité des chofes qui appartiennent à cette matière ; car alors il ne m'étoit point avis que cela fût digne d'apprendre. BEM. Au moins dites-en ce peu qui vous en eft demeuré en la mémoire : ce me fera chofe agréable de l'entendre. L'EC. Je le ferai, puifqu'il vous plaît, car j'aime mieux être réputé ignorant, en vous difant ce que je ne fais pas, que fâcheux, en dédaignant ces prières, qui me duffent être commandement. La dernière fois que le Seigneur Lafcar vint de France en Italie, lui étant à Bolongne, un jour, entre les autres, il alla vifiter Peret, comme il avoit accoutumé, &, après avoir été quelque ef-pace de temps enfemble, Lafcar lui demanda quelle chofe il lifoit cette année, & mon Précepteur Peret lui dit : PER. Monfieur, je lis les quatre Livres de la Météore d'Ariftote. LAS. Quels font vos expofiteurs ? PER. Je me fers bien peu des Latins, & un mien ami m'a aidé d'un Alexandre. LAS. Vous avez bien choifi, pource qu'Alexandre, après Ariftote, étoit Ariftote même ; toutefois je ne penfois pas que vous fufiez la langue Grecque. PER. Je l'ai en Latin, non pas en Grec. LAS. Vous en devez recueillir peu de fruit. PER. Pourquoi ? LAS. Pource qu'il me femble qu'Alexandre Aphrodifée, étant Grec, & puis traduit en Latin, eft autant différent de foi-même, comme eft l'homme vif du mort. PER. Néanmoins je penfois qu'il me fût autant profitable de le lire en Latin, ou Italien, s'il s'y trouvoit traduit, comme aux Grecs de le lire en Grec, & fous cet efpoir je me fuis mis à l'étudier. LAS. Vrai eft que pour le mieux, vous devez plutôt l'avoir en Latin, que ne l'avoir point. Mais votre doctrine feroit beaucoup plus grande, meilleure, & de plus de profit, fi vous lifiez Ariftote & Alexandre en la langue, que l'un a écrit, & l'autre interprété. PER. Pour quelle caufe ? LAS. Pource que plus facilement, & avec plus grande élégance de paroles fes conceptions font par lui exprimées en fa langue qu'en l'autre. PER. Cela fe pourroit faire en moi, fi j'étois Grec, aufli bien que fut Ariftote ; mais de dire que, pour faire mieux un Lombard bon Philofophe, il doit étudier le Grec, à mon avis, cela eft difconvénient & fans raifon, pource qu'au lieu de fe relever de peine, on fe la redouble, par ce moyen étant beaucoup plus facile d'ap-prendre la Logique feule, ou la Philofophie que la Grammaire, par fpécial la Grecque. LASC. Pour cette même raifon, vous ne deviez étudier ni la Latine, ni la Grecque, ains feulement le vulgaire Mantouan, & avec icelui philofopher. PER. Plût à Dieu que pour le bénéfice commun de nos fuccef-feurs, il fe trouvât quelques doctes & bonnes perfonnes qui traduififfent tous les Livres Latins, Grecs & Hébreux ! Peut-être que lors les Philofophes fe-roient en plus grand nombre, & affez plus favans, qu'ils ne font maintenant, & fi leur excellence feroit plus rare. LAS. Ou bien je ne vous entends point, ou vous parlez par ironie. PER. Au contraire, je parle plutôt à la vérité, comme celui qui eft convoiteux de l'honneur du pays, car pourtant fi l'injure

de

de notre temps & du paffé me veut priver de cette grace, Dieu me garde
d'être fi plein d'envie, que d'avoir defir d'en fruftrer ceux qui naîtront après
moi. LAS. Je vous écouterai volontiers, fi vous avez affection de me prouver cette opinion nouvelle, que je n'entends, ni ne penfe intelligible. PER.
Dites-moi premièrement d'où vient cela, que les hommes de notre temps
font univerfellement moins doctes, & en moins d'eftime en toutes fciences,
que les Antiques ne furent, ce qui eft contre nature, vu qu'il eft beaucoup
plus facile d'ajouter aux fciences trouvées, qu'il n'eft pas de les inventer. LAS.
Quelle autre reponfe y feroit bonne, fors que toutes chofes vont de mal en
pis? PER. Je le confeffe, à caufe de plufieurs raifons, entre lefquelles y en
a une, que j'ofe dire la première : c'eft qu'entre nous modernes, nous
confumons grande partie de notre temps & le meilleur de nos ans en vain,
de quoi fe font bien gardés les Anciens ; & pour mieux vous interpréter
mon dire, je tiens de vrai que l'étude des langues Grecque & Latine eft
l'occafion de notre ignorance ; car fi le temps que nous avons dépenfé à les
apprendre eût été par nous employé en la Philofophie, peut-être que ce
temps nous engendreroit de ces Platons & Ariftotes que produifoit l'Antiquité; mais quoi, nous autres, quafi repentans d'avoir laiffé le berceau, &
d'être devenus hommes, en retournant à notre enfance, nous ne faifons
autre chofe, en dix ou vingt ans de notre âge, qu'apprendre à parler, l'un
Latin, l'autre Grec, & un autre quelque autre langue, foit vulgaire, ou autrement. Et, après cette longueur de temps paffée, & avec elle celle viguenr
& promptitude, que la jeuneffe eft naturellement coutumière de donner à
l'efprit, nous effayons à devenir Philofophes, lorfque nous ne fommes plus
propres à cette contemplation des chofes : de-là vient qu'en enfuivant le jugement d'autrui, notre moderne Philofophie n'eft autre chofe qu'un portrait
de l'ancienne. Partant, tout ainfi qu'un portrait, de quelque bon ouvrier
qu'il foit fait, ne peut du tout reffembler fon idée : auffi nous encore que
(peut-être) ne foyons, quant à l'efprit, aucunement inférieurs de nos Antiques, ce néanmoins nous fommes de tant moindres, comme nous fommes
trop long-temps amufés aux badineries des termes & paroles, pour feulement les imiter en leur Philofophie, lefquels nous devrions précéder par le
moyen de quelques adjonctions de notre induftrie. LAS. Donques fi l'étude
des langues eft fi nuifible à chacun, comme vous dites, qu'eft-il de faire?
Les laiffer? PER. Non pas, car il ne fe peut faire, pource que les arts & les
fciences des hommes font maintenant entre les mains des Latins & Grecs ;
mais pour l'avenir on devroit faire que toute langue pût parler de toute
chofe, chacune à fa mode, par tout le monde. LAS. Comment, Seigneur
Peret, que dites-vous? Auriez-vous donc envie de philofopher en vulgaire,
fans avoir connoiffance de la langue Grecque & Latine? PER. Et quoi donc,
pourvû que les Livres Grecs & Latins fuffent traduits en notre langue? LAS.
Il feroit auffi difficile de tranflater Ariftote de langue Grecque en Lombard,
comme d'arracher un olivier, ou un oranger, d'un beau & fertile jardin,

pour le replanter dedans une haye d'épines ; outre ce que la Philofophie eft. fardeau digne d'autres épaules que de celles de notre langue. PER. Je crois pour certain que les langues de tous pays, auffi-bien l'Arabique & l'Indienne, que la Romaine & Grecque, font d'un même effet & valeur, & formées des hommes, par un même jugement, à une même fin, & pource il m'eft avis que vous n'en devez parler comme de chofe produite par nature, vu qu'elles font faites & réglées, par l'artifice des hommes, au bénéfice commun, & non plantées, ni femées ; & ce que nous nous en fervons, c'eft comme étant témoins de nos affections, & déclarant entre nous les conceptions de nos efprits. Pour cette caufe, encore que toutes chofes, produites par nature, & les fciences d'icelles, ne foient par tout le monde qu'une même chofe, ce néanmoins pource que plufieurs hommes font de diverfes volontés, ils écrivent & parlent diverfement, laquelle diverfité & confufion des vouloirs des hommes eft condignement nommée Tour de Babel. Les langues donc ne naiffent pas d'elles-mêmes, comme les arbres, ou les herbes, & ce que l'une eft plus débile & infirme, & l'autre plus faine & robufte, & plus propre à porter la charge de nos conceptions humaines, ne provient que du vouloir des hommes, qui en ont fait l'une plus vertueufe que l'autre. Parquoi comme le François, ou l'Anglois, fans changer de mœurs, ou de nation, fe peut auffi-bien adonner à la Philofophie, que le Grec & Romain, auffi je crois que fa langue maternelle peut à fuffifance communiquer fon favoir à autrui. Traduifant donc en ce temps-ci, de Grec en vulgaire, la Philofophie femée par notre Ariftote parmi les fertiles champs d'Athènes, ce ne feroit point la jeter parmi les pierres dans le bois, ne lui donner occafion de devenir ftérile ; ce feroit plutôt, d'éloignée qu'elle eft, l'approcher, & d'étrangère, la rendre domeftique à toute nation ; & peut-être, ainfi que les épiceries, & autres chofes Orientales, font par quelque Marchand apportées des Indes en ces parties Occidentales, pour l'utilité commune, là où par aventure elles font mieux connues & reçues, que de ceux qui outre mer les fement & recueillent : auffi les fpéculations d'Ariftote nous deviendroient plus familières qu'elles ne font, & plus facilement les entendrions, fi quelque docte perfonne les réduifoit de Grec en beau vulgaire. LAS. Diverfes langues font propres à fignifier diverfes chofes, les unes pour les doctes, les autres pour les ignares ; &, entre les autres, la Grecque eft fi convenable aux fciences, qu'il femble que, non-pas l'humaine Providence, mais la même nature, l'ait formée, pour les mieux faire entendre. Et fi ne m'en voulez croire, à tout le moins croyez Platon de ce qu'il en dit en fon Cratil, duquel fe peut inférer que la langue Grecque eft, en l'endroit des difciples, ce qu'eft la lumière envers les couleurs, & fans laquelle lumière des lettres, notre humain entendement ne verroit aucune chofe, ains s'endormiroit aux continuelles nuits d'ignorance. PER. J'aime mieux croire Ariftote & la vérité ; c'eft à favoir que, quelque langue qui foit au monde, n'a point de foi ce privilège de fignifier les conceptions de notre ame, & que le tout en confifte fous l'arbitre des perfonnes, tellement que, quiconque voudra parler de Philofophie en langue Mantouane , ou Milannoife , on ne peut par raifon lui refufer. Bien eft vrai que , pource que le monde n'eft point coutumier de parler de Philofophie , finon en Grec & Latin , il nous femble être impoffible de pouvoir faire autrement. Voilà pourquoi en notre temps , quand on parle vulgairement , on ne parle que de chofes viles & vulgaires. A la vérité , nous dépenfons miférablement nos jours , nos mois & nos ans en l'étude de ces deux langues , non pas pour la grandeur du fujet , mais pource feulement que notre efprit , contre fa naturelle inclination , fait tourner notre étude vers les paroles. Parainfi cet efprit defireux de s'arrêter en la connoiffance des chofes , pour le rendre parfait , ne fe contente point d'être adonné à autre chofe , tellement qu'en nous amufant à dreffer notre langue , la vertu de notre efprit demeure vaine. Donc , de cette contrariété , qui eft toujours entre la nature de l'ame & la coutume de notre étude , dépend la difficulté de la connoiffance des langues , digne véritablement , non d'envie ; mais de haine ; non de labeur , mais de fâcherie , & finalement digne d'être reprife de chacun , non pas apprife ; car ce n'eft point la viande , ains le fonge & l'ombre de la viande de l'efprit. LAS. Cependant que vous parliez ainfi , je voyois par imagination la Philofophie d'Ariftote écrite en langue Lombarde, & m'étoit avis que j'oyois toutes manières de gens mécaniques , comme faquins , laboureurs , crocheteurs , parler entr'eux de Philofophie , avec certaines prononciations & accens fi étranges & ennuyeux , que , de ma vie , je n'en ouis de tels. Encore me fembloit-il voir emmy cette place notre mère Philofophie vêtue affez pauvrement de méchant bureau , pleurant & fe lamentant d'Ariftote , qui , au dépris de fon excellence , l'avoit conduite à cette extrémité : parquoi , pour le bel honneur que l'on faifoit à fes œuvres , elle difoit ne vouloir plus demeurer en terre. Lui , d'autre côté , s'excufoit vers elle , nioit de l'avoir jamais offenfée : au contraire , l'avoir toujours aimée , & n'avoir moins que magnifiquement écrit & parlé d'elle , tandis qu'il vivoit ; qu'il étoit né & mort Grec , non Brefciam , ni Bergamafque. J'euffe bien voulu que vous enffiez été préfent à telle vifion. PER. Et fi j'y euffe été , je lui euffe remontré qu'elle fe fût plainte fans caufe , pource que tout homme , en tout lieu , & avec toute langue , peut exalter fa valeur , & cela fe faire plutôt à fa gloire , qu'à fa honte ; & auffi que , fi elle ne dédaigne de héberger ès efprits des Lombards , elle ne doit non plus dédaigner d'être traitée de leur langue. Les Indes , la Scithie & l'Egypte , où elle habitoit fi volontiers , produifoient hommes & langages beaucoup plus étranges & barbares , que ne fait pour le préfent le Mantouan & Boulonnois. Je lui euffe encore dit que l'étude des langues Grecque & Latine l'avoit quafi chaffée hors de ce monde , tandis que l'homme , ne fe fouciant de favoir ce qu'il difoit , s'accoutumoit vainement à apprendre à parler , tellement que , laiffant l'efprit endormi , il réveille & met en œuvre la langue. Que Nature , en tout temps , en toute province , & en toutes fes actions , eft toujours une même chofe ; & que , comme elle fait volontairement tous fes arts par tout le monde , non moins au Ciel qu'en la Terre , fans que pour la production qu'elle fait des créatures raifonnables , elle oublie les irraifonnables , ains par fon égal artifice engendre & nous & les bêtes brutes ; auffi lui doit-il agréer d'être connue & prifée, auffi-bien du pauvre que du riche , & des infimes perfonnes , comme des nobles , en toutes langues , foit Grecque , Latine , Hébraïque , Françoife , ou Lombarde ; que les oifeaux , les poiffons , & autres bêtes terreftres , de toute forte , ores avec un certain fon , ores avec un autre , fans diftinction de paroles , fignifient leurs affections. Beaucoup mieux donc nous autres hommes , le devons-nous faire , chacun avec fa langue , fans avoir recours aux autres , que les écritures & les langages ont été trouvés , non au falut de nature , laquelle (comme divine qu'elle eft) n'a befoin de notre aide , ains feulement pour notre profit & commodité , afin que vifs & morts , préfens & abfens , en manifeftant l'un à l'autre les fecrets de nos penfées , nous atteignions plus facilement notre propre félicité, qui eft mife en l'intelligence des doctrines , & non en la prononciation des mots ; & par conféquent , nous autres mortels , devons plutôt pratiquer la langue & l'écriture , que nous pouvons apprendre avec plus de facilité. Et comme ce feroit le mieux (s'il étoit poffible) n'avoir qu'un langage qui fût naturellement ufité par les hommes : auffi eft-ce le meilleur que l'homme écrive , & parle , felon la manière qui moins s'éloigne de fon naturel, laquelle manière de parler nous apprenons quafi devant que d'être nés , voire , & au temps que nous ne fommes aptes d'apprendre aucune autre chofe. Autant en euffé-je dit à Ariftote, de l'éloquence duquel je me fuffe peu foucié , s'il eût écrit fes Livres fans raifon ; que Nature l'avoit adopté à fils , non pour être né en Athènes , ains pour l'avoir bien hautement connue , & pour en avoir bien parlé & bien écrit; que la vérité par lui trouvée , la difpofition & ordre des chofes , la gravité & briéveté des fentences lui font propres , & non à autre , & que telles chofes de lui ne fe peuvent muer , pour être tranflatées de langue en autre ; que fi fon nom feul étoit fans la compagnie de Raifon , il feroit en mon endroit de peu d'autorité ; que fi , lui étant devenu Lombard , vouloit être Ariftote , il ne tiendroit qu'à lui ; que nous autres de ce temps avons auffi cher fes Livres traduits en vulgaire , comme les Grecs les avoient en eftime, lorfqu'ils y étudioient en leur langue, lefquels Livres nous effayons d'entendre avec toute induftrie, pour devenir quelquefois, non Atheniens, ains Philofophes , & avec cette réponfe je me ferois parti de lui. LAS. Dites ce que vous voudrez , & le defirez, fi eft-ce que je ne crois point que de votre temps vous puiffiez voir Ariftote vulgaire. PER. Voilà pourquoi je me deulx de la miférable condition de ce moderne temps, auquel on étudie, non pour être , mais pour fembler fage ; car là où nous n'avons qu'une feule voie de raifon, en quelque langue que ce foit, pour nous conduire à vérité, en la laiffant à gauche , nous prenons le chemin , lequel par effet nous éloigne d'autant plus de notre but, comme il femble à autrui que nous en fommes voifins. Auffi nous eft-il bien avis que nous favons affez de quelque fcience, quand , fans connoître fa nature , nous pouvons dire en quelle forte elle étoit nommée par Cicéron , Pline , Lucrèce & Virgile , pour les Auteurs

Latins ; & pour les Grecs , Platon , Ariſtote , Démoſthène & Eſchine , ſur les ſimples paroles deſquels les hommes du jourd'huy dreſſent le fondement de leurs arts & ſciences , tellement qu'en diſant ces mots , langue Grecque , ou langue Latine , il ſemble que l'on diſe langue divine , & que la vulgaire ſoit une langue inhumaine , & du tout privée des diſcours des intelligences , non pour autre cauſe par adventure que pource que nous l'apprenons ſans travail , & dès l'enfance , & que les autres , par grand labeur , nous ſont faites familières , comme langues que nous jugeons plus convenables aux doctrines , que ne ſont les paroles de l'Euchariſtie & du Baptême , avec leurs deux Sacremens. Et eſt cette folle opinion ſi fort imprimée en l'eſprit des hommes , qu'il en eſt beaucoup en cette erreur , de penſer que , pour devenir Philoſophes , il leur ſuffit de ſavoir lire & écrire en Grec , ſans plus , comme ſi l'eſprit d'Ariſtote étoit (en guiſe d'un eſprit familier dans un criſtal) enfermé dans l'Alphabeth Grec , & qu'il fût contraint d'entrer avec les lettres en l'eſprit des hommes , pour les faire Philoſophes. A ce propos j'ai vu de mon temps pluſieurs hommes ſi arrogans , que , n'ayant aucune ſcience , & ſe confiant ſeulement en la connoiſſance de la langue , ont eu la hardieſſe de mettre la main à ſes Livres , en les expliquant publiquement , comme les autres Livres d'Humanité. Pour ceux - là donc ce ſeroit choſe vaine de mettre les ſciences Grecques en vulgaire , tant pour l'incapacité de la langue , que pour la contrainte des termes , dedans leſquels l'Italie & ſon langage ſont enclos , pour trop eſtimer vaine l'entrepriſe d'écrire & de parler , enſorte que les ſtudieux hommes de tout le monde (ce diſons-nous) ne l'entendent point. Mais j'eſpére bien que ce qui n'a point été vu de moi , ſera vu quelquefois de ceux qui naîtront après moi , & ce , au temps que les hommes plus doctes , & moins ambitieux que ceux du jourd'huy , ſe contenteront d'acquérir honneur en leur patrie , ſans deſirer que l'Allemagne , ni les autres pays étrangers aient leurs noms en révérence ; car ſi la forme des paroles avec leſquelles les futurs Philoſophes parleront & écriront les ſciences , eſt commune au peuple , l'intellect & le ſentiment d'icelles paroles ſera ce que chercheront les amateurs des Lettres , qui ont leur habitude , non pas en la langue , mais en l'eſprit des hommes. Si tôt que Peret eut achevé ſon propos , le Seigneur Laſcar s'appareilloit de répondre ; mais il ſurvint une troupe de Gentilshommes , qui le venoient voir , parquoi le propos encommencé fut interrompu ; au moyen de quoi , après les révérences faites de part & d'autre , Peret & moi partîmes , ſous condition d'y retourner une autre fois. COUR. Vous m'avez ſi bien défendu avec les armes de Peret , que ce ſeroit choſe ſuperflue d'y employer les vôtres. A cette cauſe , encore que ce fût votre profeſſion que de parler de cette matière , ſi ſuis-je content que maintenant vous vous taiſiez ; & vous rends infinité de graces pour le ſecours que m'avez donné , tant à cauſe de l'autorité de ſi digne Philoſophe , que des raiſons par ci-devant dites. Et ſi vous promets que , pour éviter la peine & le labeur d'apprendre à parler , avec les langues mortes , je ſuivrai le conseil de Peret; car, comme je suis né Romain, je veux vivre Romain, & en parler & écrire le langage, &c.]

STANILAUS HOSIUS *. Confession Catholique de la Foi Chrétienne, &c. Voyez Jean de Lavardin, Jean de Billy.

* Stanislas Hosius, ou Osius, né à Cracovie, en 1504, fut, dans son siècle, l'honneur du Sacré Collège. Il rendit les plus grands services à l'Eglise Romaine, dont il fut regardé en Allemagne comme l'Oracle. Pie IV le fit Cardinal en 1561. Ce fut lui qui présida au Concile à Trente, avec les Cardinaux de Mantoue & Séripand, à la première Session qui se tint en cette Ville. Hosius se retira ensuite à son Evêché de Warmie, en Pologne, où il continua de défendre & de maintenir la Foi Catholique dans sa pureté. Le Pape Grégoire XIII le rappela ensuite à Rome, & le fit grand Pénitencier. Il mourut à Capraïola, près de Rome, au mois d'Août 1579, dans sa soixante-seizième année. Le Livre dont du Verdier annonce ici la Traduction, a pour titre *Catholica Confessio Fidei Christianæ*. Le Pape Paul IV avoit voulu le faire Cardinal; mais, par une modestie bien rare dans ce siècle, dit M. de Thou, il avoit refusé cette dignité. (*Hist.* Liv. LXVIII, vers la fin.) Nous avons des Lettres Latines de Stanislas Hosius, qui sont curieuses.

STESICHORE *. Voyez ses Sentences en celles des Poëtes Grecs, traduites par Geofroy Linocier.

* Tous les Anciens qui ont parlé de ce Poëte Lyrique Grec en ont fait les plus grands éloges. Il ne nous reste de lui que quelques Fragmens, sur lesquels il est difficile de juger de son mérite; mais on peut s'en rapporter au jugement de Quintilien, qui semble parler des Poësies de Stésichore avec connoissance de cause. .. *Stesichorus quàm sit ingenio validus, materiæ quoque ostendunt, maxima bella & clarissimos canens Duces, Lyrici Carminis dignitatem curvâ sustinens lyrâ. Reddit enim protervis in agendo simul loquendoque debitam dignitatem; ac si tenuisset medium, videretur æmulari proximus Homerum potuisse, sed redundat & offenditur : quod ut reprehenditur ita copiæ vitium est.* Stésichore, né à Hemère, en Sicile, mourut à Catane, environ 553 ans avant Jésus-Christ, à l'âge de 85 ans, suivant Lucien. On raconte que Stésichore, étant encore enfant, un rossignol vint se poser sur ses lèvres, & chanter. Il est l'inventeur de l'*Apologue*; il s'en servit dans la circonstance où les Himériens, étant en guerre avec leurs voisins, implorèrent le secours de Phalaris, Tyran d'Agrigente, & lui voulurent donner le commandement général des Troupes; Stésichore s'éleva avec force contre cette démarche; &, voyant que ses conseils faisoient peu d'impression sur ses Concitoyens, il leur proposa l'Apologue du Cheval, qui, ayant eu un différend avec un Cerf, plus vîte que lui, & ne pouvant l'atteindre, implora le secours de l'homme, qui aussi-tôt lui mit un frein, lui sauta sur le dos, & poursuivit le Cerf, jusqu'à ce

qu'il l'eût pris, mort ou vif. Le Cheval vengé, après avoir remercié son bienfaiteur, veut retourner dans son pays sauvage; mais l'homme, qui venoit d'éprouver l'utilité qu'il en pouvoit tirer, lui répondit, *il n'est plus temps*, & lui fit perdre sa liberté. La sagesse de cet Apologue frappa les Himériens, & ils ne songèrent plus à confier leur défense au Tyran.

SUETONE TRANQUILLE. Voyez GEORGE DE LA BOU- TIÉRE, GUILLAUME MICHEL.

* Voy. plus haut CAÏE SUÉTONE TRANQUILLE, à la lettre C, Tom. III, pag. 282.

CURCE DE PISTOIE, Docteur en Loix & Orateur. La Controverse de Noblesse, plaidoyée entre Publ. Cornelius Scipion d'une part, & Cayus Flaminius d'autre. C'est une déclamation plaidoyée devant les Sénateurs de Rome. *Ecrite en main.*

SYNESIUS. Voyez DANIEL D'AUGE, JAQUES COURTIN, ANTOINE DU VERDIER.

* Synesius, né à Cyrène, en Afrique, élevé dans l'Idolâtrie, fut Disciple de la fameuse Hypatia d'Alexandrie. Il étoit marié, & avoit quatre filles, lorsque les Chrétiens de son temps, charmés de la beauté de son caractère, & de la régularité de sa conduite, l'engagèrent à recevoir le baptême, en 410. Il fut ordonné Evêque de Ptolémaïde, dignité qu'il n'accepta que malgré lui, en protestant qu'il se sentoit incapable des soins qu'exigeoit une telle place, & qu'il ne vouloit jamais se séparer de sa femme & de ses enfans. Ses *Hymnes à Jesus-Christ* respirent la piété la plus tendre. Ses Lettres sont d'une franchise admirable, & d'une élégante simplicité, digne des plus beaux siècles. Il mourut vers 420, ou 425. Le P. Pétau a donné une bonne Traduction Latine de ses Œuvres.

LIVRES D'AUTEURS OU TRADUCTEURS
Anonymes.

S. E. S. X. a traduit d'Italien en François, Recueil de plusieurs Secrets très-utiles, tant pour l'ornement que la santé du corps humain, tirés des plus excellens Auteurs tant Grecs que Latins, auquel est ajouté & traité des Distilations; contenant plusieurs receptes d'Eaux Impériales, d'Auge, Naffe & autres semblables; imprimé a Paris, *in-8°.* par Vincent Sertenas, 1561.

L'Ordre & Mánière d'adminiſtrer les SACREMENS en l'Egliſe de Genève. *Cenſuré.*

SAC & Pièce pour le Pape de Rome, ſes Cardinaux, Evêques, Abbés, Moines, & Maîtres de la Sorbonne, contre Jeſus-Chriſt, imprimé à Genève, 1561. *Calvinique.* A ce Livre Thomas Beaux‑Amis a répondu par un autre Livre intitulé Enquête & Griefs, &c.

Le Livre de SAGESSE, ſuivant les autorités des anciens Philoſophes, diſtinguant & parlant des vices & vertus dont l'on peut être priſé & dépriſé. Enſemble la manière de bien & toujours ſagement parler à toutes gens de quelque état qu'ils ſoient. Le Prologue qui eſt en rime, commence ainſi,

> *Ce fut d'Avril le dix-ſeptième jour,*
> *En ce Printemps que la roſe entre en flour,*
> *Gaye ſaiſon, que tout ſe renouvelle,*
> *Le pré verdoye, & toute fleur eſt belle,*
> *L'Hyver ſe paſſe, & la morte ſaiſon,*
> *Et les oiſeaux commencent leur chanſon, &c.*

Le Reſte outre le Prologue eſt en proſe, imprimé à Paris, *in*-16. par Pierre Sergent, 1520. & depuis à Lyon par Olivier Arnoullet.

La Loi SALIQUE, première Loi des François, faite par le Roi Pharamond, faiſant mention de pluſieurs Droits, Chroniques & Hiſtoires deſdits Rois de France, imprimée à Paris, *in*-4°. par Thomas du Guernier, ſans date.

Les Cantiques de SALOMON, tranſlatés de Latin en rime Françoiſe par Auteur dont l'Anagramme eſt tel, Ha bien ſe taira [1], imprimés à Paris, 1584.

[1] Le nom contenu dans l'Anagramme ici rapportée eſt apparemment *Jean Sabathier*, ou *Jehan Sabatier.* (M. DE LA MONNOYE).

Deux SATYRES, l'une du Pape, l'autre de la Papauté. *Cenſurées.*

Le

Le SECRET ET MYSTERE DES JUIFS jufques à préfent caché : Hiftoire de Théodofe , Pontife de la Loi , & de Philippe Chreftien [1], par laquelle le Myftère & Secret des Juifs eft révélé à notre grande inftruction , & confirmation de notre Foi , imprimé *in-16*. à Lyon , par Jean d'Ogerolles , 1560.

[1] L'Hiftoire , ou plutôt la Fable de ce Théodofe , ou de ce Philippe , fe trouve , au mot Ιησοῦς , dans Suidas , qui ne dit pas d'où il l'a tirée. Voy. La Croix du Maine , & les notes , à l'Art. de François le Fèvre , Tom. I, pag. 218. .(M. de la Monnoye).

Traité de SENEQUE , de la Clémence & humanité du Prince envers fes fujets , traduit de Latin , imprimé à Lyon, *in-16*. par Jean Saugrain , 1559 [1].

[1] Calvin , en 1532 , voyant avec quelle févérité on puniffoit en France ceux qu'on y appeloit alors *Luthériens* , ne jugea pas à propos de déclarer fa penfée là-deffus ; il fe contenta , ayant fait des Annotations fur le Traité de Sénèque , *de Clementiâ* , de les publier avec le texte ; & , comme il gardoit encore les dehors de Catholique Romain , il dédia le tout à Claude d'Hangeft , Abbé de S. Eloy. Il s'expliqua plus ouvertement fur cet Article quatre ans après , à la fin de l'Epître Dédicatoire de fon *Inftitution à François I.* C'eft dans cet efprit qu'en 1559 , ce même Traité de Sénèque , *de Clementiâ* , fut imprimé avec le titre , tel que le rapporte du Verdier. (M. de la Monnoye).

Les très-élégantes & graves SENTENCES & belles Autorités de plufieurs Sages , Princes , Rois , & Philofophes Grecs & Latins , avec un petit Traité de Plutarque , de la honte vicieufe , imprimées *in-16*. à Rouen , par Robert & Jean du Gort , en l'an 1554.

Dits & SENTENCES notables de divers Auteurs , en François & mifes par ordre d'Alphabet. En la fin font ajoutées lefdites Sentences Latines en même ordre , avec le nom & Livre de l'Auteur , dont on les a recueillies ; imprimés à Paris , *in-8°*. par Vincent Sertenas , & à Lyon *in-16*. par Jean Saugrain , 1561.

SENTENCES felectes de Periander , Publian *, Seneque &

Isocrates, tournées en Poësies Françoises, par I. D. S. M. imprimées à Paris, *in*-8°. par Vincent Sertenas, 1561. & depuis réimprimées sous tel titre, Dits & Sentences notables de divers Auteurs.

> *Ce *Publian* est *Publius Syrus*, dont il a été parlé plus haut, à la lettre P, pag. 373.

Le SIÉGE d'Amours avec la Bataille des deux Déesses [1], imprimé à Lyon, par Olivier Arnoullet.

> [1] Ce sont deux pièces en vers, de la façon de Molinet ; elles se trouvent, pour chose que ce soit, dans le Recueil de ses Poësies, dont la meilleure Édition est celle de 1540, à Paris, *in*-8°. sans nom d'Imprimeur. (M. DE LA MONNOYE).

Le Roman de SIPERIS DE VINEAUX (à ce qu'écrit le Président Fauchet) a été composé depuis la clôture du Boys de Vincennes, qu'on trouve avoir été ceint de murailles par le commandement du Roi Philippe Auguste, environ l'an 1200. Il y a de bons traits dedans, & entre autres,

> *On a bien maintefois par amors engendré*
> *Enfans qui depuis ont grant honor conquesté :*
> *Tel cuide bien avoir de sa chair engendré*
> *Des enfans en sa femme, qui ne luy sont undé,*
> *Pis vaut péché couvert ce disent li letré,*
> *Que ce que chacun sçait qu'on n'a mie celé ;*
> *Et cil est bien bastardz qui n'a cuer ne pensé*
> *Fors de mauvaistié fere laidure & fauseté. &*
> *Car tielz est bien armez qui po de pouvoir a,*
> *Et tielz est mal vestus qui au corps bon cuer a.*
> *Le cuer n'est mie ès armes, mais est où Dieu mis l'a.*
> *Mauvais peut bien regner en mauvaistié faisant,*
> *Mais à la fin on voit, on le voit apparent,*
> *De tel fin tel loyer, Dieu le va commendant. &*
> *On porte plus d'honor à un Baron meublé,*
> *Qu'on ne fait à preudhom vivant en pauvreté. &*
> *Ce qui doit avenir on ne puet nullement*
> *Détourner qu'il n'avienne, ce dit-on bien souvent. &*
> *Car entre faire & dire, & vouloir & pensée,*
> *Y a grand différence, c'est chose bien prouvée. &*
> *Souvent fait-on grant joye encontre son tourment. &*

Plus n'a vaillant li hom' au monde entièrement
Que bonne renommée de tous communément. &,
Car plus pert-on d'amis, moins à douter fait-on. &,
Car Dieu & leur bon droit & bonne volonté,
Laboure en bon ouvrage, sans penser faussetè,
Et il t'aidera bien, si tu l'as appelé.
Hardement ne vient mie de noble [1] *garnement :*   [1] noble équipage.
Ains vient de gentil cuer ou proesse se prend.

Il semble que l'Auteur fut Picard, parce qu'il prend son principal sujet d'un Seigneur de Boulenois, & aussi que ce vers lui
est échappé,

> *Dont sonnèrent le cloque qui bondi hautement* *.

* Tiré de Fauchet, Chap. 14, à la fin.

Le SOMMAIRE Historial de France, qui aux Lisans est
moult solatieux, réduit en forme d'un Promptuaire ou Épitome,
imprimé à Paris, *in-fol.* par Philippes le Noir, 1523.

La SOMME de Théologie, ou Lieux communs, imprimée
1546. *Censurée.*

La SOURCE d'honneur pour maintenir la corporelle élégance
des Dames en vigueur, florissant & prix inestimable ; imprimée
à Lyon, *in-8°.* par Olivier Arnoullet.

Sommaire Recueil des SIGNES sacrés, Sacrifices & Sacremens institués de Dieu, depuis la création du monde, 1561.

Traité du SOUVERAIN Bien, par lequel le vrai Chrétien
pourra apprendre, à l'aide des saintes Écritures, à contemner
la mort : même icelle desirer, pour avoir claire vision de Dieu par
notre Seigneur Jesus-Christ ; imprimé de vieille lettre, *in-16.*
sans nom de lieu ni d'Imprimeur.

STATUTS & Ordonnances de la noble Confrairie, dédiée
à l'honneur de Jesus-Christ & de Madame sainte Anne, fondée
d'ancienneté, en l'Eglise de notre Dame du Taur, à Tholouse,
rédigés par ordre, titres & chapitres ; imprimés à Tholouse, par
Guyon Boudeville, 1552.

STATUTS de la Confrairie notre Dame Vierge, Mere de Jefus-Chrift, inftituée en l'Églife Métropolitaine faint Étienne en Tholoufe; imprimés à Tholoufe, in-4°. par Guyon Boudeville, 1553.

Prélude fur les STATUTS de la vénérable Confrairie des Confrères du mérite de la Paffion de notre Rédempteur, inftituée en la dévote Églife de faint Saturnin, en la Chapelle du Crucifix, dite de faint Gilles, audit Tholoufe; imprimé par Guyon Boudeville, 1559.

STYLE & Protocole de la Chancellerie de France, contenant la forme de minuter & coucher par écrit Lettres de Graces, Sauvegardes, Complaintes, Anticipations, Adjournemens en défertion d'appel & en cas d'appel, Relevemens, Offices, Confirmations, Paffages & Saufconduits, Congés, Taxations de Voyages, Finances, Défenfes, Collations bénéficiales, Commiffions & Pouvoirs; Établiffemens de Foires, Bénéfices d'inventaire, Examen à futur, Arrièreban, Exemptions, Priviléges, Légitimations de Bâtards, Ennobliffemens, Amortiffemens, Dons gratuits, Naturalité, Rémiffion, Abolition, & autres diverfes Lettres que le Roi octroye pour fubvenir à fes fujets; avec le Guidon des Secrétaires, & le Veftige & Inftruction des Finances: le tout imprimé in-8°. à Paris, par Guillaume le Bret, l'an 1548. & par Benoît Rigaud, in-16. à Lyon, l'an 1577.

STYLE de la Cour fouveraine de Parlement, & forme de plaider & procéder en icelle, tant ès caufes civiles que criminelles; réduit par titres & imprimé à Lyon, in-16. par Benoît Rigaud, 1575.

Le STYLE de court laye, antorifé par le Roi notre Sire, tenu, gardé, & obfervé pardevant Meffieurs les Bailly de Berry, & Prevôt de Bourges; avec les Coutumes dudit lieu, auquel eft ajouté la Chartre des grands jours dudit Bourges; imprimé in-8°.

à la marque de Jean Petit, pour ceux de Bourges, en l'an
1511.

STYLE & Règlement fur le fait de la Juftice, abbréviation
des procès & modération des frais, d'iceux dreffé par la Cour de
Parlement de Savoie, extrait des Ordonnances Royaux, tant
anciennes que nouvelles, autorifé & approuvé par le Roi, publié
en ladite Cour, le 27 Juillet 1553; imprimé à Lyon, *in*-4º. par
Pierre de Portonaris, 1553.

Le STYLE & Réglement fur le fait de la Juftice & Inftruction des Procès, dreffé par le fouverain Sénat de Savoie; imprimé à Chambery, *in*-4º. par Jaques Franconis, Imprimeur de
fon Alteffe, 1560.

Livre de la vraie & parfaite SUBJECTION DES CHRÉ-
TIENS & de la facrée franchife qu'ils ont au Saint Efprit.
Cenfuré.

SIBYLLES. Voyez les Prophéties des Sibylles, traduites par
Guy le Febvre, aux Hymnes Eccléfiaftiques.

SUPPLICATION & Remontrance fur le fait de la Chré-
tienté & de la Réformation de l'Eglife, faite au nom de tous
Amateurs du règne de Jefus-Chrift, à l'Empereur & aux autres
Princes & États tenant journée Impériale, à Spire. *Cenfurée.*

La SYNATHRISIE [1], *aliàs* Recueil confus en Rime; imprimée à Dijon, par Jean des Planches, 1566.

[1] Etienne Tabourot, autrement *le Seigneur des Accords*, fi connu par fes
Bigarrures, a beaucoup de part à cette mauvaife petite compilation, intitulée
Synathrifie, par corruption du Grec Σνλάϑροισις. Tabourot, en 1567, temps de
l'Edition du Livre, & non pas en 1566, avoit dix-neuf à vingt ans. Jean des
Planches, fon compère, Imprimeur à Dijon, étoit un gaillard avec lequel
familièrement il prenoit plaifir à boire. Ce fut dans une de ces occafions qu'il
lui propofa le deffein de ce Recueil, lui dreffant, pour la permiffion de l'imprimer, le Privilège Latin burlefque, tel que le voici : *Cautum eft ne quis
has illuftrium Poëtarum nugas è Bacchi adytis magnâ religione extractas, in
totâ hâc Mororum Provinciâ, Typis imprimat, aut alibi impreffas venales*

habeat , præter Janum Plancium , Typographum Divionenſem , Compotorum omnium nugaciſſimum. Il prit ſoin de lui fournir pour les matériaux, diverſes petites pièces, les unes Latines, les autres Françoiſes, quelques-unes de Bucanan & de Govéan, pluſieurs auſſi de ſa façon, qui ne ſont pas les meilleures, même un Dialogue en proſe, d'un Philoſophe & d'un Pou, traduit en François de l'Italien de Luigi Pulci, comme du Verdier l'a remarqué, au mot Guil-laume de la Taissonniere, Tom. IV, pag. 130. Voilà en quoi conſiſte ce petit *in*-4°. d'environ 80 pages. J'ai dit qu'on y liſoit quelques vers de Bucanan & de Govéan, ſur quoi je ne puis, avant que de finir cet Article, m'empêcher de témoigner ma ſurpriſe d'avoir, dans la lecture que j'y ai faite d'une Elégie de Govéan, intitulée *Juniporus*, trouvé une faute, dont je n'aurois jamais cru capable un auſſi habile homme que lui : c'eſt *Oreadum*, la première longue, & la ſeconde brève, en ce vers :

Oreadum primi nominis illa fuit. (M. de la Monnoye).

Statuts & Ordonnances SYNODALES de l'Égliſe Métro-politaine de Lyon, Primatiale des Gaules, revues, augmentées & traduites en langue Françoiſe, pour l'Inſtruction des Curés & Gens d'Egliſe du Diocèſe de Lyon ; imprimées à Lyon, *in*-4°. par Jean Stratius, 1578,

T A N.

TANNEGUY GUILLOMET, Chirurgien du Roi de Navarre & Maître en la Faculté de la ville de Nyſmes, a écrit Queſtionnaire des tumeurs contre nature, néceſſaire à ceux qui veulent parvenir à la connoiſſance de cette partie de Chirurgie, contenant les Cauſes, Signes, & Curation en général ; imprimé à Lyon, *in-*16. par Benoiſt Rigaud, 1579.

TARAUDET DE FLASSANS, Poëte Provençal, par le moyen de ſes rimes eut accès avec les plus grands du pays, & joua ſi finement ſon rôle, qu'il acheta un canton de la Seigneu-rie de Flaſſans, d'un jeune Gentilhomme du lieu, nommé Foul-quet de Ponteves, qui prenoit un ſingulier plaiſir à la Poëſie, duquel il n'eut autre paiement qu'un petit Traité intitulé *Lous enſegnamens per ſi gardar contra las tracyons d'amour*; contrat (ſelon qu'en a écrit le Monge des Iſles d'Or) trop plus profi-table pour le vendeur que pour l'acheteur, pour autant que le Traité valoit un tréſor ineſtimable au vendeur, s'il l'eût ſu enſuivre, mais qu'il fut trompé d'une Damoiſelle de Provence, comme auſſi fut Taraudet; car il fut amoureux d'une Damoiſelle de la maiſon de Rogiers, ſœur du Vicomte Remond de Turenne, qui le trompa, & par ainſi ce Traité ne ſervit de rien ne à l'un ne à l'autre. Ce Poëte tenoit plus du Chevalier que du Poëte. S'accompagnant de quelques Chevaliers Provençaux, en bon nombre, ils déchaſsèrent du pays certains monſtres & tyrans intolérables qui faiſoient une infinité d'oppreſſions à toute ma-nière de gens; & en l'an 1355, ce Poëte, qui étoit auſſi bon Orateur, fut commis par le Roi Loys, & la Roine Jehanne de Naples, Comtes de Provence, à faire une Remontrance en Latin, en la préſence de Charles IV du nom, Empereur, fils du Roi de Bohême, lorſqu'il paſſa à tout ſon exercite en Pro-vence; ſur ce que contre raiſon & devoir, ſauf ſa paix, il avoit

contraint les Prélats & Gentilshommes de Provence, à lui prêter hommage de la Comté de Provence, & de Forcalquier, &
de Piémont, contre le gré & intention de leurs Majeftés,
attendu qu'ils ont de tout tems en ladite Comté de Provence,
jura Imperialia, de laquelle Remontrance il fut grandement
eftimé, & en rapporta une fort bonne récompenfe, & peu
après décéda *.

* Voy. Jean de Notre-Dame, Chap. 69.

TERENCE (Les fix Comédies de) très - excellent Poëte
Comique; avec les Fleurs, Phrafes, Sentences & manière de
parler très-excellentes dudit Auteur, mifes à la fin de chacune
Scène: le tout Latin & François, correfpondant l'un à l'autre;
imprimées à Paris, *in*-16. par Claude Micard, 1574 [1].

[1] Il avoit paru chez Antoine Vérard, en 1509, une plus ancienne verfion
de Térence, & apparemment la première. Cet excellent Poëte Comique
mourut à l'âge de trente-fept ans, 155 ans avant la naiffance de Jefus-Chrift *.

* Voy. ci-deffus les notes, à l'Art. Publ. Terentius, pag. 374.

THADDÉE HAGECE. Nouvelle Invention pour incontinent juger du naturel d'un chacun, par conception du front &
de fes parties, dite en Grec, Métopofcopie: le tout extrait du
Latin de M. Thaddée Hagece, Médecin & Mathématicien au
Royaume de Bohême; imprimée à Lyon, *in*-8°. par B. Rigaud,
1567.

THÉODORE DE BEZE *, à préfent premier Miniftre de
Genève, a traduit en vers François, les cent Pfeaumes de
David, reftans des cent cinquante, dont les cinquante avoient
été auparavant tournés par Clément Marot; imprimés avec la
note à une voix, par plufieurs fois, en divers lieux. Tragédie
Françoife, du Sacrifice d'Abraham, par Théodore de Beze.
Harangue des Proteftans du Royaume de France, prononcée
devant le Roi Charles IX, la Roine fa mère, & Meffieurs
de fon Confeil, affemblés à Poiffy pour le fait de la Religion,
en l'an 1561, par Théodore de Beze, préfens & oyant fix
Cardinaux,

Cardinaux , trente-fix Archevêques ou Evêques & un grand nombre d'Abbés, Prieurs & autres Docteurs Scholaftiques, imprimée à Paris. Briève Expofition de la table ou figure, contenant les principaux points de la Religion Chrétienne ; à Laufanne , *in-16.* par Jean Riveri , 1560. *Cenfurée.* Réponfe faite le 24 Septembre 1561 , par Théodore de Beze , fur ce que Monfieur le Cardinal de Lorraine avoit répliqué contre ce qui fut propofé, en la première journée du Colloque, par ledit de Beze; avec une autre Réponfe d'icelui fur certains articles de la Réplique , mis en avant par ledit fieur Cardinal ; imprimées en l'an 1581. *Cenfurée.* Réponfe au premier Livre de Matthieu de Launay , Prêtre , & Henri Pennetier nagueres Miniftres; imprimée à Genève. A cette Réponfe a été faite une Réplique par ledit de Launay. Oraifon exhortatoire , faite & prononcée en Latin , pardevant les fieurs Syndics & Confeil de Genève, lors de l'élection du Recteur des écoles , traduite en François , & imprimée avec les Ordonnances Eccléfiaftiques de l'Eglife de Genève ; imprimée par Artus Chauvain , 1562. La Vie & Mort de M. Jean Calvin , décrite par Théodore de Beze. Il a fait une Epitaphe en Grec , en Latin & en François, pour Nicolas de Beze , fon oncle , l'un des Préfidens au Parlement [1] de Paris , qui fe voit pofée en tableau dans l'Eglife faint Côme & faint Damien. Sur la Verfion des Pfeaumes , Guillaume Gueroult fit un Epigramme , lequel courant d'une main en autre & parvenu ès fiennes , il répondit foudain par un autre Epigramme, la teneur defquels eft telle :

Qui de Marot & de Bèze les vers
Voudra choifir , pour les meilleurs élire ,
Tout bien choifi de long & de travers ,
Dire il pourra , en les écoutant lire ,
Ceux de Marot , c'eft d'Amphion la lyre ,
Ou du Dieu Pan le flageol gracieux ;
Mais ceux de Bèze un François vicieux ,
Rude & contraint , & fâcheux à merveilles.
Donne à Marot le laurier gracieux ,
A Bèze quoy ? de Midas les oreilles.

Réponse de Beze :

Un certain esprit de travers
Trouve mes vers rudes & verds,
Fâcheux & contraints à merveilles,
Donnant le laurier précieux
A Marot doux & gracieux,
A moy de Midas les oreilles.
Asne envieux, j'ay bien appris
De donner à Marot le prix ;
Mais quant est des oreilles miennes,
Pour les changer, qu'est-il besoin
De chercher un Midas si loin ,
Ne sçais-tu pas où sont les tiennes ?

Theodori Bezæ Vezeleii Poëmata ; Parisiis, in-8°. apud Robertum Steph. & Conrad Badium , 1545 **. Voyez les autres Œuvres Latines en assez grand nombre , dans l'Epitome de la Bibliothèque de Gesner.

* J'ai trouvé dans les Recueils de M. Falconet, que la Préface de *la Confession de Foi* de Théodore de Bèze , n'est qu'un récit qu'il fait de sa vie à Melchior Wolmar. Il y raconte qu'étant fort jeune , malade de la teigne , il en étoit si tourmenté , que , s'arrêtant un jour , avec un de ses cousins, sur *le Pont des Meuniers , qui à Molitoribus nomen accepit* (aujourd'hui *le Pont au Change*) son Cousin lui proposa de se jeter dans la rivière, ce qu'il alloit exécuter sur le champ, lorsque son oncle passa dans le moment même sur le Pont , & détourna sans doute Bèze de son dessein. Il ne pouvoit prévoir alors les destinées de ce neveu.

¹ Nicolas de Bèze , oncle de Théodore, n'a pas été Président au Parlement de Paris, mais seulement Conseiller-Clerc. Il est parlé amplement de l'Epitaphe que lui fit son neveu, Tom. IV du *Menagiana* , depuis la page 226 , jusqu'à la page 233. (M. DE LA MONNOYE).

** Du Verdier se trompe , quand il date de 1545 l'Edition des Poësies de Bèze, chez Robert Etienne ; elle est de 1548. Nous ajouterons ici quelques détails sur les Editions des Poësies de cet Auteur. On cite communément, pour la plus ancienne , une petite Edition *in-16*, de soixante-deux feuillets , sans nom d'Imprimeur , & sans date , & c'est l'opinion de Mettaire. Mais M. Clément (*Biblioth. Cur.* Tom. III, pag. 290) a prouvé assez bien que cette Edition est postérieure à celle de 1548, *in-8°.* parce qu'on y a adopté toutes les corrections indiquées à la fin de l'Edition de 1548. Il est vrai que Mettaire objecte qu'on y a laissé l'*Epitaphe de Dolet ,* ce que Bèze n'auroit pas souffert après 1548, de peur de blesser les Protestans, pour lesquels il s'étoit alors déclaré ; auffi M. Clément répond-t-il que l'Edition *in-16.* fut faite fans la participation de l'Auteur, & à fon infçu : ce qui le prouve, c'eft que lorfque Théodore de Bèze publia fes *Juvenalia,* en 1569, il ne les annonça que comme une feconde Edition, n'en reconnoiffant point d'autre antérieure à 1548 ; ainfi celles qui ont pu voir le jour dans l'intervalle, ne font point avouées par l'Auteur. Bèze en donna une troifième, en 1576, *in-8°.* Cette troifième Edition ne porte point de date fur le titre, mais elle fe trouve à la fin de l'Epître Dédicatoire. Dans les deux dernières Editions Bèze à retranché les pièces trop libres qui fe trouvent dans la première (celle de 1548) & les a remplacées par des Pfeaumes, en vers Latins, & par d'autres Poëfies, qui convenoient mieux à l'Etat qu'il avoit embraffé. Enfin, en 1597, la plus belle Edition de fes Poëfies parut, *in-4°.* par les foins d'un de fes amis, de l'aveu de l'Auteur, âgé pour lors de foixante-dix-huit ans. On fit, en 1598, une mauvaife copie *in-16.* de l'Edition *in-4°.* Il en parut une autre en 1599, auffi *in-16.* moins belle, mais plus correcte, & un peu plus ample que celle de 1597. On en a donné plufieurs autres depuis, auxquelles nous ne nous arrêterons point ; nous dirons feulement que Gruter a raffemblé, avec beaucoup trop de foin, toutes les pièces licencieufes de Bèze, & les a inférées dans fes *Deliciæ Poëtarum Gallorum,* fous le titre de *Adeodati Sebæ Vezeliacenfis Juvenalia.* Ainfi il a changé le nom de *Theodorus* en celui d'*Adeodatus,* en interprétant en Latin la fignification Grecque de *Théodore,* & en tranfpofant les fyllabes du nom de *Bèze,* ou *Befa,* dont il a fait *Seba.* Voyez les autres Remarques fur THÉODORE DE BÈZE, dans LA CROIX DU MAINE, Tom. II, pag. 424 & fuiv.

THÉOCRITE *. Voyez JEAN ANT. DE BAYF, ESTIENNE FORCADEL.

* Théocrite, de Syracufe, a vécu environ 280 ans avant Jefus-Chrift. Il paffa une partie de fa vie à la Cour de Ptolomée Logus, Roi d'Egypte, où il fut confidéré. On dit que, de retour dans fa patrie, il ofa mal parler d'Hyéron le Tyran, qui le fit mourir. Il a compofé, en Dialecte Dorique, des Idylles admirables par le naturel, les graces naïves & la vérité qui y règnent. Théocrite a fervi de modèle à Virgile, qui en a faifi toutes les beautés. Les Paftorales du Poëte Grec & du Poëte Latin font également des chef-d'œuvres ; nous n'avons rien en ce genre qui puiffe leur être comparé. Il faut du génie pour peindre la nature dans toute fa fimplicité. En voulant l'orner & l'embellir, le Bel-efprit la gâte, & c'eft ce qu'a fait Fontenelle, & ce que font encore aujourd'hui ceux qui ont le malheur d'avoir affez peu de goût pour l'imiter. Il faut l'avoner, le Bel-efprit eft naturellement pauvre ; &, quelque effort qu'il faffe pour la cacher, fa pauvreté perce à travers le clinquant dont il eft furchargé. Si Théocrite & Virgile n'euffent eu que de l'efprit, leur mémoire auroit péri avec eux. Longepierre a traduit quinze Idylles de Théocrite, mais il n'a pas fu rendre les graces de l'Original. Sa Tra-

duction n'eſt recherchée qu'à cauſe des notes qui l'accompagnent. M. Moutonnet de Clairfond vient de nous donner une nouvelle Traduction en proſe
de quelques Idylles de Théocrite, contenue dans la ſuperbe Edition d'Anacréon, &c. traduite en François, dont nous avons parlé ci-deſſus, à l'Article
de SAPHO, pag. 459.

THÉODORE TRIVULSE a écrit Déclaration de moi
Théodore ci-devant François Trivulſe, des trahiſons &
mauvais déportemens de Nicolas Batard, qu'on appelle mon
fils, lequel fauſſement ſe fait nommer en France, Marquis de
Vigene; imprimée à Thurin, *in-fol.* par Martin Cravot,
1569.

* Théodore Trivulce ſervoit dans l'Avant-Garde de l'Armée Françoiſe, à
la Bataille d'Aignadel, en 1509, & à celle de Ravenne, en 1512. Il eut le
gouvernement de Gênes, où il ſe maintint avec courage dans le Château,
lorſque les Habitans de cette Ville quittèrent le parti de la France, en 1528.
Il étoit alors Maréchal de France. Il mourut, en 1531, à Lyon, dont il étoit
Gouverneur.

THÉODORIT, Evêque de Cyr *. Voyez ANTOINE DU
BUS, SIMON GOULARD, CLAUDE DESPENCE.

* Théodoret, Evêque de Cyr, en Syrie, né en 386, fut l'un des plus
ſavans Pères de l'Egliſe, & des plus zélés Prédicateurs de la Doctrine Chrétienne; auſſi ſes travaux furent-ils récompenſés par une multitude de conver-
ſions. Le P. Sirmond, Jéſuite, a donné une bonne Edition Grecque & Latine, en 4 vol. *in-fol.* des Œuvres de Théodoret, auxquelles le P. Garnier,
auſſi Jéſuite, ajouta un cinquième volume, en 1684. Les uns diſent que
Théodoret mourut vers l'an de Jeſus-Chriſt 457 : en ce cas, il étoit âgé de
ſoixante-onze ans; s'il ne mourut qu'en 470, il en avoit environ quatre-
vingt-quatre. On le regarde comme un des plus éloquens Controverſiſtes de
ſon ſiècle, & ſes Ouvrages peuvent ſervir de modèles.

THÉOPHILE DU MAS *, de Saint Michel en Barrois, a
tranſlaté du Latin de Meſſire Morin Piercham, Chevalier, un
Livre de l'antiquité, origine & nobleſſe de la très-antique Cité
de Lyon; enſemble de la rebeine & conjuration ou rebellion du
populaire de ladite ville, contre les Conſeillers de la cité, & notables Marchands, à cauſe des bleds; faite en l'année 1529, un
Dimanche, jour ſaint Marc; imprimé à Lyon, *in-8°.* en ladite
année. Le nom de ce Traducteur eſt ſuppoſé par Symphorien

Champier, qui fe dit ici par autre fuppofition de fon nom, Morin Piercham [1].

* Voy. LA CROIX DU MAINE, & les notes, aux mots SIMPHORIEN CHAMPIER, Tom. II, pag. 417 & 418, & THÉOPHILE DU MAS, pag. 427.

[1] Le P. Menetrier ne fe fouvenoit pas de cet endroit de la Bibliothèque de Du Verdier, lorfque, p. 161 de fon *Introduction à la lecture de l'Hiftoire de Lyon*, il témoigne être furpris qu'aucun de ceux qui ont fait mention du Livre de *Piercham* n'ait reconnu que c'étoit le nom renverfé de Champier. De Rubys, que le P. Menetrier cite, pag. 162, l'avoit même reconnu avant Du Verdier. (M. DE LA MONNOYE).

THÉOPHRASTE *. Des Odeurs. Voy. JEAN DE L'ESTRADE.

* Théophrafte, né à Erèfe, dans l'Ifle de Lesbos, eft un des plus excellens Philofophes Grecs. Il fuccéda à Ariftote, & profeffa dans le Lycée, environ 322 ans avant Jefus-Chrift. Le Catalogue de fes Ouvrages, que Diogène Laërce a donné, à la fuite de la vie de ce Philofophe, comprend tant d'objets & tant de fujets différens, qu'il donne la plus haute idée de fon favoir immenfe, & de l'étendue de fes connoiffances. Son Teftament, qui eft à la fin de fa vie, eft très-curieux. Cicéron trouvoit un agrément & une douceur de ftyle inexprimables dans les Ecrits de Théophrafte, & la lecture des Ouvrages du Philofophe Grec faifoit les délices de l'Orateur Romain. Théophrafte mourut environ 280 ans avant Jefus-Chrift, âgé de plus de cent ans. Le peu qui nous refte de fes Ecrits nous fait regretter la perte de ceux qui nous manquent. Son excellent Livre de Morale, connu fous le nom des *Caractères*, & qu'il dit avoir compofé à quatre-vingt-dix-neuf ans, nous eft devenu très-familier par la Traduction que La Bruyère en a faite. Nous avons encore de Théophrafte un *Traité des Plantes*, très-curieux, une *Hiftoire des Pierres*, un *Traité des Odeurs*, &c. &c.

THIBAUT JOURDAIN a écrit Hiftoire mémorable des Pharifiens hypocrites leurs femblables, lefquels fe féparoient des autres hommes pour mieux couvrir leur hypocrifie & fimulation, traduite d'Italien, & mife par Dialogue fous le nom d'un Juif, converti à Chrift, nommé Balthafar, & d'un Chrétien nommé Théophile; imprimée à Lyon, *in-8°*. par Jean Saugrain, 1564.

THIÉBAULT, ROI DE NAVARRE *, premier du nom, & Comte de Champagne, a compofé plufieurs Chanfons, contenues en un Livre que j'ai écrit à la main en ma Librairie, auquel eſt la note du chant d'icelles. Monſieur de Roiſſy en a un autre qu'il a communiqué à Claude Fauſchet, lequel en ſon Traité de l'origine de la langue Françoiſe, en dit ce qui s'enſuit. Ce Prince étant Comte de Champagne lorſque Saint Louis vint à la Couronne, l'an 1227, fit alliance avec les Barons François, contre Blanche de Caſtille, mere du Roi, que leſdits Seigneurs prétendoient avoir entrepris la Régence du Royaume & Gouvernement de ſon fils, âgé ſeulement de onze à douze ans, ſous ombre d'un teſtament du feu Roi ſon mari, par lequel elle diſoit cette Régence lui avoir été laiſſée. Le principal Auteur de la ligue, étoit Philippe, Comte de Boulogne, oncle du Roi, & les plus puiſſans, ce Thiébault, Comte de Champagne, & Pierre ſurnommé Maucler, Comte de Bretagne. Mais Blanche qui étoit belle, jeune, & encore Eſpagnole, ſut ſi bien mener Thiébault, qu'il abandonna les autres Barons, & qui plus eſt, découvrit l'entrepriſe faite pour prendre le Roi, revenant d'Orléans à Paris. Or les amours du Comte de Champagne, déplaiſant depuis à aucuns Seigneurs, il advint, ainſi que dit une bonne Chronique que j'ai écrite à la main, que Thiébault un jour entrant en la ſalle où étoit la Roine Blanche, Robert, Comte d'Artois, frère du Roi, lui fit jeter au viſage un fromage mol, dont le Champenois eut honte : prit de là occaſion de ſe retirer de la Cour, afin d'éviter plus grand ſçandale. Toutefois la grande Chronique de France, dit que le Comte ayant de rechef pris les armes contre le Roi, & ſachant le grand appareil qu'on faiſoit pour lui courre ſus, il envoya des plus ſages hommes de ſon Conſeil, requérir paix; laquelle lui fut accordée. Mais d'autant que le Roi avoit fait grande dépenſe, il fut contraint quitter Montereau fault-Yonne, & Bray-ſur-Seine, avec leurs dépendances. A celle beſogne étoit, ce ſont les mots de la grande Chronique, la Roine Blanche, laquelle dit au Comte qu'il ne devoit prendre les armes contre le Roi ſon fils, & ſe devoit ſouvenir qu'il l'étoit allé ſecourir juſques en ſa terre, quand les Barons le vinrent guerroyer. Le

Comte regarda la Roine, qui tant étoit belle & fage, de forte
que tout ébahi de fa grande beauté, il lui répondit: Par ma foi
ma Dame, mon cœur, mon corps, & toute ma terre, eft à
votre commandement, ne n'eft rien qui vous pût plaire que ne
fiffe volontiers: jamais, fi Dieu plaît, contre vous ne les vôtres
je n'irai. D'illec fe partit tout penfif, & lui venoit fouvent en
remembrance le doux regard de la Roine, & fa belle contenance. Lors fi entroit en fon cœur la douceur amoureufe ; mais
quand il lui fouvenoit qu'elle étoit fi haute Dame & de fi bonne
renommée, & de fa bonne vie & nette, qu'il n'en pourroit jà
jouir, fi muoit fa douce penfée amoureufe en grande trifteffe. Et
pource que profondes penfées engendrent mélancolie, il lui fut
dit d'aucuns fages hommes, qu'il s'étudiât en beaux fons, &
doux chants d'inftruments, & fi fit-il. Car il fit les plus belles
Chanfons, & les plus délectables & mélodieufes, qui oncques
fuffent ouies en Chanfons ne en inftrumens, & les fit écrire en
fa falle, à Provins, & en celle de Troyes. Et font appelées les
Chanfons au Roi de Navarre. Voilà le témoignage que portent
de fes amours & étude poëtique, les grandes Chroniques de
France. Quant au Royaume de Navarre, il échut audit Thiébault, l'an 1235, par la mort de Sance V, Roi de Navarre,
fon oncle, frere de Blanche, fa mere. Plufieurs des Chanfons de
ce Roi fe trouvent aujourd'hui notées à une voix ; & s'en voit
encore quelque refte peint au Château de Provins, à l'endroit
de la prifon. La première de celles du Livre du Seigneur de
Roiffy, commence :

Quant fine amour me prie que je chant ,
Chanter meftuet , &c.

Laquelle ne doit être la première en nombre, pource que le
Livre n'eft entier, & toutefois il y en a jufqu'à dix, toutes
portant à côté le nom de Roi de Navarre. Les Italiens ont jadis
eftimé ces Chanfons, & d'autres François de ce temps-là, fi
bonnes, qu'ils en ont pris des exemples, ainfi que montre Dante,
lequel en fon Livre *de Vulgari eloquentia ,* allégue ce Roi

comme un excellent Maître en Poëfie, aucuns traits duquel j'ai voulu ici repréfenter. Il demande, puifque tout fon mal vient d'aimer, qu'amour faffe tant envers fa Dame, par prière & par commandement, qu'il foit aimé d'elle: car fi bien aimer y fert, il aura joie de fon gent corps. En la onzième qui eft belle, il fe plaint par le troifiéme couplet de l'inconftance de fa Dame, difant;

> *Je fçay de voir que ma Dame ayme cent,*
> *Et plus affez c'eft pour moy empirier.*

Ce dernier couplet eft affez bon.

> *Je ne di pas que nus aim' follement :*
> *(Que li plus fox en fet mieux a prifier)*
> *Mes grant ëur y a meftier fouvent,*
> *Plus que net fens, ne raifon, ne plaidier.*
> *De bien amer ne puet nus enfeignier,*
> *Fors que li cuers qui done le talent.*
> *Qui bien ame de fin cuer loyaument,*
> *Cil en fçait plus & moins s'en peut aidier.*

En la troifiéme, il dit que fi l'on meurt de joie, il voudroit bien mourir entre les bras de fa Dame ; mais s'il mouroit pour l'amour d'elle, ce feroit bien raifon qu'elle en eût le cœur dolent. Toutefois pource qu'il craint de la courroucer, il ne voudroit être en Paradis s'elle n'y étoit. Auffi n'a-t-elle occafion de dire qu'il la veuille tromper, car il l'aime de tout fon cœur. En la quatriéme, il dit qu'il l'aime & la hait, car,

> *Moult me fceut bien efprendre & alumer,*
> *En biau parler & acointement rire.*
> *Nus ne l'orroit fi doucement parler,*
> *Qui ne cuidaft de s'amour eftre Sire.*
> *Par Dieu amours ce vous ofe bien dire,*
> *On vous doit bien fervir & honorer,*
> *Mais on fi peut bien d'ung pou trop fier.*

En la cinquiéme, il dit encore,

> *Kar nulle rien ne fait tant cuer felon,*
> *Com' grant povoir qui en veult mal ufer.*
> *Que tant de gens li vont tuit environ,*
> *Je fay de voir que c'eft pour moy grever.*

Adez

> *Adez dient dame on vous veut guiller :*
> *Mais ils mentent li traïtor felon.*
> *Jà faucement n'amera nus preudhom',*
> *Car, qui plus a, doit miex amour garder.*

Et encore,

> *Kaſſez y a d'autres que je ne ſui,*
> *Qui la prient de fin cuer badement.*
> ** Ebandiſſe fait gaaigner ſouvent.*   *Hardieſſe.

Mais il ne s'en peut aider, quand il eſt devant elle. L'eſpérance lui ſert de refuge, comme l'oiſelet qui va férir en la glu,

> *Quand il ne ſçait trouver autre garent.*

La ſixiéme eſt très-belle, pleine de ſimilitudes & tranſlations : auſſi eſt-ce celle que Dante allégue comme pour exemple ; elle commence,

> *De bonne amour vient * ſeance a beanté.*   * Science & bonté.

La ſeptiéme déclare évidemment le nom de l'Auteur, diſant :

> *Nus ne doit amours trahir,*
> *Fors que garçon & ribault.*
> *Ce ce n'eſt pour ſon plaiſir,*
> *Je ne voy ne bas ne haut.*
> *Ains veuil qu'el' me * truit bault,*   * trouve gay
> *Sans guiller & ſans faillir.*   & joyeux.
> *Et ſi je pui conſuivir.*
> *Le Cerf qui ſi fait fuir,*
> *Nus n'eſt joyans comme Thiebault.*

En la huitiéme il ſe plaint d'être mis en nonchaloir ; & qu'en dormant il tient s'amie, & en veillant il l'a perd. Mieux vouſiſt en dormant la tenir toute ſa vie.

> *Pour ce bien le deut * beſtourner amours*   * maltourner,
>   *celdevant derrière.*
> *Li dormirs fut en oubly,*
> *Et g'euſſe en veillant ly :*
> *Lors ſeroit la joye entière.*

En la neuviéme, il dit,

> *Bonne adventure aviene à fol eſpoir,*
> *Qui les amans fet vivre & réjouir :*

Défefpérance fet languir & douloir,
Et mes fox cuer penfe à dez à guérir.
S'il fut fage, il me fefift mourir :
Porce fet bon de la folie avoir,
Qu'en trop grant fens peut-il bien mefcheoir.

A la fin de la dixiéme, il prend congé d'amour, puifqu'il plaît à fa Dame de lui donner, difant,

Amour le veut, & ma Dame m'en prie,
Que je m'en part : & je moult l'en merci,
Quand par le gré ma Dame m'en chafti.
Meilleur raifon ni voy à ma partie.

* Voy. La Croix du Maine, & les notes, au mot Thibault de Champagne, Roi de Navarre, Tom. II, pag. 427 & fuiv.

THIERRY DE HERY, Lieutenant du premier Barbier Chirurgien du Roi, a écrit la Méthode curatoire de la maladie vénérienne, vulgairement appelée groffe verolle, & de la diverfité de fes Symptômes, imprimée à Paris, *in-8°.* par Gilles Gourbin, 1569 *.

* Voy. La Croix du Maine, & les notes, au même Article, pag. 430 & 431.

THIERRY DE KIS a écrit Chrétiennes Méditations fur huit Pfeaumes du Prophète David ; imprimées par Jacques Berion, 1582.

THIERRY PETREMAND, de Befançon, a écrit en vers François, Paraphrafe de l'admirable Hiftoire de la Sainte Héroïne Judith ; imprimée à Lyon, *in-4°.* par Benoift Rigaud, 1578.

THIERRY DE TIMOFILLE, Picard, a écrit les Néapolitaines, Comédie Françoife, fort facétieufe fur le fujet d'une Hiftoire d'un Efpagnol & un Parifien ; imprimées par Abel l'Angelier, 1584. Il a traduit d'Italien, Regrets facétieux & plaifantes Harangues funèbres fur la mort de divers animaux, non moins remplis d'éloquence, que d'utilité & gaillardife ; imprimés à Paris, *in-16*. par Nicolas Chefneau, 1576. Ces Harangues ont été auparavant traduites par Claude de Pontoux, & imprimées à Lyon *.

* Voy. La Croix du Maine, & les notes, au même Article, Tom. II, pag. 431 & 432.

THOMAS CHARPENTIER, Religieux de l'Ordre de Fontevraut, a traduit de Latin en François, les Exercices spirituels de Saint Bonaventure, Cardinal, faits en forme de Dialogue, l'Ame dévote parlant avec l'homme intérieur ; ensemble une Epître de S. Bafile le grand à Saint Gregoire, le Théologien, de la vie solitaire, mife de Grec en François par J. C. T. imprimés à Paris, *in-8°*. par Gervaix Mallot, 1582.

THOMAS DU CLEVIER a traduit de Latin en François, un Traité intitulé *Cymbalum mundi* [1], contenant quatre Dialogues Poëtiques, fort antiques, joyeux & facétieux ; imprimé à Lyon, *in-16*. par Benoît Bonnyn, 1538. Je n'ai trouvé autre chofe en ce Livre qui mérite d'avoir été plus cenfuré que la Métamorphofe d'Ovide, les Dialogues de Lucian, & les Livres de folaftre Argument & fictions fabuleufes. Au premier Dialogue l'Auteur introduit Mercure Bryphanes, & Curtalius, lefquels fe trouvant en une Hôtellerie d'Athenes, à l'enfeigne du Charbon blanc, où Mercure d'aventure arrivé, defcendu du Ciel de la part de Jupiter qui lui avoit baillé un Livre à faire relier, ces deux bons fripons, pendant qu'ils s'en étoient allés à l'ébat, tirent d'un paquet qu'il avoit laiffé fur le lit, ce Livre, le dérobent, & en fon lieu en mettent un autre, contenant tous les petits paffe-temps d'amour & les folies de Jupiter, comme, quand il fe fit Taureau, pour ravir Europe ; quand il fe déguifa en Cygne, pour aller à Leda. Quand il print la forme d'Amphitryo, pour coucher avec Alcmena. Quand il fe tranfmua en pluie d'or pour jouir de Danaë. Quand il fe transforma en Diane, en Pafteur, en feu, en aigle, en ferpent, & plufieurs autres menues folies. Au fecond Dialogue font introduits quelques Philofophes cherchant des pièces de la pierre Philofophale, parmi le fable du

théâtre, où autrefois comme ils étoient difputant, Mercure la
leur ayant montrée, ces rêveurs l'importunèrent tant par leurs
prières, que ne fachant à qui la donner entière, il la brifa, &
mit en poudre, puis la répandit parmi l'arene, afin qu'un chacun en eût quelque peu, leur difant qu'ils cherchaffent bien, &
que s'ils en trouvoient feulement une pièce, ils feroient merveilles, tranfmueroient les métaux, romproient les barres des
portes ouvertes, guériroient ceux qui n'ont point de mal, im-
pétreroient facilement des Dieux, tout ce qu'ils voudroient,
pourvu que ce fût chofe licite & qui dût advenir, comme après
le beau temps la pluie, fleurs & ferein au printemps, en été
pouffière & chaleurs, fruits en Automne, froid & fanges en
hyver, en quoi l'auteur fe moque du vain labeur des Alchimiftes. Enfin après que Trigabus a dit que Mercure peut reftituer
& fouftraire, quand il lui plaît, à cette Pierre Philofophale, fa
vertu, Mercure, qui eft auffi introduit, ayant changé fon vifage
en autre forme, affavoir d'un beau jeune gars qu'il étoit, en un
vieillard tout gris, fe montre à eux & leur dit que depuis le
temps qu'ils la cherchent, il n'eft nouvelles qu'ils ayent fait aucun acte digne de la Pierre Philofophale, qui le fait penfer que
ce ne l'eft point, ou, fi ce l'eft, qu'elle n'a point tant de vertu
que l'on dit; mais que ce ne font que paroles, & que leur pierre
ne fert qu'à faire des contes. Au troifiéme Dialogue eft pris
& pourfuivi le propos du premier, touchant le Livre dérobé à
l'Auteur de tous larcins, intitulé : *Quæ in hoc Libro continentur
Chronica rerum memorabilium quas Jupiter geffit antequam effet
ipfe. Fatorum præfcriptum : Sive, eorum quæ futura funt certæ
difpofitiones. Catalogus Heroum immortalium, qui cum Jove vi-
tam victuri funt fempiternam.* Par là l'Auteur fe moque premièrement des Payens Idolâtres & de leur faux Dieu Jupiter, comme voulant dire qu'il n'a oncques été, ou s'il a été, il étoit
homme, & ne fit onc actes admirables, ne tels que fabuleufe-
ment on a écrit de lui. Par le fecond chef du titre du Livre, il fe
gabe du Deftin, & fatale néceffité, & tacitement de l'Aftrologie judiciaire. Et par le troifiéme, de ceux qui pour leur gran-

deur s'eſtiment comme Dieux. En après il fait diſcourir Mercure
des mémoires & charge que les Dieux & Déeſſes lui ont baillés
chacun particuliérement à faire en terre ce voyage, & le
même Mercure par la vertu de quelques paroles qu'il marmonne,
fait qu'un cheval nommé Phlegon parle & raiſonne avec ſon
palfrenier. Au quatriéme & dernier Dialogue, deux chiens,
l'un dit Hylactor & l'autre Pamphagus, qui furent autrefois du
nombre de ceux qui dévorèrent Actéon, chacun de ces deux
ayant avallé un lopin de la langue du Veneur tranſmué en
cerf, laquelle il tiroit hors la bouche; ſe rencontrant long-
temps après, deviſent enſemble de pluſieurs choſes plaiſantes.

[1] Bayle, ne prévoyant pas la nouvelle Edition qu'on donneroit du *Cymbalum
Mundi*, en 1711, à Amſterdam *, crut faire plaiſir à ſes Lecteurs de leur
copier le Sommaire qu'il avoit trouvé de ce Livre, en cet endroit de Du
Verdier. *Thomas du Clevier* eſt un faux nom, ſous lequel Bonaventure des
Périers a caché le ſien. Le *Cymbalum*, quoiqu'en diſe l'Auteur, dans ſon
Epître Dédicatoire, à ſon ami Pierre Tryocan, n'eſt pas une Traduction.
J'ai dit par occaſion, au mot BARTHELEMI ANEAU, ce que j'en penſois. Voy. LA
CROIX DU MAINE, & les notes, aux Art. BARTHELEMY ANEAU, Tom. I,
p. 78 & 79, & BONAVENTURE DES PÉRIERS, p. 90. (M. DE LA MONNOYE).

* Il y en a eu depuis une nouvelle Edition; *in-16.* à Amſterdam, 1738,
avec figures.

THOMAS D'AQUIN *. Hymne du Saint Sacrement de
l'Euchariſtie, commençant, *Sacris ſolemniis ſint gaudia.* Autre
qui commence *Lauda, Syon, Salvatorem.* Autre, *Pange lingua
glorioſi*; traduits par Guy le Febvre, & contenus aux Hymnes
Eccléſiaſtiques.

* S. Thomas d'Aquin naquit au treizième ſiècle, de l'illuſtre famille des
Comtes d'Aquino, au Royaume de Naples, dont le nom s'eſt éteint en ce
ſiècle. Il mourut à l'Abbaye de Foſſa-Nova, de l'Ordre de Cîteaux, dans
l'Etat Eccléſiaſtique, le 7 Mars 1274, dans ſa quarante-neuvième année,
comme il alloit au Concile Général de Lyon. La vaſte étendue de ſon génie,
prouvée par la ſolidité de ſes Ecrits, & les principales circonſtances de ſa
vie ſont ſi connues, que nous ne nous arrêterons pas à en parler. On blâme
S. Thomas de s'être étayé par-tout d'Ariſtote. C'eſt le goût de ſon ſiècle qu'il
faut blâmer. Il vouloit faire voir que la Religion Chrétienne eſt conforme à
la raiſon, & pour cela il ſe ſervoit de l'autorité d'Ariſtote, qui en étoit

l'oracle. C'eſt dans ces vues qu'il a écrit contre les Juifs & les Gentils. *Longueruana*, pag. 59.

THOMAS BEAUX-AMIS, Carme Pariſien, Doƈteur en Théologie, Religieux des Carmes de Melun, a écrit Enquête & Griefs, ſur le ſac & piéces, & dépoſitions des témoins produits par les favoris de la nouvelle Egliſe, contre le Pape & autres Prélats de l'Egliſe Catholique, en laquelle eſt donnée briève Réſolution ſelon leurs mêmes témoins, aux mêmes Livres & Chapitres qu'ils ont allégués; imprimée à Paris, in-8°. par Hiérôme de Marnef & Guillaume Cavellat, 1572. Réſolution ſur certains Pourtraits & Libelles, intitulés du nom de Marmite, fauſſement impoſé contre le Clergé de l'Egliſe de Dieu, par laquelle eſt prouvé par le Diſcours de l'Écriture Sainte & l'expreſſe parole de Dieu, le nom de Marmite enflammée, être propre à la nouvelle Egliſe; imprimée à Paris, par Hiérôme de Marnef, 1573. Hiſtoire des Seƈtes, tirée de l'armée Sathanique, leſquelles ont oppugné le Saint Sacrement du corps & ſang de Jeſus-Chriſt, depuis la promeſſe d'icelui, faite en Capernaum juſques à préſent. Et la viƈtoire de la vérité & parole de Dieu, contre le menſonge; imprimée à Paris, in-8°. par Guillaume Chaudiere, 1576. Remontrance au Peuple François, qu'il n'eſt permis à aucun ſujet, ſous prétexte que ce ſoit, ſe rebeller ne prendre les armes contre ſon Prince & Roi, ni attenter contre ſon Etat: le tout prouvé par l'Écriture Sainte; imprimée à Paris, in-8°. par Guillaume Chaudiere, 1575. Oraiſon funèbre, prononcée à Paris, le 21 de Juin, à la ſépulture du corps de feu Meſſire Charles de Gondy, ſieur de la Tour, Meſieres & Nandy, Capitaine de cinquante hommes d'armes, Maître de la Garderobe du Roi; imprimée à Paris, par Guillaume Chaudiere. *In ſacroſanƈta Cænæ Myſteria, Paſſionem & Reſurreƈtionem Domini noſtri Jeſu, Homeliæ & tabulæ, annexis quibuſdam ſcholiis ex primis Eccleſiæ Patribus*, in-8°. *Pariſiis, apud Guillelmum Chaudiere*, 1570. *Homeliæ in omnia quæ per quadrageſimam leguntur Evangelia quibus duplici*

*methodo , quæ ad interpretationem , & doctrinæ obfervationem
faciunt, ex antiquiffimis Ecclefiæ Patrib. felecta comprehenduntur,
in-8°. apud Guillemum Chaudiere, 1567. De fide & Symbolo
Libr. 4. quibus Catholica fides illuftratur, in-8°. Parifiis. Compendium vocabularii Theologici Scholaftici ; Parifiis apud Guill.
Chaudiere, 1580. De cultu , veneratione , interceffione , invocatione, meritis , feftivitatibus , reliquiis & miraculis Sanctorum
Catholica affertio ; Parifiis , in-8°. 1566. In Habacuc Prophetam Homeliæ 28. habitæ in regia Parifiis , 1566. & excuffæ à G.
Chaudiere, in-8°. Harmonia , &c. in-fol. Parifiis *.*

* Voy. LA CROIX DU MAINE, & les notes, au mot THOMAS BEAUX-AMIS,
Tom. II, pag. 432 & 433.

THOMAS ERASTUS, Profeffeur en Médecine, à Heidelberg *. Deux Dialogues touchant le pouvoir des Sorcieres : &
la punition qu'elles méritent , imprimés avec l'Impofture des
Diables de Jean Wier, à Paris , in-8°. par Jaques du Puys.

* Cet habile Médecin étoit né à Baden, en Suiffe , dans le Comté du
même nom , en 1523, & mourut à Bafle le dernier Décembre 1583, felon
M. de Thou (Hift. Lib. LXXVIII) Annum claufit mors Thomæ Erafti Badenis , in Helvetiis nati. Quelques-uns ont dit mal-à-propos qu'il étoit né
dans le Marquifat de Baden-d'Ourlach. On prétend que fon véritable nom
étoit Lieber , & qu'il l'avoit traduit par celui d'Eraftus. Il fut grand Médecin
& grand Philofophe. La Nature avoit cependant mis de grands obftacles au
goût qu'il avoit pour les Lettres, en le faifant naître pauvre , & affligé d'une
foibleffe fi grande dans la main droite, qu'il ne pouvoit s'en fervir pour écrire.
Il furmonta cet obftacle, & parvint à écrire de la main gauche, avec autant
d'aifance que de rapidité; & , ayant trouvé un ami charitable, qui lui fournit les moyens d'étudier, il profita des bienfaits de cet ami. (Melch. Adam.
Vit. Med.) Eraft profeffa la Médecine pendant long-temps , & avec grand
fuccès, à Heidelberg, puis à Bafle , où il mourut dans fa foixante unième
année , étant né, comme je l'ai dit ci-deffus , en 1523. On trouvera, dans
la Bibliothèque de Gefner , un long Catalogue de fes Ouvrages, la plupart
écrits en Latin. On affure qu'il eft l'Auteur du Traité des Comètes , publié
fous le nom de Thuracenfis Phyficus. (Placcius de Pfeudon.) Il démontre la
folie de l'Aftrologie Judiciaire & de la Médecine de Paracelfe , qui tournoit
alors toutes les têtes. Il fut moins heureux à traiter les matières Théologiques;
& , ayant écrit fur la Difcipline & les Cenfures , d'une manière tout-à-fait

oppofée à l'opinion de ceux de fa Communion, il caufa de grands troubles dans les Eglifes de Suiffe.

THOMAS JARDIN, Vicaire de Beau Jeu, a réduit en Quatrains Fraurçois, les Senteraces fpirituelles, recueillies des Œuvres de S. Auguftin, par Profper Aquitanique, Evêque de Rheige, & par lui mifes en vers Latins ; avec autres Sentences extraites des Œuvres de Saint Hirenée, Archevêque de Lyon ; & de Tertullien : le tout auffi réduit en Quatrains François ; imprimées à Lyon, in-8°. par B. Rigaud, 1584.

THOMAS ILLIRIC. Dévotes Oraifons en François, avec une Chanfon d'Amour divin, comprife fur les Sermons de frere Thomas Illiric, pour induire & inciter le peuple à dévotion ; imprimées à Paris, 1528. *Sermones aurei in alma civitate Tholofana proclamati à fratre Thoma Illirico de Auximo, Ordinis Minorum, facræ Theologiæ Profeffore, & verbi Dei Præcone, famofiffimo Generali & Apoftolico per univerfum mundum ; impreff. Tholofæ, in-4°. per Joannem de Guerlins, 1521.*

THOMAS DE KEMPIS. De l'Imitation de Jefus-Chrift *. Voyez JEAN BOUILLON.

* Thomas à Kempis s'appeloit Thomas *Hamercken*, & fut nommé à *Kempis*, du nom de *Kempen*, fa patrie, petite Ville de l'Eleftorat de Cologne, & non de *Kempen*, dans l'Orwerifel, comme l'a dit Corneille, dans fon *Diction. Géograp.* Ses Ecrits ont été imprimés en 3 vol. in-8°. Cologne, 1660. La première Edition avoit paru à Nuremberg, en 1495. On y trouve des Sermons, des Ouvrages Afcétiques, des Vies, & quelques Lettres ; mais il n'y eft point queftion de la Chronique du Monaftère de fainte Agnès, Ordre de S. Auguftin, où il étoit entré en 1407. Cette Chronique fut publiée à Anvers, en 1615. Thomas à Kempis, né en 1380, mourut, en 1471, en odeur de fainteté. Quant au Livre de l'*Imitation de Jefus-Chrift*, attribué à Thomas à Kempis, nous renvoyons à ce que nous en avons dit dans les notes, fur l'Article de JEAN BOUILLON, Tom. III de cette Bibliothèque, pag. 358.

THOMAS MORUS *. République d'Utopie. Voyez BARTHELEMY ANEAU, JEAN LE BLOND

* Cet homme célèbre étoit né en 1480. Il s'éleva par fon mérite & fes talens,

talens, & gagna la confiance du Roi d'Angleterre, Henri VIII, qui le fit Chancelier de fon Royaume, après l'avoir employé dans diverfes Ambaffades, & chargé de diverfes négociations, dont il s'acquitta avec fuccès. Il étoit âgé d'environ cinquante-cinq ans, lorfqu'il fut décapité à Londres, le 6 Juillet 1535, pour n'avoir pas voulu reconnoître Henri pour Chef de l'Eglife Anglicane, & peut-être plus encore, pour s'être oppofé à fon divorce avec Catherine d'Arragon, & avoir irrité contre lui Anne de Boulen. Ses Ouvrages furent imprimés à Louvain, *in-fol.* en 1586. On y trouve un Dialogue, dont le fujet eft, *quòd mors pro fide non fugienda fit.* Sa conftance prouva qu'il n'avoit écrit que ce qu'il penfoit. Son Ouvrage le plus connu eft l'*Utopie,* dont M. de Guedeville donna une Traduction, en 1730, Livre agréable & curieux, compofé à l'imitation de la République de Platon. On trouvera, dans le Tom. XXV des Mémoires de Niceron, l'Abrégé de la Vie de Thomas Morus, & le Catalogue de fes Ouvrages. On peut lire auffi l'Article de Thomas Morus, dans le cinquième volume de la *Biographie Britannique,* où l'on a raffemblé les détails les plus intéreffans de la vie de ce fameux Chancelier d'Angleterre. Nous avons parlé de fon *Utopie,* dans les notes, à l'Article de BERTHELEMY ANEAU, Tom. III de cette Biblioth. pag. 111.

THOMAS SYBILLE. En l'Épître adreffée à Jean Brinon, Seigneur de Villenes, Confeiller en la Cour de Parlement, à Paris, mife au devant de l'Iphigenie d'Euripide, tournée de Grec en François, le Traducteur ne s'y étant autrement nommé & foufcrit que par ces deux lettres T. S. & fe difant, par le titre, Auteur de l'Art Poëtique, je ne favois, ne pouvois deviner quel ce pouvoit être; car n'ayant point vu d'autre Livre intitulé Art Poëtique François, que celui où l'Auteur prend le nom de Quintil Horatian, & un autre de Jaques Peletier, cela m'occafionna d'inférer la verfion de cette Tragédie, audeffous du nom de l'Auteur Grec Euripide, en la lettre E. Toutefois en lifant depuis parmi les Epigrammes Latins d'Eftienne Pafquier, nouvellement fortis de la preffe, j'ai trouvé que le nom du Traducteur d'icelle Tragédie, & d'un Art Poëtique, eft Thomas Sybille, fans lequel Pafquier, qui m'a été en cela un Œdipe, j'en étois chez guillot le fongeur; car on pourroit interpréter, toutefois fauffement & par ignorance, T. S. Touffaincts Sorrin, Thomas Servin, Triftan Savetier & autres noms & furnoms, auffi-tôt que Thomas Sybille. Que fert-il donc de faire rêver ainfi les gens? A quoi fervent deux, trois ou quatre lettres,

chacune mife pour un mot, fi on ne fait ce qu'elles fignifient, &
on ne les peut connoître? Que ne met-on les noms tout du long;
ou bien fi on ne veut être connu, que ne fupprime-t-on du tout
fon nom? Ce Thomas Sybille, Châlonnois, Avocat en Parlement
à Paris, a écrit en outre, Traité du mépris de ce monde, par
lequel eft démontré le grand profit & utilité qu'apporte à
l'homme la vie folitaire & contemplative; enfemble les moyens
pour éviter les fautes, efquelles les perfonnes font le plus fouvent adonnées; imprimé à Paris, in-16. par Léon Cavellat,
1579 *.

*Voy. LA CROIX DU MAINE, & les notes, au même Article,
Tom. II, pag. 434 & fuiv.

THOMAS TURQUAM, Général des Monnoies, Commiffaire député par Sa Majefté, pour l'exécution du décri des
efpèces de billon, étrangères, qui s'expofoient au Duché de
Bourgogne, a écrit Remontrances par lui faites au Parlement
de Dijon, le dixiéme jour de Septembre 1573, où il déduit les
bonnes & juftes confidérations, pour lefquelles le Roi a décrié
les efpèces de Billon, étrangères, & répond aux opinions &
raifons qu'on pourroit avoir du contraire; imprimées à Paris,
in-8°. par Jean Dallier, 1573. Avis par lui donné en une affemblée faite à Paris, au mois de Septembre 1577, pardevant
Monfieur le Cardinal de Bourbon, pour délibérer fur les Mémoires préfentés au Roi, afin d'abolir le compte à fols & à livres,
& dorefnavant faire tous contrats & obligations à écus; imprimé
à Paris, in-8°. par Jean Dallier, 1578.

THUCIDIDE *. Voyez CLAUDE DE SEYSSEL.

* Thucidide, un des plus célèbres Hiftoriens Grecs, naquit, environ cinq
cens ans avant Jefus-Chrift, d'une famille illuftre. Il comptoit parmi fes Ancêtres Miltiade & Cimon. Il annonça fon goût & fes heureufes difpofitions
pour écrire l'Hiftoire, par les larmes qu'il répandit un jour, étant encore très-
jeune, à la lecture qu'on faifoit, dans une affemblée publique, de quelques
Livres d'Hérodote. Il époufa une femme originaire de Thrace, fort riche,
dont la fortune le mit à portée de s'inftruire, & lui facilita les moyens d'acquérir les connoiffances néceffaires, pour compofer l'Hiftoire de fon pays. La Ré-

publique lui confia le commandement des Troupes Athéniennes, où il n'eut pas le bonheur de réuſſir. Il ne put jeter du ſecours dans Amphipolis aſſiégée, & qui fut priſe par les ennemis. A la ſuite de cette malheureuſe expédition, on l'accuſa de s'être conduit avec trop de négligence, & on l'exila. Ce fut pendant ſon exil qu'il écrivit l'Hiſtoire de la Guerre du Péloponnèſe, dont il n'a donné que huit Livres, s'étant arrêté à la vingt-unième année de cette Guerre, qui en dura vingt-huit. Il avoit des correſpondances dans les deux partis, & payoit également & Spartiates & Athéniens, pour être mieux inſtruit, & pour découvrir plus ſûrement la vérité, en combinant les diverſes relations. Il mourut dans ſon exil, à ſoixante-quatre ans. Denis d'Halicarnaſſe nous apprend que Démoſthène faiſoit tant de cas de l'Hiſtoire de Thucidide, qu'il la tranſcrivit huit fois, pour ſe la graver plus profondément dans la mémoire. Quintilien, comparant Hérodote & Thucidide, leur donne à tous deux le premier rang, pour des raiſons bien différentes : *Thucydides & Herodotus longè cæteris in Hiſtoriá præferendi, quorum diverſa virtus laudem penè eſt parem conſecuta. Denſus & brevis, & ſemper inſtans ſibi Thucydides ; dulcis & candidus & effuſus Herodotus : ille concitatis, hic remiſſis affectibus melior : ille concionibus, hic ſermonibus : ille vi, hic voluntate.* Ce que l'on remarque encore dans l'Hiſtoire de Thucidide, c'eſt qu'il a oublié qu'il eût des ennemis ; il n'en a jamais parlé, ne croyant pas que les intérêts particuliers duſſent être mis en parallèle avec ceux du Public. Cicéron l'a loué ; mais, comme la manière de Thucidide étoit tout-à-fait oppoſée à la ſienne, même dans les Diſcours qu'il a inſérés dans ſa Narration, il dit (*in Oratore*) *Orationes quas interpoſuit multæ ſunt : eas ego laudare ſoleo, imitari neque poſſim ſi velim, neque velim ſi poſſim.* Claude de Seyſſel n'a traduit en François Thucidide que ſur le Latin de Laurent Valle. D'Ablancourt, quoiqu'il ſût le Grec, content de prendre le ſens, en a uſé avec ſa liberté ordinaire. La meilleure Edition de cette Verſion eſt celle de Billaine, en 3 vol. *in-*12.

TITE LIVE *. Décades de Tite Live, Padouan, miſes en langue Françoiſe : la première par Blaiſe de Vigenere, Bourbonnois ; avec des Annotations & figures pour l'intelligence de l'Antiquité Romaine. Plus une Deſcription particulière des lieux, & une Chronologie univerſelle de tous les Peuples & Potentats de la terre, & la Vie dudit Tite Live ; imprimées à Paris, *in-fol.* par Nicolas Cheſneau, 1583. Il avoit compris toute l'Hiſtoire Romaine juſques à la fin d'Auguſte, en quatorze Décades ou dixaines, faiſant le nombre de cent quarante Livres, deſquels nous n'avons pas la quarte partie de bien entiers & complets. La première contient la Domination de ſept Rois, en l'eſpace de 244 ans ; puis le Gouvernement des Conſuls, Decem-

Virs, & Tribuns Confulaires, par quelques autres 210 ans,
fous lefquels fe mûrent infinies guerres contre les Sabins,
Latins, Herniques, Eques, Volfques, Veientins, Falifques,
Fidenates, Tofcans, Capenates, Pouillois, Lucaniens, Samnites,
& autres peuples d'Italie. Plus le fiége de Porfenne devant
Rome, & la prife d'icelle par les Gaulois. La feconde Décade
eft perdue, où étoit déduite l'Hiftoire Romaine depuis l'arrivée
d'Efculape à Rome, où il fut tranfporté d'Epidaure, jufques
au commencement de la feconde guerre Punique, & contenoit
trois groffes cruelles guerres. La première contre Pyrrhus, Roi
des Epirotes, venu au fecours des Tarentins : la feconde, avec
les Carthaginois, qui dura l'efpace de 24 ans, & fut appelée
la première guerre Punique. La troifiéme, contre les Gaulois,
en laquelle les Romains arrivèrent bien quatre-vingt mille
chevaux, & fept mille hommes de pied. La tierce Décade traite
la feconde guerre Punique fous la conduite d'Annibal, qui dura
dix-huit ans. La quatriéme, la Macédonique, contre Philippe,
& l'Afiatique contre Antioque, d'environ vingt-trois années.
De la cinquiéme nous n'en avons que la moitié, & encore la
plupart des Livres font efcernés & manchots du refte de ladite
guerre Macédonique, contre Perfe, fils de Philippe, que Paul
Aemile défit & mena prifonnier avec fes enfans en fon triomphe. Tout le refte de là en avant n'eft qu'un abrégé réduit en
petits affamés Sommaires, par Flore.

En la vie de Tite Live.

Mais il n'a point de plus belle Epitaphe que la mémoire de fes
écrits immortels, fi le tout en fût parvenu jufqu'à nous ; & le
témoignage des bons Auteurs. Car, pour en parler felon la
commune opinion, entre tous les Hiftoriographes Grecs & Latins, il ne s'en trouve point de plus fertile & heureux que lui,
ne qui coule ainfi d'un perpétuel torrent d'éloquence plantureufe,
grave & pofée : fi qu'on le peut dire avoir non qu'égalé, mais
furpaffé tous les autres d'auparavant, & depuis. Et de fait

cette brave & fuperbe cité, Dame & maîtreffe de toutes autres, ayant, par de fi longues révolutions de fiécles, maintenu une telle gloire d'Empire, & une fi puiffante domination fur toutes les nations de la terre, les plus dignes d'être connues, n'a point de fa part plus bravement manié les armes à l'étendue de fes conquêtes, que lui fa plume à la defcription de leurs faits, & ne s'eft montrée plus généreufe à entreprendre & exécuter, ni plus modérée à gouverner les peuples conquis, & raifonnable à ufer de leur fubjection & obéiffance, que lui à raconter fidèlement les événemens de tous leurs projets & deffeins, tant en l'une que l'autre fortune ; fe portant en cela comme neutre, & d'une grande fincérité, nous remettant devant les yeux, fans y rien déguifer ni fléchir, tout ce qui y peut avoir été de bien & de mal, de bon & mauvais, de jufte & injufte, de loyal & de déceptif : fi foigneux au refte, fi élabouré & exact par toute cette grande mer d'écritures, à quoi fi nous avions toutes fes Œuvres, nulles autres ne fe pourroient parangonner, non-feulement ès chofes générales & d'importance, mais jufqu'aux moindres menues parcelles des plus légeres occafions, qu'en cela il montre vouloir reffembler la maffe entière du Senat, à très-prudémment difpofer de la généralité des affaires, & tant de valeureux membres d'icelui, à s'acquitter chacun en fon endroit de leur devoir, à l'envi l'un de l'autre, par le cerveau & les mains defquels le tout parvint finalement à une Monarchie fi ample. Jamais il ne fe laffe nulle part, ne redit jamais une même chofe, ains toujours frais, gay & difpos, fe renouvellant d'une variété agréable, comme s'il reprenoit nouvelles forces, à guife d'un fecond Antée, femble une fource inépuifable & perpétuelle d'autres toutes fraiches inventions & difcours. La grandeur ni le poids, ni l'embarraffement de tant & de fi importantes affaires, qui fe viennent tout à un coup préfenter d'infinis endroits, à qui coulera le premier du bout de fa plume, ainfi qu'une roide abondance d'eau, à l'iffue d'une étroite gargóilhe, ne le peuvent pour cela étonner ni confondre,

troubler fon ordre raffis, ni le jeter tant foit peu hors du fil
de fon oraifon compaffée ; ne la fimplicité d'autre part de la
nue narration de l'Hiftoire, felon que par fois elle fe préfente
plus baffe ; le ravaller à un ftile affamé & maigre, ne par trop
infolent non plus, par-tout où il eft queftion de fe rehauffer,
quand la magnificence du fujet le demande : fi qu'il fe vienne
inégalement déborder hors de fon canal ordinaire, ainfi que
quelque impétueux torrent, qui nagueres tari tout à fec, foudain par une feule ravine d'eaux s'enfle à outrance, roulant
impétueufement fes ondes à travers les rochers & les plaines,
s'il trouve où s'y émanciper tant foit peu ; car il eft endroit foi
rempli toujours jufqu'à pleine marge. Curieux au refte de mots
& phrafes exquifes, & poli quant & quant, mais non jufqu'à
une mignardife affectée. Non fi chagrin, rebarbatif & auftère,
où il eft queftion d'un peu plus de févérité, qu'on doive avoir
horreur de s'en approcher, & non de fi facile accès auffi, qu'il
fe rende pour cela contemptible, fon dire étant par-tout approprié au fujet qu'il traite ; & la gravité des fentences correfpon-
dantes à celle des chofes. Plantureux & opulent en langage, &
qui n'épargne rien de ce qui peut être requis pour exprimer
naïvement ce qu'il veut mettre devant les yeux : non prodigue
pourtant, ni exceffif en cela, ains comme un très-foigneux
Œconome, & fidèle difpenfateur, qui ménage le tout par mefure. Sobre, fuccinct, & racueilli en fes narrations, où il laiffe
toujours une pointe & un éguillon aux écoutans de le voir paffer
outre, ainfi qu'il fait, & par fois a des incidens tenant lieu
comme de repofoirs en un efcalier autrement pénible, ou de
cabinets en un parc, un peu détournés hors des par trop longues allées, ou d'entremets ès comédies, fans en rien s'éloigner du droit & principal cours de l'Hiftoire, fi non en tant
qu'elle en a befoin pour l'égayer & la rendre plus nette &
intelligible. Très-retenu en fes enrichiffemens, tous remplis de
chofes élues & rares, de ce que l'efprit humain pourroit fouhaiter pour fe réjouir; fans confondre, ni traverfer les affaires les

unes fur les autres, fans rien pervertir de l'ordre & la fuite, ou
prevénir & anticiper l'événement qu'on doit attendre des entreprifes & defleins. En quoi par leurs conduites & exécutions
il mene, tout ainfi que par la fifielle d'Ariadne, fi dextrement,
que nonobftant tous les détours de cet embrouillé labyrinthe
d'occurrences l'une fur l'autre, on vient foudain concevoir quelle
en devra être l'iffue. Il n'ufe jamais de flatterie nulle part, &
ne pardonne, en forte quelconque, ni au confeil public en général, ni aux grands en particulier, pour fi peu qu'ils bronchent
& s'extravaguent hors de leur devoir, encore qu'il fût déjà bien
avant hors la liberté d'une République, réduit fous la ferve
captivité d'un feul homme, ce qui rendit, par aventure, moins
recommandable envers lui, le mérite de fes labeurs; mais fans
fe montrer pour cela partial ni animé contre perfonne, ains fe
parforçant toujours, en tant qu'il peut, de retenir en bride l'infolence effrénée de la commune, fous l'autorité & refpect des
fupérieurs. Auffi équitable, fi la raifon le veut ainfi, à l'endroit
des plus capitaux ennemis du nom Romain, que fes propres
concitoyens, fans défrauder ceux-là, non plus que ceux-ci, de
la louange qui leur eft due. Si fevere au refte, qu'il ne pardonne pas même à la cenfure. Chiche, par manière de dire, en
paroles, & très-fplendide au contraire, voire plutôt prodigue,
que libéral en graves fentences, & en remontrances. Exercité
au poffible en la déduction des confeils, délibérations, & difputes. Mais fi admirable fur-tout en fes Harangues, qu'on les
voit par-tout plus femées de fentences que de mots. Si que
non-feulement il a en cet endroit furpaffé tous les autres, mais
foi-même encore; car elles paroiffent autant d'oracles, &c.

    * D'après l'éloge qu'on lit fur le monument élevé dans la grande Salle de
l'Hôtel-de-Ville de Padoue, à la mémoire de Tite-Live, par les Padouans,
fes Compatriotes, ce célèbre Hiftorien étoit le feul qui pût dignement parler
des grandes actions du Peuple Romain, & les décrire. On lui a cependant reproché fes Harangues, fabriquées à plaifir, & fa *Patavinité*, dont il ne put
jamais fe corriger. On l'accufe encore de n'être pas exact dans ce qu'il dit des
Gaulois & des Carthaginois, foit par ignorance, foit par partialité. Ces dé-

fauts ne l'empêchent pas d'être le plus éloquent des Historiens de Rome. Son Histoire étoit divisée en 140 Livres; il ne nous en reste plus que 35, qui même ne se suivent pas. Les meilleures Editions du texte Latin sont celles d'Oxford, données, tant par Thomas Héarne, en 6 vol. *in-8°.* 1708, que par M. Crevier, avec des notes, en 6 vol. *in-4°.* La Traduction de du Ryer est tombée dans l'oubli; on ne lit plus que celle de M. Guérin. Erpenius assure que les Arabes ont une Traduction en leur langue de l'Histoire entière de Tite-Live. (Erpen. *Orat.* 2, *de Linguâ Arab.*) & Hinkelman, dans la Préface de son Edition de l'*Alcoran*, prétend que cette Traduction se trouvoit à Fez: *Utinam è Fessanis tenebris incomparabilis Livius integer eruetur!* Mais il y a tout lieu de croire que cette version n'existe pas plus que la prétendue version Arabe de l'Historien Joseph, conservée, disoit on, dans les Monastères du Mont Liban. Paul Jove a cru que Tite-Live entier avoit été transporté dans une petite Isle d'Irlande, où on le conservoit avec soin, depuis le sac de Rome par Alaric. (*Jov. Descrip. Hibern. Inst.*) Fabricius, dans sa Bibliotheque Latine, parle d'un Chantre du Chapitre de Brême, nommé *Martin Grœning*, qu'on dit avoir possédé le Tite-Live entier, qu'il avoit tiré d'une Bibliothèque de Norwège; *Pietro della Valle*, dans son *Voyage* de Constantinople, en 1615, assure (*pag.* 143) que l'on conservoit dans la Bibliothèque du Grand-Seigneur toutes les Décades de Tite-Live, dont, quelques années auparavant, le Grand-Duc avoit fait offrir cinq mille piastres, mais qu'on n'avoit pas voulu le donner à ce prix; que, lors même qu'il écrivoit, l'Ambassadeur de France (*Achiles de Harlay*) & lui, en avoient fait offrir sous main dix mille écus au Garde des Livres, bien informés (ajoute-t-il) que c'est la vraie façon de réussir en cette Cour; que le Garde avoit accepté la proposition, mais qu'il n'avoit pu retrouver ce Livre, après l'avoir en vain cherché durant plusieurs mois. Colomiez raconte (*Biblioth. Choisie*, pag. 41) qu'il avoit vu à S. Germain, en 1682, des Grecs de Chio, qui disoient avoir dans leur Isle le Tite-Live entier, sauvé de l'incendie de la Bibliothèque de Constantinople, & qu'ils étoient venus en France, pour en traiter avec M. Colbert; que le marché avoit été conclu à soixante mille livres, & qu'on avoit envoyé dans l'Isle pour le copier, de peur que le vaisseau qui apporteroit l'Original, ne vînt à périr dans la traversée; mais que depuis on n'a plus entendu parler ni des Grecs de Chio, ni du Tite-Live, ce qui rappelle le mot d'Elien, au sujet d'un récit peu croyable de Théopompe de Chio (Liv. III, Chap. xviii) καὶ ταῦτα, ἵππω πίςεύ ὁ χῖος λέγων, παπαιευόω. *Qu'on ajoute foi à ce recit, si on peut ajouter foi à ce que raconte un homme de Chio.* Ce fait est raconté avec assez de détail par Baudelot (*de l'Utilité des Voyages*, Tom. II, pag. 405.) Selon une lettre de Chapellain, écrite, en 1668, à M. Colomiez, qui la rapporte en entier, dans sa *Biblioth.* Chap. 4, pag. 42, la Bibliothèque de l'Abbaye de Fontevrault renfermoit autrefois plusieurs Décades de Tite-Live, qui n'y sont plus. L'Apothicaire de l'Abbaye ayant trouvé des Manuscrits en parchemin, qui contenoient l'Histoire de Tite-Live,

Live, les demanda à l'Abbesse, comme de nul usage, le tout, disoit-il, étant imprimé. L'Abbesse les lui donna sans peine, & il les vendit à un Mercier de Saumur, qui s'en servit à faire des Battoirs. On reconnut sur quelques-uns de ces Battoirs des titres de la huitième, de la dixième & de la onzième Décade. On auroit pu du moins sauver les Fragmens qui se trouvoient encore chez le Mercier, en assez grande quantité, pour fournir plus de douze douzaine de Battoirs. On a mieux profité d'un Fragment de Tite-Live, qu'on a découvert à Rome depuis peu, & qui étoit inséré dans une Bible Manuscrite, dont le parchemin avoit originairement servi à ce Fragment. On s'en est apperçu, en conférant cette Bible, pour servir à l'Edition que prépare le savant Docteur d'Oxford, M. Kennicott, qui rassemble avec soin toutes les variantes des textes manuscrits. Ce Fragment vient d'être imprimé à Hambourg & à Rome, la présente année 1773. Il contient deux feuilles du Livre XCI de Tite-Live, concernant l'Histoire du *Siége de Contrebia*, Ville d'Espagne, par Sertorius, & quelques autres événemens de cette même guerre. Il est rempli de lacunes très-difficiles à suppléer. M. le Comte de Brosses, ancien Président-à-Mortier du Parlement de Dijon, Membre de l'Académie des Belles-Lettres de Paris, se propose de le rétablir, autant qu'il est possible, & de l'insérer dans le second des cinq Livres de l'Histoire générale de Salluste; Ouvrage perdu, mais dont M. de Brosses a soigneusement rassemblé les Fragmens en grand nombre, sur lesquels, après les avoir disposés dans leur ordre, il a rétabli les cinq Livres. Son Ouvrage est actuellement sous presse. Les morceaux de Tite-Live s'accordent avec sa narration, & donnent lieu d'y ajouter le récit d'un Siège, dont nous n'avions d'ailleurs aucune connoissance, ainsi que quelques détails particuliers sur d'autres faits déjà rapportés, soit dans les restes du texte de Salluste, soit dans les Supplémens. Il paroît qu'à l'exemple de M. Bruns, Allemand, qui a fait la découverte de ce Fragment, on va s'occuper à Rome du soin de la continuer, si le Manuscrit dans lequel on a trouvé d'autres morceaux connus, comme l'Oraison de Cicéron *Pro Roscio*, contient encore quelques Fragmens de Tite-Live, ou autres inconnus. On ne sauroit trop applaudir à des travaux aussi utiles, & au service éminent qu'ils rendent aux Lettres. Le temps a dévoré pour jamais bien des choses précieuses; mais il est certain que l'ignorance, plus barbare encore que le temps, en a beaucoup plus détruit. C'est au Pape Grégoire I que nous devons peut-être reprocher la perte d'une grande partie des Décades de Tite-Live. Antonin, Archevêque de Florence (*Som.* Liv. IV) rapporte que ce Pape faisoit brûler tout ce qu'il trouvoit de l'Histoire de Tite-Live, sous prétexte des superstitions qui s'y rencontroient. —Tite-Live eut les bonnes graces d'Auguste, & c'est par son ordre qu'il écrivit l'Histoire Romaine, sur les Mémoires que ce Prince lui fournit. Il composa son Ouvrage à Rome & à Naples. Après la mort d'Auguste, il revint dans sa patrie, où il mourut, âgé de soixante-douze ans, l'an 17 de Jesus-Christ, le quatrième du règne de Tibère.

TOUSSAINTS DE BESSARD, d'Auge en Normandie, a écrit Dialogue de la longitude Eft-Oueft, qui eft la premiere partie du miroir du monde, contenant tous les moyens qu'on pourroit avoir tenus à la navigation jufqu'à maintenant, que les deux filles de Cofmographie, affavoir Géographie & Hydrographie, en mettent un nouveau & plus sûr en avant, touchant le fait de cette longitude tant par mer que par terre ; imprimé à Paris, in-8°. par Julien l'Angelier, 1560. Règle compas, avec fon ufage accompagné des démonftrations requifes pour l'intelligence d'icelui. Par lequel on peut faire des lignes calculaires de telle étendue qu'il viendra à gré, n'ayant toutefois autre centre que l'air; qui eft un abrégé très-beau & utile pour tous Cofmographes, Fabricateurs d'inftrumens, Mathématiques & Architectes ingénieux, à raifon que, par fon moyen, un chacun d'eux eft relevé de la peine ennuyeufe de la recherche du centre, par la doctrine des trois points donnés; imprimée à Paris, in-4°. par Hiérome de Marnef, 1572.

*Voy. La Croix du Maine, au même Article, Tom. II, pag. 437.

TOUSSAINTS GIBOULT, Docteur en Théologie & Vicaire-Général en l'Archevêché de Tholofe, a écrit Homélie pour action de graces & de louanges à Dieu, pour le bénéfice de la paix entre les hommes, avec déclaration des moyens requis pour la conferver & la faire régner; imprimée à Paris, in-8°. par Richard Breton, 1558. Adreffe pour trouver efpoir en défefpoir; & repos en adverfité, imprimée à Tholofe, in-8°. par G. Boudeville, 1559. Sermon funèbre, fait ès obféques du Roi très-Chrétien Henri II de ce nom, en l'Eglife Métropolitaine de Tholofe, le 7 Août 1559; imprimé audit an, à Tholofe, par Guion Boudeville *.

*Voy. La Croix du Maine, & les notes, au mot Toussains Thiboust, Tom. II, pag. 437 & 438.

TRAJAN PARADIN, Secrétaire de Madame de Xainthes, a traduit de l'Italien de Antoine Bracioli, Dialogue de l'Office d'un Capitaine & Chef d'armes ; imprimé à Poitiers, par Jean de Marnef, 1551 *.

* Voy. La Croix du Maine, & les notes, sur cet Article, Tom. II, pag. 438.

TRASIBULE PHENICE. Sous ce nom suppofé quelque Calvinifte a écrit une Comédie ¹, intitulée le Pape malade ; imprimée à Lyon, 1561 *. *Calvinique.*

¹ Ce n'eft pas une Comédie, c'eft une Farce, où, malgré la diftance des lieux, le Poëte fait venir de Paris, & même de l'Amérique, à Rome, où régulièrement doit être la fcène, tels perfonnages que bon lui femble, comme Artus Defiré & Villegaignon ; il y maltraite fort plufieurs Docteurs de Sorbonne, entr'autres, Nicolas Maillard. L'Exemplaire *in-8°*. que j'ai de cette pièce, porte qu'elle eft imprimée en 1561, non à Lyon, mais à Rouen. Il eft pourtant vifible que c'eft à Genève, appelée au bas de l'Argument, par tranfpofition de lettres, *Venège*, où il eft dit qu'elle fut repréfentée *aux Jeux Hierapolitenfes.* Tout le monde fait qu'en ftyle de bon Huguenot, *Hierapolis*, c'eft Genève. Au-deffous du titre de la Comédie, fe lifent ces mots, en Italique fort menu : *Traduite du vulgaire Arabic, en bon Roman intelligible, par Thrafybule Phénice.* L'Auteur, étant d'avis d'abolir le Siége Papal, ne pouvoit prendre un nom qui lui convînt mieux que celui de *Thrafybule*, Θρασύβουλος, hardi Confeiller. Il y ajoute celui de *Phénice*, parce qu'il feint avoir traduit fa Comédie de l'Arabe, qu'il croit, quoique fauffement, être le même que le Phénicien, ou le Punique. (M. de la Monnoye).

* Voy. la Bibl. Franç. de M. l'Abbé Goujet, Tom. XIII, p. 141, où cette note de M. de la Monnoye eft rapportée en entier, fans qu'on en ait cité l'Auteur. — Il y a deux Editions de cette Comédie ; l'une *in-8°*. en 1561, dont parle du Verdier & M. de la Monnoye ; l'autre *in-16*. en 1584. A la fuite de l'Edition de 1584, fe trouve la Comédie du *Marchand Converti.* Ces deux pièces font du nombre des libelles que les premiers Proteftans faifoient contre la Cour de Rome.

TRISTAN DE LASCAGNE, Official de Saint Julian du Sault près Sens, a écrit en profe, le Lys très-Chrétien, floriffant en la Foi très-Chrétienne ; imprimé à Paris, *in-4°*. par Denis Janot, 1540. Plus, Livre intitulé, c'eft notre Dame en l'honneur de la très-facrée Vierge Marie, à la confufion des maladvifés Luthériens ; imprimé à Paris, par Jean André, 1548. Difputation entre l'homme & la raifon, à l'honneur de la glorieufe Vierge Marie, imprimée à Paris, *in-8°*. par Denis Janot, fans date. *Opufculum*. Elle n'a point fa pareille, car toutes vertus font en elle, *nuncupatum in honorem Virginis, intemeratum ; Parifiis, in-8°*.

TUBAL HOLOFERNE (foit un nom fuppofé ou de l'Auteur) a compofé en rime Françoife, une Prognoftication nouvelle & joyeufe, pour trois jours après jamais ; imprimée à Paris, en l'an 1478, en laquelle voulant parler de la difpute & contention qui lors étoit entre les Cordeliers & Jacobins, fur la Conception de la facrée Vierge, il dit,

> *Les Carmes & les Auguflins*
> *Iront nuiǔ & jour au pourchas,*
> *Les Cordeliers & Jacobins*
> *S'aimeront comme chiens & chats.*

Et un peu après, voyant les diffolutions qui fe commettoient de fon temps, ès Cloiftres & Convents, il lui échappe de vouloir prédire que,

> *Si Moynes & Nonnains fe joignent,*
> *Ce ne feront pas cas nouveaux,*
> *Car, felon que plufieurs témoignent,*
> *Les Truyes ayment les pourceaux.*

* Voy. pag. 388 du Tom. VI de Baillet, *in-4°*. la note fur TUBAL HOLOPHERNE.

TURPIN [1], Archevêque de Reims, l'un des Pairs de France, a écrit Chronique & Hiftoire, contenant les Proueffes & Faits d'armes, advenus en fon temps, de très-magnanime & vertueux Roi Charles le Grand *, autrement dit Charlemagne, & de fon neveu Roland ; imprimée à Paris, *in-4°*. par Regnaud Chaudiere, 1527.

[1] La Chronique Fabuleufe, attribuée à Turpin, ne peut pas être de lui, puifqu'il y eft parlé de la mort de Charlemagne, qu'on fait avoir furvécu Turpin de deux ans & quatre mois. On y fait pourtant dire hardiment à cet Archevêque, dès l'entrée, qu'il a été 14 ans à la fuite de Charles, au pays de Galice & dans les Efpagnes. Godefroi de Viterbe, dans fa Chronique, intitulée

Panthéon, donne à cette guerre la même durée. Les Romans n'en font pas demeurés là. M. le Duchat m'a écrit qu'il y en a qui arrêtent Charles en Espagne pendant trente-trois ans, & m'a cité là-deſſus le ſoixante-dix-huitième Chapitre de Galien reſtauré. Il n'eſt pas ſurprenant, cela ſuppoſé, qu'un ſi long ſéjour de ce Prince, en Eſpagne, ait paſſé autrefois en proverbe. Le paſſage, au commencement de la Farce de Patelin, y eſt formel, & celui de Martial d'Auvergne, Auteur Contemporain, dans le trente-troiſième de ſes *Arrêts d'Amours*, ne l'eſt pas moins. Il eſt pourtant ſûr qu'à s'en tenir à la vérité de l'Hiſtoire, aſſez bien déduite par Fauchet, Liv. VI de ſes *Antiquités Françoiſes*, Chap. 14, cette expédition ne coûta pas une année entière à Charlemagne. (M. DE LA MONNOYE).

* Turpin, ou plutôt Tilpin, mourut vingt-trois ans après Carloman, c'eſt-à-dire, en 794, & Hincmar dit que Tilpin avoit été Archevêque de Reims durant plus de quarante ans; ainſi il ne fut élevé à ce Siège que vers 753. Les Auteurs de la nouvelle Edition de la *Gaule Chrétienne* ont aſſez bien établi cette Chronologie: cependant le Cointe, & les Auteurs de l'*Hiſtoire Littéraire de la France* (Tom. IV, pag. 206) reculent ſa mort juſqu'en l'an 800. Il y a plus d'un ſiècle qu'on a unanimement reconnu la ſuppoſition de la Chronique fabuleuſe qui lui a été long-temps attribuée. Gui Allard, *Bibl. du Dauphiné*, pag. 224, croit que ce Roman fut écrit en 1092, par un Moine de S. André de Vienne; mais M. de Marca penſe qu'il eſt de l'invention des Eſpagnols, & en fait remonter l'origine au onzième ſiècle. Il fut originairement écrit en Latin, & les Fables dont il eſt rempli furent adoptées par la plupart de nos anciens Hiſtoriens: elles paſſèrent même dans les Chroniques de S. Denis. On le traduiſit en François, vers l'an 1200. Gaguin le traduiſit auſſi depuis, & les Traductions Françoiſes parurent imprimées, avant que le Texte Original Latin l'eût été, pour la première fois, dans le Recueil des Hiſtoriens d'Allemagne de Simon Schardius, à Francfort, 1566, & enſuite par Jean Ruberus, en 1584. La Verſion Françoiſe de Gaguin avoit d'abord été publiée par ordre de Charles VIII, Roi de France, à Paris, *in-4°*. en lettres Gothiques & ſans date, & réimprimée en 1527. La Traduction faite par Mikius, ou Michel de Hornes, en 1207, ne fut publiée qu'en 1583, *in-8°*. Gaguin a ajouté beaucoup de moralités & de miracles, qui ne ſont point dans le Texte Latin. Les Manuſcrits de ce Roman diffèrent entre eux pour la plupart, ſur quoi on peut conſulter l'*Hiſtoire Littéraire de la France* (Tom. IV, pag. 220, & la notice de M. de la Curne de Sainte-Palaye, ſur le Manuſcrit intitulé *Vita Karol. Magni*, rapportée dans les *Mémoires de l'Académie des Belles-Lettres*, Tom. VII, première Partie, pag. 230 & ſuiv.

LIVRES D'AUTEURS ANONYMES.

La Deviſe des armes des Chevaliers de la TABLE RONDE, qui étoient du temps du très-renommé & vertueux Artus, Roi

de la grande Bretagne , avec la Defcription de leurs Armoiries ¹; imprimée à Paris , *in-16.* par François Regnaud.

¹ Il faut croire qu'André Favyn n'avoit point vu le Livre ici rapporté, ou
qu'il le trouvoit fort défectueux, puifque, pag. 1093 & 1094 de fon *Théâtre
d'honneur & de Chevalerie ,* il dit n'avoir vu aucun Traité qui contînt exactement, foit le nombre des Chapitres tenus par le Roi Artus, Inftituteur de
l'Ordre, foit le nom des anciens Paladins de la Table ronde, & le Blafon
de leurs armes. C'eft à ce défaut qu'il a foin de fuppléer, en faifant voir que
le Roi Artus avoit tenu huit Chapitres , dans le premier defquels il créa
vingt-quatre Chevaliers; dans le fecond, vingt ; dans le troifième, quinze ;
dans le quatrième, vingt-cinq; dans le cinquième, dix-fept; dans le fixième ,
quinze ; dans le feptième, dix-huit; dans le huitième & dernier, dix-neuf,
en tout cent cinquante-trois, dont il fpécifie les noms, & blafonne en même
temps les armes. On place l'exiftence d'Artus , Roi fabuleux de la Grande-
Bretagne , au fixième fiècle. (M. DE LA MONNOYE).

Le TEMPORISEUR, en forme de Dialogue; plus , Avis
& Confeils. *Calvinique.*

Les TÉNÉBRES du grand Turc , à fix Leçons , fur les
Regrets de la perte de fes gens , tant à Malthe qu'à Rhode,
Cypre, Famagofte & autres lieux appartenans aux Chrétiens;
imprimées à Paris , *in-8°.* par Prigent Godec, 1572.

TESTAMENT des douze Patriarches, &c.

TETRASTIQUES François, fur les Devifes de Paulo Jovio
& Gabriel Simeon, pour fervir en verrieres, chaffis, & galeries,
& tableaux , ainfi qu'on les voudra accommoder ; imprimés à
Lyon, *in-fol.* par Guillaume Roville , 1568.

La THÉOLOGIE fpirituelle, extraite des Livres de Saint
Denis, tranflatée de Latin , par un vénérable Religieux de
l'Ordre des Freres Mineurs ; imprimée à Paris, par Alain Lotrian, fans date.

Les Adventures joyeufes & Faits merveilleux de TIEL
ULESPIEGLE ¹, traduites d'Allemand ; imprimées à Lyon,
in-16. par Jean Saugrain, 1559.

¹ Un Poëte Latin de Bruxelles, connu fous le nom d'*Ægidius Periander,*

a mis, en vers Elégiaques, la vie de Tiel Ulefpiégle, imprimée *in-8°*. à Francfort, 1567, avec des figures, qui repréfentent toutes les actions rapportées dans cette vie. L'Ouvrage eft intitulé *Noctua Speculum*, par rapport aux deux mots Allemands, dont le nom d'Ulefpiégle eft compofé, *Ul Noctua*, *Chouette*, & *Spiegel*, *Speculum*, Miroir. (M. DE LA MONNOYE).

Tragédie de TIMOTHÉE Chrétien, traduite de Latin en rime; imprimée à Lyon, par Jean Saugrain. *Calvinique.*

TRAGÉDIE repréfentant l'odieux & fanglant meurtre commis par le maudit Caïn *, à l'encontre de fon frere Abel, extraite du quatriéme chapitre de Genefe. Les Perfonnages introduits en icelle, font Adam, Eve, Caïn, Abel, Calmana, fœur & femme de Caïn, Delbora, fœur & femme d'Abel, l'Ange, le Diable, Remords de confcience, le fang d'Abel, Péché, la Mort; & a été imprimée à Paris, *in-8°.* par Nicolas Bonfons.

    * Cette Tragédie eft de Thomas le Coq, Prieur de la Sainte Trinité de Falaife. L'Edition, citée ici par du Verdier, eft de 1580. Voyez *Recherches fur les Théâtres* de Beauchamps, pag. 51, fecond âge du Théâtre François, Edit. *in-4°.*

TRAGÉDIE du Roi Franc Arbitre, traduite d'Italien [1], imprimée par Jean Crefpin, 1558. *Calvinique.*

    [1] C'eft une Traduction Françoife de la Tragédie Italienne de *Francefco Negro Baffanefe*, intitulée *Tragedia del libero Arbitrio*, dont la première Edition parut, en 1546, *in-4°.* & la feconde, en 1550, *in-8°.* fort augmentée. L'Auteur l'ayant depuis traduite en Latin, elle fut imprimée, l'an 1559, à Genève, *in-8°.* fous le titre de *Liberum Arbitrium*. (M. DE LA MONNOYE).

TRAICTÉ de la nature & curation des plaies de Piftollet, Arquebufe & autres bâtons à feu; enfemble les Remèdes des combuftions & brûlures externes & fuperficielles, par J. le P. Docteur en Médecine; imprimé à Paris, *in-8°.* par Guillaume Nyverd, 1569.

Le TRÉSOR * des Livres d'Amadis de Gaule, affavoir les Harangues, concions, Epîtres, Complaintes, & autres chofes les plus excellentes; imprimé à Lyon, *in*-8°. par Gabriel Cotier, 1560. & à Paris, *in*-8°. par Vincent Sertenas, audit an.

⁎ Il y en a eu plusieurs Éditions *in-16.* à Anvers, en 1562, & à Lyon, en 1582 & 1605. Les Éditions de ce Format font préférées au Format *in*-8°. parce que ce Livre se joint ordinairement à la Collection des Amadis, dont la plupart des volumes font de Format *in-16.*

Le TRÉSOR DE L'AME, imprimé à Paris, *in-fol.* par Ant. Verard.

Le TRÉSOR des Chappellats, composé par un Augustin Abbé de Livry, imprimé à Paris, *in*-8°. fans date.

Le TRÉSOR de Dévotion, traitant plusieurs belles vertus, par lesquelles on peut apprendre à aimer Dieu, traduit de la langue Castillane; imprimé à Lyon, *in-16.* par Claude Nourry dit le Prince, fans date.

Le TRÉSOR de l'espargne vérité [1] des admirables merveilles du monde, advenues ès terres inconnues; auquel est contenu la vie du Preux géant Raminagrobis, fort joyeuse & récréative; imprimé à Paris, fans date ni nom.

[1] Tout menteur est *une épargne-vérité*, tel que Corneille a représenté Dorante, à qui son valet dit, Sc. 3 du *Menteur*, Act. 4 :

      Vous avez tout le corps bien plein de vérités,
      Il n'en fort jamais une.

Le Livre ici rapporté fut fait par quelque mauvais imitateur de Rabelais, à l'exemple duquel bien des gens, qui n'avoient pas son génie, se mêloient de *pantagruélifer*; fur quoi l'on peut voir Pâquier, Lett. 8 du Liv. I. (M. DE LA MONNOYE).

L'ancien TRÉSOR Historial, des Impériales Couronnes de Rome, pareillement des Itales; imprimé à Paris, *in-fol.* par Michel le Noir, 1521.

TRÉSOR de Pratique, pour les Juges, Avocats & Procureurs, où est traité du Jugement & Jurisdiction, des actions, des interdits, de la cession de l'action, des Juges & de l'office

du

du Juge, de la plénissime, pleine, demi-pleine & sommaire connoissance, de la prolation de sentence & de l'exécution d'icelle : le tout divisé en quatre Livres, imprimé à Metz, *in-16.* par P. du Chasteau, sans date; auparavant à Paris, *in-8º.* par Estienne Groulleau, 1548.

Le TRÉSOR * des vies de Plutarque, contenant les beaux Faits & Dits, Sentences notables, Réponses, Apophtegmes & Harangues des Empereurs, Rois, Ambassadeurs & Capitaines, tant Grecs que Romains, imprimé en Anvers, *in-8º.* par Guillaume Sylvius, 1567.

* Voyez à l'Article DARIUS TIBERTI, Tom. III, pag. 441, & ci-dessus, à la lettre P, l'Art. PHILIPPE DES AVENELLES, pag. 197.

Le TRÉSOR des Histoires tragiques de François de Belleforest, contenant les Harangues, Discours, Complaintes, Remontrances, Exhortations, Missives, & autres Propos remarquables, contenus en icelles; imprimé à Paris, *in-16.* par Gervais Malot, 1581.

Li Livres appelés TRÉSORS ¹, qui parle de la naissance de toutes choses, par chapitres, commençant Chis Livres, est appelés Trésors, &c. *en main sur parchemin.*

¹ C'est l'Ouvrage que *Ser Brunetto Latini*, Précepteur du Dante, composa en François, ou plutôt en Provençal, vers 1270, sous le titre de *Trésor de la naissance de toutes choses.* Le Manuscrit, coté 176, s'en voit à la Bibliothèque du Roi. Charpentier, pag. 234 de sa Défense pour l'Inscription de l'Arc de Triomphe, en rapporte un passage curieux. (M. DE LA MONNOYE).

Le TRÉPAS ¹, Obséques & Enterrement de très-haut & très-magnanime François, Roi de France premier de ce nom, Prince Clément, Pere des Arts & Sciences; avec les deux Sermons funèbres, prononcés esdites Obséques, l'un à Notre-Dame de Paris, l'autre à Saint Denis en France *, imprimé à Paris, *in-8º.* par Robert Estienne.

¹ M. Baluze, en donnant la Vie de Pierre du Chatel, écrite en Latin par

Pierre Galland, fit imprimer à la fuite *le Trefpas, Obféques,* &c. le tout à Paris, *in-8°.* chez François Muguet, 1674. (M. DE LA MONNOYE).

* L'Auteur de ces trois Ouvrages eft PIERRE DU CHATEL, dont nous avons amplement parlé dans les notes fur La Croix du Maine, Tom. II, pag. 261. On peut confulter encore la Bibliothèque des Auteurs de Bourgogne, Tom. I, pag. 138.

Difcours fur la Rupture de la TREVE, en l'an 1556, imprimé à Lyon, par Michel Jove, & à Tholofe, par Guion Boudeville.

La TRIADE Romaine [1]. *Cenfurée.*

[1] C'eft une Verfion du Dialogue, en profe Latine, contre la Cour de Rome, intitulé *Trias Romana*, parce que Ulrich Hutten, qui en eft l'Auteur, affecte d'y coter par trois, autant qu'il peut, les corruptions infinies dont il accufe cette Cour. C'eft une Satire des plus outrées, contre laquelle Arfillus, connu par l'éloge dont l'a honoré Paul Jove, fit ce Diftique affez jufte :

> *Ore triceps triplici , triplici **quod** gutture latras,*
> *Diceris , & meritò, Cerberus effe novus.* (M. DE LA MONNOYE).

Les Lamentations & Complaintes de TRIBOULET, fol du Roi [1], qu'il fait contre la mort, rime ; imprimées à Paris, fans date.

[1] Triboulet étoit le fou de Louis XII, & le fut enfuite de François I. Jean Marot, père de Clément, dans fa *Defcription du voyage de Venife de Louis XII*, en 1509, fait ainfi, *de Vifu*, le portrait de Triboulet :

> Triboulet fut un fol de la tête écorné ;
> Auffi fage à trente ans, que le jour qu'il fut né :
> Petit front & gros yeux, nez grand, taillé à vote,   *Vote pour Voute.*
> Eftomac plat & long, haut dos à porter hote.
> Chacun contrefaifoit, chanta, danfa, prêcha,
> Et de tout fi plaifant qu'onc homme il ne fâcha.

On peut voir un de fes traits, fous François I, dans la foixante - huitième des Nouvelles plaifantes, *in-16.* l'an 1555, à Lyon. (M. DE LA MONNOYE).

Le TRIOMPHE & Exaltation des Dames, en profe, à Paris, par Michel le Noir, & par Pierre Sergent, *in-4°.*

Le TRIOMPHE de haute folie, en rime, imprimé à Lyon, par Antoine Volant, fans date.

Le TROU, ou Puits Sainct Patrice [1], imprimé à Paris, in-16. fans date.

[1] Jacques de Voragine, dans fa *Légende Dorée*, Chap. 49, dit que S. Patrice prêchoit en l'an 280, & conte des merveilles du Puits, ou trou de S. Patrice, en Irlande, par où l'on defcendoit en Purgatoire. Il ajoute que la clef du Puits étoit gardée dans une Abbaye de l'Ifle, & qu'un Gentilhomme, nommé *Nicolas*, grand pécheur, ayant ouvert la porte, vifita le lieu, & en revint, après y avoir fouffert des peines terribles, pour l'expiation de fes fautes. *Petrus de Natalibus*, Liv. III, Chap. 204, a copié mot à mot toutes ces Fables. Marianus Scotus & Sigebert, dans leurs Chroniques, mettent, en 1491, la mort de S. Patrice, avec cette différence, que Sigebert donne cent vingt-deux ans de vie au Saint, & Marianus Scotus feulement quatre-vingt-douze. Baronius incline à lui en donner cent trente-deux, conformément à Probus, ancien Ecrivain de la Vie de S. Patrice, telle que, d'après lui, le vénérable Béde l'a rapportée, dans laquelle, quoique pleine de Fables, il n'eft cependant fait nulle mention du puits qui conduit en Purgatoire. (M. DE LA MONNOYE).

Les cent Hiftoires de TROYE, en rime; avec les Allégories en profe. L'Epître d'Othea [1] Déeffe de Prudence, envoyée à l'efprit chevaleureux Hector; imprimées à Paris, *in-fol.* par Philippes le Noir, 1522.

[1] *Othea* eft un mot qui a l'air Grec, & qui ne fignifie pourtant rien en Grec. Peut-être eft-il corrompu d'ἀθεία, parce que la prudence va droit au but, κατ' εὐθεῖαν *. (M. DE LA MONNOYE).

* La conjecture de M. de la Monnoye, fur le nom d'*Othea*, ne me paroît pas heureufe. M. l'Abbé Sallier, dans la notice qu'il donne de la *Lettre d'Othea*, obferve qu'Homère défigne communément Minerve par le nom de θεά, *Déeffe*, & par exclamation ὦ θεά ! Il penfe que c'eft de-là que Chriftine de Pifan, Auteur de cette Lettre, aura emprunté le nom d'*Othea*, pour défigner la Prudence, caractère particulier de Minerve. Voyez *Mémoires de l'Académie des Belles-Lettres*, Tom. XVII, pag. 518. On trouvera en cet endroit un Extrait raifonné de la pièce entière.

VAL.

VALENTIN DU CAURROY, Avocat au Parlement de Paris, a traduit de Latin, l'Opuscule de Saint Augustin, Evêque d'Hipponne en Afrique, de l'esprit & de la lettre, auquel est divinement traité ce passage de l'Apôtre : *La lettre occit, l'esprit est qui vivifie*; imprimé à Paris, in-4°. par Michel Vascosan, 1551.

VALENTIN MENNHER a écrit une Arithmétique, pour brièvement chiffrer, & tenir Livres de comptes, contenant plusieurs belles Questions, demandes propres & utiles à tous qui hantent & trafiquent de Marchandise ; imprimé à Lyon, *in-16.* par Gabriel Cottier, 1558. & depuis augmentée par Michel Coignet, & imprimé à Anvers, *in-8°.* par Jean Waesberghe, 1573.

VALERE LE GRAND [1]. Les neuf Livres de Valere, où font compris les Faits & Dits dignes de mémoire, tant des vertueux personnages que des vicieux, afin que les hommes par la splendeur des vertus soient enflammés à les ensuivre, pareillement par la turpitude & reproche des vices soient incités d'avoir horreur d'iceux; traduits de Latin en François, par Jean le Blond ; imprimés à Paris, *in-fol.* par Charles l'Angelier, 1544.

[1] VALÈRE MAXIME. Du Verdier, suivant sa coutume de marquer les noms des Traducteurs, ne devoit pas se contenter de faire mention de Jean le Blond, dans le texte de l'Article; il devoit de plus renvoyer à Nicolas de Gonnesse, & à Simon de Hesdin, anciens interprètes François de Valere. On le doit appeler *Valère Maxime*, & non pas *Valère le Grand*. Cet Historien, ou plutôt ce Collecteur de faits Historiques, est mort vers l'an 40 de Jesus-Christ (fort âgé, car il porta les armes sous Sexte Pompée, passa ensuite dans le parti d'Auguste, sous l'empire duquel il fut en faveur, & dédia son Livre à Tibère, Ouvrage curieux & bien écrit, qui contient un grand nombre d'exemples & de faits mémorables, qui méritent d'être lus.) Il n'y a

nulle apparence que nous n'ayons qu'un Abrégé de son Ouvrage , & non pas l'Ouvrage entier. Je ne nie pas qu'un Africain, nommé *Januarius Nepotianus*, n'en ait fait un Abrégé , mais je nie que les neuf Livres de Valère Maxime , tels que nous les avons , soient cet Abrégé , & je le prouve par l'Epître même que le P. Labbe a publiée de ce *Nepotianus*, où cet Abbréviateur témoigne que , voulant uniquement réserver les faits, il a retranché toutes les réflexions , toutes les sentences, en un mot , tous les ornemens dont Valère les accompagnoit, d'où je conclus que , ces ornemens nous étant demeurés très-entiers , aux cinq premiers Chapitres près du premier Livre , l'Ouvrage de Valère est venu à nous , tel que son Auteur l'a originairement produit , & que c'est tout au contraire l'Abrégé seul, dénué de ces ornemens , lequel , par cette raison , n'ayant pas été jugé digne d'être conservé , s'est perdu. (M. DE LA MONNOYE).

VALERIUS * CORDUS [1]. Voyez ANDRÉ CAILLE.

* Ce célèbre Botaniste, dont on a des remarques sur Dioscoride , parcourut les Alpes & l'Apennin pour connoître les plantes. Ayant été blessé à la jambe , d'un coup de pied de cheval, dans un de ses voyages , il se fit transporter à Rome , où il mourut le 25 Septembre 1544 , dans sa vingt-neuvième année. C'est ce qu'on apprend de son Epitaphe , qu'on lit dans l'Eglise de *l'Anima*, à Rome , où il fut enterré. Il y a grande apparence cependant qu'il étoit Luthérien , ou au moins très-indifférent sur toutes les Sectes ; mais , comme ses amis l'avoient fait confesser à l'extrémité de sa vie, & lui avoient fait administrer l'Extrême-Onction, il eut les honneurs de la sépulture Chrétienne, sans contradicteurs. Voy. les Mém. de Niceron , Tom. XXXVII.

[1] C'est de son père *Euricius Cordus*, Médecin & Poëte, mort l'an 1535 , que Jule Scaliger a jugé, dans son *Hypercritique*, & non pas de Valerius , comme l'a cru Melchior Adam. (M. DE LA MONNOYE).

VALLO [1]. Du Fait de la Guerre & Art Militaire, imprimé à Paris.

[1] *Vallo* est le nom d'un Livre Italien , intitulé *Vallo Libro appartenente a Cavalieri* ; & comme le mot *Vallo* a été retenu à la tête de la Traduction Françoise , du Verdier, qui n'ignoroit pas que ce mot signifioit *rempart*, *fortification*, *boulevard*, semble néanmoins l'avoir pris pour le nom de l'Auteur. Naudé, Liv. II de son Traité *de Studio Militari* , pag. 532 & 533 , trouve un si grand rapport entre ce *Vallo* , & le Poëme en rime Grecque vulgaire de Léonard Fortius , περὶ ϛρατηγικῶν πραγμάτων , imprimé à Venise, in-8°. l'an 1531 , qu'il ne sait lequel des deux est l'Original. (M. DE LA MONNOYE).

VANOCCIO BIRINGUCCIO. La Pyrotechnie *, ou Art du Feu, contenant dix Livres, auxquels est amplement traité

de toutes fortes & diverſité de minières, fuſions & ſéparations de métaux, des formes & moules pour jeter artilleries, cloches & toutes autres figures; des diſtillations, des mines, contremines, pots, boulets, fuſées, lances & autres feux artificiels, concernant l'Art militaire, & autres choſes dependantes du feu; traduit de l'Italien de Vanoccio Biringuccio, Siénais, par Jaques Vincent; imprimé à Paris, in-4°. 1572 *.

* Il y a eu au moins quatre Editions de la *Pyrotechnie* de cet Auteur. La première de toutes eſt celle de 1540, avec figures, & elle eſt fort rare. La ſeconde eſt de 1550, la troiſième de 1558, & la quatrième de 1559. Ces trois Editions ſont auſſi fort rares, & ont été faites à Veniſe. Les trois premières ſont in-4°. & la dernière in-8°. Mario Cabogas, Archidiacre de Raugia, eut ſoin de ces Editions, qu'il corrigea & augmenta, mais ſans ſe nommer, du moins dans les deux premières. Ce ne fut que dans la troiſième que le Libraire révéla le nom de l'Editeur, en lui dédiant l'Edition même. Il ſe loue fort du profit que cet Ouvrage lui a fait faire. Quant à la Traduction Françoiſe par Jacques Vincent, elle parut, pour la première fois, à Paris, en 1556, ſi nous en croyons la note du Préſident Bouhier, rapportée dans La Croix du Maine, à l'Article de JAQUES VINCENT, Tom. 1, pag. 436. Ainſi celle de 1572, citée par du Verdier, ne ſeroit que la ſeconde. Il y en eut une troiſième, en 1627, à Rouen, in-4°. avec beaucoup de figures gravées en bois. Cet Ouvrage a été auſſi traduit en Latin, & imprimé, en cette langue, à Cologne, en 1658, in-4°.

VASQUIN PHILIEUL, de Carpentras, Docteur ès Droits, Chanoine de notre Dame des Doms, a traduit de Tuſcan, en vers rudes & mal rendus, toutes les Œuvres vulgaires de François Pétrarque, contenant quatre Livres de Madame Laure d'Avignon, ſa Maîtreſſe, en Sonnets & Chants, & les Triomphes d'Amour, de Chaſteté, de mort, de renommée, du tems & de la Divinité; imprimés en Avignon, in-8. par Barthelemi Bonhomme, & à Paris, par Jaques Gazeau, 1548. Il a traduit auſſi du Latin de Chriſtophle de Mandric, Docteur en Théologie, de la Compagnie de Jeſus, un Traité de ſouvent recevoir le ſaint Sacrement de l'Euchariſtie; imprimé en Avignon, par Pierre Roux, 1565. & depuis à Paris, par Thomas Brumen, ſous le titre de Traité de la fréquente Communion. Il a traduit d'Italien, Dialogue des Deviſes d'armes & d'amours du S. Paulo

Jovio, avec un Difcours de L. Domenichi, fur le même fujet; imprimé à Lyon, *in-*4°. par Guillaume Roville, 1561. Il a mis auffi en rime Françoife, le Jeu des Echets, décrit en vers Latins, par Hiérome Vida, Crémonnois, imprimé à Paris, *in-*4°.

* Voy. *LA CROIX DU MAINE*, & les notes, au même Article, Tom. II, pag. 439 & 440.

LE VERGIER [1], (c'eft un ancien Auteur François qui ne s'eft voulu nommer autrement) a écrit un Traité intitulé le Songe du Vergier, divifé en deux Livres, dont le premier contient cent quatrevingt-fept chapitres, & le fecond cent quatrevingt-deux, auxquels le Clerc & Chevalier difputent de la puiffance fpirituelle, ou des Gens d'Eglife; & de la puiffance féculière, ou des Princes & Seigneurs temporels; dédié au Roi de France, Charles le Quint, & imprimé à Paris, *in-fol.* par Jaques Maillet, en l'an 1491. & depuis a été tranflaté de François en Latin, & imprimé à Paris, *in-*4°. par Galiot du Pré, 1516. & encore depuis réimprimé en François, par Jean Petit, *in-fol.* 1530.

[1] Du Verdier femble encore, comme ci-deffus, au mot VALLO, prendre ici le titre du Livre, ou du moins une partie du titre, pour l'Auteur. Ce Livre fut fait du temps de Charles V, Roi de France. C'eft une fiction, où l'Auteur fuppofe que, dormant dans un verger, il vit deux Reines, l'une nommée *Puiffance Spirituelle*, l'autre *Puiffance Temporelle*, difputer enfemble de la fupériorité, en préfence du Roi. *Puiffance Spirituelle* avoit choifi un Eccléfiaftique pour fon Avocat; *Puiffance Temporelle*, pour le fien, un Chevalier. Le dormeur ayant oui à loifir les raifons débitées de part & d'autre avec beaucoup d'habileté, les retint fi bien, qu'il en compofa le Livre intitulé, par la raifon que j'ai dite, *le Songe du Verger*. Quelques-uns, comme on le trouve en Latin, fous le titre de *Somnum Viridarii*, veulent qu'il ait d'abord été fait en cette langue, fur quoi cependant, non plus que fur le nom de l'Auteur, on ne fait rien de certain. (M. DE LA MONNOYE).

VICTOR BRODEAU, de Tours, a écrit en vers, les Louanges de Jefus-Chrift, imprimées à Lyon, *in-*8°. par Sulpice Sabon & Antoine Conftantin, 1540: & dont le commencement eft tel;

Verbe Eternel dès le commencement,

Mis en ſecret dedans le penſemént
De Dieu puiſſant , &c.

* Voy. La Croix du Maine, & les notes, au mot Victor Brodeau, Tom. II, pag. 440.

VICTOR DE LA ROCHE a traduit les Œuvres de Saluſte, aſſavoir la Conjuration Catilinaire ; la Guerre Jugurthine ; la Déclaration de Portius Latro ; les Oraiſons adverſaires de Saluſte & Ciceron ; les Invectives de Ciceron contre Catilina ; la Vie de Saluſte , & les Témoignages des Modernes : le tout imprimé François-Latin , l'un correſpondant à l'autre , verſet à verſet, à Paris, *in-16.* par Claude Micard , 1577.

VICTOR DU VAL a écrit Congratulation & Réjouiſſance ſur la grande & ineſpérée nouvelle advenue de l'Election de Monſieur, frere du Roi , au Royaume de Pologne, imprimée à Paris, 1573. par Denis du Pré.

VINCENT [1] DE BEAUVAIS *. Miroir Hiſtorial , traduit par Jean de Vignay, imprimé à Paris , en cinq volumes , *in-fol.*

[1] Vincent, ſurnommé *de Beauvais* , Religieux Dominicain , étoit véritablement de Beauvais, & non pas natif de Bourgogne , comme pluſieurs l'ont cru ſur la foi de S. Antonin , qui, dans la troiſième Partie de ſa Chronique, parlant des illuſtres Religieux de ſon Ordre , a dit le premier : *Frater Vincentius Belvacenſis , Burgundus atque Gallicus* , erreur qu'on a tâché de ſauver par diverſes explications , dont la meilleure , de l'aveu du P. Echard , peut fort bien ne pas être reçue. (M de la Monnoye).

* Vincent de Beauvais , Lecteur & Prédicateur de S. Louis , eut l'eſtime & la faveur de ce Roi & des Princes de ſa Cour. Ses Ouvrages , ſur-tout ſon *Speculum Majus* , lui firent une grande réputation en Europe. Il eſt diviſé en quatre Parties, 1°. *Speculum Naturale,* 2°. *Speculum Doctrinale,* 3°. *Speculum Hiſtoriale* , 4°. *Speculum Morale.* Vincent de Beauvais écrivoit ſous le règne de S. Louis , & par ordre de ce Prince. Il mourut en mil deux cens ſoixante-quatre, ſelon l'opinion communnément reçue. Quoiqu'il ait pu vivre du temps de Philippe Auguſte , on ne peut guère ſuppoſer qu'il ait écrit ſous le règne de ce Prince , mort en mil deux cens vingt-trois. Ainſi c'eſt une méprife du Continuateur de Fabricius que d'avoir dit de cet Ecrivain : *Regnante Philippo Auguſto , Lutetiæ Literis operam navavit* (Biblioth. Infim. Latinit. Tom. VI , pag. 831.) Sixte , de Sienne , par une méprife moins pardonnabl nable , a placé Vincent de Beauvais fous Philippe de Valois : *Sumptibus Philippi Valefii , Gallorum Regis , adjutus collegit* , &c. (Biblioth. Sainte , pag. 332.) Vincent de Beauvais avoit écrit en Latin un Ouvrage , fous le titre de Grand Miroir , *Speculum Majus* , divifé en trois Parties , le *Miroir Naturel* , le *Miroir Doctrinal* & le *Miroir Historial*. On y joignit par la fuite un quatrième Miroir , le *Miroir Moral* , qui n'eft point de lui. Ces quatre Miroirs furent publiés en Allemagne , en 1473 , fous le titre général de *Bibliotheca Mundi* , & ont été imprimés affez fouvent avant la fin du quinzième fiècle. Le *Miroir Historial* fut imprimé féparément , à Mayence , en 1474 , & plufieurs fois depuis. C'eft une efpèce d'Abrégé d'Hiftoire univerfelle , depuis l'origine du monde , jufqu'en 1244. Il rapporte même quelques faits , qui s'étendent jufqu'en 1253. On y trouve beaucoup de chofes qui ne fe rencontrent point ailleurs ; mais il faut préférer la première Edition, parce que les autres font tronquées. On a donné des éloges outrés à cet Ecrivain. On les trouvera raffemblés , avec quelques jugemens moins favorables , dans Pope Blount (*Cenf. celeb. Aut.* pag. 289). Voffius s'eft trompé , avec beaucoup d'autres , lorfqu'il a cru que Vincent de Beauvais étoit Bourguignon , & qu'il avoit été Evêque de Beauvais (*de Hift. Lat.* pag. 477). On ne doit pas s'attendre à trouver beaucoup de critique dans cet Hiftorien. Il donne aux Décrétales des Papes le premier rang pour l'autorité , après l'Ecriture Sainte , & il admet toutes les fauffes Décrétales employées par Gratien. Il adopte toutes les Fables débitées fous le nom de l'Archevêque Turpin , &c. &c. &c. Il a compofé plufieurs autres Ouvrages , dont quelques-uns n'ont point été imprimés. On en trouvera la lifte dans la Bibliothèque de la baffe Latinité (*ubi fuprà*). Nous avons parlé de la Traduction Françoife de fon *Miroir Historial* , & de fon Traducteur Jean de Vignay , Tom. I de La Croix du Maine , pag. 605 & fuiv.

VINCENT LIRINENSE *. Voyez G. Ruzé.

* C'eft *Vincent de Lerins* , que du Verdier défigne dans cet article , célèbre Religieux du Monaftère de ce nom , dans l'Ifle de S. Honorat , fur les côtes de Provence , qui eft devenu une Abbaye de Bénédictins. On croit que Vincent étoit né à Toul ; il compofa vers 434 , l'Ouvrage dont la Traduction eft indiquée dans cet article , fous le titre de *Peregrini adversùm Hareticos Commonitorium* , Livre excellent , où l'on trouve des règles fimples & fûres , pour fe préferver de toutes nouveautés en matière de Religion. Vincent de Lerins mourut vers l'an 450. Il y a eu peu de Livres , qui ayent été plus loués , & imprimés plus fouvent que le *Commonitorium* de cet Ecrivain. La première Edition eft de Venife , & fans date. Il fut inféré dans le Recueil des Ecrits des Peres , contre les Héréfies , publié par Jean Pichard , à Bafle mil cinq cens vingt-huit. Nous ne nous arrêterons point aux autres Editions qui ont fuivi. Nous remarquerons cependant que Baluze feul en

à publié trois. Quant aux Traductions Françoises, La Croix du Maine, Tom. I, pag. 347, & Du Verdier, Tom. IV, pag. 167, ont parlé de celle de Guillaume Ruzé. Il en a paru plusieurs autres depuis. La première par Barthélemy Daftray, à Liége, en 1663, in-8°. La seconde par le sieur de Frontigniere, à Paris, 1684, in-12. La troisième, par le Père Bonnet, de l'Oratoire, à Paris, 1700, in-12. avec une Traduction de Salvien.

URBAIN CHAUVETON a traduit [1] Histoire nouvelle [*] du nouveau monde, contenant en somme ce que les Espagnols ont fait jusques à présent, aux Indes Occidentales, & le rude traitement qu'ils font à ces Peuples; extraite de l'Italien de Hiérome Benzoni, Milanois, qui a voyagé quatorze ans en ce pays là : & enrichie de plusieurs Discours & choses dignes de mémoire, imprimée in-8°. par Eustace Vignon, 1579.

[1] Urbain Chauveton aima mieux, quoique destiné par son père à la Médecine, étudier en Théologie, où, comme il étoit Huguenot, il eut pour Maître, Théodore de Beze, à qui, par reconnoissance, il dédia sa Version, ou, pour mieux dire, ses Versions du Benzoni, car il en fit deux, l'une Latine, en 1578; l'autre Françoise, en 1579, toutes deux accompagnées de quelques notes de sa façon; le tout imprimé à Genève, in-8°. chez Eustache Vignon. Thevet, feuillet 377, de ses Hommes illustres, prétend, mais sans preuve, que le Benzoni est un Auteur supposé, & affecte de remarquer, fol. 643, que tout ce que le même Benzoni rapporte d'Attaba-liba, est pris de Gomara. Il n'y a qu'à conférer l'Istoria del Mondo Nuovo di Girolamo Benzone, ou Benzoni, imprimée en trois Livres, à Venise, 1572, avec les Versions de Chauveton, pour reconnoître la différence qu'il y peut avoir. (M. DE LA MONNOYE.)

[*] La première Edition de l'Original Italien de l'Histoire du nouveau Monde, par Jerôme Benzone, est de Venise, 1565, in-8°. avec figures. Elle est fort rare, & peu connue, & l'on cite ordinairement celle de 1572, comme la première. Voici le titre de celle de 1565 : La Historia del Mondo nuovo, di M. Girolamo Benzoni, Milanese, laqual tratta dell' Isole e mari novamente ritrovati e delle nuove Citta da lui proprio vedute per acqua e per terra, in quattordeci anni. Chauveton publia la Traduction de cet Ouvrage en Latin, en 1578, à Genève, avec des notes, & deux pièces sur l'Expédition des François dans la Floride, en 1565, & les cruautés qu'ils y éprouvèrent de la part des Espagnols. Il a retranché la Préface de l'Auteur, & y en a substitué une de sa façon. Son Epître Dédicatoire à Théodore de Beze, est datée du premier Septembre 1578. En 1579, il publia la Version Françoise du même Ouvrage, qui fut aussi imprimée la même année, traduite en Allemand. Il en a paru des Extraits, en Anglois, dans le IV.e Volume du

Recueil des Voyages de Purchas, en 1713. On peut confulter, fur le Benzone, *Picinelli*, *Atheneo di i Letterati Milanefi* , & *Argelati Biblioth. Script.
Mediolan.*

URBAIN HEMARD a écrit Anatomie des Dents, &c. imprimée à Lyon, *in-8°.* par B. Rigaud.

WOLFANG FABER * Capito & Simon Grynée ont écrit
en Latin, la Vie de Jean Œcolampade, tranflatée en François,
& imprimée avec les Vies de Martin Luther & de Huldric
Zuingle, à Lyon, *in·16.* par Jean Saugrain, 1562. *Cenfurée.*

¹ *Wolfgang Fabricius Capito* , c'eſt ainſi que ce nom doit s'écrire, natif
d'Hagueneau, fameux Théologien Luthérien, mourut, ſelon Melchior
Adam, à Strasbourg, en 1542, dans ſa ſoixante-troiſième année. On a
de lui une Grammaire Hébraïque. Voyez SIMON GRYNÉE. (M. DE LA
MONNOYE.)

WOLFANG MUSCULUS *. Traité de l'Ufure pour la
commodité commune de ceux qui prêtent fans bleffer leur
confcience, en fecourant leur prochain, étant en néceffité ; où
font auffi démontrés les abus de ceux qui contre raifon s'adon-
nent à icelle ; imprimé 1557. *Cenfuré.* Lieux communs, &c.
Cenfuré.

* Wolfgang Mufculus naquit, en 1497, à Dieuze, petite ville de Lorraine, entre Metz & Saverne. Il étoit fils d'un Tonnelier, qui l'envoya en
Alface pour étudier, mais ne lui donna point d'argent, de forte qu'il ne
fubfifta que par la charité de ceux qu'il fut intéreffer à fon fort. Il fe fit
Bénédictin à l'âge de quinze ans, & s'appliqua avec beaucoup d'ardeur à
l'étude de la Théologie & des Belles-Lettres. Mais, s'étant laiffé féduire par
la lecture des Livres de Luther, il quitta fon Couvent en 1527, & fe fauva à
Strasbourg, où il fe maria avec une fille, qu'il avoit même fiancée, avant
de fortir de fon Monaſtère ; ce qui donne lieu de penfer que l'amour avoit
pu entrer pour beaucoup dans fa nouvelle profeffion de foi. Comme il avoit
plus confulté fa paffion que fa fortune, en prenant le parti de fe marier, il
fut prefque auffi-tôt obligé d'abandonner fa femme, qu'il plaça fervante
chez un Miniſtre, & fe mit apprenti chez un Tifferand. Quelque temps
après il eut occafion de faire connoître fes talens pour la chaire ; & on l'attacha fucceffivement au fervice de diverfes Eglifes. Il reprit alors fa femme,
dont il eut huit enfans. Sa vie a été écrite par Abraham Mufculus, fon fils ;
& c'eſt de-là que ceux qui ont parlé de Wolfgang, ont tiré tout ce qu'ils en

ont dit. Il rendit de grands services à Bucer, chez qui il demeura quelque temps, en qualité de Copiste. Bucer avoit une si mauvaise écriture, que non-seulement les Imprimeurs ne pouvoient pas la lire, mais souvent Bucer lui-même ne pouvoit la déchifrer. Musculus la lisoit tout couramment. Il composa lui-même beaucoup d'Ouvrages. On dit qu'il avoit quarante ans quand il commença à étudier le Grec; mais cela n'est pas possible, puisqu'il publia dès 1536, sa Traduction des Commentaires de S. Chrisostome, sur S. Paul. Il n'avoit alors que trente-neuf ans. On trouve dans le *Dictionnaire* de Bayle, & dans les *Additions* de Teissier, aux Eloges de M. de Thou, la liste de ses Ouvrages. Au reste il savoit assez mal le Grec, médiocrement le Latin, & peu d'Hébreu, ou d'Arabe, quoique Melchior Adam suppose qu'il entendoit parfaitement les Livres, même les plus obscurs des Rabbins. M. Simon convient qu'il n'étoit pas assez exercé dans l'étude des langues & de la Critique, pour expliquer les Saintes Ecritures. Casaubon (*Præf. ad Polyb.*) en louant la bonne volonté de Musculus, convient que cet Ecrivain a traduit Polybe souvent sans l'entendre, (*Hist. Eccl.*) & en avouant que Musculus savoit peu le Grec & le Latin, il fait l'éloge de ce Traducteur; mais Henri de Valois n'en parle pas aussi avantageusement (*Epist. Dedic. Histor. Euseb.*) il adopte le reproche qu'on faisoit à ce Traducteur d'avoir altéré souvent dans sa Traduction de l'*Histoire Ecclésiastique* d'Eusèbe, le sens de son Auteur, non-seulement par ignorance, mais pour en tirer avantage en faveur de ses opinions. Ses *Lieux communs* sont l'Ouvrage qu'il a le plus soigné. Il y employa dix années, & le publia en 1560. Antoine du Pinet le traduisit en François, comme le dit ailleurs du Verdier (Tom. III, pag. 137.) Il y a encore un autre Ouvrage de Musculus, traduit en François par V. Poulain, dont du Verdier parle ci-dessous. Pope Blount a rassemblé les principaux jugemens qu'on a portés des Ecrits de Musculus, mais il n'a rien dit d'un plagiat considérable qui lui a été reproché. Wolfgang Musculus mourut à Berne, au mois d'Août 1563, âgé de soixante-six ans.

V. PELETIER, Juge de Coserans, a écrit en vers, Prière du Roi, sur l'Appaisement des troubles; imprimée à Tholose, par Arnaud Colomiez, 1574.

V. POULLAIN a traduit du Latin de Wolfang Musculus, le Temporiseur, en forme de Dialogue, où sont décidées & réfutées toutes les difficultés, excuses & couvertures que peuvent mettre en avant ceux qui temporisent sur le fait de la Religion vraiment Chrétienne, après qu'ils ont connu la vérité Evangélique; imprimé *in-8°.* 1565.

V. A. D. L. C. a écrit Discours des causes & effets admira-

bles des tremblements de terre, contenant plusieurs raisons &
opinions des Philosophes; imprimé à Paris, in-8°. par Nicolas
Chesneau, 1580.

LIVRES D'AUTEURS ANONYMES.

Histoire * des Persécutions & Guerres faites depuis l'an 1555
jusques en l'an 1557, contre le Peuple appelé VAUDOIS, qui
est aux Valées d'Angrogne, Luserne, S. Martin, la Perouse,
& autres Pays du Piémont; imprimé in-8°. 1562. *Censurée.*

   * Cette Histoire, qui s'étend jusqu'en 1561, a été imprimée en Latin, à
Genève, en 1581, in-8°.

La VENGEANCE * de la Mort & Passion de notre Segneur
Jesus-Christ, & la Destruction de Hiérusalem, tant par Vespa-
sian, que Titus; composée en rime par Personnages; imprimée
à Paris, in-fol. par Jean Petit.

   * Voyez ci-dessus à la fin de la Lettre M. pag. 103, les Notes sur le même
article.

Le VENITE * en Cour. Epître du Seigneur du Rouge &
Noir, & autres Compositions en rimes; imprimé à Tholose,
in-17.

   * Au lieu de *Venite,* on dit aujourd'hui *Veniat.*

Les VENTES d'Amour Divine, imprimées à Rouen, in-16.
par Nicolas l'Escuyer, sans date.

Le VERGER céleste, fait en forme d'une familière Collo-
cution de l'Ame dévote, à son doux époux; imprimé à Paris,
sans nom ni date.

Le Triomphe des VESTEMENS, selon le temps qui court,
fait au Buz [1], 1512.

   [1] *Buz*, qu'on auroit plutôt dû écrire *Bus*, est dit ici pour *buste*, dans la
signification du corps humain, depuis le cou jusqu'aux cuisses, parce que
c'est sur cette étendue du corps que les Tailleurs prennent la mesure des
habits. (M. DE LA MONNOYE.)

Le VIAT de Salut [1], utile à tous Chrétiens, pour parvenir

à la gloire éternelle, compofé par l'Evêque de Troyes; imprimé à Lyon, par Olivier Arnoullet, 1539.

¹ Guillaume Petit, Jacobin, Confeffeur de François I, compofa ce Livre, étant Evêque de Senlis, après l'avoir été de Troyes. Il faut croire que l'Ouvrage paroiffoit dès 1531, puifque le 8 Octobre de cette année-là, *Nicolaüs Briffæus.* dédiant le *Terentianus. Maurus*, de fon édition à cet Evêque, lui parle de ce *Viat de Salut* en ces termes : *Quid aliud viaticum ad fanitatem, quod edidifti, promittit, quàm non corporeæ molis, at animi puram, putamque fanitatem?* Où, fans tant tourner, il auroit mieux fait de dire fimplement *Viaticum ad Salutem.*—Voy. Du Verdier, Tom. IV, pag. 112. à l'article Guillaume Parvi. (M. de la Monnoye.)

La VIE des Juftes, extraite des Œuvres de Saint Jean Chrifoftome, imprimée à Lyon, *in-16.* par Guillaume Gazeau, 1549.

Les VIGILES des Morts, tranflatées en rime; imprimées à Paris, *in-8°.* par Simon Voftre, fans date.

Le VIOLIER ¹ des Hiftoires Romaines moralifées fur les Geftes, Faits vertueux & anciennes Chroniques des Romains *, tranflaté de Latin & imprimé à Paris, *in-fol.* par Jean de la Garde, l'an 1520.

¹ C'eft une Traduction, mais peu exacte, du Livre Latin, qui a pour titre *Gefta Romanorum moralizata.* On voit, dans la riche Bibliothèque de M. le Marquis Colbert, un Manufcrit Grec unique, dont le titre eft ῖωνιὰ, Synonyme de *Violier.* C'eft en effet une collection alphabétique de diverfes recherches curieufes & favantes, que l'Imperatrice Eudoxe, née à Macrembolé, en Egypte, femme de Conftantin Ducas, mort l'an 1067, avoit recueillies elle-même, & dédiée à Romain Diogène, l'Empereur, fon fecond époux. Michel Apoftolius, né à Conftantinople, & mort fur la fin du quinziéme fiécle, avoit, fous le même titre d'ῖωνιὰ, compofé un Recueil d'Apophthegmes, de Proverbes, & autres chofes utiles, comme nous l'apprenons d'Áriftobule, fon fils, dans une Préface Grecque, au-devant de la ῖαλιομυιμαχῖα. C'eft, pour le dire en paffant, de cette dernière ῖωνιὰ, qu'ont été tirés les Proverbes d'Apoftolius, dont la plus ample & meilleure édition parut *in-4°*, Grecque-Latine, à Leyde, 1619. (M. de la Monnoye.)

* Voy. à l'article du *Roman d'Apollonius*, à la fin de la lettre A (Tom. III, pag. 192 & 193) & à l'article de *l'orgueil & préfomption de l'Empereur Jovinien*, à la fin de la lettre I, Tom. IV, pag. 562 & fuiv. nos remarques

tant fur le *Roman d'Apollonius*, que fut l'Ouvrage intitulé *Gesta Romanorum moralizata*, & en François *le Violier des Histoires*. L'ouvrage de l'Impératrice Eudoxe renferme, par ordre alphabétique, les vies des Historiens, Orateurs, Rhéteurs, Poëtes, Sophistes, Philosophes, Grammairiens, Critiques, Philologues & Médecins de l'Antiquité. On y trouve aussi l'Histoire des Dieux, des Demi-Dieux, des Déesses, des Héros & des Héroïnes de la Fable. En un mot c'est un Dictionnaire Historique & Mythologique, dans le goût de la *Bibliothèque Orientale* de d'Herbelot. L'Impératrice dit dans son Épître dédicatoire à Romain Diogène son second Epoux, que *persuadée qu'il n'y a pas d'occupation plus Royale que celle de recueillir les monumens épars de l'esprit humain, elle a ramassé avec soin tous les Livres de la Bibliothèque de Constantinople, & qu'elle a fait venir à grands frais tous ceux des Pays étrangers pour composer cet Ouvrage,* afin, ajoûte-t-elle, *de réunir toutes les connoissances humaines, & de prévenir la perte des originaux.* Evénement qui en effet est arrivé. Le précieux MS. de cet Ouvrage a passé de la Bibliothèque de Colbert, dans celle du Roi. Il a été remis, la présente année 1772, par ordre de Sa Majesté, à M. Dansse de Villoison, membre de l'Académie des Belles-Lettres, qui encouragé par les bontés dont l'honorent M. le Duc de la Vrilliere & M. le Comte de Maurepas, protecteurs éclairés des Lettres, va nous donner incessament, sous leurs auspices, l'édition du Texte Grec de cet Ouvrage, avec sa version Latine à côté, & des notes. Voilà de ces Ouvrages dont notre siècle doit se glorifier, & le plus digne exemple à donner à la jeunesse, malheureusement trop peu occupée aujourd'hui des véritables moyens d'acquérir de la science.

VOCABULAIRE du Pseautier, exposé en François [1], avec les Déclinaisons & Conjugaisons des Noms & Verbes, contenues audit Pseautier, pour l'institution, en Grammaire, de Monseigneur d'Angoulême & Madame Magdeleine sa sœur, enfans de France; imprimé à Paris, *in-8°.* par Simon de Colines, 1529.

[1] Il y a un autre Livre, imprimé, l'an 1531, à Paris, chez Simon de Colines, *in-4°.* sous le titre de *Grammatographia*, pour l'instruction de Madame Madelene, fille de France, à laquelle on avoit dessein d'apprendre la langue Latine.) M. DE LA MONNOYE.)

Petit VOCABULAIRE en langue Françoise & Italienne, à Lyon, *in-12.* par Roger de Brey, 1578.

La VOYE DE VIE, assavoir vraie Instruction & Pratique de vie Chrétienne, en laquelle est montrée la fuite des vices, & les moyens d'acquérir & retenir vertu & bonnes mœurs; avec plufieurs Oraifons & Exhortations, pour parvenir à une vraie vie fpirituelle ; traduite de bas-Allemand , en François ; imprimée *in*-12. en Anvers, l'an 1556.

Les QUATRE VOYES fpirituelles.pour aller à Dieu , c'eft affavoir la Voye purgative ; la Voye illuminative ; la Voye unitive ; & la Voye fuperlative ; imprimées à Paris , *in*-4°. fans nom d'Imprimeur & fans date.

Traité des URINES , de leurs couleurs , & ce qu'elles peuvent fignifier ; imprimé à Paris , *in*-8°. par Nicolas Buffet, 1551.

La Sentence des USURIERS , imprimée *in*-8°. fans date , nom d'Imprimeur , ni de lieu.

X E N.

XENOPHON *. *Voyez* Claude de Seiffel , Eftienne de la Boëtie, Jacques Miffant , Jacques des Comtes de Vintemille.

* Xénophon, Athénien, très-célèbre Capitaine , Philofophe & Hiftorien Grec, fut un des plus illuftres Difciples de Socrate. La beauté de fon langage , l'élégance , la douceur & les graces de fon ftyle, le firent furnommer l'*Abeille Grecque* , & la *Mufe Attique.* Il a compofé un grand nombre d'Ouvrages , également admirables , & par les fujets qu'il a choifis , & par la manière dont il les a écrits & traités. Sa *Cyropédie* eft moins l'Hiftoire de Cyrus, qu'un Traité d'éducation , pour former un Prince. Ses *Economiques* , la fuite de la Guerre du Peloponnèfe , ou la continuation de l'Hiftoire de Thucidide , font des modèles qu'on ne doit jamais fe laffer d'étudier & de fuivre. C'eft dans les Ecrits de Xénophon qu'on peut prendre une jufte idée de l'Atticifme , & du génie qui caractérife les grands Ecrivains. Les beautés fimples & fublimes dont fes Ouvrages font remplis , font celles de la nature même. Que la Jeuneffe de nos jours, entraînée par l'exemple de nos prétendus beaux Efprits , eft à plaindre de s'écarter des foureous purees, où elle pourroit puifer le goût du beau & du vrai, de les ignorer, & de n'admirer que les fottifes bourfoufflées , le clinquant peu durable, les graces artificielles de quelques-uns des Ecrivains de ce temps, dont la réputation momentanée l'éblouit ! Le Chapitre troifième du Livre IV d'Aulugelle , eft
curieux ,

curieux, en ce que cet Auteur y parle de la jaloufie fecrette qui règna entre Platon & Xénophon ; jaloufie qu'on peut révoquer en doute, parce que ces deux illuftres Grecs, au jugement de tous leurs Contemporains, étoient trop fincèrement attachés aux maximes de la véritable Philofophie, pour fe laiffer vaincre par une paffion auffi baffe, & qui dénote toujours la petiteffe d'ame, & l'orgueil de l'efprit de tout homme qui s'y abandonne. Ce qui a pu faire imaginer cette prétendue jaloufie entre deux fi grands hommes, étoit fans doute la comparaifon qu'on faifoit de leurs talens : *Xenophon & Plato Socraticæ amœnitatis duo lumina, certari æmularique inter fefe exiftimati funt : quia de iis apud alios uter effet exuperantior certabatur : & quia duæ eminentiæ cùm fimul junctæ in arduum nituntur, fimulachrum quoddam contentionis æmulæ pariunt :* Xénophon mourut à Corinthe, vers l'an 360, avant Jefus-Chrift, âgé de quatre-vingt-dix ans. *L'Expédition & la Retraite des dix mille,* de même que l'*Hiftoire Grecque,* ont été traduites par M. d'Ablancourt. M. Charpentier a traduit la *Cyropédie,* & les *Dits mémorables de Socrates.* Avant eux, Tanneguy le Fevre avoit donné une bonne Traduction de l'excellent Dialogue, intitulé le *Banquet des Philofophes.* M. Dumas, Profeffeur de Rhétorique à Touloufe, a donné une nouvelle Traduction des *Economiques* de Xénophon, en un vol. *in-12.* 1768 ; à Paris, chez Dehanfy, rue S. Jacques.

Y V E.

Y VES MAGISTRI, Frere Mineur de la Val, Gardien au Couvent de Bourges, a écrit Guide des Profeffeurs Eccléfiaftiques, où eft contenu ce qu'un Religieux ou Religieufe, militant fous le Brevière Romain & l'Ordre Minorique, font obligés d'enfuivre ; imprimé à Paris, *in-16.* par Eftienne Petit, 1580. Miroir Chrétien, autrement dit, feconde partie de la Guide Eccléfiaftique, imprimé de même. Verger & Jardin des Ames défolées & égarées, pour la confolation de Meffieurs les Citoyens de la cité de Bourges, fous la protection du Révérendiffime Prélat d'Aquitaine, Archevêque de ladite Métropolitaine Cité ; imprimé à Bourges, *in-4°.* par Pierre Bouchier, 1584. *Ocularia & Manipulus Fratrum Minorum, licentiâ generalis magiftri, R. P. Francifci Gonzagæ, excerptus à Fratre Yvone Magiftri ; Parifiis, in-8°. apud Michaelem Somnium,* 1582.

YVES ROUSPEAU , Saintongeois , a écrit Traité de la
Préparation à la sainte Cene , imprimé à Lyon , in-8°. par Jean
Saugrain. *Calvinique.* Quatrains spirituels de l'honnête Amour.
Plus , Stances Chrétiennes des Louanges du saint Mariage ,
appofées aux Stances du Mariage de Philippes des Portes ; imprimés avec les Cantiques du fieur de Maison-Fleur , à Paris ,
in-12. par Matthieu Guillemot , 1584. Il a traduit en vers
François , la Foi Catholique des Peres anciens , contenue au
Symbole de faint Athanafe , jadis Evêque d'Alexandrie ; avec
quelques Sonnets & doubles Sonnets ; imprimée à la Rochelle ,
in-8°. par Pierre Haultin , 1579.

Z O R.

ZOROASTRE*. Oracles de Zoroaftre , écrits premièrement en Grec , & mis en vers François ; imprimés à Paris , *in*-8°.
par Richard Breton & Philippe Danfrie.

* Suidas dit que Zoroaftre fut Roi des Baétriens , & vécut quatre cens ans
avant la Guerre de Troye. L'idée qu'on fe forme de lui , eft celle d'un excellent
Philofophe & d'un grand Prince , qui travailla à inftruire les peuples confiés
à fes foins , & leur donna les maximes de conduite , les plus fages & les
plus utiles à l'humanité , dont on prétend reconnoître encore des veftiges
refpeétables dans les ufages des Guèbres , qui font reftés fidèles aux inftitutions que leurs Ancêtres reçurent de ce Zoroaftre. On trouve à la fin du
Livre quatrième de la *Préparation Evangélique* d'Eusèbe , cette belle idée de
Dieu , tirée d'un Commentaire de Zoroaftre , fur les Rites Sacrés des Perfans :
« Dieu eft le principe de toutes chofes , Eternel , fans commencement , fans
» fin , fans parties , ne reffemblant qu'à lui-même , bon , prudent , par ex-
» cellence , fource de tout bien , & de toute juftice , puifant toutes les
» connoiffances en lui-même , enfin la perfeétion effentielle , & l'Auteur de
» toute fcience naturelle ». Il peut fe faire qu'il y ait eu plufieurs Souverains
du nom de Zoroaftre , animés des mêmes vues , qui ayent travaillé fucceffivement à former un peuple fage , laborieux & puiffant , tels que furent jadis
les Perfes. Ce qu'il y a de probable , c'eft que les lumières du Philofophe ,
du Prince , du Héros , connu fous le nom de *Zoroaftre* , furent très-fupé-
rieures à celles des premiers Philofophes de la Grèce ; qu'il fut l'Inftituteur du
culte le plus raifonnable , le plus fimple & le plus conforme au bonheur

de l'humanité, dans l'état de nature ; & que les préceptes de Politique & de Morale qu'il a établis doivent le faire regarder comme l'un des plus illustres Bienfaiteurs du genre humain. Le Livre du *Zend*, dont on le regarde comme l'Auteur, est un des monumens les plus respectables de l'antiquité ; on y reconnoît ces dogmes sages, qui inspirèrent à ses Sectateurs l'humanité, la vertu, l'industrie ; & ce qu'il y a de plus admirable, c'est qu'après tant de siècles, malgré les persécutions de la tyrannie la plus barbare, on trouve encore dans les mœurs des Guèbres infortunés, une preuve vivante de l'excellence des institutions de Zoroastre. —Voy. la Bibl. Orientale de d'Herbelot, p. 930, col. 27, au mot ZERDASCHT, ou ZARADASCHT, Zoroastre, que quelques-uns appellent aussi *Zerdoust*, où il est dit, que l'an 1300, après le déluge, Zoroastre commença à paroître, & enseigna aux hommes le culte & l'adoration du feu. Les anciens Persans veulent tous que Zoroastre soit plus ancien que Moïse, & les Mages, Sectateurs de ce premier Législateur, prétendent qu'il est le même qu'Abraham, & l'appellent souvent *Ibrahim Zerdascht*, ou *Abraham*, l'ami du feu. Il y a dans cet article des choses très-curieuses sur Zoroastre & le *Zend*, Ouvrage qu'on lui attribue; mais ceux qui voudront connoître tout ce qu'on peut savoir de Zoroastre, le trouveront rassemblé dans les Dissertations de M. l'Abbé Foucher, imprimées dans les Mémoires de l'Académie des Belles-Lettres, Tom. XXVII & suivans, & le *Zendavesta* de M. Anquetil, imprimé à Paris, en 1771, 3 Vol. *in-4°*. qui renferment la Traduction des Livres mêmes, que les Indiens croient être de Zoroastre, enrichie de précieuses Remarques, & de la vie de ce célèbre Législateur des Indes. Les Manuscrits de l'Ouvrage attribué à Zoroastre, ont été apportés de l'Inde, par M. Anquetil, & déposés à la Bibliothèque du Roi, le 15 Mars 1762.

FIN DE LA BIBLIOTHÉQUE FRANÇOISE.

Stet liber hic donec fluctus formica marinos
Ebibat, aut totum testudo perambulet orbem [1].

[1] Dom Bonaventure d'Argonne, Chartreux, a remarqué, Tom. I des Mélanges qu'il a donnés, sous le nom de VIGNEUL-MARVILLE, que ce Distique se trouvoit originairement à la fin de la Pragmatique-Sanction, imprimée avec le Commentaire de Côme Guymier, à Paris, 1507, par André Boccard. C'est de là que Du Verdier l'a tiré, non sans quelque pressentiment que son souhait seroit accompli. (M. DE LA MONNOYE.)

APPROBATION.

J'ai lu, par ordre de Monseigneur le Chancelier, le *Tome cinquième des Bibliothèques Françoises de La Croix du Maine & de du Verdier, Sieur de Vauprivas*, avec les notes de Messieurs *de la Monnoye, Falconet & Rigoley de Juvigny*, & n'y ai rien trouvé qui m'ait paru en empêcher l'impression. A Paris, ce 22 Août 1773. *Signé* CRÉBILLON.

DE L'IMPRIMERIE DE MICHEL LAMBERT,
rue de la Harpe, près S. Côme.

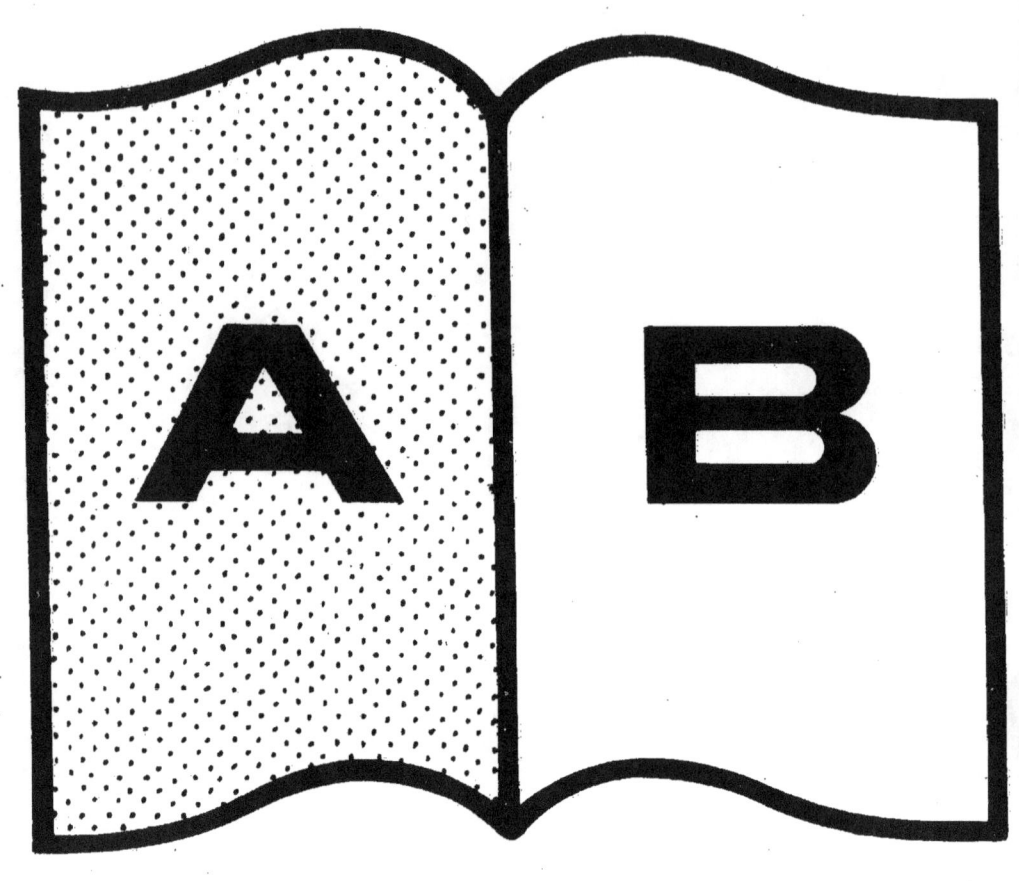

Contraste insuffisant

NF Z 43-120-14

www.ingramcontent.com/pod-product-compliance
Lightning Source LLC
Chambersburg PA
CBHW070346030726
47504CB00001B/86